BALANCE Y DESAFÍOS DEL ESTADO
REGULADOR, SUPERVISOR, PROMOTOR Y EMPRESARIO

TOMO I
ACCIÓN PÚBLICA ECONÓMICA Y ESTADO REGULADOR

BERNARDO
CARVAJAL SÁNCHEZ
ANÍBAL
ZÁRATE PÉREZ
(EDITORES)

BALANCE Y DESAFÍOS DEL ESTADO REGULADOR, SUPERVISOR, PROMOTOR Y EMPRESARIO

XXIV JORNADAS INTERNACIONALES DE DERECHO ADMINISTRATIVO

TOMO I
ACCIÓN PÚBLICA ECONÓMICA Y ESTADO REGULADOR

UNIVERIDAD EXTERNADO DE COLOMBIA
DEPARTAMENTO DE DERECHO ADMINISTRATIVO

Balance y desafíos del Estado regulador, supervisor, promotor y empresario : XXIV Jornadas Internacionales de Derecho Administrativo. Tomo I, Acción pública económica y Estado regulador / Iván Carvajal Sánchez [y otros] ; Bernardo Carvajal Sánchez, Aníbal Zárate Pérez, editores. Bogotá : Universidad Externado de Colombia, 2023.

730 páginas : ilustraciones, gráficos

Incluye referencias bibliográficas al final de cada capítulo.

ISBN: 9786287676152 (impreso)

1. Estado de derecho -- Colombia 2. Procedimiento administrativo -- Colombia 3. Servicios públicos -- Aspectos constitucionales – Colombia 4. Entidades territoriales -- Aspectos económicos -- Colombia 5. América Latina -- Administración pública -- Aspectos económicos I. Carvajal Sánchez, Iván II. Carvajal Sánchez, Bernardo, editor III. Zárate Pérez, Aníbal, editor IV. Universidad Externado de Colombia V. Título

344 SCDD 15

Catalogación en la fuente -- Universidad Externado de Colombia. Biblioteca. MRJ

agosto de 2023

ISBN 978-628-7676-15-2

Calle 12 n.º 1-17 Este, Bogotá
Teléfono (+57) 601 342 0288
publicaciones@uexternado.edu.co
www.uexternado.edu.co

Primera edición: agosto de 2023

Diseño de cubierta: Departamento de Publicaciones
Corrección de estilo: José Ignacio Curcio Penen
Composición: Precolombi EU-David Reyes
Impresión y encuadernación: Panamericana, Formas e Impresos S.A.
Tiraje de 1 a 1.000 ejemplares

Impreso en Colombia
Printed in Colombia

BERNARDO CARVAJAL SÁNCHEZ
IVÁN CARVAJAL SÁNCHEZ
ROSA FERNANDA GÓMEZ GONZÁLEZ
ÉDGAR GONZÁLEZ LÓPEZ
JOSÉ IGNACIO HERNÁNDEZ G.
HUGO ALBERTO MARÍN HERNÁNDEZ
MARÍA ALEXANDRA ORTIZ CABRERA
RAFAEL OSTAU DE LAFONT PIANETA
VERÓNICA PELÁEZ GUTIÉRREZ
PAULA ROBLEDO SILVA
JOSÉ MARÍA RODRÍGUEZ DE SANTIAGO
MÓNICA SOFÍA SAFAR DÍAZ
JAIME ORLANDO SANTOFIMIO GAMBOA
ANDRÉS MAURICIO VELASCO
ANÍBAL ZÁRATE PÉREZ
DIEGO HERNANDO ZEGARRA VALDIVIA

CONTENIDO

PARTE GENERAL

ESTADO REGULADOR

PARTE GENERAL

PRESENTACIÓN

El Departamento de Derecho Administrativo de la Universidad Externado de Colombia celebra este año la vigésimo cuarta edición de sus célebres *Jornadas Internacionales de Derecho Administrativo* y, como es costumbre, con ocasión de este evento académico mayor su Escuela de Derecho Administrativo le comparte a la comunidad jurídica administrativista, tanto nacional como extranjera, esta nueva obra colectiva titulada *Balances y desafíos del Estado regulador, supervisor, promotor y empresario.*

Con esta contribución doctrinal se busca llenar un vacío importante en el estudio de las relaciones entre el derecho administrativo y la economía, a partir de una pregunta orientadora muy amplia: *¿hacia dónde va el derecho administrativo económico?* Ciertamente, los tres tomos que se publican están circunscritos a un ámbito del derecho público económico, correspondiente al derecho administrativo económico. Por consiguiente, se precisa que esta no es una obra concebida desde el derecho constitucional económico, ni desde el derecho internacional y global económico, ni desde el derecho económico comercial o de los negocios, como tampoco desde el derecho fiscal, tributario y de la hacienda pública; pues fue deliberadamente estructurada a partir de los siguientes ejes temáticos, propios del derecho administrativo: la *actividad de regulación económica*, la *actividad de supervisión de los actores económicos*, la *actividad de promoción o fomento económico y social*, y la *actividad empresarial del Estado*; todo ello, sin desconocer la necesidad de incluir reflexiones innovadoras sobre los retos más recientes del estudio y la práctica del derecho administrativo económico. Evidentemente, esta focalización del tema en las categorías centrales del derecho administrativo económico no impide, ni desconoce, el diálogo necesario con las demás disciplinas jurídicas vecinas y, por supuesto, con la economía y demás campos afines del conocimiento.

A partir de ese espíritu, a lo largo de la presente publicación, calificada por rigurosos pares externos como producto de investigación, el lector encontrará un primer tomo que contiene una parte general y otra sobre el Estado regulador; un segundo tomo con una parte dedicada al Estado supervisor y otra al Estado promotor, y un tercer y último tomo volcado hacia el Estado empresario, bajo las aristas del Estado prestador, consumidor y competidor, para luego destinar su parte final al análisis de los nuevos desafíos del derecho administrativo económico.

Ahora bien, gracias a la generosa colaboración de destacados profesores de derecho administrativo de Colombia, España, Chile y Estados Unidos, la parte general del presente tomo reúne los principales fundamentos de toda la obra colectiva. Se destacan, además, la contribución de la ciencia económica referida a las diversas funciones que se espera que el Estado cumpla, y las reflexiones sobre el análisis económico del derecho administrativo contemporáneo.

Una parte importante de la administración pública se estructura para ejercer funciones y actividades que recaen directamente *sobre* la economía, los mercados o los distintos actores económicos. En otras ocasiones el Estado actúa *dentro* de la economía, al interior de un mercado, como partícipe del mismo. En esos escenarios siempre figurará la interacción, en ocasiones complementaria, y en otras contradictoria, entre el derecho administrativo y el derecho privado, razón por la cual el jurista suele anhelar un relativo orden para el ejercicio de las prerrogativas del poder público y de las funciones administrativas sobre la economía, así como para la adecuada organización y prestación de los servicios públicos, el desarrollo de otras actividades de interés general y el ejercicio de los derechos y libertades económicas.

Esos arreglos institucionales, y sus desarreglos, dependen siempre de un marco de posibilidades jurídicas y fácticas, cuyo tamaño y rigidez varían según el papel asignado al Estado y al mercado en la generación de bienestar o, cuando menos, en la disminución del malestar económico y social. En ocasiones, el Estado tiende a desplazar al mercado, en otras es lo opuesto, y aún en otras coexisten e interactúan, a veces con primacía del mercado y la subsidiariedad estatal, otras al revés, y otras sin jerarquías u orden alguno. Sin embargo, en todos los casos el Estado aparece como director de la economía, pero también como garante de derechos y libertades de variados tipos, generaciones, contenidos y alcances.

De allí que la mayoría de las reflexiones transversales que a continuación se presentan aborden la problemática del papel de un Estado de Derecho, recalificado como Estado constitucional, social, democrático y descentralizado, *sobre* y *dentro* de la economía. Y es por ello que los capítulos que componen la parte general de esta obra reflejan, cada uno a su manera y con su particular enfoque, las más importantes tendencias que permiten comprender las *modalidades* y el *grado de intensidad* a partir de los cuales la acción pública administrativa puede intervenir e interactuar en la vida económica, con el fin de alcanzar la mayor o mejor satisfacción y concretización posible de los derechos y libertades fundamentales, tanto en el ámbito individual, como social y colectivo.

¡Una provechosa lectura!

Bernardo Carvajal Sánchez

JOSÉ MARÍA RODRÍGUEZ DE SANTIAGO[*]

La función planificadora en el Estado Social y Democrático de Derecho, y en el Estado descentralizado[**]

Sumario: Introducción. I. Planificación y planes en la Constitución. II. Planificación y Estado de Derecho. A. Racionalidad y previsibilidad en el ejercicio del poder, seguridad jurídica y protección de la confianza legítima. B. El principio de división de poderes. C. El principio de legalidad. 1. La dirección de la planificación por la ley. El contenido de las leyes reguladoras de la planificación. 2. La reserva de ley. D. Derechos fundamentales y proporcionalidad. E. Procedimiento administrativo y control judicial. III. Planificación y democracia. IV. Planificación y Estado social. V. Planificación y Estado descentralizado. A. Planificación y autonomía. B. Planificación y reparto de competencias entre el Estado y las comunidades autónomas. C. La coordinación de la actividad de las entidades locales a través del plan estatal o autonómico. El artículo 59 LBRL. Bibliografía.

INTRODUCCIÓN

Está tradicionalmente vinculado a la idea del plan el prestigio que se deriva del análisis racional de la realidad y de la solución científica de los problemas sociales mediante la puesta en conexión del conocimiento y la acción

* Catedrático de Derecho administrativo de la Universidad Autónoma de Madrid. Correo-e: josemaria.rodriguez@uam.es. ORCID: https://orcid.org/0000-0002-2207-1374.

** Este trabajo se ha realizado en el marco del Proyecto de investigación "Hacia una responsabilidad estratégica del Estado" (STrATE); ref: PID2020-115834RB-C31; programas estatales de generación de conocimiento y fortalecimiento científico y tecnológico del sistema I+D+i y de I+D+i orientada a los retos de la sociedad, convocatoria 2020; IP: Silvia Díez Sastre y Ester Marco Peñas.

Abreviaturas utilizadas: CE (Constitución Española de 1978); LBRL (Ley 7 del 2 de abril de 1985, Reguladora de las Bases del Régimen Local); PORN (Plan de Ordenación de los Recursos Naturales); RPH (Reglamento de la Planificación Hidrológica, aprobado por Real Decreto 907 del 6 de julio de 2007); STC (Sentencia del Tribunal Constitucional); Sentencia del Tribunal Supremo (STS); Texto Refundido de la Ley de Aguas, aprobado por Real Decreto Legislativo 1 del 20 de julio de 2001 (TRLA); TRLSRU (Texto Refundido de la Ley de Suelo y Rehabilitación Urbana, aprobado por Real Decreto Legislativo 7 del 30 de octubre de 2015).

política[1]. La asunción por el Estado de responsabilidad en amplísimos ámbitos de la realidad social tiene como consecuencia casi inevitable la necesidad de utilizar el conocimiento científico para planificar. En relación, por ejemplo, con la tarea estatal de proteger el medio ambiente se hace evidente que no es posible cumplirla convenientemente con el empleo exclusivo de medidas reactivas. Las estrategias protectoras han de usar el cálculo racional sobre el futuro, deben ser preventivas y eso conduce casi directamente a la planificación.

En torno a la planificación se han articulado, sobre todo a partir de los años 50 y 60 del siglo pasado, diversos debates teóricos en los ámbitos del derecho, la ciencia política y la administración, como la cuestión relativa a la propia capacidad directiva del Estado para conseguir el cumplimiento de los objetivos del plan; la conveniencia de dotar de una estructura argumentativa y comunicativa el procedimiento de elaboración del plan con el propósito de incrementar su legitimidad; o en qué circunstancias se hace real la idea intuitiva de que la planificación tiende de suyo a sofocar la libertad individual bajo el rodillo de una racionalidad omnicomprensiva de carácter tecnocrático[2].

El hecho es que ya rara vez se habla del temor a que la libertad del individuo quede asfixiada por la previsión estatal totalizante del futuro colectivo a través del plan[3]. Hoy, más bien, los ejecutivos de las democracias liberales les presentan a los ciudadanos planes (objetivos de desarrollo sostenible, agendas digitales, estrategias nacionales de seguridad, planes contra la despoblación o el cambio climático, etc.) que parecen perseguir, accesoriamente, la finalidad de trasmitir a través del plan mensajes tran-

---

1 Sobre esto, por ejemplo, J. Friedmann (2001, pp. 31-42).

2 Sobre esto, Wolfgang Köck. "Pläne", en Wolfgang Hoffmann-Riem, Eberhard Schmidt-Aßmann y Andreas Voßkuhle (eds.). *Grundlagen des Verwaltungsrechts Wolfgang*, t. II, Múnich, 2012, pp. 1391-1392.

3 Friedrich Hayek publicó en 1944 su obra *Camino de servidumbre*, en el contexto histórico de un nacionalsocialismo ya agonizante y varios quinquenios de experiencia de la planificación comunista soviética. A lo largo de la obra se explica (con buenas razones, a mi juicio) la planificación económica coactiva y centralizada como instrumento de la ideología colectivista en los regímenes totalitarios, y radicalmente incompatible con la democracia liberal.

quilizadores de que el Estado se está haciendo cargo de los problemas que les preocupan.

Desde hace décadas el debate estrictamente jurídico sobre la planificación y los planes ha tenido dos importantes polos de atracción: la planificación económica y la planificación urbanística. La primera centró hasta los años noventa del siglo pasado una discusión de marcado contenido ideológico, de la que hoy apenas si queda algo, salvo el símbolo del inaplicado artículo 131 CE, que, no obstante, continúa siendo, por supuesto, relevante para la tarea de la interpretación constitucional.

Por su parte, la planificación urbanística ha sido el banco de pruebas en el que se han construido los pilares dogmáticos de la planificación como forma de actuación de la Administración[4]: programación finalista de la actividad administrativa por la ley reguladora de la planificación, discrecionalidad planificadora, ponderación, control judicial de los planes, etc. Al mismo tiempo, sin embargo, las peculiaridades propias de los planes urbanísticos, con su pretendido carácter normativo vinculante y su forma de programar las conductas a través de la regulación de los usos del suelo, posiblemente han ensombrecido la amplia variedad de formas de dirigir la actividad administrativa diseñadas en las leyes que actualmente regulan las más diversas planificaciones. Porque planificación y planes existen prácticamente en cualquier ámbito de actuación del poder ejecutivo.

Del abundante material positivo que ofrece la multitud de leyes reguladoras de las más diversas planificaciones que realiza hoy el ejecutivo es posible obtener, por abstracción, un concepto de planificación que se puede expresar, entre otras, a través de la siguiente definición: la planificación consiste en un procedimiento (tendencialmente riguroso) de obtención y elaboración de información sobre el estado actual de las cosas (diagnóstico), de realización de un juicio de pronóstico sobre su evolución, de fijación de objetivos determinados y de decisión sobre los medios para alcanzarlos mediante la ponderación entre alternativas. Diagnóstico (comprensión analítica de situaciones actuales), pronóstico, objetivos y medidas para

4 Así, Rainer Wahl. *Los últimos cincuenta años del Derecho administrativo alemán*, Madrid, Marcial Pons, 2013, pp. 80-81.

alcanzarlos son el contenido propio del procedimiento planificador[5]; y la elección entre aquellas a través de la ponderación es la estructura metodológica más característica de la planificación. De la ponderación se ha dicho, en concreto, que es "la institución dogmática central de la planificación"[6].

Por tanto, en este trabajo se parte de un "concepto procedimental de plan": lo que identifica a esta forma de actuación administrativa es precisamente el contenido y la estructura del procedimiento que conduce a su adopción[7]. Esto no sucede en otras formas jurídicas de actuación de la Administración, por ejemplo, la norma, el contrato o el acto, que cuentan con una regulación del procedimiento que precede a esas decisiones, pero que no se definen en razón de dicho procedimiento.

Pero el trazado de los perfiles de la institución también se debe completar con un "concepto material de plan", lo que lo sitúa en el contexto dogmático de las formas jurídicas de la actuación administrativa (acto, norma y contrato) y pretende destacar, de forma negativa, que el resultado de un procedimiento de planificación es plan con independencia de la forma en que se apruebe: norma, acto o contrato, pero también documento interno sin efectos jurídicos vinculantes, o que fija criterios de *soft law* de los que será posible separarse después de justificar que se han tenido en cuenta, etc.[8]. En definitiva, el plan es, sin duda, una "forma típica de actuación" de la Administración, pero no se reconduce necesariamente a alguna de las "formas jurídicas clásicas" de actuación administrativa (norma, acto, contrato). Nada impide, sin embargo, que eso suceda. Hay, pues, zonas

5 De forma muy parecida, Sebastián Martín-Retortillo Baquer. *Derecho administrativo económico*, Madrid, La Ley, t. 1, 1988, p. 326; Werner Hoppe. "Planificación", *Documentación Administrativa*, n.º 235-236, 1993, pp. 164-165; Hartmut Maurer. *Allgemeines Verwaltungsrecht*, Múnich, Beck, 11.ª ed., 2011, p. 440, y Luciano Parejo Alfonso. "El procedimiento administrativo de la planificación", en Luciano Parejo Alfonso y Marcos Vaquer Caballería (dirs.). *Estudios sobre el procedimiento administrativo. Tipos de procedimientos*, Valencia, Tirant lo Blanch, t. 2, 2022, p.152.

6 Rainer Wahl. Ob. cit., pp. 84.

7 Sobre esto, José María Rodríguez de Santiago. "Una escala de la planificación en atención a la función directiva de los planes. El ejemplo de los planes contra la despoblación", *Revista de Derecho Público: Teoría y Método*, n.º 6, 2022, pp. 9-13.

8 Ibíd., pp. 13-17.

de intersección entre los conjuntos delimitados por la figura del plan y los delimitados por las tres formas jurídicas clásicas[9]. Además, no es necesario aceptar que todo el contenido de un plan se pueda subsumir en una sola de las tres formas jurídicas clásicas.

El objeto de este trabajo es analizar las conexiones sistemáticas entre la planificación y las notas definitorias del Estado o principios estructurales de la Constitución Española de 1978: Estado de Derecho, democrático, social y descentralizado. Aunque –como se verá– de la Constitución no se puedan derivar obligaciones implícitas para el Estado de aprobar planes concretos, es patente que la planificación optimiza múltiples contenidos de esos principios estructurales, muy especialmente, de los principios del Estado social y del Estado de Derecho. Con respecto al primero, con su característica fijación de medidas al servicio del cumplimiento de objetivos de transformación y desarrollo en el ámbito de las tareas sociales del Estado, el plan es una forma ideal de intervención para promover las "condiciones materiales concretas" en las que se ejerce la libertad de los individuos[10].

Por otra parte, en relación con el principio del Estado de Derecho, la estructura procedimental de la planificación (diagnóstico, pronóstico, objetivos y medidas) introduce racionalidad en el ejercicio del poder del Estado y suscita previsibilidad para los ciudadanos, que pueden comprender y anticipar los términos de ese ejercicio[11]. No obstante, también es innegable que el Estado de Derecho juega al mismo tiempo en sentido opuesto y levanta barreras a una planificación que pretendiera disolver la libertad del individuo en una programación desproporcionada de la consecución de intereses colectivos[12]. En primer término, se examinarán las referencias expresas de la Constitución a la planificación y los planes.

---

9 Así, Wolfgang Köck. "Pläne", cit., p. 1400.

10 La terminología es de Luis Arroyo Jiménez. "Las bases constitucionales del Derecho administrativo", en José María Rodríguez de Santiago, Gabriel Doménech Pascual y Luis Arroyo Jiménez. *Tratado de Derecho administrativo. Introducción. Fundamentos*, Madrid, Marcial Pons, vol. 1, 2021 p. 629.

11 La idea relativa al contenido del Estado de Derecho es de Luis Arroyo Jiménez. "Las bases constitucionales del Derecho administrativo", cit., p. 583.

12 Así, por ejemplo, Werner Hoppe. "Planificación", cit., pp. 222-223.

I. PLANIFICACIÓN Y PLANES EN LA CONSTITUCIÓN

La planificación y la figura del plan cuentan con reconocimiento expreso en la Constitución. Sin duda, el más notable es la regulación de la planificación de la "actividad económica general" contenida en el artículo 131 CE. En conexión directa con este precepto, en el artículo 38 CE se menciona la "planificación" como límite a la libertad de empresa, aunque en este precepto el concepto tiene un sentido más amplio, pues no se ciñe solo a la planificación de la actividad económica general.

Por su parte, el artículo 134 CE disciplina la elaboración y aprobación del "plan de ingresos y gastos públicos para un tiempo determinado" en que consiste la ley de presupuestos generales del Estado[13]. Y, desde una perspectiva parcialmente coincidente, el artículo 31.2 CE dispone que la "programación" (concepto estrechamente vinculado al de la planificación)[14] del gasto público responderá a los criterios de eficiencia y economía, dos mandatos de optimización impuestos por la Constitución para decidir entre alternativas posibles en relación con las medidas de gasto que se adopten para la consecución de los objetivos del plan.

En el ámbito de la distribución de competencias entre el Estado y las comunidades autónomas, el artículo 149.1.13 CE reserva al primero, con una terminología que al menos literalmente se asemeja mucho a la del artículo 131 CE, las bases y la coordinación de la "planificación general de la actividad económica". Y en un sector material por completo distinto a los anteriores, el de la escuela, el artículo 27.5 CE garantiza el derecho de todos a la educación mediante una "programación general de la enseñanza". Veamos sucintamente algunas cuestiones relevantes que suscitan estos preceptos desde la perspectiva que nos interesa relativa a la planificación y al plan.

---

13 Así, Álvaro Rodríguez Bereijo. "Jurisprudencia constitucional y Derecho presupuestario. Cuestiones resueltas y temas pendientes", *Revista Española de Derecho Constitucional*, n.º 44, 1995, p. 11.

14 Sobre esto, José María Rodríguez de Santiago. "Una escala de la planificación...", *cit.* pp. 13-14.

El artículo 131 CE fue uno de los más debatidos y polémicos en el proceso de elaboración de la Constitución. Se discutió, sobre todo, en relación con tres cuestiones: el carácter vinculante o no de la planificación económica, si la elaboración y aprobación del plan debía ser preceptiva o potestativa para el Estado y el alcance de la participación de las comunidades autónomas[15]. Por una parte, la planificación de la "actividad económica general" continuaba la tradición de los planes de desarrollo de la dictadura franquista (1964-1967, 1968-1971 y 1972-1975)[16]; pero, por otra, en aquel momento seguía perteneciendo ideológicamente al conjunto de instrumentos propio de la política económica de los regímenes comunistas del Este de Europa[17]. Tuvieron que trascurrir pocos años para que el Tribunal Constitucional, con ocasión de un conflicto derivado de los planes de reconversión y reindustrialización de los primeros años ochenta del siglo pasado, declarara que la reserva procedimental establecida por el artículo 131 CE solo "se refiere a una planificación conjunta, de carácter global, de la actividad económica. Por ello, resulta claro que la observancia de tal precepto no es obligada constitucionalmente en una planificación de ámbito más reducido, por importante que pueda ser"[18].

Una planificación de la actividad económica con ese carácter global ya había sido abandonada en ese momento por los países occidentales que la habían utilizado en décadas anteriores[19], y encajaba difícilmente en las reglas del Derecho de la Unión Europea (entonces Comunidades Europeas) vigentes en España desde 1986[20]. El caso es que, al día de hoy, el

---

15 Así, Sebastián Martín-Retortillo Baquer. Ob. cit., p. 365; y Martín Bassols Coma. "Artículo 131. La planificación de la actividad económica general", en Óscar Alzaga Villaamil (dir.), *Comentarios a la Constitución española de 1978*, t. X, Madrid, EDERSA, 1998, pp. 142-145.

16 Así, José María Baño León. "Art. 131", en María Emilia Casas Baamonde y Miguel Rodríguez-Piñero y Bravo-Ferrer (dirs.). *Comentarios a la Constitución española*, Madrid, BOE, t. 2, 2.ª ed., 2018, p. 858.

17 Sobre esto, Martín Bassols Coma. "Artículo 131. La planificación de la actividad económica general", cit., pp. 145- 149.

18 STC 29 del 20 de febrero de 1986, FJ 3.

19 Así, Sebastián Martín-Retortillo Baquer. Ob. cit., p. 364-365.

20 Así, José María Baño León. "Art. 131...", cit., p. 859.

artículo 131 CE sigue sin haber sido aplicado, lo que no significa, desde luego, que carezca de efectos en la tarea de la interpretación sistemática de la Constitución. Por lo pronto, en lo que atañe tan solo a la función estatal planificadora, ese precepto (como el art. 134 CE) pone de manifiesto que en la Constitución la planificación, incluso la que se lleva a cabo a través de los denominados "planes de gobierno"[21], no es una tarea que se subsuma solamente en la función de la dirección política (para el Estado: art. 97 CE) y que, por tanto, se atribuya en exclusiva al Gobierno. Nada en el texto constitucional impide, en principio, que el parlamento imponga al Gobierno obligaciones de planificar (como sucede en materia de aguas, carreteras, etc.), y que regule con más o menos detalle planificaciones que debe elaborar y aprobar este órgano constitucional; o, incluso, que el parlamento se reserve la aprobación por ley de planes elaborados por el Gobierno[22], como es el caso, por ejemplo, del Plan Hidrológico Nacional sometido a la reserva legal de ley establecida por el artículo 45 TRLA[23].

En realidad, la alusión a la "*planificación* general de la actividad económica", cuyas bases y coordinación el artículo 149.1.13 CE atribuye al ámbito competencial del Estado, dejó de tener cualquier punto de conexión con la "planificación" en las formulaciones que, como límites a la descentralización competencial, utilizaron los primeros estatutos de autonomía; y en la jurisprudencia del Tribunal Constitucional de los años ochenta del siglo pasado. Enseguida, ese título competencial del Estado, que incluía una precisa referencia a la planificación, se convirtió en el poder de fijar las bases y coordinar la "*ordenación* general de la economía"[24], lo que supuso una auténtica transformación del reparto competencial realizada por vía

---

21 Sobre este concepto puede verse José María Rodríguez de Santiago. "Una escala de la planificación...", pp. 25-26.

22 Así, expresamente, STC 29 del 20 de febrero de 1986, FJ 3.

23 La cuestión del reparto de funciones entre el gobierno y el parlamento en relación con la planificación política ha sido muy polémica en el Derecho alemán. Puede verse, por ejemplo, Wolfgang Köck. "Pläne", cit., pp. 182-210.

24 Así, ya las SSTC 186 del 17 de octubre de 1988, FJ 2; y 75 del 21 de abril de 1989, FJ 4. Sobre ellas, Javier Guillén Caramés. "Art. 149.1.13", en María Emilia Casas Baamonde y Miguel Rodríguez-Piñero y Bravo-Ferrer (dir.), *Comentarios a la Constitución española*, cit., pp. 1332-1334.

interpretativa. Hoy de ese precepto apenas se puede obtener alguna directiva constitucional específicamente referida a la planificación y a los planes.

Como se ha dicho, la ley de presupuestos generales del Estado (art. 134 CE) constituye un "plan de ingresos y gastos públicos para un tiempo determinado", y un "vehículo de la dirección y orientación (por parte del Parlamento) de la política económica que corresponde al Gobierno"[25]. Hoy no se discute que la ley de presupuestos aprueba un verdadero plan en el que se cumplen todos los elementos destacados atrás como definitorios del procedimiento de planificación: diagnóstico y pronóstico de la situación de las cosas, fijación de objetivos y de medidas para alcanzarlos. Precisamente, el estudio de Paul Laband sobre la naturaleza de la ley de presupuestos[26], del que surgió la perturbadora distinción entre ley en sentido formal y ley en sentido material[27], se ha calificado como el "acta fundacional" de la ciencia del Derecho público europeo[28].

Llama la atención que la (ciertamente, no muy precisa ni expresiva) referencia constitucional a la "programación general de la enseñanza" (art. 27.5 CE) no haya conducido a la existencia en la práctica administrativa de planes en materia de educación, semejantes a los existentes en los ámbitos de la salud o de los servicios sociales. Con independencia del significado exacto del concepto de programación "general" de la enseñanza, del desarrollo legal de esta previsión constitucional se deduce con claridad que dicha programación incluye la planificación de la demanda que debe

---

25 Así, Álvaro Rodríguez Bereijo. "Jurisprudencia constitucional y Derecho presupuestario. Cuestiones resueltas y temas pendientes", cit., p. 11-17.

26 Paul Laband. *Das Budgetrecht nach den Bestimmungen der preußischen Verfassungsurkunde*, Berlin, Guttentag, 1871; Íd. *Das Staatsrecht des Deutschen Reichs*, t. 2, Tübingen, Laupp, 1878.

27 Sobre esto véase Álvaro Rodríguez Bereijo. "Laband y el Derecho presupuestario del imperio alemán" estudio preliminar a Paul Laband. *El Derecho presupuestario*, Madrid, IEF, 1979, pp. IX-LXXIII; y Alfredo Gallego Anabitarte. "Plan y presupuesto como problema jurídico en España. En torno al concepto de la norma jurídica", en AA. VV. *Escritos en homenaje al Profesor Prieto Castro*, Madrid, Editora Nacional, 1979, pp. 341-383.

28 Así, Ignacio de Otto. *Derecho constitucional. Sistema de fuentes*, Barcelona, Ariel,1988, p. 168.

ser cubierta por plazas escolares ofertadas por centros públicos y privados concertados[29]. Al parecer (salvo error de mi parte), esta actividad previsora administrativa no da lugar a la aprobación de documentos formulados como planes, a pesar de que en la estructura orgánica administrativa de las comunidades autónomas (incluso en la del Estado) existen direcciones generales de planificación educativa. La función administrativa de diagnóstico, pronóstico, fijación de objetivos y adopción de medidas para conseguirlos parece que se articula a través de las periódicas órdenes de la consejería competente de convocatoria de suscripción y renovación de los conciertos educativos, y de los procedimientos que tienen lugar anualmente (para cada curso escolar) de admisión y matriculación del alumnado en los centros docentes sostenidos con fondos públicos.

Hasta aquí las referencias constitucionales expresas a la planificación. Pero es preciso preguntarse también si, sobre todo, a partir de la decisión constitucional en favor del Estado social (arts. 1.1 y 9.2 CE) y de los principios rectores de la política social y económica (cap. 3.º del título primero CE), cabe por vía interpretativa deducir otras obligaciones constitucionales de planificar impuestas a los poderes públicos. Por ejemplo, en relación con la tarea estatal de proteger el medio ambiente (art. 45 CE) se ha dicho que la conciencia cada vez más clara de los riesgos que lo amenazan, y de la vulnerabilidad de los fundamentos naturales de la vida convierte en inadmisible la actuación meramente *reactiva* del Estado y obliga a la previsión a través de la planificación pública[30]. Por su parte, el artículo 43.2 CE obliga expresamente a los poderes públicos a organizar y tutelar la salud pública "a través de medidas *preventivas*"; como, por ejemplo, el artículo 49 CE que les impone llevar a cabo una "política de *previsión*" relacionada con la discapacidad.

En mi opinión, de los preceptos constitucionales citados se puede deducir una prohibición constitucional de actuación estatal meramente reactiva en el ámbito de esas tareas sociales. Creo que se puede aceptar

---

29 Véanse los artículos 27 de la Ley Orgánica 8 del 3 de julio de 1985, reguladora del Derecho a la Educación, y 109 de la Ley Orgánica 2 del 3 de mayo de 2006, de Educación.

30 Así, Wolfgang Köck. "Pläne", cit., p. 1392, con cita de F. Weyreuther.

que los poderes públicos están constitucionalmente obligados a actuar en estos ámbitos con políticas previsoras que diagnostiquen y anticipen problemas, que fijen objetivos de desarrollo y transformación social y valoren alternativas para conseguirlos. Pero esa obligación se puede cumplir articulando la actuación estatal de formas diversas. El procedimiento formal de la planificación (tal y como se ha definido atrás) y su resultado, el plan, no son imperativos constitucionales en el campo del que se está hablando. No creo que de la Constitución se derive la concreta obligación de aprobar un documento formulado como plan para las tareas sociales mencionadas; aunque, por supuesto, en la práctica, porque lo impone la ley, en muchos casos existan esos planes en materia de medio ambiente, vivienda, fomento de la investigación, salud, servicios sociales, personas mayores, etc.

II. PLANIFICACIÓN Y ESTADO DE DERECHO

A. RACIONALIDAD Y PREVISIBILIDAD EN EL EJERCICIO DEL PODER, SEGURIDAD JURÍDICA Y PROTECCIÓN DE LA CONFIANZA LEGÍTIMA

La planificación somete el ejercicio del poder del Estado en amplias parcelas de su actuación a una estructura procedimental en la que se exponen de forma (tendencial o estrictamente) transparente y clara los intereses afectados[31], y se adoptan medidas por ponderación (más o menos rigurosamente elaborada) entre alternativas. Es obvia la conexión del plan con el incremento de la racionalidad en el ejercicio del poder público, entendida como mandato de optimización adscrito al principio del Estado de Derecho[32]. El plan les permite a los ciudadanos conocer las medidas y los comportamientos que la Administración se compromete a llevar a cabo (previsibilidad)[33], conforme a los cuales también el particular puede

---

31 Véase Luciano Parejo Alfonso. "La actuación administrativa a caballo de la división entre normación y simple ejecución y el caso de la planificación y el plan", *Revista de Derecho Público: Teoría y Método*, vol. 1, 2020, p. 30.

32 Sobre esto, Luis Arroyo Jiménez. "Las bases constitucionales del Derecho administrativo", cit., p. 583.

33 Así, Sebastián Martín-Retortillo Baquer. Ob. cit., p. 331.

configurar autónomamente su propio plan vital sabiendo "a qué atenerse"[34] desde la perspectiva del Derecho (seguridad jurídica, art. 9.3 CE)[35].

El plan se desenvuelve en una relación de tensión entre estabilidad y flexibilidad. La información contenida en él, y las decisiones que adopta, pretenden dirigir la actuación de sus destinatarios (porque el plan está llamado primariamente a "realizarse"), entre los que se cuentan, en su caso, los particulares activos en el ámbito de la regulación económica, que pueden llevar a cabo más o menos costosas inversiones confiando en la estabilidad del plan. Por otra parte, la fijación de los objetivos del plan y la adopción de las medidas para alcanzarlos dependen por definición del diagnóstico de la situación real de las cosas en el ámbito que se trata de planificar. Si esa situación cambia es necesario modificar el plan. El plan debe ser lo suficientemente flexible como para adaptarse a la evolución de la realidad. En caso contrario puede perder su finalidad o, incluso, actuar en contra de ella. En esta relación de tensión se utiliza el principio de protección de la confianza legítima, derivado del principio de seguridad jurídica, para repartir los riesgos entre el planificador y los destinatarios del plan en los casos de modificación de este[36].

Existe un amplio consenso doctrinal sobre los elementos que deben concurrir para considerar vulnerada la confianza legítima: i) una actuación estatal objetivamente idónea para fundar la confianza; ii) una actuación estatal posterior que frustra esa confianza en ejercicio legítimo de una competencia pública, y iii) que el ciudadano haya realizado actos de disposición fundados en la confianza posteriormente frustrada[37]. Si se proyectan estos requisitos sobre las decisiones adoptadas por el plan, fácilmente se puede caer en la cuenta de que la idoneidad de esa forma de actuación para generar objetivamente una confianza merecedora de protección varía en función del objeto de la planificación. Por ejemplo, los planes de

---

34 Con esta expresión, STC 46 del 15 de marzo de 1990, FJ 4.

35 Sobre esto Luis Arroyo Jiménez. *Tratado de Derecho administrativo. Introducción. Fundamentos*, t. 1, Madrid, Marcial Pons, 2021 p. 624.

36 El argumento completo es de Harmut Maurer. Ob. cit., pp. 447-448; y se cita frecuentemente en la literatura alemana sobre esta cuestión.

37 Con más detalle, por todos, Luis Arroyo Jiménez. "Las bases constitucionales del Derecho administrativo", cit., pp. 626-627.

gobierno o dirección política, que tienen como finalidad fundamental la fijación de prioridades de actuación entre los diversos departamentos de la Administración dirigida por el Gobierno que normalmente aprueba el plan, se sitúan en un plano que apenas puede interferir con la esfera de disposición privada de los particulares. La modificación de este tipo de planes difícilmente encontrará obstáculos derivados de este subprincipio derivado de la seguridad jurídica[38].

Sin embargo, la aplicación de la modificación del plan de la doctrina elaborada en torno al principio de protección de la confianza legítima está ensombrecida por los mismos puntos débiles que todavía pesan sobre esa doctrina, en especial, el que se refiere a las consecuencias jurídicas de la vulneración por la actuación estatal del mencionado principio (¿invalidez de dicha actuación o surgimiento de un derecho de indemnización?) y el que atañe a las pretensiones del ciudadano frente al cambio de plan (¿mantenimiento del plan anterior [tutela primaria] o reparación de los daños causados por el nuevo [tutela secundaria]?[39].

Algunas leyes reguladoras de planificaciones que cuentan con una sólida tradición en la práctica administrativa y se sitúan lo suficientemente cerca del ámbito patrimonial de los ciudadanos afectados por el plan contienen reglas expresas sobre esta cuestión. Es el caso del TRLA, que dispone que la modificación de los planes hidrológicos no dará lugar a indemnización, salvo cuando determine la revocación o modificación de una concesión de aguas otorgada conforme al plan anterior[40]. También es el caso del TRLS-

---

38 En sentido parecido, Werner Hoppe. "Planificación", cit., p. 215.

39 Sobre esto, Javier García Luengo. *El principio de protección de la confianza en el Derecho administrativo*, Madrid, Civitas. 2002, p. 429 y ss.; Luis Medina Alcoz. "Confianza legítima y responsabilidad patrimonial", *Revista Española de Derecho Administrativo*, n.º 130, 2006 pp. 275 y ss.; Silvia Díez Sastre. *El precedente administrativo. Fundamento y eficacia vinculante*, Madrid, Marcial Pons, 2008, pp. 383 y ss., y Luis Arroyo Jiménez. "Las bases constitucionales del Derecho administrativo", cit., p. 627.

40 Artículos 40.4 y 65.1c del Texto Refundido de la Ley de Aguas, aprobado por Real Decreto Legislativo 1 del 20 de julio de 2001. La disposición transitoria quinta de ese texto refundido establece una regla análoga en favor de los titulares de concesiones otorgadas por los planes hidrológicos de cuenca que se vean afectados por la aplicación posterior del plan hidrológico nacional.

RU, que regula los supuestos indemnizatorios directamente derivados de la modificación del plan de ordenación territorial o urbanística, y los que tienen causa indirecta en esa modificación y directa en la revocación de licencias. Por cierto, en esta regulación se otorga a la Administración la posibilidad de evitar –con ciertos requisitos– la indemnización a través de la utilización de un régimen transitorio de entrada en vigor de las decisiones del nuevo plan, que es la calificación de algunas situaciones nacidas al amparo del plan anterior como "fuera de ordenación"[41].

En defecto de esas reglas expresas, para los planes que se aprueban a través de las formas jurídicas clásicas (norma, acto o contrato), el régimen jurídico al que remite cada una de esas formas suele contener directivas para dar respuesta al problema de la frustración de la confianza legítima por la modificación del plan. A los planes aprobados por ley son de aplicación los límites derivados del principio de protección de la confianza legítima contenidos en la distinción entre retroactividad propia e impropia y utilizados en la jurisprudencia constitucional desde la STC 126 del 16 de julio de 1987[42]. Las decisiones de un plan que tengan naturaleza resolutiva y se vean afectadas *in peius* por la modificación de aquel se tratarán conforme a la dogmática de la revocación del acto administrativo declarativo de derechos por cambio de criterios subjetivos de apreciación (los contenidos en el nuevo plan), a la que se vincula, con carácter general, un derecho a indemnización. Sin embargo, la modificación unilateral de una obligación asumida en un plan aprobado como contrato público no se resolverá echando mano del principio de protección de la confianza legítima, sino de las reglas relativas al cumplimiento de los contratos, como sucedió en el caso del plan de inversiones en las universidades públicas de la Comunidad de Madrid[43].

En los casos de modificación del plan con efectos negativos en la esfera patrimonial de los ciudadanos en los que no se pueda acudir a ninguna de esas soluciones, todavía habrá que analizar subsidiariamente la posibilidad

41 Artículo 48 a y c del Texto Refundido de la Ley de Suelo y Rehabilitación Urbana, aprobado por Real Decreto Legislativo 7 del 30 de octubre de 2015.

42 Sobre esto puede verse José María Rodríguez de Santiago. "Una escala de la planificación…", pp. 47-54.

43 STS 1945 del 2 de abril de 2013 (RJ/2013/4656) (rec. cas. n.º 5720/2011), FD 4º.

de que el derecho a la indemnización proceda de las reglas generales reguladoras de la responsabilidad patrimonial de la Administración (arts. 32 y ss. LRJSP).

B. EL PRINCIPIO DE DIVISIÓN DE PODERES

La función estatal planificadora no está atribuida constitucionalmente con carácter exclusivo a ningún órgano constitucional. Dos de los planes expresamente previstos en la Constitución (el que tiene por objeto la planificación de la actividad económica general [art. 131 CE] y los presupuestos generales del Estado [art. 134 CE]) son elaborados por el Gobierno y aprobados por ley de las Cortes Generales. No obstante, por el ámbito en que se sitúan en la práctica los objetivos y las medidas adoptadas por la mayor parte de los planes del Estado, se puede afirmar que la función planificadora estatal se adscribe fundamentalmente a la función del Gobierno de dirigir la política y la actuación administrativa del Estado (art. 97 CE).

Pero, como se ha expuesto, en principio nada en el texto constitucional impide que el Parlamento imponga obligaciones de planificar al Gobierno (en materia de seguridad nacional, carreteras, aguas, etc.), que regule con más o menos detalle las planificaciones que debe elaborar y aprobar este órgano constitucional, o, incluso, que el parlamento se reserve la aprobación por ley de planes elaborados por el Gobierno[44].

Como función estatal, la planificación no tiene una sustantividad propia excluyente que impida los solapamientos: si el plan se aprueba por ley (como sucede con el plan hidrológico nacional) es, al mismo tiempo, ejercicio de la potestad legislativa (art. 66.2 CE); si se aprueba por el Gobierno en la forma de una norma infralegal (como los planes hidrológicos de cuenca) es, al mismo tiempo, ejercicio de la potestad reglamentaria (art. 97 CE).

Así, la planificación se sitúa con naturalidad en el contexto de la actual configuración constitucional empírica del principio de separación de poderes que, salvo en relación con la función jurisdiccional (art. 117.3 CE), no responde (ni, en realidad, ha respondido nunca) al modelo de atribución

---

44 Así, expresamente, STC 29 del 20 de febrero de 1986, FJ 3.

en exclusiva (en una relación biunívoca) de funciones estatales a órganos constitucionales. La planificación es un ejemplo notable de cómo

> el principio de separación de poderes es el nombre que recibe la compleja ordenación funcional diseñada por la Constitución que se caracteriza por la compartición de una misma función y por el entrecruzamiento de las concretas atribuciones encomendadas a distintos sujetos[45].

Y, por lo que se refiere al ámbito específico de la función ejecutiva, la planificación es también un gráfico ejemplo de cómo el Gobierno (que aprueba normalmente el plan) es "ejecución directiva", mientras que la Administración (sometida al cumplimiento del plan) es "ejecución dirigida"[46].

C. EL PRINCIPIO DE LEGALIDAD

1. LA DIRECCIÓN DE LA PLANIFICACIÓN POR LA LEY. EL CONTENIDO DE LAS LEYES REGULADORAS DE LA PLANIFICACIÓN

Antes de tratar la cuestión relativa a cómo dirige la ley la actividad planificadora del ejecutivo conviene realizar una nota sobre tres conceptos de leyes que guardan relación con la planificación y que es necesario distinguir. El primero es el que va a centrar la atención en este apartado, el de la ley reguladora de la planificación: la ley que, como hacen las leyes estatales o autonómicas de carreteras o residuos, o las leyes autonómicas de servicios sociales, sanidad o urbanismo, impone el mandato o prevé la posibilidad de aprobar los planes de carreteras, residuos, servicios sociales, salud o urbanismo, y regula el contenido y el procedimiento de aprobación de esos planes. En segundo término, puede hablarse de las leyes-plan o, lo que es lo mismo, los planes que se aprueban en forma de ley, como la ley de presupuestos generales del Estado (art. 134 CE) o el plan hidrológico nacional

---

45 Así, Luis Arroyo Jiménez. "Las bases constitucionales del Derecho administrativo", cit., p. 585.

46 Ibíd., p. 587, con cita de Luciano Parejo Alfonso. *Derecho administrativo*, Barcelona, Ariel, 2003, p. 110.

(art. 45 TRLA)[47]. En tercer lugar, también es posible referirse a las leyes que tienen su origen en un plan, singularmente, en un plan de gobierno o dirección política, que con frecuencia prevé, entre las medidas que se adoptan para la consecución de sus objetivos, la tramitación de proyectos legislativos que guardan conexión con ese programa de acción política. Este es el caso, por ejemplo, de la Ley 18 del 28 de septiembre de 2022, de creación y crecimiento de empresas, cuya elaboración y tramitación fue prevista en el marco de las medidas adoptadas por el Plan de Recuperación, Transformación y Resiliencia de 2021[48].

Volvamos a las leyes reguladoras de la planificación. La forma en que estas leyes dirigen la actividad del ejecutivo es, precisamente, el objeto de uno de los pilares dogmáticos del plan como forma de actuación de la Administración. Esas leyes ordenan o permiten planificar, regulan la competencia y el procedimiento de la planificación y establecen algunas reglas materiales que deben ser respetadas por los planes. Sin embargo, lo más característico de las leyes reguladoras de la planificación es que dirigen la actividad del ejecutivo, sobre todo, a través de programas finales (principios o mandatos de optimización) que se deben cumplir a través del plan "en la medida de lo posible". En ese marco legal la Administración dispone de una libertad conformadora (inherente a la idea de planificación) o discrecionalidad planificadora, que se ejerce a través de juicios de ponderación, y que identifica al tipo por excelencia de la denominada "administración conformadora" frente a la "administración ejecutiva", fundamentalmente dirigida por reglas o programas condicionales.

No obstante, la ley reguladora de la planificación se limita a establecer a través de programas finales (mandatos de optimización) los objetivos "generales" de la planificación de que se trate. En ese marco, la ley impone al órgano planificador fijar (en atención al diagnóstico realizado sobre el estado de cosas) los objetivos "concretos" de cada plan (primer elemento volitivo de la planificación, después del análisis cognitivo de la realidad

47 Sobre la distinción entre los dos conceptos anteriores, que también se hace en el Derecho alemán, véase, por ejemplo, Wolfgang Köck. "Pläne", cit., pp. 1397-1398.

48 Véase el Plan de Recuperación, Transformación y Resiliencia, disponible en https://planderecuperacion.gob.es, consultada el 1.º de mayo de 2023, pp. 180 y 242.

planificada) de ese tipo que se apruebe. La selección de medidas por ponderación entre alternativas (segundo elemento volitivo en el plano lógico) se medirá en relación con la consecución de esos concretos objetivos.

Puede ponerse el ejemplo extraído de la planificación hidrológica y de residuos. La Ley de Aguas (y, de acuerdo con ella, el Reglamento de la Planificación Hidrológica) delimita el marco de los objetivos generales que se imponen a los planes hidrológicos de cuenca: la protección del medio ambiente, la utilización racional del agua y el desarrollo económico (art. 40.1 TRLA). Por lo que se refiere al objetivo general de la protección medioambiental, el plan hidrológico de la demarcación hidrográfica del Segura fija después objetivos concretos a los que han de servir las medidas que en él se adoptan sobre esa cuenca: alcanzar el vertido cero de aguas sin adecuado tratamiento al Mar Menor, que en específicas masas de agua el nivel de fósforo total no supere una determinada cuantía, etc.[49].

La Ley de residuos y suelos contaminados establece los fines generales de la planificación en ese ámbito: "facilitar la reutilización, el reciclado, la valorización y la eliminación de los residuos", para los planes autonómicos de gestión de residuos, y reducir "la cantidad de residuos generados" y "la cantidad de sustancias peligrosas o contaminantes", para los programas de prevención de residuos[50]. En ese marco, el Plan de Gestión Integral de Residuos de Aragón 2018-2022 fija los objetivos concretos de reducir en un 10% la generación de residuos, alcanzar el reciclado de un 50% de los residuos domésticos y comerciales, valorizar el 70% de los residuos de construcción y demolición[51], etc.

---

49 Véase el Anexo X del Real Decreto 1 del 8 de enero de 2016, por el que se aprueba la revisión de los Planes Hidrológicos de las demarcaciones hidrográficas del Cantábrico Occidental, Guadalquivir, Ceuta, Melilla, Segura y Júcar, y de la parte española de las demarcaciones hidrográficas del Cantábrico Oriental, Miño-Sil, Duero, Tajo, Guadiana y Ebro, *BOE* del 19 de enero de 2016, p. 3909.

50 Véanse los artículos 14.2 y 15.1 de la Ley 22 del 28 de julio de 2011, de residuos y suelos contaminados; y, hoy, artículos 14.1, 15.2 y 18.1 (bastante más detallado que el de la ley derogada) de la Ley 7.ª del 8 de abril de 2022, de residuos y suelos contaminados para una economía circular.

51 Plan de Gestión Integral de Residuos de Aragón 2018-2022, aprobado por Acuerdo del Gobierno de Aragón del 24 de julio de 2018 (conforme a la ley de 2011), p. 17.

A pesar de que lo más característico de la Administración planificadora es que su actividad está dirigida por normas con estructura de principios, las leyes reguladoras de la planificación también se valen de reglas o programas condicionales (en ocasiones, denominados "estándares") para predeterminar el contenido del plan. Por ejemplo, el artículo 36 de la Ley 12 del 5 de diciembre de 2008, de Servicios Sociales País Vasco, obliga a que el Plan Estratégico de Servicios Sociales prevea unas coberturas y unas intensidades mínimas estándar, que se fijan por reglamento autonómico en función de la población municipal y de si se trata de zonas rurales o de zonas especialmente desfavorecidas o degradadas.

También es objeto de regulación por estas leyes (e instrumento de dirección de la actividad administrativa) el procedimiento de elaboración y aprobación de los planes. En ese contexto, para algunos planes hay que situar las reglas relativas a la fijación administrativa de los hechos, destinadas a garantizar la seriedad del análisis fáctico de la realidad de las cosas y de su evolución; por ejemplo, también en el ámbito de la planificación hidrológica: la preceptiva descripción e inventario de recursos y usos existentes y demandas futuras (art. 42.1 TRLA), los datos necesarios para caracterizar las demandas de agua (art. 13.1 RPH) y las normas detalladas sobre la forma de calcular la demanda futura para abastecimiento de poblaciones (art. 14.1 a RPH), así como la forma de evaluar el estado de las aguas superficiales (art. 31 RPH), etc.

En ocasiones la ley reguladora del plan prevé varios niveles o escalones en la planificación. Este es el caso de la legislación estatal de carreteras (planes y programas, que también tienen la naturaleza de planes)[52] y es el modelo tradicional en la legislación urbanística (plan general de ordenación urbana, plan parcial, plan especial, etc.). Entonces, al regular el contenido de cada uno de esos instrumentos la ley reparte las decisiones que se deben adoptar en cada estrato planificador.

Es frecuente que la ley dirija la actividad planificadora del ejecutivo en un ámbito de su actuación por referencia a otras planificaciones, cuando establece normas sobre las relaciones recíprocas y la prevalencia entre planes. Las decisiones de un plan pueden tener el carácter de reglas (de

---

52 Véanse los artículos 7.º y 10.º de la Ley 37 de 29 de septiembre de 2015, de carreteras.

vigencia o prevalencia incondicionada) o principios (cuando se prevén como decisiones derrotables tras un juicio de ponderación) en relación con otros planes[53]. Determinadas decisiones de los planes hidrológicos de cuenca vinculan como reglas ("deberán ser respetadas", se dispone expresamente) los planes de urbanismo (art. 43.3 TRLA). Todavía más lejos llega la legislación de carreteras del Estado: no es que las decisiones del plan estatal de carreteras vinculen como reglas los planes autonómicos de ordenación territorial y los municipales de urbanismo, es que esa prevalencia incondicionada sobre dichos planes autonómicos y municipales se atribuye a la aprobación definitiva (y, con algunos requisitos, a la inicial) de los "estudios de carreteras"[54]. Por el contrario, las decisiones de un Plan de Ordenación de los Recursos Naturales vinculan solo como principios los "planes sectoriales" de cualquier Administración, en los que, en consecuencia, se podrá derrotar el estándar de protección medioambiental que haya establecido el PORN con la invocación motivada (ponderada) de otras "razones imperiosas de interés público de primer orden"[55].

Esta cuestión de las relaciones de coordinación o prevalencia entre planes es, por cierto, especialmente relevante para los planes de ordenación del territorio. Por definición la competencia de ordenación del territorio presenta un carácter integrador, o materialmente coordinador, de otras competencias cuyo ejercicio tiene una proyección sobre el territorio (aguas, carreteras, ferrocarriles, puertos, aeropuertos, defensa, urbanismo, etc.). Interesa destacar que es evidente que la competencia autonómica sobre ordenación del territorio no puede atraer hacia la Comunidad Autónoma (y, por tanto, vaciar de contenido) las competencias estatales relativas a las decisiones de por dónde se traza una carretera o una línea de ferrocarril estatales (art. 149.1.21 CE), dónde se instala un campo de tiro militar (art. 149.1.4 CE), o una gran obra pública estatal (art. 149.1.24 CE), o cómo se delimita el perímetro de un puerto o un aeropuerto de interés general (art. 149.1.20 CE). En el otro extremo, sin embargo, también está claro que,

53 Sobre esto, por ejemplo, Wolfgang Köck. "Pläne", cit., pp. 1419.

54 Véase el artículo 16.3 y 4 de la Ley 37 del 29 de septiembre de 2015, de carreteras.

55 Véase el artículo 19.3 de la Ley 42 del 13 de diciembre de 2007, del Patrimonio Natural y de la Biodiversidad.

precisamente por su carácter integrador y global, la competencia sobre ordenación del territorio no puede consistir, sin más, en levantar el plano gráfico para el territorio autonómico resultante de aceptar decisiones que han adoptado otros[56].

En este trabajo no se puede realizar un examen detallado de la cuestión[57] puesto que solo tiene como objeto los planes y no, por ejemplo, las actuaciones sectoriales del Estado que no hayan sido objeto de planificación previa y que pretendan imponerse frente a un plan autonómico de ordenación del territorio. Sin embargo, en términos generales se puede afirmar que el establecimiento, por la legislación del Estado, de la prevalencia incondicionada (como reglas) de las decisiones contenidas en sus planes sectoriales sobre la planificación del territorio de la comunidad autónoma tenderá a vaciar a esta de contenido propio. Se dificultará que alguna instancia de gobierno, que debe ser la autonómica (porque así lo establecen la Constitución y los estatutos de autonomía) planifique el territorio con esa perspectiva integradora y global. La técnica de la vinculación a las decisiones de la planificación sectorial como principios ponderables (aunque se exija "mucho peso" a las razones imperiosas de sentido opuesto que puedan derrotarlos) parece más conforme con la propia finalidad de los planes de ordenación del territorio, aunque se comprenda que provoque desconfianza cuando no se entiende que la lealtad institucional también obliga a realizar juicios ponderativos con rigor metodológico.

Desde luego, no será posible que la planificación territorial cumpla su función propia cuando su aprobación se someta a la técnica (tan poco ponderativa y tan primitiva, si se permiten las dos expresiones) de los múltiples informes vinculantes de la Administración competente para las actuaciones sectoriales con proyección territorial[58] (cada uno de ellos, además, posi-

---

56 Así lo han destacado, por ejemplo, las SSTC 149 del 4 de julio de 1991 (sobre la Ley de costas), FJ 1 B; y 40 del 19 de febrero de 1998 (sobre la Ley de puertos del Estado), FFJJ 29 y 30.

57 Sobre la cuestión, por ejemplo, Manuel Jiménez Dorantes. *Coordinación interadministrativa en la ordenación territorial*, Madrid, Marcial Pons, 2003.

58 Así, aunque con referencia expresa al supuesto –en este punto análogo– del plan general de ordenación urbana, José María Baño León. "La obsolescencia de la idea de plan general", *REALA*, n.º 13, 2020, p. 14.

blemente emitidos sin consideración de los demás y sin la exigencia de que exista una planificación sectorial previa), cuya correcta integración global y coherente en el territorio es precisamente uno de los objetivos prioritarios del plan de ordenación territorial. Una posible solución a la insatisfactoria situación normativa actual sobre esta cuestión sería la regulación de un procedimiento único y general de aprobación de infraestructuras territorialmente relevantes en cuya sede pudiera producirse más adecuadamente la armonización con la ordenación territorial y urbanística[59].

2. LA RESERVA DE LEY

En ocasiones el ejecutivo (estatal o autonómico) aprueba planes que no cuentan con ninguna regulación legal previa[60], lo que no es extraño si se tiene en cuenta que la planificación en sí no es objeto de ninguna reserva constitucional de ley. La Constitución dispone directamente que se aprueben por ley planificaciones concretas, como la de la actividad económica general (art. 131 CE) y los presupuestos generales del Estado (art. 134 CE). Pero, para pronunciarse sobre si la planificación administrativa de una determinada materia debe estar regulada previamente por ley y con qué densidad, es preciso responder fundamentalmente tres interrogantes: i) ¿la materia objeto del plan está reservada a la ley? (p. ej., régimen jurídico de las aguas como bienes de dominio público, art. 132.1 CE); ii) ¿la reserva de ley incluye la regulación de la planificación? (¿forma parte de la regulación del régimen jurídico de las aguas la específica regulación de los planes hidrológicos?); y iii) ¿qué aspectos de la planificación deben ser regulados por ley? (¿con qué densidad debe disciplinar la ley la planificación de las aguas?). La respuesta positiva a las dos primeras preguntas condiciona la

59 Así, Luciano Parejo Alfonso. "El procedimiento administrativo de la planificación", cit., p. 218.

60 Este es el caso, por ejemplo, de la Agenda para la población de Castilla y León 2010-2020, aprobada por Acuerdo 44 del 14 de mayo de 2010, de la Junta de Castilla y León; y modificada por Acuerdo 44 del 31 de agosto de 2017, de la Junta de Castilla y León; y de la Estrategia Regional de la Comunidad Autónoma de Cantabria frente al reto demográfico y lucha contra la despoblación 2021-2027, aprobada por Acuerdo del Consejo de Gobierno de Cantabria, del 13 de mayo de 2021.

admisibilidad de la planificación administrativa a que el legislador la haya previsto previamente y prohíbe el plan administrativo no regulado por la ley[61]. La tarea de interpretación constitucional planteada por esos tres interrogantes, como es obvio, no será siempre sencilla.

En primer lugar, prestemos atención a la reserva de ley en materia de derechos fundamentales establecida por el artículo 53.1 CE. No hay duda de que las planificaciones, como la de protección medioambiental, la de ordenación del territorio y la urbanística, cuyo objeto afecta sobre todo al derecho de propiedad (art. 33 CE) y a la libertad de empresa (art. 38 CE) de los ciudadanos, y suelen aprobarse con el carácter vinculante propio de normas o resoluciones administrativas, constituyen intervenciones calificables como clásicas en esos derechos fundamentales y, en consecuencia, activan la mencionada reserva de ley. Es tradicional, por ejemplo, la explicación del contenido de la mayor parte de las leyes urbanísticas como la regulación de la planificación que va a determinar las facultades de la propiedad urbanística y que, por tanto, debe cumplir con las exigencias de la reserva constitucional de ley en esa materia[62].

En términos generales se puede afirmar que para estos planes la ley debe regular suficientemente el sujeto al que se atribuye el poder planificador (competencia), el procedimiento a través del cual se ejercerá la discrecionalidad planificadora, los objetivos del plan y los principios, en especial aquellos relativos a los bienes colectivos en los que se concreta el interés público, que podrán ponderarse con las exigencias *prima facie* de los derechos fundamentales[63].

En segundo lugar, es preciso hacer referencia a los principios rectores de la política social y económica (capítulo tercero del título primero de la

---

61 Así, aunque sin referirse específicamente a la planificación administrativa, Luis Arroyo Jiménez. "Las bases constitucionales del Derecho administrativo", cit., p. 596.

62 En términos parecidos, véase Tomás-Ramón Fernández Rodríguez. *Manual de Derecho urbanístico*, 6.ª ed., Madrid, El Consultor, 1986, pp. 43-47.

63 Así, para el Derecho alemán, Peter Badura. "Das Planungsermessen und die rechtsstaatliche Funktion des Allgemeinen Verwaltungsrechts", en *Verfassung und Verfassungsrechtsprechung. Festschrift zum 25-jährigen Bestehen des Bayerischen Verfassungsgerichtshofs*, Múnich, Boorberg, 1972, pp. 174-175, que se cita frecuentemente en la literatura alemana sobre esta cuestión.

Constitución), en cuyo ámbito material existen, de hecho, multitud de planificaciones, por ejemplo, sobre promoción de la ciencia y la investigación (art. 44.2 CE), de protección del medio ambiente (art. 45 CE), de vivienda (art. 47 CE), de promoción de la juventud (art. 48), de protección de las personas mayores (art. 50 CE) y con discapacidad (art. 49 CE), etc., reguladas por las leyes. Sin embargo, la pregunta que procede formular aquí es si esa regulación legal es una exigencia constitucional.

Es sabido que el debate constitucional en relación con el régimen dispuesto por el artículo 53.3 CE para esos principios rectores se ha centrado, en buena medida, en discutir lo que para ellos podría extraerse ya directamente de la Constitución y cuánto quedaría remitido a la intervención del legislador[64]. La preponderancia de este foco del debate ha hecho infrecuente el planteamiento relativo a si la expresión "lo que dispongan las leyes que los desarrollen" (no muy distinta en su literalidad a otras fórmulas que se tienen como reservas constitucionales a la ley), contenida en el artículo 53.3 CE, puede interpretarse en el sentido de que establezca una reserva de ley general para la regulación de los mencionados principios rectores. La cuestión se puede dejar abierta.

No obstante, la jurisprudencia constitucional se ha referido, al menos, a la existencia de un "mandato al legislador" que debe desarrollar el contenido de esos preceptos constitucionales[65]. Obviamente, la reserva de ley también es un mandato dirigido al legislador para que regule una materia que, además, tiene el efecto de excluir la regulación reglamentaria mientras el órgano legislativo no haya cumplido cabalmente su encargo regulatorio[66]. Por el contrario, este segundo efecto prohibitorio de la regulación

---

64 Sobre esto, por ejemplo, Javier Jiménez Campo. *Derechos fundamentales. Concepto y garantías*, Madrid, Trotta, 1999, pp. 121-132 y Tomás de la Quadra-Salcedo Janini. *Los derechos fundamentales económicos en el Estado social*, Madrid, Marcial Pons, 2022, pp. 19-29.

65 Así, por ejemplo, STC 45 del 20 de febrero de 1989, FJ 4: "el mandato a los poderes públicos y, en especial, al legislador, en el que cada uno de esos principios por lo general se concreta".

66 Así, Ignacio de Otto. *Derecho constitucional...*, cit., pp. 151-154 y José María Baño León. *Los límites constitucionales de la potestad reglamentaria (remisión normativa y reglamento independiente en la Constitución de 1978)*, Madrid, Civitas, 1991, pp. 86-91.

reglamentaria no se deduciría de ese tipo de "mandato al legislador" que se deriva normalmente del citado artículo 53.3 CE.

Como se ha dicho, en cualquiera de los dos casos, ya sea que se entienda que el artículo 53.3 CE contiene una verdadera reserva de ley, o que es un simple "mandato al legislador" con el contenido mencionado, aunque se pueda aceptar que los poderes públicos están constitucionalmente obligados a actuar en estos ámbitos con políticas previsoras que anticipen problemas y fijen objetivos de desarrollo y transformación social, también es necesario concluir que esa obligación se puede cumplir regulando y articulando la actuación estatal de formas diversas. El procedimiento formal de la planificación y su resultado, el plan, optimizan por razones diversas el principio del Estado social, pero no son imperativos constitucionales en el ámbito de los principios rectores de la política social y económica. Por tanto, parece que ni la eventual reserva de ley que se dedujera del artículo 53.3 CE, ni el mandato de regulación dirigido al legislador que expresamente se ha reconocido en él por la jurisprudencia constitucional incluyen la planificación como parte de su contenido. En este ámbito es constitucionalmente posible, por una parte, que no existan planes y, por otra, que existan planes no regulados por la ley.

En materia de Derecho de organización, la limitación de la autonomía local (arts. 137, 140 y 141 CE), que supone la coordinación de la actividad de las entidades locales mediante la planificación en los términos del artículo 59 LBRL, está reservada a la ley, por ejemplo, a través de los planes de la práctica administrativa autonómica en materia de servicios sociales, salud y carreteras. Dicho precepto reserva a la ley (del Estado o de la comunidad autónoma) que disciplina los distintos sectores de la acción pública la atribución al Gobierno de la Nación, o de la comunidad autónoma, la facultad de coordinar la actividad de las entidades locales a través de planes sectoriales (art. 59.1 LBRL). La ley debe regular dicha planificación con el suficiente grado de detalle, de forma que se identifiquen las condiciones y los límites de la coordinación, así como las modalidades de control que se reserven las cortes generales o las correspondientes asambleas legislativas (art. 59.2 LBRL).

Para las comunidades autónomas este precepto del bloque de la constitucionalidad (art. 28.1 LOTC), que funciona como canon de la constitucionalidad de las normas autonómicas, establece una reserva de ley en cuanto a la regulación de la planificación en los términos mencionados, y cuya fuerza vinculante es similar a la de una reserva constitucional de ley. Sin embargo, para el Estado esa norma básica estatal aprobada por ley ordinaria no puede pretender vincular al legislador estatal futuro[67]. Pero sí surte para el ejecutivo estatal, al menos, los mismos efectos que una reserva legal de ley: mientras el artículo 59 LBRL esté en vigor no se puede regular por reglamento una planificación que no haya sido regulada por ley, ni el Gobierno puede aprobar un plan sin la previa regulación legal que prevé el precepto.

En otros concretos preceptos de la Constitución también se puede apoyar el debate sobre la posible reserva de ley relativa a planificaciones específicas. Se ha hecho referencia atrás al artículo 132.1 CE, que reserva a la ley la regulación del "régimen jurídico de los bienes de dominio público", entre ellos, por ejemplo, las aguas. En abstracto puede ser difícil argumentar que la planificación forma parte constitucionalmente necesaria de la materia identificada con el concepto "régimen jurídico". Pero si, como es el caso, del Derecho de la Unión Europea se deriva que la planificación de las aguas es una obligación del Estado miembro, esto es, que deben existir los planes hidrológicos de cuenca[68], lo difícil entonces será justificar que la regulación de esa planificación no cae bajo la reserva de ley mencionada.

Por su parte, para los planes que se aprueban en forma de disposición o resolución administrativa se puede argumentar que sobre el procedimiento de la planificación también se proyectan las reservas de ley del procedimiento administrativo que precede a la norma o al acto (art. 105 a y c CE). Más esfuerzo requerirá, posiblemente, la justificación de que la regulación de la planificación administrativa de recursos humanos[69] cae

---

67 Sobre esto, José María Rodríguez de Santiago. "Una escala de la planificación…", cit., pp. 89-90.

68 Véase, por ejemplo, el artículo 13 de la Directiva Marco del Agua, como se conoce la Directiva 2000/60/CE del Parlamento Europeo y del Consejo, del 23 de octubre de 2000, por la que se establece un marco comunitario de actuación en el ámbito de la política de aguas.

69 Efectivamente regulada por los artículos 69 y 70 del Texto Refundido de la Ley del Estatuto Básico del Empleado Público, aprobado por Real Decreto Legislativo 5 del 30 de octubre de 2015.

necesariamente bajo el ámbito material de la reserva de ley en materia de función pública (art. 103.3 CE).

D. DERECHOS FUNDAMENTALES Y PROPORCIONALIDAD

Precisamente, la dogmática sobre los derechos fundamentales y la dogmática sobre la planificación tienen en común que son los dos ámbitos del Derecho público en los que se ha construido la teoría de la ponderación a partir de la vigencia en ellos de la idea de los mandatos de optimización[70]. Es posible sostener que no en todas las planificaciones son igualmente rigurosas las exigencias de la ponderación. Cuanto más directamente afectados por el plan se encuentren los derechos fundamentales de los ciudadanos, más cuidado podrá demandarse de los juicios de ponderación que los enfrentan a derechos fundamentales de otros o a intereses públicos. Cuanto más se aleje el plan de ese nivel de interferencia con las posiciones *iusfundamentales* del individuo, y más se centre aquel en el cumplimiento de la tarea de fijar prioridades políticas del ejecutivo, menos vinculadas metodológicamente estarán las ponderaciones entre mandatos de optimización.

Al órgano que decide sobre el plan, sobre todo en los casos en los que se ven afectados derechos fundamentales, se le impone la ponderación como método de decisión (norma de conducta). Al órgano judicial que, en su caso, controla la decisión planificadora administrativa en esa materia se le ofrece y se le exige el test del principio de proporcionalidad como método de revisión o escrutinio (norma de control)[71].

E. PROCEDIMIENTO ADMINISTRATIVO Y CONTROL JUDICIAL

En el ejercicio de la función estatal planificadora se adscriben también al principio estructural del Estado de Derecho (art. 1.1 CE), tanto la

---

70 Sobre esto, por ejemplo, José María Rodríguez de Santiago. *La ponderación de bienes e intereses en el Derecho administrativo*, Madrid, Marcial Pons, 2000, pp. 21-39.

71 Sobre esto, Luis Arroyo Jiménez. "Ponderación, proporcionalidad y Derecho administrativo", cit., pp. 34-35.

articulación de posibilidades de defensa de los ciudadanos a través de la audiencia en el procedimiento administrativo previo a la aprobación del plan, cuando este afecta a sus derechos e intereses por adoptarse aquel en forma normativa (art. 105a CE) o resolutiva (art. 105c CE), como el control judicial de estos planes (art. 106.1 CE en relación con el art. 24.1 CE).

En su condición de derecho fundamental reconocido en el artículo 41 CDFUE, el derecho a una buena administración vincula, como se sabe, en principio, solo a las autoridades europeas y no a las nacionales; pero como principio general del Derecho proclamado por el Tribunal de Justicia de la Unión Europea vincula también a los Estados miembros cuando ejecutan el Derecho de la Unión[72]. Sus exigencias procedimentales (imparcialidad, objetividad y cuidado, motivación, etc.) se hacen entonces relevantes para los planes que se dictan en procedimientos compuestos de planificación en varios niveles (nacional y europeo), como la que da lugar a la Red Natura 2000[73]; y para los planes que dictan los Estados miembros en cumplimiento de obligaciones de planificar impuestas por el Derecho de la Unión Europea, como es el caso de los planes de residuos[74].

Precisamente para el ámbito de la Administración conformadora, cuyo exponente paradigmático es el de la planificación, se ha destacado la idea de que el déficit de dirección o programación material de las leyes reguladoras de esta actividad administrativa (que, como se ha expuesto, se valen principalmente de programas finales) puede ser compensado por la estructura de las regulaciones procedimentales (y organizativas) diseñadas para cumplir con la tarea encomendada por la ley (la aprobación del plan). Si esas reglas de procedimiento (en su caso, complementadas por reglas organizativas) garantizan que la debilitada programación material de la norma será completada y concretada de forma diligente y neutral con respecto a los intereses afectados, se pueden aceptar algunas indeterminaciones materiales, y en ese sentido se ha hablado de una "diversidad en

---

72 Ibíd., p. 622.

73 Véase el artículo 4.º de la Directiva 92/43/CEE del Consejo, del 21 de mayo de 1992, relativa a la conservación de los hábitats naturales y de la fauna y flora silvestres.

74 Véanse los artículos 28 y 29 de la Directiva 2008/98/CE del Parlamento Europeo y del Consejo, del 19 de noviembre de 2008, sobre los residuos; modificados por la Directiva (UE) 2018/851 del Parlamento Europeo y del Consejo, del 30 de mayo de 2018.

el nivel exigido de determinación de la norma"[75]. Es ya una idea conocida en el ámbito de la planificación urbanística, por ejemplo, que la débil vinculación de la Administración a los programas finales que le fija la ley se compensa con las exigencias de un procedimiento administrativo especialmente riguroso[76].

III. PLANIFICACIÓN Y DEMOCRACIA

A través de formas diversas la planificación realiza la decisión constitucional relativa a que el ejercicio del poder, en concreto, del ejecutivo, sea reconducible al pueblo (art. 1.2 CE). Por lo pronto, la autorización del Parlamento de lo que gasta la Administración a través de la aprobación de un plan, como los presupuestos (art. 66.2 CE en relación con el art. 134.2 CE), se ha explicado tradicionalmente como una forma clásica en la democracia de dirigir (y, con ello, dotar de legitimidad democrática a) la actividad administrativa.

En relación con la ley aprobatoria de los presupuestos generales del Estado, con ocasión del análisis jurídico de los planes de desarrollo de la dictadura franquista, se planteó y se discutió hace décadas la cuestión relativa a si un plan adoptado por ley podía vincular las posteriores leyes aprobatorias de los presupuestos, en el sentido de obligar al Parlamento a autorizar los créditos destinados a dar cobertura a los gastos previstos en la anterior ley del plan[77]. A mi juicio, en el ordenamiento constitucional vigente, la misma regla, derivada del principio democrático, que permite al legislador de hoy derogar la ley de ayer, es la que impide también a la anterior ley del plan la pretensión de vincular a la posterior ley de

---

75 Así, Eberhard Schmidt-Aßmann. *Verwaltungsrechtliche Dogmatik*, Tübingen, Mohr Siebeck, 2013, p. 42, con cita de F. Reimer.

76 Para los diversos ámbitos de actuación discrecional de la Administración, la idea es reiterada en J. Ponce Solé (2001, pp. 116-118, *passim*).

77 Véanse Alfredo Gallego Anabitarte. "Plan y presupuesto como problema jurídico en España..., cit., pp. 375-377, con más referencias; Sebastián Martín-Retortillo Baquer. Ob. cit., pp. 371-372.

presupuestos[78]. Esto es así, naturalmente, salvo que exista un precepto constitucional que prevea lo contrario y limite el poder decisorio del legislador presupuestario vinculándolo a una decisión legislativa planificadora previa, como sucede, según parece, por ejemplo, con los artículos 91.1 y 105.2 de la Constitución portuguesa de 1976[79].

La participación del Parlamento en el procedimiento de planificación incrementa el vínculo que conecta el plan con el órgano primario de representación democrática. Esto sucede singularmente en el caso de los planes que se aprueban en forma de ley. Cuando la Constitución o la ley no reservan a ese órgano la aprobación del plan, el Gobierno de la Nación ostenta una facultad discrecional para requerir del Congreso un pronunciamiento sobre algún programa o plan, que podrá debatirse en Comisión o en el Pleno (art. 198 del Reglamento del Congreso de los Diputados). La ley también puede obligar al Gobierno (nacional o autonómico) a dar traslado del plan al órgano legislativo a efectos informativos[80], a informar periódicamente sobre los progresos y avances de un plan determinado ante el Parlamento[81] o a enviar los informes de seguimiento del plan a ese órgano para su análisis[82].

Por su parte, el Gobierno también incrementa la legitimidad democrática de la actividad administrativa cuando ejerce efectivamente su función

---

78 Sobre esto, por ejemplo, Luis María Díez-Picazo Giménez. *La derogación de las leyes*, Madrid, Civitas, 1990, pp. 97 y ss.

79 Utiliza la referencia de Derecho comparado Sebastián Martín-Retortillo Baquer. Ob. cit., pp. 390-392.

80 Así, artículo 35.1 de la Ley 12 del 5 de diciembre de 2008, de Servicios Sociales País Vasco, en relación con el Plan Estratégico de Servicios Sociales.

81 Así, por ejemplo, el artículo 22 del Real Decreto-ley 36 del 30 de diciembre de 2020, por el que se aprueban medidas urgentes para la modernización de la Administración Pública y para la ejecución del Plan de Recuperación, Transformación y Resiliencia: "El Gobierno informará trimestralmente sobre los progresos y avances del Plan de Recuperación, Transformación y Resiliencia ante la Comisión Mixta para la Unión Europea de las Cortes Generales".

82 Así, por ejemplo, artículo 18.5 de la Ley 2 del 7 de mayo de 2021, de Medidas Económicas, Sociales y Tributarias frente a la Despoblación y para el Desarrollo del Medio Rural en Castilla-La Mancha, con respecto a la Estrategia Regional frente a la Despoblación.

de dirigirla (para el Estado: art. 97 CE) a través del plan, e impone a la Administración criterios materiales para su actuación que derivan del cumplimiento de los objetivos fijados y las medidas adoptadas por aquel. El plan actúa como correa de transmisión de esa legitimidad y puede "configurar positivamente el contenido de la actuación administrativa con distintos grados de predeterminación"[83], en función del carácter indicativo o vinculante (política o jurídicamente) de la planificación. En el supuesto de los planes normativos adoptados por el Gobierno la Administración queda en la situación de "sometimiento pleno" a la norma (art. 103.1 CE) que aprueba el plan.

IV. PLANIFICACIÓN Y ESTADO SOCIAL

Además de incrementar el volumen de las tareas de las que el Estado se hace responsable, la decisión constitucional en favor del Estado social le impone un específico mandato de intervención dirigida a transformar las estructuras sociales y económicas en las que tienen que hacerse reales y efectivas la libertad y la igualdad de los ciudadanos (art. 9.2 CE). Como ya se ha expuesto, la estructura procedimental característica de la planificación parte del análisis de la realidad de las cosas en un determinado ámbito social, para fijar objetivos concretos de transformación a través de medidas adecuadas para la consecución de esos objetivos, e incluye la evaluación de la eficacia en la aplicación de esas medidas en la fase de seguimiento del plan. Por su propia estructura definitoria la planificación constituye una forma de actuación estatal óptima al servicio del cumplimiento eficaz de los mandatos de intervención de carácter social que el Estado recibe de la Constitución y las leyes.

Para la adecuada realización de sus fines sociales le corresponde al Estado crear las estructuras procedimentales (y organizativas) que le permitan convertir eficazmente (art. 103.1 CE) en realidad empírica aquellas directivas materiales. Por eso, en la cláusula del Estado social del artículo 1.1 CE se ha de situar también una vertiente institucional, o dimensión

---

83 Así, aunque sin expresa referencia a la planificación, Luis Arroyo Jiménez. "Las bases constitucionales del Derecho administrativo", cit., p. 644.

instrumental[84], cuyo contenido se puede explicar como un "principio formal" del Estado social[85]. El plan es una de las más importantes piezas de ese conjunto de instrumentos procedimentales al servicio del Estado social, como lo demuestra el hecho de que una gran parte de las leyes reguladoras de la actuación social del Estado acuden a la planificación: en el ámbito de la protección medioambiental (art. 45 CE), de la vivienda y el urbanismo (art. 47 CE), de la sanidad (art. 43 CE), de los servicios sociales (arts. 49 y 50 CE), etc.

V. PLANIFICACIÓN Y ESTADO DESCENTRALIZADO

A. PLANIFICACIÓN Y AUTONOMÍA

Es una obviedad que, en términos generales, como función pública la planificación no está atribuida a ninguna organización jurídico-pública de carácter territorial con carácter exclusivo. De la planificación se ha dicho que, en realidad, consiste en un método de ejercicio de determinadas competencias materiales[86]. Cada organización territorial planifica, tendencialmente de forma autónoma (después se hablará de la coordinación que se ejerce a través de los planes), en el ámbito de las competencias de las que sea titular y para cuyo ejercicio sea adecuada la forma del plan. El Estado introduce una metodología racional en el ejercicio de su competencia sobre obras públicas de interés general (art. 149.1.24 CE) cuando decide planificar su ejecución, como sucede cuando la comunidad autónoma o los municipios (art. 25.2d LBRL) planifican las obras públicas de su competencia, estos últimos con la posible cooperación de la provincia a través del plan provincial de cooperación a las obras y servicios de competencia municipal (art. 36.2a LBRL).

---

84 Ibíd., p. 629.

85 Así, Rainer Pitschas. "Formelles Sozialstaatsprinzip, materielle Grundrechtsverwirklichung und Organisation sozialer Dienstleistungen", *Vierteljahresschrift für Sozialrecht*, t. 8, 1977, pp. 167, a quien se atribuye habitualmente la creación de la expresión "principio formal del Estado social".

86 Así, Werner Hoppe. "Planificación", cit., p. 200.

El esquema de la planificación escalonada por niveles territoriales de gobierno se da frecuentemente en la práctica en los ámbitos en los que, en todos o en algunos de esos niveles, se localizan competencias idóneas para el plan: carreteras (Estado, comunidades autónomas y entidades locales), servicios sociales (comunidades autónomas y municipios), planes contra la despoblación, medio ambiente, etc.

B. PLANIFICACIÓN Y REPARTO DE COMPETENCIAS ENTRE EL ESTADO Y LAS COMUNIDADES AUTÓNOMAS

Pero, como sucede con cualquier función pública, para planificar en una materia se debe tener una competencia, en concreto, una competencia que se pueda ejercer adecuadamente mediante la aprobación del plan de que se trate. Esto plantea algunos problemas en el ámbito de la distribución de competencias entre el Estado y las comunidades autónomas, por ejemplo, en relación con el ejercicio de la competencia que tiene el Estado para fijar normas básicas en algunas materias, como es el caso de la protección del medio ambiente (art. 149.1.23 CE).

Evidentemente el Plan Estatal Marco de Gestión de Residuos 2016-2022[87] carece de cualquier pretensión normativa y tiene un carácter puramente indicativo. En esas circunstancias no parece posible determinar en ejercicio de qué competencia aprueba el Estado ese plan[88]. Si con los objetivos y medidas adoptados por el plan pretendiera el Estado fijar bases normativas en materia de protección medioambiental (que es la única función que a aquel corresponde conforme al art. 149.1.23 CE en ese ámbito en el que el Estado no tiene reconocida expresamente la tarea de la coordinación), es obvio que el plan debería tener carácter normativo y

---

87 Aprobado por Acuerdo (y no por Real Decreto, lo que es un indicio de su falta de pretensión normativa, conforme a lo dispuesto por el art. 24 LGob) del Consejo de ministros del 6 de noviembre de 2015, en aplicación del artículo 14.1 de la (hoy derogada) Ley 22 del 28 de julio de 2011, de residuos y suelos contaminados.

88 Sobre esto, aunque en relación con los planes nacionales de residuos previstos en la Ley 10.ª de 1998, de 21 de abril, de Residuos, véase Julia Ortega Bernardo. "Los planes de residuos autonómicos ante nuevos requerimientos del derecho comunitario", *Revista Española de Derecho Administrativo*, n.º 45, 2010, pp. 138-140.

vinculante. Solo de esa manera se puede cumplir adecuadamente la función de las bases estatales de establecer el "mínimo común denominador"[89] regulatorio que garantice una uniformidad normativa relativa en todo el territorio nacional. Sin forma normativa, y a través de un plan indicativo y no vinculante para las comunidades autónomas, no se puede ejercer una competencia sobre fijación de las bases en una materia.

Consideraciones análogas se pueden realizar en relación con aquellos planes estatales que fijan el destino de las inversiones públicas, o de las líneas de subvenciones financiadas con fondos procedentes de los presupuestos del Estado, en ámbitos materiales situados bajo la cobertura competencial (más o menos exclusiva) de las comunidades autónomas. Un ejemplo reciente y de enorme magnitud de ese tipo de planes es el Plan de Recuperación, Transformación y Resiliencia de 2021.

Es conocida la jurisprudencia constitucional que declaró en esta materia, en síntesis: que el Estado puede gastar en ámbitos competenciales que le son ajenos, pero el poder de gasto del Estado no altera, en lo demás, las reglas de distribución de competencias entre este y las comunidades autónomas; que el interés público que persigue el Estado con su financiación se ha de realizar a través y no a pesar de ese reparto competencial, y que "el Estado no puede condicionar las subvenciones o determinar su finalidad más allá del alcance de los títulos en que ampare su intervención"[90].

Pues bien, en los ámbitos en los que el Estado ostente competencias normativas (plenas o básicas) que le permitan regular el régimen material de las subvenciones aquellas no pueden considerarse ya ejercidas con la adopción del plan. El Plan de Recuperación, Transformación y Resiliencia no ha sido aprobado en forma normativa y, por tanto, no puede cumplir la función de condicionar las subvenciones o determinar su finalidad, aunque contuviera criterios materiales que aparentemente pudieran hacerlo. Para condicionar materialmente el destino de los fondos estatales en esos ámbitos competenciales no basta con ese plan. Para "regular el modo, las condiciones y la manera" (como dice la STC 13/1992, FJ 7) en que han de

89 Así, por ejemplo, STC 134 del 16 de noviembre de 2017, FJ 4.

90 Sobre esto, fundamentalmente, STC 13 del 6 de febrero de 1992, en especial, FJ 7 (de donde procede la expresión entre comillas).

emplearse por las comunidades autónomas los fondos estatales transferidos será necesario, entonces, aplicar los criterios contenidos en las normas estatales vigentes en cada materia subvencionada, o los de otras normas que apruebe el Estado, en su caso, en ejecución del plan. En definitiva, la adopción de un plan no normativo no puede servir para ejercer competencias que requieren la aprobación de normas.

Desde esa perspectiva, por el contrario, los planes estatales de vivienda no plantean problemas. La razón es que la parte de esos planes en la que se adoptan las medidas relativas a los requisitos de las ayudas que otorga la comunidad autónoma con fondos procedentes del Estado se aprueba por norma reglamentaria en forma de Real Decreto[91].

Distinto es el supuesto del ejercicio de la función que al Estado se atribuye de coordinación de las competencias autonómicas en diversos ámbitos materiales: ordenación general de la economía (art. 149.1.13 CE), investigación científica y técnica (149.1.15 CE) y sanidad (art. 149.1.16 CE). La jurisprudencia constitucional ha determinado el contenido de esa función coordinadora mucho más por su conexión con una finalidad que por su vinculación a una concreta forma jurídica. El ejercicio de la competencia de coordinación "persigue la integración de la diversidad de las partes o subsistemas en el conjunto o sistema", y se lleva a cabo mediante

> … la fijación de medios y sistemas de relación que hagan posible la información recíproca, la homogeneidad técnica en determinados aspectos y la acción conjunta de las autoridades estatales y comunitarias en el ejercicio de sus respectivas competencias, de tal modo que se logre la integración de actos parciales en la globalidad del sistema[92].

Por principio, nada impide que un plan estatal sea un instrumento idóneo para cumplir con esa finalidad. Incluso, se puede admitir que ni siquiera es necesario que el plan tenga eficacia vinculante en aquellos casos en que, en atención a las circunstancias, un plan meramente indicativo (que

---

91 Véase, por ejemplo, el Real Decreto 2066 del 12 de diciembre de 2008, por el que se regula el Plan Estatal de Vivienda y Rehabilitación 2009-2012, cuya impugnación dio lugar a la STC 112 del 9 de mayo de 2013.

92 Así, por todas, STC 45 del 28 de febrero de 1991, FJ 4.

cumple su función directiva a través de la información)[93] sea suficiente para integrar la actuación de las partes en el sistema conjunto.

C. LA COORDINACIÓN DE LA ACTIVIDAD DE LAS ENTIDADES LOCALES A TRAVÉS DEL PLAN ESTATAL O AUTONÓMICO. EL ARTÍCULO 59 LBRL

El artículo 59 LBRL se vale precisamente del instrumento del plan (y no de otro) para que el Estado o las comunidades autónomas coordinen la actividad de las entidades locales, imponiéndoles, por tanto, en su caso, medidas vinculantes, en el ámbito de sus competencias concurrentes o complementarias con respecto a las de dichas organizaciones superiores (art. 10.2 LBRL), cuando la coherencia de la actuación de las Administraciones públicas no pueda quedar asegurada a través de los mecanismos de la colaboración interadministrativa.

Por cierto, no es extraño que la ley haya elegido la figura del plan para cumplir con ese objetivo coordinador, si se tiene en cuenta el contenido y la estructura procedimental y decisoria de la planificación a la que se ha hecho referencia. En el procedimiento de elaboración del plan podrán participar de forma transparente y relevante las entidades locales para hacer valer sus intereses (art. 59.1, párr. 2º, LBRL). La estructura típicamente ponderativa de la adopción de decisiones por el plan permitirá justificar, con datos procedentes de la realidad de las cosas, que echar mano de la coordinación es el único recurso que queda para garantizar la coherencia en la actuación pública, a pesar del perjuicio que ello causa en el ámbito decisorio propio de las entidades locales, garantizado por la autonomía local (art. 59.1, párr. 1º, LBRL). Asimismo, el plan es un instrumento especialmente idóneo para identificar los intereses que se deben atender para fijar los objetivos y prioridades que se declaran vinculantes para provincias y municipios (art. 59.1, párr. 2.º, LBRL). Por último, normalmente será la misma ley reguladora de esa planificación la que precise, "con el suficiente grado de detalle, las condiciones y los límites de la coordinación, así como

93 Sobre esto, José María Rodríguez de Santiago. "Una escala de la planificación...", pp. 16-18.

las modalidades de control que se reserven las Cortes Generales o las correspondientes Asambleas Legislativas" (art. 59.2 LBRL).

Por lo que se refiere, en concreto, al planeamiento urbanístico, el Tribunal Constitucional ha declarado que "la decisión sobre la configuración del asentamiento urbano municipal en que consiste el plan urbanístico –marco regulador del espacio físico de la convivencia de los vecinos– es una tarea comprendida prioritariamente en el ámbito de los intereses del municipio; y sobre aquella decisión se proyectan, por tanto, de forma especialmente intensa las exigencias de la autonomía municipal"; y que la intervención de otras administraciones públicas distintas a la municipal en el procedimiento de elaboración del plan urbanístico "se justifica sólo en la medida en que concurran intereses de carácter supramunicipal o controles de legalidad que, de conformidad con el bloque de la constitucionalidad, se atribuyen a las administraciones supraordenadas sobre las inferiores"[94]. Este no es exactamente un supuesto de la coordinación regulada en el artículo 59 LBRL, aunque se acerca a ella en la forma de intervención que se le permite a la Administración autonómica en un procedimiento dirigido a decidir sobre un asunto fundamentalmente vecinal.

BIBLIOGRAFÍA

Arroyo Jiménez, Luis. "Ponderación, proporcionalidad y Derecho administrativo", en Luis Ortega y Susana de la Sierra (coords.). *Ponderación y Derecho administrativo*, Madrid, Marcial Pons, 2009. pp. 19-50.

Arroyo Jiménez, Luis. "Las bases constitucionales del Derecho administrativo", en José María Rodríguez de Santiago, Pascual Gabriel Doménech y Luis Arroyo Jiménez. *Tratado de Derecho administrativo. Introducción. Fundamentos*, vol. I, Madrid, Marcial Pons, 2021, pp. 561-664.

Badura, Paul. "Das Planungsermessen und die rechtsstaatliche Funktion des Allgemeinen Verwaltungsrechts", en H. Domcke (ed.). *Verfassung und Verfassungsrechtsprechung. Festschrift zum 25-jährigen Bestehen des Bayerischen Verfassungsgerichtshofs*, Múnich, Boorberg, 1972, pp. 157-182.

94 STC 51 del 13 de abril de 2004, FJ 12.

Baño León, José María. *Los límites constitucionales de la potestad reglamentaria (remisión normativa y reglamento independiente en la Constitución de 1978)*, Madrid, Civitas, 1991.

Baño León, José María. "La vinculación del Estado a las normas básicas de contratación. La prohibición de derogación singular de las bases", en Rafael Gómez-Ferrer Morant (coord.). *Comentario a la Ley de contratos de las Administraciones públicas*, 2014, pp. 1753-1764.

Baño León, José María. "Art. 131", en María Emilia Casas Baamonde y Miguel Rodríguez-Piñero y Bravo-Ferrer (dir.), *Comentarios a la Constitución española*, t. II, 2.ª ed., Madrid, BOE, 2018, pp. 858-861.

Baño León, José María. "La obsolescencia de la idea de plan general", *REALA*, n.º 13, 2020, pp. 6-21.

Bassols Coma, Martín. "Artículo 131. La planificación de la actividad económica general", en Óscar Alzaga Villaamil (dir.). *Comentarios a la Constitución española de 1978*, t. X, Madrid, EDERSA, 1998, pp. 139-180.

De la Quadra-Salcedo Janini, Tomás. *Los derechos fundamentales económicos en el Estado social*, Madrid, Marcial Pons, 2022.

De Otto, Ignacio. *Derecho constitucional. Sistema de fuentes*, Barcelona, Ariel, 1998.

Díez-Picazo Giménez, Luis María. *La derogación de las leyes*, Madrid, Civitas, 1990.

Díez Sastre, Silvia. *El precedente administrativo. Fundamento y eficacia vinculante*, Madrid, Marcial Pons, 2008.

Fernández Rodríguez, Tomás-Ramón. *Manual de Derecho urbanístico*, 6.ª ed., Madrid, El Consultor, 1986.

Friedmann, John. *Planificación en el ámbito público. Del conocimiento a la acción* (traducción de la obra publicada en 1987 por Princeton University Press), Madrid, INAP, 2001.

Gallego Anabitarte, Alfredo. "Plan y presupuesto como problema jurídico en España. En torno al concepto de la norma jurídica", en AA.VV. *Escritos en homenaje al Profesor Prieto Castro*, Madrid, Editora Nacional, 1979, pp. 341-383.

García Luengo, Javier. *El principio de protección de la confianza en el Derecho administrativo*, Madrid, Civitas, 2002.

Guillén Caramés, Javier. "Art. 149.1.13", en M. E. Casas Baamonde y M. Rodríguez-Piñero y Bravo-Ferrer (dir.). *Comentarios a la Constitución española*, t. II, 2.ª ed., Madrid, BOE, 2018, pp. 1331-1340.

Hayek, Friedrich. *Camino de servidumbre* (traducción castellana en libro electrónico), Biblioteca de la Libertad, 1944.

Hoppe, Weiner. "Planificación", *Documentación Administrativa*, n.º 235-236, 1993 pp. 163-247.

Jiménez Campo, Javier. *Derechos fundamentales. Concepto y garantías*, Madrid, Trotta, 1999.

Jiménez Dorantes, Manuel. *Coordinación interadministrativa en la ordenación territorial*, Madrid, Marcia Pons, 2003.

Köck, Wolfgang. "Pläne", en Wolfgang Hoffmann-Riem, Eberhard Schmidt-Aßmann y Andreas Voßkuhle (eds.). *Grundlagen des Verwaltungsrechts*, t. II, Múnich, 2012, pp. 1389-1455.

Laband, Paul. *Das Budgetrecht nach den Bestimmungen der preußischen Verfassungsurkunde*, Berlin, Guttentag, 1871.

Laband, Paul. *Das Staatsrecht des Deutschen Reichs*, t. 2, Tübingen, Laupp, 1878.

Laband, Paul. "La invalidez de reglamentos y planes entre la interpretación y la reforma", *Revista de Administración Pública*, n.º 214, 2021, pp. 57-98.

Martín-Retortillo Baquer, Sebastián. *Derecho administrativo económico I*, Madrid, La Ley, 1988.

Maurer, Harmut. *Allgemeines Verwaltungsrecht*, 11.ª ed., Múnich, Beck, 2011.

Medina Alcoz, Luis. "Confianza legítima y responsabilidad patrimonial", *Revista Española de Derecho Administrativo*, n.º 130, 2006, pp. 275 y ss.

Ortega Bernardo, José. "Los planes de residuos autonómicos ante nuevos requerimientos del derecho comunitario", *Revista Española de Derecho Administrativo*, n.º 45, 2010, 133-159.

Parejo Alfonso, Luciano. *Derecho administrativo*, Barcelona, Ariel, 2003.

Parejo Alfonso, Luciano. "La actuación administrativa a caballo de la división entre normación y simple ejecución y el caso de la planificación y el plan", *Revista de Derecho Público: Teoría y Método*, vol. 1, 2020, pp. 7-40.

Parejo Alfonso, Luciano. "El procedimiento administrativo de la planificación", en L. Parejo Alfonso y M. Vaquer Caballería (dirs.). *Estudios sobre el procedimiento administrativo, II, Tipos de procedimientos*, Valencia, Tirant lo Blanch, 2020, pp. 139-219.

Pitschas, Rainer. "Formelles Sozialstaatsprinzip, materielle Grundrechtsverwirklichung und Organisation sozialer Dienstleistungen", *Vierteljahresschrift für Sozialrecht*, t. 8, 1977, pp. 141 y ss.

Ponce Solé, Juli. *Deber de buena administración y derecho al procedimiento administrativo debido. Las bases constitucionales del procedimiento administrativo y del ejercicio de la discrecionalidad*, Valladolid, Lex Nova, 2001.

Rodríguez Bereijo, Álvaro. "Laband y el Derecho presupuestario del imperio alemán", estudio preliminar a P. Laband. *El Derecho presupuestario*, Madrid, IEF, 1979, pp. IX-LXXIII.

Rodríguez Bereijo, Álvaro. "Jurisprudencia constitucional y Derecho presupuestario. Cuestiones resueltas y temas pendientes", *Revista Española de Derecho Constitucional*, n.º 44, 1995, pp. 9-64.

Rodríguez de Santiago, José María. *La ponderación de bienes e intereses en el Derecho administrativo*, Madrid, Marcial Pons, 2000.

Rodríguez de Santiago, José María. "Una escala de la planificación en atención a la función directiva de los planes. El ejemplo de los planes contra la despoblación", *Revista de Derecho Público: Teoría y Método*, n.º 6, 2022, pp. 7-49.

Schmidt-Aßmann, Eberhard. *Verwaltungsrechtliche Dogmatik*, Tübingen, Mohr Siebeck, 2013.

Wahl, Rainer. *Los últimos cincuenta años del Derecho administrativo alemán*, Madrid, Marcial Pons, 2012.

ANDRÉS MAURICIO VELASCO*

Revisita a las funciones del Estado desde el enfoque económico

Sumario: Introducción. I. Funciones del Estado. A. Provisión, regulación, supervisión y vigilancia de bienes y servicios. B. Redistribución del ingreso. C. La estabilización macroeconómica. II. Recuento de las funciones del Estado en la historia de los contratos sociales, de la evolución de las herramientas económicas y experiencias para el caso colombiano. A. La intervención de la figura detentadora del poder a través del tiempo. 1. Europa. 2. América del Norte. 3. Colombia. B. Desarrollo de herramientas desde la economía para llevar a cabo las funciones del Estado. 1. Provisión, regulación, supervisión y vigilancia de bienes y servicios públicos. 2. Redistribución del ingreso y/o la riqueza. 3. Estabilización macroeconómica. 4. Política monetaria. 5. Política fiscal. C. Una visión subjetiva de las funciones del Estado en Colombia en el siglo XXI. Bibliografía.

INTRODUCCIÓN

Este ensayo revisita el tema de las funciones del Estado desde la perspectiva de la economía. Se argumenta que la relación entre lo público o social y la comunidad ha ido cambiando en el tiempo, junto con la evolución de los contratos sociales, pero también con la capacidad institucional para ejecutar las responsabilidades asignadas. Se ilustra a partir de ejemplos tomados de documentos jurídicos en Europa y en América, y de la descripción de las herramientas desde la economía, cómo los Estados han ido asumiendo nuevas responsabilidades cada vez más especializadas.

Como se describe más adelante, las sociedades más primitivas empezaron a actuar en comunidad a través de la asignación de responsabilidades como la seguridad, la guía espiritual, la administración de la justicia y la organización social. La evidencia muestra que para el tiempo de apogeo de las primeras civilizaciones de occidente, ya mucho había cambiado. Los romanos y los griegos, y muy probablemente otros pueblos, habían adicionado a la provisión de bienes y servicios públicos, los roles de regulación,

* Director Técnico del Comité Autónomo de la Regla Fiscal, Bogotá, Colombia. MPhil en Economics, University of Oxford, Reino Unido. Correo-e: andres.velasco@carf.gov.co. ORCID: https://orcid.org/0009-0000-4481-6392.

supervisión y vigilancia de bienes y servicios privados, y también de distribución del ingreso.

También se argumenta que las funciones del Estado no han evolucionado de forma monotónica, siempre en la dirección de menos a más responsabilidades. Para el nacimiento de la ciencia económica, en el siglo XVIII, la visión sobre lo que debían ser las funciones del Estado se planteaba hacia la menor intervención. Cuando en 1776 Adam Smith publicó su *Naturaleza y Causa de la Riqueza de las Naciones* proponía que la dirección de los asuntos económicos era mejor dejarla a los ciudadanos privados. George Stigler plantea que "pocos economistas modernos asignarían un papel tan austero a las responsabilidades económicas del Estado"[1].

Desde la perspectiva de la economía el contrato social moderno asigna tres bloques de funciones al Estado: el primero relacionado con la provisión, regulación, supervisión y vigilancia de bienes y servicios; el segundo tiene que ver con la generación de oportunidades similares para los habitantes a partir de la distribución del ingreso y la riqueza, y el tercero se ocupa de la mejora del bienestar social a partir de la estabilización macroeconómica.

Si bien la explicación de la asignación de funciones al Estado puede provenir de la presencia de ideologías políticas o sociales, en este ensayo el autor se inclina y esfuerza por plantear razones relacionadas con que: i) los mecanismos de los mercados no son suficientes para llevar a cabo algunas actividades necesarias para la sociedad, o ii) la naturaleza de algunas tareas es específica de una institución pública y por lo tanto es necesario asignarlas al Estado. En ambos casos las sociedades se apartan razonablemente de la posibilidad de que las decisiones individuales lleven al cumplimiento de ciertas funciones necesarias para la sociedad, debido a que se observa que la organización del Estado puede ser más efectiva o eficiente, o ambas, en la procura de dichos objetivos.

Dos secciones adicionales a la presente introducción complementan el ensayo: en la segunda sección se describen y comentan los tres bloques de funciones del Estado, haciendo énfasis en su lógica, relevancia histórica y económica, y en la tercera se hace un recuento de las funciones del Estado

---

1 George Joseph Stigler. *The Economist as Preacher*, Chicago, University of Chicago Press, 1982, p. 27.

en la historia de los contratos sociales, la evolución de las herramientas económicas para hacerse cargo de esas responsabilidades, y se presentan algunas experiencias para el caso colombiano.

I. FUNCIONES DEL ESTADO

La descripción de los tres bloques de funciones que se hace en este ensayo son tomadas de forma casi literal de las reflexiones de Musgrave y Musgrave[2].

A. PROVISIÓN, REGULACIÓN, SUPERVISIÓN Y VIGILANCIA DE BIENES Y SERVICIOS

Desde el surgimiento de la organización social, las comunidades han procurado progresar con la ayuda de instituciones que velen por sus deseos comunes. Autores como Jared Diamond[3], Daron Acemoglu y James Robinson[4] y Yuval H. Harari[5] presentan perspectivas modernas desde ópticas diferentes, en la sociología, la antropología y la economía, de cómo las sociedades han establecido funciones sociales para constructos institucionales que satisfagan necesidades comunes. Las descripciones de estos autores sobre los tiempos primitivos, en particular de Harari y Diamond, son un ejemplo de cómo las sociedades comenzaron por asignar funciones, como las de protección y seguridad, administración de justicia, administración del credo y distribución de labores, entre otras, a autoridades institucionales. Dichas funciones, muy antiguas, se enmarcan en el bloque de la provisión, regulación, supervisión y vigilancia de bienes y servicios.

---

2 Richard Musgrave y Peggy Musgrave. *Hacienda pública teórica y aplicada*, Madrid, McGraw-Hill, 1983.

3 Jared Mason Diamond. *Guns, Germs and Steel: The Fate of Human Societies*, London, Random House, 1997.

4 Daron Acemoglu y James Alan Robinson. *Why Nations Fail: The Origins of Power, Prosperity, and Poverty*, New York, Crown Publishing Group, 2012.

5 Yuval Noah Harari. *Sapiens: A Brief History of Humankind*, New York, HarperCollins Publishers, 2015.

Desde la perspectiva económica, la necesidad de provisión, regulación, supervisión y vigilancia de bienes y servicios por el Estado se puede entender por 1) ausencia de las condiciones de competencia para que el mercado utilice eficientemente los recursos[6]; 2) existencia de costos decrecientes que hacen ineficiente la competencia; 3) que los acuerdos económicos no son posibles sin la protección de una autoridad social, y/o 4) las características de los bienes o servicios hacen imposible que sean provistos solo por el mercado, con la posibilidad de que surjan externalidades.

En algunas situaciones la intervención del Estado se debe realizar a través de la provisión, única, en ausencia de proveedores privados, o en pro de la generación de competencia necesaria para alcanzar los niveles competitivos de eficiencia. Sin embargo, es decisión de algunas sociedades intervenir en la mayoría de los casos a través de la regulación, con la respectiva supervisión y vigilancia. Para esto se necesita una capacidad institucional y técnica mayor que cuando el Estado participa en la oferta de los bienes y servicios.

Son menos los casos en los que el Estado encuentra espacio, y beneficio social, para participar como operador y al tiempo regulador, supervisor y vigilante. Ocurre en sectores en los que confluyen condiciones monopólicas u oligopólicas, como costosas barreras de entrada por conocimiento o altas necesidades de capital, pero que, además, dichas actividades tienen la característica de necesitar de constante innovación e inversión diferencial por cambios técnicos vertiginosos.

En Colombia podemos hallar ejemplos de estos tres tipos de arreglos institucionales. La intervención a través solo de la provisión se encuentra en los sectores de administración de justicia, defensa, construcción de obras civiles e infraestructura, exploración y extracción de minas y canteras, entre otros. Pese a que siempre se podrá argumentar que esta provisión convive con algún tipo de regulación o supervisión por instancias más altas del Estado, la diferencia está en que para esas actividades no existen constructos institucionales específicos exclusivos que permitan ejercer labores de regulación, supervisión y vigilancia.

---

6 Esto puede ocurrir por dificultad para la entrada y salida de competidores, o por problemas de información (incompleta o imperfecta) de los consumidores o productores.

En Colombia la intervención a través de regulación cobija, por ejemplo[7], los sectores de salud, generación y transmisión de energía, juegos de suerte y azar, sistemas de pago de bajo valor, algunos productos agropecuarios y los servicios públicos domiciliarios, entre otros; y la regulación de la provisión de bienes y servicios abarca la educación, el sector financiero y los seguros, el sistema de pagos de alto valor, los depósitos centralizados de valores, las cámaras de negociaciones de activos financieros y las telecomunicaciones, entre otros.

B. REDISTRIBUCIÓN DEL INGRESO

En ausencia de una política de redistribución del ingreso la renta que perciben los habitantes depende de su propiedad sobre los factores productivos y de los precios de estos en los mercados. A su vez, la propiedad de los factores puede tener dos naturalezas: adquirida o heredada. De esa forma, según Musgrave y Musgrave, la riqueza y los ingresos pueden estar distribuidos según lo que la sociedad considera adecuado, correcto o justo; pero cuando no es el caso, la sociedad aboga por incluir la redistribución del ingreso a las responsabilidades del Estado[8].

El bloque de funciones asociadas a la distribución del ingreso es un tema menos consolidado que el de la provisión, regulación, supervisión y vigilancia. Es usual que tenga menos consensos y por eso es más difícil de tratar; por un lado, está sujeto a más aristas políticas y argumentativas desde todas las posiciones del espectro, y por otro, su puesta en práctica enfrenta retos de implementación importantes.

Las decisiones alrededor de una política de distribución del ingreso afrontan la necesidad de articular una regla de justicia social, lo cual, está probado, es muy difícil de realizar. Aquí se dejan planteadas dos razones: primero, no es posible valorar objetivamente la utilidad o satisfacción que diferentes personas obtienen de los ingresos, y segundo, las cantidades a redistribuir están relacionadas con la forma de distribución que se elija.

---

7 Aquí es común encontrar que hay niveles de gobierno que proveen/operan, pero que son diferentes del nivel de gobierno que supervisa y/o vigila.

8 Richard Musgrave y Peggy Musgrave. *Hacienda pública teórica y aplicada*, cit., pp. 7-15.

En cuanto a los juicios de valor que es necesario hacer sobre la distribución del ingreso, es crucial tener en cuenta la siguiente distinción: una cosa es la formación de los precios de los factores que van a constituir el ingreso, y otra el precio de los acervos que componen la riqueza. Se debe permitir que los precios se formen en un contexto de mercado, con la ayuda de regulación cuando se considere necesaria.

La correcta formación de los precios será la única forma de extraer información valiosa sobre la abundancia o escasez de la economía, sobre los avances tecnológicos y el advenimiento de obsolescencias, sobre las preferencias y las necesidades, por lo cual los precios no deben ser ni el objetivo ni el instrumento de una política redistributiva. Esta aclaración se hace porque hay experiencias históricas en las que los Estados han tomado como políticas distributivas las políticas públicas de control de precios. En esos casos la suma de la operación ha sido, típicamente, menor que cero, en la medida en que las distorsiones de precios afectan tanto a los que reciben como a los que aportan. Otra cosa es que la asignación de mercado de los ingresos, o la distribución de la riqueza resulte no ser socialmente aceptable, y que se desee corregir dicho resultado en el uso del contrato social. Como se explicó, sobre este punto nunca habrá un consenso pleno, sin embargo, es muy probable encontrar consenso en que algún ajuste siempre es necesario.

Dicho lo anterior, la distribución del ingreso puede considerarse como un mecanismo idóneo dentro del proceso de garantizar la igualdad de oportunidades en una población. Ofrecer servicios asociados al capital humano y al ingreso futuro tan esenciales como la salud y la educación, por ejemplo, a las poblaciones vulnerables, que de otra forma no hubieran podido acceder a ellos resulta convincente desde el punto de vista de los derechos individuales tanto como desde el puro enfoque de creación eficiente de riqueza. En este último punto Heckman y Mosso muestran cómo atender la población en formación con salud y educación redunda positivamente en la generación de movilidad social, y de ingresos y riqueza para la sociedad[9].

---

9 James Heckman y Stefano Mosso. *The Economics of Human Development and Social*

Programas de atención a la vejez, a la invalidez transitoria o permanente, a compensar el desempleo, a combatir la pobreza y la indigencia, también pueden constituir parte del portafolio de acción de un Estado moderno en su tarea de distribución del ingreso. Otras alternativas que se vienen incluyendo en los presupuestos desde hace décadas son las transferencias sociales, condicionadas y no condicionadas, relacionadas con el acceso a un ingreso base, a educación, alimentación, transporte y compensación de fallas de mercado laborales, entre otras. El análisis de la función del Estado de distribución del ingreso debe hacerse, en cualquier caso, en consonancia con el resto del contrato social. El acuerdo debe comprender las fuentes de recursos, que típicamente se extraen del sector privado vía impuestos (presentes o futuros cuando se financia con deuda) o rentas de capital generados en la provisión pública en sectores oligopólicos. Además, el debate debe comprender la discusión de montos, beneficiarios y mecanismos de transferencia. En este caso el detalle en el análisis es muy importante, pues no es lo mismo, por ejemplo, una transferencia directa que una *ad valorem*, o un derecho adquirido, como las pensiones, que una transferencia social temporal.

C. LA ESTABILIZACIÓN MACROECONÓMICA

Como lo describen Musgrave y Musgrave,

> … el sistema de mercado, especialmente en una economía de alto desarrollo financiero, no comporta necesariamente un alto nivel de empleo, una estabilidad de precios ni una tasa de crecimiento económico socialmente deseados. Es necesaria la intervención pública con el fin de asegurar el cumplimiento de estos objetivos[10].

Aunque ha estado presente desde el comienzo de las formaciones de comunidad, el rol de estabilización macroeconómica ha evolucionado de forma

Mobility, NBER Working Papers 19925, Cambridge (MA), National Bureau of Economic Research, 2014, pp. 6-32.

10 Richard A. Musgrave y Peggy B. Musgrave. *Hacienda pública teórica y aplicada*, cit., p. 6.

importante en los últimos dos siglos. La tecnología para preservar alimentos o la preparación para la defensa del territorio se pueden describir como esfuerzos para garantizar continuidad en los niveles de consumo de las sociedades primitivas.

En tiempos más modernos la asignación de responsabilidad a la política fiscal, monetaria, cambiaria y crediticia de estabilizar el crecimiento económico o el nivel del empleo en torno a niveles técnicamente deseables, de mantener un nivel de precios que garantice el poder adquisitivo de los habitantes de un país, de velar por el buen funcionamiento del financiamiento, de mantener una moneda competitiva frente al resto del mundo y/o de tener unas cuentas externas sostenibles, se ha nutrido de herramientas sofisticadas y de instituciones especializadas.

En ausencia de una política de estabilización una economía puede sufrir períodos prolongados de fluctuaciones económicas producidos por choques internos o externos, que causan disminuciones persistentes en el empleo, y variación y volatilidad de los precios. Como se ha evidenciado desde el final de las guerras mundiales, el bajo dinamismo económico y la alta inflación pueden coexistir, con lo cual se hace necesario que las instituciones del Estado jueguen un rol de estabilización macroeconómica para llevar la economía a niveles técnicamente deseables.

Las decisiones individuales de millones de personas y directivos de firmas sobre su nivel de demanda, inversión, oferta o demanda de trabajo dependen de innumerables variables y consideraciones relacionadas con el ingreso pasado, presente y futuro, las posibilidades del financiamiento y las expectativas del comportamiento de las variables relevantes para sus respectivos negocios o intereses. Dado este complejo sistema de incentivos y decisiones, en cualquier momento la demanda agregada puede resultar por debajo o por encima de la oferta agregada de la economía, generando como consecuencia pérdidas de bienestar.

Entonces, el rol del Estado como estabilizador de la macroeconomía surge del convencimiento de que las instituciones públicas son capaces de disminuir las fluctuaciones económicas a través de los diferentes canales de transmisión de la política fiscal, monetaria, cambiaria y/o crediticia hacia los mercados. De esa forma se puede evitar, al menos en parte y temporalmente, la pérdida de bienestar que se generaría si se deja la tarea de estabilización solo a los mercados, a través del ajuste de precios y cantidades.

La posición de los economistas frente al rol del Estado como estabilizador macroeconómico no ha sido monolítica. Los desarrollos de John Maynard Keynes controvirtieron la posición clásica que encuentra limitaciones importantes al accionar del Estado como estabilizador en el largo plazo. Sin embargo, en épocas más recientes se ha llegado a un entendimiento relativamente consensuado, que se ha denominado la dicotomía clásica, que explica cómo hay diferencias importantes en el poder estabilizador de la política económica entre el corto y el largo plazo[11].

II. RECUENTO DE LAS FUNCIONES DEL ESTADO EN LA HISTORIA DE LOS CONTRATOS SOCIALES, EVOLUCIÓN DE LAS HERRAMIENTAS ECONÓMICAS Y EXPERIENCIAS PARA EL CASO COLOMBIANO

Desde la perspectiva histórica, los tres bloques de funciones descritos no se desarrollaron al unísono sino que fueron producto de una evolución individual, acompañada por el perfeccionamiento de las ideas sociales, económicas y jurídicas, y de las herramientas institucionales, lo cual fue preparando al Estado a lo largo de los siglos para asumir dichas responsabilidades. Con el fin de ilustrar lo anterior esta sección se divide en tres partes: en la primera se presenta un resumen no exhaustivo de cómo fueron apareciendo los tres bloques de funciones ya descritos en los documentos constitutivos de los países, y se muestra cómo los contratos sociales fueron incorporando los tres bloques de responsabilidades en las instituciones existentes; la segunda contiene una descripción, también no exhaustiva, del desarrollo de las ideas al interior de la ciencia social económica, y del andamiaje de las herramientas disponibles que con el tiempo le permitieron al Estado asumir las responsabilidades de los tres bloques de funciones, y la tercera se dedica a presentar un recuento, desde la experiencia profesional del autor, de la puesta en práctica de los tres bloques de funciones en el Estado colombiano durante el presente siglo. Se reconoce que las responsabilidades del Estado están vigentes en la organización social e institucional,

---

11 En ese sentido, John Maynard Keynes. *The General Theory of Employment, Interest and Money*, London, MacMillan, 1936.

y se concluye que ha sido exitoso en asignar dichas funciones a través de la Constitución y las leyes, pero también se observan oportunidades de mejora en el perfeccionamiento del contrato social, en el desarrollo institucional y en la ejecución práctica de los tres bloques de funciones.

A. LA INTERVENCIÓN DE LA FIGURA DETENTADORA DEL PODER A TRAVÉS DEL TIEMPO

Aquí se utiliza el trabajo en progreso de Juan Esteban Moreno[12], estudiante de la Universidad Externado, a quién el autor agradece, en el que reseña, desde una perspectiva geográfica y cronológica histórica, la evidencia de asignación de los tres bloques de funciones en contratos sociales de diferentes Estados. Con el fin de ilustrar la incorporación de las funciones del Estado en los contratos sociales se hace primero un resumen ilustrativo no exhaustivo de normas para Europa, partiendo de los griegos, los romanos, los británicos y los franceses. Posteriormente se repite el ejercicio para Norteamérica, con algunas normas coloniales y la Constitución de los Estados Unidos, y finalmente se reseñan las últimas dos constituciones colombianas, 1886 y 1991. Se muestra que las funciones del Estado fueron apareciendo gradualmente, primero limitadas a la provisión, regulación, supervisión y vigilancia de bienes y servicios, después a la incorporación de la función de redistribución de la riqueza, y, posteriormente, a la estabilización de la economía.

1. EUROPA

En Europa se reseñan cuatro documentos de la evolución en la institucionalidad de las funciones del Estado: la inscripción griega de Dreros, Creta (s. IV a. C.); el Código de Gortina, Creta (s. V a. C.); Las leyes Rodias (entre los ss. VII y V a. C.), y las XII Tablas romanas (s. V a. C.). Estos documentos proveen ejemplos del primer bloque de funciones del Estado: la provisión, regulación, supervisión y vigilancia de bienes y servicios, principalmente

12 Juan Esteban Moreno. *La intervención de la figura detentadora del poder a través del tiempo*, Bogotá, Mimeo, 2023, pp. 2-9.

relacionadas con la administración de las comunidades, derechos y deberes, y la administración de justicia.

La inscripción de Dreros establece las leyes y regulaciones de la ciudad. Se divide en dos secciones: la primera determina las leyes de la ciudad, mientras que la segunda contiene un juramento que deben hacer los ciudadanos para asegurar su cumplimiento. Entre las leyes que se establecen hay regulaciones sobre la propiedad, el matrimonio, la herencia y la conducta en público, y también la responsabilidad de los ciudadanos para mantener la ciudad en orden y la obligación de ayudar en caso de una invasión enemiga.

El Código de Gortina contiene una serie de leyes que regulan la vida civil y penal de la época. Es un conjunto de normas que tiene el propósito de resolver los conflictos sociales que originaban los daños causados en los bienes de otro por los animales y por los esclavos, a cuyos dueños se les atribuía la responsabilidad de resarcirlos. Otros apartes daban instrucción sobre la herencia, el matrimonio, la adopción, la esclavitud y la delincuencia.

Las leyes Rodias presentan una mayor especificidad sobre la regulación del comercio marítimo, la responsabilidad de los propietarios de los barcos, la forma en que se debían tratar los pasajeros y la tripulación, y la protección de la propiedad en el mar, además de otras medidas especiales referidas a la distribución de los riesgos propios de la actividad y la creación de las formas de pago del flete.

Por su parte, las XII Tablas constituyen el conjunto de leyes que sentaron las bases del derecho romano y su desarrollo. Cubrían una variedad de temas legales, desde el derecho de propiedad hasta el derecho penal, y se enfocaban principalmente en las relaciones entre las personas y sus obligaciones; regulaban temas como la propiedad, la familia, los derechos de los ciudadanos y la justicia criminal, entre otros, y establecían las penas por incumplimiento de las leyes. Desde el punto de vista económico, el conjunto de normas resumido se enfocaba en establecer las condiciones necesarias para el desarrollo normal de los negocios de los diferentes sectores productivos a través de la provisión, la regulación, la supervisión y la vigilancia de los bienes y servicios.

El documento de Moreno (2023) también reseña las leyes Licinias Sextias (367 AC), la Lex Poetelia Papiria (326 AC), la Lex Sempronia (123 AC), Ley agraria de los veteranos de Pompeyo (58 AC) y la Lex Ursonesis (43 AC) por su contenido relacionado con la administración de justicia y la delegación a las autoridades para el manejo de las problemáticas cotidianas relacionadas con la propiedad y la producción, entre otros[13].

Se reseñan también la Lex de Icilia (456 AC) y la Ley agraria del cónsul Espurio Casio (486 AC) como ejemplos de la República Romana del bloque de funciones relacionadas con la distribución del ingreso y/o riqueza. Fue una sorpresa para el autor encontrar evidencia tan temprana de desarrollos sobre esta materia. Se trataba de una hipótesis inicial que no había sido confirmada hasta el surgimiento del parlamento en el Reino Unido y de la revolución en Francia y el resto de Europa que habían establecido las bases sociales y políticas para exigir del Estado la función de distribución del ingreso y la riqueza.

La Lex Icilia se centró en la distribución de tierras públicas entre los plebeyos y fue una de las primeras leyes en la historia de Roma que ayudó a reducir la desigualdad social y económica entre los patricios (la élite gobernante) y los plebeyos (la población común). Estableció que las tierras públicas que habían sido adquiridas por los patricios durante las conquistas romanas debían ser redistribuidas entre los plebeyos más pobres. Estas tierras se distribuirían en parcelas pequeñas y se otorgarían en propiedad a los beneficiarios, quienes tendrían que pagar un impuesto anual al Estado.

Además, la Lex Icilia estableció un límite en la cantidad de tierra que un ciudadano podía poseer. Este límite se estableció en 500 iugera (alrededor de 125 hectáreas) por persona, lo que ayudó a evitar la concentración excesiva de riqueza y poder en manos de unos pocos. La Lex Icilia fue uno de los primeros pasos hacia la igualdad social y económica en la historia de Roma y sentó las bases para otras leyes posteriores que ampliaron el acceso a la tierra y la igualdad de derechos y oportunidades para los plebeyos.

La Ley Agraria del Cónsul Espurio Casio se enfocaba en la distribución de la tierra pública en Roma y en la protección de los derechos de los plebeyos; proponía la creación de una comisión de diez miembros, conocida como "decenviros", para supervisar la distribución de la tierra pública, y exigía que fuera distribuida entre todos los ciudadanos y no solo entre los patricios, que eran la clase alta; además, establecía que la tierra no podía

---

13 Juan Esteban Moreno. *La intervención de la figura detentadora del poder a través del tiempo*, cit., p. 4.

ser poseída por un individuo durante más de diez años y que después de ese plazo debía ser devuelta al Estado y redistribuida entre los ciudadanos de Roma. Esta disposición tenía por objeto prevenir la acumulación de tierra en manos de unos pocos patricios y asegurar que estuviera disponible para su uso por la comunidad romana en general.

La Carta Magna (1215) es, por supuesto, uno de los textos constitutivos más relevantes de la humanidad. En el marco de las funciones del Estado se concentraba en el primer bloque: la provisión, regulación supervisión y vigilancia de los bienes y servicios. No se ocupaba directamente de la redistribución de la riqueza ni de la estabilización de la economía. La Carta Magna limitó el poder del rey de Inglaterra y estableció los derechos de los ciudadanos; reconoció la autoridad de la Iglesia Católica; generó una protección contra la detención arbitraria y el encarcelamiento sin juicio, estableció el derecho a un juicio justo y la protección contra la confiscación de la propiedad sin causa justa; definió el establecimiento de impuestos solo con el consentimiento del pueblo o de sus representantes, y prescribió que todos los ciudadanos, incluidos los nobles y el rey, estaban sujetos a la ley.

Por último, para Europa se reseña la Constitución francesa. Desde la revolución a finales del siglo XVIII, cuando se promulgó la Constitución de 1791, se cuentan quince constituciones y una modificación constitucional en 2018. En esas cartas se han ido incluyendo progresivamente responsabilidades al Estado. La Constitución de 1791, aprobada durante la Revolución Francesa, abordaba directamente el primer bloque de funciones, referente a la provisión, regulación, supervisión y vigilancia de bienes y servicios, pero no a las funciones de redistribución del ingreso o la riqueza, o el rol de estabilización macroeconómica. Sin embargo, establecía las bases para el posterior desarrollo de esos temas en las modificaciones sucesivas de la Constitución.

La Constitución aprobada en 1958 estableció que el Estado tiene la responsabilidad de proteger el bienestar económico y social de sus ciudadanos a través de la regulación de la economía y la administración de las finanzas públicas. También reconoció el rol asociado al segundo bloque de funciones del Estado, relacionado con la redistribución del ingreso y la riqueza, estableciendo principios sociales que sugieren un compromiso con la justicia social y la equidad económica. Además, la modificación de 2018 extendió el concepto de sostenibilidad económica a la sostenibilidad ambiental, como parte del tercer bloque de funciones del Estado: estabilidad macroeconómica. De esa forma, la Constitución francesa actual incorporó explícitamente los tres bloques de funciones y generó discusiones fundamentales de la actualidad y del futuro cercano.

2. AMÉRICA DEL NORTE

En América del Norte se reseñan cuatro documentos que proveen evidencia del rol del Estado: tres de las Royal Charters de la corona británica en América y la Constitución de los Estados Unidos de América. Según el Consejo Privado de Reino Unido, las Royal Charters son instrumentos firmados por el monarca británico, o su representante legítimo, con la finalidad de otorgar personería jurídica a una organización y definir su constitución, objetivos y poderes para autogobernarse. El contenido de cada cédula o carta real está supeditado al tipo de organización que se pretende establecer. Originalmente se utilizaban para incorporar nuevos pueblos y ciudades. Su origen se remonta al siglo XIII. Ejemplos de las Royal Charters son The Duke´s Law (1665) y las Charters of Liberties and Privileges (1683 y 1691), documentos emitidos en Nueva York y Pensilvania por los gobernadores de esos territorios. Los documentos establecían una serie de leyes y regulaciones para las colonias, relacionadas con el primer bloque de funciones del Estado: provisión, regulación, supervisión y vigilancia de bienes y servicios.

Algunos de los aspectos más destacados de esos documentos son: la creación de una asamblea legislativa compuesta por el gobernador y un consejo; la protección de la libertad religiosa para todos los cristianos; la imposición de multas por insultar a cualquier persona por sus creencias religiosas; la garantía de que ningún impuesto sería utilizado para financiar una iglesia en particular; la creación de un sistema judicial que incluía un tribunal superior y tribunales inferiores; la creación de una estructura gubernamental con alcaldes, jueces y otros funcionarios locales; la promoción del comercio y la agricultura mediante la concesión de tierras y la eliminación de obstáculos al comercio, y la promoción de la igualdad ante la ley para todos los ciudadanos, independientemente de su origen étnico o nacionalidad.

La Constitución de Estados Unidos de América permite ilustrar de forma clara la institución de funciones para el Estado, por ejemplo, en la administración de justicia:

> El Poder Judicial entenderá en todas las controversias, tanto de derecho escrito como de equidad, que surjan como consecuencia de esta Constitución, de las leyes de los Estados Unidos y de los tratados celebrados o que se celebren bajo su autoridad; en todas las controversias que se relacionen con embajadores, otros ministros públicos y cónsules; en todas las controversias de la jurisdicción de almirantazgo y marítima; en las controversias en que sean parte los Estados Unidos; en las controversias entre dos o más Estados, entre un Estado y los ciudadanos de otro, entre ciudadanos de Estados diferentes, entre ciudadanos del mismo Estado que reclamen tierras en virtud de concesiones de diferentes Estados y entre un Estado o los ciudadanos del mismo y Estados, ciudadanos o súbditos extranjeros[14].

De igual forma, las atribuciones de la rama legislativa en el financiamiento del Estado:

> El Congreso tendrá facultad: para establecer y recaudar contribuciones, impuestos, derechos y consumos; para pagar las deudas y proveer a la defensa común y bienestar general de los Estados Unidos; pero todos los derechos, impuestos y consumos serán uniformes en todos los Estados Unidos. Para reglamentar el comercio con las naciones extranjeras, entre los diferentes Estados y con las tribus indias[15].

En otro aparte, la Constitución de los Estados Unidos sienta los principios para el manejo del dinero y de la política monetaria, tan necesaria para el tercer bloque de funciones. Así, faculta al Congreso

> para acuñar monedas y determinar su valor, así como el de la moneda extranjera. Fijar los patrones de las pesas y medidas. Ninguna cantidad podrá extraerse del tesoro si no es como consecuencia de asignaciones autorizadas

---

14 Constitución de los Estados Unidos de América, artículo III, Sección 2.

15 Constitución de los Estados Unidos de América, artículo I, Sección 8.

por la ley, y de tiempo en tiempo deberá publicarse un estado y cuenta ordenados de los ingresos y gastos del tesoro[16].

A partir de esas bases, en 1913 se creó la Reserva Federal de los Estados Unidos (FED) con las funciones de supervisar y regular el sistema bancario, haciéndola responsable, también, de la política monetaria con el fin de controlar las tasas de interés y la oferta de dinero. A través de la FED se le atribuyó al Estado la función de estabilizar la macroeconomía.

3. COLOMBIA

La Constitución de 1886, de corte conservador, presentaba ejemplos claros del bloque de funciones referentes a la prestación, regulación, supervisión y vigilancia de bienes y servicios, y era clara respecto de las responsabilidades y atributos de la rama judicial (art. 60) relacionadas con la administración de justicia; el monopolio de la fuerza (art. 166); los derechos y deberes de los ciudadanos; el tratamiento de las diferentes actividades privadas y la propiedad, además de que enmarcaba las relaciones entre los individuos, y entre estos y el Estado, siguiendo la herencia de organización republicana que predominaba. Dicha Constitución fue modificada 74 veces a lo largo de los siglos XIX y XX, para adaptarla a las nuevas realidades del país, sin embargo, no asignó ninguna función específica al Gobierno o a la rama ejecutiva en relación con la distribución o redistribución del ingreso o la riqueza, o al Banco Central o al Gobierno en cuanto a la estabilidad de precios, la estabilidad económica o la estabilidad macroeconómica.

En la Constitución de 1886 las principales responsabilidades del Gobierno y de la rama ejecutiva consistían en velar por el orden público y garantizar la seguridad de los ciudadanos. Sin embargo, establecía algunos principios generales que podían tener implicaciones en la distribución del ingreso y la riqueza. Por ejemplo, establecía que todos los colombianos tenían derecho a la igualdad ante la ley, y que el Estado debía garantizar el bienestar general y promover el progreso social y económico de la población. Esos principios podrían interpretarse como un mandato para

---

16 *Ídem.*

que el gobierno buscara políticas que fomentaran la igualdad económica y redujeran las desigualdades de ingresos y riqueza. En el desarrollo de esa interpretación los gobiernos promovieron múltiples políticas en pro de la distribución del ingreso. La Constitución de 1886 se centraba en la estructura del poder político y las funciones de las diferentes ramas del gobierno, sin embargo, mientras rigió existían leyes y regulaciones en el ámbito monetario y financiero que establecían el papel del Banco de la República como emisor de la moneda y regulador de la oferta monetaria, y en ese sentido tenía la responsabilidad de promover la estabilidad monetaria y preservar el valor de la moneda.

La Constitución de 1991 fue mucho más explícita en asignar a las instituciones públicas las responsabilidades del Estado enmarcadas en los tres bloques descritos en este ensayo, fue así como se dio tratamiento a varios temas: "la Seguridad Social es un servicio público de carácter obligatorio que se prestará bajo la dirección, coordinación y control del Estado, en sujeción a los principios de eficiencia, universalidad y solidaridad, en los términos que establezca la Ley"[17].

Lo fue también para limitar la intervención del Estado y proteger la iniciativa privada, en el caso de los servicios públicos, dice:

> ... son inherentes a la finalidad social del Estado. Es deber del Estado asegurar su prestación eficiente a todos los habitantes del territorio nacional. Los servicios públicos estarán sometidos al régimen jurídico que fije la ley, podrán ser prestados por el Estado, directa o indirectamente, por comunidades organizadas, o por particulares. En todo caso, el Estado mantendrá la regulación, el control y la vigilancia de dichos servicios. Si por razones de soberanía o de interés social, el Estado, mediante ley aprobada por la mayoría de los miembros de una y otra cámara, por iniciativa del Gobierno decide reservarse determinadas actividades estratégicas o servicios públicos, deberá indemnizar previa y plenamente a las personas que, en virtud de dicha ley, queden privadas del ejercicio de una actividad lícita[18].

---

17 Constitución Política de Colombia, artículo 38.

18 Ibíd., artículo 365.

Otro ejemplo con la salud y la educación:

> La atención de la salud y el saneamiento ambiental son servicios públicos a cargo del Estado. Se garantiza a todas las personas el acceso a los servicios de promoción, protección y recuperación de la salud. Corresponde al Estado organizar, dirigir y reglamentar la prestación de servicios de salud a los habitantes y de saneamiento ambiental conforme a los principios de eficiencia, universalidad y solidaridad. También, establecer las políticas para la prestación de servicios de salud por entidades privadas, y ejercer su vigilancia y control. Así mismo, establecer las competencias de la Nación, las entidades territoriales y los particulares y determinar los aportes a su cargo en los términos y condiciones señalados en la ley. La educación es un derecho de la persona y un servicio público que tiene una función social; con ella se busca el acceso al conocimiento, a la ciencia, a la técnica, y a los demás bienes y valores de la cultura[19].

Así mismo, la responsabilidad del Estado como redistribuidor de la riqueza queda evidente en la Carta de 1991 en artículos como el 51:

> ... todos los colombianos tienen derecho a vivienda digna. El Estado fijará las condiciones necesarias para hacer efectivo este derecho y promoverá planes de vivienda de interés social, sistemas adecuados de financiación a largo plazo y formas asociativas de ejecución de estos programas de vivienda.

También en cuanto a la propiedad de la tierra, y otros servicios:

> Es deber del Estado promover el acceso progresivo a la propiedad de la tierra de los trabajadores agrarios, en forma individual o asociativa, y a los servicios de educación, salud, vivienda, seguridad social, recreación, crédito, comunicaciones, comercialización de los productos, asistencia técnica y empresarial, con el fin de mejorar el ingreso y calidad de vida de los campesinos[20].

---

19 Ibíd., artículo 49.

20 Ibíd., artículo 64.

Los ejemplos más claros de la designación del rol de estabilización macroeconómica se observan en la introducción del criterio de sostenibilidad fiscal (desde 2011) y en las responsabilidades del banco central:

> ... la dirección general de la economía estará a cargo del Estado. Este intervendrá, por mandato de la ley, en la explotación de los recursos naturales, en el uso del suelo, en la producción, distribución, utilización y consumo de los bienes, y en los servicios públicos y privados, para racionalizar la economía con el fin de conseguir en el plano nacional y territorial, en un marco de sostenibilidad fiscal, el mejoramiento de la calidad de vida de los habitantes, la distribución equitativa de las oportunidades y los beneficios del desarrollo y la preservación de un ambiente sano. Dicho marco de sostenibilidad fiscal deberá fungir como instrumento para alcanzar de manera progresiva los objetivos del Estado Social de Derecho. En cualquier caso, el gasto público social será prioritario[21].

Con respecto al Banco Central:

> Serán funciones básicas del Banco de la República: regular la moneda, los cambios internacionales y el crédito; emitir la moneda legal; administrar las reservas internacionales; ser prestamista de última instancia y banquero de los establecimientos de crédito; y servir como agente fiscal del gobierno. Todas ellas se ejercerán en coordinación con la política económica general. El Estado, por intermedio del Banco de la República, velará por el mantenimiento de la capacidad adquisitiva de la moneda.
>
> El Banco no podrá establecer cupos de crédito, ni otorgar garantías a favor de particulares, salvo cuando se trate de intermediación de crédito externo para su colocación por medio de los establecimientos de crédito, o de apoyos transitorios de liquidez para los mismos. Las operaciones de financiamiento a favor del Estado requerirán la aprobación unánime de la junta directiva, a menos que se trate de operaciones de mercado abierto. El legislador, en ningún caso, podrá ordenar cupos de crédito a favor del Estado o de los particulares[22].

---

21 Ibíd., artículo 334.

22 Ibíd., artículos 371 y 373.

El resumen de las normativas presentadas, para los diferentes estados en diferentes eras, le permiten al autor de este ensayo concluir: la función primera de provisión, regulación, supervisión y vigilancia de bienes y servicios continúa vigente en los contratos sociales, y más recientemente ha estado acompañada por los otros dos bloques de funciones: redistribución del ingreso y, posteriormente, estabilización macroeconómica. En la actualidad estados con un nivel de modernidad y desarrollo parecido o superior al colombiano cuentan con normas claras sobre el desarrollo de esos tres bloques de funciones.

B. DESARROLLO DE HERRAMIENTAS DESDE LA ECONOMÍA PARA LLEVAR A CABO LAS FUNCIONES DEL ESTADO

Como todas las demás, la ciencia social económica se ha venido construyendo poco a poco en la medida en que las sociedades han demandado desarrollos de los economistas para atender las problemáticas de las naciones. Esto debido a que todo análisis económico debe partir de la información y los datos, la formulación de hipótesis y la construcción de herramientas intuitivas y analíticas para concluir sobre los temas.

El texto fundador de la ciencia, *La riqueza de las Naciones* de Smith presenta una visión limitada para las funciones del Estado, consecuente con la realidad que se vivía en su momento[23]. Como lo explica Stigler, la posición de Smith era que "el Estado lo estará haciendo notablemente bien si consigue tener éxito en sus tareas inevitables de ganar las guerras, defender la justicia y mantener vías del comercio"[24]. Esas denotaban las principales preocupaciones de la sociedad y de ahí la asignación de responsabilidades.

Esa doctrina clásica de los mercados y del comercio, *dejar hacer*, *dejar pasar*, fue la dominante en el pensamiento económico, al menos en Occidente, durante buena parte del siglo XIX, sin embargo, no ocurrió en los contratos sociales que fueron evolucionando hacia un rol más activo del

---

23 Cfr. Adam Smith. *Inquiry into the Nature and Causes of the Wealth of Nations*, Methuen, Cannan, 1776.

24 George Joseph Stigler. *The Economist as Preacher*, cit., p. 27.

Estado, y pronto la ciencia económica desarrolló nuevos mecanismos asociados a nuevas responsabilidades para el Estado.

El cambio de visión no se presentó de la noche a la mañana sino que usualmente estuvo acompañado de contradicciones, de avances y retrocesos, y sobre todo creció en el primer bloque de funciones del Estado: el relacionado con la provisión, regulación, supervisión y vigilancia de bienes y servicios públicos. Stigler remarca que inicialmente no hubo mucho rigor en consignar en documentos públicos las motivaciones para la ampliación en las funciones del Estado, sino que simplemente fueron apareciendo en diversos ámbitos, sin embargo, encontró dos excepciones muy útiles para la ilustración[25].

Jevons representa una de las excepciones al registrar cuatro condiciones que sugieren la posible y adecuada intervención del Estado en una industria[26]: 1) cuando el trabajo es predecible y rutinario de forma que se puede realizar con reglas fijas; 2) cuando el trabajo se realiza a la vista del público o para el servicio de los individuos, que detectan o exponen cualquier fallo en su ejecución; 3) cuando hay poco gasto de capital de forma que el balance de pérdidas o ganancias representa con exactitud el resultado comercial de la empresa, y 4) cuando la operación es de tal clase que un monopolio gubernamental la lleve a un nivel de progreso y economía notable[27]. Nótese que la lista de Jevons permite identificar actividades que son fáciles de supervisar y que, por tanto, no generan controversia desde el punto de vista de la ejecución y el control. Sin embargo, no explica la razón económica por la cual es necesario encomendar esas actividades al sector público.

La segunda excepción es la de Pigou[28], que al igual que Jevons presenta cuatro razones para desconfiar de las capacidades del Estado para controlar monopolios a través de leyes, pero complementa explicando cómo estas

---

25 *Ídem.*, p. 39

26 Tomado de George Joseph Stigler. *The Economist as Preacher*, cit., p. 39.

27 William Stanley Jevons. *Methods of Social Reform*, London, MacMillan, 1883, pp. 1, 279, 338, 355.

28 Arthur Cecil Pigou. *Wealth and Welfare*, London, Macmillan, 1912, p. 8.

pueden ser obviadas por el trabajo juicioso de un comisionado supervisor experto, apoyado en unas reglas regulatorias claras.

La participación del Estado ha estado limitada por la existencia de monopolios naturales, como la defensa y la administración de justicia, entre otros. También por fallas en los mercados que llevan al Estado a proveer los bienes en busca de generar una competencia suficiente para aproximar los precios al costo marginal (que es el estándar del equilibrio competitivo) y evitar así que el productor se apropie de los excedentes del consumidor, además de evitar pérdidas de bienestar social. Cuando el Estado encuentra que es posible regular y supervisar el sector puede prescindir de la provisión.

Otra razón es cuando la adquisición individual de un bien o servicio puede implicar su disfrute colectivo o hasta general. Cuando los beneficios que producen los bienes sociales no se limitan al individuo que actúa como consumidor, como en los bienes privados, sino que se encuentran disponibles para otros consumidores a través de externalidades (positivas en el caso de los bienes, o negativas en el caso de los males). Un ejemplo es la inversión privada en bienes que disminuyen o absorben la contaminación del aire. Y en el caso de un daño, la construcción de un edificio que bloquea la luz del sol. A esto se le conoce en la ciencia como no-rivalidad, porque el disfrute de una comunidad no reduce el disfrute individual de quien invierte o adquiere el bien.

Pasando de la reflexión de cuándo el Gobierno debe o puede intervenir el mercado, los economistas del siglo XX llegaron a conclusiones importantes respecto de cómo debía realizarse. Musgrave y Musgrave proponían un conjunto de herramientas[29], que discriminaron según el bloque de funciones del Estado, que el autor de este ensayo registra a continuación:

1. PROVISIÓN, REGULACIÓN, SUPERVISIÓN Y VIGILANCIA DE BIENES Y SERVICIOS PÚBLICOS

Las herramientas del primer bloque se describieron directamente en la introducción, ya que constituyen las mismas funciones: provisión, regulación,

---

29 Richard Musgrave y Peggy Musgrave. *Hacienda pública teórica y aplicada*, cit., p. 13.

supervisión y vigilancia de bienes y servicios. Para el segundo y tercer bloques las herramientas han venido evolucionando conforme se generan nuevas formas de distribución del ingreso y de estabilización macroeconómica.

2. REDISTRIBUCIÓN DEL INGRESO Y/O LA RIQUEZA

En cuanto a las funciones relacionadas con la distribución del ingreso existen cuatro formas de realizarlas: i) generar ingresos mediante la tributación progresiva para utilizarlos en el financiamiento de bienes públicos y/o en transferencias sociales dirigidas a la población objetivo; ii) generar ingresos mediante tributación progresiva para financiar bienes públicos que serán disfrutados por la población objetivo, o para financiar bienes privados que serán distribuidos entre la población objetivo; iii) generar ingresos mediante tributación progresiva para subsidiar la producción de bienes o servicios que típicamente son consumidos por la población objetivo, y iv) generar ingresos mediante el excedente bruto de explotación de firmas públicas para utilizarlo en transferencias sociales dirigidas a la población objetivo, o para subsidiar la producción de bienes o servicios que típicamente son consumidos por la población objetivo.

Sin embargo, es necesario hacer varias precisiones sobre las herramientas descritas: la tributación progresiva es clave porque en ausencia de ella se incurre en pérdida de eficiencia de la política redistributiva, y porque la progresividad garantiza que quienes aportan en la generación de recursos son aquellos que la política ha definido como aportantes. Esta definición ignora que en muchos casos es difícil establecer con total claridad la población definida para ser aportante, o que puede resultar complejo establecer impuestos no distorsionantes. Si ese es el caso, en segundo lugar son mejores los impuestos distorsionantes sobre los cuales hay certeza de que afectan en mayor medida la población definida como aportante que la población objetivo de la distribución.

Además, respecto de la primera herramienta es necesario asegurarse de que la financiación del bien público no genera más utilidad para la población aportante que para la población objetivo. Es fácil que este sea el caso porque, por ejemplo, usualmente las personas con más ingresos de la sociedad tienen también más activos; el bien público seguridad tiende a beneficiar más a quienes más tienen. En este caso el financiamiento de la seguridad tendría que recaer proporcionalmente más en la población de mayores ingresos para considerarse realmente redistributivo. Estas reflexiones son realmente muy complejas en la medida en que casi siempre se puede dar una vuelta adicional al problema, por ejemplo, que los activos físicos de la población de mayores ingresos reside en el trabajo de la población de menor ingreso, y que en ausencia de ella sus ingresos se podrían ver afectados, haciendo de esos activos una especie de activo necesario.

Otra aclaración o precisión tiene que ver con el tercer el instrumento de los listados. Es difícil identificar en un país libre cuál segmento de la sociedad consume qué tipo de bienes y servicios. Las preferencias de los agentes usualmente interactúan con las restricciones presupuestales y los precios para definir quién consume qué y en qué cantidades. El subsidio discriminatorio que se propone en las herramientas (iii) y (iv) supone que las personas definidas como aportantes no acceden a los bienes o servicios subsidiados, lo cual en la práctica puede ser muy difícil de garantizar.

En cuanto a la herramienta (iv), el efecto redistributivo se concentraría en la asignación de los recursos y no en su generación. Lo anterior, porque se parte del supuesto de que la propiedad de los activos del Estado es la Nación, y que todos los individuos participan en cuantía equivalente en la propiedad del activo.

Por último, cualquiera que sea el instrumento para la redistribución del ingreso generará invariablemente pérdidas de eficiencia en la economía. Por más suma cero que resulte la transferencia entre un segmento y otro, incluso imaginando que lo que deja de comprar la población definida como aportante por el menor ingreso disponible es adquirido por la población objetivo del programa redistributivo. De cualquier forma, por la relación entre el consumo y el ocio, existirán efectos no despreciables sobre las decisiones de los agentes respecto de la oferta laboral.

Este punto es más fácil de entender si se lleva al extremo: si existe un impuesto del 100% del ingreso de un agente, este decidirá que no vale la pena sacrificar ocio por trabajo, ya que este sacrificio no se verá compensado por un aumento en el consumo; de otro lado, si el 100% del valor del consumo de un agente identificado como población objetivo es transferido por el mecanismo de distribución, este agente tampoco encontrará incentivos para ofrecer su trabajo sacrificando su ocio. En ambos casos se reduce el recaudo progresivo y se aumenta el cargo sobre los demás agentes de la economía.

Unos párrafos son necesarios para describir los instrumentos de política fiscal utilizados en las tres herramientas descritas. Los impuestos progresivos conocidos hasta el momento, y desde hace casi un siglo, son los mismos: los impuestos directos, generalmente cobrados sobre los ingresos de los individuos o sobre la propiedad de activos, y los impuestos indirectos, cobrados *ad valorem* sobre el consumo, las transacciones financieras, los aranceles y los registros administrativos, entre otros.

Por su parte, los instrumentos de distribución también son relevantes en la medida en que imponen retos importantes a la hora de ponerlos en práctica, en particular, dos: la información de ingresos y activos de la población para focalizar los programas distributivos, y el mecanismo de distribución a través de cuentas, físicas o electrónicas, o de correo físico.

Actualmente las naciones con cierto tipo de desarrollo tienen información de ingresos y activos de sus ciudadanos, lo cual facilita la elección de la población objetivo. Esta información tiende a ser más completa y perfecta si existen mecanismos de actualización periódica. Mantener seguros esos sistemas de información y hacer que los datos depositados sean confiables requiere desarrollar una preparación institucional.

El segundo reto es la tecnología de pagos utilizada para distribuir las transferencias. Muchas veces la población receptora carece de productos financieros para recibir los recursos, lo cual hace más costosa la distribución, en la medida en que hay que adicionar los costos asociados a la bancarización o asumir costos de distribución más onerosos, como pueden ser la distribución física y directa de los recursos a transferir. Actualmente existen mecanismos de pago electrónicos que hacen muy eficiente la distribución, pero ello depende de que la población esté bancarizada.

3. ESTABILIZACIÓN MACROECONÓMICA

Generalmente los objetivos de la estabilización macroeconómica comprenden la interacción de algunas instituciones del Estado con diversos objetivos. Por un lado, el control de la inflación o de la tasa de cambio, función que es ejercida típicamente por bancos centrales. No es infrecuente encontrar mandatos duales para los bancos centrales, en los cuales, además de ocuparlos de la estabilización de una variable nominal (precios, inflación o tasa de cambio), se les encomienda también promover una variable real como el crecimiento de la economía o el empleo, relativo a una referencia potencial o de largo plazo.

Por otro lado está la política fiscal que actúa en dos dimensiones: una primera, en el contexto de la restricción presupuestal que determina el nivel máximo de gasto sujeto a contar con finanzas públicas sostenibles, esto es, mientras sostiene la confianza de los mercados financieros sobre su capacidad de pago de sus deudas; y una segunda referida a la forma de recaudar los impuestos (a quiénes y qué impuestos), o cuales ingresos de capital explotar, y cómo y en qué gastar o invertir esos recursos para cumplir con los objetivos y funciones del Estado. Esta segunda dimensión está estrechamente vinculada con la política redistributiva del segundo bloque de funciones del Estado.

Otras políticas de estabilización que han ganado fuerza en los últimos cuarenta años son las precautelativas asociadas a mercados específicos, que en el contexto de la estabilidad macroeconómica se hacen relevantes. Primordialmente se relacionan con el sector financiero y el mercado de capitales, y su regulación prudencial. Típicamente este rol lo ejercen los bancos centrales o agencias de supervisión que pueden ser independientes o pueden estar vinculadas al Ministerio de Finanzas.

4. POLÍTICA MONETARIA

Con respecto a la política monetaria y la regulación financiera, Musgrave y Musgrave se apoyan en la visión de Walter Bagehot[30], que argumenta que el mercado no es suficiente para llevar de forma consistente la oferta de la economía hasta los niveles necesarios para acceder al control de la inflación o para mantener la demanda en los niveles de PIB de largo plazo[31].

La oferta secundaria de dinero se da a través del multiplicador del dinero que emite el Banco Central, a través del canal del crédito que ofrece el sistema financiero, haciendo uso de los depósitos no reservados que hacen

30 Richard Musgrave y Peggy Musgrave. *Hacienda pública teórica y aplicada*, cit., pp. 15-16.

31 Ibíd., p. 14 cita a Walter Bagehot. *Lombard Street: A Description of the Money Market*, London, Richard D. Irwin, 1873.

los agentes de la economía. Estos autores argumentan que, en ausencia de un vínculo de largo plazo con los equilibrios reales de la economía, el sector financiero puede llegar a acentuar los ciclos financieros. Esto hace necesario que el Banco Central ejerza un rol activo en el control de la oferta monetaria con el fin de estabilizar la economía en el corto plazo y los precios en el mediano y largo plazo. Adicionalmente, la experiencia muestra que para evitar desacoples importantes entre los ciclos financieros y los ciclos reales y externos, y evitar así riesgos de estabilidad financiera, es deseable tener una regulación y supervisión financiera activa.

La capacidad de la política monetaria para afectar la economía no debe tomarse por sentada. Los libros modernos de macroeconomía muestran cómo la teoría clásica, desarrollada en los siglos XIX y XX, da como resultado que la política monetaria no tiene efectos sobre las variables reales de la economía[32]. Esto es, una alteración de las cantidades de dinero del banco central no tendrá efectos sobre los niveles de producción, demanda agregada, ingresos, oferta o demanda de factores, ni sobre el consumo, la inversión, el gasto público, o sobre el comercio de bienes y servicios factoriales ni finales.

Este resultado se deriva de que para la teoría clásica, los precios, tanto de los factores como de los bienes finales, son completamente flexibles y absorben cualquier perturbación monetaria. En el extremo, cualquier variación de las cantidades de dinero se transmite completamente a los precios de la economía. En ese contexto, el producto interno bruto (que es una medida de actividad de la economía que se puede representar como producción-oferta, gasto-demanda, e ingreso interno) depende únicamente de la tecnología y la dotación de factores.

Para el modelo clásico el equilibrio de la economía está determinado por la oferta. En ausencia de cambios en la oferta laboral (número de personas o su productividad), de aumentos en el acervo o productividad del capital (vía ahorro e inversión), o de cambios en la tecnología de producción (que impliquen mejoras en el trabajo efectivo o cambios tecnológicos), la oferta de la economía permanecerá fija.

---

32 Cfr. Gregory Mankiuw. *Macroeconomics*, 9.ª ed., New York, Worth Publishers, 2016.

Los tipos de demanda (consumo, inversión, gasto, exportaciones e importaciones) se ajustan a la oferta según la interacción de las tasas de interés. Las tasas de interés dependen a su vez de la interacción entre el ahorro y la inversión. En una economía pequeña y abierta las tasas de interés externas que enfrenta la economía son muy relevantes. Entre más baja sea la tasa de interés mayor inversión se podrá financiar, con lo cual, en equilibrio, esto será consistente con una combinación de relativo bajo consumo de los hogares y gasto público y/o un posible déficit comercial (exportaciones menores que las importaciones). De forma análoga, una tasa de interés más alta será consistente con niveles más bajos de inversión, un relativo alto consumo y gasto público y/o un posible superávit comercial.

A principios del siglo XX un grupo de economistas, entre los cuales se destaca el británico John Maynard Keynes, postularon que la teoría clásica no era suficiente para explicar las fluctuaciones en las economías, y que, en contraste, los precios no lograban absorber los choques, porque en el corto plazo eran bastante inflexibles.

Estas observaciones plantearon lo que se ha conocido como la dicotomía clásica. Como lo sugiere la teoría clásica descrita, la economía se comporta de una forma en el largo plazo y de otra en el corto plazo. El conjunto de ideas sobre el comportamiento de la economía en el corto plazo y sus desarrollos hoy se conocen como el paradigma neokeynesiano.

En el corto plazo los precios de los factores y de los bienes finales tienden a ser rígidos. El equilibrio de la economía depende de la demanda agregada, que podrá ser mayor si es estimulada por la política fiscal o monetaria, o por choques de productividad asociados a los factores de producción, de flujos de capitales o de los precios internacionales.

En el contexto del corto plazo una expansión monetaria tendrá efectos sobre las variables reales (producción, consumo, inversión, empleo, etc.) mientras que los precios permanecerán inalterados. La política monetaria podría contrarrestar efectos adversos de algunos de los choques que enfrenta la economía.

En la medida en que los precios absorben el choque, se empieza a dar el tránsito de la economía desde el corto hacia el largo plazo, pues el aumento de los precios genera efectos sobre las cantidades reales de la economía, con lo cual se explican las fluctuaciones económicas observadas por los keynesianos.

Al final de este proceso la expansión monetaria habrá sido completamente absorbida por los precios. El aumento de los precios habrá corregido los efectos temporales sobre la demanda y la oferta de la economía, devolviéndolos a sus niveles anteriores al choque y el resultado de largo plazo de la expansión monetaria será, en ausencia de otros choques o de una corrección de la política monetaria, un aumento de precios.

Como conclusión, la política monetaria puede ser útil para estabilizar la economía en el corto plazo, esto es, para minimizar las fluctuaciones temporales del producto y el empleo ante los choques que deba enfrentar. Sin embargo, debe estar atenta a corregir los estímulos en la medida en que se transmitan a los precios en el largo plazo. Un descuido de la política monetaria puede causar procesos inflacionarios o deflacionarios no deseados.

De lo anterior se deriva que la política monetaria debe se manejada con responsabilidad y visión de largo plazo, pues no es posible estimular la actividad económica de forma indefinida sin generar inflación en el largo plazo. Es más, muchas veces no es posible estimular la actividad económica en el corto plazo sin generar inflación, debido a que algunos choques no le permiten a la política monetaria ajustarse a tiempo. Este es el caso de los choques de oferta (producidos por el clima o factores externos que afectan la tasa de cambio) o de algunos choques muy temporales, o de corto plazo, de la demanda. Es por esa razón que en los arreglos institucionales más modernos se confía el manejo de la política monetaria a un banco central independiente de las ramas del poder público, es decir, una institución que, en ausencia de presiones políticas que típicamente se inclinan por una mayor expansión de la economía a cualquier costo, pueda conducir la política monetaria de forma técnica y reaccionar a los choques que sufre la economía en la cuantía precisa durante los períodos necesarios. En el arreglo institucional óptimo debe existir también un escenario de coordinación entre las autoridades monetaria y fiscal. A esta forma de conducir la política monetaria se le conoce como régimen de inflación objetivo.

El éxito de la autoridad monetaria se puede definir como su capacidad para estabilizar la economía ante los choques que enfrenta, al tiempo que los agentes confían plenamente en que se mantendrá un control sobre la inflación para que se mantenga baja y estable. La credibilidad de la política monetaria reside en que las expectativas de inflación permanezcan ancladas a la meta predefinida por la autoridad monetaria, la cual hace un diagnóstico periódico del estado la economía y los choques que enfrenta y, teniendo en cuenta la posible reacción de los agentes económicos a su accionar monetario, establece su postura de política expansiva, neutra o contractiva.

Hasta finales del siglo XX las herramientas de la política monetaria con las que se afectaba la cantidad de dinero que el banco central pone a disposición de la economía a través del sistema financiero, eran tres: las operaciones de mercado abierto, los créditos a las instituciones financieras y el nivel de encaje o reserva bancaria (porcentaje de los depósitos que debe permanecer sin utilizar). Estos mecanismos que fijaban la oferta monetaria tenían la dificultad de establecer cuánta era la demanda de dinero a fin de determinar la cantidad necesaria para tener una política monetaria neutra, expansiva o contractiva, según se juzgara necesario.

Hacia finales del siglo XX el paradigma neokeynesiano, de la mano del régimen de inflación objetivo, cambió las antiguas herramientas de política monetaria por un solo instrumento: la tasa de interés de las operaciones de mercado abierto. Con este los bancos centrales manejan el precio del dinero en el corto plazo, generando una señal poderosa sobre los mercados del estado de la política monetaria, expansiva, contractiva o neutra. Cuando el banco central desea establecer una política monetaria contractiva, eleva la tasa de interés de corto plazo por encima de lo que se considera la tasa de interés neutral. De forma análoga, cuando el banco central establece una política expansiva la tasa de interés queda por debajo de la tasa de interés neutral.

La tasa de interés neutral es aquella en la que la política monetaria no tiene efectos de corto plazo sobre las variables reales de la economía. Es la tasa en la que en ausencia de choques, la economía puede encontrar en el corto plazo su equilibrio de largo plazo[33].

---

33 Nótese que a lo largo de la explicación de los efectos de la política monetaria sobre la economía se está obviando un hecho fundamental: el régimen cambiario. A lo largo de la explicación está implícito que el dólar es un activo más en esta economía, y que la autoridad cambiaria ha decidido que su precio fluctúe libremente según su oferta y demanda privadas. Esta descripción responde a que este es el caso más frecuente en la economía colombiana del siglo XXI, en la que las instituciones del Estado han decidido

5. POLÍTICA FISCAL

Con respecto a la política fiscal, los contratos sociales modernos asignan la capacidad de gasto, y por tanto de cobrar impuestos y recibir rentas, a las ramas ejecutiva y legislativa, para cumplir con los dos primeros bloques de funciones asignadas al Estado: provisión, regulación, supervisión y vigilancia de bienes y servicios, y distribución del ingreso.

Como se señaló atrás, la política fiscal se puede analizar desde dos dimensiones: la definición de la cantidad de gasto sostenible y la decisión de qué hacer con ese gasto. La primera dimensión tiene que ver con la capacidad del Gobierno y el Congreso de financiar el gasto y la inversión pública en el largo plazo, en la medida en que se puede asumir deuda para financiar parte de las erogaciones de forma que en el largo plazo sea posible honrar las deudas. La segunda tiene que ver con la capacidad del Gobierno y el Congreso de cumplir con el contrato social, asignando recursos según la sociedad lo prefiera de acuerdo con el proceso democrático.

Como se puede intuir, la segunda dimensión pertenece al debate político de en qué gastar y sobrepasa el alcance de este ensayo, debido a que se adentra en los detalles del gasto en los dos primeros bloques de funciones del Estado. Plantea preguntas sobre la necesidad, optimalidad o conveniencia de realizar gastos específicos en la provisión, regulación, supervisión y vigilancia de bienes y servicios públicos, o en las especificidades de cómo se va a redistribuir el ingreso.

La primera dimensión se conoce como la condición de sostenibilidad fiscal. Al final, es una restricción presupuestal intertemporal, que se pregunta: dados los ingresos, presentes y futuros, ¿cuánto es el nivel de gasto (e inversión) máximo que puede aprobar el Congreso y ejecutar el Gobierno sin perder la credibilidad de quienes compran sus bonos de deuda, sobre

---

que la economía nacional estará abierta al resto del mundo, en bienes y servicios, pero también en su financiamiento, y por tanto absorberán tantos flujos de capitales como los mercados lo determinen, y al tiempo, se ha delegado la responsabilidad al banco central del control de la inflación. La teoría económica es extensiva en explicar por qué no se pueden perseguir tres objetivos al tiempo: control monetario (o de la inflación), libertad de flujos de capitales y control cambiario. Es necesario sacrificar uno, y en Colombia la decisión ha sido sacrificar el control cambiario.

la capacidad de pagar sus obligaciones? Esta es la dimensión que tiene una importante relación con el tercer bloque de funciones del Estado sobre estabilidad macroeconómica.

Para entender por qué es importante tener credibilidad sobre la sostenibilidad fiscal, vale la pena repasar los efectos de la cantidad de gasto e inversión pública en la economía. Como en el caso de la política monetaria, los efectos dependen de si se evalúan en el corto plazo o en el largo plazo. En la descripción que se hace a continuación, como se hizo con la política monetaria, se presenta el análisis para una economía pequeña y abierta.

La expansión del gasto público genera un aumento más que proporcional de la absorción interna en el corto plazo, efecto que se conoce como el multiplicador del gasto público. La expansión en la demanda agregada estará contenida por una apreciación nominal y real (los precios permanecen fijos), lo que causará un deterioro del balance comercial.

En el largo plazo, en el que la actividad económica depende de la tecnología y las dotaciones de factores (oferta fija con precios flexibles), una expansión fiscal derivada de un aumento del gasto público o un recorte en los impuestos implicará una reducción en el ahorro interno, que tendrá que ser compensado por un aumento del financiamiento externo, lo que será consistente con un deterioro de la balanza comercial.

La disminución del ahorro interno implica un exceso en la valoración de los fondos de capital en la economía, lo que atrae los flujos de capital externos disponibles para financiar la inversión. El deterioro en la balanza comercial se da debido a que el aumento de la demanda del gobierno implica mayor demanda relativa de pesos, con lo cual se causa una apreciación real del peso que estimula el déficit comercial.

La expansión fiscal en el largo plazo implica un deterioro de la posición externa del país, es decir, más deuda y, por lo tanto, necesidades futuras de generación de ahorro para poderle pagar al resto del mundo el ahorro que está invirtiendo en el país para financiar la inversión.

Nótese que si hay crédito proveniente del resto del mundo la inversión no se afecta por el aumento del gasto público. En otras palabras, el resultado de la expansión fiscal es un mayor gasto agregado (igual inversión con mayor gasto público) con una producción e ingresos constantes. Es claro que una situación así no puede ser indefinida, porque eso implicaría la pérdida de confianza en el gobierno para pagar sus obligaciones, en cuyo caso, la capacidad de financiar la inversión con recursos de ahorro externo se limita y encarece. En el futuro será necesario aumentar el ingreso (lo cual podría suceder si, p. ej., el gasto público es productivo) o limitar el gasto público de forma tal que se pueda pagar lo prestado al resto del mundo.

Mantener un nivel de gasto consistente con la sostenibilidad fiscal representa un reto para la función objetivo del Gobierno y del Congreso, en el contexto de la necesidad de gasto que implican los bloques de funciones uno y dos descritas en este ensayo. En otras palabras, existe un dilema intertemporal. Por un lado, el Gobierno está incentivado a querer acelerar la actividad económica, generar empleo y solucionar los problemas de fallas de mercado y distribución del ingreso, y por el otro, está limitado por la necesidad de tener unas cuentas fiscales sostenibles que le garanticen financiamiento a todos los plazos a tasas de interés competitivas que no desestimulen la inversión.

Este dilema ha sido resuelto a través de institucionalidades específicas, especializadas, públicas y privadas, encargadas del seguimiento macroeconómico y fiscal de los países. Por el lado privado, los inversionistas de deuda pública han promovido la existencia de analistas como las calificadoras de deuda soberana o los analistas financieros vinculados a los intermediarios que se utilizan en el comercio de la deuda.

Por el lado del sector público, en los esquemas institucionales más modernos empezaron a surgir reglas fiscales gobernadas por cuerpos independientes que, a través de leyes, decretos o arreglos no vinculantes, logran sopesar las restricciones de corto y largo plazo de forma exitosa, de forma que se logra maximizar el impacto del gasto y la inversión públicas al tiempo que se garantiza la sostenibilidad de las finanzas públicas.

Esta actividad en pro de la sostenibilidad se puede entender en el contexto de la estabilidad macroeconómica. Las reglas fiscales limitan el gasto del gobierno cuando este es procíclico, o sea cuando quiere aumentar en condiciones en que la economía de corto plazo no lo necesita para acceder a los niveles de actividad deseados. De forma análoga, la regla fiscal debe permitir un mayor nivel de gasto cuando la actividad económica ha caído por debajo de los niveles deseados.

Existen diversas versiones de reglas fiscales: unas tienen objetivos sobre el nivel de gasto, otras sobre el déficit, otras sobre medidas más específicas del déficit, por ejemplo el estructural (que descuenta efectos cíclicos de ingresos o gastos por temas sectoriales o macroeconómicos). Otras reglas establecen objetivos sobre el nivel de deuda, el pago de intereses u otros agregados. Las más modernas tienen objetivos duales, por ejemplo, sobre el déficit y la deuda. Esta última es la que funciona en Colombia desde 2021.

En el futuro se espera que el marco de análisis de la sostenibilidad fiscal siga evolucionando hasta llegar a un esquema en el que, como en el régimen de inflación objetivo que se describió atrás, se establezcan objetivos fiscales sobre una variable que denote la credibilidad de la política fiscal; esto es, una variable que determine cuándo el Estado y su sostenibilidad están perdiendo credibilidad en el mediano y largo plazo y se obligue al ejecutivo y al legislativo a contraer el gasto y la inversión públicas.

C. Una visión subjetiva de las funciones del Estado en Colombia en el siglo XXI

En esta sección el autor recorre cronológicamente parte de su trayectoria profesional narrando algunos episodios que pueden resultar ilustrativos del estado de cosas en cuanto a las funciones del Estado en Colombia. El recorrido histórico narra la visión subjetiva desde los ojos de un analista macroeconómico que, a modo de ejemplo, presenta una perspectiva sobre la construcción institucional y el devenir macroeconómico.

Fedesarrollo, 1999-2003
Financiamiento de la educación mediante subsidios a la demanda
Ejemplo de provisión pública de un servicio

El primer proyecto de investigación en el que el autor trabajó como asistente de investigación en 1999 en Fedesarrollo estuvo dirigido por Humberto Mora y Ulpiano Ayala, y en él se buscaba establecer la viabilidad de financiar la educación primaria y secundaria mediante subsidios a la demanda (como funciona el financiamiento a la salud), en contraposición a la forma como se ha financiado históricamente la educación a partir de subsidios de oferta[34].

---

34 Cfr. Humberto Mora, Ulpiano Ayala, Catalina Gutiérrez y Andrés Velasco.

Dentro del conjunto de responsabilidades del Estado colombiano asociadas al primer bloque de responsabilidades consignadas en la Constitución de 1991, resalta el gasto de la educación por su importancia estratégica en la construcción de capital humano y por su importancia presupuestal por los recursos destinados.

El financiamiento de la educación proviene principalmente del presupuesto general de la nación. El sector recibe transferencias del Sistema General de Participaciones de los ingresos corrientes de la nación y transferencias al sector. La pregunta de la investigación era si el cálculo de una unidad de pago por la educación per cápita, diferencial por regiones, alcanzaría para lograr las metas de cobertura planteadas en el Plan Nacional de Desarrollo.

Este esquema serviría para contrastar con el esquema de financiamiento de la educación que ha prevalecido en el país, en el que se ofrece el servicio en las diferentes instituciones educativas y se remunera a los docentes antes de que se perfeccione la demanda. En el papel cualquiera de los dos sistemas funciona, sin embargo, el conjunto de incentivos del esquema de demanda lo hace más atractivo desde el punto de vista del control de los recursos y la calidad.

El documento concluye que, utilizando un sistema de demanda para su asignación, los recursos disponibles serían suficientes para financiar la educación. Adicionalmente, se lograrían las metas de cobertura planteadas en el Plan Nacional de Desarrollo.

Banco de la República, Equipo de Inflación, 2003-2007
Cálculo de la brecha del producto
Ejemplo de estabilización macroeconómica

Uno de los trabajos más interesantes para un macroeconomista es el que se realiza en el equipo de inflación del Banco de la República. Es el grupo de técnicos que escriben y presentan la recomendación de política monetaria todos los meses a la Junta Directiva de la autoridad monetaria (hoy en día

---

Financiamiento de la educación por medio de subsidios a la demanda: evaluación de la viabilidad del sistema de capitación, Bogotá, Fedesarrollo, 1999.

son ocho meses al año). El trabajo que el autor realizaba allí se relacionaba con el seguimiento del sector real, laboral, pronóstico de PIB, escenarios de PIB con modelos de equilibrio general, y particularmente con el cálculo del PIB potencial, la brecha del producto y los pronósticos de esas variables. Fue un trabajo en equipo que se sigue realizando hasta el día de hoy.

La brecha del producto es la diferencia porcentual entre el PIB potencial y el PIB observado. El PIB potencial es el nivel del PIB que se obtendría en ausencia de choques con precios flexibles en el largo plazo. Es una medida de referencia del PIB que establece el umbral en el que la actividad económica genera aceleración de la inflación. Cuando el PIB está por encima del PIB potencial, la economía puede tener presiones inflacionarias porque hay exceso de demanda, mientras que cuando está por debajo hay excesos de oferta y se pueden generar caídas en la inflación. La correcta estimación del PIB potencial es un reto para los bancos centrales, ya que no es una variable medible.

En la tarea del Estado de estabilizar la economía, la estimación del PIB potencial resulta de crucial importancia, ya que la postura de la política monetaria depende de si existen excesos de oferta o de demanda. La batería de modelos que se crearon en su momento para entender el ciclo económico y la capacidad de la economía para absorber choques resultaron ser muy interesantes y educativos. El trabajo le permitió al equipo técnico del Banco tener herramientas para generar posiciones de política económica que redundaron en la estabilización de la economía y el control de la inflación.

Universidad de Oxford, 2007-2011
Optimalidad de la política monetaria
Ejemplo de estabilización macroeconómica

La economía colombiana, como muchas economías pequeñas y abiertas en proceso de desarrollo, se caracteriza por enfrentar distorsiones importantes que hacen que la labor de estabilización macroeconómica sea más compleja. La existencia de rigideces de precios, de indexación (cuando los agentes fijan precios basados en la inflación pasada y no en las condiciones económicas futuras) y desempleo deben ser modeladas para encontrar cuál sería la política monetaria adecuada frente a los diversos choques.

Una de las preguntas cuando se emprende la tarea de estabilización macroeconómica es ¿cuál es el movimiento de las tasas de interés que genera el más alto grado de bienestar social? Esta pregunta es relevante dado el dilema entre bajar la inflación y bajar el desempleo. La respuesta depende de las particularidades de la economía y de la naturaleza y duración de los choques que se enfrentan, pero también, crucialmente, de las preferencias de los agentes y de cómo esas preferencias pueden ser utilizadas, adquiridas más precisamente, por la autoridad monetaria.

El modelo buscaba contestar la pregunta de la optimalidad de la política monetaria en dos dimensiones, primero, se quería que la autoridad monetaria decidiera el dilema entre la actividad económica (empleo) y una inflación baja y estable. Esto se lograba postulando el dilema a través de una función de pérdida de la autoridad monetaria, que la obligaba a alcanzar el mayor nivel de empleo y la menor inflación. Una segunda dimensión de optimalidad se obtenía haciendo que la función de pérdida del banco central respondiera (más precisamente: fuera una derivación) a las preferencias de la economía de los hogares. Finalmente, se resolvía el problema de optimalidad teniendo en cuenta la economía abierta, las rigideces de precios en el corto plazo y el desempleo.

El resultado del trabajo fue muy interesante. Además del constructo analítico que quedó para análisis posteriores, se obtuvo que en ese contexto la política óptima de la autoridad monetaria se caracteriza por la gradualidad. Las rigideces de precios y el desempleo hacen que los choques permanezcan por más tiempo, y esa persistencia que la política monetaria óptima sea con movimientos prolongados pero firmes de las tasas de interés.

Banco de la República, Unidad de investigaciones, 2011-2014
Flujos de capitales, choques externos y respuesta de política monetaria en economías emergentes
Ejemplo de regulación de servicios públicos y estabilización macroeconómica

En 2013 y 2014 el Banco de la República editó el libro *Flujos de capitales, choques externos y política monetaria*. Este proyecto buscaba dar respuesta a múltiples preguntas sobre los efectos macroeconómicos de la interacción entre los flujos de capitales y los choques externos.

> Los flujos de capitales y choques externos son determinantes del comportamiento de las principales variables macroeconómicas de los países emergentes, entre ellos Colombia y, por tanto, sus efectos se convierten en un reto constante de política para las autoridades económicas. De ahí la importancia y trascendencia de los temas y capítulos que incluye este libro[35].

El entendimiento los determinantes internos y externos de los flujos de capitales y de cómo los choques externos afectan las economías abiertas que reciben inversión desde el resto del mundo es clave para el buen diseño de políticas de estabilización macroeconómica.

Ministerio de Hacienda y Crédito Público, Dirección de Política Macroeconómica y Viceministerio Técnico, 2014-2018
La regla fiscal
Ejemplo de estabilización macroeconómica

Después de muchos debates internos, Colombia elevó la responsabilidad fiscal a criterio constitucional en 2011, y ese mismo año el Congreso de la República aprobó la ley que consagra la regla fiscal como un instrumento de responsabilidad fiscal y control del gasto público. Ese compromiso con la sostenibilidad fiscal le valió a la economía el retorno del grado de inversión (bajas tasas de interés para el financiamiento público y privado) por las tres calificadoras de riesgo más importantes del mundo. En 2014 se estableció la primera meta puntual de la regla que seguía una trayectoria decreciente para el déficit estructural hasta llegar a un ancla de déficit del 1% del PIB para 2022. El reto más importante que tuvo que sortear esta nueva institucionalidad fue que a finales de 2014 empezó una senda decreciente de los precios del petróleo que redujeron significativamente los ingresos de la nación.

La regla fiscal generaba la posibilidad de aumentar temporalmente el déficit fiscal, pero, en aras de la responsabilidad fiscal, el espacio de aumento del déficit fue solo de un tercio del tamaño del problema. En ausencia de la regla fiscal el Gobierno Nacional hubiera podido aumentar mucho

---

35 Hernán Rincón y Andrés Velasco. *Flujos de capitales choques externos y respuestas de política en países emergentes*, Bogotá, Banco de la República, 2013, p. xi.

más su endeudamiento. Sin embargo, dada la nueva institucionalidad, fue necesario solucionar los otros dos tercios del problema aumentando los ingresos no petroleros, lo cual se hizo con la reforma tributaria de 2014 y reduciendo el gasto público, con sucesivos recortes de gasto que sumaron más de 1% del PIB.

Banco de la República, Subgerencia de Sistemas de Pago y Operación Bancaria, 2018-2022
Dispersión de transferencias sociales en la pandemia
Ejemplo de distribución de ingreso

Uno de los retos importantes durante la pandemia fue poder llegar a una población que no recibía con anterioridad trasferencias sociales de ninguna clase, pero que estaba siendo fuertemente golpeada por el fenómeno. Para atender la emergencia el Gobierno diseñó el programa "Ingreso solidario". Pese a que se conocía la población objetivo y existían los recursos, los mecanismos operativos para distribuirlos no habían sido probados en la escala necesaria.

En un esfuerzo coordinado entre el Departamento Nacional de Planeación y el Departamento para la Prosperidad Social, que eran los responsables del programa y delimitaban su población objetivo; el Ministerio de Hacienda, que proporcionaba los recursos acumulados para ese fin, desde el FOME, el fondo que se creó para la atención de la pandemia; el Banco de la República, y el sector financiero se logró integrar en cuestión de días un sistema tecnológico de asignación, ejecución y seguimiento de los recursos, que terminaron llegando a millones de hogares y que ayudaron a aliviar en algo la situación económica por la que pasaban.

Comité Autónomo de la Regla Fiscal, 2022-2023
La regla fiscal. Segunda parte
Estabilización macroeconómica

Después de una década de funcionamiento se modificó la institucionalidad de la regla fiscal en dos dimensiones: por un lado, se cambiaron la formula y las metas de la regla, para hacerla más consistente con la reducción de la deuda pública, teniendo un objetivo dual sobre la deuda neta y el déficit estructural, y por otro, se modificó el gobierno de la regla haciéndolo autónomo del ejecutivo y dándole capacidad a través de un equipo que ejerce la función de análisis técnico independiente del Gobierno.

BIBLIOGRAFÍA

Acemoglu, Daron y James Alan Robinson. *Why Nations Fail: The Origins of Power, Prosperity, and Poverty*, New York, Crown Publishing Group, 2012.

Bagehot, Walter. *Lombard Street: A Description of the Money Market*, London, Richard D Irwin, 1873.

Diamond, Jared Mason. *Guns, Germs and Steel: The Fate of Human Societies*, London, Random House, 1997.

Fernández Álvarez, Antón Lois, Gilvan Luiz Hansen y Guillermo Suárez Blázquez. *Ciudadanía en una perspectiva global*, Madrid, Dykinson, 2021.

Fernández de Buján y Fernández, Antonio, Raquel Escutia Romero y Gabriel M. Gerez Kraemer. *Hacia un derecho administrativo, fiscal y medioambiental romano IV*, vol. I, *Derecho Administrativo y Derecho Medioambiental,* Madrid, Dykinson, 2021.

González de Cancino, Emilssen. *Manual de Derecho Romano*, Bogotá, Universidad Externado de Colombia, 2003.

Harari, Yuval Noah. *Sapiens: A Brief History of Humankind*, New York, Harper Collins Publishers, 2015.

Heckman, James y Mosso, Stefano. *The Economics of Human Development and Social Mobility*, NBER Working Papers 19925, Cambridge, National Bureau of Economic Research, 2014.

Jevons, William Stanley. *Methods of Social Reform*, London, MacMillan, 1883.

Keynes, John Maynard. *The General Theory of Employment, Interest and Money*, London, MacMillan, 1936.

Mankiw, Gregory. *Macroeconomics*, 9.ª ed., New York, Worth Publishers, 2016.

Medema, Stiven. *The Hesitant Hand. Taming self-interest in the history of economic ideas*, New Jersey, Princeton University Press, 2009.

Mora, Humberto, Ulpiano Ayala, Catalina Gutiérrez y Andrés Velasco. *Financiamiento de la educación por medio de subsidios a la demanda: evaluación de la viabilidad del sistema de capitación*, Bogotá, Fedesarrollo, 1999.

Moreno, Juan Esteban. *La intervención de la figura detentadora del poder a través del tiempo*, Bogotá, Mimeo, 2023.

Musgrave, Richard y Peggy Musgrave. *Hacienda pública teórica y aplicada*, Madrid, McGraw-Hill, 1983.

Pigou, Arthur Cecil. *Wealth and Welfare*, London, Macmillan and Co., 1912.

Rincón, Hernán y Andrés Velasco. *Flujos de capitales choques externos y respuestas de política en países emergentes*, Bogotá, Banco de la República de Colombia, 2013.

Smith, Adam. *Inquiry into the Nature and Causes of the Wealth of Nations*, Methuen, Cannan, 1776.

Stigler, George Joseph. *The Economist as Preacher*, Chicago, University of Chicago Press, 1982.

JAIME ORLANDO SANTOFIMIO GAMBOA*

*Ponderada articulación de las cláusulas del Estado Social de Derecho y de las Libertades Económicas y Empresariales en los fundamentos de la concepción constitucional de los servicios públicos***

Sumario: Introducción. El nuevo servicio público entre las bondades de lo social, la democracia y las libertades económicas y empresariales. I. Del Estado de derecho al Estado social de derecho y el servicio público, ¿cerrando filas en torno a lo social? II. Del Estado social y democrático de derecho al nuevo individualismo libertario, sus incidencias en el servicio público, en el contrato estatal y en la figura concesional. Decaimiento de la titularidad pública: ¿abriendo bóvedas? A. Características y principios del nuevo sistema de los servicios públicos bajo criterios de economía de mercado. La ausencia de titularidad pública en actividades de servicios. El nuevo papel del Estado. B. Las libertades bajo un esquema de actividades competitivas. 1. Libertad de entrada. 2. Libertad de acceso al mercado. 3. Libertad de contratación. 4. Libertad de inversión. C. Las libertades bajo un esquema de actividades no competitivas. 1. El servicio público universal. 2. Libertad de instalación y gestión de infraestructuras. 3. La solución constitucional para la convivencia entre las cláusulas del Estado social de derecho y las libertades económicas y empresariales. La ponderada construcción de la idea de la economía social de mercado. a. La libertad de empresa: el mercado y la competencia en la base de los servicios públicos conforme a los postulados del Estado social. b. Los límites del bien común como restricciones a la economía de mercado en los servicios públicos. Alcance de los artículos 333 y 334 constitucionales en cuanto a la intervención del Estado. c. Los monopolios frente a los servicios públicos. Alcance del artículo 336 constitucional. Conclusiones. Bibliografía.

---

* Profesor Emérito de Derecho Administrativo de la Universidad Externado de Colombia. Correo-e: jaime.santofimio@uexternado.edu.co; ORCID: https://orcid.org/0009-0004-5031-1912.

** Capítulo de investigación inédito elaborado a partir de nuestra tesis doctoral "El contrato de concesión de servicios públicos. Coherencia con los postulados del Estado social y democrático de derecho en aras de su estructuración en función de los intereses públicos", Universidad Carlos III de Madrid, 2010.

INTRODUCCIÓN. EL NUEVO SERVICIO PÚBLICO, ENTRE LAS BONDADES DE LO SOCIAL, LA DEMOCRACIA Y LAS LIBERTADES ECONÓMICAS Y EMPRESARIALES

1. Dada la ruptura histórica de la noción clásica de servicio público y el surgimiento de nuevas concepciones sustentadoras del Estado, la administración y la economía, sumidas en fundamentos ideológicos totalmente diversos, las radicales elaboraciones doctrinales de León Duguit[1] y Gastón Jèze[2] revolucionarias para su época, generan hoy profundas discusiones de cara a su vigencia y validez, no solo en cuanto a su papel como criterio

---

1 En relación con la obra de León Duguit, puede consultarse principalmente: *Las transformaciones del derecho público*, Madrid, Librería Española y Extranjera Francisco Beltrán, 1915, pp. 93 a 141; y profundizando aspectos de su teoría, *Manual de derecho constitucional*, Madrid, Librería Española y Extranjera Francisco Beltrán, 1926, pp. 71 y ss. Así mismo, la compilación efectuada bajo el título *Las transformaciones del derecho (público y privado)*, Buenos Aires, Heliasta, 1975, pp. 27-45, donde se retoman los dos trabajos clásicos del autor en torno a las transformaciones del derecho público y las transformaciones generales del derecho privado. En relación con los presupuestos de la teoría del Estado de León Duguit, véanse los análisis efectuados al respecto por el profesor Luciano Parejo Alfonso. *El concepto del derecho administrativo*, Caracas, Editorial Jurídica Venezolana, 1984, pp. 83 a 86; así mismo, en relación con las características y los alcances de la teoría, en esta misma obra, consúltense las páginas 86 a 88. Resultan de trascendencia las notas en relación con el contexto y contenido de la teoría de León Duguit escritas en el trabajo introductorio a la edición referida de 1915 de la obra *Las transformaciones del derecho*, efectuadas por su traductor el profesor Adolfo Posada. En igual sentido, Evelyne Pisier-Kouchner. *Le service public dans la théorie de l'État de León Duguit*, París, LGDJ, 1972; José Luis Monereo Pérez y José Calvo González. "León Duguit (1859-1928): jurista de una sociedad en transformación", *Revista de Derecho Constitucional Europeo*, n.º 4, julio-diciembre de 2005, pp. 483 a 547. Mariano Peset Reig. "Notas para una interpretación de León Duguit", *Revista de Estudios Políticos*, n.º 157, 1968, pp. 169 a 208. En relación con el contexto doctrinal y la época de Duguit, véase García de Enterría. "Cuatro maestros de París, una época del derecho administrativo", *REDA*, n.º 26, julio-septiembre de 1980. Resultan de interés bibliográfico las observaciones en torno a los aportes tanto de Duguit como de Jèze y Hauriou efectuadas por el profesor Miguel Ángel Sendín García. *Hacia un servicio público europeo: el nuevo derecho de los servicios públicos*, Granada, Comares, 2003.

2 Gastón Jèze. *Principios generales del derecho administrativo*, t. I, Buenos Aires, Depalma, 1948.

pleno y razonable para dar cuerpo y sustantividad al derecho administrativo, sino también en relación con la trascendencia y presupuestos conceptuales y jurídicos que deben rodear la figura del servicio público para efectos de su adecuada, idónea, continua y oportuna gestión y operación en favor de los asociados.

2. En ese sentido la pretendida formulación de una nueva teoría relacionada con el servicio público, en lo que se ha dado en llamar el "[...] nuevo servicio público [...]"[3], se debate en la hora actual de la humanidad, entre su consideración como fenómeno enraizado en los fundamentos sustanciales del Estado social y democrático de derecho[4], y en consecuencia objeto de su accionar finalístico[5]; y por otra parte, en las ideas economicistas del

---

3 El nuevo servicio público no es el que los teóricos del neoliberalismo vienen predicando como producto de su manto creador y purificador de la vida en sociedad, y sobre todo en relación con el papel de la Administración frente a la problemática social. De conformidad con la investigación que nos ocupa, esta idea surge de la confrontación histórica, actualmente vivencial, de la búsqueda de la articulación de la libertad económica con las bases sustentadoras del Estado social y democrático de derecho. Entenderlo de manera diferente sería dar por cierto el triunfo del neo-individualismo sobre lo social y, en consecuencia, la sumisión de las instituciones a la competencia económica y la globalización sin mayores consideraciones en relación con los fundamentos materiales y fundantes del orden constitucional. Luis Martín Rebollo. "De nuevo sobre el servicio público: planteamientos ideológicos y funcionalidad técnica", en *RAP*, n.º 100-102, 1983; Luis Martín Rebollo. *Sobre el nuevo concepto de servicio público en Europa y sus posibles implicaciones futuras*, en UNAM, Acervo Biblioteca Jurídica Virtual, t. IIJ.

4 Hermann Heller principalmente, "¿Estado de derecho o dictadura?", originalmente publicado en *Die Neue Rundschau*, Berlín, Fischer, 1929. Sin embargo, para el presente trabajo hemos utilizado la versión en español publicada en Alianza (*Escritos Políticos*), Madrid, 1985, pp. 283 a 301; Herman Heller. *Teoría del Estado*, México, Fondo de Cultura Económica, 1985; Parejo Alfonso. *Estado social y administración pública. Los postulados constitucionales de la reforma administrativa*, Madrid, Civitas, 1983. Peter Häberle. *El Estado constitucional*, México, Universidad Nacional Autónoma de México (s.f.), pp. 224 a 229; Martín Rebollo. "De nuevo sobre el servicio público...", cit., p. 2496.

5 Bajo los parámetros del Estado social y democrático de derecho, el servicio público no es el centro de impulsión o columna vertebral de toda la construcción política y jurídica del Estado y de la Administración, sino tan solo un componente importante y trascendente de los fines sociales del mismo. Martín Rebollo. "De nuevo sobre el servicio público:...", cit.

mercado y la competencia, novedosas y radicales concepciones que han permeado nuestra disciplina, retomando los senderos del individualismo clásico para la fundamentación y sustentación del servicio público, su prestación y gestión[6].

3. Como se puede observar, nos encontramos ante discusiones y posiciones derivadas de visiones diferentes del mundo, la economía, lo jurídico y lo social con efectos directos y profundos en aspectos de la mayor trascendencia respecto de cualquier aproximación al servicio público.

4. Situación que implica admitir un contexto de conflicto y tensiones permanentes en la estructuración jurídica y normativa del servicio público [7]; conflicto que reclama, a la luz del constitucionalismo democrático y no radical, la adopción inmediata de unas bases conceptuales, adecuadas, ponderadas y proporcionales para solucionar las pugnas del debate ideológico en la materia, esto, en aras de no perder el horizonte de lo social como compromiso estatal, y el interés general como razón final de toda la existencia de lo público que, quiérase o no, se mantienen como elemen-

---

6 La concepción economicista obedece a los aportes en la reconstrucción de las bases del individualismo filosófico y su proyección a todas las esferas de la sociedad en lo que se ha dado en llamar la concepción neoliberal. Son varias las corrientes de esta modalidad del pensamiento que descuellan por sus aportes: la escuela austriaca y la de Chicago. Dentro de la primera se destacan los trabajos y aportes del profesor Friedrich A. Hayek. *Camino de servidumbre*, Madrid, Editorial Revista de Derecho Privado, 1946, y *Los fundamentos de la libertad*, tt. I y II, Barcelona, Biblioteca de Economía-Folio, 1996. Por su trascendencia es conveniente destacar dentro de esta escuela los trabajos del profesor *Ludwig* von Mises. *Política económica*, Buenos Aires, El Ateneo, 1993. Ahora bien, dentro de la vertiente estadounidense o de la escuela de Chicago tenemos las obras de Milton Friedman y Rose Friedman. *Libertad de elegir. Hacia un nuevo liberalismo económico*, Barcelona, Grijalbo, 1981. Desde la perspectiva jurídica, el anterior razonamiento ha sido retomado, entre otras, en las obras de los profesores Gaspar Ariño Ortiz. *Principios de derecho público económico. Modelo de Estado, gestión pública, regulación económica*, Granada, Fundación de Estudios de Regulación, Comares, 1999, y Santiago Muñoz Machado. *Servicio público y mercado. Los fundamentos*, t. I, Madrid, Editorial Civitas, 1998.

7 Fernando Garrido Falla. "¿Réquiem por el servicio público?", *Cuenta y Razón*, n.º 116, 2000; Elisenda Malaret I García. "Servicio público, actividad económica y competencia. ¿Presenta especificidades la esfera local?", *Revista de Estudios de la Administración Local*, n.º 291, enero-abril de 2003, pp. 567 a 571.

tos fundamentales de nuestro sistema constitucional, en armonía con los mandatos, también imperativos, de consolidación del sistema económico constitucional, que reconocen y admiten la libertad económica, la libre empresa y, por tanto, al mercado como un actor estelar en nuestra sociedad.

5. Entre nosotros el conflicto es estructural y se desprende de las bases mismas de construcción de nuestro sistema constitucional. Una simple aproximación a los artículos 1.º[8], 2.º[9], 123 inciso 2[10], 209[11], 365[12]

---

8 Constitución Política de Colombia. "Artículo 1.º. Colombia es un Estado social de derecho, organizado en forma de República unitaria, descentralizada, con autonomía de sus entidades territoriales, democrática, participativa y pluralista, fundada en el respeto de la dignidad humana, en el trabajo y la solidaridad de las personas que la integran y en la prevalencia del interés general".

9 Constitución Política de Colombia. "Artículo 2.º. Son fines esenciales del Estado: servir a la comunidad, promover la prosperidad general y garantizar la efectividad de los principios, derechos y deberes consagrados en la Constitución; facilitar la participación de todos en las decisiones que los afectan y en la vida económica, política, administrativa y cultural de la Nación; defender la independencia nacional, mantener la integridad territorial y asegurar la convivencia pacífica y la vigencia de un orden justo. // Las autoridades de la República están instituidas para proteger a todas las personas residentes en Colombia, en su vida, honra, bienes, creencias, y demás derechos y libertades, y para asegurar el cumplimiento de los deberes sociales del Estado y de los particulares".

10 Constitución Política de Colombia. "Artículo 123, inciso 2.º. [...] Los servidores públicos están al servicio del Estado y de la comunidad; ejercerán sus funciones en la forma prevista por la Constitución, la ley y el reglamento [...]".

11 Constitución Política de Colombia. "Artículo 209. La función administrativa está al servicio de los intereses generales y se desarrolla con fundamento en los principios de igualdad, moralidad, eficacia, economía, celeridad, imparcialidad y publicidad, mediante la descentralización, la delegación y la desconcentración de funciones. // Las autoridades administrativas deben coordinar sus actuaciones para el adecuado cumplimiento de los fines del Estado. La administración pública, en todos sus órdenes, tendrá un control interno que se ejercerá en los términos que señale la ley".

12 Constitución Política de Colombia. "Artículo 365. Los servicios públicos son inherentes a la finalidad social del Estado. Es deber del Estado asegurar su prestación eficiente a todos los habitantes del territorio nacional. // Los servicios públicos estarán sometidos al régimen jurídico que fije la ley, podrán ser prestados por el Estado, directa o indirectamente, por comunidades organizadas, o por particulares. En todo caso, el Estado mantendrá la regulación, el control y la vigilancia de dichos servicios. Si por

y 366[13] constitucionales permite concluir, sin mayor esfuerzo, que a este nivel normativo se han consagrado, como imperativos vinculados a los principios fundamentales sustentadores del Estado, los derivados de las cláusulas del Estado social y democrático de derecho, en donde evidentemente prima la prevalencia del interés general ante cualquiera otra consideración de interés subjetivo individualista; sin embargo, igualmente se configura el ordenamiento jurídico bajo consideraciones de respeto al ser humano, dignidad humana, economía de mercado, competencia económica y, principalmente, libertades claras, expresas y amplias de carácter económico y empresarial (art. 333 constitucional).

6. Dado el carácter jurídico vinculante de nuestro texto constitucional, del anterior conjunto normativo y de principios se espera que el accionar de los poderes públicos se haga en la dirección (inevitable) de los intereses colectivos, sobre la base del respeto a la libertad individual y de la empresa, obviamente, condicionando a esta en todos los aspectos trascendentes para la vida en comunidad. No debemos olvidar que, de acuerdo con la estructuración de nuestra Constitución Política, nos encontramos ante normas que definen los fines esenciales del Estado con todas las consecuencias que ello implica. La incidencia de lo anterior es sustancial, sobre todo en materia de servicios públicos, de los que la misma Constitución reitera su relación con las finalidades sociales del Estado.

7. Reitero que en nuestra Constitución no aparece aislada la cláusula del Estado social de derecho, sino que está acompañada de una expresa, significativa y vinculante cláusula económica de compleja configuración,

---

razones de soberanía o de interés social, el Estado, mediante ley aprobada por la mayoría de los miembros de una y otra cámara, por iniciativa del Gobierno decide reservarse determinadas actividades estratégicas o servicios públicos, deberá indemnizar previa y plenamente a las personas que en virtud de dicha ley, queden privadas del ejercicio de una actividad lícita".

13 Constitución Política de Colombia. "Artículo 366. El bienestar general y el mejoramiento de la calidad de vida de la población son finalidades sociales del Estado. Será objetivo fundamental de su actividad la solución de las necesidades insatisfechas de salud, de educación, de saneamiento ambiental y de agua potable. // Para tales efectos, en los planes y presupuestos de la Nación y de las entidades territoriales, el gasto público social tendrá prioridad sobre cualquier otra asignación".

dispuesta en los artículos 333[14] y 334[15], donde se ocupa de definir el régimen económico del Estado, de postular las actividades económicas, la iniciativa privada, la empresa y la competencia bajo los designios de la libertad, pero con responsabilidades frente al bien común, lo que impide sostener que la economía colombiana se vuelca esencialmente hacia absolutos privilegios administrativos, permitiendo en razón de este postulado condicionante, la intervención del Estado sobre la economía en los términos que disponga la ley, e incluso también, pero a título absolutamente excepcional[16], el establecimiento de monopolios para estrictos propósitos

---

14 Constitución Política de Colombia. "Artículo 333. La actividad económica y la iniciativa privada son libres, dentro de los límites del bien común. Para su ejercicio, nadie podrá exigir permisos previos ni requisitos, sin autorización de la ley. // La libre competencia económica es un derecho de todos que supone responsabilidades. // La empresa, como base del desarrollo, tiene una función social que implica obligaciones. El Estado fortalecerá las organizaciones solidarias y estimulará el desarrollo empresarial. // El Estado, por mandato de la ley, impedirá que se obstruya o se restrinja la libertad económica y evitará o controlará cualquier abuso que personas o empresas hagan de su posición dominante en el mercado nacional. // La ley delimitará el alcance de la libertad económica cuando así lo exijan el interés social, el ambiente y el patrimonio cultural de la Nación".

15 Constitución Política de Colombia. "Artículo 334. La dirección general de la economía estará a cargo del Estado. Este intervendrá, por mandato de la ley, en la explotación de los recursos naturales, en el uso del suelo, en la producción, distribución, utilización y consumo de los bienes, y en los servicios públicos y privados, para racionalizar la economía con el fin de conseguir el mejoramiento de la calidad de vida de los habitantes, la distribución equitativa de las oportunidades y los beneficios del desarrollo y la preservación de un ambiente sano. // El Estado, de manera especial, intervendrá para dar pleno empleo a los recursos humanos y asegurar que todas las personas, en particular las de menores ingresos, tengan acceso efectivo a los bienes y servicios básicos. También para promover la productividad y la competitividad y el desarrollo armónico de las regiones".

16 Constitución Política de Colombia. "Artículo 336. Ningún monopolio podrá establecerse sino como arbitrio rentístico, con una finalidad de interés público o social y en virtud de la ley. // La ley que establezca un monopolio no podrá aplicarse antes de que hayan sido plenamente indemnizados los individuos que en virtud de ella deban quedar privados del ejercicio de una actividad económica lícita. // La organización, administración, control y explotación de los monopolios rentísticos estarán sometidos a un régimen propio, fijado por la ley de iniciativa gubernamental. // Las rentas

rentísticos; no obstante, en la misma Constitución se determina como mandato imperativo la extinción de los monopolios públicos, privatizándolos cuando no cumplan los requisitos de eficiencia, en los términos que determine la ley.

8. Tanto la intervención en la economía como el establecimiento de monopolios corresponden a decisiones que, bajo nuestra estructura constitucional, solo se pueden concebir como excepcionales en la medida en que la regla básica y general se funda en la admisión y el reconocimiento de la libertad, limitada únicamente por razones de interés público o generales.

9. En esa perspectiva, y a la luz de nuestro ordenamiento constitucional, resulta innegable que cualquier acercamiento conceptual al tratamiento de los servicios públicos implica irremediablemente la ponderación de las cláusulas que contienen los principios antes señalados, sustentados tanto en el interés público como de los derivados de la autonomía privada y la libertad de empresa. Es decir, acercar conceptos que eventualmente se nos muestran como antagónicos pero que, frente a la construcción constitucional, deben jugar de manera armónica y coordinada en aras del cumplimiento de las finalidades del Estado en una especie de economía social de mercado[17],

---

obtenidas en el ejercicio de los monopolios de suerte y azar estarán destinadas exclusivamente a los servicios de salud. // Las rentas obtenidas en el ejercicio del monopolio de licores, estarán destinadas preferentemente a los servicios de salud y educación. // La evasión fiscal en materia de rentas provenientes de monopolios rentísticos será sancionada penalmente en los términos que establezca la ley. // El Gobierno enajenará o liquidará las empresas monopolísticas del Estado y otorgará a terceros el desarrollo de su actividad cuando no cumplan los requisitos de eficiencia, en los términos que determine la ley. // En cualquier caso se respetarán los derechos adquiridos por los trabajadores".

17 Corte Constitucional. Sentencia C-032 de 2017. "En materia económica la Carta de 1991 adoptó el modelo de economía social de mercado. En este sentido ha dicho la Corte Constitucional, que 'el Estado Constitucional colombiano es incompatible tanto con un modelo del liberalismo económico clásico, en el que se proscribe la intervención estatal, como con modalidades de economía de planificación centralizada en las que el Estado es el único agente relevante del mercado y la producción de bienes y servicios es un monopolio público. En contrario, la Carta adopta un modelo de economía social de mercado, que reconoce a la empresa y, en general, a la iniciativa privada, la condición de motor de la economía, pero que limita razonable y proporcionalmente la libertad de empresa y la libre competencia económica, con el único propósito de cumplir

no radicalizada en fórmulas que alejan o divorcian a la sociedad civil, a los sectores productivos de la sociedad de la gestión públicas, como sucede en algunos órdenes constitucionales de corte neo liberal (p. ej., Perú y Chile) bajo la idea radical de la subsidiariedad.

10. Para estos efectos es imperativo reconocer como una realidad económica, viva en nuestras sociedades y con impacto constitucional y legal, que recientes elaboraciones económicas y filosóficas, sustentadas en trabajos ideológicamente sumidos en concepciones neoliberales[18], refutan la posibilidad de que solo el Estado sea titular de prestaciones vitales para la comunidad, sino que también entienden como un imperativo material necesario para la vida económica de la sociedad el alejamiento absoluto del mismo respecto de la prestación de servicios públicos, en aras de la eficiencia y con el propósito de consolidar la libertad individual[19], esto, en

---

fines constitucionalmente valiosos, destinados a la protección del interés general'. De acuerdo con lo anterior, el texto constitucional fue dispuesto para una sociedad de mercado, es decir, para un tipo de organización que desarrolla procesos ágiles de intercambio, que buscan no sólo la satisfacción de necesidades básicas, sino también la obtención de ganancia, bajo el supuesto según el cual, la actividad económica debe ser dinámica y estar en crecimiento, todo ello en un escenario (el mercado) fundado en la libertad de acción de los individuos (las libertades económicas), en el que 'las leyes de producción, distribución, intercambio y consumo se sustraen a la reglamentación consiente y planificada de los individuos, cobrando vida propia'". Consúltese en igual sentido: sentencias C-263 de 2011 y C-228 de 2010.

18 Milton Friedman y Rose Friedman. *Libertad de elegir. Hacia un nuevo liberalismo económico*, cit. Puede consultarse así mismo Hayek. *Los fundamentos de la libertad*, tt. I y II, cit.; Von Mises. *Política económica*, cit.

19 Friedrich A. Hayek. *Los fundamentos de la libertad*, cit., t. I, p. 25. "[...] Aquella condición de los hombres en cuya virtud la coacción que algunos ejercen sobre los demás queda reducida, en el ámbito social, al mínimo [...]": t. II, p. 277 a 290. En contraposición a este concepto individualista de libertad puede consultarse a León Duguit. *Las transformaciones del derecho (público y privado)*, cit., pp. 180 a 192. En contraposición a las concepciones individualistas de libertad, Duguit propone la función social y solidaria del individuo frente a la comunidad, lo que implica que "[...] La regla jurídica, que se impone a los hombres, no tiene por fundamento el respeto y la protección de derechos individuales que no existen, de una manifestación de voluntad individual que por sí misma no puede producir ningún efecto social [...]".

cuanto, son realmente la economía y el mercado los reguladores y determinadores de su prestación.

11. Los postores de estas teorías proponen la ruptura inmediata de los monopolios públicos en el servicio público y la apertura de modelos sustentados en la competencia económica y la libertad de empresa, lo que implica el paso a estructuras de acceso a los servicios fundadas en razones de libertad individual, autonomía privada y, sobre todo, en la carencia de titulación pública de la actividad prestacional.

12. En ese sentido, los sustentadores de esta nueva concepción de lo público y la economía entienden que el asunto y la materia de los servicios públicos deben ser objeto propio y exclusivo de la economía y desde el ámbito jurídico, del derecho privado en especial del mercantil[20], transformando el viejo servicio público en simples servicios de interés general, por fuera de cualquier titularidad pública estatal, generando, consecuentemente, otros instrumentos de acceso para su prestación, no propiamente concesionales, sino, más bien, simplemente autorizatorios y, en otros casos, admitiendo directa y discrecionalmente la mera liberalidad y la iniciativa privada para su operatividad y prestación sin intermediación estatal alguna.

13. Frente al clásico servicio público sustentado en una administración pública dotada de poderes interventores de regulación, prestación directa de los servicios, en muchos casos bajo parámetros de monopolios naturales y con criterios asistencialistas, se contraponen, bajo los escenarios extremos de las teorías neoliberales, los conceptos de globalización, competencia, apertura, libertad económica, economía de mercado, privatización, liberalización, iniciativa privada, eficiencia en la gestión y operación, y lo que resulta más interesante, el surgimiento de un nuevo tipo de regulación tendiente a asegurar la privatización, la competencia, la libertad de entrada, el libre acceso al mercado, la libertad de contratación y sobre todo asegurar la rentabilidad adecuada y proporcional a los inversionistas privados[21].

---

20 Gaspar Ariño Ortiz. "El retorno a lo privado: ante una nueva encrucijada histórica", en *Privatización y liberalización de servicios*, Madrid, Anuario de la Facultad de Derecho de la Universidad Autónoma de Madrid, n.º 3, 1999.

21 Ludwig von Mises. *Política económica*, cit., pp. 1 a 51.

14. Se trata de una evidente inversión de los postulados tradicionales sobre el papel de la administración pública en el cumplimiento de las finalidades estatales y la satisfacción de las necesidades e intereses de la colectividad y los derechos de los usuarios, reconociéndole a los privados responsabilidades frente a la comunidad bajo criterios de rentabilidad, lo cual de por sí implica, para cualquier operador del derecho, una ardua labor interpretativa y de búsqueda incansable de soluciones constitucionalmente viables, con el propósito de cumplir de manera satisfactoria con las finalidades propias del orden superior.

15. En ese sentido, el mayor y más trascendente de los interrogantes del presente trabajo es conocer si realmente el ordenamiento jurídico constitucional y administrativo ofrece instrumentos adecuados e idóneos para enfrentar las tensiones derivadas de la prestación de los servicios públicos, dadas los avances ideológicos individualistas en la materia, no obstante la permanencia de la cláusula del Estado social y democrático de derecho en nuestro ordenamiento jurídico constitucional. Se indaga hasta qué punto se ha invertido el principio expansivo de las finalidades sociales del Estado pasando a una etapa de recogimiento[22], o si, se ha avanzado en torno a

---

22 José Luis Villar Palasí. "Concesiones administrativas", *Nueva Enciclopedia Jurídica*, São Paulo, Come Editora, 1996, pp. 685 y 686. En los términos planteados por la doctrina, el principio de la expansión de los fines del Estado caracterizó los avances del Estado moderno frente al modelo de Estado liberal de derecho, retomando en materia de intervención económica atribuciones de conformador de un orden de cosas en favor del bienestar de los asociados, rompiendo las viejas concepciones que justificaban la ausencia de lo público frente a la problemática social en lo que la doctrina alemana dio por destacar bajo el concepto de Estado social administrador. Se trata de un principio esencialmente finalístico en relación con las actividades propias del Estado y dentro de él principalmente de la administración. En este aspecto sustancial del principio destaca el profesor Villar Palasí que "[...] En lo que afecta a la actividad de la administración –reflejo fiel en la gestión de las concepciones finalistas del Estado–, la injerencia en la vida económica como sistema está reemplazando a los actos de intromisión aislados, esporádicos u ocasionales, a que se reducía clásicamente la actividad de la administración a este respecto, dejando esta de ser una mera regulación límite, para adoptar francamente un sentido constitutivo y creador [...]". Concluye el autor recalcando que lo característico del principio en cuestión es el abandono del criterio del derecho límite o valladar de la actuación administrativa por el de una administración presente y actuante.

un modelo mixto, amplio, de economía social, con sujeción al mercado y garante de las libertades económicas de los asociados.

I. DEL ESTADO DE DERECHO AL ESTADO SOCIAL DE DERECHO Y EL SERVICIO PÚBLICO, ¿CERRANDO FILAS EN TORNO A LO SOCIAL?

16. El Estado social, que puede haber alcanzado, o no, los estadios óptimos del bienestar[23], constituye un concepto general, de reciente conformación en la doctrina constitucional a partir de una particular convergencia ideológica liderada por las ideas socialistas[24], y adoptado en importantes ordenamientos jurídicos, que irradia la plenitud de las decisiones y actuaciones de los

---

23 Luciano Parejo Alfonso. "Estado social y Estado de bienestar a la luz del orden constitucional", en Santiago Muñoz Machado, José Luis García Delgado y Luis González Seara. *Las estructuras del bienestar: propuestas de reforma y nuevos horizontes*, Madrid, Once-Civitas, 2002, p. 793 y ss. El concepto de Estado social es jurídico; el de Estado de bienestar es una calificación –adjetivo– que puede acompañar al Estado social, o a cualquier otro, de acuerdo con el desarrollo y la evolución económicos alcanzados por él, que le permiten, a partir de políticas públicas en relación con el gasto público, elevar las condiciones de vida de sus habitantes. Entonces, el Estado de bienestar se relaciona con inversión social a partir de un buen comportamiento del sistema económico, que indudablemente genera estabilidad social. El Estado, cualquiera que este sea, configura el marco cultural dentro del cual se fragua el bienestar –por lo menos así ha sucedido históricamente–. En este sentido, como anota Parejo, "[...] No consiste esa relación, sin embargo, en una identidad total entre Estado social, como fórmula constitucional, y el llamado Estado de bienestar". Alfonso Fernández-Miranda Campoamor. "El Estado Social", *Revista Española de Derecho Constitucional*, n.º 69, 2003. Véase Corte Constitucional. Sentencia C-1064 de 2001.

24 Surge de los trabajos del profesor Hermann Heller, principalmente del artículo publicado en 1929, "¿Estado de derecho o dictadura?", en el que plantea la necesidad, para el viejo y simple Estado de derecho moldeado conforme a los parámetros del liberalismo económico clásico, de asumir un papel central y principalísimo en la atención de los conflictos sociales, so pena de generar la ruptura total del sistema y la caída del Estado de derecho y democrático por los senderos de las dictaduras despóticas. Sobre el surgimiento y la evolución del concepto puede consultarse Luciano Parejo Alfonso. *Derecho administrativo*, Barcelona, Ariel Derecho, 2003, pp. 127 y ss.; Luciano Parejo Alfonso. *Estado social y administración pública*, Madrid, Civitas, 1983. En igual sentido, el interesante estudio contenido en Corte Constitucional. Sentencia C-1064 de 2001.

poderes públicos en todos aquellos ordenamientos jurídico-políticos que lo hubieren adoptado; por tanto, de sus elementos y contenidos materiales se pueden deducir, sin mayores dificultades, los principios, reglas y valores que dan razón y sustento a los diferentes instrumentos jurídicos a los que debe acudir la administración pública, en cuanto ordenadora de la configuración constitucional y legal de este modelo Estado, para hacer realidad sus postulados, enmarcados tanto en la regla general que el postulado involucra, como en las múltiples hipótesis constitucionales que le dan contenido[25].

17. En sentido general se puede afirmar que a partir de la estructuración de la cláusula del Estado social se dan las condiciones materiales para que surjan múltiples titularidades públicas en relación con actividades, bienes,

---

25 Corte Constitucional. Sentencia C-1064 de 2001: "[...] En este orden de ideas, entre las manifestaciones concretas del principio fundamental del Estado social de derecho se encuentran, por ejemplo, los mandatos generales dirigidos a promover la igualdad real y efectiva mediante la adopción de medidas a favor de grupos marginados o discriminados (art. 13 inc. 2 C. P); proteger especialmente a las personas que por su condición económica, física o mental, se encuentren en circunstancia de debilidad manifiesta (art. 13 inc. 3 C. P); proteger a la mujer embarazada, a la mujer cabeza de familia, a la niñez, a los adolescentes, a las personas de la tercera edad, a los discapacitados, a los pensionados y a los enfermos (arts. 43 a 49 C. P); apoyar a los desempleados (art. 54 C. P); y promover el pleno empleo así como el mejoramiento de la calidad de vida de las personas de menores ingresos (art. 334, inc. 2); y, en general, dar prioridad sobre cualquier otra asignación al gasto social para la solución de las necesidades insatisfechas de salud, de educación, de saneamiento ambiental y de agua potable en los planes y presupuestos de la Nación y de las entidades territoriales (art. 366 C. P). La interpretación sistemática del principio fundamental del Estado social de derecho y de los preceptos constitucionales que lo concretan, permite concluir que dicho principio abarca, sin caer en el paternalismo o en el asistencialismo, contenidos tanto de participación en la prosperidad general, de seguridad frente a los riesgos de la vida en sociedad, de equiparación de oportunidades como de compensación o distribución de cargas. Por la concepción material de la igualdad, el grado y tipo de protección requerido varía entre situaciones diferentes, cuando se trata de distribuir y asignar recursos escasos en un contexto en el que existen objetivamente necesidades insatisfechas que el Estado debe prioritariamente atender. De manera más puntual se podría decir, por ejemplo, que la concepción de igualdad material que inspira el Estado social de derecho se manifiesta plenamente en el mandato de protección especial a los más débiles, en términos comparativos, en el manejo y el reparto de recursos escasos [...]".

servicios y obras, que le otorgan a la Administración la posibilidad de su ejecución directa o indirecta, por lo que, de darse esta última modalidad, quedan abiertas las puertas para el surgimiento de figuras como las concesiones o las asociaciones público-privadas, de conformidad con el ámbito de discrecionalidad de que goza la Administración en estos asuntos.

18. En ese sentido, no podemos olvidar que, en consonancia con el artículo 365 constitucional, los servicios públicos y sus mecanismos prestacionales, entre los cuales inevitablemente se ubican los mencionados, son inherentes a las finalidades sociales del Estado, esto es, tienen relación directa e íntima con lo social, pues su naturaleza jurídica está vinculada y deviene de dicho postulado constitucional y, lo que resulta más importante, el Estado puede ser titular de muchas de esas actividades prestacionales.

19. Adscribe la Constitución Política un trascendente deber funcional en materia prestacional de los servicios públicos a todas las autoridades estatales, en especial a las administrativas: asegurar su prestación eficiente a todos los habitantes del territorio nacional, inclusive, de ser necesario, mediante su prestación directa o indirecta por el Estado. Luego, en el asunto objeto de estudio, la configuración constitucional liga el fenómeno de los servicios públicos a las profundas estructuras y necesidades de la sociedad, vinculando de paso la figura prestacional a este contexto sustancial. Se puede afirmar, sin lugar a equivocación, que el postulado del Estado social determina sustancialmente el principio del interés general.

20. Lo anterior guarda estrecha relación con lo dispuesto en el artículo 1.º constitucional cuando define al Estado colombiano, de manera clara e irrefutable, como un Estado social, democrático, participativo y pluralista fundado en el respeto de la dignidad humana, en el trabajo y la solidaridad de las personas que lo integran y en la prevalencia del interés general.

21. La Corte Constitucional se ha ocupado de la definición del Estado social de derecho y de sus repercusiones en el ordenamiento jurídico colombiano[26]. En primer lugar, acepta la Corte que la cláusula no es en blanco, ni mucho menos una "muletilla retórica o filantrópica del Estado colombiano", sino que constituye un cambio cualitativo y cuantitativo en las finalidades estatales: "Desde este punto de vista, el Estado social

---

26 Corte Constitucional. Sentencia C-027 de 2018.

puede ser definido como el Estado que garantiza estándares mínimos de salario, alimentación, salud, habitación, educación, asegurados para todos los ciudadanos bajo la idea de derecho y no simplemente de caridad". Lo anterior implica, consecuentemente,

> Una nueva manera de interpretar el derecho, cuyo concepto clave puede ser resumido de la siguiente manera: pérdida de la importancia sacramental del texto legal, entendido como emanación de la voluntad popular, y mayor preocupación por la justicia material y por el logro de soluciones que consulten la especificidad de los hechos[27].

22. La cláusula del Estado social de derecho conlleva un correlativo sistema de asistencia mutua, tendiente a la solución de los conflictos que atentan contra la vida en comunidad. Este sistema se materializa en la existencia del fenómeno de la solidaridad, el cual no es otra cosa que la relación recíproca o de interdependencia que debe existir entre el Estado y sus asociados, e incluso entre los miembros de la misma sociedad, en una especie de solidarismo que se relaciona indiscutiblemente con otros aspectos constitucionales como son el pluralismo y la tolerancia. La Corte Constitucional considera que la solidaridad, al ser establecida en el texto constitucional, ha dejado de ser un imperativo ético "para convertirse en norma constitucional vinculante para todas las personas que integran la comunidad [...] compromete a la sociedad entera y al Estado"[28].

23. Las obligaciones que emanan del Estado social de derecho encuentran para su aplicación respaldo efectivo en principios como el de la solidaridad:

> ... la dignidad humana y la solidaridad son principios fundamentales del Estado social de derecho [...] Toda persona tiene el deber constitucional de obrar de conformidad con el principio de solidaridad social [...] El principio de solidaridad social no sólo se circunscribe a eventos de catástrofes, accidentes o emergencias, sino que es exigible también ante situaciones estructurales de

27 Ibíd. Sentencia T-406 del 5 de junio de 1992.

28 Ibíd. Sentencia T-533 del 23 septiembre de 1992.

injusticia social en las cuales la acción del Estado depende de la contribución directa o indirecta de los asociados[29].

La solidaridad configura un evidente principio rector de la actividad de los poderes públicos que de manera integral velan por la dignidad humana[30].

24. La cláusula inspira la idea de la redistribución y de la ruptura de las desigualdades que se observan en la sociedad, propendiendo por el equilibrio, no sólo en los aspectos económicos, sino en todos aquellos órdenes y aspectos necesarios para la consolidación de la paz social y la dignidad humana, así sea interviniendo directamente en los fenómenos económicos, políticos, culturales y de otros géneros que puedan verse afectados, o creando las condiciones para que sea la misma sociedad la que lleve la iniciativa en ese equilibrio de convivencia que se espera. Equilibrio que el constituyente asimila al concepto de justicia o de orden justo. Infortunadamente, la fórmula constitucional pretende limitar el orden que lleve al equilibrio social a uno estrictamente económico. La justicia social, como lo advertimos, se logra tan solo en la medida en que la plenitud de los elementos de lo social se equilibre dentro del Estado[31].

---

29 Ídem.

30 Corte Constitucional. Sentencia C-425 de 2005. Véase igualmente, Sentencia C-499 de 1992. "La concepción clásica del Estado de derecho no desaparece sino que viene a armonizarse con la condición social del mismo, al encontrar en la dignidad de la persona el punto de fusión. Así, a la seguridad jurídica que proporciona la legalidad se le a una la efectividad de los derechos humanos que se desprende del concepto de lo social. El respeto por los derechos humanos, de un lado, y el acatamiento de unos principios rectores de la actuación estatal, por otro lado, constituyen las consecuencias prácticas de la filosofía del Estado social de derecho. En este sentido el concepto de Estado social de derecho se desarrolla en tres principios orgánicos: legalidad; independencia y colaboración de las ramas del poder público para el cumplimiento de los fines esenciales del Estado; y criterios de excelencia".

31 Corte Constitucional. Sentencia 740 de 2003: "[...] En efecto, un orden justo sólo puede ser fruto de unas prácticas sociales coherentes con esos fundamentos. No se puede asegurar orden justo alguno si a los derechos no se accede mediante el trabajo honesto sino ilícitamente y si en el ejercicio de los derechos lícitamente adquiridos priman intereses egoístas sobre los intereses generales [...]".

25. En ese sentido, el concepto de lo social traducido a norma constitucional en el derecho nacional proyecta al ordenamiento superior, y en especial la acción de las autoridades, en una proyección finalística, teleológica, de búsqueda permanente y de materialización de la prosperidad general, pero también, en cuanto es de la esencia de lo social y la garantía de la efectividad de los principios, derechos y deberes consagrados en la Constitución, tanto para la comunidad en general como en relación con los individuos en particular, por lo que el papel de la administración pública y de sus autoridades es fundamental. Esta la razón por la cual la Corte Constitucional, entiende que, "[...] nuestro Estado social de derecho busca lograr la orientación de la política administrativa hacia la satisfacción de las necesidades básicas de la población, con miras a lograr la efectividad de los derechos [...]"[32]; bajo ese contexto, el concepto excluye de manera perentoria la posibilidad de cualquier actuación o decisión de los agentes públicos en su propio provecho o en el de terceros bajo inspiraciones subjetivas, de forma que toda actuación de los poderes públicos debe hacerse por razones sociales[33] y frente a los intereses generales de la comunidad[34].

32 Corte Constitucional. Sentencia C-040 de 2004: "[...] En estas condiciones el Estado colombiano debe ser no sólo un verdadero promotor de la dinámica colectiva sino además el responsable del acceso de todos los ciudadanos a las condiciones mínimas de vida que garantizan el respeto de la dignidad humana y de los derechos fundamentales, por ello no es gratuito que el Constituyente haya prescrito en el artículo 366 de la Carta que 'El bienestar general y el mejoramiento de la calidad de vida de la población son finalidades sociales del Estado'. Para el logro de esa finalidad resulta relevante que el Estado oriente su política y recursos a la prestación eficiente y responsable de servicios como la Seguridad Social y la Salud, derechos irrenunciables éstos que no siendo los únicos de carácter prestacional son primordiales para la obtención de mejores condiciones de subsistencia de los sectores más deprimidos y necesitados de la población colombiana, ello en observancia de los compromisos de carácter prestacional adquiridos en instrumentos internacionales como la Declaración Universal de los Derechos Humanos, el Pacto Internacional de Derechos Económicos, Sociales y Culturales, y la Convención Americana sobre Derechos Humanos en materia de Derechos Económicos, Sociales y Culturales, entre otros [...]".

33 Corte Constitucional. Sentencia C-740 de 2003.

34 Ibíd. Sentencia C-397 de 1998: "[...] El Estado social de derecho se construye a partir del reconocimiento del ser humano como sujeto autónomo, dotado de razón, cuya realización integral debe promover el Estado, garantizándole condiciones dignas para

26. Conforme con lo expuesto, se observa la tendencia de la Corte Constitucional de integrar, dentro de los propósitos de la cláusula constitucional del Estado social, por esencia jurídica, elementos propios del progreso económico en lo que se conoce como condiciones de bienestar o, comúnmente, como Estado de bienestar, que, como observamos, desde el punto de vista de su naturaleza son fenómenos diversos, pero que, eventualmente, los segundos pueden lograrse, o son aspiraciones propias, entre otras, también de las organizaciones estatales constitucionalmente definidas como Estados sociales[35].

27. El contenido social del Estado de derecho diseñado en el marco constitucional se proyecta de manera importante y trascendente en el ámbito de los servicios públicos, puesto que la Constitución los considera inherentes

---

el desarrollo de sus potencialidades, condiciones que se anulan y diluyen en contextos en los que prevalezca el interés mezquino de quienes anteponen los suyos particulares a los de la sociedad, incluso desdeñándolos y sacrificándolos, mucho más si para ello hacen uso indebido del aparato administrativo que conduce el Estado, de los recursos que lo nutren, y del ejercicio de las funciones propias de la administración pública, conductas que por lo general se identifican en los tipos penales que describen prácticas corruptas [...]".

35 Corte Constitucional. Sentencia C-040 de 2006: "[...] No obstante, es deber recordar que el principio de Estado social de derecho, como estructura básica de nuestro ordenamiento constitucional, implica en primer lugar, que el Estado tiene un constante deber con las personas de proporcionarles bienestar. En este orden de ideas, el propio Estado debe poner un mínimo de bienes y servicios, materiales y espirituales, al alcance de los individuos y propender porque todos los colombianos tengan empleo, seguridad social, educación, etc.; sin embargo dichos bienes no pueden ser suministrados coactivamente [...]". Sentencia C-538 de 1995. "[...] En la concepción misma de Estado social de derecho, que presenta como característica esencial el propósito de la consecución del bienestar general, definido en sus prioridades y componentes por la misma sociedad, representada en los agentes que para el efecto elige. Esto implica, que la materialización de las metas y objetivos que contribuirán al logro de ese bienestar social general, esté bajo la responsabilidad directa de aquél que fue elegido por haber logrado que la mayoría aceptara y compartiera su propuesta sobre el plan a seguir para alcanzar, por lo menos parcialmente, esos propósitos; los candidatos se tornan planificadores y consolidan propuestas que contienen los programas y proyectos que a su entender responden a las expectativas y necesidades de la comunidad, y ésta, a través del voto, manifiesta cuál de ellas es la que efectivamente corresponde a sus aspiraciones [...]".

a las finalidades sociales del Estado y, por tanto, vinculados a la problemática de la comunidad y generadores de profundas responsabilidades de gestión, prestación y eficiencia por los poderes públicos, en especial por la Administración[36], garantizando de esa manera los derechos fundamentales de los asociados[37]. De todas maneras, el constituyente diseñó un esquema prestacional mixto que incorpora la iniciativa privada y la libertad de empresa como elementos fundamentales en procura del cumplimiento de sus cometidos, lo que, de todas maneras, para nada desvirtúa la vinculación del servicio público al contexto y contenido del Estado social[38].

---

36 Corte Constitucional. Sentencia 636 de 2000: "[...] La realización y la eficacia sustantiva del Estado social de derecho se mide por la capacidad de éste para satisfacer, a través de la prestación de los servicios públicos, las necesidades vitales de la población, mediante el suministro de concretas prestaciones que tiendan a ello y, consecuentemente, de lograr por esta vía la igualación de las condiciones materiales de existencia de las personas. La prestación del servicio tiene como destinatario a los usuarios, esto es, a quienes son titulares de dichas necesidades y demandan por consiguiente su satisfacción [...]".

37 Corte Constitucional. Sentencia C-060 de 2005: "El Estado social de derecho, principio fundante incorporado en la Constitución de 1991, produjo un cambio radical en la forma de entender el Estado colombiano. Esta concepción trajo consigo, ya no solo el respeto por parte del Estado de los derechos fundamentales, sino que aunó la necesidad imperante de que este garantice el ejercicio de dichos derechos. Es decir, el Estado ya no solo debe omitir acciones que produzcan vulneraciones en los derechos fundamentales sino que debe efectuar actos tendientes a garantizar de manera efectiva el uso y disfrute de los derechos constitucionales de carácter fundamental. De esta manera, el servicio público domiciliario es uno de los mecanismos por los que el Estado ha optado para salvaguardar de manera efectiva los derechos fundamentales. A través de la prestación de estos, se busca garantizar derechos como la vida, la integridad personal, la salud, la educación, etc. Pues bien, por medio de estos servicios se pretende primordialmente satisfacer en forma general necesidades de manera regular y continua, que tengan como respuesta principal la salvaguarda permanente de los derechos y deberes constitucionales".

38 Corte Constitucional. Sentencia 389 de 2002: "[...] Para la prestación de los servicios públicos, se permite la concurrencia tanto de particulares como del Estado, reservándose éste, de todas maneras, la regulación, el control y la vigilancia de dicha actividad. Lo anterior, dado que según el artículo 334 Superior, la dirección general de la economía estará a cargo del Estado quien intervendrá, por mandato de la ley, en las áreas allí determinadas, entre ellas la relativa a los servicios públicos. Participación

II. DEL ESTADO SOCIAL Y DEMOCRÁTICO DE DERECHO AL NUEVO INDIVIDUALISMO LIBERTARIO. SUS INCIDENCIAS EN EL SERVICIO PÚBLICO, EN EL CONTRATO ESTATAL Y EN LA FIGURA CONCESIONAL. DECAIMIENTO DE LA TITULARIDAD PÚBLICA: ¿ABRIENDO BÓVEDAS?

28. La concepción clásica de los servicios públicos desarrollada por el derecho francés, que consideraba su prestación vinculada directamente al ejercicio de la función administrativa –de titularidad pública– como mecanismo idóneo para satisfacer las necesidades y carencias de la comunidad, generó para el derecho administrativo efectos imprevisibles, en cuanto a su contenido material y, en especial, frente a sus relaciones con las actividades de servicios eventualmente asumidas por los particulares, consecuentemente con el derecho propio de esos sujetos, como es el derecho privado.

29. En tratándose de su evolución como teoría jurídico-administrativa, los planteamientos originales fueron prácticamente desbordados por la realidad del mismo derecho francés, e incluso por las construcciones jurisprudenciales que se dieron de manera paralela a esta teoría clásica[39], que pusieron en duda y dieron al traste con los principales planteamientos de

---

de los particulares en la prestación de los servicios públicos, que además está en consonancia con lo dispuesto en el artículo 333 de la Constitución que garantiza el libre ejercicio de la actividad económica y de la iniciativa privada dentro de los límites del bien común, asegurando la libre competencia económica como derecho de todos que supone responsabilidades. Por tal razón, la Constitución prevé que el Estado, por mandato de la ley, impida que se restrinja u obstruya la libertad económica y evite o controle cualquier abuso que personas o empresas hagan de su posición dominante en el mercado nacional, correspondiéndole a la ley delimitar el alcance de dicha libertad económica cuando lo exijan el interés social, el ambiente y el patrimonio cultural de la Nación [...]".

39 Entre otras providencias de la jurisprudencia francesa, podemos señalar las siguientes: Société des Granits Porphyroïdes des Vosges, del 31 de julio de 1912; Arrêt Bac d'Eloka (Côte d'Ivoire *vs.* Société Commerciale de l'Ouest Africain), del 22 de enero de 1921, entre otros, y a los cuales ya nos hemos referido en el presente trabajo.

la escuela de Burdeos, llevando a lo que se ha dado en llamar "el quiebre de la teoría".

30. Después de grandes debates jurídicos, se aceptó que los particulares también podían atender las necesidades generales en materia de servicios públicos y, en consecuencia, que el derecho privado podía también ser el régimen jurídico para estas actividades fundamentales de la organización social y política, incluso en eventos en que la misma administración, a través de modalidades descentralizadoras, fuera operadora o prestadora de los mismos, rompiendo los dogmas que desconocían la amplitud y necesidades del sistema jurídico positivo en cuanto a la interrelación necesaria de sus contenidos como fenómenos comunes de un solo derecho. En esencia, el concepto de servicio público y de sus instrumentos prestacionales, fueron retomados, en cuanto objeto primordial, por el Estado de derecho, configurando un elemento sustancial y vital de toda su construcción, tal como ha venido siendo expuesto.

31. Ahora bien, la historia económica y política de las últimas décadas nos presenta otra ruptura mucho más profunda, cualitativa y sustancial de la teoría tradicional de los servicios públicos como función directa y natural de la administración pública, y de paso, también, el síntoma de una grave y profunda situación de crisis al interior del concepto de Estado social.

32. El problema radica en el abierto y prolongado peso que en las últimas décadas ha tenido una novedosa percepción del mundo y de las relaciones sociales, políticas y económicas que proclama el abandono total y radical de cualquier posibilidad de que el Estado pueda comprometerse o asumir la prestación directa de servicios públicos en los términos en que tradicionalmente lo venía haciendo dentro de la concepción intervencionista, asistencialista, benefactora o, más concretamente, en desarrollo de los objetivos y finalidades propios del Estado social de derecho instrumentado después de la Segunda Guerra Mundial.

33. Concepción del mundo, la economía y el derecho que llama a la destitularización de las actividades públicas, mediante figuras privatizadoras o simplemente liberalizadoras, reduciendo el espacio de actuación prestacional del Estado. Reduciendo materialmente su campo de acción directa o indirecta en la prestación, y reconduciéndolo a otras esferas de actuación administrativa.

34. Sin lugar a dudas, se trata de un resurgir de las teorías individualistas clásicas, otrora fundamentadas en los trabajos de Adam Smith y ahora retomadas por los modernos seguidores de sus postulados básicos, que proclaman la libertad como la base de la coexistencia y el desarrollo político y económico, en lo que se ha dado en llamar la concepción neoliberal[40] del Estado y la economía[41].

35. El Estado social, sostienen sus ideólogos, llevó al crecimiento desmesurado de su aparato administrativo, con una ostensible invasión en la economía y en la libertad individual, adquiriendo títulos en actividades en las que, por su naturaleza, concurría la economía y por tanto sus reglas de competencia, generando en su entorno una odiosa e improductiva dependencia ciudadana, lo que lo convirtió en un fenómeno de dominación y manipulación. El hombre ahora no solo vive en un Estado, sino que también vive y subsiste de sus bondades y ventajas paternalistas, en detrimento de su autonomía personal y de sus capacidades productivas[42].

---

40 Paul Samuelson y William Nordhaus. *Economía*, Madrid, McGraw-Hill, 2002, p. 21. Destacan los autores cómo el papel del Estado interventor y benefactor entró en un serio proceso de sustracción a favor de la economía de mercado a partir de la década de los ochenta del siglo pasado. Estados Unidos, Inglaterra y Rusia constituyeron un ejemplo palpable del abandono de la presencia social del Estado, en materia pensional, sanitaria y de otros servicios a favor de los privados bajo criterios de economía de mercado. Al respecto consultar Héctor Schamis. "La economía conservadora en América Latina y Europa Occidental: orígenes políticos de la privatización", en Óscar Muñoz. *Después de las privatizaciones el Estado regulador*, Santiago, Cieplan, 1993, pp. 51 y ss. El proceso se inició prácticamente en la década de los ochenta, y tuvo como protagonistas países tan diferentes como Inglaterra y Chile. El fundamento esencial de este proceso económico se originó en el quiebre de los planteamientos keynesianos que recibió de inmediato la respuesta política de las fuerzas conservadoras y el capitalismo globalizador.

41 Entre los más destacados exponentes de las nuevas concepciones individualistas están Milton Friedman y Rose Friedman. *Libertad de elegir. Hacia un nuevo liberalismo económico*, cit.; así mismo, Milton Friedman. *Capitalismo y libertad*, Madrid, RIALP, 1966, y Friedrich A. Hayek. *Los fundamentos de la libertad*, tt. I y II, cit.; y Von Mises. *Política económica*, cit.

42 Milton Friedman y Rose Friedman. *Libertad de elegir. Hacia un nuevo liberalismo económico*, cit., pp. 209 y ss.

36. Desde la perspectiva de los servicios públicos, el modelo social de derecho propició las condiciones para su consolidación como un sistema burocrático, monopolístico y corrupto a partir de una arbitraria titularidad pública de actividades que impiden la competencia, la oferta plural, la gestión privada, la eficiencia y la libertad de elección de los usuarios, y consolidan la oscura cultura de la dependencia hacia el Estado y no solucionan los niveles de pobreza y abandono de los sectores de la población menos favorecida[43], razón por la cual el modelo debe ser revisado y remplazado por otro en el que la iniciativa privada y la competencia[44-45] cumplan sus funciones y deberes frente a la sociedad[46-47], reconduciendo la actividad pública y sus monopolios de titularidades a condiciones mínimas.

37. Se sustenta esta nueva concepción en los trabajos del liberalismo económico que, a partir de la negación del colectivismo[48], pretenden fortalecer la moderna concepción capitalista en la libertad y la seguridad económicas[49], y la prosperidad, en contraposición a la esclavitud y miseria

---

43 Las razones de los modernos individualistas para sustentar su renacer histórico frente al Estado y la economía no se apartan sustancialmente de las mismas que en su momento se reiteraron para consolidarse durante más de cien años en el periodo del reino individualista que se vivió a partir de la Revolución francesa en Europa y América. Véase, para estos efectos, Keynes. "El final del *laissez-faire*", cit., pp. 63 y ss.

44 Friedrich A. Hayek. *Camino de servidumbre*, cit., pp. 37 y ss. El sistema se funda en la competencia en cuanto se la considera un método superior de coordinación de esfuerzos individuales que no puede ser reemplazado, es mucho más eficiente que cualquier otro, y es el único que permite a las actividades individuales "[...] ajustarse a las de cada uno de los demás sin intervención coercitiva o arbitraria de la autoridad [...]". La competencia traslada al individuo la oportunidad para decidir de si su presencia en el mercado puede ser riesgosa o no. Véase como desarrollo de los anteriores planteamientos a Andrés M. González Sanfiel. "Libre competencia en la infraestructura demanial", *Revista del Derecho de las Telecomunicaciones e Infraestructuras en Red (Redeti)*, n.º 4. 1999, p. 29.

45 Friedrich A. Hayek. *Camino de servidumbre*, cit., pp. 106.

46 Milton Friedman y Rose Friedman. *Libertad de elegir. Hacia un nuevo liberalismo económico*, cit., p. 25 y ss.

47 Gaspar Ariño Ortiz. "El retorno a lo privado: ante una nueva encrucijada histórica", cit., p. 19.

48 Friedrich A. Hayek. *Camino de servidumbre*, cit., pp. 33 y ss.

49 Ibíd., p. 124.

de los sistemas intervencionistas[50-51], y en la responsabilidad social de la iniciativa privada en relación con la comunidad, no desbordada[52], como ha sido desarrollada principalmente en Inglaterra, Europa Occidental y Estados Unidos, y que han propugnado por el abandono radical de cualquier posibilidad de que la administración pública continúe cumpliendo con sus responsabilidades vitales frente a la comunidad y al interés general prestando servicios públicos, acumulando titularidades en actividades que por su naturaleza son fenómenos más del mercado y de la libre competencia, lo que lleva en consecuencia a que todo sujeto que se encuentre en capacidad y condiciones para prestarlos u operarlos pueda incursionar por el tráfico jurídico, compitiendo y ofreciendo sus bienes o servicios en esta materia[53-54], debiendo en consecuencia plantearse una reforma sustancial

---

50 Ibíd., p. 11; "[...] El principio fundamental según el cual en la ordenación de nuestros asuntos debemos hacer todo el uso posible de las fuerzas espontáneas de la sociedad y recurrir lo menos que se pueda a la coerción, permite una infinita variedad de aplicaciones. En particular, hay una diferencia completa entre crear deliberadamente un sistema dentro del cual la competencia opere de manera más beneficiosa posible y aceptar pasivamente las instituciones tal como son [...]" (p. 18); [...] La argumentación liberal defiende el mejor uso posible de las fuerzas de la competencia como medio para coordinar los esfuerzos humanos, pero no es una argumentación a favor de dejar las cosas tal como están. Se basa en la convicción de que allí donde la competencia efectiva puede crearse, esta es la mejor guía para conducir los esfuerzos individuales [...]" (p. 37).

51 Ibíd., p. 91.

52 Ibíd., p. 37. La teoría liberal no niega y más bien insiste en que si la competencia rompe determinados límites debe ser objeto de control: "[...] si la competencia ha de actuar con ventaja, requiere una estructura legal cuidadosamente pensada, ni que tanto las reglas jurídicas del pasado como las actuales estén libres de graves defectos [...]".

53 Milton Friedman y Rose Friedman. *Libertad de elegir. Hacia un nuevo liberalismo económico*, cit. La libertad es el presupuesto básico para entender los procesos políticos y económicos: "[...] La libertad económica es un requisito esencial para la libertad política [...]" (p. 17). El progreso económico en potencias como Estados Unidos se debió en gran parte a la ausencia de mecanismos coactivos estatales que impidieran el libre juego de la cooperación individual. Este ejemplo debe ser reconquistado para reducir el poder de la intervención estatal en desmedro de la iniciativa individual. Retomando a Adam Smith, se propone la reducción del papel del Estado a sus aspectos estrictamente fundamentales, tales como la seguridad, la justicia y la realización y

del Estado y del papel de la administración pública, con el fin de romper la columna vertebral de este caduco sistema, liberando las actividades de contenido económico de manos del Estado y dejándolas a la libertad y las fuerzas impulsoras del mercado[55].

38. Esta postura doctrinal, fundada en criterios materiales de libertad individual[56], en especial de la empresa, y de competencia como elementos esenciales del mercado, plantea la necesidad de revaluar en cuanto obsoletas e ineficaces las bases sustentadoras de la prestación de los servicios públicos como función estatal, y de los mecanismos jurídicos para su gestión, esto es, de la concesión administrativa como negocio e, incluso, la de la habilitación para el uso de bienes públicos. El fondo material de la concepción neoliberal expuesta implica, palabras más palabras menos, una ruptura

---

conservación de determinadas obras públicas de interés general, pero que no implique nunca desplazar la iniciativa individual. El Estado debe en la práctica poseer un mandato estrictamente limitado. Una sociedad verdaderamente respetuosa de la libertad humana debe mantener el Estado en su sitio, "[...] haciendo que sea nuestro servidor y no dejando que se convierta en nuestro amo" (p. 61). Sólo la economía de mercado puede garantizar los derechos del consumidor, como una alternativa a los mecanismos intervencionistas gubernamentales que se han sobrepuesto al mismo (p. 308). Hayek. *Los fundamentos de la libertad*, t. 2, Barcelona, Unión, 1996, p. 277 y ss.

54 Tomás de la Quadra-Salcedo. *Revista del Derecho de las Telecomunicaciones e Infraestructuras en Red (Redeti)*, n.º 2. 1998, pp. 11 y ss. Este autor desarrolla una posición menos crítica y proactiva del fenómeno histórico en comento. Los procesos de liberalización de algunos sectores de la economía no pueden ser vistos como la derrota de las técnicas del servicio público por cuenta de la ideología del mercado. "[...] La historia de la liberalización es, más bien, un ejemplo más de cómo los nuevos descubrimientos determinan las condiciones de producción y, a su través, las condiciones de organización de muchas actividades [...] La idea de liberalización no debe ser vista de forma ideológica, como una especie de triunfo del mercado sobre cualquier otra técnica de organización social que busque objetivos de solidaridad o cohesión social o territorial, sino como una utilización instrumental de las potencialidades del mercado, pero bajo la supervisión de la administración y con la posibilidad de imponer condiciones y obligaciones de servicio público [...]".

55 Gaspar Ariño Ortiz. "La idea liberal y la reforma al Estado", *Cuenta y Razón*, n.º 6, 1982.

56 Friedrich A. Hayek. *Los fundamentos de la libertad*, Barcelona, Unión, t. 1, 1996, p. 25 y ss.

profunda con la idea de la concesión administrativa, en la medida en que le sustrae la base material sobre la cual se ha edificado históricamente, como es la de la titularidad pública de actividades, bienes, obras o servicios.

39. Como alternativa defiende la libertad contractual[57], y el papel principal de la empresa privada en la prestación de los servicios que requiera la comunidad, bajo criterios económicos de competencia, libre acceso[58] y sujetos a la regla de la libertad propia del mercado, por lo tanto, sustraídos de un estricto derecho público y del concepto mismo de servicio público, partiendo de la base de la destitularización de bienes y servicios públicos y, por tanto, de la ampliación del espectro de bienes, servicios y obras disponibles en el mercado para su prestación o ejecución por los particulares sin necesidad de título habilitante o con la presencia de estos estrictamente de manera excepcional[59-60].

40. Los propugnadores de esta nueva concepción sostienen que la concepción tradicional de los servicios públicos se fundamentaba en un absurdo monopolio de titularidad y prestación por parte del Estado[61], lo que llevó a un crecimiento desmedido del sector público en detrimento de los recursos públicos, de la eficacia, eficiencia y continuidad de los servicios e, incluso, de espaldas a los adelantos tecnológicos, la competitividad, la globalización y mundialización de la economía. Históricamente el Estado fue incapaz de cumplir con esas responsabilidades, desfigurando sus compromisos básicos para con la comunidad y generando circuitos económicos cerrados e inmóviles[62].

41. Frente a esta problemática política, jurídica, institucional y económica se propone un "Estado mínimo", con una función administrativa

---

57 Friedrich A. Hayek. *Camino de servidumbre*, cit., pp. 38. El sistema se funda en la libertad de intercambios. Las partes del mercado pueden comprar y vender a cualquier precio, al precio que libremente pacten. Todos son libres de producir, vender y comprar cualquier cosa. Se proscribe cualquier forma de intervención en estas materias.

58 Friedrich A. Hayek. *Camino de servidumbre*, cit., pp. 38.

59 Milton Friedman y Rose Friedman. *Libertad de elegir. Hacia un nuevo liberalismo económico*, cit., pp. 63 y ss.

60 Friedrich A. Hayek. *Camino de servidumbre*, cit., p. 37.

61 Friedrich A. Hayek. *Los fundamentos de la libertad*, cit., pp. 280 y ss.

62 Santiago Muñoz Machado. *Servicio público y mercado*, cit., p. 17.

reducida a lo fundamental y con un papel protagónico de la iniciativa privada sobre la pública en aspectos tan trascendentales para la vida comunitaria como la de la prestación de los servicios públicos[63].

42. Para los mentores del modelo la iniciativa privada tiene las fortalezas necesarias a través del mercado y la competencia para brindarle alternativas al interés general. "[...] La competencia y el mercado serían el lugar donde la sociedad autoabastecería sus necesidades de cualquier orden [...]". Bajo esos presupuestos se hace indispensable abrirle senderos jurídicos ciertos a las realidades y bondades de la competencia económica, que garanticen un servicio básico universal dentro de una economía globalizada y abierta, lo cual implica aceptar un nuevo modelo de Estado de derecho e, incluso, de concepción sobre la soberanía[64], que brinde las garantías indispensables para el libre mercado de los servicios públicos[65].

43. El gran compromiso de las autoridades nacionales es ofrecer las condiciones internas con el fin de que los actores de este nuevo modelo puedan desarrollar sus actividades dentro de un entorno de competitividad y libertad, esto es, crear las condiciones indispensables para que la economía fluya naturalmente de manera tal que, en tratándose de los servicios

---

63 Friedrich A. Hayek. *Los fundamentos de la libertad*, cit., pp. 2 y ss.

64 Santiago Muñoz Machado. *Servicio público y mercado*, cit., p. 25. Teóricamente, en una economía globalizada las grandes empresas deberán sustituir al Estado en algunas de las funciones que hasta hoy se consideran como propias y connaturales a él, como es el caso de los servicios públicos. Lo anterior deberá tener repercusiones inevitables en el papel de las instituciones públicas que tradicionalmente se han edificado en el Estado constitucional como el Congreso, los ministerios y la misma organización territorial diseñada sobre la base de la prestación de servicios. Para operar en los mercados las grandes empresas diseñarán sus propias reglas, mediante concertaciones y negociaciones y con estricta sujeción al derecho privado. Ahora bien, como lo analiza este autor, por más que los ideólogos de la economía globalizada se lo propongan, no lograrán nunca reducir el Estado en todas sus funciones prestacionales. El mercado busca y pretende básicamente apoderarse de servicios de contenido económico, pero no tiene la vocación de asumir todos aquellos que implican simple ejercicio de autoridad que no generan lucro ni pueden cuantificársele a la sociedad.

65 Gaspar Ariño Ortiz. *Principios de derecho público económico. Modelo de Estado, gestión pública, regulación económica*, cit.

públicos, su prestación no sea imposible para las empresas y particulares que estén dispuestos a ofrecerlos.

44. Para estos propósitos, es decir, con el fin de facilitar el acceso de los particulares al mercado de los servicios públicos, en muchos casos inexistentes por el monopolio Estatal en su prestación, en los diferentes ordenamientos nacionales se diseñaron regulaciones sustentadas en las ideas de privatización[66] y liberalización[67], y en la cultura de la igualdad como presupuesto de la participación en el mercado, esto es, de la consolidación de la libre empresa y la libertad de competencia como elementos ideológicos articuladores indispensables[68], en contraposición con las nacionalizaciones, la intervención administrativa del Estado tradicional, prestatario y administrador de servicios públicos y, en consecuencia, de las figuras

66 Nicolás Hernández. "Privatizaciones: significado y razón de ser desde el punto de vista económico", en *Privatización y liberalización de servicios*, Madrid, Anuario de la Facultad de Derecho de la Universidad Autónoma de Madrid, n.º 3, 1999, p. 39. En cuanto instrumento del nuevo sistema de los servicios públicos, la privatización debe ser entendida sustancialmente como el traslado al sector privado de una empresa pública o de una serie de tareas, funciones o actividades reservadas a la administración, mediante el mecanismo jurídico más adecuado. También se ha entendido formalmente privatizar como someter la actividad del sector público administrativo a las normas y principios del derecho privado, en lo que la doctrina española ha dado en llamar la "huida del derecho administrativo". Sobre este tema puede consultarse Marcos Jordão Teixeira do Amaral. *Privatização no Estado contemporâneo*, São Paulo, Come, 1996.

67 José Luís Martínez López-Muñiz. "Nuevo sistema conceptual", en *Privatización y liberalización de servicios*, Madrid, Anuario de la Facultad de Derecho de la Universidad Autónoma de Madrid, n.º 3, 1999, p. 137. Como su nombre lo indica, liberalizar significa recoger las bases esenciales del sistema económico liberal clásico y adaptarlo a las nuevas circunstancias de la humanidad, colocando la libertad como el centro de la actuación para la atención del interés general. Desde la óptica del derecho, lleva a desreglar y abandonar el estricto derecho administrativo por el derecho privado.

68 Santiago Muñoz Machado. *Servicio público y mercado*, t. I, cit., pp. 20 y 25. Para la economía globalizada, el mundo entero constituiría un enorme mercado en donde sería imposible concebir un Estado prestador de servicios públicos "ridículamente" circunscrito a pequeños ámbitos territoriales e incoherentes con la filosofía y doctrina del sistema.

concesionales bilaterales o unilaterales como mecanismos idóneos para la ejecución de actividades de titularidad pública[69].

45. Así mismo, dentro de la lógica de la libertad individual y de la responsabilidad social de la iniciativa privada, el sistema diseñó los mecanismos y principios suficientes para estructurar la base conceptual sustentadora a partir de la postulación de principios, reglas y presupuestos normativos que caracterizan en concreto todo este pensamiento ideológico del neocapitalismo o del renaciente liberalismo.

46. Conceptos y principios con repercusiones profundas en la órbita de lo público administrativo e incluso en el funcionamiento material del Estado y en las mismas actitudes cotidianas de los sujetos privados. Así como el intervencionismo estatal y el Estado benefactor transformaron las sociedades en que florecieron, el neoliberalismo y la globalización económica significan para la hora actual de la humanidad una revolución cuyos rumbos son aún imprevisibles para el interés general y la vida comunitaria, no obstante las críticas profundas que en torno a sus caracteres mezquinos, utilitarios, individualistas y falaces le han hecho algunos sectores de la sociedad y la doctrina[70].

47. Indudablemente el punto de partida para esta nueva consolidación del individualismo está dado por el concepto de libertad, el cual es desarrollado ampliamente en los diferentes trabajos sustentadores de la concepción, en contraposición a los de coacción e intromisión del poder público, en aras de consolidar la iniciativa privada y los derechos individuales de los seres humanos, lo cual incide de manera directa en las relaciones económicas y el ejercicio mismo de los poderes públicos.

---

69 Juan Carlos Cassagne. "Evolución de los principios aplicables a los servicios públicos y problemas actuales tras los proceso de privatización", *RAP*, n.º 157, 2002.

70 Joseph Stiglitz. *Los felices 90. La semilla de la destrucción* (s. l.), Antillana, 2005; Íd. El malestar en la globalización, cit.; Eduardo Sarmiento Palacio. *Alternativas a la encrucijada neoliberal*, cit.; Consuelo Ahumada. *El modelo neoliberal y su impacto en la sociedad colombiana*, Bogotá, El Áncora Editores, 2000. Puede consultarse la serie de trabajos que sobre estas reacciones contra el nuevo individualismo que se compilan en Darío Indalecio Restrepo Botero. *La falacia neoliberal*, Bogotá, Universidad Nacional de Colombia, 2003.

48. Analicemos estas características rectoras del marco conceptual del neoliberalismo, teniendo presente que si bien se refieren al servicio público, están excluyendo, por regla general, la presencia del Estado en la actividad prestacional directa o indirecta. Se trata de reglas destinadas a la actividad prestacional por los particulares.

A. CARACTERÍSTICAS Y PRINCIPIOS DEL NUEVO SISTEMA DE LOS SERVICIOS PÚBLICOS BAJO CRITERIOS DE ECONOMÍA DE MERCADO. LA AUSENCIA DE TITULARIDAD PÚBLICA EN ACTIVIDADES DE SERVICIOS. EL NUEVO PAPEL DEL ESTADO

49. Sobre los anteriores presupuestos el modelo estructura unas bases conceptuales y de principios dirigidas a decantar el ámbito de la competencia económica de los servicios públicos y la esfera de acción del Estado, que, no obstante las profundas críticas que en torno a su papel en el sistema tradicional o clásico se le formulan, se le admite en el nuevo modelo cumpliendo otro tipo de funciones relacionadas con ellos, principalmente en los temas regulatorio, de inspección y de control[71].

50. Esto es, la dinámica del denominado "nuevo servicio público" no se despoja totalmente de la presencia estatal, más bien modula el papel de los agentes públicos en su tráfico jurídico[72]. En la práctica se produce una especie de transformación de las funciones administrativas frente a esta actividad primordial para la vida comunitaria, quedando ahora el Estado desposeído de titularidades, sujeto a otra realidad muy diferente, en donde la libertad y la iniciativa privada ocupan el papel que otrora protagonizó de sujeto actuante y prestacional. En consecuencia, en la realidad de las cosas, el nuevo esquema traslada a un segundo y excepcional lugar la figura de la concesión pública[73].

---

71 Miriam Mabel Ivanega. *Acerca de los servicios públicos y sus controles administrativos*, Caracas, Sherwood, 2006, pp. 49 y ss.; 93 y ss.

72 Luciano Parejo Alfonso. "El Estado social administrativo...", cit., p. 249.

73 Gaspar Ariño Ortiz y Lucía López de Castro García-Morato. *Derecho de la competencia en sectores regulados*, Granada, Comares, 2001, pp. 5 y ss.

51. Los principios del nuevo sistema pretenden sustentar el abandono de una concepción de titularidad pública exclusiva sobre prácticamente toda la actividad de los servicios públicos, en donde la concesión administrativa fue reina absoluta y constituyó, eventualmente en algunos ordenamientos, la única vía de acceso del particular a la colaboración en la prestación de los mismos, sujetos a reglas y normas interventoras, de mercado exclusivo y monopólico, con precios artificiales, muchas veces totalmente alejados de la realidad económica del servicio[74].

52. La prestación hegemónica y exclusiva del servicio por la Administración se hacía acompañar de la concesión o gracia del Estado para que, dentro de un régimen de estricto derecho administrativo, la iniciativa privada asumiera ciertos servicios, sin que el Estado perdiera en ningún momento su dirección, control, regulación y condicionamientos, o prestación directa y, lo que resulta ser más importante, sin la presencia de libertades competitivas, obviamente sin el desarrollo en todos los aspectos de un mercado libre en estas materias[75].

53. El Estado, siempre bajo la hegemonía administrativa, fue titular del dominio sobre los servicios. En vigencia del nuevo modelo dichos presupuestos no sólo se rompen, sino que, de manera simultánea, son reemplazados por otros sumidos en las realidades de la competencia y la libertad económica. El salto histórico es cuantitativo e igualmente profundamente cualitativo, de forma que se pasa a un sistema

> [...] abierto, presidido por la libertad de empresa, esto es, libertad de entrada con determinadas obligaciones o cargas de servicio universal, pero con libertad de precios y modalidades de prestación, con libertad de inversión y amortización y en definitiva, en régimen de competencia abierta, como cualquier otra actividad comercial o industrial, en la que hay que luchar por el cliente (no hay mercados reservados ni ciudadanos cautivos) [...][76].

---

74 Juan Carlos Cassagne. "Evolución de los principios aplicables...", cit.

75 Ibíd.

76 Gaspar Ariño Ortiz, Juan Miguel de la Cuétara Martínez y José Luis Martínez López-Muñiz. *El nuevo servicio público*, Madrid, Marcial Pons y Ediciones Jurídicas y Sociales, 1997, p. 19 y ss.: "[...] Es éste un trágico destino de la ciencia del derecho administrativo. Cuando creíamos tener, finalmente, definido y configurado el concepto

54. Con fundamento en las inspiraciones y elaboraciones, entre otros, de Hayek[77-78] al concretar las características generales de este novedoso sistema prestacional de servicios, la doctrina neoindividualista diseña un marco de principios aplicables, por regla general, a todos aquellos ordenamientos en los que se hubiere adoptado, a partir de la identificación de las actividades estrictamente competitivas y no competitivas.

55. Para estos efectos, y como punto indudable de partida para decantar y llevar a postulados básicos los caracteres esenciales de los servicios como fenómeno del mercado, los neoindividualistas proponen la necesaria desagregación o desintegración vertical de cada uno de los sectores, con el propósito de identificar de manera separada las actividades que fueron englobadas dentro del sistema clásico administrativo, pero que ahora se necesita estudiar y analizar por separado, con el propósito de determinar su incidencia frente al mercado.

56. Lo más importante para el nuevo modelo es agrupar las actividades con incidencia en el mercado para sujetarse, tanto desde la perspectiva económica de mercado como de la jurídica, a un régimen de libertad, de desregulación, acudiendo para el efecto a un estricto derecho privado; y las otras, es decir, las actividades no competitivas, hacerlas depender de un régimen de regulación, en parte de clara naturaleza administrativa.

57. En el régimen jurídico colombiano, específicamente en el marco general de la Ley 142 de los servicios públicos, observamos la recepción de la separación de actividades como un mecanismo para viabilizar la competencia y evitar su abuso por los actores de cada una de las instancias de la cadena. Precisamente, en el artículo 73.13 de la Ley 142 de 1994 se le atribuye a las comisiones de regulación la posibilidad de escindir una empresa de servicios públicos con el fin de facilitar la competencia y evitar

---

de servicio público, cambia radicalmente el marco sociopolítico y hay que volver a empezar [...]".

77 Friedrich A. Hayek. *Camino de servidumbre*, cit.

78 Son varias las obras en las que el profesor Ariño se refiere a los principios del nuevo modelo de los servicios públicos, entre ellas Ariño Ortiz, Juan Miguel de la Cuétara Martínez y José Luis Martínez López-Muñiz. *El nuevo servicio público*, cit.; Gaspar Ariño Ortiz. *Principios de derecho público económico. Modelo de Estado, gestión pública, regulación económica*, cit.

el abuso de la posición dominante. Y en la Ley 143 de 1994 la situación resulta mucho más clara, en la medida en que el legislador diferencia en el servicio público de energía eléctrica las actividades de generación, interconexión, transmisión, distribución y comercialización. Incluso, en el parágrafo del artículo 7.º la actividad de comercialización se limita a quienes sean generadores y distribuidores.

58. Como consecuencia de la desagregación, las materias objeto de regulación están sujetas a un régimen de características y sentido diferente al desarrollado en el sistema clásico administrativo, pues procura promover la competencia allí donde sea posible, asegurando los intereses de los usuarios. En definitiva, se trata de un derecho público administrativo coherente con el mercado que incentiva la empresa como motor de la autonomía privada en el mercado de los servicios. En el nuevo sistema la regulación debe propender por "[...] Garantizar la prestación presente y futura del servicio de que se trate y establecer los niveles adecuados para la relación calidad-precio, según el grado de desarrollo y las prioridades que cada sociedad quiera establecer [...]"[79-80]. En últimas, en ese sentido la regulación se convierte en un instrumento que permite defender la competencia, o sustituirla donde no pueda darse, pero temporalmente hasta tanto se desarrolle[81].

59. Frente a las actividades desagregadas de naturaleza competitiva se proponen, a partir de un claro desarrollo de las doctrinas económicas sustentadoras de esta construcción[82], la formulación de cuatro postulados básicos, fundados en estricto sentido en el concepto de libertad como fuente de juridicidad. Estas son las de libertad de entrada (iniciativa privada y de empresa), libertad de acceso al mercado (redes e infraestructura), libertad

---

79 Gaspar Ariño Ortiz. *Principios de derecho público económico. Modelo de Estado, gestión pública, regulación económica*, cit., p. 555.

80 La idea evidentemente proviene de los planteamientos de Friedrich A. Hayek. *Camino de servidumbre*, cit., p. 39.

81 Gaspar Ariño Ortiz y Lucía López de Castro García-Morato. *Derecho de la competencia en sectores regulados*, cit., pp. 11 y ss.

82 Véase principalmente Hayek. *Camino de servidumbre*, cit., pp. 37 y ss.

de contratación y formación competitiva de precios, libertad de inversión[83]. Libertades que frente a la Constitución Política colombiana encuentran sustento en su artículo 333, al postular la libertad de empresa y de iniciativa privada como presupuestos del régimen económico.

60. No obstante, en el intento de caracterizar el sistema a partir de las libertades fundamentales en que se sustenta, en la doctrina se destaca cómo la desagregación también identifica un régimen de excepción para actividades no competitivas básicamente mediante dos aspectos: la instalación y gestión de infraestructuras y el denominado servicio universal. Veamos cada una de estas situaciones derivadas de la desagregación:

B. LAS LIBERTADES BAJO UN ESQUEMA DE ACTIVIDADES COMPETITIVAS

1. LIBERTAD DE ENTRADA

61. La libertad de entrada[84] incorpora al régimen jurídico de los servicios públicos las ideas fundamentales de la libertad individual con responsabilidad social. Esto es, eleva a la categoría jurídica la iniciativa privada y la libertad de empresa garantizadas en la Constitución Política como mecanismos adecuados para la prestación de los servicios dentro de la economía de mercado.

62. La libertad de entrada beneficia y estimula la pluralidad de oferentes en el tráfico jurídico de los servicios públicos. Todos aquellos sujetos que reúnan los requisitos establecidos en las normas jurídicas se podrán incorporar válidamente al mercado ofreciendo sus bienes y servicios, construyendo, explotando, comprando, vendiendo, en fin, realizando todos los negocios indispensables dentro de la cadena de los servicios públicos.

63. El postulado doctrinal de la libertad de entrada no significa de ninguna manera libertinaje o caos en la presencia de los actores del mercado de servicios públicos; en la doctrina se acepta que la entrada esté

---

83 Gaspar Ariño Ortiz y Lucía López de Castro García-Morato. *Derecho de la competencia en sectores regulados*, cit., pp. 20 y ss.

84 Friedrich A. Hayek. *Camino de servidumbre*, cit., p. 38.

condicionada a las exigencias del legislador en la materia, lo cual implica subordinación de la iniciativa privada a la regulación como ordenadora y garantista de unas condiciones mínimas dentro del mercado, con el fin de evitar su desorden en detrimento de los intereses generales[85].

64. En el derecho colombiano de los servicios públicos la libertad de entrada se fundamenta en el artículo 333 de la Constitución que proclama la libertad de empresa y de iniciativa privada como base de nuestro sistema económico, conceptos que son claramente recogidos en el artículo 2.º numeral 6 de la Ley 142 de 1994, cuando señala que uno de los objetivos de la intervención del Estado en materia de servicios públicos es garantizar la libertad de competencia y que los actores del mercado no utilicen abusivamente la posición dominante. El postulado se reitera en el artículo 10.º del mismo estatuto que incorpora al ordenamiento legal el concepto de libertad de empresa para la prestación de servicios públicos, sujeto al marco de la Constitución y de la ley.

65. En el artículo 35 de esta codificación se consolidan los conceptos de mercado y competencia, al exigirle a las empresas de servicios públicos con posición dominante en el mercado que, cuando deban adquirir bienes o servicios para la prestación de los que se les asignan, tendrán que hacerlo mediante los procedimientos que aseguren amplia concurrencia en igualdad de condiciones. Lo que se observa de la legislación colombiana al respecto es la tendencia a mantener las condiciones propicias para el fomento del mercado y de la libre competencia en los servicios públicos.

66. En la Ley 143 de 1994 la libertad de entrada se deduce de la redacción del literal a del artículo 3.º, cuando le atribuye al Estado el deber de promover la libre competencia en las actividades del sector. Concepto que es reiterado en el artículo 7.º cuando llama a la pluralidad de oferentes del sector para que, dentro de un régimen de libertad, presten los servicios que les correspondan en un contexto de libre competencia.

67. De todas maneras, como se advierte, esa libertad está sujeta a las exigencias del legislador en torno a las características y requisitos para que los actores del mercado, en cuanto productores, generadores,

---

85 Gaspar Ariño Ortiz y Lucía López de Castro García-Morato. *Derecho de la competencia en sectores regulados*, cit., pp. 20 y ss.

transportadores, comercializadores, etc., puedan introducirse en su tráfico jurídico. Al respecto, encontramos que en el artículo 15 de la Ley 142 de 1994 el legislador indicó de manera taxativa quienes pueden prestar los servicios públicos: las empresas de servicios públicos; las personas naturales o jurídicas que produzcan para ellas mismas, o como consecuencia o complemento de su actividad principal, los bienes y servicios propios del objeto de las empresas de servicios públicos; los municipios cuando asuman en forma directa, mediante su administración central, la prestación de los servicios públicos, conforme a lo dispuesto en la Ley 142 de 1994; las organizaciones autorizadas conforme a la Ley 142 de 1994 para prestar servicios públicos en municipios menores en zonas rurales y en áreas o zonas urbanas específicas; las entidades autorizadas para prestar servicios públicos durante los períodos de transición previstos en la Ley 142 de 1994; las entidades descentralizadas de cualquier orden territorial o nacional que, al momento de expedirse la Ley 142 de 1994, estuvieran prestando cualquiera de los servicios públicos y se ajustaran a lo establecido en el parágrafo del artículo 17 de la misma ley.

68. De igual manera, en los artículos 17, 18 y 19 de la Ley 142 de 1994 se determinan condiciones especiales respecto de la naturaleza de los entes que pretendan incorporarse al tráfico jurídico de los servicios públicos y el régimen jurídico que los cobija. En cuanto a su naturaleza, señala la ley que deben tener el carácter de empresas de servicios públicos en la modalidad de sociedades por acciones, cuyo objeto debe ser el de la prestación de los servicios públicos de que trata la ley de la materia. Esto es, la prestación de uno o más de los servicios públicos a los que se aplica la ley sobre la materia, o realizar una o varias de las actividades complementarias, o una y otra cosa.

69. Las comisiones de regulación podrán obligar a una empresa de servicios públicos a tener un objeto exclusivo cuando establezcan que la multiplicidad del objeto limita la competencia y no produce economías de escala o de aglomeración en beneficio del usuario. En todo caso, las empresas de servicios públicos que tengan objeto social múltiple deben llevar contabilidad separada para cada uno de los servicios que presten; y el costo y la modalidad de las operaciones entre cada servicio se deben registrar de manera explícita. En tratándose de entidades descentralizadas estatales, la ley circunscribe su régimen jurídico al de sociedades o

empresas industriales y comerciales, cuando sus propietarios no deseen que su capital esté representado en acciones.

2. LIBERTAD DE ACCESO AL MERCADO

70. La libertad de acceso al mercado[86] postula la necesidad de garantizarles a todos los actores del mercado prestacional de servicios, y en igualdad de condiciones, el libre acceso a las redes, instalaciones e infraestructura necesarias para su adecuada ejecución. En su mayoría los servicios públicos están vinculados para su prestación a redes físicas o humanas[87]; en tratándose de las primeras, el sistema sostiene que sería inadmisible que se establezcan limitantes para su uso o aprovechamiento. En virtud de este principio, por su misma naturaleza tanto las redes como las infraestructuras quedan afectadas al servicio, independientemente de que sobre ellas exista algún tipo de propiedad privada[88].

71. El interés general restringe los derechos de los propietarios de redes o infraestructuras, estableciendo limitaciones al poder absoluto del mismo para facilitar el libre acceso al mercado de todos aquellos con posibilidad de competir en su prestación, cuando se requiera de dicha infraestructura o red para el desarrollo adecuado, eficiente y oportuno del servicio.

72. Las redes e infraestructuras no son otra cosa que la vía de acceso de los posibles prestadores de servicios al mercado. Las redes e infraestructuras eléctricas, oleoductos y gasoductos, redes ferroviarias, estaciones y aeropuertos, redes de telecomunicación, redes de abastecimiento de agua, autopistas, etc., están sujetas al servicio público que mediante ellas se pueda prestar, obviamente reconociendo a los propietarios, los peajes o costos por sus usos de acuerdo con lo establecido por la regulación.

73. El profesor Gaspar Ariño destaca cómo esta libertad propia de las actividades competitivas genera también una especial circunstancia de

---

86 Friedrich A. Hayek. *Camino de servidumbre*, cit., p. 38.

87 Corte Constitucional. Sentencia T-578 de 1992. En igual sentido, sentencia C-205 de 1995. Para la Corte, una de las características de ciertos servicios públicos, como los domiciliarios, es que deben ser prestados a través de redes físicas o humanas.

88 Gaspar Ariño Ortiz y Lucía López de Castro García-Morato. *Derecho de la competencia en sectores regulados*, cit., pp. 21 y ss.

actividad no competitiva, por lo tanto, sujeta a la regulación tendiente a su articulación dentro del sistema. El problema de competitividad surge en esencia frente a las estructuras y redes que, como veíamos, se encuentran gravadas con una afectación al servicio público, con el propósito de que faciliten a todos los prestadores y operadores cumplir con sus propósitos dentro del mercado.

74. Sostiene Ariño y en eso lo acompañamos plenamente a la luz del régimen jurídico colombiano que "[...] Las infraestructuras son necesariamente de uso común y sobre las mismas los distintos operadores pueden ofrecer servicios singularizados [...]"[89] porque, de lo contrario, la competitividad se haría imposible y el mercado un absurdo si todo operador tuviera que montar sus propias infraestructuras o redes independientes para actuar en el mercado. Por ejemplo, si cada empresa aérea necesitara construir un aeropuerto propio o cada transportador de gas, teléfonos o electricidad construir su propia red, la estética urbana, los espacios territoriales se agotarían en detrimento de la eficiencia, continuidad y eficacia de los servicios, haciéndolos incluso inviables desde la perspectiva económica y jurídica.

75. Bajo estas circunstancias, el sistema plantea la necesidad de una regulación coherente que le permita el desarrollo de administraciones autónomas y empresariales para las infraestructuras comunes, que brinden a todos los operadores tratamiento igualitario y seguridad para sus operaciones, no involucradas en las intimidades de los negocios de las empresas usuarias de la misma. Por otra parte, mediante regulación la intervención estatal debe proveer los instrumentos jurídicos necesarios, con el propósito de contar con un régimen normativo para el uso de los bienes comunes y el acceso a las redes dentro de cada servicio.

76. Al igual que en la libertad de entrada, en la de acceso al mercado y en todo lo relativo a la utilización de infraestructuras y redes, las bases conceptuales se desprenden del contenido del artículo 333 constitucional. Para el caso concreto, al desarrollar el concepto de función social de la propiedad en las entidades prestadoras de servicios públicos, el artículo 11.6 de la Ley 142 de 1994 señala como una de las obligaciones de la propiedad,

---

89 Gaspar Ariño Ortiz. *Principios de derecho público económico. Modelo de Estado, gestión pública, regulación económica*, cit., p. 566.

es decir, una sujeción en virtud de la ley, básica y fundamental, facilitar el acceso e interconexión de otras empresas o entidades que prestan servicios públicos, o que sean grandes usuarias de ellos, los bienes empleados por la organización para la prestación de los servicios, obviamente que para facilitar la competencia y el tráfico de los servicios públicos.

77. La libertad de uso de redes e infraestructura la relaciona y amplía el legislador en el artículo 28 de la Ley de los servicios públicos a la de construcción, mantenimiento y restauración de las existentes, a su cargo, al reconocer como derecho de todas las empresas construir, operar y modificar sus redes e instalaciones para prestar los servicios públicos. Para estos efectos, el legislador habilitó a las empresas para que ejerzan las mismas facultades que las leyes y demás normas pertinentes establecen para las entidades oficiales que han estado encargadas de la prestación de los mismos servicios y las particulares previstas en esta ley.

78. En materia de energía eléctrica, por sus mismas características el asunto resulta aún más diciente frente al principio en estudio. Señala el artículo 28 de la Ley 143 de 1994 que las empresas que sean propietarias de líneas, subestaciones y equipos señalados como elementos de la red nacional de interconexión, mantendrán su propiedad, pero deberán operarlos con sujeción al Reglamento de Operación y a los acuerdos adoptados por el Consejo Nacional de Operación, que implican su apertura para quienes deban transitar por ellas.

79. Concepto que se consolida en el artículo 30 del mismo estatuto eléctrico, cuando señala que las empresas propietarias de redes de interconexión, transmisión y distribución permitirán la conexión y acceso de las empresas eléctricas, de otros agentes generadores y de los usuarios que lo soliciten, previo el cumplimiento de las normas que rijan el servicio y el pago de las retribuciones que correspondan. Estas empresas podrán prestar el servicio de servidumbre para telecomunicaciones. Todo lo anterior obviamente previo el pago de las tarifas o peajes que correspondan.

80. Para el efecto, el artículo 39 de la Ley 143 establece como metodología apropiada para su estructuración la de los cargos asociados al acceso y uso de las redes del sistema interconectado nacional que cubran, en condiciones óptimas de gestión, los costos de inversión de las redes de interconexión, transmisión y distribución, según los diferentes niveles de tensión, incluidos los costos de oportunidad de capital, de administración,

operación y mantenimiento, en condiciones adecuadas de calidad y confiabilidad, y de desarrollo sostenible. Estos cargos tendrán en cuenta los criterios de viabilidad financiera.

3. LIBERTAD DE CONTRATACIÓN

81. La libertad de contratación y formación competitiva de precios es desarrollada por la doctrina[90] como el medio idóneo para conjugar la iniciativa privada con el mercado, sujeta a las reglas y principios comerciales, en donde la autonomía de la voluntad sea la dominante para cualquier tipo de actuación o decisión, en consecuencia vinculada a un estricto derecho privado mercantil. Bajo estas circunstancias la regulación tan solo puede afectar de manera excepcional dicha libertad, principalmente para atender la ausencia de mercado y los conflictos relativos a la competencia, o para evitar afectaciones graves contra el interés general.

82. En ese sentido, la libertad de contratación conlleva algunas otras, como la de compra y venta de productos o servicios; la de extender los servicios en cualquier parte del territorio; la de movilización y presencia en todos los lugares en donde pueda negociar la prestación de los servicios de su especialización, o en aquellos que se encuentre en capacidad técnica, financiera y legal de prestar; por lo tanto, libertad para diversificar sus actividades de servicios (áreas conexas o complementarias), sin desconocer los límites que por razones de interés general le pueda imponer la reglamentación[91].

83. Doctrinalmente, a partir del principio de libertad de contratación, y sobre todo de la multiplicidad de negocios en el mercado, se espera que surjan los precios para aquellos servicios verdaderamente competitivos: "[...] La formación competitiva de precios es siempre mejor y más de fiar que el cálculo de costes marginales que pueda realizar la autoridad regulatoria [...]"[92].

---

90 Friedrich A. Hayek. *Camino de servidumbre*, cit., p. 38.

91 Gaspar Ariño Ortiz y Lucía López de Castro García-Morato. *Derecho de la competencia en sectores regulados*, cit., pp. 24 y ss.

92 Gaspar Ariño Ortiz. *Principios de derecho público económico. Modelo de Estado, gestión pública, regulación económica*, cit., p. 567.

84. Frente a estos planteamientos se sostiene que la regulación estaría limitada exclusivamente a hacer respetar las reglas del mercado involucradas en la formación competitiva de los precios, y a evitar desmanes o prácticas restrictivas protagonizadas por los actores del mercado. Sin embargo, en nuestra opinión, en economías como las latinoamericanas la regulación tiene que ir mucho más allá en el establecimiento de reglas de convivencia comunitaria interviniendo en la fijación de normas relacionadas con los precios de ciertos servicios básicos y fundamentales como los domiciliarios.

85. La libertad de contratación tiene sus fuentes en la garantía a la iniciativa privada establecida en el artículo 333 de la Constitución Política. En tratándose de su relación con la formación de los precios del mercado competitivo, la legislación colombiana la acepta siempre y cuando se trate de mercados en los cuales la libertad sea posible, como sucede en materia de energía eléctrica entre generadores, distribuidores o grandes consumidores, conforme lo especifica el artículo 26 de la Ley 143 de 1994.

86. En los casos en que el interés general lo requiera, y en cuanto el mercado no se encuentre en capacidad de lograr mínimos equitativos en materia de precios para la población, el artículo 2.9 de la Ley 142 de 1994 autoriza la intervención del Estado para establecer un régimen tarifario proporcional para los sectores de bajos ingresos, de acuerdo con los preceptos de equidad y solidaridad. Esta situación se refleja, por ejemplo, en materia de energía eléctrica al diferenciar entre usuarios regulados y no regulados, entendiendo por estos últimos aquellos que, de acuerdo con su capacidad de consumo, se encuentran en condiciones de sentarse a la mesa en igualdad con las empresas de servicios públicos para negociar las cantidades de energía que requieren.

87. O en los negocios de electricidad entre empresas generadoras, entre distribuidoras, entre aquéllas y éstas, y entre todas ellas y las empresas dedicadas a la comercialización de electricidad y los usuarios no regulados, que en virtud de lo dispuesto en el artículo 42 de la Ley Eléctrica son libres y serán remuneradas mediante los precios que acuerden las partes. A similar régimen deben someterse las transacciones que se realicen a través de interconexiones internacionales.

88. En tratándose de los usuarios regulados, por su situación de minoridad y debilidad, deben ser objeto de protección por el Estado a través de la normatividad protectora de las comisiones correspondientes. Para el caso

del sector de energía eléctrica, el legislador ha entendido que el usuario regulado es la persona natural o jurídica cuyas compras de electricidad están sujetas a las tarifas establecidas por la Comisión de Regulación, con el propósito de protegerlo y garantizarle un marco predefinido de reglas en relación con los precios de la energía que debe consumir para su subsistencia doméstica o domiciliaria.

89. La intervención de la regulación en la materia se deja percibir en el caso de la legislación colombiana en las disposiciones de la Ley 142 de 1994, relativas al establecimiento de fórmulas tarifarias por las comisiones de regulación en las áreas de su competencia. Los artículos 124 a 127 de este estatuto de servicios públicos establecen los procedimientos que deben seguir las empresas, con el propósito de obtener los marcos tarifarios para el ejercicio de su actividad de prestación.

4. LIBERTAD DE INVERSIÓN

90. El principio de libertad de inversión pretende identificar uno de los elementos esenciales de los servicios en el mercado competitivo y es el relacionado con la posibilidad de que los sujetos particulares inviertan en todos los aspectos de los servicios y, en consecuencia, reciban la rentabilidad que el mercado determine por sus inversiones. El Estado no está llamado más a invertir en aquellos sectores en los que la iniciativa privada pueda llevar e invertir sus recursos y patrimonios[93]. Al fin y al cabo es el mercado el que les crea a sus protagonistas las necesidades, y en ese sentido el sector público debe asumir otras responsabilidades, en la mayoría de los casos ajenas totalmente a la inversión en servicios[94].

91. Al relacionar este principio con la legislación colombiana contemplamos un escenario bastante interesante: es claro que la regla general es la prestación de los servicios públicos en cuanto sean objeto de la competencia y del mercado, luego, en esa hipótesis el régimen llama a la necesaria inversión privada en todo lo relacionado con ellos.

---

93 Friedrich A. Hayek. *Camino de servidumbre*, cit., pp. 38 y 39.

94 Gaspar Ariño Ortiz y Lucía López de Castro García-Morato. *Derecho de la competencia en sectores regulados*, cit., pp. 25 y ss.

92. Es más, entre los instrumentos del Estado intervencionista establecidos en el artículo 3.º numerales 1 y 8 de la Ley 142 de 1994 están promover, apoyar y estimular la inversión de los particulares para que presten servicios públicos, de manera que sea el capital privado el que fortalezca el sector y no los recursos de la comunidad.

93. No obstante lo anterior, en los territorios no competitivos la inversión pública continúa sosteniendo integralmente los servicios públicos. De la lectura de los artículos 5.º, 6.º y 7.º, de la Ley 142 de 1994 se deduce claramente que le corresponde al Estado, en cabeza de los municipios y departamentos, asumir las responsabilidades de inversión cuando la iniciativa particular y privada no encuentre los incentivos del mercado suficientes para afrontar la problemática integral de los servicios públicos.

C. LAS LIBERTADES BAJO UN ESQUEMA DE ACTIVIDADES NO COMPETITIVAS

1. EL SERVICIO PÚBLICO UNIVERSAL

94. La doctrina neoliberal recurre al concepto de servicio público universal para destacar las obligaciones y compromisos de la regulación ante las insuficiencias del mercado y de la competencia que llevan a situaciones de ausencia en la prestación del servicio con evidente detrimento de los intereses generales de la población[95]. Se trata de un postulado que genera para el Estado una especie de "carga de reserva" para la regulación y, si es del caso, la prestación del servicio ante la ausencia o las fallas de los elementos propios del mercado que no les permita a los actores privados suministrarlos[96].

95. La dinámica de la doctrina neoliberal rotula sutilmente esta carga como servicio público universal, y busca ante todo que el Estado les garantice a todos los usuarios su universalidad, igualdad, continuidad y acceso bajo niveles de calidad determinada, sin restricciones de ubicación

---

95 Véase Friedrich A. Hayek. *Camino de servidumbre*, cit., p. 40.

96 Gaspar Ariño Ortiz y Juan Miguel de la Cuétara Martínez. "Servicio público y servicio universal en las telecomunicaciones", *Revista Vasca de Economía. Ekonomiaz*, n.º 37.

y a precios asequibles. Frente a una situación crítica el sistema le traslada a las autoridades el deber de brindar soluciones que por sus insuficiencias el mercado no puede ofrecer.

96. Bajo este postulado se entiende, entonces, el papel protagónico de la administración reguladora que incluye brindar soluciones efectivas a los inconvenientes, generar las condiciones necesarias para evitar la ausencia de servicios de calidad para la población, establecer las condiciones para que un operador determinado preste el servicio o, en últimas, que el gran garante de toda la prestación –el Estado– opere el servicio correspondiente[97]. En fin, significa que el Estado no puede perder, ni siquiera bajo la construcción neoliberal, su papel de prestador: lo bueno para los particulares, lo peor para el Estado.

97. En estos casos se presenta una situación de servicio esencial o básico universal que debe ser garantizado en toda comunidad como mínimo para la convivencia y satisfacción de los intereses ciudadanos. Al no haber competencia, en cuanto posiblemente no exista ningún tipo de oferta porque la relación entre costos y rendimientos no satisface al interés privado, la concepción neoliberal acude a lo que entiende como un mecanismo excepcional: que la regulación debe obligar al operador a garantizar el mínimo vital del servicio o su esencia universal. Resulta obvio que en economías como las nuestras, y ante la ausencia de mercado, ese operador de repuesto no puede ser otro que el Estado, el cual, incluso, resulta financiando el servicio con presupuesto público.

98. Esta situación, que para la teorética neoliberal es, ante todo, excepcional, en economías como las nuestras puede fácilmente configurar una regla general, ante la ausencia, en relación con ciertos servicios, de condiciones económicas y de mercado que sean lo suficientemente razonables como para soportar operadores privados. Al trasladársele la carga el Estado adquiere, por la vía de la obligación o carga del servicio universal, una titularidad excepcional en relación con la actividad en cuestión que lo habilita para su prestación directa o indirecta. No obstante los discursos

---

97 Gaspar Ariño Ortiz y Lucía López de Castro García-Morato. *Derecho de la competencia en sectores regulados*, cit., pp. 32 y ss.

detractores, la concesión vuelve a ser un instrumento trascendente de carácter prestacional.

99. Así se puede deducir de la lectura del artículo 365 constitucional, principio llevado a la Ley 142 de 1994 en su artículo 6.º, que emplaza al Estado como posible prestador de los servicios públicos en cabeza de los municipios a título de garantes del servicio universal, pero sujetos a las reglas y regulaciones del sistema, como si fueran otros operadores más sometidos incluso al derecho privado[98].

---

98 Ley 142 de 1994. "Artículo 6.º. Prestación directa de servicios por parte de los municipios. Los municipios prestarán directamente los servicios públicos de su competencia, cuando las características técnicas y económicas del servicio, y las conveniencias generales lo permitan y aconsejen, lo cual se entenderá que ocurre en los siguientes casos: 6.1. Cuando, habiendo hecho los municipios invitación pública a las empresas de servicios públicos, no haya habido empresa alguna que se ofreciera a prestarlo; 6.2. Cuando, no habiendo empresas que se ofrecieran a prestar el servicio, y habiendo hecho los municipios invitación pública a otros municipios, al Departamento del cual hacen parte, a la Nación y a otras personas públicas o privadas para organizar una empresa de servicios públicos que lo preste, no haya habido una respuesta adecuada; 6.3. Cuando aun habiendo empresas deseosas de prestar el servicio, haya estudios aprobados por el Superintendente que demuestren que los costos de prestación directa para el municipio serían inferiores a los de empresas interesadas, y que la calidad y atención para el usuario serían, por lo menos, iguales a las que tales empresas podrían ofrecer. Las comisiones de regulación establecerán las metodologías que permitan hacer comparables diferentes costos de prestación de servicios; 6.4. Cuando los municipios asuman la prestación directa de un servicio público, la contabilidad general del municipio debe separarse de la que se lleve para la prestación del servicio; y si presta más de un servicio, la de cada uno debe ser independiente de la de los demás. Además, su contabilidad distinguirá entre los ingresos y gastos relacionados con dicha actividad, y las rentas tributarias o no tributarias que obtienen como autoridades políticas, de tal manera que la prestación de los servicios quede sometida a las mismas reglas que serían aplicables a otras entidades prestadoras de servicios públicos. En el evento previsto en el inciso anterior, los municipios y sus autoridades quedarán sujetos, en lo que no sea incompatible con la Constitución o con la ley misma, a todo lo que esta Ley dispone para las empresas y sus administradores y, en especial, a las regulaciones de las Comisiones y al control, inspección, vigilancia y contribuciones de la Superintendencia de Servicios Públicos y de las Comisiones. Pero los Concejos determinarán si se requiere una junta para que el municipio preste directamente los servicios y, en caso afirmativo, ésta estará compuesta como lo dispone el artículo 27 de esta ley. Cuando un municipio preste en forma directa

2. LIBERTAD DE INSTALACIÓN Y GESTIÓN DE INFRAESTRUCTURAS

100. En directa relación con la libertad de acceso al mercado y con el propósito de garantizarlo, la doctrina ha desarrollado, bajo el concepto de actividad no competitiva, la instalación y gestión de infraestructuras, esto, en la medida en que no pueden ser objeto de sujeción a las reglas del mercado, sino por el contrario a la regulación administrativa, para garantizar la efectividad de las libertades propias de la competencia y del mercado[99].

101. Como observamos a propósito de la proclamada libertad de acceso desarrollada por la concepción neoliberal, las infraestructuras, redes e instalaciones configuran los instrumentos materiales que en igualdad de condiciones deben usar los actores del mercado para la adecuada prestación de los servicios, por lo que están afectadas a un uso común que implica la gestión autónoma tanto de los prestadores como, incluso, de la Administración, y por eso debe dárseles un tratamiento empresarial y por fuera de la competencia; además, en cada caso deben estar sujetas a un régimen regulatorio propio y particular, dadas sus peculiaridades técnicas y las sustanciales diferencias de acuerdo con cada actividad o sector de servicios, régimen que en la medida de lo posible debe contemplar quiénes pueden acceder a ellas, y en qué condiciones. La regulación debe definir

---

uno o más servicios públicos e incumpla las normas de calidad que las comisiones de regulación exijan de modo general, o suspenda el pago de sus obligaciones, o carezca de contabilidad adecuada después de dos años de entrar en vigencia esta Ley o, en fin, viole en forma grave las obligaciones que ella contiene, el Superintendente, en defensa de los usuarios y para proteger la salud y bienestar de la comunidad, además de sancionar los alcaldes y administradores, podrá invitar, previa consulta al comité respectivo, cuando ellos estén conformados, a una empresa de servicios públicos para que ésta asuma la prestación del servicio, e imponer una servidumbre sobre los bienes municipales necesarios, para que ésta pueda operar. De acuerdo con el artículo 336 de la Constitución Política, la autorización para que un municipio preste los servicios públicos en forma directa no se utilizará, en caso alguno, para constituir un monopolio de derecho [...]".

99 Rafael Caballero Sánchez. *Infraestructuras en red y liberalización de servicios públicos*, Madrid, INAP, 2003.

la instalación eficiente de infraestructuras para garantizar la libertad de entrada sin pérdida de esfuerzos y con razonable economía[100].

3. LA SOLUCIÓN CONSTITUCIONAL PARA LA CONVIVENCIA ENTRE LAS CLÁUSULAS DEL ESTADO SOCIAL DE DERECHO Y LAS LIBERTADES ECONÓMICAS Y EMPRESARIALES. LA PONDERADA CONSTRUCCIÓN DE LA IDEA DE LA ECONOMÍA SOCIAL DE MERCADO

102. La Constitución colombiana de 1991 resuelve el problema de la convivencia y articulación de estas dos cláusulas rompiendo sus discursos dogmáticos, radicales y antagónicos, y optando por un modelo mixto que enlaza sus contenidos y los armoniza en procura del cumplimiento y satisfacción de los fines estatales bajo un profundo respeto y estímulo a la iniciativa privada y empresarial en escenarios de mercado, en lo que la Corte Constitucional destaca como una verdadera economía social de mercado[101]. En ese sentido, el postulado constitucional colombiano es amplio, integrador y democrático.

103. Dicho postulado evita las radicales diferencias y las imaginarias fronteras entre el individuo y el Estado propiciadas por modelos radicales, ampara intensamente el respeto mutuo y, en consecuencia, reprocha fórmulas como las de la subsidiariedad, para avanzar más bien hacia la figura de la economía social de mercado, mucho más amable, comprensiva y respetuosa del hombre, de sus libertades y del papel estelar del Estado en el cumplimiento y satisfacción de las necesidades del colectivo, permitiéndole a este de manera excepcional intervenir en la economía.

104. Esta lectura del texto constitucional proclama la necesidad de hacer una interpretación sistemática y de contexto de la Constitución en cuanto a los servicios públicos con el fin de no caer en despropósitos respecto de la intención del constituyente, para lo cual propone como punto

---

100 Gaspar Ariño Ortiz y Lucía López de Castro García-Morato. *Derecho de la competencia en sectores regulados*, cit., pp. 26 y ss.

101 Corte Constitucional. Sentencia C-032 de 2017. Consúltese en igual sentido: sentencias C-263 de 2011 y C-228 de 2010.

de partida vincular el concepto y la normatividad suprema en la materia a las disposiciones rectoras del régimen económico constitucional, llegando a sostener la imposibilidad absoluta de entender cualesquier aspecto de los servicios si no están determinados dentro de la perspectiva del régimen económico constitucional.

105. Los propugnadores de esta concepción dominante en el derecho nacional sostienen que con la entrada en vigor de la Constitución Política de 1991 se definieron unas especiales y particulares bases normativas tendientes a estructurar el régimen jurídico de los servicios públicos, según las cuales su prestación estaría sujeta a los principios de libertad, mercado y competencia, con estricta subordinación al régimen jurídico de la actividad privada y a la base consolidadora de la autonomía de la voluntad[102].

106. Básicamente, se trata de recoger para los servicios públicos los postulados y principios de los artículos 333, 334 y 336 constitucionales en cuanto a la libertad de empresa y a la iniciativa económica, con las limitaciones admitidas en ellos en razón del bien común y el interés general, en donde la intervención estatal se predica exclusivamente para su regulación, control y vigilancia, eficiencia y prestación continua; en consecuencia, se proscribe cualquier atentado contra la economía de mercado, como los propios de la competencia desleal y del abuso de la posición dominante, todo lo anterior con el fin de garantizar a los usuarios el mejoramiento de su cualidad de vida y el bienestar que demanda el Estado social de derecho.

107. De esa manera, en Colombia se incorporó doctrinaria y filosóficamente el concepto de servicios públicos a los principios liberales de libertad económica[103], con las cargas institucionales del Estado social de derecho,

---

102 Hugo Palacios Mejía. *El derecho de los servicios públicos*, cit., pp. 43 y ss.

103 Corte Constitucional. Sentencia C-865 de 2004. "La conjunción de los interés privados a través de la adopción de un modelo de libertad económica, fundado en la libre iniciativa, libertad de empresa, libertad de establecimiento y libre competencia económica (CP art. 333), junto al reconocimiento de la potestad de intervención del Estado en la economía, con el propósito de dar pleno empleo a los recursos humanos y asegurar que todas las personas, en particular las de menores ingresos, tengan acceso efectivo a los bienes y servicios básicos para el desarrollo normal de una vida digna; ha permitido a esta Corporación, entender que nuestra economía con sujeción a las disposiciones de la Carta Fundamental, se regula bajo las premisas de la denominada

siguiendo la línea de que la iniciativa privada también puede brindarle a la comunidad soluciones a sus problemas y necesidades, y que el Estado debe relegarse a un papel de fortalecedor del mercado y estimulador de la actividad privada para el desarrollo de los servicios públicos.

108. La nueva teoría de los servicios públicos aplicada a la realidad nacional conjuga las disposiciones especiales establecidas por el constituyente en los artículos 365 a 370 de la Carta, con los artículos correspondientes al régimen económico adoptado para el Estado en la Constitución. Situación que se refleja en los estatutos jurídicos rectores de los servicios públicos domiciliarios, principalmente en la leyes 142 y 143 de 1994 y en algunos otros estatutos especiales.

109. Con esta concepción doctrinal el constituyente quiso abandonar el marco intervencionista y proteccionista que, en materia de prestación de servicios públicos, venía caracterizándose durante la vigencia de la Constitución de 1886. Básicamente, a partir de los artículos 333, 334, 336, y 365 a 370 constitucionales se incorporaron los servicios públicos dentro de la concepción de la actividad económica y la iniciativa privada, en una sociedad regida por los principios de la competencia, y bajo la consideración de que la constitución de empresas por los particulares para la prestación de los servicios públicos es uno de sus baluartes más importantes, y que las compromete dentro de una función social que implica obligaciones, involucrándolas en el cumplimiento y satisfacción de los fundamentos del Estado social.

'economía social de mercado', según la cual las reglas de la oferta y la demanda deben estar al servicio del progreso y desarrollo económico de la Nación. Para lograr que lo anterior ocurra, en materia de libertad económica, la Constitución Política permite que la autonomía de la voluntad privada y los atributos de la propiedad, se expresen en la consolidación de mercados libres de bienes y servicios, a través de los cuales se facilite la circulación de la riqueza y se permitan obtener los beneficios derivados del ciclo natural de la renta. Esto significa que los distintos actores de la economía social de mercado consiguen un beneficio por la permisión de su existencia. El Estado recibe vía impositiva recursos para destinarlos al empleo y al bienestar social. Los empresarios acumulan riquezas y desarrollan una actividad libre como expresión de su autonomía. Y, los trabajadores, logran prestar sus servicios y recibir a cambio salarios y prestaciones".

a. LA LIBERTAD DE EMPRESA: EL MERCADO Y LA COMPETENCIA EN LA BASE DE LOS SERVICIOS PÚBLICOS CONFORME A LOS POSTULADOS DEL ESTADO SOCIAL

110. El modelo económico definido en la Constitución Política de 1991 combina los postulados del Estado social de derecho con los de la libertad de empresa. El modelo se funda en una mixtura entre principios y normas de naturaleza absolutamente diversa, que deben ser articulados en aras de la convivencia pacífica de todos los asociados, con los efectos e incidencias que este ejercicio trae para la integración de un régimen jurídico armónico y coherente en todos los aspectos de la vida nacional, en especial en los relativos a la prestación de los servicios públicos, en un modelo de verdadera economía social de mercado[104].

111. Articulación que irremediablemente debe estar precedida de una definición metodológica que la haga coherente con los propósitos y finalidades constitucionales, esto es, que impida la configuración de un desbalance en relación con los también postulados fundamentales de la libertad de empresa e iniciativa privada, o los propios del Estado social, asunto que, a la luz de nuestra estructura jurídica, se obtiene a partir de la definición de un método garante para el logro de este balance esencial, método que, a no dudarlo, debe recoger conceptos como los de ponderación, proporcionalidad y razonabilidad[105].

112. La idea general de libertad económica, que entraña la libertad de empresa, la iniciativa privada, la libertad de mercado, la libre iniciativa

---

104 Corte Constitucional. Sentencias C-265 de 1994; C-516 de 2004; C-228 y C-978 de 2010, y C-032 de 2017.

105 Luis Arroyo Jiménez. *Libre empresa y títulos habilitantes*, Madrid, Centro de Estudios Políticos y Constitucionales, 2004, pp. 25 y ss. Además de la bibliografía general en relación con la ponderación, proporcionalidad y razonabilidad puede consultarse los trabajos compilados en Ortega y De la Sierra. *Ponderación y derecho administrativo*, cit.; José María Rodríguez de Santiago. *La ponderación de bienes e intereses en el derecho administrativo*, Madrid, Marcial Pons, 2000; José Manuel Sérvulo Correia. *Legalidade e autonomia contractual nos contratos administrativos*, Granada, Comares, 2003, pp. 705 y ss.; Luciano Parejo Alfonso. *Administrar y juzgar: dos funciones constitucionales distintas y complementarias*, Madrid, Tecnos, 1993, pp. 98 y ss.

económica privada, la libertad de iniciativa económica, etc., deviene sin duda de los trabajos de los teóricos del individualismo clásico, principalmente de los economistas liberales encabezados por Adam Smith[106], los cuales fueron precisamente inspiradores del contenido de libertad proclamado como principio fundamental de la mencionada revolución individualista y del cual la doctrina infiere el de las libertades de comercio e industria –declaración del hombre y del ciudadano de 1789–. El concepto fue tomado y magnificado, después de la crisis del Estado benefactor, por los padres fundadores del neoliberalismo, en especial Friedrich A. Hayek[107], y trasladado a norma constitucional a partir de la segunda posguerra, principalmente en los textos de la Ley Fundamental de Bonn[108], la Constitución española de 1978[109], y la Constitución italiana de 1947[110], entre otros.

---

106 Adam Smith. *Investigación de la naturaleza y causas de la riqueza de las naciones*, Valladolid, 1776, publicada en los preludios mismos de la Revolución Francesa.

107 Friedrich A. Hayek. *Camino de servidumbre*, cit.

108 Fritz Ossenbühl. "Las libertades del empresario según la Ley Fundamental de Bonn", *Revista Española de Derecho Constitucional*, n.º 32, 1991, pp. 11 y 12. La idea de la libertad de empresa en el derecho constitucional alemán no proviene de una fórmula específica en la materia. Su postulación, que es evidente, se deduce de un conjunto de disposiciones incorporadas en la mencionada Ley Fundamental de las cuales se deduce su presencia rectora de la economía en aquel país. Los postulados que han servido a la doctrina y la jurisprudencia alemanas para sostener la presencia de un derecho fundamental de libertad de empresa son los siguientes: la libertad de profesión e industria (art. 12 par. 1); la defensa del derecho de propiedad (art. 14 par. 1); la libertad de residencia (art. 11 par. 1); la libertad de asociación (art. 9 par. 1); la garantía de formación de sociedades comerciales capitalistas y de concentración de empresas; y la libertad de actuación en general (art. 2 par. 1), que comprende la libertad de contratación y de actividades económicas.

109 Sebastián Martín-Retortillo Baquer. *Derecho económico* I, cit., p. 84. Constitución española: "Artículo 38. Se reconoce la libertad de empresa en el marco de la economía de mercado. Los poderes públicos garantizan y protegen su ejercicio y la defensa de la productividad, de acuerdo con las exigencias de la economía general y, en su caso, de la planificación".

110 Massimo Giannini. *Diritto pubblico dell'economia*, cit., p. 177. Constitución italiana: "Artículo 41. Será libre la iniciativa económica privada. // No podrá, sin embargo, desenvolverse en oposición al interés social o de tal modo que inflija un perjuicio a la seguridad, a la libertad y a la dignidad humana. // La ley determinara los programas

113. Como su postulación doctrinal y constitucional lo destaca, la libertad económica es un concepto ligado de manera vertebral al marco y contenido económico supremo del ordenamiento jurídico, y por lo tanto vinculado a la dinámica misma de la economía en la sociedad y a sus preceptos determinantes, como los de mercado y competencia[111], ideas, por lo demás, extra jurídicas, que implican altos grados de discrecionalidad técnica para su reconducción al ámbito del derecho propiamente dicho, lo que hace del concepto en sí mismo un ámbito de dificultades permanentes para el intérprete, sin restarle de manera alguna su carácter de pilar fundamental del orden constitucional y fuente de derechos subjetivos vinculante y garantizado por el Estado en aras del orden político y la paz social[112].

114. El modelo constitucional de libertad económica sustenta y soporta el reconocimiento de un claro e inequívoco derecho de carácter subjetivo que, no obstante caracterizarse por poseer un núcleo esencial aparentemente intangible, surte efectos plenos en cabeza de sus titulares, quienes pueden reclamar en todo momento y hora, mediante los procedimientos judiciales o administrativos correspondientes, que se les garantice el mismo y que, además, les proteja de las agresiones o desconocimientos por cualquier actor dentro del tráfico jurídico[113].

115. El modelo constitucional de la libertad económica y el consecuente reconocimiento de los derechos subjetivos que hemos destacado no son

---

y controles oportunos para que la actividad económica pública y privada pueda encaminarse y coordinarse con fines sociales".

111 Corte Constitucional. Sentencia C-616 de 2001: "[...] La competencia es un principio estructural de la economía social del mercado, que no sólo está orientada a la defensa de los intereses particulares de los empresarios que interactúan en el mercado sino que propende por la protección del interés público, que se materializa en el beneficio obtenido por la comunidad de una mayor calidad y unos mejores precios de los bienes y servicios que se derivan como resultado de una sana concurrencia. De ahí, que la Carta Fundamental, le ha impuesto expresamente al Estado el deber de impedir que se obstruya o se restrinja la libertad económica y evitar o controlar el abuso de la posición dominante que los empresarios tengan en el mercado. [...]".

112 Sebastián Martín-Retortillo Baquer. *Derecho económico* I, cit., p. 85.

113 Luciano Parejo Alfonso. "Estudio preliminar", en Magdalena Correa Henao. *Libertad de empresa en el Estado social de derecho*, Bogotá, Universidad Externado de Colombia, 2008, p. 25.

absolutos. La libertad en mención no es incompatible con el ejercicio de los poderes públicos interventores, no solo policivos sino también regulatorios, en procura de su adecuación a los cauces del interés público y general, hipótesis que se funda incluso en los mismos trabajos conceptuales de sus predicadores supremos dentro de las construcciones teóricas neoliberales[114], debiéndose respetar en todo caso, su núcleo esencial, que si bien lo hemos entendido como aparentemente intangible, de todas maneras concentra la idea rectora de la subsistencia de la libertad, luego por vía de la intervención no se puede llegar a suprimirla, o materialmente desaparecerla[115].

116. En ese sentido, la doctrina reconoce el papel vital de las autoridades para que, mediante actividades ordenadoras y de policía, eviten distorsiones en la competencia que impidan el ejercicio de dicha libertad o, por lo menos, otorguen ventajas inmerecidas a algunos de los actores del mercado en lo que se ha dado en llamar el principio de igualdad en la competencia[116].

---

114 Friedrich A. Hayek. *Camino de servidumbre*, cit., p. 37.

115 Luciano Parejo Alfonso. "Estudio preliminar", cit., p. 28.

116 Corte Constitucional. Sentencia T-240 de 1993: "[...] La libertad de contratación deriva de la Constitución una doble garantía: su propia condición exige que sus limitaciones generales tengan base legal y que se justifiquen socialmente en cuanto se enderecen a garantizar relaciones justas y libres. Esto último debe hacerlo la ley cuando la autonomía privada se revele insuficiente para asegurarlas y dicha intervención venga exigida por el principio de solidaridad y la necesidad de imponer la igualdad sustancial, particularmente si la autonomía sólo resulta predicable de algunos agentes económicos o sujetos y el poder privado llega a traducirse en abuso, daño o expoliación de la parte débil cuya libertad negocial pasa a ser puramente formal. Dado que el derecho a la actividad económica y a la iniciativa privada precisan del instrumento contractual, no sorprende que las limitaciones ordenadas por la ley con el objeto de asegurar el bien común, la libre competencia y la función social de la empresa, se expresen generalmente en variadas restricciones del propio ámbito contractual. [...] La Constitución ha elevado la libre competencia a principio rector de la actividad económica, en beneficio de los consumidores y de la misma libertad de empresa. Es del resorte de la ley prohibir –excepcionalmente autorizar bajo ciertos supuestos y condiciones– conductas, acuerdos o prácticas que tenga por efecto impedir, restringir, obstaculizar o falsear la libre competencia en cualquier mercado de bienes o de servicios, tarea ésta del legislador esencial para conformar y mantener mercados eficientes y para que en verdad la libre competencia pueda ser 'un derecho de todos', como lo consagra la Constitución. La ley debe impedir que personas o

117. Por fuera de las discusiones ideológicas y políticas, se tiene que, de todas maneras, si nos acercamos dogmáticamente al núcleo esencial del derecho constitucional subjetivo de la libertad de empresa, es posible decantar un mínimo constitucional sustancial que no puede ser de manera alguna alterado o suprimido como consecuencia de la intervención estatal, cual es el de su aceptación existencial, el de su disfrute efectivo y no formal.

118. Como bien lo destaca la doctrina española a partir de sus experiencias constitucionales, sobre todo de la aceptación del carácter ideológicamente plural del artículo 38 de su texto constitucional bajo un contexto amplio del Estado constitucional social y democrático derecho, el concepto de libertad económica no se puede considerar un privilegio epistolar de los neoliberales. Se sostiene que son tres los supuestos que se podrían desprender de un análisis de la libertad en cuestión en relación con el ámbito económico del mercado en el que está llamada a desarrollarse: una economía abierta y libre, una economía social y una economía dirigida, supuestos que surgen a partir de la actividad ordenadora de la Administración de acuerdo con los parámetros superiores conformadores de la correspondiente libertad[117].

119. En cuanto elemento que coadyuva a la sustentación del sistema constitucional, la libertad económica forma parte de él y de ninguna manera es una rueda suelta o sin puerto seguro. Hace parte del contexto constitucional y así debe ser entendida, produciendo unos efectos sustanciales que correspondan a su naturaleza y propósito. Bajo ese entendido se debe articular con los demás postulados también básicos de nuestro sistema constitucional, como puede ser en primer lugar el del Estado social y democrático de derecho. Relación supeditada en cada caso al equilibrio y la ponderación, de manera que, sin desconocer la esencia de cada uno de los postulados básicos del sistema se puedan modular de manera coherente y permanente.

---

empresas que detenten una posición dominante en el mercado la exploten de manera abusiva. Escapa al juez que examina un contrato en particular, en ausencia de una norma legal aplicable al caso, arbitrar remedios de una o de otra naturaleza, debiéndose circunscribir a interpretar la regla contractual con un criterio constitucional de justicia sustancial, sin rebasar el ámbito del contrato".

117 Sebastián Martín-Retortillo Baquer. *Derecho económico* I, cit., p. 91.

120. De manera concreta, el artículo 333 de la Constitución Política[118] define un modelo económico para la sociedad colombiana fundado en los principios de libertad y de iniciativa económica privada[119] dentro del mercado, como motores vitales para el desarrollo y el progreso de la comunidad[120], reprochando en consecuencia modelos e ideologías económicas

---

118 Constitución Política de Colombia. "Artículo 333. La actividad económica y la iniciativa privada son libres, dentro de los límites del bien común. Para su ejercicio, nadie podrá exigir permisos previos ni requisitos, sin autorización de la ley. La libre competencia económica es un derecho de todos que supone responsabilidades. La empresa, como base del desarrollo, tiene una función social que implica obligaciones. El Estado fortalecerá las organizaciones solidarias y estimulará el desarrollo empresarial. El Estado, por mandato de la ley, impedirá que se obstruya o se restrinja la libertad económica y evitará o controlará cualquier abuso que personas o empresas hagan de su posición dominante en el mercado nacional. La ley delimitará el alcance de la libertad económica cuando así lo exijan el interés social, el ambiente y el patrimonio cultural de la Nación".

119 Corte Constitucional. Sentencia C-616 de 2001: "La reforma constitucional de 1991 adoptó el modelo propio de una economía social de mercado e introdujo una serie de principios e instituciones para armonizar la intervención del Estado con la libertad de los ciudadanos, entre las cuales el de la libertad económica tiene un valor superior dentro del ordenamiento jurídico. [...] De la anterior norma se puede inferir que la Constitución, al referirse a la actividad económica de manera general, está reconociendo y garantizando al individuo una multiplicidad de sectores dentro de los cuales puede desplegar su libre iniciativa en orden a la satisfacción de sus necesidades, sin que se permita privilegiar unos sujetos, en detrimento de otros. Por ello, esta garantía constitucional se extiende por igual a empresas organizadas y a las que no lo están, a las personas naturales o jurídicas. La libertad económica que, se encuentra reconocida y garantizada por la Constitución, dentro de los límites del bien común y del interés social, constituye uno de los fundamentos del Estado social de derecho. De esta manera, así como la libertad de empresa se orienta a permitir la posibilidad real del individuo de desarrollar actividades económicas que considera necesarias para la satisfacción de sus intereses, también, se autoriza al Estado para intervenir y crear las condiciones necesarias para que éstas se materialicen en armonía con los valores superiores previstos en la Carta".

120 Corte Constitucional. Sentencia C-535 de 1997: "[...] la economía de mercado es un elemento constitutivo de la Constitución económica de cuyo funcionamiento adecuado depende la eficiencia del sistema productivo y el bienestar de los consumidores; la competitividad y la soberanía de los consumidores, son elementos que sin una activa y transformadora acción estatal de tipo corrector, fácilmente decaen y pierden toda

que desconozcan las bondades de la libertad individual y de las fuerzas transformadoras de la competencia; tanto es así que la disposición eleva a la categoría de derecho subjetivo de los colombianos y de las personas residentes en el territorio nacional la "[...] libre competencia económica con responsabilidades [...]". Aspecto que claramente destaca la Corte Constitucional cuando identifica la trascendencia que en el derecho nacional tiene el carácter de derecho individual de la libre competencia y las consecuentes responsabilidades que entraña para la organización política[121].

121. En ese sentido, se espera que la libertad económica[122], que implica la libertad de iniciativa y de competencia, genere condiciones para que de su dinámica surjan respuestas adecuadas para las necesidades públicas, entre ellas, inevitablemente, la atención de los servicios públicos[123]. En la medida en que las fuerzas del mercado conduzcan a mejores ofrecimien-

---

incidencia, pudiendo fácilmente ser sustituidos por la unilateralidad de las fuerzas predominantes en el mercado y por el alienante y desenfrenado consumismo de masas; la importancia de mercados libres, competitivos y transparentes, justifica la permanente acción estatal dirigida a que estas características se mantengan o se impongan, en la medida en que ello sea posible, con el fin de preservar la libertad de opción de los individuos y la existencia de un proceso económico abierto y eficiente".

121 Corte Constitucional. Sentencia C-535 de 1997: "[...] La libre competencia, desde el punto de vista subjetivo, se consagra como derecho individual que entraña tanto facultades como obligaciones. En una perspectiva objetiva, la libre competencia adquiere el carácter de pauta o regla de juego superior con arreglo a la cual deben actuar los sujetos económicos y que, en todo momento, ha de ser celosamente preservada por los poderes públicos, cuya primera misión institucional es la de mantener y propiciar la existencia de mercados libres. La Constitución asume que la libre competencia económica promueve de la mejor manera los intereses de los consumidores y el funcionamiento eficiente de los diferentes mercados [...]".

122 Corte Constitucional. Sentencia T-425 de 1992: "[...] La libertad económica ha sido concebida en la doctrina como una facultad que tiene toda persona de realizar actividades de carácter económico, según sus preferencias o habilidades, con miras a crear, mantener o incrementar un patrimonio. Las actividades que conforman dicha libertad están sujetas a limitaciones impuestas por la Constitución y las leyes, por razones de seguridad, salubridad, moralidad, utilidad pública o interés social [...]".

123 Corte Constitucional. Sentencia T-533 de 1992. En la economía social de mercado "[...] existe la libre iniciativa privada pero en la que a su vez el Estado se presenta como instrumento de justicia social ejerciendo cierta intervención redistributiva de

tos, el beneficiado no puede ser otro que el usuario o consumidor final[124], configurando así la visión de un modelo de economía social que respeta las condiciones y reglas del mercado.

122. La principal consecuencia de la adopción de la economía de mercado para la prestación de los servicios públicos radica en el inevitable desplazamiento del Estado en su tradicional papel de actor principal, trasladándolo a una posición importante, pero no de actuante directo o de gestor del mercado de ciertos servicios liberalizados o privatizados, conservando su papel principal en los que sean de su titularidad. En ese sentido, el Estado pasa a ser un actor más de la prestación de servicios públicos, pues sus banderas también son recogidas ahora por la iniciativa privada, la cual es considerada el baluarte del nuevo sistema.

123. Para esos propósitos la norma constitucional proclama, de manera coherente con sus fundamentos ideológicos, a la empresa como base del desarrollo, lo que, desde la perspectiva de los servicios, adquiere importancia y trascendencia en cuanto es la organización de los bienes particulares puestos al servicio de la comunidad en una economía de mercado la determinante para lograr la satisfacción de necesidades, como las de los servicios públicos. En ese sentido, el constituyente le recuerda a la iniciativa privada que cuando actúe como empresa en el tráfico jurídico cumpla también una función social y no exclusivamente individual.

124. Supuestamente el individualismo a ultranza del capitalismo clásico se rompe bajo los parámetros del nuevo mercado, de forma que el

---

la riqueza y de los recursos para corregir las desigualdades sociales originadas por los excesos individuales o colectivistas".

124 Corte Constitucional. Sentencia C-535 de 1997: "[...] La conservación de un sano clima agonal entre las fuerzas económicas que participan en el mercado, redunda en enormes beneficios para el consumidor que podrá escoger entre diversas cantidades y calidades de productos, y gozar de mejores precios y de las últimas innovaciones. Por su parte, los empresarios, si los mercados son abiertos y transparentes, se ponen a cubierto de conductas abusivas y encontrarán siempre un incentivo permanente para aumentar su eficiencia. La competencia, como estado perpetuo de rivalidad entre quienes pretenden ganar el favor de los compradores en términos de precios y calidad, al mediatizarse a través de las instituciones del mercado, ofrece a la Constitución económica la oportunidad de apoyarse en ellas con miras a propugnar la eficiencia de la economía y el bienestar de los consumidores [...]".

respeto por la sociedad es imprescindible para los actores del mercado, pues la comunidad constituye su objetivo más importante. En ese sentido, la empresa estimulada, fortalecida y consolidada constituye un factor de estabilidad[125] y de desarrollo para la sociedad y sus necesidades[126].

b. LOS LÍMITES DEL BIEN COMÚN COMO RESTRICCIONES A LA ECONOMÍA DE MERCADO EN LOS SERVICIOS PÚBLICOS. ALCANCE DE LOS ARTÍCULOS 333 Y 334 CONSTITUCIONALES

125. El ejercicio de las libertades que postula el artículo 333 constitucional no es absoluto y se encuentra sujeto, como lo establece la disposición, a los límites del bien común; consecuentemente, las rupturas de estas barreras generan responsabilidad y obligaciones interventoras para evitarlas o sancionar a sus infractores, lo que significa que son libertades moldeadas a los propósitos del Estado social de derecho, razón por la cual la norma prevé expresamente que, por mandato de la ley, el Estado debe impedir que se obstruya o se restrinja la libertad económica, y evitar o controlar cualquier abuso que las personas o las empresas hagan de su posición dominante en el mercado nacional. La ley

---

125 Corte Constitucional. Sentencia C-992 de 2006: "La Corte ha precisado que la libertad económica constituye uno de los fundamentos del Estado social de derecho. Igualmente que, al tiempo que la libertad económica se establece en la Constitución para garantizar la posibilidad real de que las personas desarrollen las actividades productivas que consideren necesarias para la satisfacción de sus intereses, también se autoriza al Estado para intervenir y crear las condiciones necesarias para que las mismas se materialicen en armonía con los valores superiores previstos en la Carta".

126 Corte Constitucional. Sentencia C-524 de 1994: "[...] Por libertad de empresa hay que entender aquella libertad que se reconoce a los ciudadanos para afectar o destinar bienes de cualquier tipo (principalmente de capital) para la realización de actividades económicas para la producción e intercambio de bienes y servicios conforme a las pautas o modelos de organización típicas del mundo económico contemporáneo con vistas a la obtención de un beneficio o ganancia. El término empresa en este contexto parece por lo tanto cubrir dos aspectos, el inicial –la iniciativa o empresa como manifestación de la capacidad de emprender y acometer– y el instrumental –a través de una organización económica típica–, con abstracción de la forma jurídica (individual o societaria) y del estatuto jurídico patrimonial y laboral [...]".

delimitará el alcance de la libertad económica cuando así lo exijan el interés social, el ambiente y el patrimonio cultural de la Nación.

126. Por su parte, frente a los servicios públicos y privados el artículo 334 constitucional retoma el principio de intervención con propósitos similares a fin de racionalizar la economía y conseguir el mejoramiento de la calidad de vida de los habitantes, la distribución equitativa de las oportunidades y los beneficios del desarrollo, y la preservación de un ambiente sano; y, lo que es aún más importante, el Estado también debe intervenir para que todas las personas, en especial las de menores ingresos, tengan acceso efectivo a los bienes y servicios básicos, así como para promover la productividad y la competitividad. Es decir, los postulados generales del artículo 333 de la Carta no implican una absoluta autorregulación a partir de la dinámica del mercado, sino que, por el contrario, están eventualmente sujetos a claras disposiciones reguladoras de origen estatal, generadoras de un ostensible derecho administrativo que acompaña siempre a la iniciativa privada y a la libre economía.

127. Estos perentorios mandatos constitucionales tienen incidencia directa en el ámbito de los servicios públicos. Si bien es cierto que con fundamento en los artículos 333 y 334 de la Constitución el legislador incorpora el concepto de libre empresa para la prestación de los servicios públicos, no se debe olvidar que su ejercicio está limitado y demarcado por el interés general que involucra este tipo de actividad esencial para la vida ciudadana, y, por lo tanto, sujeto a la regulación que el artículo 365 constitucional prevé para su adecuado ejercicio dentro del Estado de derecho; de forma que, en el ámbito de los servicios, no nos encontramos frente a actividades absolutamente libres enmarcadas en los clásicos presupuestos de la autonomía de la voluntad dentro de un mercado incontrolable y agresivo con la comunidad y los asociados.

128. Todo lo contrario, por lo menos para el caso de los servicios públicos domiciliarios, con fundamento en las Leyes 142 y 143 de 1994, el legislador ha previsto que, en aras de garantizar mínimos vitales a la ciudadanía, y especialmente a los consumidores de los servicios, su ofrecimiento se debe hacer conforme a las normas establecidas por la ley, la reglamentación y la regulación de las respectivas comisiones, todas las cuales constituyen en su conjunto disposiciones vinculatorias y de acatamiento inmediato para todos los actores de la generación eléctrica.

129. En Colombia el régimen jurídico de los servicios públicos domiciliarios deviene indudablemente de la concepción de libertad económica y de iniciativa privada, la cual, bajo un marco de responsabilidad social y de interés general, es postulada en el artículo 333 de la Constitución Política de 1991, principio que es recogido de manera innegable en las leyes 142 y 143 de 1994, de las cuales se deduce sin mayor dificultad que la prestación de los servicios públicos domiciliarios constituye una problemática que involucra la competencia en el mercado, y sus normas y principios, pero de todas maneras sometidos al régimen jurídico que establezca la ley, según lo dispone el artículo 365 constitucional y, en consecuencia, a los marcos normativos legales, reglamentarios, en especial a las regulaciones específicas que las comisiones establezcan sobre asuntos de su competencia.

130. La anterior base normativa se diseñó, entre otros aspectos, con el propósito de ser coherente con los postulados de los incisos 4 y 5 del artículo 333 de la Carta, según los cuales, aunque en el Estado social de derecho la libertad económica y la iniciativa privada se caracterizan por su independencia, no por ello son absolutas, arbitrarias, incontrolables o están sumidas en el estricto querer de los actores del mercado[127]. Para el Constituyente, por mandato de la ley el Estado debe evitar y controlar cualquier abuso de personas o empresas en el mercado nacional, por lo cual habilita al legislador para hacer prevalecer el interés general frente a desmanes y despropósitos serios que puedan alterar los presupuestos fácticos de la norma constitucional[128].

---

127 Corte Constitucional. Sentencia C-118 de 1998: "[...] Los conceptos de libertad económica y de libre iniciativa privada no son absolutos y, por el contrario, se encuentran forzosamente enmarcados dentro de postulados constitucionales de superior categoría que los restringen. Se ejercen, como dice la norma del artículo 333 de la Carta, 'dentro de los límites del bien común', bajo los supuestos y objetivos prioritarios del Estado social de derecho y de la función social, y con el carácter relativo que corresponde a un sistema en el cual el Estado es director de la economía y no mero observador de los acontecimientos que la afectan [...]".

128 Corte Constitucional. Sentencia C-415 de 1995: "[...] Debe concederse al demandante que las limitaciones que la ley imponga a la actividad económica y a la libre competencia, habrán de ser serias y razonables. Se trata de dos derechos constitucionales que si bien son de configuración legal, describen un ámbito de actuación privada que, a partir de un cierto límite, no es susceptible de ser restringida adicionalmente, so

131. En ese sentido, la Ley 142 de 1994, que constituye el régimen jurídico básico para todos los servicios públicos domiciliarios, establece de manera perentoria en su artículo 34 que en todos sus actos y contratos las empresas de servicios públicos deben evitar privilegios y discriminaciones injustificadas, y abstenerse de toda práctica que tenga la capacidad, el propósito o el efecto de generar competencia desleal o de restringir en forma indebida la competencia. Se trata de un postulado genérico de carácter prohibitivo, limitativo de la libertad de la actividad económica y de la iniciativa privada, en favor de la prevalencia del interés general en el tráfico jurídico propio de los servicios públicos domiciliarios, norma que dentro del principio de complementariedad de la Ley 143 de 1994, se reitera para el sector eléctrico en el artículo 3.º de esta última codificación.

132. Bajo los anteriores presupuestos, el legislador ha recogido para los servicios públicos los fenómenos negativos de la competencia que doctrinariamente se conocen como competencia desleal (art. 34 num. 5 en concordancia con la Ley 256 de 1996), abuso de posición dominante (art. 34 num. 6 en concordancia con los arts. 133 de la Ley 142 de 1994 y 43 de la Ley 143 de 1994), restricciones indebidas de la competencia (art. 34 inc. 1.º en concordancia con el art. 1.º de la Ley 155 de 1959).

133. Previendo los desafueros y problemas lógicos de una sociedad económicamente libre, el constituyente autorizó al legislador para que interviniera regulando los límites necesarios con el fin de adecuar esta actividad económica al bien común, evitando su colapso a través de mecanismos perturbadores.

---

pena de vulnerar sus núcleos esenciales. En este sentido, aparte de los fines propios de la intervención del Estado en la economía que se señalan en el artículo 334 de la CP, la libertad de empresa –en el lenguaje de la CP 'la actividad económica y la iniciativa privada'– y la libre competencia, pueden ser delimitadas por la ley cuando así lo exijan el interés social, el ambiente y el patrimonio cultural de la Nación (CP art. 333). La seriedad y razonabilidad de las medidas legales limitativas de la actividad económica, no la coartan. Por el contrario, la restricción legal persigue conciliar los intereses de la actividad económica libre con los que demanda la atención del bien común, en un sistema que en razón de sus fundamentos debe guiarse por el principio *pro libertate*. De ahí que, a título de garantía adicional, se disponga que 'las leyes de intervención económica, previstas en el artículo 334 [...]. deberán precisar sus fines y alcances y los límites a la libertad económica' (CP art. 150-21) [...]".

134. La Corte Suprema de Justicia, por vía de su Sala de Casación Civil y Agraria, ha explicado el alcance del artículo 333 de la Carta Política de 1991, en el sentido de considerarlo la base doctrinal y jurídica de la represión a todo mecanismo de perturbación de la libre competencia económica. Dicho artículo, sostiene la Corte, garantiza la libertad de empresa y la iniciativa privada con sujeción a la ley, libertades que han de ejercerse dando cabal desarrollo en la realidad a la función social que ha de cumplir la propiedad. Dentro de ese marco constitucional se debe regular la libre concurrencia en el mercado, de suerte que se sancione la "competencia desleal", precisamente para hacer efectiva dicha libertad[129].

135. El Consejo de Estado ahonda en las razones jurídicas que llevan al establecimiento de restricciones para permitir una verdadera, leal y limpia contienda de los participantes en el tráfico jurídico-económico, sosteniendo que en un sistema económico de competencia resultan inadmisibles las actuaciones de sus actores fundadas en la mala fe, en el abuso o en el ejercicio de prácticas desleales; y reconoce, así mismo, que la lucha por los mercados no puede consolidar la ruptura de mínimas normas de comportamiento y respeto, razón por la cual se justifican las intervenciones previstas constitucionalmente[130].

---

129 Corte Suprema de Justicia. Sentencia del 6 de junio de 1996, radicado 6065-96.

130 Consejo de Estado. Sala de lo Contencioso Administrativo, Sección Cuarta. Sentencia del 31 de marzo de 1995, radicado 4834: "[...] En un sistema económico cuyo eje central es el de la libre competencia, ésta se presenta cuando los distintos participantes en el mercado –vendedores– tienen una misma pretensión vale decir, lograr para sí, el favor de la clientela, pretensión que genera lucha, pues todos persiguen igual objetivo. Para lograrlo, cada participante debe luchar en forma honesta y limpia, pues el empresario de la actividad económica debe ganar y esa es su meta, pero en juego limpio, ya que la competencia como expresión genuina de la libertad económica, no puede jamás ser la libertad de actuar en el mercado sin reparar los medios empleados. Por ello, y en atención a que el equilibrio en las armas a utilizar en la contienda se pierde con frecuencia, y para atender las exigencias de la vida económica, el ordenamiento jurídico ha respondido al proponer un conjunto de normas para sancionar la competencia desleal, tanto en el comercio interno como en el internacional, en este último, imponiendo derechos para el *dumping* y las subvenciones. Se pretende evitar que las prácticas desleales perturben el orden que debe reinar en el mercado, en el

136. Desde una perspectiva eminentemente ideológica, la presencia del Estado en los procesos económicos y en la economía de mercado (estableciendo reglas de comportamiento y restricciones a través del legislador, y consecuentemente, habilitando a las autoridades administrativas para actuar directamente aplicando normas de orden público), se justifica precisamente para garantizar la tan pregonada libertad en que se funda la lectura neoliberal de los servicios públicos, con el propósito de que todos los sectores de la población sean objeto de atención, que las partes menos favorecidas queden protegidas en cuanto a su asistencia efectiva, o que los posibles prestadores no se vean restringidos por maniobras ilegales o irregulares de la competencia.

137. La intervención del Estado constituye una garantía de convivencia, control y ponderación en un medio de por sí propenso a la arbitrariedad, como el mercado, cuando es dominado por el libertinaje que históricamente lo ha caracterizado. La Corte Constitucional así lo ha entendido y explicado por vía doctrinaria[131].

---

cual debe triunfar el mejor, quien ofrezca mejores bienes y servicios, porque exige un interés general en la prevalencia de ese orden [...]".

131 Corte Constitucional. Sentencia C-524 de 1995: "[...] La libertad de empresa le otorga a toda persona el derecho de ejercer y desarrollar una determinada actividad económica, de acuerdo con el modelo económico u organización institucional que, como ya se anotó, en nuestro país lo es la economía de mercado, libertad que al tenor del Estatuto Supremo no es absoluta, ya que el legislador está facultado para limitar o restringir su alcance cuando así lo exijan 'el interés social, el ambiente y el patrimonio cultural de la Nación'. Además, no puede olvidarse que la empresa, como base del desarrollo, tiene una función social que cumplir, la que implica ciertas obligaciones y que la libre competencia económica supone responsabilidades. [...] Así las cosas, el Estado al regular la actividad económica cuenta con facultades para establecer límites o restricciones en aras de proteger la salubridad, la seguridad, el medio ambiente, el patrimonio cultural de la Nación, o por razones de interés general o bien común. En consecuencia, puede exigir licencias de funcionamiento de las empresas, permisos urbanísticos y ambientales, licencias sanitarias, de seguridad, de idoneidad técnica, etc., pero en principio y a título de ejemplo, no podría en desarrollo de su potestad de intervención interferir en el ámbito privado de las empresas, es decir, en su manejo interno, en las técnicas que se deben utilizar en la producción de los bienes y servicios, en los métodos de gestión, pues ello atentaría contra la libertad de empresa y de iniciativa privada; pero sí puede, desde luego, proteger los intereses sociales de

138. Queda claro, entonces, que el legislador tiene atribución constitucional para establecer ciertas limitaciones a la libre empresa, siempre y cuando dichas restricciones no sean de tal magnitud que hagan nugatorio el derecho, y que en desarrollo de la facultad de intervención económica cuenta con poder suficiente para injerir en "la producción, distribución, utilización y consumo de los bienes".

C. LOS MONOPOLIOS FRENTE A LOS SERVICIOS PÚBLICOS. ALCANCE DEL ARTÍCULO 336 CONSTITUCIONAL

139. En concordancia con el artículo 333 de la Constitución Económica, en el artículo 336 se consagra una clara limitación de origen superior tendiente a fortalecer el mercado y la libre competencia frente al fenómeno de los monopolios o la concentración desmedida del mercado en uno o pocos actores. Desde la perspectiva económica, la existencia de monopolios constituye un elemento perturbador y generador de pereza, con capacidad suficiente para disminuir la producción en un mercado dinámico, y aumentar los precios en detrimento incluso de la calidad y la eficiencia. La obligación del Estado es proteger la competencia frente a estas situaciones anormales

---

los trabajadores, las necesidades colectivas del mercado, el derecho de los consumidores y usuarios, etc. [...] Y en reciente fallo expresó, que las limitaciones que la ley imponga a la actividad económica y a la libre competencia habrán de ser serias y razonables. Se trata de dos derechos constitucionales que si bien son de configuración legal, describen un ámbito de actuación privada que, a partir de un cierto límite, no es susceptible de ser restringida adicionalmente, so pena de vulnerar sus núcleos esenciales. En este sentido, aparte de los fines propios de la intervención del Estado en la economía que se señalan en el artículo 334 de la CP, la libertad de empresa, en el lenguaje de la Constitución Política, la actividad económica y la iniciativa privada y la libre competencia, pueden ser delimitadas por la ley cuando así lo exijan el interés social, el ambiente y el patrimonio cultural de la Nación (CP art. 333). La seriedad y razonabilidad de las medidas legales limitativas de la actividad económica no la coartan. Por el contrario, la restricción legal persigue conciliar los intereses de la actividad económica libre con los que demanda la atención del bien común, en un sistema que en razón de sus fundamentos debe guiarse por el principio *pro libertate*. De ahí que a título de garantía adicional, se disponga que las leyes de intervención económica, previstas en el artículo 334 [...], deberán precisar sus fines y alcances y los límites a la libertad económica CP art. 150-21) [...]".

que alteran significativamente el libre transcurrir de la economía, para lo cual se deben desarrollar los instrumentos jurídicos adecuados.

140. El asunto adquiere especial importancia en materia de servicios públicos si se tiene en cuenta que el mecanismo jurídico tradicionalmente utilizado por el Estado intervencionista para su prestación, se resumía en la creación de grandes monopolios públicos que impedían la competencia y congelaban las posibilidades de alternativas eficientes para concurrir a la solución de muchas de sus situaciones críticas.

141. La Constitución Política de 1991 proscribió por regla general los monopolios o figuras de esa naturaleza en todos los sectores de la economía, trasladando la figura a un campo estrictamente excepcional[132], y generando para el Estado la obligación de promover por todos los medios la competencia, con el claro propósito de erradicar los síntomas monopolísticos que

---

132 Corte Constitucional. Sentencia C-578 de 2004: "Si bien los servicios públicos pueden ser prestados por el Estado, por comunidades organizadas, o por particulares, lo cierto es que el Estado mantiene las funciones de regulación, control y vigilancia sobre los servicios, de forma que se asegure el cumplimiento de las finalidades sociales del Estado social de derecho (art. 365 de la CP). Esto porque es objetivo fundamental de la actividad estatal la solución de las necesidades básicas insatisfechas de la población (art. 366 de la CP). Tan importante es el mencionado objetivo constitucional que el Constituyente ha previsto incluso la posibilidad de establecer, por razones de soberanía o de interés social, por iniciativa del Gobierno y mediante ley, un monopolio estatal en materia de servicios públicos previa la plena indemnización a las personas que en virtud de dicha ley, queden privadas del ejercicio de una actividad lícita (art. 365 inc. 2 de la CP). [...] Salta entonces a la vista que la prohibición contenida en el artículo 22 acusado no viola el artículo 333 de la Carta, en cuanto a que establece una limitación a la libertad de empresa y la iniciativa privada, pues, como lo indican las sentencias citadas, la intervención estatal tratándose de servicios públicos puede ser tan intensa, que puede eliminar la iniciativa privada y establecer un monopolio estatal para estos servicios, por lo que tampoco prosperan los reparos que hace el actor sobre la constitución de un monopolio en la prestación del servicio. En consecuencia, por las razones expuestas por Ecopetrol y el Ministerio de Minas y Energía, sobre la oferta limitada de GLP en el país, resulta justificado y razonable que el legislador restrinja el uso del GLP al doméstico, pues, se repite, permitir el uso como combustible vehicular implicaría poner en riesgo el suministro del GLP a ciertos sectores de la población, posiblemente los más desprotegidos (el sector rural y los estratos más bajos de la población), donde por circunstancias económicas o técnicas, no es posible llevar el gas natural".

aún se conserven en la economía nacional. El artículo 336 constitucional[133] circunscribe a la ley la competencia de crear monopolios, pero única y exclusivamente como un instrumento para generar rentas para el Estado destinadas a la salud y la educación; incluso lo obliga a enajenar y liquidar todas aquellas empresas monopolísticas que posea cuando en razón de su ineficiencia perturben el libre ejercicio de la economía de mercado, privatizando o liberalizando su objeto.

142. En materia de servicios públicos el problema es especialmente significativo si tenemos en cuenta que el artículo 365 constitucional permite que, por razones políticas o de alta conveniencia pública, el Estado pueda excepcionalmente reservarse la explotación de determinados sectores de los servicios. Indica esta disposición que si el Estado, por razones de soberanía o de interés social, mediante ley aprobada por la mayoría de los miembros de una y otra cámara por iniciativa del Gobierno, decide reservarse determinadas actividades estratégicas o servicios públicos, debe indemnizar previa y plenamente a las personas que en virtud de dicha ley queden privadas del ejercicio de una actividad lícita; de lo contrario, y sin indemnización, limitar su acceso cuando ningún actor del mercado lo estuviera ejerciendo.

143. Este enunciado supremo no está haciendo otra cosa que crear las condiciones normativas para que el Estado pueda actuar libremente como prestador único, lo cual aparentemente generaría ostensibles conflictos

---

133 Constitución Política de Colombia. "Artículo 336. [...] Ningún monopolio podrá establecerse sino como arbitrio rentístico, con una finalidad de interés público o social y en virtud de la ley. La ley que establezca un monopolio no podrá aplicarse antes de que hayan sido plenamente indemnizados los individuos que en virtud de ella deban quedar privados del ejercicio de una actividad económica lícita. La organización, administración, control y explotación de los monopolios rentísticos estarán sometidos a un régimen propio, fijado por la ley de iniciativa gubernamental. Las rentas obtenidas en el ejercicio de los monopolios de suerte y azar estarán destinadas exclusivamente a los servicios de salud. Las rentas obtenidas en el ejercicio del monopolio de licores, estarán destinadas preferentemente a los servicios de salud y educación. La evasión fiscal en materia de rentas provenientes de monopolios rentísticos será sancionada penalmente en los términos que establezca la ley. El Gobierno enajenará o liquidará las empresas monopolísticas del Estado y otorgará a terceros el desarrollo de su actividad cuando no cumplan los requisitos de eficiencia, en los términos que determine la ley. En cualquier caso se respetarán los derechos adquiridos por los trabajadores [...]".

frente a la lectura neoliberal de la Constitución Política. Sin embargo, consideramos que se trata de una disposición de aplicación excepcional y restrictiva que no puede desconocer los postulados del artículo 333 de la Carta en cuanto a la libertad como regla general del sistema económico nacional, de forma que el legislador debe ponderar su aplicación sobre esta importante consideración.

144. No obstante lo anterior, la regla general obvia y ostensible que se consagra, por lo menos en la ley de servicios públicos domiciliarios, que es nuestro ejemplo más cercano, es la de la proscripción de cualquier forma monopolística. Precisamente en el artículo 2.1 de la Ley 142 de 1994 se postula, como uno de los propósitos de la intervención del Estado sobre los servicios públicos, procurar la "[...] Libertad de competencia y no utilización abusiva de la posición dominante [...]" cuando las condiciones de la economía y del mercado permitan la competencia, por cuanto pueden darse eventos de falta absoluta de la misma, donde el servicio universal debe ser garantizado directamente por el Estado. Lo importante en estos eventos es que la empresa única estatal o privada que garantice el servicio universal no se haga ineficiente. Precisamente en el artículo 11.2 de esta misma ley se deja entrever que en servicios públicos serán absolutamente reprochables los monopolios o prácticas de esta naturaleza, si de hecho existe la posibilidad de competencia, o hasta cuando se generen las condiciones necesarias para que la economía de mercado asuma su papel propulsor de los servicios.

145. La función más característica que el legislador le ha otorgado a las comisiones de regulación en el artículo 73 de la Ley 142 de 1994 es promover, procurar, mantener o crear las condiciones para que los servicios públicos domiciliarios se desarrollen bajo las reglas de la competencia y del mercado, y que, de existir monopolios por ausencia de esta, los regulen para que no se desborden o se hagan básicamente ineficientes, no degeneren en abuso de su posición dominante o pierdan la calidad de sus productos, lo cual repercute necesariamente en los derechos y condiciones de los usuarios o consumidores de los servicios[134].

---

134 Consejo de Estado. Sala de lo Contencioso Administrativo. Sección Primera. Sentencia del 14 de julio de 1995.

CONCLUSIONES

147. Conforme a lo expuesto, resulta claro que nuestro sistema jurídico de los servicios públicos no corresponde a una lectura de estricto derecho administrativo, que confunde servicios con función administrativa, ni tampoco a una enraizada concepción neoliberal absoluta, dependiente radicalmente de las continencias de los mercados y de la competencia económica. Ni lo uno, ni lo otro; de ahí precisamente los grandes conflictos que el tema engendra y las profundas limitaciones para resolver elementales situaciones de estricto carácter jurídico sobre la materia, que se ven interpretadas o leídas bajo ópticas diferentes por quienes no identifican certeramente la fuente real de cada componente del sistema mixto en que nos hemos involucrado.

148. Conforme a los postulados del artículo 333 constitucional, el estudio de las disposiciones constitucionales permite visualizar un régimen de los servicios públicos con influencia evidente del mercado y de la libertad de empresa e iniciativa, pero también con aspectos supremamente influidos por las doctrinas intervencionistas que no permiten que el Estado se aleje sustancialmente de temas como tarifas, subsidios, regulación, control, inspección, vigilancia, regulaciones al mercado con propósitos de interés general, cobertura, calidad, financiación, régimen del usuario etc. Mientras son del dominio del mercado la misma prestación, la competencia, la eficiencia, la calidad, las condiciones y el contenido de los contratos, etc., y en fin todas las vicisitudes propias de su dinámica asistencial.

149. Esto, sin desconocer la posibilidad, también constitucional, de que el Estado no solo sea regulador de los servicios sino un prestador de los mismos en aquellos ámbitos donde todavía continúe con titularidades, como sucede en materia de construcción de infraestructura y obra pública, o incluso en el manejo de los bienes de uso público y fiscales.

150. Agregaría a esta lista de hipótesis los casos en que se debe agotar la cláusula del servicio universal que impacta directamente las responsabilidades del Estado creándole titularidades excepcionales. Entonces, frente a estas realidades jurídicas se podría sostener que en aspectos esenciales el sistema económico adoptado en la Constitución Política sustenta y explica los servicios públicos, admitiendo su articulación, entre las actuaciones intervencionistas permitidas y autorizadas constitucionalmente, con la

iniciativa privada, y que realmente existe una verdadera interacción entre Estado y libertad económica armoniosa.

151. Este carácter mixto del régimen constitucional de los servicios públicos se acrecienta con el estudio detallado de la totalidad de la base constitucional de la materia contenida en los artículos 365 a 367 de la Carta. Bajo los presupuestos de la concepción mixta propuesta el contenido de estas disposiciones no se puede establecer por fuera del contexto del sistema económico definido en la Constitución Política de 1991, pero tampoco desconociendo las responsabilidades estatales en estas materias; es decir, debe corresponder a un análisis sistemático dentro del cual el legislador debe elaborar los parámetros normativos que regirán los procesos intervencionistas del Estado y determinarán el comportamiento regulatorio de las diversas comisiones[135].

152. Las responsabilidades sociales en materia de servicios consagradas en el inciso primero del artículo 365 constitucional deben ser entendidas en el sentido de que el Estado asegure su prestación eficiente a todos los habitantes del territorio nacional, a través de los senderos del mercado, recalcando que la iniciativa privada y el mercado tienen compromisos sociales que implican obligaciones a partir de los cuales se deben satisfacer los servicios y las necesidades de la población. En ese sentido, su prestación directa por el Estado debe ser totalmente excepcional en relación con servicios liberalizados o simplemente privatizados, en cuanto no es, por su propia naturaleza, un actor natural de la economía de mercado.

---

135 Consejo de Estado. Sala de lo Contencioso Administrativo. Sección Tercera. Sentencia del 7 de marzo de 2007. Exp. 11.542: "Si bien es cierto que de conformidad con la Constitución Política (arts. 150.8, 150.23, 365,367 y 369) corresponde a la ley: establecer el régimen jurídico de los servicios públicos, definir sus pautas, parámetros generales y aspectos estructurales, definir áreas prioritarias de inversión social, determinar el régimen de participación ciudadana y municipal, e incluir en los planes y presupuestos de la Nación el gasto social, también lo es que la misma Constitución (art. 370) confirió al Presidente la facultad de trazar las políticas generales de administración y control de eficiencia de los servicios públicos domiciliarios, funciones que puede delegar en las comisiones de regulación, circunstancia que demuestra cómo se trata de funciones que no requieren del ejercicio exclusivo por parte del primer mandatario".

153. En consonancia con los textos constitucionales, la Corte admite que los particulares también pueden asumir responsabilidades relativas a la prestación de los servicios públicos, por cuanto la eficiencia que ordena la Constitución para su prestación no es un privilegio de la administración pública[136]. Históricamente así ha ocurrido, y el constituyente lo ha retomado en el inciso segundo del artículo 365 constitucional. Además, para la Corte Constitucional esta incorporación normativa implica de todas maneras la aceptación constitucional de la gestión privada bajo conceptos de utilidad, es decir, una participación del privado, pero con sujeción a los principios y reglas propias de las doctrinas neoliberales[137].

154. Para la organización política y administrativa quedan reservados constitucionalmente la regulación, el control y la vigilancia de dichos servicios, pero también su prestación cuando se trate de asuntos de su titularidad o, excepcionalmente, en los casos de activación de la cláusula del servicio público universal.

155. En ese sentido, tanto el Congreso Nacional, cuando expida el régimen jurídico que prevé el artículo 365 constitucional para cada servicio, como las asambleas y concejos en ejercicio de sus facultades constitucionales deben dejar reflejada esta situación, sin desconocer que también existen competencias reservadas exclusivamente al Estado[138] y que este es

---

136 Corte Constitucional. Sentencia C-150 del 25 de febrero de 2003.

137 Ídem. "La autorización que contiene la Carta para que los particulares puedan prestar los servicios públicos en desarrollo del derecho a la iniciativa privada, supone la posibilidad de que los particulares obtengan por medio de dicha actividad los efectos que motivan tal iniciativa privada, uno de los cuales es la obtención de utilidad, siempre que ésta sea la propia de un mercado competitivo, en los términos previstos en la Constitución, y no la que se genera en condiciones ineficientes, como sucede cuando la provisión monopólica u oligopólica carece de un adecuado ejercicio de la función de regulación".

138 Corte Constitucional. Sentencia C-599 de 1999: "La regulación de los servicios públicos es tarea propia del legislador tal como lo ordenan los artículos 150-23 y 365 de la Constitución, en cuyos textos se lee: 'Corresponde al Congreso hacer las leyes. Por medio de ellas ejerce las siguientes funciones: ... «Expedir las leyes que regirán el ejercicio de las funciones públicas y la prestación de los servicios públicos»; «... Los servicios públicos estarán sometidos al régimen jurídico que fije la ley, podrán ser prestados por el Estado, directa o indirectamente, por comunidades organizadas,

el depositario de la responsabilidad de materializar los servicios públicos en cuanto fenómenos inherentes a la función social del Estado[139].

156. En la misma dirección, obsérvese que el artículo 366 de la Carta le atribuye responsabilidades directas al Estado en la prestación de ciertos servicios y responsabilidades sociales. El bienestar general y el mejoramiento de la calidad de vida de la población son finalidades sociales del Estado.

---

o por particulares. En todo caso, el Estado mantendrá la regulación, el control y la vigilancia de dichos servicios...» (resalta la Corte). A nivel territorial les compete a las Asambleas Departamentales y a los Concejos Municipales reglamentar en sus respectivos territorios la prestación de tales servicios. (arts. 298, 300-1, 311 y 313-1 CN). Así las cosas, existe en este campo una competencia concurrente; por una parte a la ley 'le compete establecer por vía general el régimen jurídico de los servicios públicos, esto es, expedir el estatuto básico que defina sus pautas y parámetros generales y que regule los demás aspectos estructurales de los mismos (arts. 150-23 y 365 CN)'. Y a los departamentos y municipios 'desarrollar por la vía del reglamento la preceptiva legal y adecuarla a las particulares peculiaridades propias de su ámbito territorial'. En otros términos, corresponde a las autoridades de esos niveles ejercer la potestad reglamentaria para dar concreción y especificidad a la normación legal de modo que con sujeción a sus parámetros, dispongan lo conducente a la adecuada y eficiente prestación de los servicios públicos según las características de las necesidades locales [...]".

139 Corte Constitucional. Sentencia T-540 de 1992. Así lo ha entendido la Corte Constitucional al sostener que "Los servicios públicos son el medio por el cual el Estado realiza los fines esenciales de servir a la comunidad, promover la prosperidad general y garantizar la efectividad de los principios derechos y deberes constitucionales (CP art. 2). El sentido y razón de ser de los poderes constituidos es el servicio a la comunidad, la satisfacción de sus necesidades y la protección de los derechos individuales de sus miembros. Los servicios públicos como instancia y técnica de legitimación no son fruto de la decisión discrecional del poder público, sino aplicación concreta del principio fundamental de la solidaridad social (CP arts. 1 y 2). A través de la noción de servicio público, el Estado tiene el principal instrumento para alcanzar la justicia social y promover condiciones de igualdad real y efectiva. Su prestación comporta una transferencia de bienes económicos y sociales con base en el principio de justicia redistributiva que, mediante el pago discriminado de los servicios públicos según estratos y en función de la capacidad económica del usuario, permite un cubrimiento a sectores marginados que, en otras circunstancias, no tendrían acceso a los beneficios del desarrollo económico. De esta forma, se garantizan las condiciones materiales para el libre desarrollo de la personalidad (CP art. 16) y para la consecución de una igualdad real y efectiva (CP art. 13) de toda la población".

Será objetivo fundamental de su actividad la solución de las necesidades insatisfechas de salud, educación, saneamiento ambiental y agua potable.

157. El artículo 367 constitucional se refiere específicamente a los servicios públicos domiciliarios como una modalidad del concepto genérico de servicios públicos[140], asignándole especiales atribuciones al legislador para que fije las competencias y responsabilidades relativas a su prestación, cobertura, calidad y financiación, y el régimen tarifario que tendrá en cuenta, además de los criterios de costos, los de solidaridad y redistribución de ingresos. Es decir, en razón de su importancia y trascendencia para la vida comunitaria, el constituyente tampoco deja al libre juego de las reglas del mercado la determinación de las bases sustentadoras de los servicios domiciliarios.

158. Determina así mismo esta suprema disposición la competencia para garantizar el llamado servicio público universal en cabeza de los municipios. Señala que los servicios públicos domiciliarios los prestará directamente cada municipio, cuando las características técnicas y económicas, y las conveniencias generales lo permitan y aconsejen, y los departamentos cumplirán funciones de apoyo y coordinación.

159. Esto último, interpretado a la luz de la concepción económica, significa que no es responsabilidad permanente sino excepcional de los

---

140 Corte Constitucional. Sentencia T-578 de 1992: "[...] Se consagra en esta disposición una categoría especial de servicios públicos, los llamados 'domiciliarios', que son aquellos que se prestan a través del sistema de redes físicas o humanas con puntos terminales en las viviendas o sitios de trabajo de los usuarios y cumplen la finalidad específica de satisfacer las necesidades esenciales de las personas. Son características relevantes para la determinación del servicio público domiciliario las siguientes, a partir de una criterio finalista: a) El servicio público domiciliario –de conformidad con el artículo 365 de la Constitución–, puede ser prestado directamente o indirectamente por el Estado, por comunidades organizadas o por particulares, manteniendo éste la regulación, el control y la vigilancia de los servicios. b) El servicio público domiciliario tiene una 'punto terminal' que son las viviendas o los sitios de trabajo de los usuarios, entendiendo por usuario 'la persona que usa ciertos servicios, es decir quien disfruta el uso de cierta cosa'. c) El servicio público domiciliario está destinado a satisfacer las necesidades básicas de las personas en circunstancias fácticas, es decir en concreto. Así pues, no se encuentran en estas circunstancias el uso del agua destinado a urbanizar un terreno donde no habite persona alguna [...]".

municipios la prestación de los servicios, cuando se den las circunstancias que lo permitan. Con fundamento en esta disposición se sustentó el artículo 6.º de la Ley 142 de 1994 que estableció los eventos en que los municipios pueden asumir la prestación de los servicios públicos.

160. Otro de los aspectos que resalta el constituyente en esta disposición es el relativo a los costos o tarifas por los servicios domiciliarios que se presten a los usuarios o consumidores. En este aspecto la Constitución colombiana se aparta considerablemente de las exposiciones doctrinarias neoliberales, en el sentido de que los precios por los servicios esenciales deben surgir de la libertad de contratación, es decir, del libre juego del mercado. La Constitución adopta una posición intervencionista, según la cual es el legislador el que debe determinar las bases para la estructuración de un régimen tarifario, en donde necesariamente se debe retribuir por el consumo real y efectivo realizado por cada sujeto.

161. La Corte Constitucional así lo ha entendido cuando relaciona los postulados del artículo 367 de la Carta sobre tarifas con el artículo 95 numeral 9 de la misma, que establece como deber y obligación de todo colombiano "[...] Contribuir al financiamiento de los gastos e inversiones del Estado dentro de conceptos de justicia y equidad [...]". Es decir que cualquier política en materia tarifaria paternalista, irreal o irrazonable frente al costo de un servicio o las condiciones económicas y sociales de los usuarios, podría eventualmente ser inconstitucional. La gran labor del legislador es ponderar estos elementos sobre la base de que le ha sido encomendada una importante y trascendente competencia discrecional que debe ser ejercida de manera adecuada y proporcional a la realidad económica del servicio, pero también a las condiciones de la población[141].

---

141 Corte Constitucional. Sentencia C-580 de 1992: "[...] El tema de los servicios públicos comprende una de las materias de mayor sensibilidad en la opinión colectiva, sobre todo después del abandono del concepto de servicios públicos gratuitos que tantas expectativas causó en los comienzos del Estado social de derecho. Hoy en día esa gratuidad ha sido abandonada quedando supérstite en pocos servicios como la Justicia (art. 229 CN), o la Educación (art. 67 CN), o la Salud (arts. 49 y 50 CN), de manera más o menos parcial. Actualmente, los servicios públicos son onerosos, surgiendo la obligación para las personas y los ciudadanos de contribuir al financiamiento de los gastos e inversiones del Estado dentro de conceptos de justicia y

162. La política estatal en materia de tarifas establecida en la Constitución Política se complementa en su aspecto social con las regulaciones incorporadas en artículo 368 de la Carta, que autoriza, con cargo a los presupuestos públicos, el otorgamiento de subsidios para las clases más desprotegidas de la población[142]. La Nación, los departamentos, los distritos, los municipios y las entidades descentralizadas podrán conceder subsidios, en sus respectivos presupuestos, para que las personas de menores ingresos

---

equidad (numeral 9o. artículo 95, y artículo 368 ibídem). La determinación de los costos de los servicios, implica la evaluación de un conjunto de factores que va desde la cobertura y oportunidad en su prestación hasta la eficiencia y clasificación de los distintos tipos de usuarios de los mismos. Si a esto se agrega la circunstancia de que para impulsar el desarrollo en un país, se requiere que sus habitantes dispongan de agua potable, energía eléctrica, medios de comunicación, etc., se aprecia la dimensión del esfuerzo del legislador a fin de conciliar la realidad con los objetivos de justicia social y equidad que se encuentran en el origen y justificación de la organización de los servicios públicos. La Constitución Política de 1991, se ocupa de la cuestión de manera expresa, en varios de sus preceptos, para deferir a la ley el señalamiento de las competencias y responsabilidades en la prestación de los servicios públicos domiciliarios, su cobertura, calidad y financiación, y el régimen tarifario que tendrá especialmente en cuenta: 1o.Criterios de Costos; 2o. La Solidaridad Social; y 3o. El Principio de Justicia Social Distributiva que la ciencia económica denomina de la 'redistribución de ingresos' [...]".

142 Corte Constitucional. Sentencia C-086 de 1998: "[...] La prestación y cobertura de los servicios públicos, en general, y, en especial, de los domiciliarios (acueducto, alcantarillado, aseo, energía eléctrica, telefonía pública básica conmutada, telefonía móvil rural, y distribución de gas combustible), está supeditada no sólo a la capacidad financiera, técnica y administrativa de las respectivas empresas, sino a la demanda y capacidad de pago de los usuarios. Las fórmulas para fijar las tarifas de estos servicios están determinadas no sólo por el consumo correspondiente, sino por los costos y los gastos propios de la operación (expansión, reposición de equipos, mantenimiento), aumentos de productividad, etc. Naturalmente que, en la fijación de los costos deberá actuarse racionalmente, evitando todo exceso que perjudique al usuario [...]. La suma de todos los factores señalados, permite determinar el precio que se debe sufragar por el suministro de estos servicios, costo que no todos los usuarios, dada su capacidad de pago, pueden soportar, razón por la que se han creado subsidios que permiten a la población de escasos recursos tener acceso a éstos, pues de una real y eficiente cobertura depende que se dé cumplimiento a uno de los fines del Estado social de derecho [...]".

puedan pagar las tarifas de los servicios públicos domiciliarios que cubran sus necesidades básicas.

163. El contenido de esta disposición recoge sin dudas, lejos del pensamiento neoliberal, una filosofía de clara tendencia redistributiva dentro del Estado social de derecho. El objetivo indiscutible de esta disposición es llegar con una mayor proporción de servicios públicos a los estratos pobres de la sociedad, no de manera coyuntural o esporádica, sino como parte de toda una política permanente de Estado tendiente a mejorar y elevar las condiciones de vida en los diferentes municipios del país.

164. Al ocuparse del alcance de esta disposición superior la Corte Constitucional señala que en la misma se recogen dos de los pilares sustentadores de nuestro Estado constitucional: el democrático y el social de derecho. Al estudiar dogmáticamente la norma, la corporación recuerda que es precisamente al legislador al que le corresponde fijar la política y los criterios para redistribuir el ingreso en materia de subsidios tarifarios.

165. La norma contiene la clara e indiscutible dirección de promover la igualdad material entre la población usuaria de servicios, para que use y disfrute de ellos sin limitación en razón de su condición social o económica. Sin duda lo anterior responde a la idea central del Estado social de derecho y no a la concepción ideológica del neoliberalismo.

166. La política de subsidios a la que se refiere el artículo 368 de la CP, es uno de los medios a disposición del Estado social de derecho al cual puede recurrir con el objeto de asegurar su prestación a las personas de menores recursos que, por esa circunstancia, sin el apoyo estatal, quedarían marginadas. En estricto sentido, nos encontramos ante un sistema de discriminación positiva que tiene el claro propósito de beneficiar a las personas de menores recursos y que cobija el pago subsidiado de las tarifas de servicios públicos de sus consumos básicos[143].

167. Otros aspectos que el constituyente consideró necesario sustraer de las leyes del mercado y de su definición a través de las fuerzas de la competencia fueron los relativos a los usuarios y el papel de los municipios en la dirección de los servicios públicos domiciliarios. Frente a estos temas la alternativa constitucional consiste en definir un régimen de intervención

---

143 Corte Constitucional. Sentencia C-566 de 1995.

en el que se fijen las reglas a las que deben sujetarse tanto los usuarios como los municipios.

168. Al respecto, señala el artículo 369 de la Constitución que la ley determinará los deberes y derechos de los usuarios, el régimen de su protección y sus formas de participación en la gestión y fiscalización de las empresas estatales que presten el servicio. Igualmente, definirá la participación de los municipios o de sus representantes en las entidades y empresas que les presten servicios públicos domiciliarios.

169. Como se puede ver, la tensión entre las fuerzas ideológicas de los servicios públicos resulta relevante y latente al momento de cualquier aproximación al estudio de sus contenidos, y sobre todo a propósito de la estructuración de un concepto único y verdadero, o por lo menos jurídicamente puro y autónomo de servicio público en el derecho colombiano.

170. Por el contrario, como hemos indicado, una mirada conceptual de la institución nos obliga a aceptar la irrefutable realidad de su configuración mixta a partir de la conjugación de conceptos ideológicos manifiestamente contrarios, los cuales necesariamente corresponde armonizar, en aras de satisfacer las finalidades propias del Estado social de derecho.

171. De todas maneras las tensiones y dilemas doctrinarios también tienen una respuesta de la Corte Constitucional, a partir de identificar las finalidades estatales y, por tanto, de los supremos propósitos que deben dominar a todos los operadores y autoridades vinculadas al tema de los servicios públicos. Para esta corporación la concepción de los servicios públicos establecida en la Carta de 1991 es esencialmente finalística y, por tanto, su razón de ser está dirigida fundamentalmente a brindar soluciones finales a las necesidades de los habitantes de la República.

172. En ese sentido se definieron las que en nuestra opinión constituyen las más claras bases del sistema de los servicios públicos en el derecho colombiano, resaltando a la persona como el destinatario natural y último, asumiendo una posición social, lo que nos permite sostener que su esencia no ha sido modificada y que continuamos sumidos en un régimen profundamente comprometido con los intereses de la comunidad, independientemente del régimen jurídico aplicable[144].

---

144 Corte Constitucional. Sentencia T-540 de 1992: "[...] La noción de servicio público

173. Los anteriores planteamientos doctrinales se inspiran en las bases sustentadoras del Estado social y democrático de derecho, definidos por el constituyente de 1991. Para la Corte nuestro sistema de principios y valores, esto es, la más amplia y consistente base sobre la cual se soporta la Carta Política de los colombianos, reconoce al individuo como el centro de toda la actuación del Estado y de los particulares. Prácticamente el hombre pasa a configurar un fin en sí mismo para quien asuma las responsabilidades en servicios públicos, con el propósito de defender su dignidad humana y su derecho a la realización personal dentro de una sociedad igualitaria[145].

174. En fallo posterior, al hacer referencia al elemento finalístico de los servicios públicos y su proyección sobre la comunidad, recogiendo de esa manera la preceptiva constitucional anteriormente analizada, la Corporación precisó que los servicios públicos son un fenómeno indiscutiblemente inherente a la finalidad social del Estado, y que si bien su prestación no constituye un deber ineludible y exclusivo de este, es su responsabilidad asegurar su funcionamiento continuo, permanente y eficiente; es decir que aunque no se quiera, en derecho colombiano el Estado siempre tendrá responsabilidades relacionadas con los mismos así no sea su operador o prestador directo[146].

175. Estos planteamientos resultan a todas luces coherentes con los postulados del artículo 365 constitucional, en cuanto, sin mayores esfuerzos,

---

expresa una transformación política que se traduce en la subordinación de los gobernantes a los gobernados. La relación individuo-Estado no es, por tanto, la de vasallo o súbdito y monarca, sino la de ciudadano-servidores públicos. El contenido filosófico-político de la noción de servicios públicos trasciende las diversas posiciones ideológicas abstencionistas, intervencionistas o neoliberales. Dicho contenido refleja una conquista democrática que se traduce en una teoría del Estado, cuyo cometido esencial es el cubrimiento de las necesidades básicas insatisfechas de toda la población y el aseguramiento de un mínimo material para la existencia digna de la persona. Los servicios públicos son el medio por el cual el Estado realiza los fines esenciales de servir a la comunidad, promover la prosperidad general y garantizar la efectividad de los principios, derechos y deberes constitucionales. El sentido y razón de ser de los poderes constituidos es el servicio a la comunidad, la satisfacción de sus necesidades y la protección de los derechos individuales de sus miembros [...]".

145 *Ídem.*

146 Corte Constitucional. Sentencia C-263 de 1996.

de dicha disposición se deduce que los servicios públicos en general son actividades inconfundibles e inherentes a la finalidad del Estado social de derecho, que buscan servir a la comunidad, promover la prosperidad general y garantizar la efectividad de los principios, derechos y deberes consagrados en la Constitución, de ahí la persistencia doctrinal de entenderlos como indisolublemente ligados al concepto de interés general, base ideológica esta de la cual nuestros constituyentes no se desprendieron al redactar la Carta Fundamental del Estado en 1991[147].

---

147 Corte Constitucional. Sentencia SU-1010 de 2008: "Tal como se observa, la jurisprudencia constitucional establece una serie de elementos que le son propios al concepto de servicios públicos: (i) se trata de un conjunto de actividades a través de las cuales se busca satisfacer necesidades de interés general; (ii) el Estado tiene el deber de asegurar su prestación eficiente, regular y continua, en igualdad de condiciones para toda la sociedad y (iii) la obligación estatal puede ser satisfecha de forma directa o mediante el concurso de los particulares o de comunidades organizadas. Estos elementos se encuentran expresamente reconocidos en la Carta Política de 1991; en efecto, como ya se mencionó, en su artículo 365 la Constitución consagra que los servicios públicos son inherentes a la finalidad social del Estado, y que éste se encuentra obligado a asegurar su prestación eficiente a todos los habitantes del territorio nacional, bien sea que asuma de manera directa o indirecta dicha tarea, o a través de comunidades organizadas o de los particulares. Debido a su importancia como mecanismo para asegurar las condiciones de vida digna de todos los habitantes del territorio nacional, su prestación se rige por los principios de eficiencia, regularidad, continuidad e igualdad, a través de los cuales se busca lograr la satisfacción de las necesidades de interés general y la efectiva realización de los fines estatales [...] Así, se trata de aquellos servicios que tienden a satisfacer las necesidades más esenciales de la población y que se reciben directamente en los hogares o lugares de trabajo de las personas. Por esa razón, constituyen instrumentos que permiten asegurar la realización de los fines del Estado social de derecho, al encontrar una relación inescindible entre éstos y la satisfacción de necesidades que comprometen de manera directa derechos de rango constitucional y la posibilidad de garantizar una existencia en condiciones dignas de todos los habitantes. [...] El mandato de artículo 365 Superior, armoniza con la facultad general que el artículo 334 del mismo ordenamiento le atribuye también al Estado, en el sentido de asignarle la dirección general de la economía, y la facultad de intervenir en los servicios públicos y privados, potestad que, además, constituye un mandato constitucional de intervención en esta materia, mediante el cual se busca asegurar el mejoramiento de la calidad de vida de los habitantes, la distribución equitativa de las oportunidades y de los beneficios del desarrollo, la preservación de

Independientemente de las discusiones sobre el papel de la iniciativa privada en la gestión y prestación de los servicios públicos, resulta de la mayor claridad que el Estado colombiano conserva poderes de dirección, control, regulación e inspección de trascendencia en defensa de los intereses de la comunidad[148].

BIBLIOGRAFÍA

OBRAS GENERALES

Ahumada, Consuelo. *El modelo Neoliberal y su impacto en la sociedad colombiana*, Bogotá, El Áncora Editores, 2000.

Ariño Ortiz, Gaspar. *Principios de derecho público económico. Modelo de Estado, gestión pública, regulación económica*, Granada, Fundación de Estudios de Regulación, Comares, 1999.

Ariño Ortiz, Gaspar *et al. El nuevo servicio público*, Madrid, Marcial Pons, Ediciones Jurídicas y Sociales, 1997.

Ariño Ortiz, Gaspar y López de Castro García-Morato, Lucía. *Derecho de la competencia en sectores regulados*, Granada, Comares, 2001.

Ariño Ortiz, Gaspar; de la Cuétara Martínez, Juan Miguel y Martínez López-Muñiz, José Luis. *El nuevo servicio público*, Madrid, Marcial Pons y Ediciones Jurídicas y Sociales 1997.

Arroyo Jiménez, Luis. *Libre empresa y títulos habilitantes*, Centro de Estudios Políticos y Constitucionales, Madrid, 2004.

Caballero Sánchez, Rafael. *Infraestructuras en red y liberalización de servicios públicos*, Madrid, INAP, 2003.

---

un ambiente sano y el acceso efectivo de todas las personas a los bienes y servicios básicos, en particular, de los habitantes que perciban menores ingresos".

148 Corte Constitucional. Sentencia C-066 de 1997. Doctrina reiterada entre otras en las sentencias C-242 y C-493 de 1997, y C-444 de 1998.

Correia, Sérvulo. *Legalidade e autonomia contractual nos contratos administrativos*, Coimbra, Almedina, 2003.

De la Quadra-Salcedo, Tomás. *Régimen jurídico de los servicios públicos*, Cuadernos de Derecho Judicial, n.º 28, Escuela Judicial-Consejo General del Poder Judicial, Madrid, 1996.

Duguit, León. *El pragmatismo jurídico*, México, Ediciones Coyoacán, 2008.

Duguit, León. *Fundamentos do direito*, Campinas, LZN Editora, 2003.

Duguit, León. "Introducción", en *Las transformaciones del derecho público*, Madrid, Librería Española y Extranjera Francisco Beltrán, 1926.

Duguit, León. *La transformación del Estado*, Madrid, Librería Española y Extranjera Francisco Beltrán, 1926.

Duguit, León. *Las transformaciones del derecho (público y privado)*, Buenos Aires, Editorial Heliasta, 1975.

Duguit, León. *Las transformaciones del derecho público*, Madrid, Librería Española y Extranjera Francisco Beltrán, 1915.

Duguit, León. *Manual de derecho constitucional*, Madrid, Librería Española y Extranjera Francisco Beltrán, 1926.

Duguit, León. *Soberanía y libertad*, Buenos Aires, Editorial Tor, 1943.

Friedman, Milton y Friedman, Rose. *Libertad de elegir. Hacia un nuevo liberalismo económico*, Barcelona, Ediciones Grijalbo, 1981.

Häberle, Peter. *El Estado constitucional*, México, Universidad Nacional Autónoma de México, 2001.

Hayek, Friedrich. *Camino de servidumbre*, Madrid, Editorial Revista de Derecho Privado, 1946.

Hayek, Friedrich. *Los fundamentos de la libertad*, tt. I y II, Barcelona, Biblioteca de Economía, Folio, 1996.

Heller, Hermann. "¿Estado de derecho o dictadura?", *Escritos Políticos*, Madrid, Alianza Editorial, 1985.

Heller, Hermann. *Teoría del Estado*, México, Fondo de Cultura Económica,1985.

Ivanega, Miriam Mabel. *Acerca de los servicios públicos y sus controles administrativos*, Caracas, Sherwood, 2006.

Jèze, Gastón. *Les contrats administratifs de L`état, des départements, des communes et des établissements publics*, París, Marcel Giard Libraire-éditeur, 1932.

Jèze, Gastón. *Principios generales del derecho administrativo*, t. II-I, Buenos Aires, Editorial Depalma, 1948.

Jèze, Gastón. *Principios generales del derecho administrativo*, t. III, Buenos Aires, Editorial Depalma, 1949.

Jèze, Gastón. *Principios generales del derecho administrativo*, Madrid, Editorial Reus, 1928.

Jèze, Gastón. *Principios generales del derecho administrativo*, t. I, Prefacio del autor a la edición argentina, Buenos Aires, Editorial Depalma, 1948.

Keynes, John Maynard. "El final del *laissez-faire*", en *Ensayos sobre intervención y liberalismo*, Ediciones Orbis, 1987.

Martín-Retortillo Baquer, Sebastián. *Derecho económico* I, Madrid, La Ley, 1988.

Muñoz Machado, Santiago. *Servicio público y mercado*, t. I, *Los fundamentos*, Madrid, Editorial Civitas, 1998.

Ortega, Luis y De la Sierra, Susana. *Ponderación y derecho administrativo*, Madrid, Marcial Pons, 2009.

Palacios Mejía, Hugo. *El derecho de los servicios públicos*, Santa Fe de Bogotá, Derecho Vigente, 1999.

Parejo Alfonso, Luciano *et al. Manual de derecho administrativo*, vol. I, Barcelona, Ariel Derecho, 1998.

Parejo Alfonso, Luciano. "Estudio preliminar", en Magdalena Correa Henao. *Libertad de empresa en el Estado social de derecho*, Universidad Externado de Colombia, Bogotá, 2008.

Parejo Alfonso, Luciano. "El Estado social administrativo: algunas reflexiones sobre la crisis de las prestaciones y de los servicios públicos", *RAP*, n.º 153, septiembre-diciembre de 2000.

Parejo Alfonso, Luciano. "Estado social y Estado de bienestar a la luz del orden constitucional", en Santiago Muñoz Machado, José Luis García Delgado y Luis González Seara. *Las estructuras del bienestar: propuestas de reforma y nuevos horizontes*, Madrid, Once y Civitas, 2002.

Parejo Alfonso, Luciano. *Administrar y juzgar: dos funciones constitucionales distintas y complementarias*, Madrid, Tecnos, 1993.

Parejo Alfonso, Luciano. *Derecho administrativo*, Barcelona, Ariel Derecho, 2003.

Parejo Alfonso, Luciano. *El concepto del derecho administrativo*, Caracas, Editorial Jurídica Venezolana, 1984.

Parejo Alfonso, Luciano. *Estado social y administración pública. Los postulados constitucionales de la reforma administrativa*, Madrid, Civitas, 1983.

Pisier-Kouchner, Evelyne. *Le service public dans la théorie de L´état de León Duguit*, París, L.G.D.J., 1972.

Posada, Adolfo. "Estudio preliminar", en León Duguit. *Las transformaciones del derecho público*, Madrid, Librería Española y Extranjera Francisco Beltrán, 1926.

Restrepo Botero, Darío. "De la falacia neoliberal a la nueva política", en *La falacia neoliberal. Críticas y alternativas*, Bogotá, Universidad Nacional de Colombia, 2003.

Rodríguez de Santiago, José María. *La ponderación de bienes e intereses en el derecho administrativo*, Madrid, Marcial Pons, 2000.

Samuelson, Paul A. y Nordhaus, William D. *Economía*, Madrid, McGraw-Hill, 2002.

Sarmiento Palacio, Eduardo. *Alternativas a la encrucijada neoliberal*, Bogotá, ECOE Ediciones, Academia Colombiana de Ciencias Económicas, Editorial Escuela Colombiana de Ingeniería, 1998.

Schamis, Héctor. "La economía conservadora en América Latina y Europa occidental: orígenes políticos de la privatización", en Óscar Muñoz. *Después de las privatizaciones, el Estado regulador*, Santiago, Cieplan, 1993.

Sendín García, Miguel Ángel. *Hacia un servicio público europeo: el nuevo derecho de los servicios públicos*, Granada, Comares, 2003.

Sérvulo Correia, José Manuel. *Legalidade e autonomia contratual nos contratos administrativos*, Coimbra, Almedina, 2003.

Giannini, Massimo Severo. *Diritto pubblico dell'economia*, Il Mulino, 1995.

Stiglitz, Joseph E. *Los felices 90. La semilla de la destrucción*, Madrid, Santillana, 2005.

Teixeira do Amaral, Marcos Jordão. Privatização no Estado contemporâneo, São Paulo, Come Editora, 1996.

Villar Palasí, José Luís. "Concesiones administrativas", *Nueva Enciclopedia Jurídica*, t. IV, Barcelona, Editorial Francisco Seix, 1981.

Von Mises, *Ludwig. Política económica*, Buenos Aires, Librería el Ateneo Editorial, 1979.

PUBLICACIONES PERIÓDICAS Y CONTRIBUCIONES

Ariño Ortiz, Gaspar. "El retorno a lo privado: ante una nueva encrucijada histórica", en *Privatización y Liberalización de Servicios*, Madrid, Anuario de la Facultad de Derecho de la Universidad Autónoma de Madrid, n.º 3, 1999.

Ariño Ortiz, Gaspar. "La idea liberal y la reforma al Estado", *Cuenta y Razón*, n.º 6, 1982.

Cassagne, Juan Carlos. "Evolución de los principios aplicables a los servicios públicos y problemas actuales tras los proceso de privatización", *RAP*, n.º 157, 2002.

De la Quadra-Salcedo, Tomás. *Revista del Derecho de las Telecomunicaciones e Infraestructuras en Red* (*Redeti*), n.º 2, 1998.

Fernández-Miranda Campoamor, Alfonso. "El Estado social", *Revista Española de Derecho Constitucional*, n.º 69, 2003.

García de Enterría, Eduardo. "Cuatro maestros de París, una época del derecho administrativo", *REDA*, n.º 26, julio-septiembre de 1980.

Garrido Falla, Fernando. "¿Réquiem por el servicio público?", *Cuenta y Razón*, n.º 116, 2000.

González Sanfiel, Andrés M. "Libre competencia en la infraestructura demanial", *Revista del Derecho de las Telecomunicaciones e Infraestructuras en Red* (*Redeti*), n.º 4, 1999.

Hernández, Nicolás. "Privatizaciones: significado y razón de ser desde el punto de vista económico", en *Privatización y liberalización de servicios*, Madrid, Anuario de la Facultad de Derecho de la Universidad Autónoma de Madrid, n.º 3, 1999.

Malaret García, Elisenda. "Servicio público, actividad económica y competencia. ¿Presenta especificidades la esfera local?", *Revista de Estudios de la Administración Local*, n.º 291, enero-abril de 2003.

Martín Rebollo, Luis. "De nuevo sobre el servicio público: planteamientos ideológicos y funcionalidad técnica", *RAP*, n.º 100-102, 1983.

Martín Rebollo, Luis. "Sobre el nuevo concepto de servicio público en Europa y sus posibles implicaciones futuras", en UNAM, Acervo Biblioteca Jurídica Virtual, t IIJ, 2008.

Martínez López-Muñiz, José Luis. "Nuevo Sistema Conceptual", en *Privatización y Liberalización de Servicios*, Madrid, Anuario de la Facultad de Derecho de la Universidad Autónoma de Madrid, n.º 3, 1999.

Monereo Pérez, José Luis *et al.* "León Duguit (1859-1928): jurista de una sociedad en transformación", *Revista de Derecho Constitucional Europeo*, n.º 4, julio-diciembre de 2005.

Ossenbühl, Fritz. "Las libertades del empresario según la Ley Fundamental de Bonn", *Revista Española de Derecho Constitucional*, n.º 32, 1991.

Peset Reig, Mariano. "Notas para una interpretación de León Duguit", *Revista de Estudios Políticos*, n.º 157, 1968.

ROSA FERNANDA GÓMEZ GONZÁLEZ*

*La subsidiariedad del Estado en las actividades empresariales en Chile: ¿mito o realidad?***

Sumario: Introducción. I. Subsidiariedad y actividad empresarial. A. Fundamento constitucional. B. Regla general: el derecho a desarrollar actividades económicas: 1. Aspectos generales. 2. Regulación del derecho a desarrollar una actividad económica. C. Excepción: la actividad empresarial del Estado. II. Compatibilidad entre el Estado social de derecho y el principio de subsidiariedad. Conclusiones. Bibliografía.

INTRODUCCIÓN

El término subsidiariedad (*subsidium*) significa auxilio o ayuda[1], y es un principio relativamente moderno[2] que, no obstante, tiene antecedentes que se remontan a la Edad Media[3].

---

* Doctora en Derecho. Profesora de Derecho Administrativo de la Universidad de los Andes, Chile. Correo electrónico: rgomez@uandes.cl. ORCID: https://orcid.org/0000-0003-4769-6749.

** Esta investigación cuenta con el apoyo del Proyecto FONDECYT de Iniciación n.º 11230414 "Análisis dogmático de los mecanismos de protección de la legalidad urbanística en Chile", en *Revisión y sistematización de las medidas de prevención, restablecimiento de la legalidad y sanción*. Agradezco a Bernardo Carvajal por la invitación a participar en esta obra colectiva, así como también a Catalina Rojas quien, de manera crítica, tuvo la gentileza de revisar la versión inédita de este trabajo.

1 Eduardo Soto Kloss. *Derecho administrativo. Temas fundamentales*, Santiago, Editorial Legal Publishing, Abeledo Perrot, 2010, p. 67.

2 Según la doctrina, este principio surgió a partir de la encíclica "Rerum Novarum" (1981), y especialmente, de la encíclica "Quadragesimo anno" (1931), en la cual se sostuvo que "[...] es ilícito quitar a los particulares lo que con su propia iniciativa y propia industria pueden realizar, para entregarla a una comunidad, así también es injusto y al mismo tiempo de grave perjuicio y perturbación del recto orden social, confiar a una sola sociedad mayor y más elevada lo que pueden hacer y procurar comunidades menores e inferiores. Toda acción social debe, por su naturaleza, prestar auxilio a los miembros del cuerpo social, nunca absorberlos ni destruirlos". Posteriormente, en la encíclica "Centesimus Annus" (1991) se afirmaba que para conseguir ciertos fines sociales "[...] el Estado debe participar directa o indirectamente. Indirectamente y según el principio de subsidiariedad, creando las condiciones favorables al libre ejercicio de la actividad económica, encauzada hacia una oferta abundante de oportunidades de trabajo y de fuentes de riqueza. Directamente y según el principio de solidaridad, poniendo, en defensa de los más débiles, algunos límites a la autonomía de las partes

Dicho principio, que responde a la llamada cuestión social[4], se ha extendido a los ámbitos religioso, social, político y jurídico, hasta llegar a convertirse, según expone la doctrina, en un principio básico de corte filosófico y iusnaturalista[5].

Dicho principio ha sido tratado por filósofos, teólogos y juristas de diverso orden[6], quienes coinciden en afirmar que la subsidiariedad implica que el Estado asume el rol de proveedor de las condiciones externas esenciales, a partir de las cuales las personas, las familias y otras organizaciones alcanzan su desarrollo y contribuyen al bien común y al interés general. La subsidiariedad le impone al Estado un rol secundario y auxiliar, toda vez que reconoce que las personas y la sociedad en su conjunto están sobre él. Este principio está vinculado con la libertad[7] por cuanto propugna la autonomía y la determinación de las personas y los grupos intermedios, y entrega al Estado un rol secundario que debe protagonizar cuando la iniciativa privada sea deficiente o no exista.

---

que deciden las condiciones de trabajo, y asegurando en todo caso un mínimo vital al trabajador en paro". Al respecto cfr. Orlando Vignolo Cueva. La *dogmática del principio de subsidiariedad horizontal. Liberalización de sectores y el surgimiento de la administración pública regulatoria en Perú*, Lima, Editorial Palestra, 2019, pp. 48 y ss.

3 Augusto Quintana Benavides. "El principio de subsidiariedad", *Revista de Derecho Público*, Edición especial, Santiago, 2014, pp. 125 y ss.

4 Cfr. Ángel Boixareu Carrera. "El principio de subsidiariedad", *Revista de Instituciones Europeas*, vol. 21, n.º 3, 1994, pp. 771 y ss.

5 Néstor Pedro Sagüés. "Principio de subsidiariedad y principio de antisubsidiariedad", *Revista de Derecho Público*, n.º 39-40, Santiago, 1986, p. 61. Sobre los antecedentes, sistematización y datos del desarrollo jurídico del principio de subsidiariedad cfr. Orlando Vignolo Cueva. *La dogmática del principio de subsidiariedad horizontal...*, cit., pp. 43 y ss.

6 Alejandro Vigo. *Aristóteles: una introducción*, Santiago, Editorial Instituto de Estudios de la Sociedad, 2007, p. 216; Nicholas Aroney. "Subsidiarity in the Writings of Aristotle and Aquinas", en Michelle Evans y Augusto Zimmermann (eds.). *Global Perspectives on Subsidiarity*, Nueva York, Springer, 2014, p. 20; Andreas Føllesdal. "Subsidiarity and the Global Order", en Michelle Evans y Augusto Zimmermann (eds.). *Global Perspectives on Subsidiarity*, cit., p. 210.

7 Torsten Stein. "El principio de subsidiariedad en el Derecho de la Unión Europea", *Revista de Estudios Políticos*, n.º 90, 1995, p. 72.

Conforme con este principio, la sociedad reivindica para sí el derecho de la iniciativa privada (rol primario), con una intervención estatal restringida cuando el individuo no pueda llevar a cabo esos fines, asumiendo el Estado en forma subsidiaria las competencias que permitan el sostenimiento de las personas. En tal sentido, la doctrina ha sostenido que

> [...] aquello que los individuos particulares pueden hacer por sí mismos y con sus propias fuerzas no se les debe quitar y entregar a la comunidad; principio que tiene igual valor cuando se trata de sociedades o agrupaciones menores y de orden inferior respecto de las mayores y más elevadas. Porque toda actividad social es por naturaleza subsidiaria; debe servir de sostén a los miembros del cuerpo social, y no destruirlos y absorberlos[8].

De este principio se desprenden dos reglas:

– Desde un punto de vista negativo, restrictivo o abstencionista, el Estado se debe abstener de intervenir en aquellos casos en los cuales las personas son capaces de satisfacer sus propias necesidades[9]. Por tanto, el Estado no debe desempeñar roles que pueden realizar los individuos o

---

8 Eduardo Soto Kloss. "Consideraciones sobre los fundamentos del principio de subsidiariedad", *Revista de Derecho Público*, n.º 39-40, Santiago, 1986, pp. 39-40.

9 En ese sentido, la jurisprudencia constitucional ha señalado que la garantía del libre desarrollo de actividades económicas es una libertad o derecho de contenido negativo, es decir, cuya sustancia consiste en que los terceros (el Estado o cualquier otro sujeto) no interfieran, priven o embaracen la facultad del titular para desarrollar cualquier actividad económica que no sea contraria a la moral, el orden público o la seguridad nacional, por lo que este tipo de derecho no supone una obligación correlativa positiva de parte del Estado en orden a satisfacer la pretensión del titular del derecho. En otros términos, no se vulnera esta garantía en los casos en que su ejercicio supone la obtención previa de una concesión de la autoridad, si esta no la otorga por motivos legales. Por otra parte, el referido derecho no es absoluto, sino que reconoce limitaciones basadas en el respeto a la moral, el orden público y la seguridad nacional, así como a las normas legales que regulen su ejercicio. Cfr. Tribunal Constitucional. Sentencia del 2 de enero del 2007, Rol. n.º 513, considerandos 19 y 20. En el mismo sentido: Tribunal Constitucional. Sentencia del 18 de julio del 2017, Rol. n.º 3086, considerando 30.

grupos intermedios[10]. Esta libertad es relativa puesto que opera dentro del marco del bien común y del respeto de los derechos fundamentales[11].

– Por su parte, desde un punto de vista positivo, impone el deber de intervenir en aquellos casos en los cuales la satisfacción de necesidades no sea atendida por los particulares o lo sea de manera deficiente. En este caso, la subsidiariedad actúa como límite o tope a la actividad estatal conforme a la cual el desarrollo del Estado no puede atentar contra las competencias de los grupos intermedios o individuos[12], pero también opera como una "garantía de solidaridad" al imponer el deber al Estado de intervenir cuando sea necesario.

– Cabe agregar una tercera opción intermedia o ecléctica conforme a la cual la subsidiariedad es un mecanismo de distribución de competencias entre las actividades pública y privada. Se trata de una posición que busca equilibrar los excesos en los que pueda incurrir una actuación desmesurada en uno u otro sentido, la cual se puede resumir en la siguiente expresión "tanta libertad como sea posible, tanta autoridad como sea necesaria"[13].

Teniendo presente lo anterior, el objeto de esta investigación es analizar el rol que ha desempeñado el principio de subsidiariedad en el ordenamiento jurídico chileno, su estado actual y sus proyecciones en el contexto de la propuesta de nueva Constitución que actualmente se debate. En concreto, se sostiene que la aplicación de la vertiente negativa del principio (no intervención) ha jugado un rol gravitante en el desarrollo económico nacional, sin embargo, se advierte que la aplicación de dicho principio debe estar acompañada de una regulación que permita evitar los excesos

---

10 Néstor Pedro Sagüés. "Principio de subsidiariedad y principio de antisubsidiariedad", cit., p. 61. Posteriormente Juan Carlos Cassagne. "Reflexiones sobre el principio de subsidiariedad", en José Luis Lara e Ignacio de la Riva. *El principio de subsidiariedad y su impacto en el derecho administrativo*, Valencia, Tirant lo Blanch, 2023, p. 48.

11 Humberto Nogueira Alcalá. *Derechos fundamentales y garantías constitucionales*, 2.ª ed. actual., t. 4, *Constitución económica, derechos patrimoniales y amparo económico*, Santiago, Librotecnia, 2013, p. 27.

12 Ibíd., pp. 61 y 62.

13 Néstor Pedro Sagüés. "Principio de subsidiariedad y principio de antisubsidiariedad", cit., p. 61.

en que puedan incurrir los privados[14], en particular en aquellos casos en los cuales su actividad pueda implicar una vulneración de los derechos de las personas e imponer las sanciones por la infracción a dicho marco legal[15]. Asimismo, se sostiene que el desarrollo de la actividad empresarial por el Estado debe estar precedida de un análisis económico y normativo que determine su plausibilidad[16].

I. SUBSIDIARIEDAD Y ACTIVIDAD EMPRESARIAL

A. FUNDAMENTO CONSTITUCIONAL

En nuestro ordenamiento jurídico, el principio de subsidiariedad encuentra su fundamento en la autonomía de cada cuerpo o grupo asociativo para realizar sus fines propios y específicos, y así contribuir al bien de sus miembros y de todos aquellos con quienes se relaciona (art. 1.º inc. 3.º)[17]. Bajo tal contexto, cada grupo o entidad dentro de la sociedad debe respetar ese campo de acción propio de dichas agrupaciones no interfiriendo en su actividad, ni perturbando su accionar[18].

---

14 V.gr. atentados a la libre competencia. En nuestro ordenamiento el DL n.º 211 es una normativa que forma parte del orden público económico a que alude el artículo 19 numeral 21 de la CPR, y tiene como una de sus finalidades salvaguardar la libertad de todos los sujetos que participan en la actividad económica, en igualdad de condiciones, beneficiándose de este modo a toda la colectividad interesada en que se produzcan más y mejores bienes y servicios a precios más reducidos. Cfr. Tribunal Constitucional. Sentencia del 14 de noviembre de 2006, Rol. n.º 467, considerando 29.

15 Las sanciones constituyen una limitación a la actividad económica lícita de las personas y empresas que las desarrollan, por lo que es forzoso concluir que tales limitaciones deben estar contenidas, al menos en su descripción esencial, en preceptos legales, en virtud de lo establecido en el artículo 19, num. 21, CPR. Cfr. Tribunal Constitucional. Sentencia del 8 de agosto de 2005, Rol. n.º 479, considerandos 12 y 13.

16 Como en la actualidad ocurre con la propuesta de creación de una Empresa Nacional del Litio. Cfr. https://www.gob.cl/litioporchile/, consultada el 20 de mayo de 2023).

17 Gustavo Fiamma Olivares. "La acción constitucional de subsidiariedad", en José Luis Lara e Ignacio de la Riva. Ob. cit., pp. 447 y ss.

18 Eduardo Soto Kloss. *Derecho administrativo. Temas fundamentales*, cit., p. 70.

Si bien carece de una regulación expresa, el principio se desprende de diversos preceptos constitucionales[19] y se fundamenta en el reconocimiento de la libertad[20], y en el principio de primacía de la persona humana y de su dignidad.

La subsidiariedad ha sido considerada como un principio rector[21] que fundamenta las normas de orden público económico[22], que inspira la Constitución económica y el desarrollo por el Estado de actividades económicas (art. 19 num. 21 inc. 2.º)[23]. Dentro de la filosofía económica que se expresa

---

19 *V. gr.* artículo 1.º, inciso 3.º de la Constitución de 1980.

20 Pues de nada valdría la libertad si los ciudadanos no tienen la posibilidad real y concreta de ejercerla porque el Estado los suplanta en el ejercicio de alguna actividad; cfr. Juan Carlos Cassagne. *El principio de legalidad y el control judicial de la discrecionalidad administrativa*, 2.ª ed., Buenos Aires, Editorial de B de F, 2016, p. 246.

21 José Luis Cea. *Tratado de la Constitución de 1980*, Santiago, Editorial Jurídica de Chile, 1988, pp. 40 y 48; Jorge Reyes Riveros. "Los principios aplicables respecto al papel instrumental del Estado frente a los derechos y deberes de las personas", *Revista de Derecho Público*, n.º 57-58, Santiago, 1995, p. 159; Miguel Ángel Fernández González. "Objeto del objeto social de las empresas y organismos del Estado: jurisprudencia en el recurso de amparo económico", ponencia, Universidad de los Andes (inédito), Santiago, 2001, p. 11; Eugenio Evans Espiñeira. "El bien común en el ejercicio de algunos derechos fundamentales", *Revista Chilena de Derecho*, vol. 28, n.º 2, Santiago, 2001, p. 227.

22 El orden público económico es el conjunto de principios y normas jurídicas que organizan la economía de un país y facultan a la autoridad para regularla en armonía con los valores de la sociedad nacional formulados en la Constitución. Cfr. Tribunal Constitucional, Rol. n.º 207, considerando 72. En el mismo sentido, Tribunal Constitucional. Sentencia del 23 de diciembre de 2008, Rol. n.º 1144, considerando 66; sentencia del 26 de agosto de 2015, Rol. n.º 2698, considerando 26; sentencia del 26 de noviembre del 2019, Rol. n.º 6528, considerando 16; sentencia del 17 de mayo 2018, Rol. n.º 3630, considerando 17.

23 Alejandro Silva Bascuñán. *Tratado de Derecho constitucional*, t. IV, Santiago, Editorial Jurídica de Chile, 1997, p. 52; José Luis Cea. *Tratado de la Constitución de 1980*, Santiago, Editorial Jurídica de Chile, 1988, pp. 19, 40, 48, 81, 85, 161, 164 y 168; Enrique Evans de la Cuadra- *Los derechos constitucionales*, t. II, Santiago, Editorial Jurídica de Chile, 1986, p. 314; Raúl Bertelsen Repetto. "El Estado empresario en la Constitución de 1980", *Revista Chilena de Derecho*, vol. 14, n.º 1, Santiago, 1987, p. 123; Arturo Fermandois Voringhe. *Derecho constitucional económico*, Santiago, Ediciones Universidad Católica de Chile, 2001, autor que califica la subsidiaria como la finalidad de las

en la norma constitucional, excepcionalmente el Estado puede desarrollar actividades empresariales, autorizado por ley de cuórum calificado, siendo en todo caso la regla general que ellas queden entregadas a la acción de los particulares. Se trata, entonces, de una preceptiva que es consecuencia del principio de subsidiariedad, consagrado en la Carta Fundamental[24].

B. REGLA GENERAL: EL DERECHO A DESARROLLAR ACTIVIDADES ECONÓMICAS

1. ASPECTOS GENERALES

El artículo 19 numeral 21 inciso primero de la Constitución Política establece como un derecho la libertad para desarrollar actividades económicas, precisando que las únicas limitaciones son la moral, el orden público y la seguridad nacional[25], las cuales son taxativas y deben interpretarse en un sentido estricto o restrictivo. Según ha manifestado nuestro Tribunal Constitucional, este precepto es una expresión de los contenidos filosófico-jurídicos del Capítulo I de la Constitución Política, y viene a ser una consecuencia del principio de subsidiariedad, como también del deber del Estado de resguardar el derecho de las personas a participar con igualdad de oportunidades en la vida nacional[26].

---

normas sobre el estado empresario; Eduardo Soto Kloss. "La actividad económica en la Constitución política de la República de Chile", *Ius Publicum*, n.º 2, Santiago, 1999, p. 120; Iván Aróstica Maldonado. *Derecho Administrativo Económico*, Lima, Universidad Santo Tomás, 2001, p.149; José Luis Zavala Ortiz y Joaquín Morales Godoy. *Derecho económico*, Santiago, Editorial LexisNexis, 2005, p. 15, entre otros.

24 Tribunal Constitucional. Sentencia del 14 de noviembre 2006, Rol. n.º 467, considerando 14, y sentencia del 14 de noviembre de 2006, Rol. n.º 1732-6, considerando 38.

25 Eduardo Aldunate Lizana. *Constitución Política de la República de Chile. Doctrina y jurisprudencia*, t. I, Santiago, Editorial Puntolex Thomson Reuter, 2009, pp. 318 y ss.

26 Tribunal Constitucional. Sentencia Rol. n.º 146, considerando 8; en el mismo sentido, STC Rol. n.º 167 considerando 98; sentencia del 14 de mayo de 2019, Rol. n.º 5172, considerando 16; sentencia del 30 de mayo del 2019, Rol. n.º 4901, considerando 21; sentencia del 25 de junio de 2019, Rol. n.º 4313, considerando 24, entre otros.

El derecho a desarrollar cualquier actividad económica significa que toda persona, sea natural o jurídica, tiene la facultad de iniciar y mantener con libertad cualquier actividad lucrativa en las diversas esferas de la vida económica, garantizando, por consiguiente, la norma constitucional, entre otras, la realización de actividades productivas, de servicios y de comercialización de todo tipo de bienes, bajo dos grandes condiciones: la primera, que la actividad a realizar no sea considerada en sí misma ilícita, y lo son sólo las que la propia Constitución menciona genéricamente, esto es, las contrarias a la moral, al orden público y a la seguridad nacional; y la segunda, que la actividad económica se ajuste a las normas legales que la regulen[27].

El referido precepto ha dado lugar al debate entre quienes son proclives a la libertad empresarial y quienes optan por la regulación e intervención estatal[28]. Según la doctrina, esta norma asigna un rol prioritario al sector privado y, además, refleja el rol subsidiario del Estado, el cual desempeña en nuestro ordenamiento una función supletoria o residual respecto de la actividad empresarial privada[29].

2. REGULACIÓN DEL DERECHO A DESARROLLAR UNA ACTIVIDAD ECONÓMICA

Todo precepto que establezca un deber para quien ejerce el derecho a desarrollar una actividad económica sujeta ese ejercicio a una regulación, toda vez que quien desarrolle la actividad no será libre para ejercerla del modo que le plazca, sino que debe hacerlo del modo en que ella ha quedado

---

27 Tribunal Constitucional. Sentencia Rol. n.º 280 considerando 22; sentencia del 3 de diciembre del 2019, Rol. n.º 5353, considerando 19; sentencia del 3 de diciembre del 1029, Rol. n.º 5776, considerando 19, entre otras.

28 José Luis Cea Egaña. *Derecho Constitucional Chileno*, t. III, *Derechos, deberes y garantías*, Santiago, Universidad Católica de Chile, 2004, p. 485.

29 Eduardo Aldunate Lizana. *Constitución Política de la República de Chile. Doctrina y jurisprudencia*, t. I, cit., p. 318 y José Luis Cea Egaña. *Derecho constitucional chileno*, t. III, cit., p. 486.

regulada[30]. Por tanto, el derecho del artículo 19 numeral 21 de la CPR no está concebido en términos absolutos, sino que el propio constituyente se encargó de advertir que el libre emprendimiento de actividades económicas está supeditado a la observancia de las normas legales que regulen la respectiva actividad.

Ahora bien, la regulación legal de la garantía no puede jamás interpretarse en el sentido de que se impida el libre ejercicio del derecho. Si bien al regular se pueden establecer limitaciones y restricciones, estas deben ordenarse por ley y no mediante normas de carácter administrativo. No se puede entender en otro sentido la expresión "las normas legales que la regulen", pues ello significaría violentar no sólo las claras normas del numeral 21 del artículo 19, sino que, también, sería aceptar que el administrador puede regular el ejercicio de los derechos constitucionales sin estar autorizado por la Constitución[31]. En suma, no es posible, a través de reglamentos, establecer restricciones y/o prohibiciones totales o parciales a la actividad económica.

La Constitución quiere fomentar o promover la iniciativa privada, objetivo que sería irrealizable si el legislador estuviera facultado para dictar normas que entrabaran dicha iniciativa. Esto, porque regular se refiere a dictar normas que permitan el libre pero ordenado ejercicio de un derecho, sin impedirlo, prohibirlo, obstaculizarlo, ni hacer que su goce o disfrute resulte oneroso, azaroso o difícil. Lo anterior no constituye una interdicción para el legislador en orden a no imponer ningún tipo de carga o gravamen al desarrollo de cualquier actividad económica, sino su deber de hacerlo

---

30 Así, quien desarrolle una actividad de generación, transporte o distribución eléctrica debe hacerlo de manera "interconectada" y "coordinada", según lo regula la ley respectiva, bajo amenaza de las sanciones que la ley habilita aplicar a la Superintendencia de Electricidad y Combustibles: STC Rol. n.º 480 considerando 8. Lo mismo acontece con el giro comercial de las agencias de turismo hace el artículo 43 de la Ley de Protección al Consumidor, cfr. Tribunal Constitucional. Sentencia del 13 de mayo de 2008, Rol. n.º 980, considerando 13.

31 STC Rol. n.º 146 considerando 9. En el mismo sentido, STC Rol. n.º 167 considerandos 12 y 14 y 226 considerando 43.

siempre con el propósito de posibilitar su recto desarrollo en armonía con otros derechos e intereses protegidos por la Constitución[32].

La regulación legal de toda actividad económica, y las modificaciones que se introduzcan en el futuro, debe necesariamente armonizarse con el marco fundamental y obligatorio consagrado en la Constitución y, consiguientemente, respetar y conciliarse en forma precisa y atenta con los derechos que la misma Constitución asegura a todas las personas. Por lo mismo, una pretendida regulación de una actividad económica debe tener presente los derechos legítimamente adquiridos por las personas al amparo de la norma vigente al momento de su adquisición[33]. Acto seguido, cabe señalar que si bien la tendencia en nuestro ordenamiento ha sido considerar esa libertad como un imperativo irrefutable frente a la actividad empresarial del Estado, en la práctica se advierte que los privados han marcado la pauta, mientras que el Estado ha ejercido un rol secundario, aunque en sectores que no necesariamente se encuentran abandonados por los privados o que son prestados de modo deficiente por los particulares, como acontece en materia de correos, televisión o servicios sanitarios. Ello da cuenta de que es posible sostener una coexistencia entre la actividad empresarial pública y privada.

C. EXCEPCIÓN: LA ACTIVIDAD EMPRESARIAL DEL ESTADO

La carta fundamental permite que excepcionalmente el Estado pueda desarrollar actividades económicas en la medida en que medie una autorización por ley de cuórum calificado[34]. Una vez autorizado el Estado para desarrollar determinada actividad económica, el constituyente ha dejado claramente

---

32 STC Rol. n.º 146 considerando 9. En el mismo sentido, Tribunal Constitucional. Sentencia Rol. n.º 167 considerando 14; sentencia del 26 de enero de 2015, Rol. n.º 2643, considerando 16; sentencia del 27 de enero del 2015, Rol. n.º 2644, considerando 16; sentencia del 3 de diciembre del 2019, Rol. n.º 5353, considerando 20; sentencia del 3 de diciembre de 2019, Rol. n.º 5776, considerando 20.

33 Tribunal Constitucional. Sentencia Rol. n.º 207 considerandos 68 y 69. En el mismo sentido, Tribunal Constitucional. Sentencia del 26 de enero de 2015, Rol. n.º 2643, considerando 16, y sentencia del 27 de enero de 2015, Rol. n.º 2644, considerando 16.

34 Iván Aróstica Maldonado. "Empresas públicas y sociedades del Estado", en *Derecho*

establecido que pasa ser un particular más, debiendo, por tanto, sujetarse a la legislación común que regula la materia en cuestión[35], careciendo de privilegio alguno a menos que así expresamente lo establezca la propia ley de cuórum calificado, y siempre y cuando existan motivos justificados para ello y compitiendo en las mismas condiciones que los demás agentes económicos que participan en el mercado[36].

La intención de esta norma es que cada vez que el Estado quiera ejercer actividades empresariales tiene que hacerlo bajo la forma de empresas creadas por ley de cuórum calificado y que se rijan por el derecho común, por lo que, en consecuencia, no pueden ejercer potestades públicas[37]. Según manifiesta la jurisprudencia, el principio de subsidiariedad no se opone a la participación del Estado en actividades económicas, pero condiciona su intervención a una ley especial (de cuórum calificado) que las autorice[38].

Lo anterior se traduce en que los particulares tendrán una intervención preferente en el desarrollo de las actividades económicas, reservando para

---

Administrativo Económico. Libre iniciativa privada y actividad empresarial del Estado, Santiago, Escuela de Derecho Universidad Santo Tomás, 2001, pp. 108 y ss.

35 Al respecto, la doctrina ha señalado que "De acuerdo con la Constitución, la actividad empresarial del Estado queda sujeta a la 'legislación común aplicable a los particulares', lo cual significa que forman parte de ella las interpretaciones que los órganos competentes realizan con respecto a la extensión o restricción del giro social de quienes ejercen actividades empresariales. Las prácticas –lícitas, ciertamente– que son fundamentales en cualquier actividad comercial también son parte de lo que la legislación admite, y han de beneficiar también al Estado. Sujetar la actividad empresarial del Estado a la legislación común aplicable a los particulares importa que aquel queda en una posición de igualdad en la ley y ante la ley con respecto a estos: mismas disposiciones, misma interpretación ante hechos relevantemente similares. Por lo mismo, cuando se propone que el giro debe interpretarse de manera restrictiva, se trata de una excepción en la que se deja al Estado en una posición de antemano desmejorada, sin que exista una ley de cuórum calificado que la autorice". Pablo Soto Delgado. "La deformación del principio de especialidad de la empresa pública y su imposible fundamentación en el principio de subsidiariedad", *Revista Chilena de Derecho*, vol. 48, n.º 1, Santiago, 2021.

36 Tribunal Constitucional. Sentencia del 14 de noviembre del 2006, Rol. n.º 467, considerando 53.

37 Ibíd. Sentencia 80, considerandos 12 y 13.

38 Ibíd. Sentencia del 25 de mayo de 1993, Rol. n.º 29.728, considerando 9.

el Estado un rol subsidiario[39]. Luego, la exigencia de la ley de cuórum calificado no es aplicable a la privatización de una empresa pública. Al efecto, un precepto que establece los plazos y forma en que debe privatizarse una empresa pública no tiene el carácter de ley de cuórum calificado, pues no existe ninguna disposición constitucional que lo exija; a diferencia del artículo 19, numeral 21 CPR que lo ordena para el desarrollo de actividades empresariales por parte del Estado[40]. Para la doctrina la actividad del Estado es una forma de satisfacción de las necesidades públicas de un modo directo por la Administración, la cual se desarrolla de forma concurrente con los particulares sin limitar la iniciativa privada[41].

Las manifestaciones de esta habilitación excepcional en nuestro ordenamiento jurídico se extienden a diversas actividades prestadas por los particulares, de modo que la empresas o ciudad estatal se convierte en otro actor más del mercado.

CUADRO 1. LISTADO DE EMPRESAS PÚBLICAS Y SOCIEDADES DEL ESTADO

Empresa	Ley y año de creación	Tipo	Sector
Empresa Portuaria Chacabuco	Ley 19.542 (1997), Modernización del Sector Portuario Estatal	Empresa pública	Portuario
Televisión Nacional de Chile (TVN)	Ley 19.132 (1992), Crea Empresa Televisión Nacional de Chile	Empresa pública	Comunicaciones
Empresa Portuaria Iquique	Ley 19.542 (1997), Modernización del Sector Portuario Estatal	Empresa pública	Portuario
Empresa Portuaria Talcahuano San Vicente	Ley 19.542 (1997), Modernización del Sector Portuario Estatal	Empresa pública	Portuario

39 Corte Suprema. Sentencia del 4 de julio de 1995, Rol. n.º 2.798-1995, considerando 5; sentencia del 27 de noviembre de 1998, Rol. n.º 3817-1998, considerando 3; sentencia del 4 de noviembre de 2003, Rol. n.º 4316, considerando 2.

40 Tribunal Constitucional. Sentencia 134 considerando 5.

41 Gladys Camacho Cepeda. *Tratado derecho administrativo. La actividad sustancial de la administración del Estado*, t. IV, Santiago, Editorial Abeledo Perrot, Legal Publishing, 2010, p. 401.

Empresa	Ley y año de creación	Tipo	Sector
Empresa Portuaria Valparaíso	Ley 19.542 (1997), Modernización del Sector Portuario Estatal	Empresa pública	Portuario
Empresa Portuaria Arica	Ley 19.542 (1997), Modernización del Sector Portuario Estatal.	Empresa pública	Portuario
Empresa de Correos de Chile	D.F.L. n.º 10 de (1981), crea la Empresa de Correos de Chile, dispone la constitución de Telex Chile Comunicaciones Telegráficas S.A. y pone término a la existencia legal del servicio de correos y telégrafos a partir de la fecha que indica.	Empresa pública	Servicios
Empresa Portuaria Antofagasta	Ley 19.542 (1997), Modernización del Sector Portuario Estatal.	Empresa pública	Portuario
Empresa Portuaria Puerto Montt	Ley 19.542 (1997), Modernización del Sector Portuario Estatal.	Empresa pública	Portuario
Astilleros y Maestranzas de la Armada	Ley 18.296 (1984), Ley Orgánica de los Astilleros y Maestranzas de la Armada.	Empresa pública	Manufactura
Banco del Estado de Chile	D.F.L n.º 126 (1953), que crea el Banco del Estado de Chile, formado por la fusión de las entidades que detalla. El Decreto Ley 2079 (1977) fija el texto de la Ley Orgánica del Banco del Estado de Chile.	Empresa pública	Financiero
Empresa Nacional del Petróleo (ENAP)	Ley 9.618 (1950), que crea la Empresa Nacional del Petróleo (D.F.L 1 (1986), fija el texto refundido, coordinado y sistematizado de la Ley n.º 9.618, que crea la Empresa Nacional del Petróleo).	Empresa pública	Minero
Empresa Portuaria Coquimbo	Ley 19.542 (1997), Modernización del Sector Portuario Estatal.	Empresa pública	Portuario
Empresa de Ferrocarriles del Estado (EFE)	D.F.L n.º 1 (1993), que fija texto refundido, coordinado y sistematizado de la Ley Orgánica de la Empresa de los Ferrocarriles del Estado.	Empresa pública	Transporte
Empresa Portuaria San Antonio	Ley 19.542 (1997), Modernización del Sector Portuario Estatal.	Empresa pública	Portuario
Empresa Nacional de Minería (ENAMI)	D.F.L 153 (1960), Crea la Empresa Nacional de Minería.	Empresa pública	Minero

Empresa	Ley y año de creación	Tipo	Sector
Fábricas y Maestranzas del Ejército	Decreto 375 fija texto refundido, coordinado y sistematizado del D.F.L 223, de 1953, ley Orgánica de las Fábricas y Maestranzas del Ejército.	Empresa pública	Manufactura
Empresa Portuaria Austral	Ley 19.542 (1997), Modernización del Sector Portuario Estatal.	Empresa pública	Portuario
Corporación Nacional del Cobre de Chile (CODELCO)	Decreto Ley 1350 (1976), crea la Corporación Nacional del Cobre de Chile.	Empresa pública	Minero
Empresa Nacional de Aeronáutica de Chile	Ley 18297 (1984), Ley Orgánica de la Empresa Nacional de Aeronáutica de Chile.	Empresa pública	Manufactura
Empresa Nacional del Carbón S.A.	Decreto Ley 931 (1975), autoriza la integración de las compañías carboníferas que indica.	Sociedad	Minería
Polla Chilena de Beneficencia S.A.	Ley 18851, Transforma a la Empresa del Estado Polla Chilena de Beneficencia en Sociedad Anónima.	Sociedad	Servicios
Comercializadora de Trigo S.A. (COTRISA)	Marco normativo .	Sociedad	Servicios
Zofri S.A.	D.F.L n.º 2 (2001) aprueba el texto refundido, coordinado y sistematizado del decreto con fuerza de ley n.º 341de 1977, del Ministerio de Hacienda, sobre zonas francas.	Sociedad	Comercio
Metro S.A.	Ley 18.772 (1989), Establece normas para transformar la Dirección General de Metro en Sociedad Anónima.	Sociedad	Transporte
Sociedad Agrícola y Servicios Isla de Pascua Limitada (SASIPA)	Ley 19293 (1994), autoriza a Sociedad Agrícola y Servicios Isla de Pascua Limitada para desarrollar actividades que señala, y modifica decreto con fuerza de ley n.º 382, de 1988. Marco normativo	Sociedad	Servicios
Empresa Concesionaria de Servicios Sanitarios (ECONSSA)	Marco normativo	Sociedad	Servicios

Empresa	Ley y año de creación	Tipo	Sector
Casa de Moneda de Chile	Ley n.º 20.309 (2008), Transforma Casa de Moneda de Chile en Sociedad Anónima.	Sociedad	Manufactura
Empresa de Servicios Sanitarios Lago Peñuelas S.A.		Sociedad	Servicios
Sociedad Agrícola Sacor Spa	Marco normativo.	Sociedad	Agrícola

Fuente: elaboración propia.

En suma, en nuestro ordenamiento el principio de subsidiariedad, en su vertiente negativa, ha ejercicio un rol protagónico en el desarrollo de la actividad empresarial. Por contrapartida, el rol del Estado ha sido secundario y sumamente limitado. Ahora bien, la dinámica del principio se rompe desde que la actividad económica que desarrolla el Estado a través de sus empresas públicas y sociedades no es de aquellas que los particulares no quieren desarrollar o que ejecutan de modo deficiente, sino que se advierte más bien una coexistencia de actividades (correos, televisión, explotación de recursos naturales, entre otros).

II. COMPATIBILIDAD ENTRE EL ESTADO SOCIAL DE DERECHO Y EL PRINCIPIO DE SUBSIDIARIEDAD

Al efecto cabe señalar que el principio de subsidiariedad es tributario del momento histórico y cronológico en el cual se regula, esto es, se trata de un principio flexible y relativo. Por ello la doctrina ha manifestado que la idea de subsidiariedad es expansiva: se extiende en órdenes tan diversos como el estatal social, el económico, el político o el religioso; pero, atendiendo que se trata de un principio genérico, flexible y sumamente dúctil, no funciona como un dogma[42]. Por tanto, es posible sostener que puede ser objeto de una interpretación o aplicación progresiva.

---

42 Néstor Pedro Sagüés. "Principio de subsidiariedad y principio de antisubsidiariedad", cit., p. 65.

Si bien, la Carta fundamental de 1980 estableció implícitamente el principio de subsidiariedad a través de diversos preceptos constitucionales que se orientan en tal sentido, cabe manifestar que con los años se han definido los contornos y se ha puesto de relieve que el Estado debe mantener una actitud de permanente medición del desenvolvimiento de los individuos y grupos intermedios, puesto que las dinámicas que allí se generan dependen de múltiples factores, por ejemplo, sociales, económicos, materiales, especialización eficiencia, y la dimensión del servicio en cuestión (educación, salud, electricidad, aguas, telecomunicaciones, etc.), mutables en el tiempo[43].

Por ello resultan admisibles siempre que se susciten alternativas diversas en la aplicación de la subsidiariedad. En otros términos, es posible sostener que la subsidiariedad nos permite entregar una pluralidad de opciones, algunas muchas veces contrapuestas entre sí; sin embargo, dicha dinámica permite responder a las necesidades coyunturales de cada sociedad. De ahí que contar con una multiplicidad de opciones no es sinónimo de deficiencia del principio. Esta dinámica ha dado lugar a una relación público-privada llena de matices, un ecosistema de relaciones entre actores estatales y particulares. Así, empresas públicas se han convertido en privadas (Soquimich), han coexistido prestadores públicos y privados de servicios (v.gr. empresas sanitarias), o se ha permitido la conversión de servicios públicos en sociedades estatales (Casa de Moneda de Chile). Ahora bien, las dinámicas de este ejercicio pueden calificarse de legítimas e ilegítimas, lo cual tendrá que ser valorado conforme a un análisis riguroso de la realidad local y su proyección futura.

En ese sentido, Sagüés ha señalado que:

---

43 Ibíd., p. 69. Para el autor, "[...] la idea de subsidiariedad exige un rol activo del Estado, por ejemplo, en la tarea de coordinar, orientar, fomentar, estimular, vigilar integrar la vida económica del país, y también de suplirla, cuando la actividad privada no cumpla bien (o no deba cumplir) cierta función. Incluso, el Estado tiene que asumir el papel de propietario, en relación a bienes de servicios que 'llevan consigo un poder económico tal, que no es posible dejarlo en manos de personas privadas sin peligro del bien común'".

> Si un grupo político ignora la realidad local y pretende reasignarle inmotivadamente al Estado una función que este ha desempeñado crónicamente mal, y que los particulares podrían ejecutar mucho mejor, sin violar los demás ingredientes del bien común, el grupo está ofreciendo una alternativa inapropiada del principio de subsidiariedad. Del mismo modo, si alguien postula el traspaso a particulares de una empresa estatal que funciona correctamente, o que es necesario reservar al manejo del poder político público (v.gr. por razones fundamentales de seguridad nacional), esa proposición, dolosa o negligentemente articulada, implica una malversación del principio de subsidiariedad[44].

Para el mismo autor una forma de diferenciar las opciones legítimas de las ilegítimas es observar si la decisión se funda en "[...] intereses sectoriales (económicos o de otra índole), motivaciones demagógicas o electoralistas, prejuicios ideológicos, falta de valor cívico, terquedad o depresión intelectual, etc."[45], lo que desnaturaliza la idea de subsidiariedad.

En suma, la subsidiariedad y la actividad empresarial no son una cuestión de blancos y negros con bases inmutables, sino que se encuentra fuertemente influenciada por el contexto social, económico y político de una sociedad en tiempo y espacio determinado, lo cual permite sostener la compatibilidad entre un Estado social de derecho con el principio de subsidiariedad.

CONCLUSIONES

El principio de subsidiariedad se encuentra recogido implícitamente en la Carta fundamental de nuestro ordenamiento jurídico, y una de sus manifestaciones más importantes es la libertad privada en materia empresarial, lo cual ha dado lugar a un profuso desarrollo económico en Chile, dejando reducida o circunscrita la intervención del Estado a un papel residual y secundario.

Esta concepción negativa del principio de subsidiariedad debe ser matizada por cuanto, en la práctica, la participación del Estado ha estado

44 Ibíd., pp. 67 y 68.

45 Ibíd., pp. 70 y 71.

presente en actividades que mantienen un alto interés privado, o en áreas en las que su ejecución no ha sido deficiente, como ocurre con el sector del cobre, los correos o la televisión, lo cual da cuenta de que la idea de subsidiariedad no responde a una forma única (vertiente negativa o positiva), sino más bien a un *composium* que dependerá de la situación concreta de una sociedad en un tiempo determinado.

Esta fórmula exige un rol activo del Estado en orden a vigilar, guiar, orientar y ayudar a las personas y grupos intermedios a satisfacer sus necesidades. En otros términos, no se trata de un mero "dejar hacer", sino de un "hacer regulado, activo y observador", respetuoso de los demás valores y principios del ordenamiento, por lo que el Estado debe asumir múltiples roles, pero supeditados a las exigencias derivadas de la satisfacción del bien común (orden, paz libertad, seguridad cooperación, solidaridad, justicia, entre otros), los cuales deben graduar el campo de acción de los particulares y el Estado según el momento histórico y las características de la comunidad política, esquema que también debe considerar razones de otra índole, como las de carácter material y social, las de eficiencia y magnitud de la actividad, etc. En definitiva, es un hecho que en Chile el principio de subsidiariedad en materia empresarial ha marcado la pauta desde su establecimiento en la Constitución de 1980; sin embargo, cabe desmitificar que los particulares han desarrollado todas las actividades de modo exclusivo y autónomo, por cuanto existen algunos ejemplos de actividades que se desarrollan tanto por particulares como por el Estado, o de actividades privadas intensamente reguladas.

No obstante, se trata de un tema que se debe revisitar, por cuanto, en atención a la realidad actual, su consagración originaria es susceptible de algunos ajustes, especialmente atendiendo a la coyuntura constitucional en la que estamos insertos. Para ello se debe considerar que el principio no ofrece una única vía, sino que tiene la potencialidad de presentar múltiples opciones legítimas.

BIBLIOGRAFÍA

Aróstica Maldonado, Iván. "Empresas públicas y sociedades del Estado", en *Derecho Administrativo Económico. Libre iniciativa privada y actividad empresarial del Estado*, Santiago, Escuela de Derecho Universidad Santo Tomás, 2001, pp. 99-119.

Aldunate Lizana, Eduardo. *Constitución Política de la República de Chile. Doctrina y jurisprudencia*, t. I, Santiago, Editorial Puntolex Thomson Reuter, 2009.

Aroney, Nicholas. "Subsidiarity in the Writings of Aristotle and Aquinas", en Michelle Evans y Augusto Zimmermann (eds.). *Global Perspectives on Subsidiarity*, Nueva York, Springer, 2014.

Bertelsen Repetto, Raúl. "El Estado empresario en la Constitución de 1980", *Revista Chilena de Derecho*, vol. 14, n.º 1, Santiago, 1987.

Boixareu Carrera, Ángel. "El principio de subsidiariedad", *Revista de Instituciones Europeas*, vol. 21, n.º 3, 1994, pp. 771-808.

Cassagne, Juan Carlos. *El principio de legalidad y el control judicial de la discrecionalidad administrativa*, 2.ª ed., Buenos Aires, Editorial de B de F, 2016.

Cassagne, Juan Carlos. "Reflexiones sobre el principio de subsidiariedad", en José Luis Lara e Ignacio de la Riva. *El principio de subsidiariedad y su impacto en el derecho administrativo*, Valencia, Tirant lo Blanch, 2023, pp. 47-51.

Camacho Cepeda, Gladys. *Tratado derecho administrativo. La actividad sustancial de la administración del Estado*, t. IV, Santiago, Editorial Abeledo Perrot, Legal Publishing, 2010.

Cea Egaña, José Luis. *Tratado de la Constitución de 1980*, Santiago, Editorial Jurídica de Chile, 1988.

Cea Egaña, José Luis. *Derecho Constitucional Chileno*, t. III, *Derechos, deberes y garantías*, Santiago, Universidad Católica de Chile, 2004.

Covarrubias Cuevas, Ignacio. "Subsidiariedad y Estado empresario. Análisis crítico de la jurisprudencia más relevante", *Revista de Derecho Público*, vol. 66, Santiago, 2004, pp. 251-272.

Evans Espiñeira, Eugenio, "El bien común en el ejercicio de algunos derechos fundamentales", *Revista Chilena de Derecho*, vol. 28, n.º 2, Santiago, 2001.

Evans de la Cuadra, Enrique. *Los derechos constitucionales*, t. II, Santiago, Editorial Jurídica de Chile, 1986.

Fermandois Voringhe, Arturo. *Derecho constitucional económico*, Santiago, Ediciones Universidad Católica de Chile, 2001.

Fernández González, Miguel Ángel. "Objeto del objeto social de las empresas y organismos del Estado: jurisprudencia en el recurso de amparo económico", Ponencia, Universidad de los Andes (inédito), Santiago, 2001.

Fiamma Olivares, Gustavo. "La acción constitucional de subsidiariedad", en José Luis Lara e Ignacio de la Riva. *El principio de subsidiariedad y su impacto en el derecho administrativo*, Valencia, Tirant lo Blanch, 2023, pp. 445-459.

Føllesdal, Andreas. "Subsidiarity and the Global Order", en Michelle Evans y Augusto Zimmermann (eds.). *Global Perspectives on Subsidiarity*, Nueva York, Springer, 2014.

Lara, José Luis e Ignacio de la Riva. *El principio de subsidiariedad y su impacto en el derecho administrativo*, Valencia, Tirant lo Blanch, 2023.

Nogueira Alcalá, Humberto. *Derechos fundamentales y garantías constitucionales*, 2.ª ed. act., t. 4, *Constitución económica, derechos patrimoniales y amparo económico*, Santiago, Librotecnia, 2013.

Quintana Benavides, Augusto. "El principio de subsidiariedad", *Revista de Derecho Público*, *Edición Especial*, Santiago, 2014.

Reyes Riveros, Jorge. "Los principios aplicables respecto al papel instrumental del Estado frente a los derechos y deberes de las personas", *Revista de Derecho Público*, n.º 57-58, Santiago, 1995.

Sagüés, Néstor Pedro. "Principio de subsidiariedad y principio de antisubsidiariedad", *Revista de Derecho Público*, n.º 39-40, Santiago, 1986.

Silva Bascuñán, Alejandro. *Tratado derecho constitucional*, t. IV, Santiago, Editorial Jurídica de Chile, 1997.

Soto Delgado, Pablo. "La deformación del principio de especialidad de la empresa pública y su imposible fundamentación en el principio de subsidiariedad", *Revista Chilena de Derecho*, vol. 48, n.º 1, Santiago, 2021.

Soto Kloss. Eduardo. "La actividad económica en la Constitución política de la República de Chile", *Ius Publicum*, n.º 2, Santiago, 1999.

Soto Kloss. Eduardo. *Derecho administrativo temas fundamentales*, Santiago, Editorial Legal Publishing, Abeledo Perrot, 2010.

Soto Kloss. Eduardo. "Consideraciones sobre los fundamentos del principio de subsidiariedad", *Revista de Derecho Público*, n.º 39-40, Santiago, 1986.

Stein, Torsten. "El principio de subsidiariedad en el Derecho de la Unión Europea", *Revista de Estudios Políticos*, n.º 90, 1995, pp. 69-84.

Vignolo Cueva, Orlando. *La dogmática del principio de subsidiariedad horizontal. Liberalización de sectores y el surgimiento de la administración pública regulatoria en Perú*, Lima, Editorial Palestra, 2019.

Vigo, Alejandro. *Aristóteles: una introducción*, Santiago, Editorial Instituto de Estudios de la Sociedad, 2007.

Zavala Ortiz, José Luis y Joaquín Morales Godoy. *Derecho económico*, Santiago, Editorial LexisNexis, 2005.

PAULA ROBLEDO SILVA*

La intervención de las entidades territoriales en la economía: consideraciones en torno a su habilitación constitucional

Sumario: Introducción. I. La intervención del Estado en la economía: el Estado Unitario *vs.* el principio de autonomía territorial. II. Las competencias territoriales en materia económica (locales –municipales y distritales– y departamentales): una manifestación de la autonomía territorial. Conclusiones. Bibliografía.

INTRODUCCIÓN

La discusión en torno a la intervención de los Estados en la economía no es nueva. Ya desde el siglo XVIII, mucho antes del surgimiento de nuestros Estados latinoamericanos, grandes pensadores como Adam Smith y David Ricardo intentaban explicar de alguna forma el papel estatal en el mercado y en la economía[1]. Así, por ejemplo, el primero acogía la máxima de *laissez faire-laissez passer*, y algunos autores como Samuels y Medema recalcan que también hablaba sobre el rol que debía desempeñar el gobierno en procurar el funcionamiento del mercado, al menos, con la protección de "la sociedad de la violencia y las invasiones extranjeras, administración de justicia y erigir y mantener ciertas instituciones públicas y obras públicas"[2]. Por su parte, Ricardo, como férreo defensor del libre mercado, abogaba por la no intervención legislativa para garantizar la libre importación de bienes[3].

Pero lo cierto es que del siglo XVIII a la fecha el debate se ha mantenido vigente, entre otras cosas, por los cambios que han experimentado, tanto la economía, como los modelos estatales. En ese sentido, hoy existen factores que difícilmente podrían tener cabida en el pensamiento clásico y que

---

* Docente investigadora de los Departamentos de Derecho Administrativo y Derecho Constitucional de la Universidad Externado de Colombia. Doctora en Derecho Constitucional por la Universidad de Valladolid, España. Mail: paula.robledo@uexternado.edu.co; ORCID: https://orcid.org/0000-0002-7950-5233.

1 Adam Smith. *La riqueza de las Naciones*, Amazon Digital Services, 2020; David Ricardo. *Principios de Economía Política y Tributación*, Madrid, Pirámide, 2003.

2 Warren Samuels y Steven Medema. "Freeing Smith from the Free Market: On the Misperception of Adam Smith on the Economic Role of Government", *History of Political Economy*, 37, 2, 2005, pp. 219-226, citados en Juanita Villaveces Niño. "Estado y mercado en los clásicos: Smith y Ricardo", *Economía*, 9, 2006, p. 6.

3 Juanita Villaveces Niño. "Estado y mercado en los clásicos...", cit., p. 5.

llevan, por supuesto, a tener que volver sobre dichas discusiones. Buenos ejemplos de ello son la evolución de las dinámicas del mercado, en cuanto a actores y estrategias; como también la diversificación de las formas de Estado[4]. De allí que las formas y los límites para la intervención de los Estados en la economía varíen, dependiendo de si se trata de un Estado unitario y centralizado, un sistema federal, o un modelo híbrido, en el que se reconoce la unidad, pero junto a la autonomía y/o a la descentralización.

El caso de Colombia es ejemplo de un Estado definido constitucionalmente como unitario, en el que también rigen como principios ordenadores la autonomía territorial y la descentralización. En ese sentido, la Constitución es, en buena medida, la carta de navegación respecto del papel que se le reconoció al Estado para intervenir en la economía y, por tanto, desde allí se irradian los límites a las competencias tanto de la Nación, como de las entidades territoriales.

Al respecto, autores como Zárate Pérez han señalado acertadamente que la dirección general de la economía corresponde al Estado (nacional) y que los entes territoriales no poseen, al menos a título de principio constitucional, competencias para intervenir en ella (la economía); sino, por el contrario, solo en virtud de las competencias de atribución[5].

Y es que si bien, en términos generales, coincidimos con el autor, lo cierto es que dicha afirmación merece algunos matices; en especial teniendo en cuenta que una interpretación constitucional del principio de autonomía territorial incluye algunos márgenes para la intervención de las entidades territoriales en la economía, tanto en su papel de reguladoras, como de actores de la economía local. Dos roles que, sin duda, se han fortalecido en virtud de las competencias de atribución que el legislador nacional les ha dado.

---

4 Paula Robledo Silva. "La autonomía territorial como forma de reconocer particularidades dentro del Estado unitario", en *Las transformaciones de la administración pública y del derecho administrativo*, t. I, *Constitucionalización de la disciplina y evolución de la actividad administrativa*, Jorge Iván Rincón Córdoba (ed.), Bogotá, Universidad Externado de Colombia, 2019, p. 392.

5 Aníbal Zárate Pérez. "La cláusula general de competencia de los entes territoriales en materia económica", *Revista Digital de Derecho Administrativo*, n.º 7, 2012, pp. 11-43.

En ese sentido, el objetivo de este capítulo es determinar cuáles son los límites constitucionales dentro de los cuales las entidades territoriales pueden intervenir en la economía local. Para ello se realiza un análisis dogmático a partir de un razonamiento deductivo, en el que se toman como insumos principales la Constitución, la jurisprudencia constitucional y, por supuesto, la doctrina. El artículo empieza por delimitar, desde la perspectiva teórica y constitucional, qué se entiende por intervención del Estado en la economía colombiana; para después estudiar el contenido del principio de autonomía territorial y su materialización a través de las competencias territoriales para dicha intervención, para, finalmente, presentar algunas conclusiones.

I. LA INTERVENCIÓN DEL ESTADO EN LA ECONOMÍA: EL ESTADO UNITARIO *VS.* EL PRINCIPIO DE AUTONOMÍA TERRITORIAL

La Constitución de 1991 supuso un cambio importante en cuanto al papel del Estado en la economía. Al respecto vale recordar que en el régimen anterior, y en particular desde la presidencia de López Michelsen, se venía impulsando un modelo neoliberal, en el que la intervención estatal en la economía perturbaba el funcionamiento orgánico del mercado. De allí que se procurara limitar dichos supuestos de injerencia en aquellos casos en que hubiese un desbalance fiscal para reequilibrar los gastos con los ingresos[6]. Sin embargo, con la nueva carta constitucional esto cambió, al acoger un nuevo sistema, en el que el Estado resolviera las asimetrías en la asignación y distribución de recursos, en gran medida gracias al importante componente social de nuevo modelo estatal. De allí que algunos autores, como Alfonso Vargas, reconozcan el tránsito hacia una posición *neoinstitucionalista*, en la que las cargas sociales cobran una especial relevancia[7].

---

6 William López Gutiérrez. "La intervención del Estado en la economía colombiana", *Convergencia*, n.º 7, 1994, pp. 83-110.

7 Luis Antonio Alfonso Vargas. "La intervención estatal en la economía: elementos de análisis para el caso colombiano", *Iustitia*, n.º 8, 2010, p. 392.

En ese sentido, López Gutiérrez ha señalado que este nuevo diseño de la intervención estatal en la economía se caracterizó esencialmente por cuatro factores (contenidos explícitamente en lo que, tanto la doctrina como la jurisprudencia han reconocido como Constitución Económica)[8]: a) el replanteamiento de la relación entre el Estado y la ciudadanía a partir de la eficiencia; b) la transferencia de la prestación de servicios a las entidades territoriales, regulada por la lógica de costo-beneficio; c) la reserva al poder central para la orientación global de la economía (en cuanto a planeación, manejo presupuestal y seguimiento a la inversión pública), y d) la flexibilización de las relaciones de trabajo[9].

Al respecto es importante señalar que, en efecto, la Constitución Política de 1991 fue clara en reconocer un "nuevo" y más amplio papel del Estado respecto de la economía, al preverlo como regulador y gestor de la economía. Y aquí es importante recordar que la doctrina reconoce diferentes formas de clasificar o caracterizar las intervenciones de los Estados en las economías, que en todo caso se orientan a dar cuenta de su injerencia a través de la definición de reglas para su funcionamiento (regulación), y mediante la participación directa en el mercado, como actores o agentes económicos (gestión).

Así, por ejemplo, autores como Asenjo hablan solo de esas dos categorías[10]; mientras que otros, como Martín Mateo, hablan de acciones de garantía (relacionadas con las funciones de mediación y policía en el contexto económico), de prestación (en cuanto a la entrega o facilitación de bienes o servicios), y de estimulación (al otorgar beneficios a determinados

---

8 Magdalena Correa Henao. "El orden económico constitucional", en Magdalena Correa Henao, Néstor Osuna Patiño y Gonzalo Ramírez Cleves (eds.). *Lecciones de Derecho Constitucional*, t. II, Bogotá, Universidad Externado de Colombia, 2018, pp. 631-721; Néstor Osuna Patiño. "El modelo económico de la constitución colombiana y su aplicación judicial", en Víctor Bazán y Marie-Christine Fuchs (eds.). *Constitución y economía*, Bogotá, KAS, 2019, pp. 121-141; Alexei Julio Estrada. "Economía y ordenamiento constitucional", en *Teorías jurídicas y económicas del Estado*, Bogotá, Universidad Externado de Colombia, 2002, pp. 171-198. En el caso de la jurisprudencia, se puede ver de manera reciente, por ejemplo, la sentencia C-188 de 2022.

9 López Gutiérrez. "La intervención del Estado en la economía colombiana", cit., p. 93.

10 Óscar de Juan Asenjo. *Introducción a la hacienda pública y la política económica*, Barcelona, PPU, 1989, p. 79.

sectores o actores económicos)[11]. En el contexto colombiano encontramos la clasificación de Cujía Guerra *et al.*, quienes señalan que la intervención puede ser por control (simple o complejo) o por intervención directa, y traen como ejemplos de intervención los impuestos, los subsidios, los controles al mercado y el gasto público[12].

En el título XII (arts. 332 a 373) el texto constitucional dedica una buena parte a la regulación del régimen económico y de la hacienda pública; al respecto, es importante recalcar que la Constitución reconoce la libertad económica (art. 333) y la dirección general de la economía en cabeza del Estado (art. 334). En todo caso, es necesario precisar que todas las disposiciones que integran la Constitución Económica deben ser interpretadas en clave de los principios rectores del Estado[13], entre ellos, por supuesto, el principio unitario, pero también el principio de autonomía territorial.

En ese contexto, la Corte Constitucional colombiana ha dicho que la intervención a la economía se puede entender como la capacidad del Estado para injerir en diferentes variables macroeconómicas[14], con una particularidad especialmente importante, y es entender que en nuestro ordenamiento constitucional, la intervención en la economía no se limita a la simple corrección de las fallas del mercado, sino también a atender cuestiones para la conveniencia social[15].

En ese sentido, la Corte ha precisado que la intervención estatal en la economía cumple diferentes finalidades, entre ellas, la redistribución del ingreso y la propiedad, la estabilización económica, la regulación económica y social en aquellos sectores y actividades reconocidas expresamente por la Constitución y, en consecuencia, la de definir las condiciones fundamentales para el funcionamiento del mercado y la conveniencia social[16]. Por ello es que, por ejemplo, en el escenario colombiano, la regulación de activida-

---

11 Ramón Martín Mateo. *Manual de Derecho Administrativo*, Navarra, Aranzadi, 2003, p. 487.

12 Eucadys Cujía Guerra *et al.* "El papel del Estado colombiano en la economía con miras a la globalización" *Boletín Virtual*, vol. 7, n.º 6, pp. 104-112.

13 Corte Constitucional. Sentencia T-462 de 1992.

14 Corte Constitucional. Sentencia C-490 de 1993.

15 Corte Constitucional. Sentencia C-150 de 2003, pár. 4.1.1.1.

16 Ídem.

des eminentemente sociales, como la cultura, el deporte y la salud llevan implícito el carácter económico, entre otras cosas, por su gran potencial[17].

En línea con lo anterior, el juez constitucional ha caracterizado la intervención estatal en clave de las formas de intervención, de las funciones que dichas injerencias cumplen y del contenido intrínseco de las decisiones del Estado. En ese sentido encontramos que las intervenciones pueden ser *globales* (sobre la economía como un todo), *sectoriales* (sobre un área de actividad determinada) o *particulares* (sobre cierta situación en concreto); *directas* (cuando afectan la existencia o actividad de los agentes económicos) o *indirectas* (cuando interfieren con el resultado de dichas actividades); *unilaterales* (cuando el Estado las impone) o *convencionales* (cuando se pactan con los actores económicos); e intervenciones *por vía directiva* (cuando el Estado imparte orientaciones para los operadores económicos) o *por vía de gestión* (cuando el Estado se hace cargo directamente)[18].

En cuanto a sus funciones, la Corte, retomando la doctrina, se refiere a que la intervención económica puede ser *conformativa* (cuando establece los requisitos para la existencia, formalización o funcionamiento de los actores económicos), *finalística* (cuando define los objetivos o metas); o *condicionante* (cuando fija las reglas para el mercado o para un sector económico)[19].

Por último, el alto tribunal la ha clasificado en función de su contenido, y para ello lo ha relacionado principalmente con el nivel o gravedad de la injerencia en la economía. Es por eso que habla del sometimiento de los actores económicos a tres posibles regímenes: el de *declaración* (en el que no deben cumplir con otro requisito diferente al de informar)[20]; el de *reglamentación* (en el que se establecen las condiciones que deben cumplir); el de *autorización previa* (dentro del que se encuentran aquellos casos en que

---

17 Alexander Cruz Martínez. *Intervención del Estado colombiano en el sector solidario*, Bogotá, Universidad del Rosario, 2011, p. 55.

18 Sentencia C-150 de 2003, pár. 4.1.1.1. Para una ejemplificación de cómo se materializa en la práctica cada tipo de intervenciones cfr. Alexander Cruz Martínez. *Intervención del Estado colombiano en el sector solidario*, cit., p. 58.

19 Ídem.

20 Ejemplo de ello es el régimen general que deben cumplir los comerciantes en Colombia: registrarse ante las Cámaras de Comercio y presentar y pagar sus respectivas declaraciones tributarias.

las actividades económicas requieren del permiso de la Administración)[21]; el de *interdicción* (en el que se prohíben ciertas actividades económicas) y, finalmente, el de *monopolio* (cuando el Estado es el único que puede realizar dicha actividad)[22].

Ahora bien, la Corte también ha señalado que, por lo general, al momento de intervenir en la economía, al menos en la faceta regulatoria, es necesaria la concurrencia de dos ramas del poder público: la legislativa y la ejecutiva. Y en buena medida ello supone que la regulación se dé no solo a través de la promulgación de normas jurídicas, sino también a través de otros instrumentos –incluso no vinculantes– como los de recopilación y divulgación de información, los conceptos jurídicos, las recomendaciones, las autorizaciones y permisos, el seguimiento al comportamiento de los actores económicos, la presentación de denuncias o acciones judiciales, la imposición de sanciones administrativas, la definición de tarifas, entre otros tantos[23]. Y en el caso concreto de aquellos temas en los que se involucran derechos fundamentales, la Corte ha precisado que:

> [L]a función de regulación se orienta en sus aspectos estructurales, instrumentales y procedimentales al cumplimiento de esa finalidad primordial.

---

21 Para el caso de los regímenes de reglamentación y autorización previa sirve como ejemplo el caso de las actividades económicas asociadas a la producción, elaboración y comercialización de alimentos. Al respecto cfr. Paula Robledo Silva. "Una aproximación crítica a las competencias territoriales en materia de salud pública", en Jorge Iván Rincón Córdoba y Nicolás Cabezas Manosalva (eds.). *Derecho Administrativo Sanitario. Derecho a la salud, salubridad y condiciones sanitarias de las ciudades*, t. I, Bogotá, Universidad Externado de Colombia, 2021, pp. 175-215.

22 Un ejemplo del régimen de monopolio como intervención económica puede ser el contemplado en el artículo 223 de la Constitución, en el que se establece que solo el Gobierno podrá introducir y fabricar armas. Una cuestión cuya raigambre constitucional se remonta incluso antes de la Constitución de 1991, como lo destacan Édgar Hernán Fuentes-Contreras y Daniel Rivas-Ramírez. "Lecciones (preliminares) de ciencia constitucional. Insumos para el estudio de la obra de Juan Félix de León, dentro del constitucionalismo colombiano de finales del siglo XIX", *Historia Constitucional*, n.º 23, 2022, pp. 527-564. Otro ejemplo claro de los monopolios estatales es el caso de los servicios postales. Cfr. Corte Constitucional. Sentencia C-407 de 1994.

23 Sentencia C-150 de 2003, pár. 4.1.1.2.

> Es lo que sucede en el sector de los servicios públicos donde la Constitución ha protegido específicamente los derechos de los usuarios (arts. 78 y 369 CP). Ello conduce a que en estos ámbitos la función de regulación estatal esté orientada constitucionalmente al logro de unos fines sociales también específicos como los de redistribución y solidaridad en el ámbito de los servicios públicos domiciliarios (art. 367 CP) o el de acceso universal en todos los servicios (art. 365 CP)[24].

Esto nos lleva a considerar otra cuestión que ha sido analizada en reiteradas oportunidades por la Corte Constitucional: la interacción entre los artículos 333 y 334 de la Constitución de cara a determinar el alcance del poder de dirección general de la economía que tiene el Estado. Al respecto, el juez constitucional ha sido claro en cuanto a que la intensidad de la intervención depende en buena medida del sector económico sobre el cual recaiga y, en consecuencia, del tipo de ley a partir del cual se pueda generar[25]. Así, por ejemplo, "mientras en determinadas actividades o servicios públicos considerados estratégicos puede ser muy intensa al punto de eliminar la iniciativa privada (art. 365 CP) [...], en otros sectores tiene un menor grado' y 'opera como regla general la libre iniciativa sin permisos previos (art. 333)'"[26].

Por ello es importante individualizar, al menos, aquellos sectores en los que, en ejercicio de la dirección general de la economía (art. 334), el constituyente previó la intervención estatal a través de la intervención legislativa: la explotación de recursos naturales; el uso del suelo; la producción, distribución, utilización y consumo de bienes y servicios; los servicios públicos y privados, y la distribución de oportunidades.

Como hemos anticipado, en el caso de los servicios públicos, como el de la salud, la intervención del Estado suele ser intensa, no solo por involucrar derechos fundamentales, sino también porque la Constitución

---

24 Ídem.

25 Ha diferenciado al menos dos supuestos: las leyes generales, en las que interviene de manera más intensa, y las leyes marco, en donde fija únicamente los objetivos y criterios de la acción gubernamental. Cfr. Corte Constitucional. Sentencia C-188 de 2022, pár. 14.

26 Corte Constitucional. Sentencia C-188 de 2022, pár. 11.

admite la limitación de las libertades económicas (arts. 150.21, 333 y 334), la reglamentación e inspección de las profesiones (art. 26), la intervención del Estado en los servicios públicos en general (art. 365), y la atención de la salud en particular (arts. 48 y 49)[27]. Lo anterior supone, entre otras cosas, que al momento de intervenir en dicho sector, "el legislador puede emplear 'fórmulas de desarrollo legal amplias'"[28].

En el caso de la explotación de los recursos naturales la Corte ha señalado que la intervención legislativa está limitada, en buena medida, por expreso mandato constitucional. En ese sentido, en el caso de la regulación de la distribución de las regalías generadas por ese tipo de actividades, debe necesariamente respetar los límites establecidos en la carta constitucional, en la que se fija, por ejemplo, que "(l)os departamentos y municipios en cuyo territorio se adelanten explotaciones de recursos naturales no renovables, así como los puertos marítimos y fluviales por donde se transporten dichos recursos o productos derivados de los mismos, tendrán derecho a participar en las regalías y compensaciones"[29]. No obstante, también ha precisado que:

> [R]esulta acorde con la organización unitaria del Estado que exista unificación en los criterios, procesos y parámetros que permiten obtener la autorización por parte de la administración para desarrollar actividades de exploración y explotación minera –cualquiera sea el nombre que se dé al procedimiento para expedir dicha autorización por parte del Estado–. Adicionalmente, es acorde con el principio de organización unitaria del Estado que los lugares en que dichas actividades pueden realizarse y, en consecuencia, los criterios para la exclusión de un determinado territorio de la actividad minera sean determinados por una misma entidad, siguiendo idénticos criterios para todo el territorio del Estado[30].

---

27 Ibíd. Sentencia C-616 de 2001, pár. 4.5.

28 Ibíd. Sentencia C-315 de 2021.

29 Ibíd. Sentencia C-251 de 2003, pár. 4.1.3.3.

30 Ibíd. Sentencia C-123 de 2014, pár. 5.2. Sobre la cuestión de la explotación de recursos naturales y la autonomía territorial cfr., con más detalle, Magdalena Correa Henao y Paula Robledo Silva. "Consultas populares mineras desde el derecho constitucional: democracia, ruptura, cultura", en Floralba Padrón Pardo y Magdalena Correa

En el caso de la reglamentación de los usos del suelo la Corte ha admitido de manera amplia la intervención en la economía. Esto en el entendido de que, si bien reconoce la concurrencia de competencias entre la Nación y las entidades territoriales, al final privilegia el principio unitario, con el que el constituyente impone a las autoridades territoriales la ley como una limitación para el ejercicio de las competencias en materia de usos del suelo. En ese sentido, amparándose en la propiedad estatal del subsuelo y los recursos naturales (art. 332), y en los artículos que delimitan el ejercicio de competencias constitucionales de las autoridades territoriales (arts. 288, 311, 313 y 334), admite las intervenciones legislativas en la materia, siempre que tengan como objetivo el mejoramiento de la calidad de vida de los habitantes del territorio y no atenten contra el núcleo esencial de la autonomía territorial[31].

De hecho, el juez constitucional ha reconocido explícitamente la relación entre la regulación de este asunto y la dirección general de la economía al afirmar que:

> En efecto, el artículo 334 de la Constitución establece que al Estado le corresponde la dirección general de la economía y que, por lo tanto, "intervendrá, por mandato de la ley [...] en el uso del suelo". Esto significa que en materia de usos del suelo, por mandato constitucional, existen competencias concurrentes que no implican tensión, sino funciones que exigen ser armonizadas en pro del interés general y, para lo cual, el Legislador goza de un amplio margen de configuración. La atribución al nivel central del poder público para intervenir en el uso del suelo funda la competencia legislativa en la materia para regular los aspectos generales relativos al procedimiento de ordenamiento territorial y permite que el Gobierno Nacional preste apoyo a la función de ordenación del territorio por parte de las entidades territoriales[32].

Por ello consideramos importante hacer énfasis en que la Corte ha reconocido que la intervención de la economía se ejerce, no solo a través de los

Henao(eds.). *¿El Estado constitucional en jaque?*, t. I, *Los retos del componente democrático*, Bogotá, Universidad Externado de Colombia, 2018, 354-385.

31 Corte Constitucional. Sentencia C-123 de 2014.

32 Ibíd. Sentencia C-138 de 2020.

poderes legislativo y ejecutivo, sino que, a través de las competencias y atribuciones previstas en la Constitución Económica, participan una pluralidad de autoridades e instrumentos en esa "dirección". En ese sentido, además del Congreso y el gobierno nacional, incluye dentro del listado a las superintendencias, a las agencias estatales y lo que es más importante para nosotros, a las autoridades departamentales y municipales[33]. De allí que se resalte la importancia de la coordinación que debe lograrse entre las diferentes entidades de cara a lograr un ejercicio adecuado de sus competencias constitucionales. Por ejemplo, la Corte ha reconocido que en el Plan Nacional de Desarrollo, pese a que es de iniciativa gubernamental y es promulgado por el Congreso, deben incidir también activamente las autoridades territoriales para la conformación de una política de desarrollo coherente, predeterminada y concertada[34].

En síntesis, es claro que en el ordenamiento jurídico colombiano está legitimada la intervención del Estado en la economía. Una facultad que valga recalcar, no es absoluta, toda vez que afronta un variado catálogo de limitaciones constitucionales. Pero aun así, el Estado puede intervenir, ya sea a través del ejercicio de las competencias reguladoras que se desprenden de la dirección general de la economía que está en cabeza de él o, en su defecto, a través de la gestión y participación directa en determinados sectores como actor o agente económico.

Así mismo, es fundamental recalcar dos cosas con relación con la pregunta, ¿cuál es ese Estado que puede intervenir en la economía?: por un lado, que si bien la dirección general de la economía radica en primera instancia en cabeza del Estado "nacional", en dicho ejercicio también pueden y deben participar las autoridades territoriales y del orden descentralizado; pero, por otro, que la intervención en la economía va mucho más allá de la dirección general, pues cuenta con múltiples formas y manifestaciones que, además, con fundamento constitucional en el principio de autonomía territorial, habilitan a las entidades territoriales a participar en ella. A continuación nos ocuparemos de estudiarlas con mayor detalle.

---

33 Ibíd., pár. 13.

34 Corte Constitucional. Sentencia C-123 de 2014.

II. LAS COMPETENCIAS TERRITORIALES EN MATERIA ECONÓMICA (LOCALES –MUNICIPALES Y DISTRITALES– Y DEPARTAMENTALES): UNA MANIFESTACIÓN DE LA AUTONOMÍA TERRITORIAL

La autonomía de las entidades territoriales, junto con la forma de Estado unitario y la descentralización, es reconocida en Colombia como uno de los principios fundamentales del Estado (art. 1.º). Esto quiere decir que debe irradiar al resto del texto constitucional, así como también a todo el ordenamiento jurídico. De allí que, por un lado, funja como criterio de interpretación para las demás normas jurídicas que hacen parte de nuestro sistema normativo, y por otro, que a falta de una norma especial o regla específica, pueda tener una aplicación inmediata[35].

Pero, a su vez, es importante recalcar la forma en que la Corte Constitucional ha relacionado el principio de autonomía territorial con otros dos principios constitucionales: el del municipio como la entidad fundamental del Estado y el del ejercicio de las competencias territoriales, de acuerdo con los principios de coordinación, concurrencia y subsidiaridad[36]. Esto, toda vez que:

> El primero de ellos [la coordinación] es desarrollo del principio democrático, ya que lo que se busca es la mayor cercanía de las autoridades a los ciudadanos. El principio de subsidiariedad reconoce el papel primordial del municipio como entidad eje de todo el ordenamiento. Según este principio, las instancias superiores de autoridad sólo pueden intervenir en los asuntos propios de las instancias inferiores cuando éstas se muestren incapaces o sean ineficientes para hacerlo[37].

Sin embargo, se debe advertir que la autonomía territorial no es absoluta, toda vez que coexiste con el principio unitario, lo cual quiere decir que deben ser interpretados de manera armónica y, por ello la autonomía

---

35 Paula Robledo Silva. *La autonomía municipal en Colombia*, Bogotá, Universidad Externado de Colombia, 2010, p. 89.

36 Corte Constitucional. Sentencia C-077 de 2017.

37 Ibíd. Sentencias C-077 de 2017 y C-353A de 2021.

constituye un límite para el Estado unitario, pero también se encuentra limitada por él. En palabras de la Corte Constitucional,

> [...] existe un sistema de limitaciones recíprocas, en el que el concepto de autonomía territorial se encuentra restringido por el de unidad, y a la inversa, la unidad se encuentra circunscrita por el núcleo esencial de la autonomía. Por tal motivo, la interpretación y aplicación de estos principios debe estar encaminada a obtener su pleno equilibrio y coexistencia, sin que ninguno de ellos sea absoluto en perjuicio del otro: el concepto de unidad del Estado colombiano no puede ser utilizado como pretexto para desconocer la capacidad de autogestión de las entidades territoriales, y a su turno, la autonomía de las entidades territoriales no puede ser entendida de manera omnímoda, hasta el punto de hacer nugatorias las competencias naturales de las instancias territoriales centrales[38].

Por ello la Corte ha hecho un esfuerzo para identificar los contornos dentro de los que el principio de autonomía territorial se erige como un límite al principio unitario. Así, ha determinado que el límite mínimo corresponde al llamado núcleo esencial, y el tope máximo lo impone la frontera política derivada del modelo unitario[39].

El principio de autonomía territorial ha sido definido en buena medida gracias a la forma en que la Constitución lo concretó como un atributo[40] de las entidades territoriales. Por ello es especialmente relevante el artículo 287 de la Constitución que establece que, dentro de los límites constitucionales y legales, dichos entes tienen autonomía para gestionar sus intereses, para lo cual prevé cuatro potestades: gobernarse por autoridades propias; ejercer las competencias que les correspondan; administrar recursos y establecer tributos, y participar en las rentas nacionales. Una fórmula que pretendió,

---

38 Ibíd. Auto 383 de 2010 y sentencia C-123 de 2014.

39 Ibíd. Sentencia C-354A de 2021.

40 Al respecto es importante precisar que el texto constitucional se refiere a derechos de las entidades territoriales, sin embargo, como lo hemos sostenido en otras oportunidades, se trata de una expresión desafortunada, toda vez que ellos no tienen la naturaleza de derechos subjetivos, sino de potestades o facultades. Cfr. Robledo Silva. *La autonomía municipal en Colombia*, cit.

en buena medida, prevenir la intervención de los distintos poderes públicos, protegiendo la esencia de la autonomía territorial.

Así, desde sus primeros años la Corte Constitucional se ha referido a estos cuatro atributos como el núcleo esencial de la autonomía territorial. Si bien es cierto que en un principio se limitó a señalar que ante la ausencia de una Ley Orgánica de Ordenamiento Territorial, el reducto mínimo correspondía a los derechos y competencias atribuidos constitucionalmente[41], con el paso del tiempo fue precisando dicho concepto y señalando no solo su alcance, sino también el carácter indisponible que tenía para el legislador al ser una garantía institucional de la Carta[42]. Lo que supone un "poder de dirección político y administrativo", cuyo respeto es exigible incluso a las autoridades superiores del Estado[43].

De allí que la Corte también haya precisado que, dada su importancia, los elementos que integran el núcleo esencial de la autonomía territorial (al menos los que se encuentran en el art. 287 de la Constitución) constituyen no solo un límite para la actividad del legislador, sino que, además, son exigibles judicialmente[44].

Pero el juez constitucional ha reconocido que dicho núcleo lo componen los atributos señalados en el artículo 287 de la Constitución, y también aquellos de los artículos 300, 305, 313 y 315. Esto quiere decir que ha incluido las atribuciones conferidas por el Constituyente a los alcaldes, los concejos municipales, los gobernadores y las asambleas departamentales[45], y entre ellas ha hecho especial énfasis en las de los artículos 300.7 y 313.6 que prevén en cabeza de los departamentos y los municipios estructurar la administración departamental, incluyendo el funcionamiento de las dependencias, la definición de las escalas de remuneración, la creación de establecimientos públicos y empresas industriales o comerciales, y la autorización para formar sociedades de economía mixta[46].

---

41 Corte Constitucional. Sentencia C-517 de 1992.

42 Ibíd. Sentencia C-535 de 1996.

43 Ibíd. Sentencias C-554 de 2007 y C-077 de 2017.

44 Ibíd. Sentencia C-123 de 2014.

45 Ibíd. Sentencias C-1258 de 2001, C-149 de 2010, C-077 de 2017 y C-353A de 2021.

46 Ibíd. Sentencias C-931 de 2006 y C-978 de 2010.

Ahora bien, la Corte ha advertido la dificultad que supone categorizar las dimensiones que integran el principio de autonomía territorial; sin embargo, en un esfuerzo por ofrecer una (categorización), ha dicho que los atributos constitucionalmente otorgados a las entidades territoriales corresponden a la autonomía política, la autonomía administrativa, la autonomía fiscal y la autonomía normativa.

La autonomía política "confiere a cada uno de los niveles territoriales la capacidad de elegir a los propios gobernantes, como fuente directa de legitimidad democrática (p. ej., alcaldes, concejales, gobernadores y asambleístas)"[47]. Es decir que los habitantes de los respectivos territorios pueden elegir directamente sus autoridades. En cambio, las dimensiones administrativa, fiscal y normativa merecen algunas precisiones, en especial, teniendo en cuenta que las tres contemplan diferentes manifestaciones de la intervención de las entidades territoriales en la economía.

La autonomía normativa se refiere a la capacidad autorregulatoria de las entidades territoriales en "aquellas materias específicas para las cuales están habilitadas, en donde no trascienda o desborde el interés exclusivamente local o regional"[48]. Esto quiere decir que, en el ámbito territorial de sus competencias constitucionales las autoridades territoriales podrán proferir normas que respondan directamente a los intereses locales, siempre y cuando se emitan dentro de los límites establecidos por la Constitución y la ley (y aquí es importante recordar que, en todo caso, la intervención legislativa del Congreso de la República es limitada).

Tomando como fuente directa la Constitución, vale la pena revisar el alcance inicial de esa autonomía normativa. En ese sentido, los constituyentes previeron las siguientes competencias normativas para las autoridades territoriales, las cuales responden en gran medida a la intervención por *vía directiva*; o si se quiere, en la faceta del Estado regulador.

A las asambleas departamentales se las habilita para reglamentar el ejercicio de funciones y la prestación de los servicios a cargo del departamento; proferir las disposiciones relacionadas con la planeación, el desarrollo económico y social, el apoyo financiero y crediticio a los municipios,

---

47 Ibíd. Auto 383 de 2010 y sentencia C-353A de 2021.

48 Ídem.

el turismo, el transporte, el ambiente, las obras públicas, la comunicación y el desarrollo de sus zonas de frontera; adoptar los planes y programas de desarrollo económico y social, y los de obras públicas de acuerdo con la ley, así como dictar normas de policía[49]. Todas estas competencias con el potencial de moldear la economía departamental.

También se les atribuyen otras competencias que, pese a no ser abiertamente económicas, pueden tener un efecto inmediato, según las decisiones que adopte la asamblea departamental. En ese sentido, y siguiendo la idea de que hay sectores o materias en las que se encuentra implícito el carácter económico, podemos ubicar las competencias para regular (en concurrencia con los municipios) el deporte, la educación y la salud (dentro de los límites establecidos por la ley nacional); así como también la creación o supresión de municipios, la segregación y agregación de territorios municipales, y la organización del territorio en provincias[50].

En el caso de los concejos municipales, además de las competencias regulatorias en materia de la prestación de servicios a su cargo, tienen competencia para regular los usos del suelo y para dictar las normas necesarias destinadas a controlar, preservar y defender el patrimonio ecológico y cultural del municipio[51], dos cuestiones que, como hemos visto, guardan estricta relación con la economía (en este caso municipal o distrital) al ser instrumentos de intervención económica. También deben adoptar planes y programas de desarrollo económico social y de obras públicas[52].

Al respecto, vale recordar que recientemente la Corte Constitucional señaló que los entes territoriales tienen al menos dos herramientas fundamentales de planeación que guardan una relación directa con "programar

---

49 Constitución Política de 1991, artículo 300.

50 Ídem.

51 Es importante recordar que, así como se ha reconocido la figura de la Constitución Económica al interior del texto constitucional, lo mismo se ha hecho con la Constitución Ecológica, la cual constituye un límite importante para la económica. Al respecto cfr. Óscar Darío Amaya Navas. *La constitución ecológica en Colombia*, Bogotá, Universidad Externado de Colombia, 2016, y Daniel Rivas-Ramírez y Édgar Hernán Fuentes-Contreras. "Una aproximación a la relación entre medio ambiente y derechos humanos. Casos de Brasil y Colombia", en *Iberoamérica*, 2022 (1), 2022, pp. 11-133.

52 Constitución Política de 1991, artículo 313.

e impulsar su desarrollo social, ecológico y *económico*"[53]: la ordenación del territorio y la expedición de planes de desarrollo; un ejemplo de la forma en que se interviene en la economía a través de este tipo de competencias son los Planes de Ordenamiento Territorial (POT) expedidos por los concejos municipales (o en su defecto, en determinadas circunstancias por los alcaldes).

En el caso del POT de Bogotá, revisado y actualizado por el Decreto 555 de 2021, se aprecia desde un principio su fuerte vocación económica al incluir entre sus desafíos y principios la reactivación económica, el desarrollo productivo y la solidaridad social, entre otros[54]. De esa manera, reconoce que los usos del suelo pueden servir de garantía para la "aglomeración económica productiva"[55]. En términos generales, el Decreto establece una clasificación de cuatro tipos de uso: residencial, dotacional, comercial y de servicios, e industrial. Si bien esto parece natural, la injerencia en las actividades económicas se aprecia por cuanto, dependiendo del tipo de actividad comercial y de servicios o industrial, hay lugar a ciertas limitaciones para su funcionamiento en el territorio, toda vez que en estos casos se imponen restricciones adicionales para cada tipo de suelo[56]. Así, por

---

53 Corte Constitucional. Sentencia C-138 de 2020, pár. 36 (destacado propio).

54 Decreto 555 de 2021.

55 Ibíd., artículo 4.3.

56 Así, por ejemplo, tratándose de la clasificación de los usos industriales, el POT establece un sistema complejo en el que no solo los cataloga en clave de las formas de producción (como industrias de producción artesanal o industrias transformadoras), sino que los complementa con un sistema de calificación a partir de aspectos ambientales, sanitarios y operativos, y del tamaño de edificación que condicionan sus posibilidades para trabajar en determinadas zonas de la ciudad. A lo que se suma, además, la clasificación general del territorio que hace en cuanto a las áreas de actividad, en áreas estructurantes, de proximidad y de grandes servicios metropolitanos.

En ese sentido, al final los usos del suelo y, en consecuencia, la determinación de dónde pueden llevarse a cabo determinadas actividades económicas se obtiene a partir de la combinación de los siguientes criterios: a) si se trata de un suelo con uso principal, complementario o restringido; b) si se trata de actividades estructurantes, de proximidad o de grandes servicios metropolitanos, c) si se encuentra en zonas que requieran acciones de mitigación de impactos urbanísticos o si está en aquellas que necesiten medidas para reducir los impactos ambientales (de ocho categorías diferentes) y, por ejemplo, mientras que en principio las industrias de producción artesanal pueden operar en cualquier área de actividad (dependiendo de si el uso del suelo es principal, complementario o restringido y el tamaño de la edificación), la industria mediana solo puede hacerlo en las áreas de actividades estructurantes y de grandes servicios metropolitanos, y las industrias pesadas únicamente en las áreas de grandes servicios metropolitanos[57].

En ese sentido, las industrias pesadas se pueden desarrollar en zonas muy restringidas de la ciudad, y las áreas de actividad estructurante en las que se admiten las actividades económicas son también escasas en proporción al territorio. En todo caso, en la clasificación del uso de los suelos existe un patrón periférico en el que las zonas para las actividades industriales quedan relegadas, en mayor medida, a las afueras del área urbana.

De esa manera se aprecia una forma de intervención (afectación) en la economía por vía *directiva*, representada en la restricción de las actividades económicas en el territorio. Pero, a su vez, y considerando que este nuevo POT supone una reacomodación territorial de las industrias, también tiene la capacidad de afectar la economía de otra manera: alterando las dinámicas económicas de las zonas en donde operan en estos momentos dichas industrias. En otras palabras, basta con pensar en cómo, una vez materializado el POT en su totalidad, operarán y subsistirán negocios pequeños e informales que viven día a día de las empresas (y la población que trabaja en ellas) que operan al interior de la ciudad. De allí que se pueda prever un efecto importante en sectores y actores económicos, como restaurantes, papelerías y misceláneas, entre otras.

---

tanto, si se está ante una zona de alto o bajo impacto ambiental, y d) si existen algunas condiciones específicas adicionales para cumplir. Debido a la complejidad del sistema de clasificación territorial no es posible explicar en detalle cómo queda distribuido el territorio en materia del uso del suelo. Sin embargo, podemos señalar, de manera general, las restricciones que afrontan los diferentes tipos de sectores y tipos de comercios e industrias. Así, por ejemplo, mientras que las industrias de producción artesanal pueden operar en principio en cualquier área de actividad (variando dependiendo de si el uso del suelo es principal, complementario o restringido y el tamaño de la edificación); la industria mediana solo podrá hacerlo en las áreas de actividades estructurantes y de grandes servicios metropolitanos; y las industrias pesadas únicamente en las áreas de grandes servicios metropolitanos.

57 Ibíd., artículo 243.

Finalmente, para concluir con la revisión de las competencias derivadas de la autonomía normativa, los gobernadores y alcaldes tienen facultades análogas con las que también intervienen en la economía como reguladores, claro está en el contexto territorial, al poder presentar proyectos de ordenanza o acuerdo, según sea el caso, sobre planes y programas de desarrollo económico y social, obras públicas y presupuestos; y objetar proyectos de ordenanzas o acuerdos (entre ellos también temas económicos departamentales)[58].

La autonomía administrativa. La Corte Constitucional ha aclarado que esta dimensión se refiere a que en cada uno de los niveles territoriales se respeten "las competencias para manejar de manera independiente los asuntos que se encuentran bajo su jurisdicción"[59]. Esta es tal vez la dimensión que más interrogantes genera, en la medida en que dichas competencias son un tanto indeterminadas al haber quedado supeditadas a la expedición de la Ley Orgánica de Ordenamiento Territorial, la cual, en todo caso, no fue exhaustiva. Sin embargo, desde una visión constitucional se pueden identificar cuando menos las que tienen implicaciones principalmente por *vía directiva*, pero que también dan pie, de manera implícita, a intervenir por *vía de gestión*.

Al respecto es importante recordar, como hemos señalado, que la intervención a través de la regulación no se da únicamente con la expedición de normas o directrices. Por ello, constituyen también formas de intervención por *vía directiva* que las asambleas departamentales puedan determinar la estructura de la administración territorial; autorizar al gobernador para celebrar contratos, negociar empréstitos, enajenar bienes y ejercer, *pro tempore*, funciones propias de las asambleas; y solicitar informes sobre el ejercicio de las funciones del contralor departamental, de los secretarios de gabinete, de los jefes de departamentos administrativos y de los directores de institutos descentralizados departamentales[60]. Al igual que ocurre en el caso de los concejos municipales[61].

---

58 Constitución Política de 1991, artículos 305 y 315.

59 Corte Constitucional. Sentencia C-353A de 2021.

60 Constitución Política de 1991, artículo 300.

61 Ibíd., artículo 313.

También se evidencian algunas competencias de los gobernadores y alcaldes para intervenir por *vía directiva*, en la medida en que, conforme a la Constitución y las leyes, los primeros deben gestionar y promover el desarrollo integral de su territorio, suprimir o fusionar entidades departamentales, velar por la recaudación de las rentas departamentales, y las demás funciones administrativas delegadas por el presidente de la República. Mientras que los segundos tienen además facultades para la conservación del orden público y se desempeñan como la primera autoridad de policía del municipio.

Un buen ejemplo de cómo estas competencias constituyen una intervención en la economía lo ofrece lo sucedido en la pandemia del Covid-19 en el año 2020. Durante los primeros meses de la emergencia sanitaria, y en el marco de la preservación del orden público, varios alcaldes impusieron restricciones importantes, tanto para el ejercicio de determinadas actividades económicas, como para el mercado local en general, y de manera más grave (que lo que establecían los decretos nacionales) la circulación de las personas. En ese sentido, en el caso de Bogotá se empezaron a exigir autorizaciones previas de operación para las empresas de los diferentes sectores, y se establecieron restricciones a los consumidores, como la de no poder ir a los comercios sino en días determinados[62].

A su vez, encontramos también competencias de intervención por *vía de gestión*, tales como las que se atribuyen a gobernadores y alcaldes en relación con la dirección y coordinación de la acción administrativa territorial; el nombramiento, remoción o elección de personal directivo de empresas industriales y comerciales, y de establecimientos públicos; o la creación o supresión de empleos dentro de la estructura de la administración local[63].

A través de dichas competencias se genera un impacto importante en la economía territorial, en la medida en que, por ejemplo, la creación de empleos causa nuevos gastos para la Administración pero reactiva

---

62 Paula Robledo Silva. "La calidad democrática en Colombia: un análisis 'post' pandemia desde las afectaciones a la autonomía territorial", en José Tudela Aranda y Mario Köelling (eds.). *Covid-19, calidad democrática y parlamentos: una visión comparada*, Madrid, Marcial Pons, 2022, pp. 131-154.

63 Constitución Política de 1991, artículo 315.

la economía. La creación de nuevas dependencias o entidades aumenta considerablemente el gasto público y las necesidades dotacionales y de servicios. O, incluso, el nombramiento de gerentes o directores de empresas o sociedades en las que tiene participación la entidad territorial incide directamente en la forma en que un determinado actor económico participa en el mercado.

La autonomía fiscal se define como las competencias de "cada uno de los niveles territoriales [...] para fijar tributos, participar en las rentas nacionales y administrar de manera independiente los propios recursos"[64]. La doctrina la denomina autonomía financiera, y en realidad se requiere diferenciar, de una parte, el ámbito de autonomía que cabe en la ordenación de los gastos públicos de las entidades territoriales, y de otra, el ámbito de autonomía que es predicable en la vertiente de los ingresos públicos, la que a su vez se puede subdividir entre autonomía tributaria y autonomía en la realización de operaciones de crédito público[65].

Al respecto es importante recordar que la Constitución ha establecido la reserva de ley orgánica en materia presupuestaria; es decir que las competencias reconocidas constitucionalmente a las entidades territoriales en los artículos 300.4, 300.5, 313.4 y 313.5 están sometidas a la Ley Orgánica del Presupuesto, que será la encargada de regular, entre otras cosas, lo concerniente a "la programación, aprobación, modificación, ejecución de los presupuestos de la Nación, de las entidades territoriales y los de los entes descentralizados de cualquier nivel administrativo"[66].

Sin embargo, es menester señalar que si bien es en la dimensión de la autonomía territorial que se aprecia con mayor facilidad la intervención de las entidades territoriales en la economía local, también lo es que es la de mayor diversidad de formas. Esto, en el entendido de que, al igual que sucede en el caso de la autonomía administrativa, se evidencian competencias que se ejercen por *vía directiva*, como la definición de los elementos de un tributo, pero también por *vía de gestión*, en el caso de la definición de los gastos territoriales, al menos, en lo que respecta a sus recursos propios.

---

64 Corte Constitucional. Sentencia C-353A de 2021.

65 Robledo Silva. *La autonomía municipal en Colombia*, cit., p. 89.

66 Constitución Política, artículo 352.

CONCLUSIONES

En principio, la dirección general de la economía radica en cabeza del Estado y, por tanto, del poder central. Por ello se suele concluir que las entidades territoriales no tienen, *prima facie*, facultades o competencias para intervenir en ella, ni siquiera en el contexto local o territorial. No obstante, esto responde a una lectura aislada y limitada de la Constitución, toda vez que nuestro texto constitucional, interpretado a través de la jurisprudencia de la Corte Constitucional, contiene una serie de garantías para que las entidades territoriales participen activamente tanto en la dirección de la política general de la economía, como en la intervención, dentro del contexto territorial.

Pese a no ser absoluto, el principio de autonomía territorial reconocido en la Constitución de 1991 contiene una serie de garantías mínimas que hacen parte de lo que ha sido catalogado como una garantía institucional. Ese núcleo esencial se compone de varias dimensiones, a saber: la autonomía política, la autonomía fiscal, la autonomía administrativa y la autonomía normativa. Al menos en el caso de las tres últimas dicha autonomía comprende elementos que permiten la intervención de las entidades territoriales, tanto por vía *directiva*, es decir, como entes reguladores, como por vía *de gestión*, *v. gr.* como agentes económicos.

En este capítulo nos hemos ocupado de analizar el alcance de dicha autonomía en el contexto de la intervención en la economía, prestando especial atención al caso de sus dimensiones normativa y administrativa. De allí que hayamos hecho una revisión general de las facultades constitucionales de las entidades territoriales para injerir en ella, al menos en su contexto territorial, haciendo un esfuerzo por diferenciar cuáles responden a la intervención por vía *directiva* y cuáles por *vía de gestión*.

No obstante, se hizo especial énfasis en el caso de las competencias en materia de regulación de dichas entidades territoriales, toda vez que han sido invisibilizadas desde la doctrina. Como lo señalábamos, se tiende a pensar que la dirección general de la economía y, por tanto, la intervención en términos de regulación solo tiene asiento en el contexto nacional a través del poder legislativo, y en ocasiones del ejecutivo (nacional). Sin embargo, a partir de un análisis sistemático y cuidadoso de la Constitución y la jurisprudencia constitucional hemos podido evidenciar otra realidad.

Por el contrario, las entidades territoriales están habilitadas desde la Constitución para intervenir a través de diferentes formas, en la economía nacional; pero lo que es aún más importante en su caso, en la economía local. Esto, por supuesto, sin que el ejercicio de dichas competencias, respaldadas por el principio de autonomía territorial, constituya un desconocimiento o afectación al principio unitario. Sin embargo, es menester anotar una reflexión final que seguramente nos dará pie para continuar analizando esta cuestión en futuras oportunidades.

Pese a que existe un catálogo completo y complejo de competencias a través de las cuales las entidades territoriales pueden intervenir directa e indirectamente en la economía local, ello no quiere decir que en efecto suceda así. De hecho, aunque el constituyente dejó establecido el margen de actuación, en la práctica no todas las entidades territoriales pueden ejercer dichas competencias, entre otras cosas, porque sus condiciones jurídicas, técnicas y económicas no se lo permiten, lo que lleva a reflexionar sobre un posible agotamiento del modelo unitario.

Esto nos hace preguntarnos si en realidad, más allá de los alcances constitucionales en materia de intervención económica y del entramado normativo de atribución de competencias específicas en ese sentido, valdría la pena re-pensar el modelo unitario y, en consecuencia, ampliar en alguna medida los efectos del régimen de categorización territorial (municipal y departamental) para habilitar a los entes territoriales en el ejercicio de algunas de dichas competencias.

O si, por el contrario, bastaría con establecer un sistema diferenciado que, con el fin de fortalecer la descentralización, y atendiendo a las capacidades técnicas y operacionales de las entidades territoriales, fuese ampliando las competencias en materia de intervención en la economía dentro del Estado unitario.

BIBLIOGRAFÍA

Alfonso Vargas, Luis Antonio. "La intervención estatal en la economía: elementos de análisis para el caso colombiano", *Iustitia*, n.º 8, 2010.

Amaya Navas, Óscar Darío. *La constitución ecológica en Colombia*, Bogotá, Universidad Externado de Colombia, 2016.

Correa Henao, Magdalena y Paula Robledo Silva. "Consultas populares mineras desde el derecho constitucional: democracia, ruptura, cultura", en Floralba Padrón Pardo y Magdalena Correa Henao (eds.). *¿El Estado constitucional en jaque?*, t. I, *Los retos del componente democrático*, Bogotá, Universidad Externado de Colombia, 2018.

Correa Henao, Magdalena. "El orden económico constitucional", en Magdalena Correa Henao, Néstor Osuna Patiño y Gonzalo Ramírez Cleves (eds.). *Lecciones de Derecho Constitucional*, t. II, Bogotá, Universidad Externado de Colombia, 2018.

Cruz Martínez, Alexander. *Intervención del Estado colombiano en el sector solidario*, Bogotá, Universidad del Rosario, 2011.

Cujía Guerra, Eucadys *et al.* "El papel del Estado colombiano en la economía con miras a la globalización", *Boletín Virtual*, vol. 7, n.º 6, 2018.

De Juan Asenjo, Óscar. *Introducción a la hacienda pública y la política económica*, Barcelona, PPU, 1989.

Fuentes-Contreras, Édgar Hernán y Daniel Rivas-Ramírez. "Lecciones (preliminares) de ciencia constitucional. Insumos para el estudio de la obra de Juan Félix de León, dentro del constitucionalismo colombiano de finales del siglo XIX", *Historia Constitucional*, n.º 23, 2022, pp. 527-564.

Julio Estrada, Alexei. "Economía y ordenamiento constitucional", en *Teorías jurídicas y económicas del Estado*, Bogotá, Universidad Externado de Colombia, 2002.

López Gutiérrez, William. "La intervención del Estado en la economía colombiana", *Convergencia*, n.º 7, 1994.

Martín Mateo, Ramón. *Manual de Derecho Administrativo*, Navarra, Aranzadi, 2003.

Osuna Patiño, Néstor. "El modelo económico de la constitución colombiana y su aplicación judicial", en Víctor Bazán y Marie-Christine Fuchs (eds.). *Constitución y economía*, Bogotá, KAS, 2019.

Ricardo, David. *Principios de Economía Política y Tributación*, Madrid, Pirámide, 2003.

Rivas-Ramírez, Daniel y Édgar Hernán Fuentes-Contreras. "Una aproximación a la relación entre medio ambiente y derechos humanos. Casos de Brasil y Colombia", *Iberoamérica*, 2022 (1), 2022.

Robledo Silva, Paula. "La autonomía territorial como forma de reconocer particularidades dentro del Estado unitario", en Jorge Iván Rincón Córdoba (ed.). *Las transformaciones de la administración pública y del derecho administrativo*, t. 1, *Constitucionalización de la disciplina y evolución de la actividad administrativa*, Bogotá, Universidad Externado de Colombia, 2019.

Robledo Silva, Paula. "La calidad democrática en Colombia: Un análisis 'post' pandemia desde las afectaciones a la autonomía territorial", en José Tudela Aranda y Mario Köelling (eds.). *Covid-19, calidad democrática y parlamentos: una visión comparada*, Madrid, Marcial Pons, 2022.

Robledo Silva, Paula. "Una aproximación crítica a las competencias territoriales en materia de salud pública", en Jorge Iván Rincón Córdoba y Nicolás Cabezas Manosalva (eds.). *Derecho Administrativo Sanitario. Derecho a la salud, salubridad y condiciones sanitarias de las ciudades*, t. 1, Bogotá, Universidad Externado de Colombia, 2021.

Robledo Silva, Paula. *La autonomía municipal en Colombia*, Bogotá, Universidad Externado de Colombia, 2010.

Samuels, Warren y Medema, Steven. "Freeing Smith from the Free Market: On the Misperception of Adam Smith on the Economic Role of Government", *History of Political Economy*, 37, 2, 2005.

Smith, Adam. *La riqueza de las Naciones*, Amazon Digital Services, 2020.

Villaveces Niño, Juanita. "Estado y mercado en los clásicos: Smith y Ricardo", *Economía*, 9, 2006, p. 6.

Zárate Pérez, Aníbal. "La cláusula general de competencia de los entes territoriales en materia económica", *Revista Digital de Derecho Administrativo*, n.º 7, 2012.

JOSÉ IGNACIO HERNÁNDEZ G.*

Hiperpresidencialismo y administración económica fallida en América Latina

Sumario: Introducción. I. La fragilidad estatal y la regulación económica fallida. A. Las fallas de capacidad estatal y su impacto en la economía. Del Estado fallido al Estado frágil. B. La Administración económica fallida. II. Del hiperpresidencialismo y la Administración económica fallida a la buena administración centrada en la dignidad humana. A. El hiperpresidencialismo, el préstamo institucional de la figura de las administraciones independientes y la fragilidad estatal. B. De leviatanes de papel a leviatanes resilientes: hacia nuevos paradigmas de la Administración económica basados en la complementariedad de los sectores público y privado.

INTRODUCCIÓN

El Derecho administrativo económico en América Latina es un Derecho ambicioso, en el sentido de que demanda esfuerzos importantes para cumplir con los mandatos orientados a la trasformación del orden socioeconómico, que derivan no solo de la Constitución sino, en especial, del ordenamiento jurídico interamericano. Estos mandatos suponen promover condiciones reales de igualdad en la que es considerada la región más desigual del mundo. A pesar de la mejora de las últimas décadas, todavía se mantiene una brecha importante entre América Latina y el Caribe y regiones comparables, como lo ha resaltado el Banco Interamericano de Desarrollo (BID)[1].

---

* Profesor de Derecho Administrativo y Constitucional en la Universidad Católica Andrés Bello y la Universidad Central de Venezuela; profesor invitado en la Pontificia Universidad Católica Madre y Maestra, en la Universidad Castilla-La Mancha y en la Universidad La Coruña. Fellow, Growth Lab-Harvard Kennedy School. Correo electrónico: ignandez@gmail.com. ORCID: https://orcid.org/0000-0003-1031-8541.

1 Matías Busso y Julián Messina. "Panorámica de la desigualdad del ingreso", en *La crisis de la desigualdad: América Latina y el Caribe en la encrucijada*, Washington, Banco Interamericano de Desarrollo, 2020, p. 26.

GRÁFICO 1. EVOLUCIÓN DE LA DESIGUALDAD EN AMÉRICA LATINA Y EL CARIBE (ÍNDICE GINI)

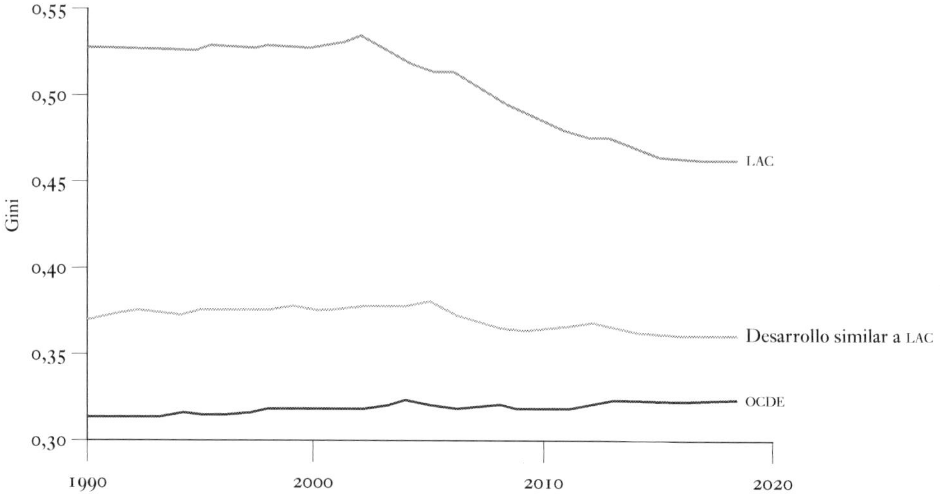

Fuente: Banco Interamericano de Desarrollo, 2020.

La pandemia de la COVID-19 ha agravado notablemente los efectos de dicha desigualdad. Así, con cerca del 8% de la población mundial, la región aportó aproximadamente el 28% de las muertes, lo que permite apreciar el efecto devastador que la pandemia está teniendo, no solo términos humanos, sino también, socioeconómicos[2]. La diferencia entre la igualdad formal reconocida en el Derecho administrativo económico de América Latina y la desigualdad imperante, refleja una brecha que, al menos en parte, se explica por la fragilidad estatal en la región. Así, Latinoamérica arrastra la fragilidad histórica de sus Estados, lo que se traduce en que no tienen capacidad suficiente para cumplir con los ambiciosos mandatos de transformación. Estas fallas son especialmente sensibles en el Derecho administrativo, con lo cual es posible hablar de un Derecho administrativo fallido. La fragilidad del Derecho administrativo explica –y, además, es incidida por– el arraigado hiperpresidencialismo en la región, que encuentra sus raíces históricas en la figura de los caudillos del siglo XIX,

---

2 Amnistía Internacional. *Américas: desigual y letal: cinco claves para recuperarse de la crisis de derechos humanos que desató la pandemia en América Latina y el Caribe*, Amnistía Internacional, 2022, p. 2.

y el liderazgo carismático surgido para paliar la fragilidad estatal. Por ello, América Latina tiende a tener débiles instituciones burocráticas con una propensión hacia las instituciones patrimoniales. De todo ello resulta que, como síntoma de la debilidad estatal, el hiperpresidencialismo es una condicionante adversa al desarrollo.

En este trabajo se aborda el hiperpresidencialismo desde la perspectiva interdisciplinaria del Derecho económico y las ciencias económicas y políticas, teniendo en cuenta los estudios que se han venido formulando sobre la interacción entre capacidad estatal y desarrollo, en especial por el BID, y para ello se divide de dos partes: en la primera se examinan los términos generales, la teoría de la capacidad estatal y la fragilidad institucional en América Latina, de acuerdo con su proyección en el Derecho administrativo económico, y en la segunda se analiza el hiperpresidencialismo como un síntoma de la fragilidad institucional, proponiendo algunas reformas que parten por asumir una nueva concepción del Derecho administrativo basada en la complementariedad entre los sectores público y privado.

I. LA FRAGILIDAD ESTATAL Y LA ADMINISTRACIÓN ECONÓMICA FALLIDA

El Derecho administrativo en América Latina[3] presupone la existencia de una Administración Pública con capacidad suficiente para cumplir con los cometidos estatales, incluso hasta para abusar de su poder, y de allí la necesidad de implementar técnicas de control. En suma, como Derecho estatal el Derecho administrativo presupone la existencia efectiva del Estado[4]. Pero esa premisa no siempre está presente, pues el Estado puede fallar. Desde el derecho administrativo, esto implica que la Administración pública

---

3 Cuando aludimos a Derecho Administrativo en América Latina en realidad nos estamos refiriendo al estudio comparado de los modelos de Derecho Administrativo en la región. En este estudio el método comparado se centra en la Administración Económica, o sea, en la intervención administrativa en la economía.

4 En cuanto al Derecho Administrativo como Derecho estatal, cfr. Allan R. Brewer-Carías. *Tratado de Derecho Administrativo*, vol. I, *El Derecho Administrativo y los principios fundamentales*, Madrid, Civitas y Thomson Reuters, 2013, pp. 667 y ss.

no siempre tiene la capacidad para cumplir con los cometidos públicos[5]. Este tema encuadra con el estudio de la inactividad administrativa, esto es, con la omisión de la Administración pública en la realización práctica de los cometidos estatales. Para este estudio interesa la inactividad en la realización de cometidos socioeconómicos que pueden explicarse por fallas de capacidad estatal[6].

A. LAS FALLAS DE CAPACIDAD ESTATAL Y SU IMPACTO EN LA ECONOMÍA. DEL ESTADO FALLIDO AL ESTADO FRÁGIL

La caída del bloque soviético impulsó el surgimiento de nuevos Estados que fueron reconocidos como sujetos de Derecho internacional público. En la práctica, sin embargo, esos Estados no siempre tenían la suficiente capacidad para cumplir con sus cometidos públicos, en especial, en lo que respecta al rasgo esencial del Estado, cual es el ejercicio del monopolio legítimo de la violencia, según el concepto acuñado por Weber[7]. Esto generó nuevas amenazas a la seguridad mundial que provenían de grupos para-estatales surgidos como resultado de dichas fallas en el monopolio de la violencia. Para justificar medidas de intervención militar a pesar de la soberanía estatal se acuñó el concepto Estado fallido[8].

---

5 Como recordara Sayagués Laso, la Administración Pública tiene a su cargo la gestión concreta de los cometidos que el Estado debe atender, de acuerdo con su Constitución y también con el Derecho Internacional. Cfr. Enrique Sayagués-Laso, *Tratado de Derecho administrativo*, I, Montevideo, 1974, pp. 48 y ss.

6 Sobre la inactividad administrativa, entre otros, cfr. Daniela Urosa Maggi. *Tutela judicial frente a la inactividad administrativa en el Derecho español y venezolano*, Caracas, Funeda, 2003, pp. 70 y ss.

7 Max Weber. *Max Weber's Complete Writings on Academic and Political Vocations*, Algora Publishing, 2013, p. 367.

8 Véase lo que explicamos con mayor detalle en José Ignacio Hernández G. "Capacidad estatal, emergencias complejas y derechos sociales", en *Constitucionalismo transformador, inclusión y derechos sociales*, Editora JusPodium, Salvador, 2019, p. 681. En cuanto a los orígenes del concepto de Estado fallido, cfr. Susan Woodward. *The Ideology of failed States*, Nueva York, Cambridge University Press, 2017, pp. 12 y ss., y 34 y ss.

Robert Rotberg ayudó a depurar el concepto, al señalar que el análisis no podía limitarse al binomio Estado perfecto-Estado fallido. En suma, todo Estado tiene limitaciones en su capacidad que le impiden cumplir adecuadamente sus cometidos, para lo cual se empleó la expresión Estado frágil[9]. Todo Estado tiene áreas de fragilidad, en el sentido de que tiene fallas de capacidad que le impiden cumplir efectivamente con los cometidos que le asignan el Derecho internacional y constitucional. Esto no quiere decir que los cometidos que el frágil Estado no puede atender quedan desatendidos, sino que, por el contrario, dan lugar a lo que se conoce como "áreas de limitada estatalidad", mediante las cuales la sociedad crea arreglos informales para procurar la atención de los cometidos que el Estado no puede asumir[10]. Esos arreglos informales van desde la corrupción hasta los mercados negros[11].

Ahora bien, la fragilidad estatal se traduce repercute en las instituciones políticas y económicas, o sea, en las reglas que definen los derechos económicos y fijan el rol del Estado en la economía[12]. Son esas instituciones las que asignan cometidos al Estado, que, en economía, suelen relacionarse con la garantía de acceso a bienes y servicios esenciales, debido a su conexión con Derechos Económicos, Sociales, Culturales y Ambientales (DESCA). El cumplimiento de esos cometidos supone un esfuerzo de transformación: a mayor esfuerzo requerido, mayor será la ambición de las instituciones[13]. Por lo tanto, si las instituciones son muy ambiciosas y el Estado tiene limitada

9 La expresión Estado fallido tiene connotaciones negativas en términos de colapso de la estructura central de poder y riesgos a la seguridad internacional, y por ello se prefiere aludir al Estado frágil, que no es más que el Estado que no tiene capacidad suficiente para cumplir con sus cometidos. Cfr. Robert Rotberg. "Failed States, Collapsed States, Weak States", en *State failure and State Weakness in a Time of Terror*, Washington, Cambridge, World Peace Foundation and Brookings Institution Press, 2003, pp. 1 y ss.

10 Thomas Risse. "Governance in Areas of Limited Statehood", en *The Oxford Handbook of Governance*, Oxford University Press, 2015, pp. 700 y ss.

11 Lant Pritchett *et al. Deals and Development*, Oxford, Oxford University Press, 2018, pp. 24 y ss.

12 Daron Acemoglu y James Robinson. *Why Nations Fail*, New York, Crown Business, 2012, pp. 70 y ss.

13 El concepto de instituciones se toma de Douglass North. *Institutions, institutional change and economic performance*, Cambridge University Press, 1999, pp. 3 y ss. Cfr.

capacidad, serán frágiles ante la brecha entre los cometidos que el Estado debe cumplir y aquellos que efectivamente puede cumplir.

Precisamente, en América Latina las instituciones han sido consideradas frágiles[14], pues los Estados no cuentan con la capacidad suficiente para implementar instituciones ambiciosas que promuevan la transformación del orden socioeconómico en condiciones de igualdad en el acceso a los bienes y servicios anejos a los DESCA. Así, Latinoamérica ha sido considerada una región de Estados frágiles, en el sentido de que los procesos de independencia fueron exitosos en términos de control territorial, pero no tanto en términos de construcción de mecanismos de dominación burocrática[15], basados en lo que se conoce como un orden de acceso abierto en el cual las instituciones políticas cuentan con reglas objetivas e impersonales[16]. La dominación burocrática alude en especial a la Administración Pública, que es el principal instrumento de cohesión social[17]. Con ello, la fragilidad estatal en la región es especialmente relevante respecto de la fragilidad de la Administración Pública, esto es, la fragilidad del Estado administrativo[18].

---

también Wolfang Kasper y Manfred Streit. *Institutional Economics. Social order and public policy*, Northampton, Edward Elgar, 1998, pp. 3-28.

14 Daniel Brinks *et al. Understanding Institutional Weakness. Power and design in Latin American institutions*, Cambridge Elements, Political and Society in Latin America, Cambridge, Cambridge University Press, 2019, pp. 11.

15 Sebastián Mazzuca. *Latecomer State Formation: Political Geography and Capacity Failure in Latin America*, New Haven, Yale University Press, 2021, pp. 387 y ss.

16 Douglass North *et al. Violence and social order. A conceptual framework for interpreting recorded human history*, Nueva York, Cambridge University Press, 2009, pp. 11 y ss.

17 Herman Heller. *Teoría del Estado*, México, Fondo de Cultura Económica, 2002, pp. 169 y ss.

18 La expresión Estado administrativo describe a la organización estatal en la cual la materialización de los cometidos públicos depende de organizaciones burocráticas del Poder Ejecutivo, y que, como consecuencia de las transformaciones sociales del siglo XX, han adquirido predominancia. Cfr. Waldo Dwight. *The administrative State. A study of the political theory of American Public Administration*, New Brunswick, Transaction Publishers, 2007, pp. 65 y ss. Por ejemplo, para el caso europeo, cfr. Sabino Cassese. "The Administrative State in Europe", en Sabino Cassese (ed.). *The Max Planck Handbooks in European Public Law*, vol. I, *The Administrative State*, Oxford, Oxford University Press, 2017, pp. 57 y ss.

Al trasladar estas consideraciones al Derecho administrativo económico podemos formular dos consideraciones generales. En *primer* lugar, el Derecho administrativo contiene instituciones, o sea, reglas que rigen la relación entre la Administración y las personas, en especial en el orden socioeconómico[19]. Estas instituciones son muy ambiciosas, pues se basan en la promoción de la igualdad, en la que es considerada la región más desigual del mundo[20]. La transformación que procura el Derecho Administrativo bajo este constitucionalismo social es resultado de la evolución política de inicios del siglo XX. Pero esta evolución no estuvo acompañada de la construcción de las capacidades estatales necesarias para cumplir los ambiciosos cometidos sociales[21]. En *segundo lugar*, las instituciones del Derecho administrativo económico son frágiles, vista la diferencia entre el marco jurídico ambicioso orientado a la igualdad material, y la situación imperante de desigualdad, agravada por la pandemia de la COVID-19[22]. Esta fragilidad explica principalmente la desigualdad en la región, lo que es una falla del Derecho administrativo que, pese a los esfuerzos, no ha logrado cerrar la brecha. Asimismo, dicha fragilidad puede explicar las

---

19 Esas reglas concretan y actualizan al Derecho Constitucional, de acuerdo con el postulado según el cual el Derecho Administrativo es el Derecho Constitucional implementado. Cfr. Eberhard Schmidt-Assmann. "Cuestiones fundamentales sobre la reforma de la Teoría General del Derecho Administrativo. Necesidad de innovación y presupuestos metodológicos", en Javier Barnés (ed.), *Innovación y reforma en el Derecho Administrativo*, Sevilla, Derecho Global, 2006, pp. 52 y ss. También implementan el Sistema Interamericano. Cfr. Flávia Piovesan. "Ius Constitutionale Commune Latinoamericano en Derechos Humanos e impacto en el Sistema Interamericano: rasgos, potenciales y desafíos", en *Ius Constitutionale Commune en América Latina. Rasgos, potencialidades y desafíos*, México, UNAM e Instituto Max Planck de Derecho Público Comparado y Derecho Constitucional, 2014, pp. 61 y ss.

20 Por todos, cfr. Armin von Bogdandy, "Ius Constitutionale Commune in America Latina: Observations on Transformative Constitutionalism", en *Transformative Constitutionalism in Latin America*, Oxford, Oxford University Press, 2017, pp. 27 y ss.

21 Roberto Gargarella, *Latin American Constitutionalism, 1810-2010: The Engine Room of the Constitution*, Oxford University Press, Oxford, 2013, pp. 140 y ss.

22 Como hemos expuesto en José Ignacio Hernández G. *El Derecho Administrativo en América Latina frente a la pandemia de la COVID-19*, Bogotá, Universidad del Rosario y Tirant lo Blanch, 2022.

instituciones informales que han surgido en las áreas de limitada estatalidad, como la corrupción y las economías ilícitas. Por lo anterior, es posible concluir que la fragilidad de la Administración económica es una condición adversa al desarrollo de América Latina[23].

Una forma de asomarse a dicha fragilidad estatal es examinando el Índice de Estados frágiles que publica el *Fund For Peace*[24].

GRÁFICO 2. ÍNDICE DE ESTADOS FRÁGILES, AMÉRICA LATINA (2021)

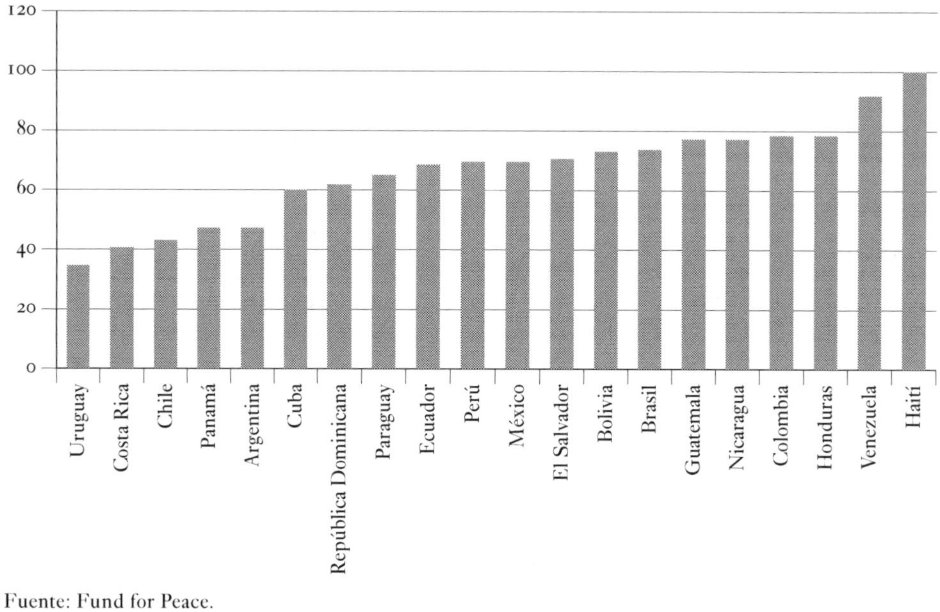

Fuente: Fund for Peace.

Como se observa, los dos extremos en la región son Haití y Uruguay. Pero más allá de esos casos extremos, interesa destacar que el 75% de los países se encuentran en zonas de riesgo[25]. Se aclara que el concepto que se mide

23 En general, sobre la interacción entre desarrollo y capacidad estatal, cfr. Mark Dincecco. *State Capacity and Economic Development Present and Past*, Cambridge, Cambridge University Press, 2017, pp. 10 y ss.

24 Tomado de https://fragilestatesindex.org/, consultada el 1.º de mayo de 2023. Como el índice mide la fragilidad, a mayor índice, mayor fragilidad, o sea, menor capacidad estatal.

25 Las zonas de riesgo identifican Estados cuya fragilidad puede afectar el cumplimiento

es la fragilidad estatal como patología común, y no los casos extremos de Estados fallidos, que quizás en la región podrían aplicar a Haití y Venezuela. Bajo esta perspectiva, y en términos comparados, los Estados de América Latina son Estados frágiles, todo lo cual deriva en condiciones adversas al desarrollo.

B. LA ADMINISTRACIÓN ECONÓMICA FALLIDA, EL RÉGIMEN EXORBITANTE, EL RIESGO DE INSTITUCIONES PATRIMONIALES Y DEL POPULISMO AUTORITARIO EN EL HIPERPRESIDENCIALISMO

Como las instituciones del Derecho administrativo en América Latina son frágiles, entonces la Administración económica es frágil, en el sentido de que en la región el Estado administrativo no tiene la capacidad necesaria para cumplir los mandatos ambiciosos de transformación que derivan del Derecho interamericano y del Derecho constitucional. El nivel de fragilidad varía notablemente en los países de la región e, incluso, dentro de los países. Lo que en todo caso interesa destacar es que la Administración económica de América Latina no tiene la capacidad necesaria para cumplir, de manera efectiva, los cometidos públicos asociados al desarrollo inclusivo[26].

En tal sentido, y siguiendo a la Corte Interamericana de Derechos Humanos, la actividad de la Administración económica para la materialización de estos mandatos puede clasificarse en dos grupos: puede asumir directamente la oferta de bienes y servicios orientados a dar satisfacción

---

de funciones básicas, lo que podría derivar en graves desórdenes, crisis económicas y políticas, y, eventualmente, violaciones de derechos humanos. Cfr. Fund For Peace. *Fragile State Index 2022*, Washington, pp. 6 y ss.

26 Corresponde a la Administración Pública la materialización concreta de los cometidos públicos, en especial, mediante el servicio a las personas. Solo la Administración Pública cumple, dentro de la Constitución, ese rol servicial o fiduciario. Con lo cual, la materialización de los cometidos de transformación corresponde a la Administración Pública. Como resume Rafael Bielsa. *Derecho administrativo*, t. 1, Buenos Aires, Depalma, 1955, pp. 199 y ss.: "El Estado no sólo realiza funciones jurídicas, sino de bienestar general que no son legislativas ni judiciales; se trata de la acción administrativa. La Ley crea un servicio público y la Administración pública lo realiza".

a los DESCA (actividad de prestación), o puede supervisar la oferta de esos bienes y servicios bajo la libre iniciativa privada (actividad de limitación)[27]. La forma en que estas dos técnicas interactúan depende de la Constitución económica de cada país y, en especial, cómo el Gobierno diseñe sus políticas públicas.

Tanto la actividad de prestación como la de limitación precisan de capacidades estatales, que pueden dividirse en cuatro granes categorías: i) la capacidad financiera, incluyendo el espacio fiscal para cubrir gastos públicos; ii) la capacidad de los empleados públicos, en especial, en lo que respecta a los conocimientos necesarios para llevar a cabo estas actividades; iii) las infraestructuras por medio de las cuales el Estado administrativo presta dichas actividades, por ejemplo, en términos de bienes muebles e inmuebles, y iv) la organización de los medios del Estado administrativo para la materialización de los ambiciosos mandatos de transformación[28].

La capacidad de la Administración económica, medida en estos cuatro elementos, siempre es limitada, lo que implica que normalmente existirán áreas de limitada estatalidad en las cuales podrán surgir instituciones informales, como el mercado negro y la corrupción, para cumplir las tareas que el Estado administrativo no puede llevar a cabo. La Administración económica es fallida cuando no cuenta con capacidad suficiente para cumplir sus cometidos, lo que es una situación común en la región pues, como vimos, el 75% de sus países presenta diversas áreas de riesgo en términos de fragilidad estatal.

Existen tres condiciones adicionales que agravan las consecuencias de esa fragilidad. La *primera* es el carácter ambicioso de los cometidos que la Administración económica debe cumplir, de lo cual resulta que las

---

27 Sentencia C-149 del 4 de julio de 2006, caso Ximenes Lopes *vs.* Brasil, en especial, párrafo 92.

28 Estos elementos son endógenos al Estado administrativo. Pero deben también considerarse elementos exógenos, que van desde la capacidad de los Poderes Legislativo y Judicial, pasando por la capacidad de la sociedad civil, hasta instituciones políticas como el sistema de partidos. En especial, y entre otros, cfr. Ernesto Stein *et al. La política de las políticas públicas. Progreso económico y social en América Latina. Informe 2006*, Banco Interamericano de Desarrollo y David Rockefeller Center for Latin American Studies at Harvard University, México, Editorial Planeta, 2006, pp. 7-17.

restricciones de capacidad derivan en mayores áreas de limitada estatalidad[29]. La *segunda* es que en América Latina el Derecho administrativo se basa en la idea del régimen jurídico exorbitante del Derecho común, en el cual la Administración pública está empoderada de privilegios y prerrogativas, todo lo cual realza su rol en la economía y, por ende, amplía las tareas que debe cumplir[30]. El mejor ejemplo es la idea de la *publicatio* en el concepto tradicional de servicio público; más allá de su imprecisión, se puede sostener que un rasgo común es la concepción según la cual el servicio público es una actividad administrativa, lo que implica que la Administración económica asume amplios cometidos para gestionar o garantizar la gestión de las actividades de servicio público, usualmente asociadas a la oferta de bienes y servicios anejos a los DESCA[31]. La *tercera* y última condición especial es el hiperpresidencialismo en América Latina. Como explicamos en la sección siguiente, la concentración de funciones en la Presidencia genera incentivos para debilitar la capacidad de la Administración pública.

II. DEL HIPERPRESIDENCIALISMO Y LA ADMINISTRACIÓN ECONÓMICA FALLIDA A LA BUENA ADMINISTRACIÓN CENTRADA EN LA DIGNIDAD HUMANA

El estudio del hiperpresidencialismo en América Latina es abordado en este trabajo desde la específica perspectiva de la fragilidad de la Administración económica. Retomando lo expuesto en la sección anterior, cabe recordar

---

29 Ashraf Ghani y Clare Lockhart. *Fixing failed States*, Oxford, Oxford University Press, 2008, pp. 131 y ss., y Francis Fukuyama. *State Building*, Cornell University Press, 2014, pp. 1 y ss.

30 Como se ha observado, la idea del Derecho Administrativo como un Derecho exorbitante del Derecho Común es consecuencia de la influencia del Derecho de Francia, España e Italia, y no tanto de la configuración positiva de ese Derecho en la región. Héctor Mairel. "The need for a comparative Administrative Law studies in Latin America", *Comparative Law Review*, n.º 6-1, 2015, pp. 1 y ss.

31 Juan Carlos Cassagne. "El servicio público", en Jaime Rodríguez-Arana y Libardo Rodríguez (eds.). *Curso de Derecho Administrativo iberoamericano*, Madrid, Editorial Comares e INAP, 2015, pp. 401 y ss.

que tradicionalmente la intervención del Estado –y en especial, del Estado administrativo– en la economía se ha justificado por diversas causas que podemos segregar en dos grupos. Desde el punto de vista *macroeconómico* el Estado administrativo interviene para procurar condiciones favorables de desarrollo, en términos de la estabilidad de los agregados económicos, en especial, la inflación. Esta intervención incluye técnicas administrativas asociadas con las funciones de los bancos centrales en la economía[32]. Por su parte, la intervención administrativa en la *microeconomía* se suele justificar en dos grandes causas[33]: i) los fallos de mercado que afectan la eficiencia en el intercambio de bienes y servicios, y ii) la redistribución de la riqueza para paliar situaciones de desigualdad[34]. En realidad, esta última causa también se puede analizar desde la teoría de los fallos de mercado, o de los mercados incompletos: cuando los mercados no pueden ofrecer bienes y servicios anejos a los DESCA en condiciones que aseguren la existencia digna, debido a condiciones de desigualdad, le corresponde al Estado administrativo intervenir para garantizar ese acceso equitativo.

Entonces, la gestión concreta de los cometidos económicos y sociales en el Derecho interamericano, constitucional y administrativo de América Latina corresponde al Estado administrativo, o sea, a los órganos y entes de la Administración económica, los cuales concentran diversas tareas y competencias. La amplitud de dichas tareas puede generar conflictos en el marco del principio de separación de poderes en sentido vertical, por ejemplo, en cuanto a las relaciones con los poderes legislativo y judicial[35]. Pero

---

32 Gregory Mankiw. *Principles of economics*, South-Western, Mason, 2012, pp. 669 y ss.

33 Robert Pindyck y Daniel Rubinfeld. *Microeconomics*, New Jersey, Persons, 2011, pp. 585 y ss.

34 Joseph Stiglitz, y Jay Rosengard. *Economics of the public sector*, Nueva York, W. W. Norton Company, 2015, pp. 59 y ss.

35 Una de las áreas de conflicto común es la amplitud de la habilitación del Poder Legislativo a la Administración económica para ordenar y limitar la liberta de empresa, o el ejercicio de poderes legislativos extraordinarios por el Poder Ejecutivo. En cuanto al Poder Judicial, suele estudiarse el margen de deferencia que la jurisdicción contencioso-administrativa debe respetar respecto de la actividad administrativa, en especial, en lo que concierne al ejercicio de la potestad discrecional o la aplicación de conceptos jurídicos indeterminados. Desde una perspectiva comparada, cfr. José

aquí interesa estudiar los conflictos que, en sentido vertical, surgen dentro del Poder Ejecutivo, entre la Administración económica y la Presidencia.

A. EL HIPERPRESIDENCIALISMO, EL PRÉSTAMO INSTITUCIONAL DE LA FIGURA DE LAS ADMINISTRACIONES INDEPENDIENTES Y LA FRAGILIDAD ESTATAL

En el plano formal predomina en América Latina el sistema presidencialista de Gobierno, en el sentido de que la Administración pública es dirigida por el presidente electo popularmente, quien actúa en el marco de los controles definidos en la Constitución, tanto el parlamentario como el judicial[36]. Pero desde el Derecho constitucional comparado lo que caracteriza a la región es la concentración de funciones en la Presidencia de la República, en lo que se ha llamado hiperpresidencialismo[37].

Desde la perspectiva del Derecho constitucional, el hiperpresidencialismo se puede entender a partir de tres dimensiones en cuanto a la descentralización político-territorial: a) existe una concentración de funciones en el Poder Ejecutivo Nacional –dirigido por la Presidencia– respecto de los niveles subnacionales; b) dentro del Poder Ejecutivo Nacional la Presidencia concentra competencias en comparación con los órganos y entes de ese

---

Ignacio Hernández G. *La libertad de empresa y sus garantías jurídicas. Estudio comparado del Derecho español y venezolano*, Caracas, Iesa-Funeda, 2004, pp. 134 y ss.

36 La definición del sistema presidencialista en el Derecho constitucional comparado incluye diversos matices y clasificaciones, por ejemplo, según se trate de un sistema puro o impuro, esto es, según el alcance práctico del principio de separación de poderes. A los fines de este estudio, basta con señalar que, en sentido descriptivo, el sistema presidencialista se caracteriza por asignar la dirección del Gobierno y de la Administración del Poder Ejecutivo Nacional a la Presidencia, cuyo titular es electo democráticamente. Cfr. Humberto Noguera Alcalá. "La tipología de gobiernos presidencialistas en América Latina y Gobiernos semipresidencialistas en Europa", *Estudios Constitucionales*, vol. 5, n.º 2, 2017, pp. 15 y ss.

37 El hiperpresidencialismo es una expresión descriptiva que tiende a analizar la concentración de funciones en la Presidencia. Cfr. Marcelo Alegre y Maisley Nahuel. "Presidentialism and Hyper-Presidentialism in Latin America", en Conrado Hübner *et al.* (ed.). *The Oxford Handbook of Constitutional Law in Latin America*, Oxford, Oxford University Press, 2022, pp. 384 y ss.

poder, y c) en un plano horizontal la Presidencia concentra funciones propias en comparación con las funciones de los poderes legislativo y judicial.

Para aproximarnos a la intensidad de las funciones concentradas en la Presidencia podemos tomar el índice del presidencialismo preparado por V-Dem, que solo cubre a algunos países de América Latina; y para facilitar el contraste, hemos incluido también la valoración del índice en Estados Unidos[38].

GRÁFICO 3. ÍNDICE DE PRESIDENCIALISMO, PAÍSES DE AMÉRICA LATINA Y ESTADOS UNIDOS (2022)

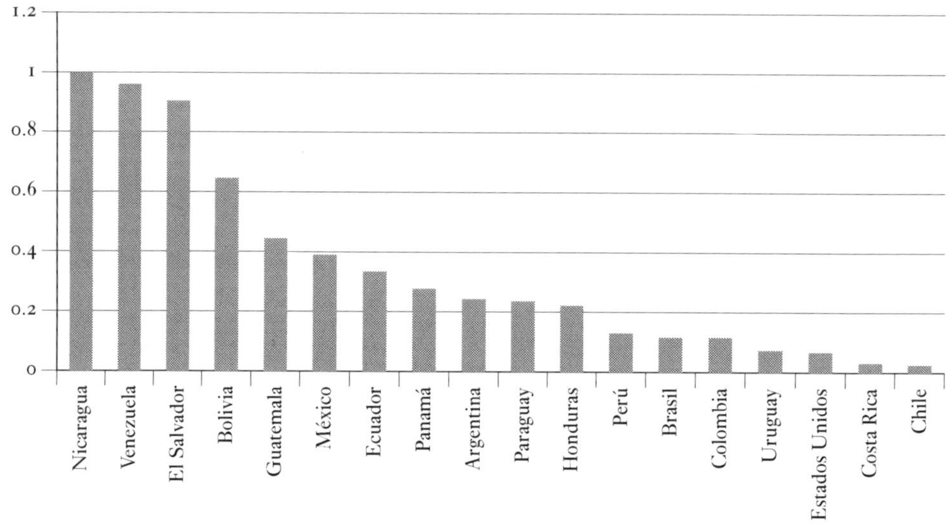

Fuente: V-Dem Institute.

Como se observa, en comparación con Estados Unidos, la concentración de funciones en la Presidencia tiende a ser más elevada, en especial, en países como Nicaragua, Venezuela, El Salvador y Bolivia. Por su parte, Uruguay, Costa Rica y Chile presentan valores similares o inferiores a

38 El índice captura la concentración del poder político en el titular de la Presidencia, con reducida delegación de responsabilidades, y con bajo control externo. A mayor puntuación, mayor concentración de funciones, y por ende, menores condiciones favorables a la democracia y la rendición de cuentas. Cfr. https://www.v-dem.net/, consultada el 1.º de mayo de 2023.

Estados Unidos. Nótese que, más allá de la influencia del constitucionalismo de Estados Unidos en el diseño del sistema presidencialista, América Latina tiende a caracterizarse por un grado mayor de concentración de funciones en la Presidencia, lo que se traduce en un sistema más débil de separación de poderes[39].

Desde la perspectiva de la intervención pública en la economía, interesa destacar la diferencia entre Gobierno y Administración en el contexto de este hiperpresidencialismo. En el sistema presidencialista, tanto el uno como el otro se integran en el Poder Ejecutivo, y son dirigidos desde la Presidencia[40], por lo que la Presidencia es, al mismo tiempo, la máxima autoridad del Gobierno y de la Administración. Ello es particular pues, siguiendo la doctrina española[41], existen tensiones entre ambos roles.

---

39 En todo caso, como advierte Gabriel Negretto. "La reforma del presidencialismo en América Latina. Hacia un modelo híbrido", en *Revista Uruguaya de Ciencias Políticas*, vol. 27, n.º 1, 2018, pp. 131 y ss., no es posible formular consideraciones generales, en el sentido de que, más allá de la apreciación en conjunto que se pueda hacer, lo cierto es que en la región se aprecian reformas de signo opuesto, en el sentido de la concentración de funciones en la Presidencia o de distribución más equitativa entre los poderes públicos. De igual manera, las recurrentes crisis presidenciales en la región evidencian que no existe correlación entre la concentración formal de competencias en la Presidencia y la estabilidad del Gobierno. Cfr. Dieter Nohlen. "Elecciones y democracia en América Latina. El desafío autoritario-populista", en Allan Brewer-Carías (ed.). *Elecciones y democracia en América Latina: el desafío autoritario-populista*, Caracas, Editorial Jurídica Venezolana 2021, pp. 46 y ss.

40 Por ejemplo, el artículo 189 de la Constitución de Colombia define la Presidencia como el órgano que integra tres jefaturas: la del Estado, la del Gobierno, y la de la Administración Pública (aquí, en el sentido de "suprema autoridad administrativa"). El artículo 122 de la Constitución de la República Dominicana asigna a la Presidencia las funciones de jefatura de Estado y de Gobierno. El artículo 226 de la Constitución de Venezuela dispone que el presidente es el jefe del Estado y del Ejecutivo "quien en tal condición dirige la acción del Gobierno". Para una comparación del poder político de la Presidencia en comparación con el gabinete o consejo de ministros, cfr. Víctor Araujo *et al.* "Measuring Presidential dominance over cabinets presidential systems: constitutional designs and power sharing", *Brazilian Political Science Review*, n.º 10-2, 2016, pp. 1 y ss. La valoración que los autores hacen toma en cuenta el marco jurídico constitucional, y no la esfera real de poder que concentra la Presidencia.

41 Sebastián Martín-Retortillo Baquer. *Administración y Constitución*, Madrid, Instituto de Estudios de Administración Local, 1981, p. 16.

Como jefe del Gobierno –y en tal virtud, de elección popular–, el titular de la Presidencia dirige las políticas públicas económicas basadas en consideraciones predominantemente políticas, de acuerdo con el correspondiente programa de gobierno. Pero en tanto jefe de la Administración, la Presidencia se debe orientar por el principio de objetividad y, en concreto, por el servicio efectivo a las personas, como lo reconocen expresamente algunas Constituciones[42]. El Gobierno, de vocación política, controla la Administración, que ha servir con objetividad a las personas.

En teoría, las tensiones entre una y otra funciones son resueltas por el Derecho administrativo a través de principios llamados a realzar la objetividad y, también, a paliar el déficit democrático de la Administración, en tanto sus empleados son designados bajo criterios técnicos por el Gobierno electo democráticamente[43]. En América Latina el carácter servicial o fiduciario de la Administración pública, y los principios llamados a paliar su déficit democrático a través de la rendición de cuentas y la participación ciudadana, han sido englobados en los estándares de la buena administración, los cuales realzan la calidad de la actividad administrativa[44].

En América Latina las tensiones entre la Presidencia como jefatura del Gobierno de orientación política, y como jefatura de la Administración que sirve con objetivad, tienden a ser más graves a resultas del hiperpresidencialismo asociado a la expansión de los cometidos del Estado administrativo. Así, entre las amplias atribuciones de la Presidencia de la República

---

42 Es común encontrar disposiciones que protegen la objetividad y profesionalización de la función pública, como sucede por ejemplo con el artículo 37 de la Constitución de Brasil, que diseña un régimen estatutario basado en el acceso abierto por méritos profesionales. Las recientes Constituciones enumeran principios generales de Derecho Administrativo que realzan la objetividad de la Administración, como es el caso del artículo 232 de la Constitución de Bolivia. Al mismo tiempo, el articulo 172.4 de esa Constitución encomienda a la Presidencia la dirección de la Administración Pública.

43 Susan Rose-Ackerman. *Democracy and Executive Power. Policymaking Accountability in the US, the UK, Germany, and France*, Yale University Press, 2021, pp. 1 y ss. En especial, cfr. Guillermo O'Donell. "Delegative Democracy", *Journal of Democracy*, n.º 1-5, 1994, pp. 55 y ss.

44 En general, cfr. Jaime Rodríguez-Arana Muñoz y José Ignacio Hernández G. *Estudios sobre la buena administración en Iberoamérica*, Caracas, Editorial Jurídica Venezolana, 2017.

el Derecho constitucional reconoce diversas funciones asociadas a la promoción del desarrollo y, en especial, a la redistribución de la riqueza, típicamente, expresada en el valor de la justicia social[45].

Como resultado de la fragilidad estatal, la capacidad de la Presidencia de ejecutar políticas públicas a través de los mecanismos de dominación burocráticos de la Administración pública puede tener alcance limitado, lo que daría lugar a brechas entre el ámbito de *iure* y el ámbito de *facto*. Estas brechas crean condiciones favorables para desarrollar políticas de corte patrimonial, en especial, si la Presidencia es ejercida por liderazgos carismáticos, todo lo cual eleva el riesgo de patologías, como el clientelismo[46].

Por ende, no es de extrañar que América Latina haya sido considerada como la tierra del presidencialismo[47] y del populismo[48]. Debemos advertir que al efecto tomamos un concepto neutral de populismo, definido como la retórica que exalta la protección de la voluntad popular frente a las élites, típicamente asociado con liderazgos carismáticos basados en la defensa del pueblo[49].

---

45 El rol de la Presidencia en la economía depende de las diversas funciones que suelen asignársele. Por ejemplo, es común asignar a la Presidencia la administración de la hacienda pública, lo que se traduce en poderes de recaudación tributaria y ejecución del gasto público (art. 140.7 de la Constitución de Costa Rica). La otra función que suele asignarse a la Presidencia es la planificación económica y la suprema dirección de las políticas públicas como, por ejemplo, dispone la Constitución de Ecuador (art. 147, nums. 3 y 4).

46 Francis Fukuyama. *Political order and political decay*, New York, Farrar, Strauss and Giroux, 2014, pp. 26 y ss.

47 José Antonio Chaubub *et al.* "Still the land of presidentialism? Executives and the Latin American Constitution", en Detlef Noite y Almut Schilling-Vacaflor (eds.). *Constitutionalism in Latin America: Promises and Practices*, Ashgate, 2012, pp. 73 y ss. Se destaca la concentración de la función legislativa en la Presidencia, p. 94.

48 Carlos de la Torre. "Populism in Latin America", en *The Oxford Handbook of Populism*, Oxford, Oxford University Press, 2017, pp. 197 y ss.

49 Cass Mudde y Cristóbal Kaltwasser. "Exclusionary *vs.* Inclusionary Populism: Comparing Contemporary Europe and Latin America", *Government and Opposition*, n.º 48*(2)*, 2013, pp. 147 y ss. Cfr. también Katrina Burguess y Steve Levitsky. "Explaining Populist Party Adaptation in Latin America: Environmental and Organizational Determinants of Party Change in Argentina, Mexico, Peru, and Venezuela". *Comp. Polit. Stud.*, 36, 8, 2013, pp. 881 y ss.

Ocasionalmente el populismo puede degenerar en medidas autoritarias, caso en el cual se emplea la expresión autoritarismo-populista[50].

En Latinoamérica el populismo se puede entender como uno de los síntomas de la fragilidad estatal, en la medida en que el ámbito de acción limitado del Estado administrativo burocrático es suplido por el liderazgo presidencial carismático basado en relaciones patrimoniales. Como resultado de la fragilidad estatal existe una brecha entre el ámbito *de iure* de las funciones de la Presidencia y su relación con el Estado administrativo, y el ámbito *de facto* del poder carismático de la Presidencia y sus relaciones patrimoniales. Con lo cual, el hiperpresidencialismo no solo deriva del diseño constitucional, sino también de la fragilidad estatal, propensa al surgimiento de instituciones informales basadas en la retórica populista[51].

Ahora bien, en la economía el ámbito *de facto* del hiperpresidencialismo y la retórica populista generan riesgos de instituciones extractivas o predatorias que destruyen los mecanismos de mercado, agravan la desigualdad y, en suma, degeneren en patologías como el clientelismo[52]. Más en concreto, desde la teoría de la regulación económica la fragilidad estatal puede aumentar los riesgos de que el proceso de toma de decisiones de políticas públicas no se oriente al servicio objetivo de las personas, sino a presiones de ciertos grupos económicos y políticos, en lo que usualmente se conoce como la captura del regulador[53]. Antes que servir con objetivi-

---

50 Pippa Norris y Ronald Inglehart. *Cultural Backlash. Trump, Brexit and authoritarian populism*, Cambridge, Cambrige Universy Press, 2019, pp. 3 y ss., y 65 y ss.

51 El presidencialismo latinoamericano ha sido caracterizado como un cesarismo representativo, lo que se puede explicar, entre otras razones, por la tendencia a la personificación del poder producto de la inmadurez política, o bajo nuestra perspectiva, la fragilidad estatal. Cfr. Humberto Nogueira Alcalá. "Los presidencialismos latinoamericanos", en Miguel Carbonell Sánchez *et al. Estado constitucional, derechos humanos, justicia y vida universitaria. Estudios en homenaje a Jorge Carpizo*, t. 4, vol. 2, México, Instituto de Investigaciones Jurídicas de la UNAM, 2013, pp. 403 y ss.

52 Daron Acemoglu y James Robinson. *Why Nations Fail*, cit.

53 Cfr. el trabajo clásico de George Stigler. "The Theory of Economic Regulation", *The Bell Journal of Economics and Management Science*, vol. 2, n.º 1, 1971, pp. 3 y ss. Esta observación es el fundamento de la llamada escuela del *public choice* o de la elección pública, de acuerdo con la cual la demanda por regulación genera incentivos para que el sector regulado incida en su contenido y alcance. Cfr. Sam Peltzman. "The theory

dad a las personas, la Administración económica puede degenerar en un frágil instrumento de políticas públicas que sirven a intereses políticos y económicos, lo que crea condiciones propicias para agravar la desigualdad y la pobreza.

Con ocasión de las políticas de liberalización implementadas en el marco del Consenso de Washington, América Latina importó la figura de las agencias reguladoras propias de Estados Unidos en forma de administraciones independientes[54], entendiendo por tales la organización administrativa que asume la ordenación y limitación de cierto sector económico, es decir, un ámbito de autarquía frente a la Presidencia[55]. Esto se

---

of economic regulation after 50 years", *Public Choice*, n.º 193, 2022, pp. 7 y ss. Seguimos lo expuesto en José Ignacio Hernández G. *Derecho Administrativo y regulación económica*, Caracas, Editorial Jurídica Venezolana, 2006, pp. 234 y ss.

54 Para el contexto de esas políticas, cfr. Peter Kingstone. *Economy of Latin America. Reflections on neoliberalism and development after the commodity boom*, Nueva York, Routledge, 2018, pp. 55 y ss. La denominación de esas Administraciones varía. Así, en ocasiones se alude a autoridades administrativas independientes (Guillermo Treacy. "La inserción de las autoridades administrativas independientes en el Derecho Público argentino: algunos problemas constitucionales", *Revista de la Facultad de Derecho*, n.º 48, Montevideo, Universidad de la República, 2020, pp. 1 y ss.), y también a las agencias reguladoras (Rogério Gesta-Leal, y Janrié Rodriguez-Reck. "A regulação da contratação pública pelas agências reguladoras: limites e posibilidades", en *Revista Digital de Derecho Administrativo*, n.º 19, Universidad Externado, Bogotá, 2017, pp. 49 y ss.).

55 En sentido estricto, y de acuerdo con la teoría general de la organización administrativa, el rasgo distintivo de las llamadas Administraciones Independientes es que tienen un ámbito propio de competencias con un reducido control desde la Presidencia y los ministerios, control que incluso puede suprimirse, o condicionarse a controles parlamentarios. Esto modifica el control administrativo que deriva de la adscripción de esas Administraciones –en particular, y según los casos, el control de tutela y jerárquico– y en especial, disminuye –o elimina– la discrecionalidad de la Presidencia para la designación y remoción de la máxima autoridad de esas Administraciones, y en general, para controlar sus decisiones. Estos atributos coinciden con el concepto de autarquía, esto es, la capacidad de la organización administrativa de ejercer sus competencias sin directrices o controles políticos intensos (Manuel María Díez. *Derecho Administrativo*, t. 2, Buenos Aires, Editorial Plus Ultra, 1972, pp. 79 y ss.). Lo cierto es que, desde la perspectiva del Derecho Administrativo Económico, siempre es preferible aludir a la Administración Sectorial, o sea, aquella a cargo de la ordenación

traduce en el atemperamiento o, en su caso, la supresión de los controles de adscripción y tutela, en especial, bajo reglas especiales que limitan –o eliminan– la discrecionalidad presidencial designando y removiendo a las máximas autoridades de estas administraciones[56].

La recepción de esta figura se puede entender como una respuesta a la fragilidad del Estado burocrático para contrarrestar su degeneración en Estado patrimonial vistos los efectos económicos adversos que ello puede acarrear. Así, con la intención de reducir los poderes derivados del hiperpresidencialismo se llevó al extremo la constitucionalización del principio de objetividad de la Administración pública en la relación entre la Administración económica y el Gobierno[57]. En tanto la autarquía de estas administraciones redujo su legitimidad democrática, se implementaron reglas especiales de procedimiento administrativo para promover la consulta y participación ciudadanas, y fortalecer así los principios de rendición de cuentas transparentes[58].

Sin embargo, esto no varió el concepto de régimen exorbitante, lo que dio lugar a una interesante combinación: las agencias reguladoras inspiradas en el Derecho administrativo de Estados Unidos, que ejercen privilegios y prerrogativas comunes del modelo francés. Por ello, estas agencias no

---

y limitación de determinado sector económico. No existe como tal una organización especial de Administración Independiente (Consuelo Sarria. "¿Las agencias son unidades administrativas especiales?", *Revista Digital de Derecho Administrativo*, n.º 13, Bogotá, Universidad Externado, 2015, p. 252). Por ello, "es posible sostener que, al margen de su denominación, 'agencia' no alude en estricto sentido a una nueva categoría de organización" (María Clara Garrido. "Las agencias estatales de naturaleza especial en Colombia", en *Revista Digital de Derecho Administrativo*, n.º 17, Bogotá, Universidad Externado de Colombia, 2017, p. 268).

56 Entre otros, cfr. Carlos Delpiazzo. "Transformaciones en la organización de los entes públicos", en Mariano Brito y Carlos Delpiazzo. *Derecho administrativo de la regulación económica*, Montevideo, Universidad de Montevideo, 1998, pp. 53 y ss.

57 Luis Ferney Moreno Castillo, *Teoría de la regulación. Hacia un Derecho Administrativo de la regulación*, Bogotá, Universidad Externado de Colombia, 2019, pp. 106 y ss.

58 Óscar Aguilar Valdéz. "Entes reguladores de servicios públicos. Apuntes sobre su funcionamiento", en AA.VV. *VI Jornadas Internacionales de Derecho Administrativo Allan Randolph Brewer-Carias. El nuevo servicio público*, Caracas, Funeda, 2001, pp. 157 y ss.

variaron la propensión estatista del Derecho administrativo basado en la rivalidad entre los sectores público y privado, y la primacía del sector público en áreas anejas al interés público[59].

Por supuesto, tampoco la recepción de la figura de las administraciones independientes estuvo necesariamente acompañada de la construcción de las capacidades burocráticas, exigentes por lo demás, que esta Administración requiere. Mientras en Estados Unidos el Estado administrativo cuenta con capacidad para la afectiva implementación de las agencias reguladoras, en América Latina la fragilidad estatal es una condición adversa al efectivo funcionamiento de las administraciones independientes. Y si, a pesar de la capacidad estatal, en Estados Unidos las agencias han fallado, en América Latina la probabilidad de esas fallas es aún mayor[60]. Por lo anterior, en la práctica, la en Latinoamérica la administración independiente luce como una institución tomada del Derecho de Estados Unidos –y por influencia de este, del Derecho Europeo[61]– en un proceso de arriba hacia abajo (*top-down*), que no necesariamente estuvo acompañado por la construcción de capacidades estatales y por el diseño de instituciones que consideren la particularidad de la región (*bottom-up*). De allí que la figura de la Administración independiente, en sí misma, no modificó la propensión estatista del frágil Derecho administrativo económico, ni tampoco redujo –por sí sola– los efectos adversos que el hiperpresidencialismo tiene, en términos de

---

59 Vale la pena recordar que el énfasis del Derecho Administrativo de Estados Unidos en la figura de las agencias reguladoras responde a un aspecto meramente práctico. Así, de conformidad con la Ley de Procedimiento Administrativo, el Derecho Administrativo aplica a la actividad de las agencias que inciden en derechos privados, esto es, en su actividad reguladora. Cfr. Stephen Breyer *et al. Administrative Law and regulatory policy*, Nueva York, Wolters Kluwer, 2011, pp. 3 y ss. Por el contrario, en América Latina el Derecho Administrativo tiende a girar en torno a la Administración Pública y al régimen jurídico-administrativo. Las Administraciones Independientes o agencias son, así, Administraciones Públicas sometidas a un régimen exorbitante del Derecho Común.

60 Como quedó en evidencia con la crisis financiera global de 2008. Cfr., por ejemplo, Joseph Singer. *No freedom without regulation: the hidden lesson of the subprime crisis*, New Haven, Yale University Press, 2015, pp. 59 y ss.

61 José Esteve Pardo. *Principios de Derecho regulatorio. Servicios económicos de interés general y regulación de riesgos*, Marcial Pons, Madrid, 2021, pp. 93 y ss.

riesgos de políticas clientelares y predatorias. Tomando el ejemplo –extremo, por lo demás– de Venezuela, la autarquía de ciertas Administraciones independientes –como el Banco Central de Venezuela– reconocida en ambiciosas reglas de Derecho constitucional y administrativo, no fueron efectivamente cumplidas como resultado de la fragilidad estatal, lo que facilitó la captura del Banco Central por el hiperpresidencialismo[62].

Un índice que ayuda a comprender el grado de fragilidad de las Administraciones independientes es la calidad regulatoria, medida por el Banco Mundial[63] (gráfico 4).

A mayor percentil mayor calidad regulatoria. A pesar de que este concepto no se circunscribe solo a la actividad regulatoria del Estado administrativo, sino al Gobierno en general, en todo caso se puede asumir que la capacidad de la Administración económica está especialmente capturada en este indicador, en cuanto a su habilidad para promover instituciones inclusivas. Como se observa, en la región la escala va desde Chile hasta Venezuela. El promedio es 40, lo que permite formular la siguiente comparación (gráfico 5).

Tan solo de manera ilustrativa conviene observar cómo la calidad regulatoria promedio de América Latina es muy inferior a la capacidad de Estados Unidos y España, a pesar de que el modelo regulatorio de las administraciones independientes en la región está, en mayor o menor medida,

---

62 Véase lo que exponemos en José Ignacio Hernández G. “Comentarios a la reforma de 2015 de la Ley de Banco Central de Venezuela y su defensa por la Sala Constitucional”, *Revista de Derecho Público*, n.º 145-146, Caracas, 2016, pp. 107 y ss.

63 Los Indicadores Mundiales de Gobernanza (*Worldwide Governance Indicators*) permiten apreciar la calidad de la gobernanza, definida a estos efectos como las prácticas e instituciones a través de las cuales se ejerce el Gobierno en los países, incluyendo cómo se seleccionan los gobiernos, y cómo son monitoreados y eventualmente reemplazados. Uno de los indicadores es la calidad regulatoria, que captura las percepciones en cuando a la habilidad del Gobierno de formular e implementar políticas públicas y regulaciones claras que promuevan el desarrollo del sector económico privado. Cfr. https://info.worldbank.org/governance/wgi/Home/Documents. En cuanto a la metodología, cfr. Daniel Kaufman *et al.* “The Worldwide Governance Indicators: Methodology and Analytical Issues”, *World Bank Policy Research Working Paper*, n.º 5430, 2010, tomado de https://ssrn.com/abstract=1682130, consultada el 1.º de mayo de 2023.

GRÁFICO 4. CALIDAD REGULATORIA (2021)

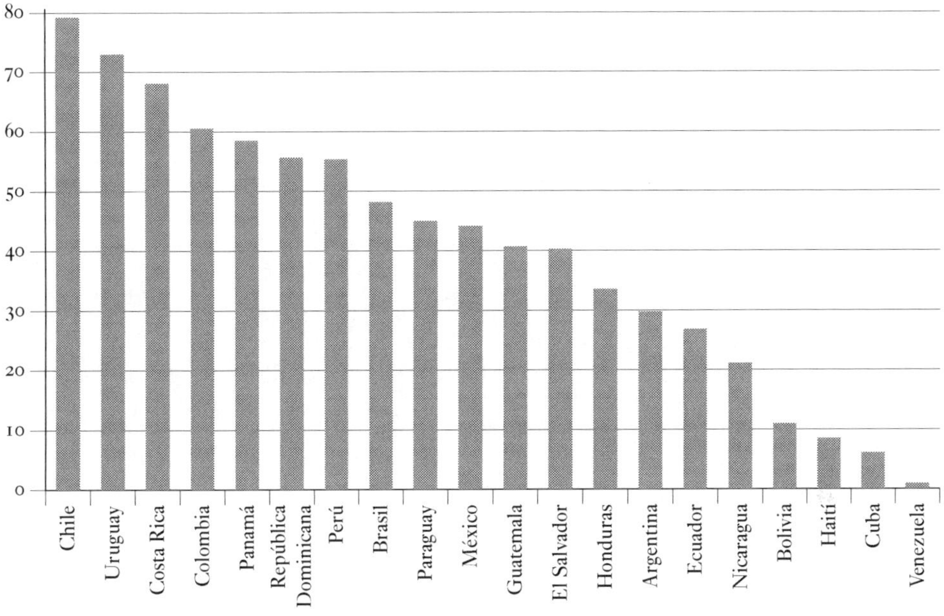

Fuente: Banco Mundial.

GRÁFICO 5. CALIDAD REGULATORIA, AMÉRICA LATINA Y OTRAS REGIONES (2021)

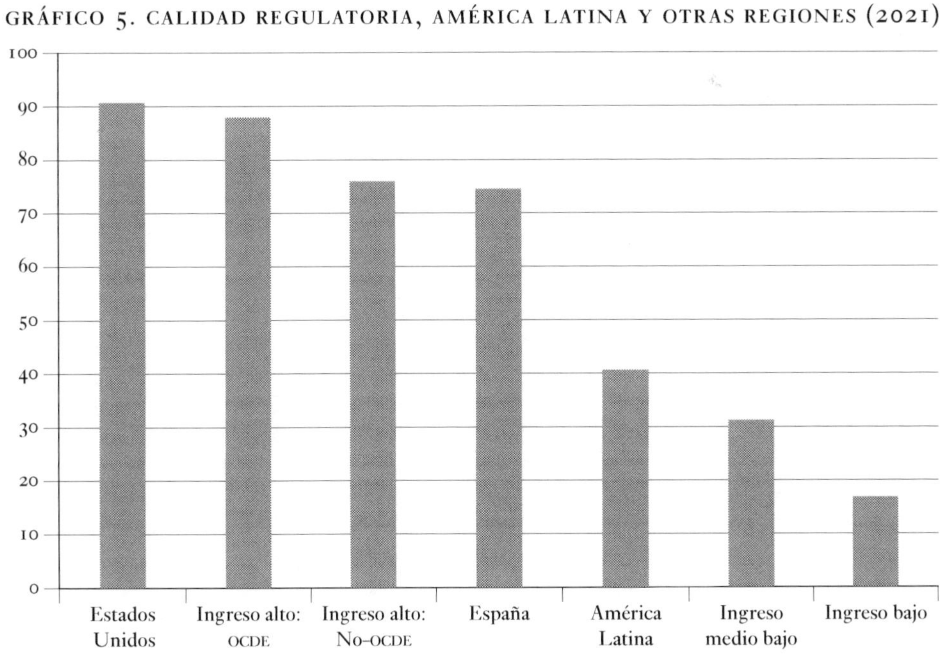

Fuente: Banco Mundial.

informado por el modelo de las agencias reguladoras en esos dos países. Esto puede ser tomado como otro indicio de cómo la región importa instituciones muy ambiciosas, para "parecerse a un Estado", sin tener en cuenta las específicas condiciones que inciden en la capacidad del Estado administrativo[64].

Esto es importante tenerlo en cuenta ante la creciente importancia que toma en la región el tema de la calidad o mejora regulatoria[65]. Esta calidad no depende –solo– de la promulgación de leyes, reglamentos y planes de mejora regulatoria, sino también de la capacidad efectiva de la Administración pública para diseñar e implementar con objetividad políticas públicas, atendiendo a todo el ciclo regulatorio y, muy en especial, al impacto regulatorio basado en análisis costo-beneficio[66]. Es esa capacidad, más que el ámbito de autarquía formal reconocida a las Administraciones independientes, el elemento que puede prevenir la politización de la política regulatoria en el marco del hiperpresidencialismo.

B. DE LEVIATANES DE PAPEL A LEVIATANES RESILIENTES: HACIA NUEVOS PARADIGMAS DE LA ADMINISTRACIÓN ECONÓMICA BASADOS EN LA COMPLEMENTARIEDAD DE LOS SECTORES PÚBLICO Y PRIVADO

Al estudiar la interacción entre las capacidades de la sociedad civil y del Estado, Acemoglu y Robinson observan que un grupo de países ha logrado combinar sociedades capaces con Estados con fortaleza institucional, lo cual determina un ámbito –o corredor – en el cual la libertad puede prosperar.

---

64 Más allá de la fragilidad estatal, pueden importarse instituciones diseñadas para Estados con mayor capacidad, para así, "parecerse a un Estado". Esto determina adversamente la calidad de las instituciones que son replicadas. Cfr. Lant Pritchett *et al.* "Looking like a state: techniques of persistent failure in state capability for implementation", *Journal of Development Studies*, n.º 49, 1, 2013, pp. 1 y ss.

65 Bernardo Carvajal Sánchez. "¿Cómo asegurar calidad regulatoria?", *Revista Digital de Derecho Administrativo*, n.º 9, Bogotá, Universidad Externado de Colombia, 2013, pp. 41 y ss.

66 Pedro Farías *et al.* *¿Preparados para regular?: Lecciones y desafíos de la regulación en América Latina y el Caribe*, Washington, Banco Interamericano de Desarrollo, 2022.

Así, la sociedad civil con capacidad puede contrarrestar los riesgos de abuso del Estado y, además, interactuar con este para la efectiva realización de los cometidos públicos. Por su parte, los Estados con fortaleza institucional pueden proveer los insumos que la sociedad privada necesita, desde la garantía del orden público, pasando por la provisión de bienes públicos, hasta la implementación efectiva y trasparente de políticas redistributivas. Con ello se evitan dos extremos, a saber: el leviatán despótico –Estados fuertes y sociedades débiles– o el leviatán ausente –Estados débiles y sociedades fragmentadas[67].

Para caracterizar a América Latina los autores emplearon la expresión leviatanes de papel, pues el Estado es muy débil como para degenerar en un leviatán despótico, sin llegar al extremo de los leviatanes ausentes –salvo quizás, en casos extremos como Haití y Venezuela–. Asimismo, en América Latina la fragilidad estatal afecta las capacidades de la sociedad civil, pues el frágil Estado administrativo no puede cumplir, adecuadamente, sus funciones económicas[68]. Es por lo anterior que el hiperpresidencialismo no es solo un aspecto de diseño constitucional, sino también resultado de las instituciones informales que se han formado en las áreas de limitada estatalidad. Así, al disminuir la capacidad de dominación burocrática por medio de la Administración pública, la fragilidad del Estado crea incentivos para desarrollar relaciones patrimoniales basadas en el liderazgo carismático de quien ocupa la Presidencia. En cierto modo, los caudillos del siglo XIX, que surgieron a resultas de la fragilidad de los incipientes Estados, se transformaron en el hiperpresidencialismo del siglo XX, continuado también en el siglo XXI[69].

Por ello, la tentación autoritario-populista en América Latina, que es –al menos en parte– una consecuencia de la fragilidad de la dominación

---

67 Daron Acemoglu y James Robinson. *The narrow corridor. States. Societies and the fate of liberty*, Nueva York, Penguin Press, 2019, pp. 344 y ss.

68 La fragilidad estatal arrastra, así, la fragilidad de la sociedad civil. Cfr. Joel Migdal. *Strong societies and weak states*, Nueva Jersey, Princeton University Press, 1988, pp. 33 y ss.

69 Puede verse Aníbal Pérez Liñán y Eduardo Pagés Jiménez. *Democratic Backslide and authoritarian resurgence in Latin America*, Centro NORC de la Universidad de Chicago e Instituto Kellogg de Estudios Internacionales, 2022.

burocrática, pone en riesgo el principio de objetividad de la Administración que, de una organización al servicio objetivo de los ciudadanos puede degenerar en una organización al servicio de políticas autoritario-populistas que incentiven políticas predatorias que destruyan los mecanismos de mercado y agraven la desigualdad[70]. Este riesgo es aún mayor debido al régimen jurídico exorbitante con el que actúa la frágil Administración económica, y que facilita la manipulación de conceptos imprecisos, como el contrato administrativo y el servicio público[71].

En cuanto a la restricción determinante para materializar los mandatos de transformación socioeconómica de acuerdo con los estándares de la buena administración, la respuesta no puede limitarse a la reforma jurídica o, como se explica en economía, la reforma institucional[72]. Modificar el régimen jurídico de la economía, por ejemplo, creando administraciones independientes que actúen formalmente con grados de autarquía, puede tener un impacto limitado en el desarrollo, en la medida en que la fragilidad estatal impida aplicar, efectivamente, este ambicioso marco institucional.

No pretendemos negar la utilidad de las reformas institucionales en la economía, ni la pertinencia de incluir regulaciones que eleven la objetividad de la Administración económica o protejan su autarquía, sino señalar que estas reformas serán insuficientes si no vienen acompañadas de un proceso de construcción de capacidades estatales de abajo hacia arriba. Así, la relación entre capacidad estatal y desarrollo es de coevolución, con lo cual la construcción gradual de capacidades estatales, y en concreto, de capacidades en el Estado administrativo, creará a su vez condiciones favorables para la promoción del desarrollo inclusivo[73].

---

70 Como sucede, paradigmáticamente, con Venezuela. Cfr. Javier Corrales. *Autocracy rising*, Washington, The Brookings Institution, 2022, pp. 97 y ss.

71 Allan Brewer-Carías. *Sobre las nociones de contratos administrativos, contratos de interés público, servicio público, interés público y orden público, y su manipulación legislativa*, 2.ª ed., Caracas, Editorial Jurídica Venezolana, 2021, pp. 200 y ss.

72 Matt Andrews. *The Limits of Institutional Reform in Development: Changing Rules for Realistic Solutions*, Cambridge, Cambridge University Press, 2003, pp. 213 y ss.

73 José Ignacio Hernández G. *El Derecho Administrativo en América Latina frente a la pandemia de la COVID-19*, cit.

Pero la construcción de capacidades estatales es una tarea compleja y de largo aliento que no puede basarse en fórmulas únicas. Por el contrario, solo el diagnóstico de las capacidades del Estado administrativo en cada país permite tener un panorama cierto de las áreas en las cuales deben construirse capacidades para acompañar, de esa manera, el desarrollo inclusivo. En todo caso, y desde la abstracción que impone el método comparado, un paso necesario en el Derecho administrativo económico de América Latina es abandonar la idea del régimen exorbitante, y por ello, del paradigma según el cual los sectores público y privado son rivales. En realidad, la región requiere construir instituciones de Derecho administrativo que partan de la complementariedad entre ambos sectores[74]. De allí, por ejemplo, la relevancia de técnicas no coactivas basadas en la colaboración entre los operadores económicos y la Administración[75], o la figura de los entornos de pruebas regulatorios[76].

CONCLUSIONES

El hiperpresidencialismo es una condición adversa a la capacidad burocrática de la Administración económica, ante los riesgos de que la Administración pública degenere en instrumento político del Gobierno. De esa degeneración pueden derivar instituciones extractivas que destruyan los mecanismos de mercado y agraven la desigualdad social, en especial, considerando que América Latina ha sido considerada como la tierra del presidencialismo y del populismo. Una técnica empleada para proteger la objetividad de la Administración económica es a través del préstamo institucional de la figura de las agencias, por medio de las Administraciones independientes, o sea, organización con autarquía frente a la Presidencia,

---

74 Marianna Mazzucato. *Transformational change in Latin America and the Caribbean. A mission-oriented Approach*, Santiago, ECLAC, 2022, pp. 49 y ss.

75 Héctor Santaella Quintero. "Algunas reflexiones sobre las nuevas formas de actuación administrativa impuestas por el mercado y la técnica y sus implicaciones para la metodología de la ciencia jurídica-administrativa", *Revista Digital de Derecho Administrativo*, n.º 5, Bogotá, Universidad Externado de Colombia, 2011, pp. 87 y ss.

76 Dirk Zetzche *et al.* "Regulating a Revolution: From Regulatory Sandboxes to Smart Regulation", *Fordham Journal of Corporate and Finance Law*, n.º 23, 2017, pp. 31 y ss.

a la que se le asigna la ordenación y limitación de determinado sector económico. Pero la objetividad de la Administración económica –y con ello, la calidad regulatoria– no depende solo de instituciones formales sino de la efectiva capacidad estatal. De lo contrario, los frágiles Estados –considerados como leviatanes de papel– podrán lucir como Estados burocráticos solo en apariencia.

Más allá de reformas institucionales, es recomendable diagnosticar las áreas de fragilidad de la Administración económica y emprender medidas que permitan compensar esa fragilidad, mientras se construyen las capacidades necesarias –una tarea que no es, en modo alguno, de corto plazo–. A estos fines, es recomendable revisar instituciones del Derecho administrativo que parten de la rivalidad entre los sectores público y privado, como, por ejemplo, la idea de la *publicatio* en el servicio público. El resultado de esas instituciones es el debilitamiento de la sociedad social y la sobrecarga de tareas al frágil Estado administrativo. En realidad, el Derecho administrativo, especialmente respecto de la intervención administrativa en la economía, debe considerar que los sectores público y privado son complementarios, todo lo cual debe llevar a espacios de cooperación en los cuales el sector privado compense la fragilidad estatal, creando así condiciones propicias para promover el desarrollo humano equitativo.

BIBLIOGRAFÍA

Acemoglu, Daron y James Robinson. *Why Nations Fail*, New York, Crown Business, 2012.

Acemoglu, Daron y James Robinson. *The narrow corridor. States. Societies and the fate of liberty*, Nueva York, Penguin Press, 2019.

Aguilar Valdéz, Óscar. “Entes reguladores de servicios públicos. Apuntes sobre su funcionamiento”, en AA.VV. *VI Jornadas Internacionales de Derecho administrativo Allan Randolph Brewer-Carias. El nuevo servicio público*, Caracas, Funeda, 2001.

Alegre, Marcelo y Maisley Nahuel. “Presidentialism and Hyper-Presidentialism in Latin America”, en Hübner Conrado *et al.* (ed.). *The Oxford Handbook of Constitutional Law in Latin America*, Oxford, Oxford University Press, 2022.

Amnistía Internacional. *Américas: desigual y letal: cinco claves para recuperarse de la crisis de derechos humanos que desató la pandemia en América Latina y el Caribe*, Amnistía Internacional, 2022.

Andrews, Matt. *The Limits of Institutional Reform in Development: Changing Rules for Realistic Solutions*, Cambridge, Cambridge University Press, 2003.

Antonio Cheibub, José *et al.* "Still the land of presidentialism? Executives and the Latin American Constitution", en Detlef Noite y Almut Schilling-Vacaflor (eds.). *Constitutionalism in Latin America: Promises and Practices*, Ashgate, 2012.

Araujo, Víctor *et al.* "Measuring Presidential dominance over cabinets presidential systems: constitutional designs and power sharing", *Brazilian Political Science Review*, n.º 10-2, 2016.

Bielsa, Rafael. *Derecho administrativo*, t. 1, Buenos Aires, Depalma, 1955.

Bogdandy, Armin von. "Ius Constitutionale Commune in America Latina: Observations on Transformative Constitutionalism", en *Transformative Constitutionalism in Latin America*, Oxford, Oxford University Press, 2017.

Brewer-Carías, Allan. *Tratado de Derecho administrativo*, vol. I, *El Derecho administrativo y los principios fundamentales*, Madrid, Civitas-Thomson Reuters, 2013.

Brewer-Carías, Allan. *Sobre las nociones de contratos administrativos, contratos de interés público, servicio público, interés público y orden público, y su manipulación legislativa*, 2.ª ed., Caracas, Editorial Jurídica Venezolana, 2021.

Breyer, Stephen *et al. Administrative Law and regulatory policy*, Nueva York, Wolters Kluwer, 2011.

Brinks, Daniel *et al. Understanding Institutional Weakness. Power and design in Latin American institutions*, Cambridge, Cambridge Elements. Political and Society in Latin America, Cambridge University Press, 2019.

Burguess, Katrina y Steve Levitsky. "Explaining Populist Party Adaptation in Latin America: Environmental and Organizational Determinants of Party Change in Argentina, Mexico, Peru, and Venezuela", *Comp. Polit. Stud.*, 36, 8, 2013.

Busso, Matías y Julián Messina. "Panorámica de la desigualdad del ingreso", en *La crisis de la desigualdad: América Latina y el Caribe en la encrucijada*, Washington, Banco Interamericano de Desarrollo, 2020.

Carvajal Sánchez, Bernardo. "¿Cómo asegurar calidad regulatoria?", *Revista Digital de Derecho administrativo*, n.º 9, Bogotá, Universidad Externado de Colombia, 2013.

Cassagne, Juan Carlos. "El servicio público", en Jaime Rodríguez-Arana y Libardo Rodríguez (eds.). *Curso de Derecho administrativo iberoamericano*, Madrid, Editorial Comares, INAP, 2015.

Cassese, Sabino. "The Administrative State in Europe", en Sabino Cassese (ed.). *The Max Planck Handbooks in European Public Law: The Administrative State*, vol. 1, Oxford, Oxford University Press, 2017.

Corrales, Javier. *Autocracy rising*, Washington, The Brookings Institution, 2022.

De la Torre, Carlos. "Populism in Latin America", en *The Oxford Handbook of Populism*, Oxford, Oxford University Press, 2017.

Delpiazzo, Carlos. "Transformaciones en la organización de los entes públicos", en Mariano Brito y Carlos Delpiazzo. *Derecho administrativo de la regulación económica*, Montevideo, Universidad de Montevideo, 1998.

Dincecco, Mark. *State Capacity and Economic Development Present and Past*, Cambridge, Cambridge University Press, 2017.

Dwight, Waldo. *The administrative State. A study of the political theory of American public Administratio*n, New Brunswick, Transaction Publishers, 2007.

Esteve Pardo, José. *Principios de Derecho regulatorio. Servicios económicos de interés general y regulación de riesgos*, Madrid, Marcial Pons, 2021.

Farías, Pedro *et al. ¿Preparados para regular?: lecciones y desafíos de la regulación en América Latina y el Caribe*, Washington, BID, 2022.

Fukuyama, Francis. *Political order and political decay*, New York, Farrar, Strauss and Giroux, 2014.

Fukuyama, Francis. *State Building*, Cornell University Press, 2014.

Gargarella, Robert. *Latin American Constitutionalism, 1810-2010: The Engine Room of the Constitution*, Oxford, Oxford University Press, 2013.

Garrido, María Clara. "Las agencias estatales de naturaleza especial en Colombia", *Revista Digital de Derecho administrativo*, n.º 17, Bogotá, Universidad Externado de Colombia, 2017.

Gesta-Leal, Rogério y Janrié Rodrigues-Reck. "A regulação da contratação pública pelas agências reguladoras: limites e possibilidades", *Revista Digital de Derecho Administrativo*, n.º 19, Bogotá, Universidad Externado de Colombia, 2017.

Ghani, Ashraf y Clare Lockhart. *Fixing failed States*, Oxford, Oxford University Press, 2008, pp. 131 y ss.

Heller, Herman. *Teoría del Estado*, México, Fondo de Cultura Económica, 2002.

Hernández G., José Ignacio. *La libertad de empresa y sus garantías jurídicas. Estudio comparado del Derecho español y venezolano*, Caracas, Iesa-Funeda, 2004.

Hernández G., José Ignacio. "Comentarios a la reforma de 2015 de la Ley de Banco Central de Venezuela y su defensa por la Sala Constitucional", *Revista de Derecho Público*, n.º 145-146, Caracas, 2016.

Hernández G., José Ignacio. *Derecho administrativo y regulación económica*, Caracas, Editorial Jurídica Venezolana, 2006.

Hernández G., José Ignacio. *El Derecho administrativo en América Latina frente a la pandemia de la COVID-19*, Bogotá, Universidad del Rosario y Tirant lo Blanch, 2022.

Hernández G., José Ignacio. "Capacidad estatal, emergencias complejas y derechos sociales", en *Constitucionalismo transformador, inclusión y derechos sociales*, Salvador, Editora JusPodium 2019.

Kasper, Wolfang y Manfred Streit. *Institutional Economics. Social order and public policy*, Northampton, Edward Elgar, 1998.

Kaufmann, Daniel *et al.* "The Worldwide Governance Indicators: Methodology and Analytical Issues", *World Bank Policy Research Working Paper*, n.º 5430, 2010.

Kingstone, Peter. *Economy of Latin America. Reflections on neoliberalism and development after the commodity boom*, Nueva York, Routledge, 2018.

Mairel, Héctor. "The need for a comparative Administrative Law studies in Latin America", *Comparative Law Review*, n.º 6-1, 2015.

María Díez, Manuel María. *Derecho administrativo*, t. 2, Buenos Aires, Editorial Plus Ultra, 1972.

Martín-Retortillo Baquer, Sebastián. *Administración y Constitución*, Madrid, Instituto de Estudios de Administración Local, 1981.

Mazzuca, Sebastián. *Latecomer State Formation: Political Geography and Capacity Failure in Latin America*, New Haven, Yale University Press, 2021.

Mazzucato, Mariana. *Transformational change in Latin America and the Caribbean. A mission-oriented Approach*, Santiago, Economic Commission for Latin America and the Caribbean (ECLAC), 2022.

Migdal, Joel. *Strong societies and weak states*, Nueva Jersey, Princeton University Press, 1988.

Moreno Castillo, Luis Ferney. *Teoría de la regulación. Hacia un Derecho administrativo de la regulación*, Bogotá, Universidad Externado de Colombia, 2019.

Mudde, Cass y Cristóbal Kaltwasser. "Exclusionary *vs.* Inclusionary Populism: Comparing Contemporary Europe and Latin America", *Government and Opposition*, n.º 48, 2, 2013.

Negretto, Gabriel. "La reforma del presidencialismo en América Latina. Hacia un modelo híbrido", *Revista Uruguaya de Ciencias Políticas*, vol. 27, n.º 1, 2018.

Nogueira Alcalá, Humberto. "La tipología de gobiernos presidencialistas en América Latina y Gobiernos semipresidencialistas en Europa", *Estudios Constitucionales*, vol. 5, n.º 2, 2017.

Nogueira Alcalá, Humberto. "Los presidencialismos latinoamericanos", en Miguel Carbonell Sánchez *et al. Estado constitucional, derechos humanos, justicia y vida universitaria. Estudios en homenaje a Jorge Carpizo*, t. 4, vol. 2, México, Instituto de Investigaciones Jurídicas de la Universidad Autónoma de México, 2013.

Nohlen, Dieter. "Elecciones y democracia en América Latina. El desafío autoritario-populista", en Allan Brewer-Carías (ed.). *Elecciones y democracia en América Latina: el desafío autoritario-populista*, Caracas, Editorial Jurídica Venezolana, 2021.

Norris, Pippa y Ronald Inglehart. *Cultural Backlash. Trump, Brexit and authoritarian populism*, Cambridge, Cambrige Universy Press, 2019.

North, Douglass *et al. Violence and social order. A conceptual framework for interpreting recorded human history*, Nueva York, Cambridge University Press, 2009.

North, Douglass *et al. Institutions, institutional change and economic performance*, Cambridge University Press, 1999.

O'Donell, Guillermo. "Delegative Democracy", *Journal of Democracy*, n.º 1-5, 1994.

Peltzman, Sam. "The theory of economic regulation after 50 years", *Public Choice*, n.º 193, 2022.

Pérez Liñán, Aníbal y Eduardo Pagés Jiménez. *Democratic Backslide and authoritarian resurgence in Latin America*, Centro NORC de la Universidad de Chicago-Institutito Kellogg de Estudios Internacionales, 2022.

Pindyck, Robert y Daniel Rubinfeld. *Microeconomics*, New Jersey, Persons, 2011.

Piovesan, Flávia. "Ius Constitutionale Commune Latinoamericano en Derechos Humanos e impacto en el Sistema Interamericano: rasgos, potenciales y desafíos", *Ius Constitutionale Commune en América Latina. Rasgos, potencialidades y desafíos*, México, Universal Autónoma Nacional de México e Instituto Max Planck de Derecho Público Comparado y Derecho Constitucional, 2014.

Pritchett, Lant *et al. Deals and Development*, Oxford, Oxford University Press, 2018.

Pritchett, Lant *et al.* "Looking like a state: techniques of persistent failure in state capability for implementation", *Journal of Development Studies*, n.º 49, 1, 2013.

Risse, Thomas. "Governance in Areas of Limited Statehood", *The Oxford Handbook of Governance*, Oxford University Press, 2015.

Rodríguez-Arana Muñoz, Jaime y José Ignacio Hernández G. *Estudios sobre la buena administración en Iberoamérica*, Caracas, Editorial Jurídica Venezolana, 2017.

Rose-Ackerman, Susan. *Democracy and Executive Power. Policymaking Accountability in the US, the UK, Germany, and France*, Yale University Press, 2021.

Rotberg, Robert. "Failed States, Collapsed States, Weak States", en *State failure and State Weakness in a Time of Terror*, Washington, World Peace Foundation and Brookings Institution Press, 2003.

Santaella Quintero, Héctor. "Algunas reflexiones sobre las nuevas formas de actuación administrativa impuestas por el mercado y la técnica y sus implicaciones para la metodología de la ciencia jurídica-administrativa", *Revista Digital de Derecho Administrativo*, n.º 5, Bogotá, Universidad Externado de Colombia, 2011.

Sarria, Consuelo. "¿Las agencias son unidades administrativas especiales?", *Revista Digital de Derecho Administrativo*, n.º 13, Bogotá, Universidad Externado de Colombia, 2015.

Sayagués-Laso, Enrique. *Tratado de Derecho administrativo*, Montevideo, 1974.

Schmidt-Assmann, Eberhard. "Cuestiones fundamentales sobre la reforma de la Teoría General del Derecho administrativo. Necesidad de innovación y presupuestos metodológicos", en Javier Barnés (ed.). *Innovación y reforma en el Derecho administrativo*, Sevilla, Derecho Global, 2006.

Singer, Joseph. *No freedom without regulation: the hidden lesson of the subprime crisis*, New Haven, Yale University Press, 2015.

Stein, Ernesto *et al. La política de las políticas públicas. Progreso económico y social en América Latina. Informe 2006*, Banco Interamericano de Desarrollo, David Rockefeller Center for Latin American Studies at Harvard University, México, Editorial Planeta, 2006.

Stigler, George. "The Theory of Economic Regulation", en *The Bell Journal of Economics and Management Science*, vol 2, n.º 1, 1971.

Stiglitz, Joseph y Jay Rosengard. *Economics of the public sector*, Nueva York, W. W. Norton Company, 2015.

Treacy, Guillermo. "La inserción de las autoridades administrativas independientes en el Derecho público argentino: algunos problemas constitucionales", *Revista de la Facultad de Derecho*, n.º 48, Montevideo, Universidad de la República, 2020.

Urosa Maggi, Daniela. *Tutela judicial frente a la inactividad administrativa en el Derecho español y venezolano*, Caracas, Funeda, 2003.

Weber, Max. *Max Weber's Complete Writings On Academic and Political Vocations*, Algora Publishing, 2013.

Woodward, Susan. *The Ideology of failed States*, Nueva York, Cambridge University Press, 2017.

Mankiw, Gregory. *Principles of economics*, Mason, South-Western, 2012.

Zetzsche, Dirk *et al.* "Regulating a Revolution: From Regulatory Sandboxes to Smart Regulation", *Fordham Journal of Corporate and Finance Law*, n.º 23, 2017.

MARÍA ALEXANDRA ORTIZ CABRERA*
MÓNICA SOFÍA SAFAR DÍAZ**

Derecho administrativo y Análisis Económico del Derecho: uso del neoinstitucionalismo para su nueva justificación

Sumario: Introducción. I. Justificación actual del Derecho administrativo: uso necesario de la economía para su redimensión. II. El Análisis Económico del Derecho (AED): metodología necesaria para el Derecho administrativo. III. El análisis costo-beneficio y el Derecho de la Administración: especial importancia de la escuela neoinstitucional para el Derecho administrativo. Conclusiones. Bibliografía.

INTRODUCCIÓN

Hemos escuchado por años que el Derecho administrativo está en crisis, que el fenómeno de huida hacia el Derecho privado es inminente[1], y que

* Abogada y magíster en Derecho administrativo de la Universidad Externado de Colombia. Candidata a doctora en Derecho de la misma Universidad. Docente y coordinadora del área de Derecho Económico y AED del Departamento de Derecho Económico de la Universidad Externado de Colombia. Correo electrónico: maria.ortiz@uexternado.edu.co. Enlace ORCID: https://orcid.org/0000-0002-2591-0479.

** Abogada de la Universidad Externado de Colombia; máster universitario en Análisis Económico del Derecho de la Universidad Complutense de Madrid, y Posgraduate Certificate in International Public Procurement Law and Policy de la Universidad de Nottingham. Docente investigadora del Departamento de Derecho Administrativo de la Universidad Externado de Colombia. Correo electrónico: monica.safar@uexternado.edu.co. ORCID: https://orcid.org/0000-0003-2287-3606.

1 "Tras siglos de consolidación del Derecho Administrativo, comenzó, en la década de 1980, a aparecer el fenómeno de la 'huida del Derecho Administrativo' (el cual puede encontrar su origen en las políticas neoliberales de la Escuela de Chicago en la década de 1950). Este fenómeno suponía la existencia de una dispersión normativa y una serie de atribuciones genéricas e inconcretas que las normas hacían con respecto a las funciones y competencias que las empresas públicas iban a poseer, de manera que se favorecía que estas pudieran llevar a cabo todas sus actuaciones dentro del ámbito del Derecho privado, a pesar de que fueran titulares de auténticas potestades administrativas. Partiendo de estos hechos, el uso de la expresión 'huida del Derecho Administrativo' va a suponer hacer referencia a las consecuencias que tienen lugar cuando se crean fórmulas organizativas dentro del ámbito del derecho público que se rigen en mayor o menor medida por el derecho privado, incluso cuando hablamos de organismos públicos": Félix Fernández Castaño y Francisco de Asís López Velástegui. "La huida del Derecho administrativo en la Administración pública española", *Revista Derecho y Cambio Social*, n.º 47, año XIV, 2017, D.L. 2005-5822, p. 4. La expresión huida del Derecho administrativo fue acuñada por Manuel Francisco Clavero Arévalo.

se evidencia cada vez más que el Estado debe ser considerado como un sujeto común, sin privilegios ni diferencias frente a los particulares, así como que su intervención en el mercado implica su entera sumisión a las reglas iguales para todos[2]; y se ha dicho que, tal vez, uno de los puntos de mayor crisis radica en que el derecho administrativo está subordinado a la economía y al mercado, lo que lo aleja sustancialmente de las bases que han justificado su existencia, esto es, la necesidad de un cuerpo normativo sobre organización, sustancia y procedimiento que regule y limite el poder de la Administración pública en el marco de sus relaciones con los particulares[3].

"Personalidad jurídica, derecho general y derecho singular de las Administraciones Autónomas", *Documentación Administrativa*, n.º 58, Madrid, Instituto Nacional de Administración Pública, 1962.

2 "*The literature of the last ten years contains numerous references to two opposite trends: on one hand, 'the end of administrative law,' on the other, the 'new administrative law.' According to the first body of literature, which is mainly of French and Belgian origins, administrative law has lost its peculiarities (thus giving rise to the increasing difficulty in defining its status and scope); it has become a hybrid, has been destabilized and destructured, and is now in ruins. This situation is –according to this narrative– the product of various, conflicting causes: globalization, constitutionalization, destatization, privatization, decentralization. As a result of the pressures stemming from these diverse trends, administrative law is slowly losing its raison d'être –its center: the state.*" Sabino Cassese. "New paths for administrative law: A manifesto", International Journal of Constitutional Law, vol. 10, Issue 3, July 2012, p. 603, en https://doi.org/10.1093/icon/mos038.

3 Cfr. Silvia del Saz Cordero. "La huida del Derecho administrativo: últimas manifestaciones. Aplausos y críticas", *Revista de Administración Pública*, n.º 133, 1994, pp. 57-98: "Esta nueva forma de actuar de la Administración a través de la creación de sociedades de capital íntegra o mayoritariamente público es objeto de una teorización de lujo por Villar Palasí, que, en 1950, publica su trabajo *La actividad industrial del Estado en el Derecho administrativo*, en el que hace referencia a la crisis de los conceptos tradicionales del Derecho administrativo, crisis que achaca a la alteración de la realidad administrativa y a la distinta consideración de los procedimientos jurídicos a utilizar por la Administración: si la actividad de producción de la Administración, hasta entonces limitada a la administración del patrimonio privado –razona este autor–, no tiene cabida en la noción de servicio público, pues es consustancial a este último el ejercicio de prerrogativas exorbitantes y la exclusividad o monopolio, debe admitirse que ésta, aun cuando persiga el interés público, sea regulada por las normas de Derecho privado. Es más, el interés público al que sirve la actividad industrial del

Entonces, la premisa fundamental de la crisis es que el Derecho administrativo que conocemos en la teoría muchas veces difiere, y sustancialmente, de lo que se entiende y aplica en la práctica, en esa interacción diaria y continua entre la Administración y los administrados, sin tenerse muy claro el porqué de dicha realidad; y esto es particularmente importante respecto de lo que puede ocurrir con otras ramas del derecho, porque la legitimidad del Estado y su institucionalidad, que son la base misma de su existencia, están en juego y, de hecho, en riesgo[4].

Estado es, precisamente, el aumento de los bienes económicos, por lo que la Administración ha de entrar en el mercado junto con los empresarios particulares. La razón de la remisión al Derecho privado de esta nueva actividad de la Administración es, en opinión de Villar, la inadecuación del Derecho administrativo para servir a las nuevas tareas productivas asumidas por el Estado mientras, por el contrario, la aplicación del *ius comune* supone una mayor flexibilidad a la hora de modular la gestión productiva de la Administración. La clave está en que mientras que la actuación del Derecho público se verifica según el criterio de exclusividad monopolística, la gestión económica supone una actividad en el mercado en posición de competencia con la actividad privada, por lo que mientras que el interés de la Administración se centra en el primer caso en excluir la competencia, en el otro consiste en el aumento de esa competencia, propósito que se vería mermado si la Administración interviniera en una situación de prepotencia, permitiendo una formación monopolística del mercado que redundaría en una disminución del incentivo empresarial del particular". Complemento con José Luis Villar Palasí. "La actividad industrial del Estado en el Derecho administrativo", *Revista de Administración Pública* n.º 3, 1950, pp. 54-130.

4 "La creación de entidades instrumentales de la Administración no se ha limitado a la creación de entidades de Derecho público o personificaciones jurídico-públicas, sino que también ha pasado por la constitución de entidades de Derecho privado o personificaciones jurídico-privadas. En ambos casos bajo las notas de especialidad e instrumentalidad caracterizadoras de este fenómeno, que ha dado en denominarse de descentralización funcional o por servicios, tratándose de entidades que se consideran dependientes de o vinculadas a la Administración. En todo caso, si otra nota propia han tenido en este, en el caso de las entidades de derecho privado, mientras que en el de las de derecho público el régimen podría ser mixto, debiendo regirse en todo caso por el derecho administrativo en el ejercicio de las potestades administrativas que tuvieran atribuidas en común estas entidades ha sido la de regirse mayoritariamente por el Derecho privado, exclusivamente por este en el caso de las entidades de Derecho privado, mientras que en el de las de Derecho público el régimen podría ser mixto, debiendo regirse en todo caso por el Derecho administrativo en el ejercicio de las

En realidad, esta problemática parece derivar de la excesiva normatividad –regulación– y su desconocimiento, precisamente por su extensión y complejidad, lo que ha llevado a una imposición de la costumbre basada en interpretaciones sesgadas, principalmente de órganos de control de la actividad administrativa más que de los jueces, cuyo resultado es un descrédito del régimen jurídico, dando lugar con ello a la creación de un subsistema que no se compadece con el ordenamiento jurídico establecido, es decir, un cumplimiento irregular a partir de interpretaciones forzadas. Por supuesto que esta coyuntura genera un escenario propicio para deslegitimar el poder discrecional de la Administración pública, al llevar al terreno de la arbitrariedad la realidad de que, muchas veces, cada uno da su interpretación de la forma de aplicación de las normas y su interacción en uso de las prerrogativas del poder público, lo que conduce a la desigualdad en su cumplimiento y deviene, a su vez, en pérdida de reputación y credibilidad de las instituciones[5].

Entonces, es innegable que actualmente el Derecho administrativo está inmerso en un contexto económico cambiante, bajo dinámicas que afectan directa o indirectamente su funcionamiento, lo que motiva a dar un paso hacia su transformación mediante una revisión de los elementos propios de la economía que ayude a enriquecer su estructura legal. Por ello, este escrito busca justificar el Derecho administrativo actual, identificando los puntos de crisis y la importancia de reafirmar su especialidad en el Estado

---

potestades administrativas que tuvieran atribuidas [...]. Esta aplicación mayoritaria de un régimen de derecho privado, aun en el caso de entidades de derecho público, ha sido destacada como uno de los elementos fundamentales que han dado lugar a lo que se ha dado en conocer como la huida del derecho administrativo. Se huye de él y se aplica el derecho privado con la justificación de que sus procedimientos son más pesados y, por tanto, poco ágiles y eficaces, pero también se eluden las garantías y los controles que son lo propio del derecho administrativo. Esta huida ha sido especialmente notoria en el ámbito de la contratación, tanto en lo que hace a la contratación de obras, servicios y suministros con empresarios, como en lo que hace a la selección del personal laboral propio". Francisco Toscano Gil. "Análisis de las transformaciones actuales del Derecho administrativo en España", *Revista digital de Derecho Administrativo*, n.º 22, segundo semestre de 2019, pp. 351-352.

5 Cfr. Carlos F. Balbín. *Crisis del derecho administrativo. Bases para una nueva teoría general*, Buenos Aires, Astrea, 2020, p. 416.

Social y Democrático de Derecho, denotando el rol de la economía para la cabal comprensión del fenómeno; posteriormente se abordan los aspectos esenciales de la metodología del Análisis Económico del Derecho (AED) que busca incorporar elementos propios de la economía en el entendimiento de situaciones jurídicas para su mejor disposición y funcionamiento, incluyendo una breve reseña de sus orígenes y escuelas, con el fin de orientar especialmente en los aspectos propios de la perspectiva neoinstitucional como punto de partida que busca acercar a la Administración y sus instituciones jurídicas al mejor aprovechamiento de los recursos disponibles y, en consecuencia, a la transformación de sus mecanismos de actuación en términos de eficiencia, y, con base en ello, propiciar el diálogo entre el Derecho y la Economía a fin de afianzar el rol del Derecho administrativo en esta construcción, y la especial importancia de la escuela neoinstitucional en la transformación de esta rama de cara a la prestación de un mejor servicio y más allá de una intervención adecuada en beneficio de los administrados. Además, se realiza una breve observación del contexto colombiano y las oportunidades que el escenario actual ofrece para incorporar metodologías de análisis interdisciplinar, sin que con ello se pretenda realizar un análisis económico detallado de situaciones puntuales, lo que sobrepasa la intención de este documento; por último, se presentan algunas conclusiones que permiten abrir un debate respecto de nuevas formas de aproximación en la revisión de las instituciones jurídicas con base en esta importante metodología.

I. JUSTIFICACIÓN ACTUAL DEL DERECHO ADMINISTRATIVO: USO NECESARIO DE LA ECONOMÍA PARA SU REDIMENSIÓN

Sin pretender hacer una nueva recapitulación del origen y evolución del Derecho administrativo, pues al respecto existe doctrina más que suficiente, es importante recordar que esta rama del derecho surgió como respuesta a la concepción del Estado como persona jurídica sometida a la legalidad y la responsabilidad, mediante el establecimiento de reglas para el ejercicio del poder por parte de la Administración pública, a través de la función administrativa, desde el marco legislativo y reglamentario, y sobre su control por mecanismos judiciales. Desde siempre, entonces, el Derecho administrativo se ha justificado en el objetivo de equilibrar el poder estatal con los derechos de los individuos, especialmente en temas contractuales, de propiedad y de responsabilidad[6].

En efecto, desde su inicio el Derecho administrativo tuvo como objetivo recoger en el concepto de función administrativa todas las actividades que, con base en la tradicional división de poderes, recaen principalmente en la rama ejecutiva, pero que, debido a la evolución del modelo de Estado, han trascendido a lo legislativo y lo judicial, e incluso hasta los mismos particulares, especialmente en cuanto al ejercicio de prerrogativas de poder público, caracterizadas por la vocación ejecutiva compulsiva y compulsoria de las decisiones, sin necesidad del consentimiento de los destinatarios ni de intervención del juez para su cumplimiento, denotando la desigualdad estructural en las relaciones jurídicas entre el Estado y los particulares en el marco de interacciones concretas, y a partir de supuestos normativos sustanciales y procedimentales previamente definidos.

Sin embargo, la concepción misma de la función administrativa como centro y objeto del Derecho administrativo, que ha pasado por el tradicional servicio público, los actos de autoridad y de gestión, y el interés público como concepto indeterminado, ha sido desplazada en realidad por el criterio orgánico de quien la ejerce, y por la consecuente importancia de un juez especial y diferente, salvo en ciertos supuestos, en los que, en últimas, el ejercicio de prerrogativas de poder no es posible y, en realidad, no se justificaría. A ello debe sumarse, en la actualidad, que, bajo la concepción de un Estado Social y Democrático de Derecho, los derechos sociales y colectivos juegan un papel esencial en los deberes del Estado y en su razón de ser, junto con la obligación de garantizar el núcleo esencial de los derechos como premisa general – principalmente de aquellos de carácter fundamental–, sin pretextar el costo que demanda su materialización, pero, a la vez, con la conciencia de la limitación de recursos que lo caracteriza[7].

---

6 Cfr. Jaime Orlando Santofimio Gamboa. *Tratado de Derecho administrativo*, t. I, Introducción, Bogotá Universidad Externado de Colombia, 2003.

7 "Se puede seguir haciendo referencia a un administración pública en sentido material y considerar a ésta como objeto del Derecho administrativo; preferimos, sin embargo, para evitar confusiones terminológicas que lleven a lo mismo, referir una función administrativa como objeto del Derecho administrativo. Una función administrativa que

Así las cosas, es indiscutible que hoy el Derecho administrativo debe regular el equilibrio entre derechos individuales y colectivos, siendo estos, en últimas, los que justifican el concepto de interés público, utilizando para ello las prerrogativas que materializan la desigualdad en la relación jurídica entre el Estado y los particulares como medio indispensable para su ejercicio, con precisos límites sustanciales y procedimentales definidos en el ordenamiento jurídico, y con el correspondiente control judicial[8]; pero también resulta innegable que actualmente la fortaleza que demanda el contenido de las reglas dentro de esa rama del derecho afronta un gran desafío ante la concepción predominante de la igualdad (formal), la trascendencia del mercado dentro de la administración pública, y el acceso irrestricto a la información a través de la tecnología, lo que significa mayor conocimiento, pero también más oportunidades de engaño, de desconocimiento, generando con ello una tendencia hacia normativas más flexibles, y de fuente no solamente legal y reglamentaria, creada no con la participación de los particulares, sino por los particulares, y la entrada de fuentes jurídicas no formales, derivando, en consecuencia, en un gran catálogo de disposiciones que a los operadores jurídicos y a los diferentes

---

refleja una dinámica de actividad para concretar las finalidades del estado consagradas en el ordenamiento jurídico, y que para esto se sirve de un aparato administrativo o público en general, pero también en algunas oportunidades privado. [...] Una función administrativa entendida entonces, como un conjunto de actividades particulares, disímiles entre sí, pero diversas de aquellas generales del Estado y particulares propias de la función judicial y legislativa, que dan desarrollo directo a las finalidades del Estado, consagradas de manera positiva en la Constitución Política, que pueden ser desarrolladas por distintos sujetos de derecho, habilitados para ello, con el respeto y cumplimiento del ordenamiento jurídico superior". Alberto Montaña Plata. *Fundamentos del Derecho administrativo*, Bogotá, Universidad Externado de Colombia, 2010, pp. 123 y 124.

8 "El Derecho administrativo, como derecho propio y específico de las administraciones públicas, está hecho, pues, de un equilibrio (por supuesto, difícil, pero posible) entre privilegios y garantías. En último término todos los problemas jurídico-administrativos consisten –y esto conviene tenerlo bien presente– en buscar ese equilibrio, asegurarlo cuando se ha encontrado y reconstruirlo cuando se ha perdido": Eduardo García de Enterría y Tomás-Ramón Fernández. *Curso de Derecho administrativo*, t. I, 10.ª ed., Madrid, Cívitas, 2000, p. 51.

agentes dentro de la Administración pública les resulta prácticamente imposible conocer y aplicar.

Toda esta coyuntura ha causado que el Derecho administrativo sea fuertemente cuestionado por no haber podido adaptarse adecuadamente a los nuevos tiempos, y por generar serias dudas sobre su esencia y objetivos en el marco del Estado Social y Democrático de Derecho, en especial si se tiene en cuenta que uno de sus fundamentos más sólidos, el principio de legalidad que se materializa con el poder regulatorio del Estado debidamente distribuido entre las ramas legislativa y ejecutiva y las reglas de control de la rama judicial, se encuentra en proceso de transformación debido a la necesidad de producir regulaciones técnicas y expeditas, de entregar poderes judiciales a la Administración pública, y también, porque hay un cambio de concepción del administrado para concebirlo como cliente o consumidor, utilizando premisas del mercado en busca de mayor eficiencia y calidad en los servicios de la Administración, y de un control óptimo sobre los resultados por los que es evaluada[9].

---

9 "La huida del Derecho administrativo como fenómeno o tendencia jurídica entroncaba directamente, en nuestro país como en otros, con las teorías de *new public management*, tan en boga por aquella época, que partían de una crítica profunda de la burocracia pública. La ineficacia de la acción burocrática, debida en gran parte a la lentitud de los procedimientos de decisión y a los controles administrativos previos además de a la rigidez del régimen funcionarial, debía ser combatida abandonando ese modelo, propio del sistema de dominación de las élites políticas y de los cuerpos superiores de funcionarios, para optar siempre que fuera posible por otro régimen de decisión más parecido al de la empresa privada. Ciertamente esta transformación de los modos de gestión no es apropiada para la «administración de autoridad», aquella que aprueba normas generales y actos de imperio que limitan la esfera de libertad de los individuos –órdenes, sanciones, autorizaciones, etc.–, pero sí para otro tipo de actividades, en buena medida coincidentes con los que en el siglo XIX se denominaron «actos de gestión». En estos casos, lo procedente era reconocer a los gestores públicos un margen de autonomía o capacidad de decisión propia en el ejercicio de su competencia y en el empleo de los recursos a su disposición; sustituir los controles preventivos de legalidad y del gasto por otros a posteriori; y agilizar al máximo los procedimientos decisionales. Nada mejor para ello que utilizar el derecho propio de las empresas, esto es, el derecho privado, tanto en las relaciones con los «clientes» (en realidad los usuarios de los servicios y los ciudadanos destinatarios de la acción pública) como con los «proveedores» (es decir, los contratistas) y también en el ámbito de las relaciones de

Entonces, no cabe duda de que para afrontar esta nueva realidad, que permea el modelo de Estado y la comprensión de su significado, el Derecho administrativo debe encontrar en los conceptos de otras ciencias, entre ellas la economía, parte de los fundamentos para reafirmar su justificación como rama del derecho que busca regular el equilibrio entre derechos individuales y las prerrogativas del poder que ostenta la Administración en razón de la necesidad de proteger y salvaguardar, a su vez, derechos colectivos y sociales, utilizando nuevas técnicas normativas, o por lo menos modernizando su concepción, bajo premisas de eficiencia en términos de relación costo-beneficio, y de maximización de utilidad e incentivos que permitan apuntar a una regulación integral de la materia acorde con la realidad del momento, con base en mecanismos efectivos de participación y mediante disposiciones que garanticen las libertades individuales dentro del bienestar social, y que, de contera, ayuden a minimizar las fallas de los mercados, tanto implícitas como explícitas, apostando por el nivel óptimo de regulación, sustancial y procedimental, en cantidad y en calidad[10].

---

empleo": Miguel Sánchez Morón. "El retorno del Derecho administrativo", *Revista de Administración Pública*, n.º 206, 2018, pp. 45 y 46, doi: https://doi.org/10.18042/cepc/rap.206.02.

10 "[E]l el estudio del DA (Derecho Administrativo) ha resultado, por decir lo menos, insuficiente. Esta insuficiencia queda de manifiesto cuando se advierte que el análisis de las normas jurídicas no se encuentra articulado o integrado a partir de los esquemas dinámicos de tipo social y político a los que dichas normas se deben. Adicionalmente, tal análisis ignora también el impacto social que puede derivarse de la aplicación de las normas en comento. Y es que, en el caso del DA, las normas jurídicas no se producen en un vacío y no se interpretan a sí mismas. Prescindir de las condiciones sociales y políticas en las que las normas jurídicas son creadas e interpretadas conduce, inevitablemente, hacia una perspectiva analítica no integral y con resultados parciales en el estudio del DA. Por tanto, concentrarse sólo en el texto de las normas y eludir los factores institucionales, políticos e individuales en los que se desarrolla la generación e interpretación de las normas jurídicas dirige hacia un *normativismo puro* en el DA. Este problema se agudiza, además, debido a la naturaleza de los vínculos que regula esta rama del derecho, es decir, los que se registran entre el Estado y los ciudadanos": Miguel Ángel Medina Romero. *El derecho administrativo y el análisis económico: consideraciones preliminares para el caso de México*, México, Anuario Jurídico y Económico Escurialense, XLV, 2012, pp. 240 a 241 y 235 a 258.

Así, es posible y, de hecho, útil partir de la premisa de que los derechos sociales deben concebirse como bienes públicos, pues, por definición, no hay rivalidad ni exclusión en su uso, por lo que su protección y materialización corresponden inherentemente al Estado en el marco del Estado Social y Democrático de Derecho; y ante el mandato constitucional y legal, la relación entre el costo de este deber y el beneficio de su implementación no se puede analizar desde la eficiencia paretiana, ni desde un equilibrio entre oferta y demanda, sino en atención al criterio de equidad; pero, en todo caso, ello no excluye la posibilidad de seleccionar, entre las opciones posibles, la alternativa que permita su cumplimiento acercando de la mejor manera los costos y los beneficios, y sin que ello sea condicionante para su elección.

Entonces, al ser los bienes públicos una falla de los mercados, a la que se suma una segunda, denominada externalidades, que consiste en que las relaciones del Estado siempre impactan a terceros ajenos a él, y una tercera que corresponde a la asimetría de la información, es claro que el Derecho administrativo se debe concebir con el fin de minimizar dichas problemáticas en beneficio de los ciudadanos, encargándose de emitir reglas que permitan la correcta materialización de los derechos sociales de cara a las libertades individuales, y ello se puede y se debe hacer utilizando conceptos económicos, sin que por ello se deba asumir la existencia de un mercado en su sentido tradicional, o anular la especialidad de esta rama del derecho[11]. Tener en cuenta el nivel de eficiencia, la identificación de costos, las externalidades, los incentivos, y los posibles escenarios de acción con los recursos disponibles, es asumir que la toma de decisiones se debe realizar de manera informada y consciente de los efectos que pueda ocasionar para el cumplimiento de los fines del Estado, sin que ello implique

11 "[L]a transición de un paradigma en crisis a otro nuevo del que pueda surgir una nueva tradición de ciencia normal está lejos de ser un proceso de acumulación, al que se llegue por medio de una articulación o una ampliación del antiguo paradigma. Es más bien una reconstrucción del campo a través de nuevos fundamentos, reconstrucción que cambia alguna de las generalizaciones teóricas más elementales del campo, así como también muchos de los métodos y aplicaciones del paradigma": Thomas S. Kuhn. *La estructura de las revoluciones científicas*, México, Fondo de Cultura Económica, 1971, p. 139.

o justifique la limitación del alcance o la desmaterialización del modelo de Estado establecido.

Así las cosas, actualmente son vitales los conceptos de la economía para justificar una función administrativa dinámica, en la que de base tiene que existir necesariamente la prerrogativa del poder, pero no para respaldar la superioridad del Estado frente a los particulares por su tamaño o finalidad, sino porque es la herramienta necesaria para implementar el respeto de la legalidad, y para lograr objetivos específicos de protección y materialización de derechos sociales e individuales, pues el carácter vinculante de las decisiones administrativas es lo que permite el movimiento del Estado a través de dicha función, y lo que articula la importancia de la construcción participativa de las reglas que así lo autorizan, y el control judicial sobre su correcto ejercicio.

II. EL ANÁLISIS ECONÓMICO DEL DERECHO (AED): METODOLOGÍA NECESARIA PARA EL DERECHO ADMINISTRATIVO

La necesidad latente de tender puentes que posibiliten una relación estrecha entre el derecho y la economía con el fin de lograr un mejor entendimiento de las situaciones jurídicas, económicas y de entorno, utilizando para ello los conceptos de estas dos disciplinas para comprender y orientar la conducta y la toma de decisiones de los individuos hacia la consecución de determinados fines aprovechando los recursos disponibles, nos lleva a destacar los aportes del movimiento conocido como AED, que desde hace más de sesenta años promueve la transformación y el fortalecimiento de las instituciones jurídicas con el fin de alcanzar los objetivos que se ha propuesto la sociedad en un contexto económico particular; en otras palabras, busca posibilitar las diferentes relaciones entre particulares, entre Estados, y entre Estado y particulares, a fin de lograr una distribución eficiente y equitativa, y un adecuado aprovechamiento de los limitados de recursos con que cuenta, en aras de contribuir al cumplimiento de los intereses colectivos e individuales.

El AED surgió como una perspectiva, un método que identifica y reconoce determinados elementos económicos en las instituciones jurídicas mediante la aproximación de un análisis costo-beneficio, para entender y explicar el comportamiento y el impacto derivados de situaciones jurídicas establecidas (normatividad o procedimientos vigentes, decisiones judiciales, decisiones de la administración, por mencionar algunos), o de situaciones que requieren la atención del derecho y la economía (procesos legislativo y ejecutivo, proyectos normativos de todo nivel, mecanismos de intervención e innovación normativa, entre otros), con el fin de proveer soluciones más adecuadas o más adaptadas a la realidad y encaminadas a la resolución de problemáticas en términos de eficiencia.

Si bien, en un primer momento se ha circunscrito a presentar esta aproximación metodológica como aquella que solo da cuenta del mal funcionamiento, o mejor, del funcionamiento ineficiente de las instituciones jurídicas, o su distanciamiento de la realidad, lo que las hace obsoletas para resolver de manera adecuada las problemáticas, el análisis se concentra en juzgar su poca o nula efectividad, lo cual se debe inicialmente a que la metodología da cuenta de los costos, externalidades e ineficiencias frente al bajo beneficio que surge de la estructura legal o la decisión objeto de revisión.

Sin embargo, esta visión limitada de la metodología opaca las oportunidades que a partir de ese primer diagnóstico presenta la estructura legal, no solo para entender los obstáculos que debe superar, sino para motivar sus transformaciones, por lo que se debe entender, entonces, como una herramienta que posibilita, en punto a la escasez de recursos, su mejor asignación para la toma de decisiones en cualquier ámbito. Así lo describe el profesor Bullard: "El AED no es otra cosa que tratar de poner al alcance del abogado herramientas para poder diseñar mejor su 'operación' mediante la predicción de su resultado y para poder, luego de 'operado el paciente', medir si tuvo o no éxito"[12]. Añadiríamos que, una vez medido el resultado, se busca generar las acciones correctivas o de mejora para seguir tratando al paciente hasta su recuperación.

Entonces, mediante este análisis se intenta fortalecer el Derecho y las instituciones jurídicas que posibilitan que el deber ser permee la realidad y allane el camino hacia la materialización de los fines y transformaciones

---

12 Alfredo Bullard González. *Derecho y Economía. El análisis económico de las instituciones legales*, Lima, Palestra Editores, 2003, p. 67.

sociales mediante la revisión del impacto, para el caso, económico, que representa la toma de decisiones en la intervención normativa, y en la aplicación sustancial y procedimental de la norma al caso concreto.

Así, resulta de especial valor entender el comportamiento del individuo desde su perspectiva económica, lo cual se establece, según lo señala Gary Becker, a partir de tres supuestos: el comportamiento maximizador, el equilibrio de mercado y las preferencias estables[13].

La ventaja de observar la interacción de estos supuestos radica en la posibilidad de predecir la elección que los individuos harán de una opción frente a otra con base en el análisis costo-beneficio de la conducta presente en cualquier toma de decisión, pues permite identificar los incentivos y las preferencias que hacen que una opción resulte mejor que otra. A su vez, permite evaluar la pertinencia de los incentivos para motivar la toma de decisiones de manera informada, elaborar modelos y determinar tendencias, que puedan aportar información relevante y apoyar la construcción de una estructura legal eficiente.

El movimiento del Law and Economics, conocido en nuestro entorno como AED, se originó hacia 1960 en Estados Unidos con la denominada escuela de Chicago; sus principales precursores son, por una parte, el Premio Nobel de Economía Ronald Coase, quien aportó el pilar conceptual de esta novedosa aproximación, denominado costo de transacción y su incidencia en las relaciones jurídicas[14], y simultáneamente Guido Calabressi, quien aportó la visión económica en el estudio de la responsabilidad civil extracontractual y la determinación de costos frente a un siniestro[15], y a quienes deben sumarse los profesores Richard Posner y Steven Shavell en la construcción teórica y aplicación práctica de la metodología en mención[16], que, en definitiva, busca que el Derecho se pueda observar bajo la

---

13 Gary S. Becker. *The Economic Approach to Human Behavior*, Chicago, Chicago University Press, 1976, p. 5.

14 Ronald Coase. "El problema del costo social", *Estudios Públicos*, n.º 45, Santiago de Chile, 1992, pp. 81-134, disponible en https://www.estudiospublicos.cl/index.php/cep/article/view/1397.

15 Guido Calabresi. *El coste de los accidentes: análisis económico y jurídico de la responsabilidad civil*, Barcelona, Ariel, 1984, p. 349.

16 Richard Posner. *El análisis económico del derecho*, México, Fondo de Cultura Económica,

lupa de conceptos económicos, para diagnosticar en un primer momento su nivel de eficiencia, y en un segundo momento analizar las alternativas para que el mismo pueda operar alcanzando niveles de eficiencia óptimos, sin desconocer sus principios o garantías fundantes.

Así pues, y sin ánimo de restringir el aporte de esta perspectiva a los autores mencionados, que para efectos del documento se destacan con la intención de ser punto de referencia para quienes inician su indagación en esta materia, destacamos la amplia gama y diversidad de autores de todas las latitudes que han contribuido a la expansión, enriquecimiento y comprensión de la metodología en los diferentes sistemas jurídicos en los que es evidente la necesidad de armonizar Derecho y Economía. A nivel mundial destacamos la existencia de diferentes asociaciones académicas e institutos de investigación que aúnan esfuerzos en la revisión de temáticas jurídicas bajo la perspectiva económica, entre las cuales se encuentran la American Law and Economics Association, la European Association of Law and Economics, la Asociación Española de Derecho y Economía, y la Asociación Latinoamericana y del Caribe de Derecho y Economía.

Ahora bien, retomando: en esta relación entre derecho y economía cobra especial relevancia el término eficiencia, en la medida en que a partir del diagnóstico de costo-beneficio identificado en diferentes situaciones jurídicas o estructuras normativas, se pueden contrarrestar aquellas variables que generan ineficiencia y, en consecuencia, posibilitar que las instituciones jurídicas logren sus objetivos o transformen su funcionamiento hacia el logro de estos en el mundo real.

La metodología contempla varias aproximaciones al concepto de eficiencia para aportar un mayor margen de observación. Así, en términos de Pareto, la eficiencia se logra cuando un comportamiento o una decisión mejora la situación de un individuo sin empeorar la de otro; como consecuencia del ejercicio de eficiencia descrito, se espera que con dichas decisiones, teniendo como marco el contexto general, se obtenga una mejora en el bienestar social, es decir, que se logre el óptimo posible para determinada

---

2013, 1120 p.; y Steven Shavell. *Fundamentos del análisis económico del derecho*, Madrid, Editorial Universitaria Ramón Areces, 2016, p. 802.

situación (óptimo de Pareto), pues se ha logrado una distribución adecuada de los recursos disponibles.

Ahora bien, ante la imposibilidad de obtener siempre resultados de mejora de un individuo sin empeorar la situación de otro, apareció el criterio de eficiencia de Kaldor-Hicks, que permite solucionar la descompensación del individuo que mejora su situación frente al que desmejora la suya como producto o resultado de una decisión[17].

Bajo esta aproximación, otro elemento esencial para el análisis son los denominados costos de transacción, definidos como aquellos en los que el individuo incurre en las diferentes interacciones, negociaciones y toma de decisiones que surgen en el mercado; y a partir de este concepto inicial se deriva una de las interpretaciones más relevantes para el Derecho conocida como el Teorema de Coase, que se simplifica en el postulado de que, una vez identificados los costos de transacción en una determinada situación, la existencia de una estructura legal depende de si dichos costos son mayores a cero, puesto que el Derecho se debe encargar de acercarlos a cero para lograr la eficiencia en las relaciones de los individuos[18].

Otro elemento esencial que acompaña la metodología son las denominadas externalidades, es decir, aquellos factores externos que influyen directamente en las situaciones o en la toma de decisiones para solucionar las problemáticas provocadas por ellas, por lo que su identificación le

---

17 Robert Cooter y Thomas Ulen. *Derecho y Economía*, México, Fondo de Cultura Económica, 1998, pp. 23-26.

18 "*Coase affirms, economic theory, which embodies the analysis of choice, can be employed to examine the role which the market in particular but consequently the firm and the law play in the functioning of the economic system. However, in mainstream economic theory, the market is assumed to exist – sometimes for stylistic convenience: «i assume, for expositional convenience, that 'in the beginning there was the market'» (Williamson, 1975, p. 20). And it is viewed as a self-generated phenomenon, «a product of immaculate conception and virgin birth» (Dugger, 1992, p. 89; see also Hodgson, 1988, pp. 177-82). One result has been that «[t]he analysis is carried out with great ingenuity but it floats in the air» (Coase, 1988, p. 29) because the crucial role of law in determining the activities of institutions (the market but also the firm) «has been largely ignored» (Coase, 1988, p. 5)*". Massimiliano Vatiero. *Law, transaction costs and Coase's institutions. A reappraisal, Economia e Politica Industriale, Journal of Industrial and Business Economics*, vol. 40 (4), 2013, pp. 43 a 50.

permite al Derecho actuar de manera concreta y eficiente. No identificarlas, o identificarlas y pasar por alto sus efectos, conduce inevitablemente a decisiones inadecuadas[19].

Como se resalta, la aproximación del AED permite evaluar situaciones jurídicas desde una perspectiva más amplia, informada se puede decir, que contribuye a que la estructura legal e institucional minimice o internalice costos, asimetrías y externalidades en procura de su adecuado funcionamiento y para el cumplimiento de los objetivos en un determinado contexto, pues entiende y atiende los aspectos particulares del entorno, permite evidenciar las necesidades tanto de la administración como de los administrados y promueve soluciones más adecuadas para este.

Además, la metodología cuenta con diferentes puntos de vista, denominados escuelas o perspectivas de aproximación que, a partir de los elementos económicos esenciales, pretenden analizar el comportamiento del individuo en relación con su estructura legal y el planteamiento de oportunidades de mejora que, en términos de eficiencia e identificación de problemáticas, cada una de ellas puede proporcionar.

Así, entonces, como una primera aproximación de la metodología, encontramos la escuela tradicional que promueve el análisis costo-beneficio de las estructuras legales que pretenden regular situaciones de mercado (cuantificables) o por fuera de mercado (no cuantificables, pero susceptibles de valoración)[20]; establece las aproximaciones del análisis económico, por una parte, desde una visión *positiva*, concentrada en explicar lo que es o está, y por otra, desde una visión *normativa*, concentrada en identificar las posibilidades de mejora de la situación presente[21], por lo que, teniendo como punto de partida para el análisis que los individuos son seres racionales maximizadores de riqueza, buscarán el mayor beneficio en términos de eficiencia. En palabras del profesor Roemer: "Las técnicas analíticas que involucran la microeconomía, las matemáticas, la investigación de

---

19 Steven Shavell. *Economic Analysis of Law*, USA, Foundation Press, 2004, pp. 13 a 26.

20 Andrés Roemer. *Introducción al análisis económico del derecho*, México, Instituto Tecnológico Autónomo de México, Sociedad Mexicana de Geografía y Estadística y Fondo de Cultura Económica, 1994, pp. 5-7.

21 Ana María Arjona y Mauricio Rubio. "El Análisis Económico del Derecho", en *Precedente. Anuario Jurídico*, Universidad ICESI, enero de 2002, p. 120.

operaciones, el análisis de sistemas y las pruebas estadísticas, le permiten al analista del derecho determinar cuál ley y/o regulación es la más meritoria para la sociedad"[22].

La elección pública es otra perspectiva del AED que centra sus esfuerzos en la comprensión desde el punto de vista económico de la ciencia política y las reglas de la política, y en específico de la revisión del comportamiento y la toma de decisiones en términos del proceso electoral y político bajo el lente de la maximización de la riqueza perseguida por cada individuo, compartiendo con la escuela tradicional la visión positiva y normativa del análisis[23].

Por otra parte, en la visión neoinstitucional la metodología concentra su estudio en la relevancia de las instituciones jurídicas y su valoración económica a partir de los conceptos de derecho de propiedad y de los costos de transacción. Aquí la toma de decisiones de un individuo dentro de una organización bajo reglas de comportamiento establecidas debe ser analizada desde su condición de maximizador de riqueza con racionalidad limitada y comportamiento oportunista, y por ello la definición de los derechos de propiedad en la organización y la identificación de los costos de transacción son esenciales en la búsqueda de la eficiencia dentro de un marco restrictivo[24].

La novedosa y reciente perspectiva de la metodología conocida como comportamentalismo o conductual enfoca su análisis en aquellas conductas que desde el punto de vista clásico del AED y de la economía se determinan como inconscientes o irracionales, y que no son aisladas o esporádicas sino reconocidas como un problema cognitivo que hacen parte del comportamiento humano real y que influyen de manera directa en la toma de decisiones de los individuos[25].

---

22 Ibíd., p. 23.

23 Ibíd., pp. 56-62.

24 Ibíd., pp. 45-54.

25 Christine Jolls, Cass Sunstein R. y Richard Thaler. "A behavioral approach to Law and Economics", *Stanford Law Review*, n.º 50, California, 1998, pp. 1473-1480, disponible en https://ssrn.com/abstract=2292029.

En resumen, vemos que el análisis costo-beneficio permite revisar, desde distintas ópticas, los efectos derivados de la interacción de elementos jurídicos y económicos en determinadas situaciones, y que, como resultado de esa medición, proporciona los insumos para gestionar una adecuada asignación de los recursos, y con ello una eficiente interacción de estos elementos no solo para el beneficio del individuo, sino también de la sociedad.

III. EL ANÁLISIS COSTO-BENEFICIO Y EL DERECHO DE LA ADMINISTRACIÓN: ESPECIAL IMPORTANCIA DE LA ESCUELA NEOINSTITUCIONAL PARA EL DERECHO ADMINISTRATIVO

Bajo el escenario descrito líneas atrás se reconoce al Derecho y a las instituciones jurídicas como actores determinantes para la solución eficiente en situaciones que evidencian, por lo menos, altos costos de transacción[26]. En ese orden de ideas, y a fin de orientar puntualmente nuestro objeto de estudio, el derecho administrativo es pieza fundamental para encauzar de manera eficiente las relaciones entre el Estado, el mercado y los individuos[27].

---

26 "Tanto la discreción con la que se atribuyen, desconcentran o delegan normas, como la interpretación e implementación de éstas depende del rol institucional de las entidades administrativas, y no tenerlo en cuenta presupone que dicho rol no importa. En últimas, tener en mente las consideraciones aquí señaladas permitiría un mejor entendimiento de cómo funciona la administración y le permitiría a los jueces ser mejores árbitros de la administración": Andrés Palacios Lleras. "Introducción al análisis económico del derecho administrativo", *Revista de Derecho Público*, 22, febrero de 2009, p. 21.

27 "Finalmente, se puede destacar que el AEDA (Análisis Económico del Derecho Administrativo), al develar los factores que entran en tensión en una determinada regulación, puede mostrar también que ciertas normas jurídicas tengan un contenido 'ineficiente, sesgado a favor de ciertas posiciones'. Una distinción importante es aquella que diferencia dentro del análisis económico del derecho, dos tipos fundamentales: el análisis positivo y el análisis normativo. El primero se centra en el análisis de la reacción real de la gente frente a una determinada norma, sus costes y beneficios, así como la manera en que influyen ciertas circunstancias reales en el contenido y forma de ciertas decisiones jurídicas. El segundo, esto es, el llamado análisis normativo, intenta determinar 'el diseño óptimo del Estado desde la perspectiva de las decisiones, los costos, y los beneficios que pueden tomar las distintas entidades que se encuentran en el interior de éste. Desde esta perspectiva, el objeto de estudio consiste en determinar aspectos como

Incorporar el análisis costo-beneficio en el ejercicio de la Administración es un objetivo que se debe perseguir y, para el efecto, el enfoque neoinstitucional puede contribuir a alcanzarlo, pues resalta el valor que las instituciones poseen al momento de enfrentar los diversos costos de transacción presentes en la toma de decisiones para el Estado, el mercado o los individuos. En palabras de Williamson, "la economía del costo de transacción adopta un enfoque microanalítico para el estudio de la organización económica. Se centra en la atención en las transacciones y los esfuerzos de economización que se realizan en la organización correspondiente"[28], y en ese sentido Chavance subraya: "De hecho, la minimización de los costos de transacción implica una lógica de maximización (en sentido amplio): la idea de economizar recursos"[29].

Si bien la teoría de los costos de transacción del neoinstitucionalismo se acerca a la economía neoclásica mediante el ajuste de las estructuras de gobernanza a las transacciones con el objetivo de economizar recursos, su factor diferencial radica en la relevancia de las instituciones y su importancia en la definición y manejo de los costos de transacción; al respecto, Chavance señala que: "Tanto las ideologías como las instituciones pueden ser consideradas "modelos mentales compartidos". Así, en situaciones de fuerte incertidumbre el individuo confrontado a las elecciones realiza un aprendizaje gracias a la ayuda de un modelo mental, y después la

---

el grado de discreción que se le debe dar a las entidades administrativas cuando se les atribuyen o delegan ciertas funciones, así como el tipo de control adecuado que debe ejercerse para garantizar que dicha discreción se use adecuadamente'. En un sentido similar, se ha dicho que este análisis 'se ocupa de estudiar qué es lo que los agentes (el legislador, la Administración, los tribunales, las partes contratantes, etc.) a la vista de las consecuencias esperadas de sus diversas alternativas de actuación, deberían hacer, qué decisiones deberían adoptar, qué normas deberían eventualmente establecer, a fin de maximizar la satisfacción de ciertas preferencias'". Pascual Cortés. "La regulación del uso de gases lacrimógenos como reacción frente a la protesta: aproximación crítica desde el análisis económico del derecho administrativo", *Derecho y Crítica Social*, 3(2), 2017, pp. 200 y 201.

28 Oliver E. Williamson. *Las instituciones económicas del capitalismo*, México, Fondo de Cultura Económica, 2009, p. 13.

29 Bernard Chavance. *La economía institucional*, México, Fondo de Cultura Económica, 2018, p. 72.

comunicación entre individuos crea modelos mentales compartidos que conducen a "la creación de ideologías y de instituciones en un proceso de coevolución"[30]; y es por ello que los individuos reconocen en las instituciones un medio adecuado para alcanzar niveles de satisfacción (maximización) esperados en su interacción continua con el Estado, el mercado y los propios individuos[31], pues estas reducen la asimetría de información presente en la toma de decisiones y permiten establecer las reglas de juego necesarias en cualquier intercambio, con el fin de evitar desviaciones o incumplimientos[32].

En ese orden de ideas, se resalta la importancia de implementar, dentro del marco de la equidad, la medición, en términos de eficacia, de las instituciones en su comprensión amplia, que involucra a las organizaciones y a las reglas de juego[33], y es allí donde reconocemos la oportunidad para el

30 Ibíd., p. 86.

31 "En lo que corresponde al supuesto de que los agentes son racionales en el sentido de que poseen preferencias maximizadoras y bien definidas, la NEI –en contraste con la perspectiva clásica– suele acudir a la noción de 'racionalidad limitada' (*bounded rationality*) según la cual los agentes (individuos y organizaciones) poseen preferencias que se encuentran 'limitadas' por factores como información incompleta y la complejidad del entorno en relación con las capacidades computacionales y de prevención individuales". Daniel Monroy. "Una aproximación neoinstitucionalista al Derecho (Económico) Internacional", *Reflexiones Jurídicas*, Ecuador, Pontificia Universidad Católica del Ecuador, 2018, p. 7.

32 "Como elementos determinantes de los costos de transacción la NEI sugiere: (i) la definición de los derechos de propiedad; (ii) el tamaño del mercado, que determina lo impersonal que es el ambiente en el cual se da el intercambio; (iii) la capacidad de hacer cumplir la ley; (iv) las actitudes ideológicas: las percepciones individuales acerca de la legitimidad de las reglas de juego afectan las posibilidades de intercambio y los costos de llevarlo a cabo". Ana María Arjona y Mauricio Rubio. "El Análisis Económico del Derecho", *Precedente. Anuario Jurídico*, Universidad ICESI, enero de 2002, p. 120.

33 "[L]a NEI descarta que los mercados deban alcanzar siempre una asignación óptima de los recursos, pues este resultado no garantiza *per se* la equidad y la justicia social; es por ello que, en ocasiones, las instituciones se dirigen (y deben dirigirse) a estimular el comportamiento cooperativo entre los agentes. En este orden de ideas, si bien la consecución de resultados eficientes puede ser importante –incluso desde una perspectiva normativa– no lo es menos también fomentar la cooperación y alcanzar

Derecho administrativo, en orden de incorporar reglas que contribuyan en ambos sentidos.

Aun cuando, en razón al sistema jurídico de origen continental, la recepción de la metodología del AED en los países latinoamericanos es compleja, se evidencian esfuerzos por internalizar en la discusión normativa e institucional elementos económicos para la comprensión de sus propias realidades y necesidades; tal es el caso del análisis de impacto normativo que pretende racionalizar el uso de la regulación en un determinado contexto.

Es por ello que, en el caso colombiano, no ha sido ajeno ni menor el avance para incluir elementos de naturaleza económica en la resolución de situaciones que presentan altos costos de transacción en punto a la organización y gestión de la Administración (relación del Estado con sus ciudadanos), aspectos propios del enfoque noinstitucional, esfuerzos que se han concentrado, en un primer momento, en la intención de simplificar los trámites directamente ligados con la asunción de altos costos de transacción para el administrado[34]. Por sí misma la simplificación produce beneficio para los ciudadanos y genera bienestar social, pero debe recurrirse a este mecanismo con el objetivo de acercar al ciudadano al entendimiento de las dinámicas de la Administración, a la necesidad de establecer estructuras legales que acompañen su funcionamiento y a la participación en las transformaciones requeridas para tales estructuras. Al lado de la simplificación, encontramos la incorporación del análisis de impacto normativo como herramienta que le permite al Estado tomar decisiones más informadas y adecuadas para sus ciudadanos al momento de intervenir y expedir normas, pues no se trata solo de imponer determinadas reglas de conducta, sino de que esta imposición persiga el bienestar tanto individual como colectivo para ofrecer un engranaje adecuado y eficiente. La gestión pública y, en

---

resultados equitativos": Daniel Monroy. "Una aproximación neoinstitucionalista al Derecho (económico) Internacional", cit., p. 7.

34 "[L]a carga administrativa, también conocida en América Latina como tramitología, reduce la eficiencia de la prestación de servicios públicos y contribuye a la desconfianza de los ciudadanos y empresarios (gráfico 1.18), así como incentiva a estos mismos a pagar sobornos para acelerar dichos procesos". Organización para la Cooperación y el Desarrollo y Banco Interamericano de Desarrollo. *Panorama de las Administraciones Públicas: América Latina y el Caribe*, 2020, p. 40.

particular, la gestión jurídica, permiten hacer uso de las herramientas del AED para proyectar las reformas y generar los correctivos ante situaciones poco o nada eficientes.

En punto de estos avances, y de la importancia de la acción institucional para su transformación, destacamos en el escenario nacional el documento Conpes 3816 de 2014[35], que promueve la implementación de mecanismos y metodologías orientadas a transformar el funcionamiento de la Administración, desmantelando y desmitificando su papel autoritario, pero manteniendo su rol jerárquico, lo que permite acercar las instituciones jurídicas de la Administración al servicio del ciudadano de forma eficiente; y para desarrollar los postulados del documento de política pública, y en armonización con los principios rectores de la Organización para la Cooperación y Desarrollo Económico (OCDE) de la cual Colombia hace parte, en 2016, en el marco del proyecto "Incorporando el uso de Análisis de Impacto Regulatorio en el Proceso de Toma de Decisiones de Colombia", se expidió la Guía Metodológica de Análisis de Impacto Normativo[36] con la finalidad de integrar herramientas de medición de costo-beneficio que mejoren la calidad normativa, y que en ese sentido se pueda acercar a la Administración, al Ejecutivo en general, al ciudadano, a sus necesidades y a la realidad de sus acciones.

Así, se plantean cinco estrategias dirigidas a fortalecer la eficiencia económica y social de la norma: i) establecer la institucionalidad requerida, lo que se aplica tanto para el conjunto de reglas como para los organismos que se encargarán de articularlas; ii) generar y fortalecer las capacidades de gestión si el agente encargado de aplicarla y operarla carece de los medios y los mecanismos adecuados, expeditos y de cobertura nacional y territorial

35 Departamento Nacional de Planeación. Documento CONPES 3816 de 2014. Mejora normativa: análisis de impacto en el que "se establecieron las bases respecto a la necesidad de mejora en la producción de las normas colombianas, emitidas por la rama ejecutiva, con el fin de llevar a cabo un análisis de impacto normativo que permita asegurar la calidad de las normas y, consecuentemente, la protección del ordenamiento jurídico, bajo la garantía y respeto de los principios constitucionales", disponible en https://colaboracion.dnp.gov.co/CDT/Conpes/Econ%C3%B3micos/3816.pdf.

36 OECD Reviews of Regulatory Reform. *Guía Metodológica de Análisis de Impacto Normativo*, 2016, p. 72.

para ponerla a disposición de los administrados, pues se evidencia que por sí misma la norma no genera eficiencia; iii) implementar herramientas de análisis de impacto normativo a través de un programa piloto, introduciendo de manera concreta la medición económica a partir de los elementos esenciales del AED, como el análisis costo-beneficio (costos de transacción, externalidades, incentivos, eficiencia); iv) establecer lineamientos y guías, que determinen y detallen el alcance, las diferentes alternativas de aplicación y los beneficios esperados en la aplicación del análisis, y v) difundir los mecanismos y herramientas para administrar y racionalizar el inventario normativo, debido a la identificación de una cantidad importante de normas que intervienen en la operación de la Administración y a la dificultad de armonización normativa del orden nacional y territorial.

De forma que si bien en nuestro medio ha sido lenta y dispendiosa la aplicación del análisis de impacto normativo, se está allanando el camino para generar normas de calidad en procura de fortalecer la capacidad del Estado para hacerlas cumplir mediante estrategias que promuevan la difusión y uso de mejores prácticas, y la apropiación de esas herramientas por los funcionarios públicos. Coincidimos en que se requiere una entidad con capacidades técnicas que tenga a su cargo la supervisión de la calidad normativa[37], y un marco institucional robusto para avanzar en esa labor[38], pero sin que por ello la Administración desvíe la distribución y aprovechamiento de los recursos en el cumplimiento de sus funciones, o perjudique la finalidad del Derecho administrativo de garantizar el acceso a la Administración en términos de justicia e igualdad, pues, reiteramos,

---

37 "[L]as reformas de la administración pública se centran en la calidad, la puntualidad y la inclusividad de los servicios prestados a los ciudadanos y a las empresas, y en aumentar la optimización y la eficiencia de los procesos administrativos. La administración pública refuerza el funcionamiento interno del sector público, así como su relación con la sociedad, y como tal constituye un elemento central de la buena gobernanza". Organización para la Cooperación y el Desarrollo. *Integridad para el Buen Gobierno en América Latina y el Caribe*, 2018, p. 44.

38 "[L]a implementación de leyes y reglamentos es un elemento necesario para prevenir la impunidad en la sociedad, garantizar la credibilidad y la legitimidad de las instituciones, garantizar la justicia y el acceso a los servicios a los ciudadanos y generar condiciones equitativas entre los actores económicos". Organización para la Cooperación y el Desarrollo. Ob. cit., p. 65.

el derecho administrativo armoniza las relaciones entre las instituciones y el ciudadano también en términos de eficiencia.

La Agencia Nacional de Defensa Jurídica del Estado se suma a estos esfuerzos, pues es la encargada de proveer una defensa técnica, adecuada y eficiente en los litigios en los que el Estado es parte, y de gestionar el impacto fiscal de las demandas contra el Estado; en cumplimiento de ese objetivo cobra importancia institucional, no solo en el ámbito jurídico, sino económico, y es fundamental que su evolución y transformación también sean analizados desde la perspectiva económica[39].

De suerte que la identificación de costos y externalidades asociados al cumplimiento de las metas y al ejercicio de las instituciones, permite tomar de decisiones que conduzcan a un mejor desempeño en el caso puntual de la protección de los intereses y finanzas, no solo del Estado, sino de los ciudadanos que resultan beneficiados de esa buena administración. Por ello, el AED en general, pero el neoinsitucional en especial, contribuye de manera determinante al estudio, construcción y remodelación del Derecho administrativo, pues el contexto de la regulación, cualquiera que esta sea, parte esencialmente de la comprensión de la Administración pública desde sus instituciones, siendo absolutamente indispensable su estructuración eficiente, bajo los incentivos correctos y con adecuado uso del poder regulador, identificando el nivel óptimo en cuanto a cantidad y calidad de la regulación para lograr su cumplimiento efectivo y, con ello, la reputación necesaria y suficiente para el logro de los objetivos de la autoridad administrativa[40].

---

39 "[U]na de las más interesantes corrientes o perspectivas del análisis económico del derecho es la neoinstitucional, donde la identificación, comprensión y eficiente puesta en marcha de las instituciones jurídicas de significación económica es determinante para el bien desempeño económico. Es importante precisar, sin embargo, que tanto las reglas de juego que informan el actuar de la ANDJE como los aspectos organizaciones de ella son esas instituciones a las cuales se refiere el neoinstitucionalismo": Eleonora Lozano Rodríguez. "La Agencia Nacional de Defensa Jurídica del Estado y el pasivo contingente por sentencias, conciliaciones y laudos arbitrales", en *Nuevas tendencias del Derecho Administrativo*, Bogotá, Universidad de los Andes, 2016, pp. 276-279.

40 "[E]n particular, las debilidades institucionales en varias dimensiones de la gobernanza pública pueden explicar la vulnerabilidad de muchos países de la región frente a ineficiencias causadas por el desperdicio, el mal uso y la captura por parte de grupos de interés, así como frente a los shocks económicos exógenos... En segundo lugar,

CONCLUSIONES

Hoy se justifica el Derecho administrativo por cuanto el Estado, como representante de los intereses de sus asociados, materializados principalmente en derechos sociales y colectivos, a través de sus instituciones genera situaciones jurídicas que los afectan, y ello demanda que sus reglas, por defecto impositivas, sean absolutamente claras desde su creación para permitir la intervención y el control necesarios y con la vinculatoriedad requerida. Para lograr materializar dicha fundamentación, indefectiblemente el AED ayudará a repensar el Derecho administrativo, no para convertirlo en un mercado ni justificarlo en este, sino para entender cómo, con ayuda de la lógica económica, se puede llegar a la regulación óptima, dada su especial naturaleza.

En nuestra opinión, esta herramienta es un baluarte esencial en la reconstrucción, o más bien reafirmación, del Derecho administrativo[41], particularmente en atención a que su estructura parte sustancialmente de la división del poder institucional.

Así, el Derecho administrativo es una institución que, dentro de la estructura legal, acerca de manera determinante al individuo con el Estado, y cuya organización responde a niveles complejos de interacción que requieren más de un agente para su funcionamiento, y a niveles normativos sustanciales y procedimentales de igual complejidad; es por esas razones

---

incluso cuando se introducen las políticas correctas, su implementación a menudo sigue siendo superficial y no logran traducirse en la práctica y generar cambios. Las causas pueden ser normas informales que contrarrestan las instituciones formales, una capacidad administrativa débil, una resistencia a la implementación efectiva, soluciones copiadas de otro país sin tener en cuenta el contexto, o la falta de mano de obra o liderazgo adecuadamente capacitado". Organización para la Cooperación y el Desarrollo y Banco Interamericano de Desarrollo. *Panorama de las Administraciones Públicas: América Latina y el Caribe*, 2020, p. 25.

41 "[U]na comprensión adecuada del contexto de surgimiento e interpretación de las normas daría cuenta de nuevos elementos para una debida asimilación del DA y su función dentro de la sociedad. En tal cometido, el AED, en tanto opción de perspectiva analítica distinta de las tradicionales, puede permitirnos adelantar el camino": Miguel Ángel Medina Romero. *El derecho administrativo y el análisis económico: consideraciones preliminares para el caso de México*, cit., p. 242.

que, desde el aporte de la perspectiva neoinstitucional, la visión económica resulta más que necesaria, ya que el entorno de la organización de las instituciones que ejercen función administrativa se debe analizar desde la eficiencia para replicar, indefectiblemente, en la cantidad y la calidad de la regulación y su efectivo cumplimiento.

Es evidente la distancia entre el nivel normativo y la realidad en la cual pretende operar, pues actualmente nos enfrentamos a una Administración pública, y a instituciones estatales en general, con un nivel bajo o deficiente de comprensión, atención y respuesta a las necesidades de los administrados, lo que ocasiona una distorsión significativa del nivel de aproximación institucional a la realidad de su entorno. Pero, si bien la Administración se convierte en obsoleta como resultado de una estructura normativa excesiva y poco reflexiva, a todas luces descontextualizada o apartada del sistema jurídico, no con ello se puede calificar al Derecho administrativo en esa misma vía. Comprender el entorno jurídico económico de las situaciones que aquejan a los administrados es una oportunidad para avanzar en la estructura legal que se presenta para esta rama del derecho.

Así las cosas, identificar los costos de transacción inmersos en el funcionamiento de la Administración es un punto de partida para determinar los obstáculos o ineficiencias que en algunos casos pueden ser superados con la aplicación de herramientas de simplificación normativa, a fin de agilizar trámites y dar mayores niveles de transparencia al ejercicio de la Administración frente a los ciudadanos; en otros casos dicha identificación permite, de una parte, proponer alternativas normativas que busquen e incentiven un mejor funcionamiento de la Administración, y de otra, aplicar metodologías de análisis de impacto normativo que no solo realicen la medición costo-beneficio de la intervención, sino que promuevan de manera directa la participación de la ciudadanía en la toma de decisiones. Es dentro de ese engranaje que el Derecho administrativo juega un papel determinante en la distribución y aprovechamiento de los recursos disponibles, no solo para su propio funcionamiento, sino para la toma de decisiones en beneficio de los individuos; entonces, es a esta institución a la que le corresponde fortalecer y transformar su estructura legal para que la Administración pueda lograr los impactos económicos deseables, como la reducción de costos de transacción en la relación Estado-individuo, la determinación de incentivos que busquen la calidad normativa, la reducción de asimetrías de información para lograr niveles de transparencia óptimos, etc.

Bajo esta óptica, el principio de legalidad genera confianza en la actuación de la Administración, por lo que, entonces, su falta de aprehensión de las necesidades de los administrados es lo que desdibuja su naturaleza; por eso es vital entender el contexto normativo y económico hacia donde se dirige el Estado en procura del bienestar y la calidad de vida de los administrados, pues realza el valor, la importancia y el sustento de este principio sobre el que se funda toda actuación y decisión de intervención del Estado en beneficio del bien común, sin detenerse únicamente en el beneficio particular de los actores del mercado, incluido el propio Estado.

Es por ello que al incluir la perspectiva económica se da impulso al dinamismo que requieren las instituciones para proponer soluciones normativas acordes con las necesidades y con una proyección de impacto más informado, en busca de un nivel óptimo o adecuado de intervención cuando así lo amerite. Reiteramos que la construcción de un marco institucional robusto, a partir del uso de la economía a través del AED, impulsa la transformación del Derecho administrativo, pues armoniza las relaciones entre las instituciones y el ciudadano en términos de equidad, calidad y eficiencia[42].

BIBLIOGRAFÍA

Arjona, Ana María y Mauricio Rubio. *El Análisis Económico del Derecho, Precedente. Anuario Jurídico*, Universidad ICESI, 2002.

Balbín, Carlos F. *Crisis del Derecho administrativo. Bases para una nueva teoría general*, Buenos Aires, Astrea, 2020.

---

42 "[A]sí, la eficiencia perseguida por los neoinstitucionalistas es de naturaleza 'adaptativa', que, según North, se ocupa de 'las reglas particulares que dan forma al modo en que la economía evoluciona a lo largo del tiempo' y, también, 'de la inclinación de una sociedad a adquirir conocimientos, y a aprender, a inducir innovación, a correr riesgos y a mantener una actividad creadora de toda especie, así como a resolver problemas y cuellos de botellas a lo largo del tiempo'". Eleonora Lozano Rodríguez. "La Agencia Nacional de Defensa Jurídica del Estado y el pasivo contingente por sentencias, conciliaciones y laudos arbitrales", cit., p. 279.

Becker, Gary S. *The Economic Approach to Human Behavior*, Chicago, Chicago University Press, 1976.

Alfredo Bullard González. *Derecho y Economía. El análisis económico de las instituciones legales*, Lima, Palestra Editores, 2003.

Cassese, Sabino. "New paths for administrative law: A manifesto", *International Journal of Constitutional Law*, vol. 10, Issue 3, July 2012.

Calabresi, Guido. *El coste de los accidentes: análisis económico y jurídico de la responsabilidad civil*, Barcelona, Ariel, 1984.

Clavero Arévalo, Manuel Francisco. "Personalidad jurídica, derecho general y derecho singular de las administraciones autónomas", *Documentación Administrativa*, n.º 58, Madrid, Instituto Nacional de Administración pública, 1962.

Chavance, Bernard. *La economía institucional*, México, Fondo de Cultura Económica, 2018.

Coase, Ronald. "El problema del costo social", *Estudios Públicos*, n.º 45, Santiago de Chile, 1992.

Cooter, Robert y Thomas Ulen. *Derecho y Economía*, México, Fondo de Cultura Económica, 1998.

Cortés, Pascual. "La regulación del uso de gases lacrimógenos como reacción frente a la protesta: aproximación crítica desde el análisis económico del derecho administrativo", *Derecho y Crítica Social*, 3(2), 2017.

Del Saz Cordero, Silvia. "La huida del Derecho administrativo: últimas manifestaciones. Aplausos y críticas", *Revista de Administración Pública*, n.º 133, 1994.

Departamento Nacional de Planeación. Documento CONPES 3816 de 2014.

Fernández Castaño, Félix y Francisco de Asís López Velástegui. "La huida del derecho administrativo en la administración pública española", *Revista Derecho y Cambio Social*, n.º 47, año XIV, 2017, D.L. 2005-5822.

García de Enterría, Eduardo y Tomás Ramón Fernández. *Curso de Derecho administrativo*, t. I, 10.ª ed., Madrid, Civitas, 2000.

Jolls, Christine, R. Sunstein Cass y Richard Thaler. "A behavioral approach to Law and Economics", *Stanford Law Review*, n.º 50, California, 1998.

Kuhn, Thomas S. *La estructura de las revoluciones científicas*, México, Fondo de Cultura Económica, 1971.

Lozano Rodríguez, Eleonora. "La Agencia Nacional de Defensa Jurídica del Estado y el pasivo contingente por sentencias, conciliaciones y laudos arbitrales", en *Nuevas tendencias del Derecho administrativo*, Bogotá, Universidad de los Andes, 2016.

Medina Romero, Miguel Ángel. *El derecho administrativo y el análisis económico: consideraciones preliminares para el caso de México*, México, Anuario Jurídico y Económico Escurialense, XLV, 2012.

Monroy, Daniel. "Una aproximación neoinstitucionalista al Derecho (Económico) Internacional", *Reflexiones Jurídicas*, Ecuador, Pontificia Universidad Católica del Ecuador, 2018.

Montaña Plata, Alberto. *Fundamentos del derecho administrativo*, Bogotá, Universidad Externado de Colombia, 2010.

OECD Reviews of Regulatory Reform. Colombia. "Guía Metodológica de Análisis de Impacto Normativo", 2016.

Organización para la Cooperación y el Desarrollo (OCDE). *Integridad para el Buen Gobierno en América Latina y el Caribe*, 2018.

Organización para la Cooperación y el Desarrollo (OCDE) y Banco Interamericano de Desarrollo (BID). *Panorama de las Administraciones Públicas: América Latina y el Caribe*, 2020.

Palacios Lleras, Andrés. "Introducción al análisis económico del Derecho administrativo", *Revista de Derecho Público*, 22, febrero de 2009.

Posner, Richard. *El análisis económico del Derecho*, México, Fondo de Cultura Económica, 2013.

Roemer, Andrés. *Introducción al análisis económico del derecho*, México, Instituto Tecnológico Autónomo de México, Sociedad Mexicana de Geografía y Estadística, y Fondo de Cultura Económica, 1994.

Sánchez Morón, Miguel. "El retorno del derecho administrativo", *Revista de Administración Pública*, n.º 206, 2018.

Shavell, Steven. *Economic Analysis of Law*, USA, Foundation Press, 2004.

Shavell, Steven, *Fundamentos del análisis económico del derecho*, Madrid, Editorial Universitaria Ramón Areces, 2016.

Santofimio Gamboa, Jaime Orlando. *Tratado de Derecho administrativo*, t. I, Introducción, Bogotá, Universidad Externado de Colombia, 2003.

Toscano Gil, Francisco. "Análisis de las transformaciones actuales del derecho administrativo en España", *Revista Digital de Derecho administrativo*, n.º 22, segundo semestre/2019.

Vatiero, Massimiliano. "Law, transaction costs and Coase's institutions. A reappraisal", *Economia e Politica Industriale. Journal of Industrial and Business Economics*, vol. 40 (4), 2013.

Villar Palasí, José Luis. "La actividad industrial del Estado en el Derecho administrativo", *Revista de Administración Pública*, n.º 3, 1950.

Williamson, Oliver E. *Las instituciones económicas del capitalismo*, México, Fondo de Cultura Económica, 2009.

ESTADO REGULADOR

PRESENTACIÓN

El término "Estado regulador" encierra un conjunto de realidades y representaciones ideológicas disimiles entre sí, convirtiéndose en una de esas palabras de uso general cuyo contenido es bastante incierto. Con la expresión se suele aludir en primer lugar a un conjunto de mutaciones en los modos de acción de los actores públicos, consecuente con el declive del Estado de bienestar, e impulsado por la globalización, las rápidas transformaciones tecnológicas y la evolución de la economía de mercado. Se trata de un escenario en el que se redefinen las condiciones de ejercicio de las funciones colectivas, y cuya función general consiste en preservar los grandes equilibrios económicos, sociales y ambientales. Al lado de las "teorías conciliatorias de la regulación", el Estado regulador se presenta también como un mandato de cohesión social, subyacente al Estado de bienestar. Si bien el concepto implica una redefinición del rol estatal, más que un regreso completo al Estado liberal del pasado, se trata de un Estado que es también socialmente activo y que busca transformar antagonismos sociales en un proyecto colectivo. Como una herramienta al servicio de la ejecución de las políticas públicas, esta concepción de la regulación implica una inflexión profunda en los modos de acción del Estado, que tiende no solo a enmarcar los comportamientos de sus destinatarios, sino también a incidir en los dispositivos económicos y sociales. De esa manera, la regulación se convierte en una función estatal permanente en aquellos sectores que, como los servicios públicos, son claves para el desarrollo social. El Estado regulador es por último expresión de un nuevo modelo estatal que contagia con la lógica de la regulación todas las facetas del Estado.

Pero las definiciones que se han venido plasmando a lo largo de las últimas décadas en numerosas fuentes nacionales y extranjeras, más que excluirse entre sí, en realidad reflejan la aspiración del Estado regulador en racionalizar y armonizar los dos modelos antagónicos anteriores. En sus inicios el nuevo modelo estatal es causa y efecto de la preocupación por restablecer la legitimidad del Estado al renovar sus formas de acción, ya sea para asegurar grandes equilibrios entre los intereses económicos y otros imperativos de interés general cuando el mercado no puede alcanzarlos por sí mismo, o como piedra angular del desarrollo y cohesión social.

En ese sentido, y pese a la indeterminación del término, la regulación se promueve como un proyecto político, como nueva forma de actuación al interior del aparato estatal, como una función que involucra la adopción progresiva de instrumentos y procedimientos, no solo para asociar a los destinatarios en el proceso de confección de normas, sino también para transar entre intereses económicos, sociales e, incluso, ambientales opuestos. Asimismo, la regulación conduce a una adaptación de los principios de organización del Estado y de sus administraciones públicas. En muchos países las autoridades independientes fueron instituidas precisamente para regular sectores económicos abiertos a la competencia, pero también para actuar sobre intereses sensibles en términos de libertades públicas, como las comunicaciones audiovisuales o la protección de datos personales, lo que demuestra que la lógica regulatoria no siempre ha dependido de consideraciones de mercado.

Ahora bien, representar al Estado como un regulador puede simbolizar que las actuaciones públicas solo se justifiquen en caso de insuficiencia o falla de los mecanismos de autorregulación sociales, ambientales y de mercado, debiendo priorizarse la actuación de los particulares que producen, detentan o están más próximos a la información, o la colaboración con los agentes económicos y sociales. Pero esta alternativa no es ajena a las críticas. La intensificación de las desigualdades internas y entre naciones, agudizadas por fenómenos como la corrupción, o la situación de pandemia global de los últimos años, ha (re)activado las reclamaciones de quienes insisten en que el rol estatal no se puede reducir a la regulación de servicios gestionados por operadores externos, siendo necesario garantizar condiciones de dignidad a todos los ciudadanos bajo imperativos de igualdad y solidaridad. Si la legitimidad del aparato estatal está condicionada al logro de resultados (*outputs*), más que por revelar las preferencias de las mayorías políticas y electorales de turno (*inputs*), es lógico hablar de "crisis del modelo regulador" derivada del incumplimiento de los fines que le han sido encomendados.

Pero la dimensión socialmente activa del Estado regulador, subyacente al Estado de bienestar, es al mismo tiempo objeto de duras críticas por quienes encuentran en el mercado un medio más eficiente y racional para un óptimo funcionamiento económico y social, mediante la confrontación y ajuste de las preferencias individuales. Siguiendo una corriente específica del pensamiento económico, el mercado no solo permitiría movilizar muchísima más información que cualquier otra organización, sino que sería una mejor garantía para la libertad. Estas críticas respaldan un movimiento de repliegue estatal que incluso señala, en sus variantes más extremas, lo inconveniente del intervencionismo regulatorio del *Administrative State*.

Prisionero de embates ideológicos antagónicos, el Estado debe desempeñar su papel de "regulador" en un contexto marcado por la creciente complejidad de los circuitos económicos, los desafíos que imponen las tecnologías disruptivas, pero también por la creciente presión de poderes económicos globales y actores supranacionales que le son ajenos y escapan a su tutela. Hoy más que nunca debemos cuestionarnos si el Estado dispone realmente de esa capacidad reguladora que se le atribuye, y si puede incidir de forma eficaz en una economía cuyos equilibrios aparecen condicionados por la globalización y sus actores –varios de los cuales de hecho ocupan una función reguladora–, y en una sociedad cada vez más polarizada y fragmentada.

Es en el marco de los desafíos que afronta este modelo estatal que se propone a nuestros lectores una revisión de lo que ha sido la progresiva adaptación de la figura de la regulación en nuestro ordenamiento jurídico y en países vecinos. Las investigaciones que contiene el presente tomo, desarrolladas con ocasión de las vigésimo cuartas *Jornadas Internacionales de Derecho Administrativo*, representan un minucioso panorama del programa de la regulación y de varias de sus incidencias en aspectos de organización administrativa, instrumentales y procesales, así como en el alcance del control a la que está sometida. A través de los distintos capítulos se exponen también los principales retos que actualmente afronta la institución. Con estos aportes buscamos contribuir al debate nacional y regional a partir de una mejor comprensión de las distintas realidades que encierra el término "Estado regulador".

¡Una provechosa lectura!

Aníbal Zárate Pérez

ANÍBAL ZÁRATE PÉREZ*

Los titubeos en torno a la regulación independiente en Colombia

Sumario: Introducción. I. Una tarea inconclusa: el déficit de regulación independiente en el ordenamiento jurídico colombiano. A. Las características orgánicas y materiales de independencia de los reguladores. 1. Los elementos esenciales de una arquitectura independiente. 2. Los poderes de los reguladores independientes. B. Los reguladores colombianos son más o menos autónomos, pero no autoridades independientes. 1. La ausencia de independencia en el gran número de los reguladores colombianos. 2. Los embates al período fijo de los comisionados de servicios públicos domiciliarios. 3. La CRC: un cascarón "independiente". II. Resistiendo a los embates: regulación independiente, separación de poderes y democracia representativa. A. Desmontando mitos: el sistema de pesos y contrapesos como base de la regulación independiente. 1. Los reguladores independientes pueden ser creados por ley. 2. La función de regulación es del Estado, no del presidente. B. Regulación independiente y democracia: una vieja discusión bajo nuevas apariencias. 1. Un ataque recurrente: la falta de legitimidad democrática de la regulación independiente. 2. La regulación independiente es también expresión de la democracia representativa. Conclusión. Bibliografía.

INTRODUCCIÓN

La independencia de las autoridades de regulación es una idea que parece encontrar resistencia en el derecho colombiano. Más allá de vaivenes gubernamentales, el fenómeno puede explicarse por la indeterminación que desde los años noventa persiste acerca de lo que constituye la regulación como función, así como por los escasos desarrollos alrededor de las autoridades encargadas de su arreglo[1]. Esto conduce a que en ocasiones se reconozcan

---

* Doctor en Derecho Universidad de París II, Panthéon-Assas. Docente investigador del Departamento de Derecho Administrativo de la Universidad Externado de Colombia. Correo-e: anibal.zarate@uexternado.edu.co. Enlace ORCID: https://orcid.org/0000-0001-5453-9464.

1 Este asunto es detallado en Aníbal Zárate Pérez. "La resolución de controversias como elemento convergente del régimen jurídico de la regulación sectorial", en *Horizontes del contencioso administrativo*, t. 1, Bogotá, Universidad Externado de Colombia, 2022, pp. 168-229.

las autoridades que cumplen funciones de regulación como Autoridades Administrativas Independientes (AAI)[2], a pesar de que las primeras en general solo poseen ciertas dimensiones de autonomía y otros atributos de las autoridades descentralizadas, que varían en cada caso concreto según sus propias normas de creación[3]. Las dimensiones de autonomía de los reguladores atañen a su vida interna, midiendo el control que tienen sobre su propia organización y funcionamiento, contrario a lo que sucede con la independencia, la cual se refiere a la situación externa de una autoridad o agente, esto es, de cara a otros poderes del Estado[4].

De esta manera, tanto las AAI como las autoridades de regulación colombianas buscarían escapar a un esquema tradicional de organización de la Administración, estructurado bajo el principio jerárquico y la autoridad directa de un ejecutivo unitario[5]. A pesar de este objetivo común, la

---

2 Por ejemplo, "Solamente a partir de la expedición de la Ley 142 de 1994 se crearon en Colombia las comisiones de regulación como entes independientes, aun cuando estas mismas entidades son la prolongación de unas unidades administrativas, dependientes de los ministerios [...]", Ana Lucía Lenis. "Las agencias independientes o comisiones de regulación", *Revista de la Maestría en Derecho Económico*, 2, Universidad Javeriana, 2004, pp. 113 y ss.

3 Entre estas, personería jurídica, patrimonio propio, autonomía administrativa, financiera y presupuestal, características propias de las entidades descentralizadas. Sin embargo, "[...] aun cuando gozan de autonomía administrativa están sujetas al control político y a la suprema dirección del órgano de la administración al cual están adscritas" (art. 68, Ley 489 de 1998).

4 Stéphane Mason. *La notion d'indépendance en droit administratif français*, thèse, París II, Université Panthéon-Assas, 1995, p. 30.

5 A partir de construcciones intelectuales que forman lo que se ha llamado *New Public Management*, el traslado de competencias administrativas a órganos descentralizados, que disponen de varios tipos de autonomías, se opone a un modelo weberiano de Administración. Se habla de un marco de gestión que es promovido como proyecto político y que hace propios los imperativos de eficacia, eficiencia y economía en el manejo de lo público, erigiendo la necesidad de reformar las administraciones públicas en distintos países (Daniel Mockle. "La gouvernance publique et le droit", *Les Cahiers de droit*, 47, 1, Université Laval, 2006, pp. 89-165). Siguiendo este enfoque, las AAI y los órganos de regulación descentralizados participan de una preocupación por restablecer la legitimidad del Estado al renovar sus formas de acción. Se busca responder a los cuestionamientos a la imparcialidad y racionalidad del aparato administrativo (Mathew

diferencia entre ambos tipos de autoridades está en el grado de intensidad con que este se logra: las AAI son independientes, rompiendo efectivamente con el esquema unitario, además de poseer dimensiones de autonomía. En términos prácticos esto revela que los esfuerzos legislativos, tanto de creación como de racionalización de los reguladores nacionales, usualmente se limitan a una revisión, a veces regresiva, de su arreglo competencial y a la atribución de ciertas autonomías[6]. Lo anterior, en ausencia de un referente claro de qué es lo que hace que una autoridad administrativa sea independiente, o a lo mejor por una banalización de estas entidades que tiende a asociarlas, sin cuestionarse, a las intervenciones públicas sobre actividades y sectores económicos[7].

Stephenson. "Optimal Political Control of Bureaucracy", *Mich. L. Rev*, 107, 2008, p. 66). Se busca que ciertos intereses relacionados con la salud, el medio ambiente y los sectores clave de la economía pasen a manos de expertos, atribuyéndose funciones regulatorias a organismos compuestos por estos, más o menos desligados del ejecutivo.

6 Se sugiere al lector contrastar el resultado (infra, sección 1.2) con lo indicado en la exposición de motivos de la Ley 142 de 1994, proyectos de ley 196/197 de 1992 (acum.), "Régimen de los servicios públicos domiciliarios", *Gaceta del Congreso* n.º 162 de 1992; y de la Ley 1978 de 2019. En esta última se afirma que, con el fin de responder a los cambios en la cadena de valor, era necesario simplificar y actualizar el marco institucional y normativo del sector TIC. Esto supondría, según la misma exposición de motivos, la concreción de un regulador único, independiente y convergente, en cabeza de la CRC: "la CRC se convertirá en un regulador único e independiente encargado de promover la competencia en los mercados de las redes y los servicios de telecomunicaciones, incluidos los servicios de televisión abierta radiodifundida [...]": exposición de motivos del proyecto de ley 152 de 2018 del Senado "Por el cual se moderniza el sector de las Tecnologías de la Información y las Comunicaciones (TIC), se distribuyen competencias, se suprime la Autoridad Nacional de Televisión, y se dictan otras disposiciones", *Gaceta del Congreso* n.º 745 de 2019, pp. 24, 28.

7 Encontramos que a algunos reguladores se les atribuye "autonomía" o "independencia" técnica de acuerdo a sus funciones especializadas o áreas de intervención, pero sin que medien las condiciones para que esta sea efectiva. Esta autonomía ha sido definida por la Corte Constitucional, a propósito del Banco de la República, como "la capacidad para analizar libremente los fenómenos monetarios y para diseñar sin injerencia de otras autoridades los instrumentos que demande el ejercicio de sus atribuciones en aquellas materias que tienen por objeto cautelar la estabilidad de la moneda y asegurar la solidez y la confianza en el sistema monetario del país [...]", Corte Constitucional. Sentencia C-050 de 1994. Pero no basta con una mera asignación formal por el legislador. Sin

Un estudio que parta de las actividades de los reguladores para determinar si es posible catalogarlos como autoridades independientes, terminaría por reducir la independencia a una condición propia de cierto tipo de órganos[8], por lo que creemos está condenado al fracaso. Si el ámbito económico de intervención y el carácter cuasi normativo y cuasi jurisdiccional de ciertas funciones sirvieron en el pasado para justificar la independencia de algunos reguladores[9], hoy en día sabemos que esta no es una condición exclusiva de quienes detentan estos poderes o actúan sobre la economía[10]. Basta con realizar una rápida revisión del programa histórico de la institución para constatar que la independencia no es consubstancial a la regulación económica. En sus orígenes, esa fue la respuesta concreta del legislador federal estadounidense a los temores de captura de ciertos intereses necesarios al comercio interestatal por titulares del poder político de un mismo partido, en un sistema que es a la vez presidencial y bipartidista[11]. Los intereses sociales se asomaron durante la época del *New*

---

garantías estatutarias de independencia no puede haber condiciones para un ejercicio libre de sus funciones regulatorias, esto es, no puede haber autonomía técnica.

8 Varias reformas en materia de organización se han realizado al parecer bajo consideraciones funcionales y no orgánicas. Es el caso de las reformas a la Administración pública en el año 2011 y en donde sus autores aspiraron a encontrar equivalencias entre las autoridades independientes que han aparecido en otros sistemas y las agencias colombianas. Entre las razones dadas por el Gobierno para modificar la naturaleza de la Agencia Nacional de Hidrocarburos (ANH) se encuentra la "plena independencia en el sentido de la gestión de sus respectivos campos de actividades [...]", que tienen autoridades que *cumplen funciones similares* en otros países; Agencia Nacional de Hidrocarburos. *Consolidación institucional del sector hidrocarburos, transformación de la Agencia Nacional de Hidrocarburos*, Bogotá, ANH, Estudio Técnico, 2011.

9 Cfr., por ejemplo, el famoso caso *Humphrey's Executor* 295 U. S. at 628-29 (1935), en el que la Corte Suprema estableció que el congreso federal podía limitar el poder de remoción del presidente de los jefes de las agencias que cumplieran funciones cuasijudiciales y cuasilegislativas.

10 Por ejemplo, son calificadas como independientes: *National Archives and Records Administration* (NARA), *National Science Foundation* (NSF), *Social Security Administration* (SSA), y la *Commission on Civil Rights* (CCR), las cuales no tienen a su cargo funciones de regulación económica.

11 Para una presentación de los orígenes de las agencias independientes en los Estados Unidos cfr. Aníbal Zárate Pérez. "El eufemismo del término agencia en el ordenamiento

Deal[12] y desde entonces las consideraciones sociales y ambientales también acompañaron la creación de órganos independientes para la aplicación de leyes en derechos civiles, medio ambiente y mejora de la calidad de vida de la población[13]. Luego en Europa, y bajo la influencia de un "modelo" de regulador estadounidense en expansión, la necesidad de proteger las libertades individuales y los datos personales de los ciudadanos, incluso, pero sobre todo de la misma Administración, apareció de hecho como la primera justificación a la creación de órganos independientes[14]. Esa necesidad no llegó al campo de las libertades económicas sino a mediados de los años ochenta, con los procesos de liberalización de ciertas industrias en redes[15]. En este último escenario, las altas inversiones y participaciones estatales llevaron a las instituciones europeas a imponer el principio de imparcialidad a las autoridades de regulación nacionales, lo que en muchos estados miembros significó darles garantías de independencia. El deber de trato paritario entre actores públicos y privados, además de someterlos a las mismas reglas en sus actos y contratos, excluyía que el Estado pudiera

---

jurídico colombiano", en *El derecho administrativo como idea y sus transformaciones contemporáneas*, Bogotá, Universidad Externado de Colombia, 2018, pp. 365 y ss.

12 Insistimos en el caso de la SSA (*Social Security Act*, Pub. L. 74-271, 49 Stat. 620, August 14, 1935, codificado en 42 USC. ch. 7). En términos del profesor Wilbur J. Cohen, el proyecto de ley establecía originalmente una Junta del Seguro Social (*Social Insurance Board*) adscrita al Departamento del trabajo. Sin embargo, la versión de la Cámara de representantes introdujo una Junta de la Seguridad Social (*Social Security Board*) como una agencia independiente. Esta última fue la que prevaleció. "The Development of the Social Security Act of 1935: Reflections some Fifty Years Later", *Minn. L. Rev.*, 68, 1983, p. 379; sobre la evolución de la SSA, cfr. Aníbal Zárate Pérez. "El eufemismo...", cit., n. 78.

13 Ibíd., n. 73.

14 En Europa continental la categoría de órganos administrativos con garantías de independencia aparece en este sector. Es por ejemplo el caso de la Comisión Nacional de Informática y Libertades (CNIL) francesa creada en 1978.

15 Para una presentación de estos procesos en Europa y en varios países de América Latina, cfr. Gérard Marcou y Frank Moderne. *Derecho de la regulación, los servicios públicos y la integración regional*, t. 1, *Comparaciones y Comentarios*, Bogotá, Universidad del Rosario, 2009.

ser juez y parte del juego económico[16]. Se trató de imponer un modelo homogéneo y eficaz de regulación que facilitara la libre circulación de bienes, capitales y servicios, en sectores económicos particularmente sensibles por su condición de interés general.

Como función general del Estado, la regulación persigue el logro de equilibrios entre eficiencia y rentabilidad económica y otros imperativos de interés general que el mercado no puede realizar por sí mismo[17], así como la ejecución de las políticas públicas necesarias para la progresividad en el cumplimiento de sus fines sociales[18]. Si en este capítulo nos referiremos a los reguladores económicos sectoriales[19], esto no quiere decir que las reflexiones que aquí se presentan no sean fácilmente traspasables a los órganos encargados de intervenir en materias sociales o medioambientales[20]. Esto, ya que el ámbito de actuación o el interés que se persigue

---

16 Martine Lombard. "Introduction", en *Régulation économique et démocratie*, París, Dalloz, 2006, p. 4.

17 Como por ejemplo aquellos identificados en la sentencia C-150 de 2003, y relacionados con los derechos de los usuarios, la protección del medio ambiente, la salud de la población, entre otros.

18 Este último elemento lo identifica Romain Rambaud en su trabajo doctoral sobre la institución jurídica de la regulación, bajo la dirección de Gérard Marcou. Nos parece pertinente incluirlo en una acepción general de regulación en Colombia: Romain Rambaud. *L'institution juridique de la régulation*, París, L'Harmattan, 2012, p. 563.

19 En concreto, se examinan varias tipologías de estructuras que cumplen funciones de regulación sobre la economía. Pero incluso así establecido, nuestro objeto de estudio sigue siendo amplio. No se trata de elaborar un catálogo de reguladores económicos y su grado de independencia. La investigación realizada permitió identificar que ciertas categorías de estructuras poseen funciones de regulación. Son estas categorías las que revisaremos para determinar su grado de independencia o posición en "la escalera de la independencia". Queda por precisar que las autoridades administrativas que se denominan agencias y agencias estatales de naturaleza especial no tienen un lugar significativo en el presente trabajo, ya que fueron objeto de un estudio anterior, concluyéndose que en general se trata de órganos descentralizados de la rama ejecutiva que carecen de garantías orgánicas de independencia y que solo poseen algunas autonomías (Aníbal Zárate Pérez. "El eufemismo...", cit.); cfr. también infra, sec. 1.2.

20 No es el objetivo de este trabajo estudiar la independencia de los reguladores ambientales. Aunque el Consejo de Estado y la Corte Constitucional coinciden en que las Corporaciones Autónomas Regionales (CAR) gozan de ciertas dimensiones de

con la regulación, más allá de justificar la decisión del poder político de crear autoridades independientes para su organización, no determina la condición de estas últimas[21]. Lo que diferencia una AAI de otras administraciones públicas son los componentes orgánicos y materiales presentes en su estructura, esto es, en su arquitectura o diseño institucional[22], y no los sectores o áreas en las que intervienen.

---

autonomía, para el juez administrativo estas entidades son también independientes de la rama ejecutiva (CE., Sala Plena. Auto del 15 de septiembre de 2020, radicado n.° 11001-03-15-000-2020-01402-00), mientras que la Corte Constitucional señala que definir la política ambiental está en cabeza del ejecutivo y que este, a través del Ministerio de Medio Ambiente, ejerce el control, inspección y vigilancia sobre las CAR (Corte Constitucional. Sentencia C-570 del 18 de julio de 2012, expediente D-8814). Más allá de este debate, ajeno a los propósitos de este capítulo, conviene indicar que: 1) son estructuras externalizadas; 2) entre sus órganos de dirección hay colegios que se integran mayoritariamente por autoridades políticas y de gobierno locales y nacionales, todos de la rama ejecutiva, así como delegados y voceros del ejecutivo nacional, y no por expertos en temas relacionados con el medio ambiente; 3) aunque su director es nombrado por el consejo directivo y cuenta con la garantía del período fijo, sus funciones son de representación legal y de velar por la correcta organización y funcionamiento de la entidad, así como la ejecución de los actos que adopte un colegio de perfil político. En el caso de la autoridad de licencias ambientales (ANLA), el decreto 3573 de 2011 señala que es una Unidad Administrativa Especial (UAE) sin personería jurídica. Su consejo técnico consultivo está compuesto únicamente por agentes del ejecutivo y su director es de libre nombramiento y remoción del ministro de medio ambiente. Ambos tipos de estructuras poseen dimensiones de autonomías. En materia ambiental, la independencia también se encuentra a media marcha.

21 Aníbal Zárate Pérez. *L'indépendance des autorités de concurrence: analyse comparative Colombie*, *France*, *États-Unis*, thèse doc., Université Panthéon-Assas, París II, 2011.

22 En su sentencia C-306 de 2004, la Corte Constitucional nos dice que determinar la estructura de la Administración pública "es no solo crear los grandes elementos que la integran, sino, además, determinar su disposición dentro del órgano del que son parte, regular sus mecanismos de relación para el cumplimiento de su tarea y señalar de modo general sus funciones. En esta forma el legislador tiene como atribución crear la parte estática y permanente de la Administración y el Ejecutivo la de hacerla dinámica mediante el ejercicio de atribuciones administrativas". Es por ello que también hacen parte de nuestro análisis los elementos o componentes funcionales de la arquitectura de los reguladores nacionales.

La independencia administrativa es justamente la condición en la que se encuentra una entidad de la Administración respecto a otros poderes, y en particular de la rama ejecutiva[23], la cual es asegurada por un dispositivo institucional que va más allá de la sola atribución de autonomías, y que le permite sustraerse de los controles administrativos e injerencias del poder político durante el ejercicio de sus funciones[24]. En derecho colombiano ese dispositivo orgánico lo tienen algunos órganos autónomos de creación constitucional, como la banca central o la Comisión Nacional del Servicio Civil (CNSC), autoridades que poseen atributos de independencia que son diferentes y que exceden la sola autonomía administrativa[25]. Conviene recordar al lector que la jurisprudencia constitucional emplea sin mayor rigor los términos *independencia*, por un lado, y *autonomía*, por otro lado, para referirse a cualidades reconocidas a algunos organismos que se designan de manera inversa en las acepciones dadas en otros países, como lo enseñan los ejemplos francés y estadounidense[26]. De este modo, el juez colombiano denomina con el término *independencia legal* un conjunto de

---

23 En efecto, la independencia de autoridades administrativas, como organismos nacionales, solo puede ser concebida al interior de un Estado. Para los efectos de este trabajo, la independencia administrativa es una condición que se tiene respecto de la sola rama ejecutiva. Por ejemplo, en Estados Unidos algunos consideran que las AAI son agentes de un principal que es el legislador (Alfred Aman Jr. y William Mayton. *Administrative Law*, Saint Paul [MN], West Academic, 2014). La teoría del principal-agente apunta a que la existencia, misiones y estructura de las autoridades administrativas se encuentran determinadas previamente por el legislador federal. Sobre las relaciones entre reguladores y el legislador, y las asimetrías de información que existen entre ambos, cfr. Kathleen Bawn. "Political Control versus Expertise: Congressional Choices about Administrative Procedures", *Am. P. S. Rev.*, 1995, 89, 1, pp. 62-73.

24 Aníbal Zárate Pérez. *L'indépendance...*, cit., p. 36. La independencia reenvía a un grado de "desconexión" en relación con estructuras jerárquicas de la rama ejecutiva. Ella se obtiene a partir de la emancipación frente a reglas de subordinación y de un dispositivo orgánico que protege la libertad de sus agentes tanto al momento de su nombramiento, como durante el ejercicio de sus funciones; cfr. Stéphane Mason. *La notion d'indépendance...*, cit., p. 30. Aquí la independencia se describe en relación con los elementos exteriores susceptibles de menoscabarla y no como a una condición interna, que apela más al concepto de autonomía administrativa.

25 Por ejemplo, Corte Constitucional. Sentencias C-827 de 2001 y C-351 de 2004.

26 Aníbal Zárate Pérez. *L'indépendance...*, cit., pp. 29 y ss.

atributos reconocidos por el ordenamiento jurídico a órganos descentralizados de la rama ejecutiva que no tienen en esos sistemas sino algunas dimensiones de autonomía en razón de esos mismos atributos[27]. Esta falta de claridad también es común en los textos de creación de varios organismos y entidades nacionales[28]. Con miras a superar la confusión, y, en los términos que aquí se define, la independencia por lo general comprende varias dimensiones de autonomía, pero además exige la atribución por vía legal de garantías estatutarias relacionadas con la disposición del órgano en la Administración pública, el mandato y cualificaciones de sus directores, y el alcance de sus competencias administrativas. Esto nos permite ubicar las AAI en los peldaños superiores de la "escalera de la independencia"[29].

---

27 Por ejemplo, Corte Constitucional. Sentencias C-827 de 2001 y C-351 de 2004; Aníbal Zárate Pérez. *L'indépendance…*, cit., p. 29.

28 A manera de ejemplo, mientras que el artículo 19 de la Ley 1341 de 2009, modificado recientemente por la ley de modernización de las TIC, señala que la Comisión de Regulación de Comunicaciones (CRC) es una unidad administrativa especial del orden nacional con "*independencia* administrativa, técnica, patrimonial, presupuestal", el artículo 25 de la misma ley, dispone que en cambio la Agencia Nacional del Espectro (ANE) es una unidad administrativa especial del orden nacional con "*autonomía* técnica, administrativa y financiera". En ambos casos el legislador se refiere a varias dimensiones de autonomía administrativa.

29 La idea de la "escalera de la independencia administrativa" fue desarrollada durante los años de investigación doctoral (Aníbal Zárate Pérez. *L'indépendance…*, cit., pp. 29 y ss), y puede resumirse así: en un Estado unitario como el nuestro, en el que el control administrativo se ejerce a través de los organismos principales de la Administración (arts. 39, Ley 489 de 1998 y 104 Ley 489 de 1998), se parte de un primer escalón en el que una unidad de servicios, ubicada al interior de un organismo principal, solo tiene una pequeña autonomía funcional, esto es, aquella discrecionalidad que le permite ejercer sus competencias específicas atribuidas (Corte Constitucional. Sentencia C-341 de 1996). Subir un peldaño en la escalera de la independencia implica entonces sustraer esa unidad de servicio y ubicarla por fuera de la sede del organismo principal (art. 8.º Ley 489 de 1998). Aquí la autonomía funcional se ve reforzada por las autonomías administrativa y financiera, las cuales le permiten al órgano gestionar sus recursos humanos y financieros y cualquier otro medio de que disponga, a través de la ejecución de actos jurídicos y materiales relativos al cumplimiento de sus funciones (Corte Constitucional. Sentencia C-341 de 1996), y por el hecho de que contra los actos de la autoridad desconcentrada solo procede el recurso de reposición (par. art. 8.º Ley 489 de 1998). Para esto, algunas autoridades desconcentradas también se ven atribuir

Son exactamente estas garantías orgánicas las que por lo general se muestran esquivas en el caso de los reguladores nacionales. Una demostración en ese sentido requiere identificar, con la ayuda del argumento comparado[30], los componentes mínimos de independencia a partir de los cuales es posible calificar a una autoridad administrativa como independiente, antes de constatar si estos mismos elementos se encuentran presentes en el diseño de los reguladores nacionales (I). Sin embargo, este ejercicio

---

la autonomía presupuestal (art. 110 Decreto ley 111 de 1996). Subir un escalón más en la escalera de la independencia significa atribuirle a dicha autoridad la personería jurídica, esto es, pasarla del sector central al sector descentralizado por servicios de la rama ejecutiva. En este peldaño, a las dimensiones de autonomía mencionadas se suma la autonomía patrimonial (Corte Constitucional. Sentencia C-341 de 1996), y el control cambia de uno jerárquico atenuado a uno de tutela (art. 105 Ley 489 de 1998). Luego, en el escalón siguiente, se ubican aquellas autoridades externalizadas, esto es, aquellas que hacen parte de la Administración pública, pero no de la rama ejecutiva, y con relación a las cuales se suprimen los controles administrativos (cortándose la adscripción o vinculación al órgano principal de la Administración). Por último, en los escalones superiores de la escalera de la independencia encontramos aquellas autoridades administrativas que por vía legal se ven atribuidas una o más garantías de independencia ligadas a la nominación y al mandato de sus miembros. Entre más garantías se asignen, más alto será el grado de independencia. Si estas garantías son constitucionales, entonces ella se supone que es mayor. Esta escalera representa la independencia en sentido amplio: unas dimensiones de autonomía, más garantías de independencia orgánicas y funcionales. Los últimos dos escalones son la independencia en un sentido estricto.

30 La comparación en el presente capítulo se hace con los sistemas estadounidense y francés. El primer sistema se escoge, puesto que es en el derecho federal de ese país donde las AAI aparecen y se desarrollan. Asimismo, fruto de la globalización, se habla de un "modelo de agencia independiente" estadounidense que se habría extendido a otros países a partir de los años ochenta. El sistema francés se escogió por dos razones: 1) la marcada y tradicional influencia de las instituciones de derecho administrativo francés en el derecho de la organización colombiano, y 2) puesto que Francia es también receptor de la idea de regulación independiente. Las transformaciones registradas en Europa continental con los procesos de liberalización de industrias en redes sirven de filtro para Colombia, y se espera que los desarrollos posteriores (incluidas las leyes orgánica y ordinaria sobre AAI y API de 2017 en el derecho francés) aporten a la comprensión de la independencia y los atributos de los reguladores independientes en el país.

reveló una especie de renuencia del poder político a la idea de regulación independiente, que conviene rebatir (II).

I. UNA TAREA INCONCLUSA: EL DÉFICIT DE REGULACIÓN INDEPENDIENTE EN EL ORDENAMIENTO JURÍDICO COLOMBIANO

Una comparación entre AAI y los reguladores colombianos impone reconstruir los elementos orgánicos y materiales que comúnmente integran la arquitectura de las autoridades administrativas que son calificadas como "independientes" en otros países (A). Después de establecer las particularidades de estas autoridades, se constata el desarrollo limitado de estos componentes, aunque con algunas variaciones e intensidades, en el diseño institucional de los reguladores nacionales (B).

A. LAS CARACTERÍSTICAS ORGÁNICAS Y MATERIALES DE INDEPENDENCIA DE LOS REGULADORES

Las comparaciones efectuadas en oportunidades anteriores de la arquitectura de reguladores franceses y estadounidenses fueron revelando una serie de garantías orgánicas de independencia destinadas a aislarlos, en mayor o menor grado[31], de injerencias políticas y grupos de intereses (1). Aunque es posible situar la noción de independencia orgánica y la noción de independencia funcional sobre planos intelectuales distintos, en la práctica estos dos componentes son indisociables. Así las cosas, no tiene sentido atribuir garantías orgánicas de independencia a los reguladores nacionales sin que

---

31 Algunas autoridades que en el pasado fueron catalogadas de independientes carecen de todas las garantías estatutarias mínimas para serlo (*Massachusetts vs. EPA*, 127 S. Ct. 1438; Jody Freeman y Adrian Vermeule. "Massachusetts *vs.* EPA: From Politics to Expertise", *Supreme Court Review*, 2007, p. 51). Esto llevó a algunos autores estadounidenses a hablar de "agencias ejecutivas independientes". Es el caso particular de la Agencia de Protección del medio Ambiente o Environmental Protection Agency (EPA). Christopher Ahlers. "Presidential Authority over EPA rulemaking under the Clean Air Act", *Environmental Law*, 44, 2014, p. 69.

medie una determinación legislativa de sus competencias y la asignación de los poderes necesarios para el cumplimiento de sus funciones (2).

1. LOS ELEMENTOS ESENCIALES DE UNA ARQUITECTURA INDEPENDIENTE

Los atributos orgánicos de independencia están destinados a proteger la libertad de sus miembros o directores durante el ejercicio de sus funciones. En términos de diseño institucional, la estructura ideal de un regulador dependerá, en gran medida, de las misiones que tenga que cumplir[32]. En concreto, y aunque no existe un prototipo de agencia independiente en derecho de la organización, la revisión de las experiencias estadounidense y francesa nos permiten identificar al menos cuatro garantías institucionales ordinarias de independencia: 1) la externalización; 2) un procedimiento de designación plural y con requisitos para la selección de sus directores; 3) un período fijo y escalonado en sus mandatos, y 4) un límite al poder de remoción presidencial de sus miembros restringido a motivos legítimos.

La externalización ocurre cuando se atribuyen competencias administrativas a una estructura que no hace parte de la jerarquía administrativa tradicional[33]. Las autoridades independientes francesas y estadounidenses no se ubican al interior de un departamento ministerial, ni están adscritas ni vinculadas a este, es decir, escapan a los controles administrativos[34].

---

32 Para Jacob Gersen, "The optimal bureaucratic structure depends on the ends to be achieved": "Designing Agencies", *Research Handbook on Public Choice and Public Law*, Daniel and Joseph O'Connell, University of California Berkeley, 2010, pp. 333-347. "The main aim creating an independent agency is to immunize it, to some extent, from political pressure [...]".

33 Hubert Delzangles. *L'indépendance des autorités de régulation sectorielles, communications électroniques, énergie et postes*, thèse, Univ. Bordeaux IV, 2008, p. 40.

34 En los términos en que este es definido por el artículo 103 de la Ley 489 de 1998. En el caso francés es, además, frecuente encontrar menciones como "en ejercicio de sus atribuciones, los miembros de las autoridades administrativas independientes y de las autoridades públicas independientes no reciben, ni solicitan instrucción de ninguna autoridad" (art. 9.º Ley 2017-55 del 20 de enero de 2017, marco general de las AAI y API); o bien que "la autoridad toma sus decisiones sin recibir instrucción de ninguna

En términos prácticos, la externalización es la decisión del legislador de suprimir todo vínculo jerárquico y de tutela sobre una autoridad administrativa, esto es, sustraerla de la rama ejecutiva para ubicarla por fuera de la misma, pero al interior de la Administración[35]. Esta técnica de organización administrativa facilita el paso de una situación de autonomía funcional, derivada de la especialización funcional del regulador, hacia una situación de autonomía técnica, en el sentido estricto del término. Se trata por ejemplo de evitar un conflicto de intereses y el cúmulo de funciones en el ejecutivo de operador y árbitro del sector económico regulado[36].

Ahora bien, en ninguno de los sistemas estudiados la sustracción de los controles administrativos es condición suficiente para poder hablar de "autoridad independiente". Es por esto que la externalización normalmente viene acompañada de procedimientos de nominación plural, y/o de criterios de escogencia por méritos de sus directores y demás miembros de los colegios[37].

---

otra autoridad. Sus decisiones no son revocables" (art. L-212-10-8-1, *Code du cinéma et de l'image*; a propósito de la Comisión nacional de desarrollo cinematográfico); o que "la Comisión nacional de desarrollo comercial no está sujeta a control jerárquico ministerial" (art. L-751-7, *Code du commerce*).

35 En efecto, en derecho colombiano la externalización se materializa por la sustracción de un órgano de la rama ejecutiva del poder público, en los términos en que esta es definida por el artículo 38 de la Ley 489 de 1998, para situarlo en la Administración pública, la cual "se integra por los organismos que conforman la rama ejecutiva del poder público y por todos los demás organismos y entidades de naturaleza pública que de manera permanente tienen a su cargo el ejercicio de las actividades y funciones administrativas o la prestación de servicios públicos del Estado Colombiano" (Ley 489 de 1998, art. 39).

36 Las empresas del Estado como integrantes de la rama ejecutiva (art. 38, Ley 489 de 1998), cuyos directores son agentes del presidente (art. 189, num. 13 CP), y en cuyas juntas los ministros o sus delegados representan los aportes de la Nación; sobre este último punto cfr. Aníbal Zárate Pérez. "La protección constitucional de la rivalidad en el mercado como interés de las actuaciones administrativas en materia económica", *Las transformaciones de la administración pública y del derecho administrativo*, t. 1, Bogotá, Universidad Externado de Colombia, 2019, pp. 633 y ss.

37 En países como Francia se optó por confiar las funciones de regulación a órganos colegiados. Esta también es la regla general en Estados Unidos. La pluralidad de miembros se muestra como una garantía de independencia en la medida que dificulta

En el caso estadounidense el procedimiento de nominación de comisionados y directores de agencias de regulación independientes por lo general incluye al presidente, quien los designa, y al senado federal, que los confirma[38]. Asimismo, los colegios de los reguladores sectoriales franceses suelen tener una composición mixta, sea en razón del origen o de los intereses que representan, sea por las diferentes calidades que se exigen a sus miembros[39]. La intención del legislador francés de integrar los reguladores con expertos lo llevó a establecer un régimen de cualificaciones para acceder al cargo de comisario, miembro de junta o de colegio. Los componentes orgánicos de independencia buscan precisamente asegurar ese peritaje técnico y objetivo[40],

---

la captura del regulador, aunque debe conjugarse con el objetivo de eficacia con el fin de tomar decisiones de forma rápida.

38 En casos como el de la Comisión para los Derechos Civiles (*United States Commission on Civil rights*), la participación del Congreso es incluso mayor; *Civil rights Commission Amendments Act* of 1994 (42 U. S. Code § 1975). Pero el procedimiento de nominación plural no es exclusivo de las agencias independientes; conc. U.S. Constitution, artículo II, *appointments clause*. La idea es buscar que las agencias no queden expuestas al control de un solo partido. Es el caso de la *Federal Trade Commission*, cuyo colegio se compone de cinco comisionados de los cuales no más de tres pueden pertenecer al mismo partido político (15 USCA § 41). Es la misma composición de la *Securities and Exchange Commission* (15 USCA § 78d) o incluso de la *Consumer Product Safety Commission* (15 USCA § 2053).

39 La fórmula más común en Francia sigue siendo la nominación confiada a autoridades políticas. Es el caso del regulador de las telecomunicaciones (ARCEP, por sus siglas en francés), cuyo colegio está integrado por tres miembros designados por el presidente de la República, dos por el presidente del senado y dos por el presidente de la asamblea (disponible en https://www.arcep.fr/larcep/le-college-et-les-directions/nomination-des-membres-et-fonctionnement-du-college.html, consultada el 29 de abril de 2023). Los miembros del regulador de transportes deben tener "competencias jurídicas, económicas o técnicas en servicios digitales o en transporte terrestre o aéreo, o en temas de competencia, principalmente en el campo de las industrias en redes", y son nombrados por el presidente de la República y los presidentes de las cámaras del Congreso (cfr. arts. L1261-1 a L1261-18 del *Code des transports*), solo por presentar algunos ejemplos.

40 La idea de un peritaje objetivo aparece asociada a la discrecionalidad o autonomía técnica, la cual no podría existir sin las garantías de independencias necesarias que la garanticen.

como factor de legitimidad y de calidad regulatoria, aunque estas garantías no siempre sean suficientes para proteger al regulador de las presiones que ejercen grupos de intereses y de las preferencias de sus propios agentes. De ahí que el régimen que contiene sus requisitos de formación y experiencia venga también acompañado de reglas de deontología y estrictas prohibiciones[41].

Además de las garantías asociadas a los procesos de selección y nombramiento de los miembros de los colegios de las autoridades de regulación independientes, estos ejercen sus funciones por un período fijo, y en ocasiones escalonado en los mandatos, que usualmente supera en uno o dos años el mandato presidencial[42]. Es común encontrar en el derecho federal estadounidense autoridades cuyos colegios se renuevan parcialmente y de forma escalonada, en términos similares a los de los miembros de la junta directiva del Banco de la República[43]. Con esto, se busca limitar la influencia de un mismo gobierno sobre el regulador, al impedir que este pueda nombrar al tiempo todos los miembros de sus colegios[44]. Cuando

---

41 En el caso francés, por ejemplo, el título primero de la Ley orgánica n.º 2017-54 del 20 de enero de 2017 contiene reglas de incompatibilidades con el mandato de miembro de AAI (arts. 2.º y 3.º). Asimismo, el artículo 9.º de la ley ordinaria 2017-55 del 20 de enero de 2017, señala que "Los miembros de las autoridades administrativas independientes y públicas independientes ejercen sus funciones con dignidad, probidad e integridad y deberán prevenir y poner fin a todo conflicto de interés". Según el artículo 14 de la misma ley ordinaria, cada autoridad independiente debe adoptar su propio reglamento con las reglas de organización, de funcionamiento y *de deontología* en su interior.

42 En el derecho francés, la Ley 2017-55 del 20 de enero de 2017, contentiva del estatuto general de las AAI y las Autoridades Públicas Independientes (API), establece como regla general que el término del mandato de los miembros de una AAI es de tres a cinco años. Para el caso de la FTC, se indica: "*the first Commissioners appointed shall continue in office for terms of three, four, five, six, and seven years, respectively, from September 26, 1914, the term of each to be designated by the President, but their successors shall be appointed for terms of seven years, except that any person chosen to fill a vacancy shall be appointed only for the unexpired term of the Commissioner whom he shall succeed*" (15 USCA §§ 41-58, as amended).

43 Ídem.

44 Para Rachel E. Barkow, "*Presidents may have relatively less direct influence over multimember agencies, if only because these agencies have members who serve staggered terms,*

los períodos son escalonados lo común es excluir la posibilidad de renovar el período, para evitar que el regulador quede expuesto a las influencias de la autoridad política encargada de prorrogar el mandato[45]. Este es también el motivo por el cual los miembros de los colegios de las autoridades de regulación estadounidenses y francesas no pueden ser removidos de sus cargos durante sus mandatos, salvo por una falta grave a sus deberes legales, por una incapacidad definitiva que les impidan continuar con su ejercicio o en caso de renuncia[46]. Pese a que estas garantías estructurales no son las únicas, siendo también posible mencionar la eliminación o moderación de controles presupuestales por el ejecutivo, o para el manejo de sus recursos propios, e incluso mayores potestades de auto-organización[47], cuando estos atributos de independencia están presentes el regulador tiene una mayor capacidad para ejercer en libertad el conjunto de sus facultades.

---

meaning that presidents typically cannot appoint a full slate of officers immediately upon taking office": "Insulating Agencies: Avoiding Capture through institutional Design", *Tex. L. Rev.*, 89, 2010, p. 15.

45 La posibilidad de renovación puede ser un arma de presión en las manos de los poderes encargados de su nombramiento, cfr., Hubert Delzangles, Vincent Delval y Sébastien Martin. "Los componentes de la independencia de las autoridades de regulación francesas en materia de servicios públicos en redes", *El ecosistema digital y las autoridades de regulación de los sectores audiovisual y TIC*, Bogotá, Universidad Externado de Colombia, 2017, p. 491.

46 En el derecho francés, el artículo 6.º de la ley que contiene el estatuto general de AAI es claro en indicar que la remoción no corresponde al presidente, sino que solo puede removerse un comisionado a propuesta del presidente de la autoridad o de un tercio de los miembros del colegio, previa deliberación de las tres cuartas partes de sus integrantes al constatar la falta grave o la incapacidad permanente. Asimismo, dicha decisión solo podrá adoptarse por voto secreto y una vez el interesado haya podido presentar observaciones en un plazo no inferior a una semana. Un procedimiento similar está previsto para el comisionado que, en un término de treinta días, no haya puesto fin a una situación de incompatibilidad.

47 Para una presentación de estas garantías adicionales cfr., Aníbal Zárate Pérez. *L'indépendance...*, cit.

2. LOS PODERES DE LOS REGULADORES INDEPENDIENTES

Los componentes materiales se refieren a los medios atribuidos a los reguladores para cumplir las misiones especializadas que le son confiadas de manera independiente. En primer lugar, estas autoridades disponen de poderes administrativos clásicos consultativos, reglamentarios y de decisión individual. Mediante el uso de poderes consultativos los reguladores franceses y estadounidenses no solo realizan una misión de apoyo o consejo para el poder ejecutivo y otros reguladores, sino que en ocasiones estos también comprenden verdaderas "tomas de posición" de la autoridad, tales como recomendaciones o líneas directrices, las cuales son manifestaciones del derecho blando[48]. Se trata de actos orientados a influir en la conducta de sus destinatarios y que, pese a no ser jurídicamente vinculantes, tienen una vocación a ser seguidos[49].

Las autoridades de regulación disponen además del poder de expedir normas generales e impersonales dirigidas al sector regulado. Se trata de atribuciones para precisar el contenido de la ley democrática[50]. En este orden de ideas, si el legislador puede prever ciertos elementos generales, la estructura y dinámicas de los sectores a intervenir hacen que solo el regulador especializado disponga del peritaje técnico y experiencia requeridos, gracias a un continuo monitoreo de esos dispositivos, para expedir normas generales e impersonales acordes con esos mismos sectores[51]. A pesar de que ni la constitución francesa, ni estadounidense hacen referencia al ejercicio de estos poderes, en ambos países la jurisprudencia constitucional permite la atribución de esta potestad, pero sometiéndola al cumplimiento de ciertas exigencias: 1) una delegación que opere por ley, y 2) que contenga una delimitación material del alcance de las facultades

---

48 Hubert Delzangles, Vincent Delval y Sébastien Martin. "Los componentes...", cit., p. 498.

49 Martin Collet. *Le contrôle juridictionnel des actes des autorités administratives indépendantes*, thèse, Université París II Panthéon-Assas, LGDJ, 2003, p. 8.

50 Javier Barnés. "Buena administración, principio democrático y procedimiento administrativo", *RDDA*, 21, 2018, pp. 77-123.

51 Hubert Delzangles *et al.* "Los componentes...", cit., p. 499.

reconocidas[52]. En otros términos, el poder reglamentario que ejercen los reguladores es enmarcado por el legislador[53].

En los Estados Unidos el ejercicio de estas facultades suele estar presente en las múltiples y constantes reflexiones alrededor de los poderes de elaboración de reglas (*rulemaking authority*), por autoridades administrativas. Una delegación en este sentido es apropiada siempre que el congreso mediante ley establezca un "principio inteligible" al que la autoridad delegataria debe ajustarse[54]. En la práctica, en numerosos casos la Corte Suprema ha encontrado que este requisito se satisface, a pesar de que la

52 El Consejo constitucional francés reconoce que la potestad reglamentaria del primer ministro (art. 21 Const.) no es óbice para que el legislador confíe a una autoridad distinta el cuidado de establecer las normas que permitan implementar una ley democrática (Cons. const. 18 de septiembre de 1986, n.º 86-217 DC), pero esas atribuciones deben ser limitadas tanto en la aplicación, como en su contenido (Cons. const. 17 de enero de 1989 n.º 88-248 DC, a propósito del poder reglamentario del Consejo Superior del Audiovisual –CSA). Sin embargo, el legislador también ha previsto que ciertos reglamentos específicos de algunos reguladores sectoriales como el de las telecomunicaciones (ARCEP), requieran visto bueno del ejecutivo, lo que plantea serias dudas en relación con el alcance de la independencia funcional de estas autoridades (Hubert Delzangles *et al.* "Los componentes...", cit., p. 500).

53 Así, el CE francés encontró que la Comisión de la Regulación de la Energía (CRE) desbordó la competencia atribuida por el legislador al aprobar unas baremas establecidas por los gestores de redes para la facturación de las operaciones de conexión de usuarios de redes públicas de electricidad. "*L'article 2 de cet arrêté n'a pu, sans méconnaitre la portée de la délégation consentie par le législateur au pouvoir réglementaire, renvoyer à la CRE la prérogative d'approuver ces barèmes établis par les gestionnaires de réseaux pour la facturation des opérations de raccordement des utilisateurs aux réseaux publics de distribution d'électricité qui leur sont concédés*"; CE fran. 23 décembre de 2011, Fédération française des installateurs électriciens, n.º 316596.

54 *J. W. Hampton Jr. & Co. v. United States*, 276 U.S. 394, 409 (1928). Solo así puede asegurarse que el Congreso, y no la agencia, sea el que ejerza la función legislativa de determinar política. Así, en *A. L. A. Schechter Poultry v. United States*, por unanimidad la Corte Suprema invalidó una ley que delegaba la función de establecer "codes of fair competition" en varios sectores económicos sin haber indicado cuál debía ser el contenido de dichos códigos; 295 U.S. 495 (1935); cfr. también, *Clinton v. City of New York*, 524 U.S. 417 (1998). La corte nunca ha reversado su decisión en *Schechter* por lo que desde un punto de vista formal adhiere al concepto de que el Congreso no puede delegar poderes legislativos a las agencias (*nondelegation doctrine*). No obstante, en la

delegación es hecha en términos amplios[55]. De este modo, "el principio de separación de poderes, y la doctrina de la no delegación en particular, no impiden que el Congreso pueda obtener la colaboración de las ramas que coordina"[56]. Por lo general, el juez estadounidense defiere a la interpretación que la agencia hace del alcance de la delegación hecha, es decir, de su propia competencia, a menos que esta sea arbitraria o irracional[57]. Con todo, decisiones recientes enseñan que un cambio importante en los fundamentos de la delegación puede estar ocurriendo[58].

Por su parte, los poderes de decisión individual se encuentran ampliamente ligados a sus misiones y a la evolución del sector a intervenir. Pero en razón de estas mismas misiones, las autoridades de regulación también disponen de poderes atribuidos tradicionalmente a jurisdicciones. Una primera respuesta de los jueces federales al ejercicio de estas funciones por autoridades administrativas en los Estados Unidos, consistió en diferenciar

---

práctica esto no ha impedido que las delegaciones contengan un "principio inteligible" al cual el regulador debe conformarse.

55 Cfr. *National Broadcasting Co. v. United States* 319 U.S. 190, 225-226 (1943); *Lichter v. United States*, 334 U.S. 742, 778-786 (1948); tal vez el caso más citado sea *Whitman v. American Trucking Associations Inc.*, en el que la Corte sostuvo que el mandato contenido en la ley del aire puro (*clean air act*) de establecer los niveles máximos de contaminación del aire "requeridos para proteger la salud pública" con un "margen adecuado de seguridad", contenía un principio inteligible para guiar a la agencia de protección del medio ambiente (EPA) en la expedición de estándares que fueran "suficientes, pero no más que necesarios" para proteger la salud pública.

56 *Mistretta v. United States*, 488 U.S. 361, 372 (1989). Ajeno a los propósitos de este trabajo, que en este punto consiste en identificar los aspectos más relevantes de los poderes que detentan los reguladores independientes, hay que recordar que para algunos estas no son sino una extensión o brazo del Congreso. Las complejas relaciones entre agencias y el legislador ha sido objeto de estudio por las principales escuelas del pensamiento político sobre la burocracia. Sobre la delegación de funciones conferidas por el legislador cfr. Patrick M. Garry. "Accommodating the Administrative State: The Interrelationship between the Chevron and Non-delegation doctrines", *Ariz. St. L. J.*, 38, 2006, pp. 921-952; y sobre la conveniencia en términos de responsabilidad política de estas delegaciones cfr. Morris P. Fiorina. "Legislative Choice of Regulatory Forms: Legal Process or Administrative Process?", *Public Choice*, 39, 1982, pp. 33-66.

57 *Chevron U.S.A., Inc. v. NRDC* 467 U.S. 847 (1984).

58 Cfr. infra, sec. 2.2.

entre derechos públicos y derechos privados. Las agencias federales son competentes para resolver disputas que involucren *public rights*, esto es, disputas entre el gobierno y las personas bajo su autoridad[59]. Como alternativa, se ha considerado que las agencias federales son "agregados" de las cortes federales (*adjuncts to courts*), de manera que estas pueden decidir casos – incluso los que envuelven *private rights*–, ya que no estarían sino asistiendo a una corte federal en la decisión del asunto[60]. La tercera solución ha sido un enfoque funcional según el cual el Congreso puede, por ejemplo, autorizar a una agencia a administrar un esquema complejo de distribución de costos y beneficios entre participes voluntarios[61]. En este contexto, la Corte Suprema consideró que la mediación del regulador era una solución pragmática al difícil problema de repartir los costes de generar información adecuada sobre la seguridad, salubridad e impacto ambiental de productos potencialmente dañinos. "Dada la naturaleza del derecho en cuestión y las preocupaciones que motivaron al Congreso, el mecanismo de resolución [por el regulador] no amenaza la garantía constitucional de independencia de la rama judicial"[62]. Pero justo cuando la jurisprudencia constitucional parecía haber abandonado un análisis basado en la distinción entre derechos públicos y privados, la Corte consideró que disposiciones de una ley de quiebras que permitían a una agencia decidir contrademandas en responsabilidad civil eran inconstitucionales puesto que solo envolvían derechos de particulares[63].

---

59 *Northern Pipeline Co. v. Marathon Pipeline Co.* 458 U.S. 50 (1982). Mientras que la atribución de casos relacionados con "private rights", es decir, aquellos que comprenden la responsabilidad de una persona frente a otra, resultaría contraria al artículo 3.° de la Constitución federal.

60 *Commodity Futures Trading Comm'n v. Schor*, 478 U.S. 833 (1986).

61 *Thomas v. Union Carbide Agricultural Products Co.* 473 U.S. 568 (1985). En este caso la Corte aprobó que una autoridad administrativa pueda decidir reclamaciones de un fabricante de pesticidas contra otro fabricante relacionadas con el reembolso de los costos de generación de información sobre pesticidas similares, si el otro fabricante usa esos datos. A cambio, se requirió que, en apelación, una corte pueda revisar las determinaciones de los hechos y del peso de la evidencia presentada, así como una revisión *de novo* de cualquier error de derecho.

62 Ídem.

63 Cfr. *Stern v. Marshall* 564 U.S. 462 (2011) at 490.

En cambio, en el derecho francés, la capacidad de las autoridades reguladoras para resolver conflictos entre operadores y entre estos y sus usuarios no ha tenido la misma resonancia constitucional[64]. Varios reguladores franceses son competentes para resolver los conflictos que resulten de desacuerdos entre dos agentes del mercado con pretensiones opuestas[65]. El procedimiento de resolución de controversias conduce a la toma de decisiones vinculantes por el regulador, imponiéndosela a las partes, de modo que no se trata de un acuerdo conciliatorio[66]. Esta función se explica desde los objetivos de la función de regulación, toda vez que se pretende corregir fallas del mercado mediante la promoción de la libre competencia e impidiendo prácticas restrictivas, comportamientos desleales, o abuso de la posición de dominio. Puesto que la dinámica de la regulación supone que ella pueda restablecer inmediatamente el equilibrio competitivo del

---

64 El Consejo constitucional francés ha considerado que las decisiones de la autoridad de regulación de telecomunicaciones adoptadas en ejercicio de la función pública de resolución de controversias serán vinculantes para las partes (decisión n.º 96-378 del 23 de julio de 1996, disponible en https://www.conseil-constitutionnel.fr/decision/1996/96378DC.htm, consultada el 23 de abril de 2023). Como ocurre en el derecho nacional, la actuación de resolución de controversias que está llamada a poner fin al litigio entre proveedores de servicios y entre estos y sus usuarios, es considerada en el derecho francés una actividad "policéntrica". Esto, en la medida en que las decisiones del regulador no solucionan únicamente los casos específicos entre operadores, cualquiera que sea su naturaleza, pública o privada, sino que, además, y en el marco de sus competencias, sirven a la implementación eficaz de las políticas sectoriales (Thomas Perraud. *La fonction contentieuse des autorités de régulation en France et au Royaume-Uni*, thèse, Univ. Panthéon-Sorbonne, París I, 2011, p. 261). Por tanto, más allá de calificativos, como cuasi-judiciales, la competencia de las autoridades de regulación para adoptar decisiones sobre controversias entre sujetos de derecho que prestan servicios públicos es una especie de la función administrativa y quedó materialmente incluida entre los diversos poderes que puede atribuirle la ley a los reguladores (Corte Constitucional. Sentencia C-1120 de 2005; CE., Sal. Cont. Advo., sec. primera, sentencia del 6 de septiembre de 2018, radicado 25000-23-24-000-2003-01005-02).

65 Es el caso de la ARCEP (art. L. 36-8 del CPCE); la CRE (decisión de la CRE del 12 de diciembre de 2002, *AESM c./ Électricité de France* (EDF); artículo L.134-19 *Code de l'énergie*); la ART (art. L. 1263-2, *Code des transports*); o el CSA (art. 17-1 loi 86-1067).

66 Cfr. Thomas Perraud. *La fonction contentieuse…*, cit., p. 262.

mercado, sin que sea necesario esperar a que una ley surta todo su trámite en el Congreso o a que los jueces eventualmente definan las relaciones jurídicas y económicas entre los diferentes operadores, era natural que la resolución de controversias apareciera en aquellos mercados de servicios públicos en redes abiertos de la competencia, antes de extenderse a otras actividades[67].

En cuanto a las potestades de inspección, vigilancia y control de los reguladores, en los sistemas francés y americano es común que estos supervisen los comportamientos de sus regulados y, en especial, que estos sean conformes a la regulación que emiten. Esta supervisión implica tanto el monitoreo del funcionamiento de los mercados, como el acceso directo a la información sobre las empresas reguladas[68]. Ella también incluye la posibilidad de atender denuncias administrativas y adelantar las investigaciones de oficio que sean pertinentes. El poder de sanción se explica como un complemento de la regulación, para que esta conserve su eficacia[69]. Si la acumulación de poderes normativos y represivos en las manos de algunos reguladores independientes no tuvo muchos cuestionamientos en Francia, ella exigió una reorganización interna de los reguladores, en aras de asegurar una separación estricta entre órganos reglamentarios, los encargados de la instrucción y aquellos sancionatorios[70]. Esto es lo que se conoce como la independencia al interior de los reguladores. Contrario al caso francés, la acumulación gradual de poderes de distinta naturaleza en los reguladores colombianos no vino acompañada de la atribución de garantías orgánicas de independencia. La arquitectura de los reguladores nacionales enseña, por el contrario, una sorprendente disparidad entre sus componentes orgánicos y materiales, tal como se pasa a examinar.

---

67 Aníbal Zárate Pérez. *L'indépendance*..., cit.

68 Martine Lombard, "Introduction", cit., p. 6.

69 Hubert Delzangles, Vincent Delval y Sébastien Martin, "Los componentes...", cit., p. 506.

70 Y cumplir con exigencias como la separación efectiva entre quien regula, quien instruye y quien toma la decisión, en los términos del 6.1. de la Convención europea en Derechos humanos (CEDH).

B. LOS REGULADORES COLOMBIANOS SON MÁS O MENOS AUTÓNOMOS PERO NO AUTORIDADES INDEPENDIENTES

Una vez identificados los componentes orgánicos y materiales que hacen parte de la arquitectura de las autoridades de regulación independientes, pudimos constatar: la ausencia de los mismos en la mayoría de los reguladores colombianos (1), el alcance limitado del período en el caso de los comisionados de servicios públicos domiciliarios (2) y cómo, en el único evento en el que el dispositivo orgánico se atribuye de forma completa, el elemento material es prácticamente erradicado (3).

1. LA AUSENCIA DE INDEPENDENCIA EN EL GRAN NÚMERO DE LOS REGULADORES COLOMBIANOS

Antes de comparar la arquitectura de los reguladores nacionales, debemos identificar cuáles son las autoridades o tipologías de autoridades que realizan actividades de regulación. Si tomamos una acepción amplia de la regulación como función general del Estado tendiente a influir sobre los dispositivos económicos y sociales[71], es claro que todas las autoridades que de una u otra forma actúan sobre la economía serían reguladores[72]. Si tomamos un sentido más estricto, como una actividad administrativa que busca someter

---

71 Corte Constitucional. Sentencia C-150 de 2003; cfr. Gérard Marcou. "La notion juridique de la régulation", *AJDA*, 2006, p. 349; Martine Lombard. "Institutions de régulation économique et démocratie politique", *AJDA*, 2005, p. 531. En el derecho nacional, Camilo Perdomo. *Regulación económica: caracterización y control*, Bogotá, Universidad Externado de Colombia, 2014, p. 63, señala precisamente que: "[...] ante la imposibilidad de consecución de un concepto jurídico unívoco de regulación económica, el camino a seguir es la decantación de ciertos rasgos distintivos que posibilitan proponer la siguiente definición: la regulación económica debe ser entendida como una actividad administrativa que responde a la función (administrativa) de intervención sobre la economía en cabeza del Estado contemporáneo, pero no con la finalidad de las tradicionales actividades de intervención, sino procurando, en un contexto de economía de mercado, la armonización de objetivos económicos con los no económicos [...]".

72 Así, para armonizar el medio ambiente sano y la prestación de servicios públicos de saneamiento básico, el Consejo de Estado no duda en emitir órdenes a los agentes económicos y de control involucrados, CE, sal. cont. adva., sec. primera, sentencia del

la conducta de los actores del mercado a las reglas, principios y deberes establecidos por el ordenamiento jurídico, con el fin de corregir sus fallas y de promover la libre competencia y el bienestar de los consumidores[73], aún siguen apareciendo diferentes tipologías de organismos y entidades con poderes de monitoreo de los mercados, consultativas, de reglamentación, de sanción, y/o de resolución de controversias. Esto contrasta con las categorías tradicionales contenidas en la Ley 489 de 1998 y, sobre todo, con la idea de que a un tipo específico de autoridades corresponde una actividad administrativa determinada. En Colombia concentran todas o varias de estas funciones estructuras con denominaciones distintas: comisiones intersectoriales[74], organismos técnicos especializados[75], agencias[76], institutos[77], superintendencias y UAE. Haremos la comparación centrándonos en estas dos últimas estructuras.

---

28 de marzo de 2014, radicado 540001-23-31-004-2000-0428 a propósito de los usos y estándares de la calidad del río Bogotá.

73 CE., sal. cons. y serv. civ., concepto del 14 de septiembre de 2016, radicado 11001-03-06-000-2016-00066-00(2291). No en vano todas estas autoridades están obligadas a cumplir con procedimientos como el deber de publicar los "proyectos específicos de regulación" del que trata el artículo 8.º numeral 8 de la Ley 1437 de 2011.

74 Como la Comisión Nacional de Precios de Medicamentos y Dispositivos Médicos (CNPMDM). De acuerdo con el artículo 45 de la Ley 489 de 1998, "[...] Las comisiones intersectoriales estarán integradas por los ministros, directores de departamento administrativo, superintendentes y representantes legales de los organismos y entidades que tengan a su cargo las funciones y actividades en referencia". Es claro que no se trata de estructuras con garantías de independencia.

75 Es el caso del Comité Autónomo de la Regla Fiscal (CARF), creado como un organismo con carácter técnico, permanente e independiente, pero que en realidad no tiene todas las dimensiones de autonomía, y sola garantía del período fijo y escalonado para sus miembros; cfr. Aníbal Zárate Pérez. "Editorial", *RDDA*, n.º 28, 2022, pp. 3-8.

76 Cfr. Aníbal Zárate Pérez. "El eufemismo del término agencia...", cit.

77 Podríamos mencionar el caso del INVIMA, cuyas funciones regulatorias fueron analizadas en el trabajo "Acceso a medicamentos, seguridad de los consumidores y viabilidad de la inversión: fórmulas regulatorias y sus efectos secundarios", en *Derecho administrativo sanitario*, t. 2, Bogotá, Universidad Externado de Colombia, 2021, pp. 610-683. Se trata de un establecimiento público con las autonomías administrativas propias de los órganos del sector descentralizado de la rama ejecutiva, pero sin garantías orgánicas de independencia.

Como categoría de organismos, las superintendencias tradicionalmente se asocian al cumplimiento de funciones de policía administrativa[78]. No es el propósito de esta investigación resolver el debate acerca de si la regulación es una especie de la policía administrativa, o si las actuaciones de inspección, vigilancia y control son más bien instrumentos de la regulación, a partir de un concepto renovado de orden público que haría suyas las preocupaciones de armonización entre objetivos económicos y no económicos. Al margen de estas discusiones, se observa que entre los organismos con capacidad para completar la ley democrática en diversos sectores económicos y tomar, de este modo, decisiones generales y particulares para someter la conducta de sus vigilados a las normas legales y reglamentarias sectoriales, están las superintendencias[79].

---

78 Artículo 66, Ley 489 de 1998. Aunque su actividad principal sigue siendo aquella de inspección, vigilancia y control, progresivamente se han visto atribuir competencias regulatorias que van más allá de las solas instrucciones a sus vigilados.

79 Las cuales se expresan a través de resoluciones y circulares, pero también guías y otros actos informales. En materia de consumo, la Superintendencia de Industria y Comercio (SIC) es competente para determinar las condiciones mínimas bajo las cuales operará la información pública de precios de los productos que se ofrezcan a través de cualquier medio electrónico, dependiendo de la naturaleza de este (par. 2., art. 26, Ley1480 de 2011); y para "definir de manera general el contenido, características y sitios para la indicación pública de precios [...] fijar el término de la garantía legal de que trata el artículo 8.º de la presente ley para determinados bienes o servicios, cuando lo considere necesario [y] fijar el término por el cual los productores y/o proveedores deben disponer de repuestos, partes, insumos y mano de obra capacitada para garantizar el buen funcionamiento de los bienes que ponen en circulación, conforme a lo dispuesto en el numeral 7 del artículo 11 de la presente ley" (art. 59, num. 13, 16, 17, Ley 1480 de 2011). Como autoridad de competencia, y en relación con las estructuras del mercado, ella fija anualmente el monto de ingresos operacionales y activos fijos a partir del cual existe el deber de informar una integración empresarial (art. 9.º, Ley 1340 de 2009, cfr. Corte Constitucional. Sentencia C-228 de 2010). A su vez, la Superintendencia de Vigilancia y Seguridad Privada tiene entre sus funciones "expedir la reglamentación relacionada con la utilización de equipos, medios y elementos utilizados por los vigilados para el desarrollo de sus labores de vigilancia y seguridad privada". O bien la Superintendencia de Sociedades, entidad que puede "expedir normas técnicas especiales, interpretaciones y guías en materia de contabilidad y de información financiera y de aseguramiento de información a sus entidades supervisadas, dentro de los límites

En el derecho colombiano las superintendencias aparecen como autoridades especializadas en una actividad o sector de la economía que, a pesar de estar adscritas a un ministerio o departamento administrativo, se fueron ubicando por fuera de su sede principal, esto es, se les atribuyeron las autonomías administrativa y financiera, en virtud de la desconcentración administrativa[80]. Luego, con ocasión de la asignación de la personería jurídica a un gran número de superintendencias, la mayoría también adquirirá su dimensión patrimonial[81]. Aunque la descentralización de varias superintendencias enseña un interés progresivo en hacerlas aún menos dependientes del ejecutivo, lo cierto es que en ambos casos siguen siendo parte de la rama ejecutiva y están sometidas al control administrativo[82]. Como el artículo 115 constitucional establece que "las gobernaciones y las alcaldías, así como las superintendencias, los establecimientos públicos y las empresas industriales o comerciales del Estado, forman parte de la Rama Ejecutiva", más que hablar de una "externalización de las superintendencias", lo que puede operar para avanzar otro escalón en la escalera de la independencia es el traslado de competencias que hoy poseen algunas

---

fijados en la ley y por la regulación" (art. 7, num. 36, Decreto 1736 de 2020), solo por mencionar algunos ejemplos puntuales.

80 Artículo 66, Ley 489 de 1998; estas autonomías buscan reforzar aquella funcional que permite a un organismo de la administración el ejercicio de sus competencias y funciones especializadas que le han sido asignadas. Para una definición de las mismas ver Corte Constitucional. Sentencia C-341 de 1996.

81 Artículo 82 Ley 489 de 1998. En el caso de la SIC y la Superintendencia de Vigilancia y Seguridad Privada, artículo 71, Ley 1151 de 2007.

82 Conviene distinguir su ubicación en la rama ejecutiva y los tipos de controles administrativos a los que están sometidas. Según el artículo 38 de la Ley 489 de 1998, aquellas que carecen de la personería jurídica hacen parte del sector central de la rama ejecutiva y sobre ellas recae un control jerárquico, aunque atenuado por la descentralización y las autonomías administrativa, financiera y, cuando son sección del presupuesto correspondiente, presupuestal. Al mismo tiempo, las que poseen la personería jurídica hacen parte del sector descentralizado de la rama ejecutiva y sobre ella recae un control de tutela, en los términos en que este se encuentra previsto en el artículo 105 de la Ley 489 de 1998 (cfr. CE, sal. cons. y ser. civ., concepto n.º 2266 de 8 de junio de 2016). Se podría pensar que esto es suficiente, pero aunque no se requiere aprobación, sí pueden removerse libremente los directores de las entidades descentralizadas. Esto precisamente muestra que la autonomía no es sinónimo de independencia.

superintendencias a organismos de la Administración (mas no de la rama ejecutiva) de distinta naturaleza[83].

Pero la externalización es solo una de las garantías que comúnmente se atribuyen a los reguladores franceses y estadounidenses. Aunque las superintendencias poseen varias dimensiones de autonomía, ellas carecen de garantías de independencia ligadas a la designación y al período de quienes integran sus órganos de dirección. En varias ocasiones se ha indicado que es necesario de dotar algunas superintendencias de garantías orgánicas de independencia, no obstante, el cargo de superintendente sigue siendo de libre nombramiento y remoción del presidente. Podemos mencionar el informe presentado en 2015 por la Organización para la Cooperación y Desarrollo Económico (OCDE), organismo que manifestó que las superintendencias de industria y comercio, financiera y de sociedades poseen cierta independencia *de facto*, pero que una independencia *de iure* les permitiría actuar de forma más transparente y eficaz[84]. En respuesta a estas observaciones, el gobierno nacional expidió el decreto 1817 de 2015, por medio del cual pretendió: 1) regular lo relacionado con el proceso de selección y nombramiento de estos funcionarios[85]; 2) dotarlos de un período fijo, equivalente al período presidencial[86]; 3) exigir la motivación del acto que declare la insubsistencia del superintendente, esto es, su retiro

---

83 Salvo reforma constitucional, no creemos que se puedan crear superintendencias por fuera de la rama ejecutiva.

84 Así, por ejemplo, "el aumento de las facultades supervisoras de la Superintendencia Financiera de Colombia (SFC) también generaría efectos positivos en el sistema bancario. En particular, a pesar de que la SFC es independiente desde un punto de vista financiero, el superintendente es designado directamente por el Presidente y no tiene un mandato de término fijo, lo cual reduce su independencia. Las autoridades colombianas están analizando en la actualidad alternativas jurídicas para potenciar su independencia *de jure*": Organización para la Cooperación y Desarrollo económico (OCDE). *Estudio económico sobre Colombia*, enero de 2015, p. 32, disponible en https://www.oecd.org/eco/surveys/Overview_Colombia_ESP.pdf, consultada el 29de abril de 2023; "La Superintendencia de Industria y Comercio (SIC) debería tener una mayor independencia política, y así podría operar de manera más eficaz. Las políticas de aplicación de la ley por parte de la SIC deberían ser más transparentes": p. 29.

85 Artículo 2.2.34.1.3. Decreto 1817 de 2015.

86 Artículo 2.2.34.1.4. Designación y periodo de los superintendentes: "Los

antes de que termine el período[87], y 4) establecer unas condiciones para su reemplazo[88]. Ahora bien, el Consejo de Estado encontró que el gobierno desconoció "la cláusula general de competencia que sobre la materia le asiste al congreso", al señalar un período fijo para estos superintendentes e incluir exigencias de motivación del retiro y condiciones para reemplazarlos[89]. El alto tribunal solo dejó en firme el procedimiento de invitación pública para proveer el cargo de superintendente de industria y comercio, financiero y de sociedades, pues este no vulnera la potestad discrecional del presidente para nombrar y remover libremente sus agentes.

Estas tres superintendencias tienen en común no solo una ampliación de sus poderes de supervisión[90], sino que además ejercen funciones jurisdiccionales. Dichas funciones, que se asignaron mediante una ley de descongestión judicial[91], fueron avaladas constitucionalmente con base en el reconocimiento de esa posibilidad en el artículo 116 constitucional. Como el ejercicio de funciones jurisdiccionales es algo excepcional y las superintendencias en cuestión no pierden su naturaleza de autoridad

---

superintendentes a que hace referencia este Título serán nombrados por el Presidente de la República para el respectivo período presidencial".

87 Artículo 2.2.34.1.5. Retiro del servicio de los superintendentes. "Cuando el retiro del servicio de los empleos de superintendentes enlistados en artículo 2.2.34.1.1 del presente decreto se efectúe con anterioridad a la terminación del respectivo período presidencial, el acto de insubsistencia deberá ser motivado".

88 Artículos 2.2.34.1.6 y 2.2.34.1.7.

89 CE, sal. cont. avda. secc. quinta, sentencia del 14 de mayo de 2020, radicado 00542-00. El alto tribunal recordó que el empleo público es de reserva legal y que al asignar un período el gobierno mutó la naturaleza del empleo, ya que como lo señalan los artículos 5.º de la Ley 909 de 2004 y 7.º del Decreto Ley 775 de 2005, ese tipo de empleos son de libre nombramiento y remoción y no de período fijo. Asimismo, la competencia para efectuar la remoción de los empleos de libre nombramiento y remoción es discrecional y se efectúa mediante "acto no motivado" (art. 41 Ley 909 de 2004). Por ende, declara la nulidad del período, deber de motivación y fijación de condiciones de reemplazo de los cargos de superintendente de industria y comercio, financiero y de sociedades.

90 En el caso de la SIC las nuevas competencias y poderes atribuidos por las leyes 1340 de 2009 y 1480 de 2011, o la Supersociedades con las leyes 1178 de 2016 y 2195 de 2022.

91 Ley 446 de 1998: artículos 133, 141, 146 (Superfinanciera); artículo 137 (Supersociedades); artículos 144 y 145 (SIC).

administrativa, la Corte Constitucional estableció entre las condiciones para declarar la exequibilidad de esa transferencia de competencias que las superintendencias cuenten con las mismas garantías de independencia de los jueces[92]. En la práctica se fueron creando delegaturas especializadas en asuntos jurisdiccionales, las cuales, sin embargo, están en cabeza de un delegado, quien es un funcionario de libremente nombramiento y remoción del superintendente. Puede que en la mayoría de asuntos ordinarios estas superintendencias actúen con relativa autonomía frente al ejecutivo, pero decisiones recientes como la de Uber Colombia[93] sin duda prenden las alarmas sobre la falta de independencia de estas autoridades. En últimas, se trata de un desconocimiento a la condición impuesta por el juez constitucional para el ejercicio de funciones jurisdiccionales por estas autoridades administrativas.

Contrario a las superintendencias, las UAE representan un molde organizacional menos rígido, que es empleado con frecuencia para indicar diferentes estructuras administrativas[94], varias de las cuales cumplen funciones

92 Cfr. por ejemplo, Corte Constitucional. Sentencias C-649 de 2001 y C-1641 de 2004.

93 El cambio de posición de la SIC, en el marco de protestas contra el gobierno al que los taxistas no se sumaron, es examinado desde lo jurídico por José Miguel de la Calle. "Se esfuma la seguridad jurídica: el caso Uber", disponible en https://www.asuntoslegales.com.co/analisis/jose-miguel-de-la-calle-510741/se-esfuma-la-seguridad-juridica-el-caso-uber-2962536, consultada el 20 de mayo de 2023. Asimismo, Carlos Jaramillo señala: "De esta manera, los yerros por parte de la SIC en funciones jurisdiccionales se enmarcan: i) en la no distinción y aplicación de los dos supuestos fácticos del artículo 23 de la Ley 256 de 1996, es decir, de la prescripción subjetiva y objetiva; ii) en no dar continuidad y valoración, a la petición del extremo pasivo frente a la prescripción subjetiva. [...]; iii) la aplicación del juez *a quo* fue más allá de la misma norma y su finalidad [...]", disponible en "https://derinformatico.uexternado.edu.co/analisis-de-la-sentencia-que-declaro-la-procedencia-de-la-excepcion-de-prescripcion-extintiva-en-el-caso-cotech-v-uber/, consultada el 23- de mayo de 2023.

94 Pese a que la Corte Suprema ya había precisado el concepto (sentencia del 30 de abril de 1981, exp. num. 837), se le dio este calificativo a entidades que ya tenían otro, como ocurrió con ciertas superintendencias. Sobre el particular cfr. Consuelo Sarria. ¿Las agencias son unidades administrativas especiales?, *RDDA*, 13, 2015, p. 245. No parece existir un referente claro respecto del objeto material de este tipo de entidades, asociado al cumplimiento de funciones administrativas para desarrollar o ejecutar programas propios de un ministerio o departamento administrativo.

regulatorias. En este sentido, la inclusión que el legislador hace de las UAE como una tipología de autoridades que integran la rama ejecutiva[95], no es otra cosa que el reconocimiento de diferentes organismos y entidades que fueron apareciendo en la práctica bajo esta denominación. Aunque estas autoridades continúan adscritas a un órgano principal –lo que desde ya nos permite descartar la externalización de las UAE reguladas por la Ley 489 de 1998–, ellas se fueron desconcentrando[96] y luego descentralizando[97], originalmente para adelantar programas propios de un ministerio o departamento administrativo pero que, por la naturaleza de los recursos y programas a cargo, debían escapar al régimen administrativo ordinario.

Este esfuerzo de categorización contrasta con la expansión progresiva de estas estructuras[98], y la consiguiente creación de un número importante de agencias estatales como UAE[99]. La indeterminación del concepto, sumada

---

95 Artículo 38, Ley 489 de 1998.

96 Artículo 67, Ley 489 de 1998; como órganos desconcentrados, están dotadas de autonomía administrativa y financiera. Estas autonomías buscan reforzar aquella funcional que permite a un organismo de la Administración el ejercicio de las competencias y funciones especializadas que le han sido asignadas (Corte Constitucional. Sentencia C-341 de 1996).

97 Artículo 82, Ley 489 de 1998.

98 Incluso por fuera de la rama ejecutiva, cfr. infra sección 1.2.3. Conviene advertir que, como ha venido ocurriendo con el término "unidad administrativa especial", la denominación de agencia también suele emplearse para definir organismos que se identifican como UAE, o como entidades "muy especiales" o "de naturaleza estatal especial", o incluso otros ubicados por fuera de la rama ejecutiva, como ocurría con la Autoridad Nacional de Televisión (ANTV). Los términos UAE y agencia cobran más fuerza en nuestra jerga jurídica, pero refuerzan la idea de que las categorías tradicionales con las que se han identificado organismos y entidades administrativas, heredadas en su mayoría del derecho francés, y conforme a las cuales a un determinado tipo de estructura administrativa corresponde en principio realizar una actividad específica de la Administración, servirían cada vez menos para designar los órganos que integran la Administración pública colombiana.

99 Como se indicó con anterioridad, las autoridades administrativas que se denominan agencias y agencias estatales de naturaleza especial no tienen un lugar significativo en el presente trabajo, ya que fueron objeto de un estudio anterior (cfr. supra nota 21). Es importante notar que parece existir una tendencia en derecho de la organización que hace que las agencias se multipliquen hasta llegar a catalogarlas como "accesorios de

a los escasos desarrollos acerca de estas autoridades[100], no nos permiten referirnos a ellas como una categoría uniforme de organismos y entidades. Como UAE sin personería jurídica se creó la Unidad de Proyección Normativa y Estudios de Regulación Financiera (URF), adscrita al Ministerio de hacienda y competente para regular e intervenir las actividades relacionadas con el aprovechamiento e inversión de recursos captados del público[101]. También se denominan UAE entidades descentralizadas como la Aeronáutica Civil, la cual tiene entre sus funciones expedir los reglamentos aeronáuticos de Colombia (RAC), vigilar el cumplimiento de las normas aeronáuticas, y sancionar la violación de las mismas, así como fijar y desarrollar la política tarifaria en materia de transporte aéreo nacional internacional[102]. Ninguna de las autoridades en los dos ejemplos mencionados cuenta con garantías orgánicas de independencia y únicamente poseen las dimensiones de autonomía que correspondan, según sean del sector central o descentralizadas por servicios. Como UAE también fueron creadas las comisiones de regulación que se estudian en las secciones siguientes.

2. LOS EMBATES AL PERÍODO FIJO DE LOS COMISIONADOS DE SERVICIOS PÚBLICOS DOMICILIARIOS

En el marco de las reformas adoptadas para hacer frente a las críticas al modelo de prestación de los servicios públicos por un solo operador en situación de monopolio[103], el Constituyente de 1991 optó por abrir al sector privado estas actividades económicas y estableció, de este modo, un

---

moda"; cfr. Alejandra Boto. "La agencia como forma organizativa de optimización de servicios públicos", *RDDA*, 13, 2015, p. 50. Vale la pena recordar que, producto de las facultades extraordinarias dadas al presidente con la reforma contenida en la Ley 1444 de 2011, se crearon 24 unidades administrativas y 10 agencias, de las cuales 7 también fueron catalogadas como unidades administrativas especiales y, las restantes 3, se definieron como "agencias nacionales estatales de naturaleza especial".

100 Consuelo Sarria, Ob. cit., p. 245.

101 Decreto Ley 4172 de 2011.

102 Artículos 67 y 68, Decreto Ley 2171 de 1992 y artículo 1.º, Decreto 260 de 2004.

103 Para una presentación de estos cambios cfr. Aníbal Zárate Pérez. "La resolución...", introducción; cfr. también, Gérard Marcou y Frank Moderne, *Derecho de la regulación*, cit.

escenario de libre competencia[104]. A su vez, y conforme a esas bases constitucionales, la ley intervino para reconocer a los competidores un derecho de acceso a las redes de operadores históricos[105]. Uno de los sectores en el que dichas transformaciones ocurrieron fue el de los servicios públicos domiciliarios, actividades en las que el legislador creó las Comisiones de Regulación de Energía y Gas Combustible (CREG), de Agua Potable y Saneamiento Básico (CRA) y de Telecomunicaciones (CRT), como órganos encargados de promover la competencia, regular los mercados de servicios públicos domiciliarios y de las telecomunicaciones, y fijar las reglas para la protección de usuarios[106].

Estas comisiones fueron creadas como UAE sin personería jurídica, con algunas dimensiones de autonomía[107], y adscritas a los organismos

---

104 Con la supresión de los antiguos monopolios estatales se previó la posibilidad de que los servicios públicos se prestaran no solo por el Estado colombiano, directa o indirectamente, sino también por comunidades organizadas y por particulares (art. 365 CP). Se entiende que la liberalización de estos servicios exige promover la competencia, pues en estas industrias ella solo puede venir con la llegada de nuevos entrantes quienes necesitan ocupar la red del antiguo monopolio para acceder al mercado, Carlos Lapuerta y Boaz Moselle. "Network Industries, Third Party Access and Competition Law in the European Union", *Nw. J. Int'l L. & Bus.*, 1999, p. 454; Carlos Saura-Fructuoso. "Análisis general de las técnicas de intervención del Estado en la economía", *RDDA*, Universidad Externado de Colombia, 14, 2015, p. 30.

105 Por ejemplo, el artículo 7.º de la Ley 37 de 1993, por la cual se reguló el servicio de telefonía móvil celular, disponía que los operadores de este servicio tendrían derecho de acceso a las Redes Telefónicas Públicas Conmutadas (RTPC) fijas establecidas en el país, para efectos de la interconexión de los elementos de sus propias redes y para el manejo de su tráfico. Al tiempo, se señalaba que esta interconexión estaba sometida a la regla de cargo de igual acceso igual, de modo que los operadores de la red estaban obligados a realizar la interconexión en condiciones técnicas y económicas iguales para todo operador celular que lo solicitara. Y se prohibía expresamente a los operadores de las RTPC que fueran socios de empresas prestatarias del servicio de telefonía móvil celular dar a estas últimas condiciones técnicas y económicas más ventajosas.

106 Artículo 69, Ley 142 de 1994.

107 Como se señaló en la introducción, aunque la ley se refiere a varias *independencias*, se trata en realidad de varias dimensiones de autonomía administrativa. Aníbal Zárate

principales de sus respectivos sectores administrativos[108]. Estos reguladores parecían encajar dentro de las tipologías de organismos y entidades que integran el sector central de la rama ejecutiva en lo nacional y estaban sujetas, en cuanto a su estructura, organización y funcionamiento a lo dispuesto en sus correspondientes actos de creación. Se trataba de un tipo uniforme de unidades administrativas, con funciones específicas relacionadas con la garantía y promoción de la libre competencia en los mercados de los servicios públicos domiciliarios[109]. Sin embargo, la revisión de las normas que actualmente determinan la estructura de estas comisiones muestra que la situación de la CRC difiere substancialmente de las otras dos comisiones creadas por la Ley 142 de 1994. De ahí que las entidades que se denominan comisiones de regulación aparezcan hoy día como una "categoría" fragmentada de autoridades administrativas.

Si los servicios de telefonía pública básica conmutada y telefonía móvil rural fueron originalmente catalogados como servicios públicos

---

Pérez. *L'indépendance...*, cit., p. 29. Recordemos que al referirse a las UAE el artículo 67 de la Ley 489 de 1998 indica que se trata de órganos que poseen autonomías.

108 Artículo 69, Ley 142 de 1994; "[...] las comisiones de regulación, en nuestro ordenamiento jurídico, son unidades administrativas especiales, sometidas al derecho público en su actuación administrativa y, por ende, facultadas por el legislador a expedir actos administrativos en ejercicio de sus funciones, tal como lo ha advertido la Corte Constitucional y esta misma Corporación en diversos pronunciamientos. [...] las comisiones de regulación integran el sector central de la Administración pública como unidades administrativas especiales sin personería jurídica"; CE, Sal. cont. adva., Sec. Primera, sentencia del 6 de septiembre de 2018, radicado 25000-23-24-000-2003-01005-02. Estos reguladores parecían encajar dentro de una de las tipologías de organismos y entidades que integran el sector central de la rama ejecutiva en lo nacional (num. 1, lit. e, art. 38, Ley 489 de 1998), y estaban sujetos en cuanto a su estructura, organización y funcionamiento a lo dispuesto en sus correspondientes actos de creación (art. 48, Ley 489 de 1998).

109 En efecto, el artículo 48 de la Ley 489 de 1998 señala que las comisiones de regulación que cree la ley para la regulación de los servicios públicos domiciliarios, mediante la asignación de la propia ley o en virtud de delegación del presidente, para promover o garantizar la libre competencia entre quienes los presten, se sujetarán en cuanto a su estructura, organización y funcionamiento a lo dispuesto en los correspondientes actos de creación.

domiciliarios por la Ley 142 de 1994[110], el artículo 73 de la Ley 1341 de 2009 los excluye de esa categoría al indicar que

> a las telecomunicaciones, y a las empresas que prestan los servicios de telefonía pública básica conmutada, telefonía local móvil en el sector rural y larga distancia no les será aplicable la Ley 142 de 1994 respecto de estos servicios, salvo, en el caso de estas empresas, lo establecido en el artículo 4 sobre carácter esencial, 17 sobre naturaleza jurídica de las empresas, 24 sobre el régimen tributario, y el Título Tercero, artículos 41, 42 y 43 sobre el régimen laboral.

Por otra parte, la atribución de competencias administrativas a estructuras más o menos desligadas de la rama ejecutiva se ha hecho sin un norte conceptual claro en materia de organización. Mientras que las UAE sin personería jurídica solo poseen autonomía administrativa y financiera[111], las comisiones de regulación, a pesar de que la ley las creó como tales, se indica que cuentan también con autonomía técnica y patrimonial, y con la garantía de independencia de un período fijo para sus comisionados de dedicación exclusiva. Tratándose de la CRA, el artículo 1.º del Decreto 2728 de 2012 señala que esta comisión estará integrada por siete miembros, cuatro de los cuales serán de dedicación exclusiva nombrados por el presidente para períodos fijos de cuatro años. A su vez, el artículo 21 de la Ley 143 de 1994, modificado por el artículo 44 de la Ley 2099 de 2021, indica que la CREG tendrá un colegio de comisionados compuesto por nueve miembros, de los cuales seis serán expertos en asuntos energéticos de dedicación exclusiva, nombrados por el presidente para períodos de cuatro años. Esto podría llevarnos a pensar que se trata de autoridades particulares con competencias específicas, como la de resolver controversias entre proveedores de redes y servicios públicos. Si estas autonomías y la garantía de un período fijo para los miembros de dedicación exclusiva de las comisiones de regulación son necesarias para asegurar una mayor libertad e imparcialidad en el ejercicio de sus funciones regulatorias, ellas aún no permiten asegurar una independencia del regulador de la rama ejecutiva.

---

110 Artículos 1.º, 14.26 y 14.27, Ley 142 de 1994.

111 Artículo 67, Ley 489 de 1998.

En cuanto a la autonomía técnica de las comisiones de regulación, debemos comenzar por reconocer que la atribución de un período fijo a los comisionados de dedicación exclusiva de sus colegios favorece su capacidad para examinar libremente las cuestiones sometidas a su competencia y diseñar, sin injerencia de otras autoridades, los instrumentos que demande el ejercicio de sus atribuciones[112]. No obstante, el alcance del mismo debe ser examinado en el marco de las disposiciones que establecen la arquitectura de estos reguladores. Los artículos 70 y 71 de la Ley 142 de 1994 determinaron la parte estática de la arquitectura de las comisiones de regulación y confiaron al ejecutivo la tarea de crear empleos y modificar su estructura interna con base en estas disposiciones y en las reglas previstas en el artículo 105 de la misma ley, de acuerdo con las cuales, cada comisión debía contar con tres expertos comisionados de dedicación exclusiva designados por el presidente para períodos de tres años. Luego, la Ley 373 de 1997 amplió el número de comisionados a cuatro y aumentó el período de tres a cuatro años[113]. Basado en ello, el artículo 1.º del Decreto 2278 de 2012 dispuso que el colegio de la CRA debe estar integrado por cuatro miembros del gobierno (ministros de vivienda, salud y medio ambiente y el director del departamento nacional de planeación), así como por cuatro expertos de dedicación exclusiva[114], nombrados por el presidente para períodos de cuatro años, no sometidos a las reglas de la carrera administrativa. En el caso de la CREG, el artículo 44 de la Ley 2099 de 2021 señaló que el colegio de este organismo estará integrado por tres miembros del gobierno (ministros de minas y energía, de hacienda y el director del departamento de planeación

---

112 De acuerdo con la definición de autonomía técnica dada por la Corte Constitucional, a propósito del Banco de la República, cfr. Corte Constitucional. Sentencia C-050 de 1995.

113 Par., artículo 2.º, Ley 373 de 1997. Esta ley exige que "uno de los expertos deberá demostrar conocimientos en materias ambientales".

114 Según el manual de funciones de la entidad, los miembros de dedicación exclusiva deben tener título profesional y de maestría en áreas relacionadas con el cargo, y una experiencia profesional de 84 meses relacionada; o bien especialización y 96 meses de experiencia profesional; cfr. Resolución UEA CRA n.º 1008 de 2018.

nacional), así como por seis expertos de dedicación exclusiva[115], nombrados por el presidente para períodos de cuatro años y reelegibles por una sola vez[116]. A ambos colegios podrá asistir, aunque sin voto, el superintendente de servicios públicos.

Así no esté expresamente señalado en las normas de creación, la atribución del período anula la posibilidad de remoción por el presidente de la República de los comisionados de dedicación exclusiva. Aunque por ley corresponde al presidente nombrar a los miembros comisionados de dedicación exclusiva, lo hace por un período fijo, razón por la cual no se considera posible que pueda retirarlos del cargo mientras dicho período este aún vigente[117]. Según el Departamento Administrativo de la Función Pública: "A los empleados vinculados en cargos de período no se les aplica las disposiciones relacionadas con el retiro de los empleados de libre nombramiento y remoción, por consiguiente, su retiro no obedece a la facultad discrecional de su nominador [...]"[118]. En el caso de los comisionados de dedicación exclusiva, su retiro procederá en caso de vencimiento del período para el cual fueron nombrados, por destitución como consecuencia de un proceso disciplinario, porque sobreviene una inhabilidad, por renuncia, por revocatoria de su nombramiento en caso de no cumplir con el perfil y requisitos para su ejercicio, por decisión judicial, o por el cumplimiento

---

115 Para el cargo de miembro de dedicación exclusiva de la CREG, se requiere: 1) ser colombiano y ciudadano en ejercicio; 2) tener un título universitario en ingeniería, economía, administración de empresas o similares, derecho y estudios de posgrado; 3) Contar con una reconocida preparación y experiencia técnica, en el área energética y haber desempeñado cargos de responsabilidad en entidades públicas o privadas del sector energético, nacional o internacional, por un período superior a seis años; o haberse desempeñado como consultor o asesor por un período igual o superior (par. 1, art. 44, Ley 2099 de 2021). Además, el equipo debe ser interdisciplinario y no más de un experto comisionado podrá ser abogado (Par. 2, art. 44, Ley 2099 de 2021).

116 Par. 3, artículo 44, Ley 2099 de 2021.

117 Cfr. Departamento Administrativo de la Función Pública (DAFP), concepto n.º 080191 del 23 de febrero de 2023, a propósito de la designación del director ejecutivo de la CRA.

118 DAFP, concepto n.º 361951 del 2 de octubre de 2021.

de los requisitos establecidos para tener derecho a la pensión de vejez, una vez notificada la inclusión en nómina de pensionados[119].

Sin embargo, el alcance del período fijo se ve reducido por la ausencia de externalización y de personería jurídica. La CREG y la CRA siguen siendo autoridades del sector central de la rama ejecutiva, esto es, de la Nación[120]. Asimismo, y a pesar de la indicación hecha por el legislador, a estas comisiones no se les atribuyeron los elementos orgánicos y funcionales suficientes para realmente hablar de patrimonio propio. Su autonomía patrimonial hace referencia a la capacidad con que cuentan estas comisiones para manejar sus recursos presupuestales[121], para contratar, como sección del presupuesto de gastos correspondientes[122], y para gestionarlos a través de contratos de fiducia mercantil. En el caso de la CREG, este contrato lo celebra incluso el ministerio de minas y de energía con la entidad fiduciaria, y no la comisión, y las remuneraciones que los expertos devengan también son determinadas por el ejecutivo (art. 21, Ley 143 de 1994, mod. art. 44 Ley 2099 de 2021). El manejo de los recursos de las comisiones en

---

119 Ídem.

120 Y sometidas, por tanto, a un control jerárquico "atenuado" en virtud de las autonomías administrativa y financiera, y por el hecho de que contra las decisiones de los colegios de la CRA y de la CREG solo procede el recurso de reposición, en los términos del parágrafo del artículo 8.º de la Ley 489 de 1998.

121 El decreto 2882 de 2007 se refiere a la autonomía patrimonial de la CRA como que "tendrá su propio presupuesto, con sujeción a las normas orgánicas sobre la materia, que podrá ser ejecutado mediante contrato de fiducia. El anteproyecto será aprobado por la Comisión y presentado al gobierno nacional para su inclusión en el presupuesto general de la Nación". Asimismo el artículo 21 del mismo decreto señala que: "Conforme a la autorización contenida en el Comisión de la Ley 142 de 1994, la Unidad Administrativa Especial Comisión de Regulación de Agua Potable y Saneamiento Básico, CRA, podrá manejar sus recursos, si lo considera conveniente, a través de contratos de fiducia, celebrado de acuerdo con los requisitos legales establecidos en la Ley 80 de 1993, por medio de los cuales se vinculara el personal, si fuere el caso, de la Unidad Administrativa Especial Comisión de Regulación de Agua Potable y Saneamiento Básico, CRA, y se desarrollaran las demás actuaciones que le sean propias".

122 En los términos establecidos por el artículo 110 del Decreto Ley 111 de 1996, Estatuto Orgánico del Presupuesto. Se trata, entonces, de una autonomía presupuestal, más que de la atribución de un patrimonio propio.

la práctica puede convertirse en un poderoso instrumento de control del ejecutivo sobre la actividad del regulador.

Luego, en el caso de la CRA, el número de miembros del gobierno es el mismo de los comisionados de dedicación exclusiva. La práctica general en los Estados Unidos y en Francia es que no haya al interior de los colegios de las AAI jefes de los departamentos ministeriales u organismos principales de la Administración[123]. No queremos insinuar con esto que debe eliminarse por completo la presencia de ministros y directores de departamentos administrativos, es más, puede que hasta sea conveniente en ciertos casos en que los intereses gubernamentales tengan que estar representados en los reguladores, según la actividad o sector de intervención. Pero esto tampoco significa que los miembros del gobierno tengan que estar presentes mayoritaria o significativamente en los colegios de las comisiones[124], pues

---

123 A excepción de algunas juntas, como la de gobernadores de la reserva Federal, compuesta por cinco miembros designados por el presidente y confirmados por el Senado para periodos de catorce años no renovables, y por el secretario del tesoro y el contralor de la moneda (*Comptroller of the Currency*, agente independiente del Ejecutivo), que son miembros *ex officio*. La ausencia de jefes de organismos principales del Ejecutivo en los órganos de dirección de las agencias federales no significa que algunos secretarios no puedan fungir en órganos consultivos o encargados de presentar informes y revisar políticas sobre el desempeño de ciertos programas. Es el caso del secretario del tesoro, funcionario que preside la Junta de Fideicomisarios de la Seguridad Social y del programa de medicare (*Social Security and Medicare Board of Trustees*), en la que también se desempeñan los secretarios del trabajo y de salud. Más que constituir una *agencia*, este organismo evoca en el derecho colombiano la figura de un comité intersectorial –y no el de una autoridad administrativa– que es responsable de coordinar el fondo o encargo fiduciario compuesto de los recursos destinados a estos programas de asistencia social. En efecto, el artículo 45 de la Ley 489 de 1998 señala que "el Gobierno nacional podrá crear comisiones intersectoriales para la coordinación y orientación superior de la ejecución de ciertas funciones y servicios públicos, cuando por mandato legal o en razón de sus características, estén a cargo de dos o más ministerios, departamentos administrativos o entidades descentralizadas, sin perjuicio de las competencias específicas de cada uno de ellos [...]".

124 La Corte Constitucional concluyó que la ANTV tenía garantía de independencia del ejecutivo y que los miembros que contaban con período eran mayoría frente a los que no; Corte Constitucional. Sentencia C-580 de 2013 "De la norma se advierte que la presencia del Ministro en la junta, contrario a lo afirmado por el actor, no tiene

no tendría sentido contar con unos expertos de dedicación exclusiva con período fijo, si luego van a quedar bloqueadas las decisiones regulatorias por empate o si van a ser los representantes del gobierno quienes terminen imponiendo la decisión regulatoria[125]. Sobre todo, porque tampoco puede sesionar la CRA sin la presencia del ministro de vivienda o su delegado, quien la preside[126].

Para concluir este punto, llama la atención el recurso cada vez mayor a la figura del encargo interadministrativo para nombrar a los comisionados de dedicación exclusiva de estos reguladores. Es, por ejemplo, el caso de cuatro de los seis comisionados de la CREG, quienes fueron nombrados provisionalmente por el actual presidente luego de varias suspensiones y renuncias[127]. Mediante los decretos 476 y 477 del 31 de marzo de 2023 se encargaron en el empleo de expertos comisionados a los jefes de la Unidad

---

la fuerza para afectar la autonomía de la entidad, en la medida que su participación está contemplada en igual proporción con los otros miembros y la representación del Gobierno no constituye la mayoría".

125 En efecto, el artículo 8.º del Decreto 2882 de 2007, por el cual se aprueban los estatutos y reglamento de la CRA, señala que "En caso de empate, se volverá a discutir y a votar el tema objeto de la decision en la sesión inmediatamente siguiente, que en todo caso no podrá ser citada para un termino inferior a tres (3) días. En el evento de subsistir el empate decidirá el Presidente de la Comisión". Y pues resulta que es el ministro de vivienda quien preside la comisión.

126 Esta misma norma señala que: "La Comision de Regulacion sesionará mínimo con la presencia de la mitad más uno de sus miembros con derecho a voto, y las decisiones que se tomen en virtud de sus funciones se adoptarán con el voto favorable de la mayoría simple de los asistentes. En todo caso, para poder sesionar será necesaria la presencia del Ministro de Ambiente, Vivienda y Desarrollo Territorial o su delegado". Por vía reglamentaria se atentó contra la independencia que quiso darle el legislador a la CRA.

127 Cfr. CE, Sal. cont. adva., sec. quinta, sentencia del 2 de febrero de 2023, mediante la cual el Consejo de Estado anuló el nombramiento del exsuperintendente Andrés Barreto como experto comisionado en asuntos energéticos de la CREG, contenido en el Decreto 1423 del 29 de julio de 2022, toda vez que el demandado no acreditó el cumplimiento de los requisitos establecidos en el literal c, parágrafo 1 del artículo 21 de la Ley 2099 de 2021, necesarios para ocupar el empleo de comisionado experto de la CREG. Su actividad como consultor o asesor por un período igual o superior a seis años no atendió al criterio de la especificidad de que las funciones se hubieran desplegado en el sector energético.

de Planeación Minero Energética (UPME) y de la Oficina de Asuntos Regulatorios y Empresariales del Ministerio de Minas y Energía. Unos días después se encargaron también como expertos comisionados de la CREG a dos asesores de la planta de personal de la misma cartera ministerial[128]. De acuerdo con las reglas vigentes en materia de función pública, hay encargo interinstitucional cuando el presidente designa temporalmente a un empleado en otra entidad de la rama ejecutiva, para que asuma, total o parcialmente, las funciones de otro empleo vacante del cual él sea el nominador, por falta temporal o definitiva de su titular[129]. Esta medida nos parece inconveniente por varias razones: (1) el funcionario que es nombrado no está separado de las funciones de su empleo original en el ministerio de minas, en el cual además actúa como un subordinado del ministro; lo cual puede atentar contra la independencia del regulador, y (2) pese a que la ley establece para los encargos regulares unos tiempos límite de tres meses, prorrogable por tres meses más, no es claro si para los empleos de período fijo la transitoriedad iría hasta por el término del mismo[130], o si el presidente podría eventualmente nombrar como comisionado, a través de un nuevo encargo y una vez transcurridos los seis meses, a otro funcionario del mismo ministerio o de otro órgano de la rama ejecutiva. De ocurrir cualquiera de estos dos escenarios, la garantía del período que poseen los comisionados de dedicación exclusiva perdería toda su eficacia. Los límites al poder de remoción del presidente solo se materializan con la provisión

---

128 A través de los decretos 491 y 492 del 4 de abril de 2023. Estos encargos interadministrativos fueron prorrogados mediante los decretos 1144 y 1145 de julio de 2023 por un término de tres meses. Por ende, a la fecha de publicación del presente trabajo, de los seis expertos comisionados de la CREG se estima que cuatro estarán en situación de encargo.

129 Decreto 1083 de 2015, artículo 2.2.5.5.45. El encargo interinstitucional puede recaer en un empleado de carrera o de libre nombramiento y remoción que cumpla con los requisitos para el desempeño del cargo.

130 En el concepto 062151 del 22 de febrero de 2021 el DAFP indicó: "En cuanto al encargo de personas que no correspondan al régimen de carrera administrativa o de libre nombramiento se considera que el término del encargo para el empleo de comisionado de la Comisión de Regulación de Comunicaciones será hasta por el término restante del periodo institucional fijo del comisionado respectivo", lo cual nos parece desvirtúa la naturaleza misma del encargo.

del empleo definitivo, esto es, desde que está en propiedad el comisionado de dedicación exclusiva de la CREG y el término de su período fijo, que es personal[131], empieza a correr. En otras palabras, mientras el encargo exista, el presidente podría retirar del empleo (y hasta del ministerio) a los funcionarios de libre nombramiento y remoción de otras entidades que encargue.

3. LA CRC: UN CASCARÓN "INDEPENDIENTE"

El examen de la arquitectura de las comisiones encargadas de organizar la regulación en los mercados de servicios públicos domiciliarios nos permitió hacer otra distinción: solo la actual CRC cuenta con el dispositivo orgánico que poseen las AAI[132]. Además de las autonomías administrativa y financiera, la CRC cuenta con una verdadera autonomía patrimonial[133] que

---

131 Corte Constitucional. Sentencia C-011 de 1994; DAFP, concepto 077441 del 4 de marzo de 2021.

132 Para una presentación detallada cfr. Aníbal Zárate y Camilo Perdomo. "La arquitectura del regulador de las comunicaciones: crónica de una paradoja anunciada", *Las TIC y la sociedad digital*, Bogotá, Universidad Externado de Colombia, 2021, pp. 197-268.

133 Corte Constitucional. Sentencias C-306 de 2004 y C-220 de 1997. Con la atribución de la personería jurídica a la CRC se puso fin a las dudas acerca de si la entidad contaba realmente con una dimensión patrimonial de autonomía, puesto que, mientras que la Ley 1341 de 2009 señalaba entre sus atributos la "independencia patrimonial", no le otorgaba la personería jurídica en que se sustentaba aquella. Cfr. Camilo Perdomo. *La dimensión organizativa del regulador de las comunicaciones en Colombia*, Bogotá, Universidad Externado de Colombia, 2018, p. 150. La resolución 2242 de 2009, que contenía el reglamento interno de la CRC de ese entonces, señalaba con relación a la autonomía patrimonial de la entidad que ese patrimonio estaba conformado por "los ingresos de las contribuciones anuales que se reciban de los proveedores sometidos a su regulación, los que le asigne el presupuesto general de la Nación, y los ingresos que reciba por la venta de sus publicaciones", luego se refiere a un presupuesto independiente y contabilidad propia, a la posibilidad de preparar su anteproyecto de presupuesto anual para la aprobación del gobierno nacional, y a la capacidad de contratación. "En desarrollo de la independencia patrimonial la CRC podrá adquirir y enajenar toda clase de bienes muebles e inmuebles que faciliten el desarrollo y el cumplimiento de sus objetivos, funciones y facultades [...]". A decir verdad, todos estos elementos y capacidades son propios de la autonomía presupuestal prevista en el artículo 110 del Decreto Ley 111 de 1996: "Los órganos que son una sección en el Presupuesto General de la Nación, tendrán la capacidad de contratar y comprometer

se sustenta y deriva de la personería jurídica otorgada por la Ley 1978 de 2019. Esto implica que, a diferencia de las otras comisiones, la CRC detenta un patrimonio independiente, como sujeto de derecho público que es, conformado por un conjunto de bienes y recursos que se distinguen o no entran a formar parte del patrimonio de la Nación[134].

Junto con esta nueva dimensión de autonomía se adicionaron al regulador varias garantías de independencia. Al revisar el acto de creación del regulador "único", encontramos que dispone de forma expresa que "la CRC no estará sujeta a control jerárquico o de tutela alguno y sus actos solo son susceptibles de control ante la jurisdicción competente"[135]. En ese sentido,

---

a nombre de la persona jurídica de la cual hagan parte, y ordenar el gasto en desarrollo de las apropiaciones incorporadas en la respectiva sección, lo que constituye la autonomía presupuestal a que se refieren la Constitución Política y la ley". Por tanto, más que hablar de un patrimonio distinto al patrimonio de la Nación, se trataba del reconocimiento de la CRC como una sección en el presupuesto de gastos, con recursos asignados para la entidad y provenientes tal como la resolución de 2009 lo indicaba, pero dentro del presupuesto general de la Nación o tesoro nacional, sujeto del cual la CRC seguía haciendo parte.

134 Así las cosas, dentro de las funciones de la CRC encontramos la de "Administrar y disponer de su patrimonio de conformidad con las normas legales y reglamentarias aplicables y manejar los equipos y recursos que se le asignen, los que obtenga en el desempeño de sus funciones, y cualquier otro que le corresponda" (num. 16, art. 19, Ley 1978 de 2019). El artículo 16 de la Ley 1978 de 2019 agregó el artículo 19A a la Ley 1341 de 2009, y en él determina que el patrimonio del regulador "único" estará conformado por: 1) los recursos recibidos por concepto de la contribución por regulación; 2) los recursos que reciba por cooperación técnica nacional e internacional; 3) los aportes del presupuesto nacional y los que reciba a cualquier título de la Nación o de cualquier otra entidad estatal; 4) el producido por la enajenación de sus bienes y por las donaciones de particulares; 5) los rendimientos financieros de sus recursos, y 6) los bienes muebles e inmuebles que adquiera a cualquier título y los que le sean transferidos por el ministerio y por la ANTV para el cumplimiento de las nuevas funciones transferidas; véase también el artículo 2.º de la Resolución CRC 5917 de 2020, o su reglamento interno, norma que señala que la CRC podrá disponer, bajo su exclusiva responsabilidad (mientras que antes no), de los bienes que integran su patrimonio dentro de los límites establecidos para el cumplimiento de sus fines. Esto implica la posibilidad de enajenar y adquirir todos los bienes muebles e inmuebles que faciliten el desarrollo y cumplimiento de sus objetivos.

135 Artículo 15, Ley 1978 de 2019.

pese a integrar la Administración pública, el regulador "convergente" de las comunicaciones está ubicado por fuera de la rama ejecutiva del orden nacional[136]. Encontramos también mecanismos de nominación plurales y competitivos para los miembros de dedicación exclusiva de sus colegios de contenidos audiovisuales y de comunicaciones, cosa que no ocurre con las otras comisiones. Los comisionados deben cumplir también con los requisitos de experiencia y de formación, y aunque los miembros del colegio de comunicaciones pueden ser abogados, ingenieros electrónicos o de telecomunicaciones o economistas, "al menos un comisionado deberá ser ingeniero electrónico o de telecomunicaciones, un comisionado será abogado y un comisionado será economista"[137]. Asimismo, se establecen reglas de inhabilidades[138], de deontología y de gobierno integral de la entidad[139].

---

136 DAFP, conceptos 20194000391181 del 16 de diciembre de 2019, y 20204000157081 del 24 de abril de 2020.

137 Tratándose del colegio de contenidos audiovisuales, los tres comisionados de dedicación exclusiva provienen de los operadores públicos regionales del servicio de televisión, a través del mecanismo de selección que autónomamente determinen: del sector audiovisual y de la sociedad civil, estos últimos elegidos mediante concurso público adelantado por una institución universitaria. Se destaca entonces la ausencia de delegados del gobierno. Por su parte, para el colegio de comunicaciones, solo dos de sus cinco miembros son designados por el presidente, mientras que los otros tres de dedicación exclusiva son elegidos mediante concurso público realizado por el DAFP, en el que cualquier ciudadano que mayor de treinta años que cumpla con las condiciones de formación y experiencia mínimas exigidas podrá participar (art. 17, Ley 1978 de 2019).

138 Artículo 21, Ley 1341 de 2009 (mod. art. 18, Ley 1978 de 2019). Entre las inhabilidades está la prohibición de puerta giratoria, en doble vía, entre regulador y sector regulado (nums. 4 y 5, art. 18, Ley 1978 de 2019). Algunas inhabilidades no solo se extienden a los miembros del colegio de comisionados, sino que también cobijan a empleados en cargos de dirección y confianza de la CRC. Según los artículos 14 y 28 de la Resolución n.º 5917 de 2020, los miembros de ambas sesiones "son servidores públicos del nivel directivo, sometidos al régimen de prohibiciones, inhabilidades e incompatibilidades legales vigentes, así como a las reglas propias de los servidores públicos".

139 Cfr. resolución CRC 5917 de 2020, entre otras medidas, se formaliza la obligatoriedad de participación en las reuniones, así como la manifestación del sentido del voto en los temas tratados; se dispone la publicación oficiosa de las actas de las sesiones

Un periodo fijo y escalonado en los mandatos de los comisionados es la sola garantía de independencia que la CRC tiene en común con las otras dos comisiones que fueron creadas para la regulación de los servicios públicos domiciliarios. Tanto los miembros del colegio de contenidos audiovisuales, como aquellos que hacen parte de la sesión de comunicaciones tienen un período de cuatro años no renovables[140]. El carácter escalonado en los mandatos está previsto solo para la formación de comunicaciones del regulador, en los términos en que quedó plasmado en el parágrafo transitorio del artículo 15 de la Ley 1978 de 2019, lo cual tiene sentido en la medida en que en el colegio de audiovisuales no hay miembros que representen o sean designados por el ejecutivo nacional.

A partir de esta arquitectura, la CRC fue presentada por los autores de la reforma como un regulador único y convergente[141], que además respondería al interés común de ubicar la regulación del sector en manos de una autoridad con plenas garantías de independencia del ejecutivo[142]. Cierto, en la estructura de la comisión están presentes los mismos atributos orgánicos de independencia que poseen las AAI de países como Francia y Estados Unidos. Pero esta evolución no es sino aparente. Esta "transformación" institucional supuso el mantenimiento de las garantías orgánicas que siempre estuvieron presentes para el regulador de los servicios de contenidos audiovisuales (Comisión Nacional de Televisión, CNTV, luego ANTV)[143]. Por el contrario, la reforma revela una especie de regresión en el componente

---

de comisión de acuerdo con lo dispuesto en la Ley de acceso y transparencia a la información pública (1712 de 2014), y se señalan las condiciones para la elección del director ejecutivo, con el fin de asegurar su ejercicio de forma rotativa, por el término de un año, no prorrogable y no reelegible.

140 Artículo 17, Ley 1978 de 2019.

141 Por razones de espacio no nos detendremos a examinar el factor de convergencia, toda vez que este fue objeto de un estudio anterior (Aníbal Zárate y Camilo Perdomo. "La arquitectura...", cit., sec. 1.2), pero, sobre todo, ya que en esta misma otro investigador de nuestra escuela de Derecho administrativo estudia en detalle la cuestión.

142 Exposición de motivos, Proyecto de Ley n.º 152 de 2018, pp. 21-23.

143 En el aspecto orgánico, solo el colegio de comunicaciones avanzó hacía una mayor independencia. Además, y con base en el mismo artículo 20 de la Ley 1978 de 2019, existe una inexplicable prevalencia del subregulador de las comunicaciones en relación con el subregulador audiovisual, pues el primero se compone por cinco comisionados,

funcional de la independencia del colegio de contenidos audiovisuales. La "modernización" contenida en la Ley 1978 de 2019 reduce ostensiblemente el ámbito de intervención del regulador del servicio público de televisión, al distribuir varias de sus competencias en organismos y entidades que son dependientes del ejecutivo. Este reparto competencial, contrario a la intención del constituyente primario de asegurar una regulación independiente para los contenidos audiovisuales, no únicamente como servicio público, sino también como un instrumento para la libertad de expresión y el fortalecimiento de la democracia, representa un nuevo paso hacia el desmonte de una regulación independiente para ese sector o, por ponerlo en otros términos, de reivindicación progresiva del control de la televisión por parte del ejecutivo nacional[144].

Contrario a lo ocurrido con el regulador de contenidos audiovisuales, las competencias del Ministerio TIC en relación con el servicio público de televisión se vieron fortalecidas por la reforma. En primer lugar, se incluye entre sus objetivos la definición de la política pública para el servicio de televisión abierta y radiodifundida y el servicio de radio difusión sonora, que antes correspondía ejercer, en el marco de sus competencias, a cada una de las autoridades a las que la Ley 1507 de 2012 atribuyó funciones de la antigua CNTV. En contravía con la intención del constituyente primario, la asignación al Ministerio de las competencias que tenía la ANTV para reglamentar y otorgar las concesiones para la operación del servicio público de televisión, los contratos de concesión de espacios y los contratos de cesión de derechos de emisión, producción y coproducción de los programas de televisión, deja en manos del poder político y las mayorías de turno la decisión de determinar quiénes podrán participar en los mercados audiovisuales

---

mientras que el segundo por tres y, si ello no fuera suficiente, el director ejecutivo de la CRC solo puede ser nombrado de la sesión de comunicaciones.

144 Cierto, el fenómeno de convergencia tecnológica fue volviendo obsoleto el anterior modelo regulatorio, organizado bajo una lógica de regulación separada de los servicios televisivos, pero esta evolución del mercado no es suficiente para explicar por qué se trasladó al ministerio y a otras agencias del ejecutivo gran número de funciones del regulador independiente, máxime cuando la intención plasmada en el proyecto de reforma fue la de concentrar y no la de dispersar las tareas regulatorias y técnicas en un "regulador único independiente".

y difundir informaciones[145]. Según lo expresado por los autores de la reforma, el fortalecimiento del Ministerio TIC requiere además que "se encargue de asignar de manera exclusiva el espectro radioeléctrico"[146], de modo que se añade a su larga lista de competencias la de llevar el registro público de frecuencias concedidas al servicio de televisión.

Otra manifestación del asalto competencial que sufrió la regulación independiente para el servicio público de televisión lo constituye la asignación de funciones de inspección, vigilancia y control que estaban en cabeza de la ANTV al Ministerio de las TIC[147], lo que incluye la posibilidad de sancionar a los operadores, a los concesionarios de espacios de televisión

---

145 Se trata de amplias competencias que van desde la reglamentación de cuestiones técnicas relacionadas con el otorgamiento y prórroga de concesiones y contratos, los requisitos de licitaciones y licencias para acceder al servicio, la fijación de tarifas, tasas y derechos asociados a la concesión, hasta la determinación de condiciones para prestar el servicio de televisión en conjunto con entes territoriales de países vecinos o con organismos de cooperación e integración regional en los que somos miembros, e incluso la reglamentación de la televisión étnica y afrocolombiana, como manifestación de la diversidad y el pluralismo cultural y étnico reconocido constitucionalmente. El traslado de competencias operó a través de la adición, por el artículo 14 de la Ley 1978 de 2019, de varios numerales al artículo 18 de la Ley 1341 de 2009. Con relación a la reglamentación y otorgamiento de concesiones y licencias en materia de televisión, véanse los numerales 23 a 30.

146 Exposición de motivos, Proyecto de Ley n.º 152 de 2018, p. 23. Comparativamente, el Consejo Superior del Audiovisual (CSA) francés es el encargado de gestionar y adjudicar las frecuencias utilizadas para servicios audiovisuales, mientras que el gobierno y la autoridad nacional francesa de frecuencias intervienen río arriba para establecer cuáles frecuencias son afectadas a cada utilización: audiovisual, comunicaciones electrónicas, defensa, meteorología, entre otros (Loi n.º 2004-669 du 9 juillet 2004 , Loi n.º 2007-309 du 5 mars 2007 y Loi n.º 2009-258 du 5 mars 2009). El mismo reparto estaba previsto en el artículo 14 de la Ley 1507 de 2012, de manera que la ANTV era competente para otorgar concesiones y, en particular, para distribuir señales incidentales, con excepción de la actividad de determinar el régimen de uso del espectro radioeléctrico que quedaba a cargo de la Agencia Nacional del Espectro (ANE).

147 La intención de los autores de la reforma era trasladar "[...] todas las funciones de inspección, vigilancia y control que la Ley asignaba a la ANTV" para que fueran ejercidas por el Ministerio TIC: Exposición de motivos, Proyecto de Ley n.º 152 de 2018, p. 22.

y a los contratistas de los canales regionales por violación de sus obligaciones relacionadas con el servicio. Con esta reivindicación de competencias por el ejecutivo nacional, el colegio de contenidos audiovisuales de la CRC solo mantuvo la potestad de sancionar a los operadores, concesionarios de espacios de televisión y contratistas de televisión nacional cuando atenten contra el pluralismo informativo, el régimen de televisión abierta y los derechos de los televidentes o cuando violen las disposiciones constitucionales y legales que amparan específicamente los derechos de la familia y de los niños[148]. De ese modo, el Ministerio se convierte en una autoridad residual en materia de vigilancia y control de los servicios de las telecomunicaciones, con vocación a intervenir en todo aquello que no haya sido expresamente asignado a otra autoridad del sector.

Al vaciamiento competencial al colegio de audiovisuales hay que sumar el hecho de que la CRC carece de potestades de inspección, vigilancia y control[149] y que todas estas están en cabeza del ejecutivo nacional. En la medida en que el poder de sanción se explica como un complemento de la regulación, para que esta conserve su eficacia, la separación orgánica que mantuvo la Ley 1978 de 2019 entre la autoridad encargada de expedir la regulación (colegios de comunicaciones y, en el tema de contenidos, la sesión de audiovisuales de la CRC) y aquella que debe vigilar su cumplimiento (ministerio)

---

148 Tampoco es fácil identificar lo que pretendieron los autores de la reforma con este reparto competencial. Mientras que el artículo 38 de la Ley 1978 de 2019 indica que "todas las funciones de regulación que la Ley asignaba a la ANTV serán ejercidas por la Comisión de Regulación de Comunicaciones y, además, todas las funciones de inspección, vigilancia y control que la ley asignaba a la ANTV serán ejercidas por el Ministerio de Tecnologías de la Información y las Comunicaciones", es claro que otras disposiciones mantuvieron en la CRC el control a los operadores que atenten contra el pluralismo informativo, los derechos de los televidentes o de categorías de televidentes, y el régimen de televisión abierta; lo que permite concluir que no se trató de una repartición de regulación *ex ante*, regulación *ex post*.

149 Excepto su competencia para sancionar con multas diarias de hasta por 250 salarios mínimos a los operadores que no atiendan sus requerimientos de información o suministren datos que no cumplan con las condiciones de calidad definidas por la Comisión (num. 19, art. 22, Ley 1341 de 2009, modificado por el art. 19, Ley 1978 de 2019).

> ... dificulta el propósito mismo de la actividad de regulación en materia de telecomunicaciones, pues los encargados de una y otra pueden tener criterios diferentes, no necesariamente confluyentes, intereses diversos, y posiciones divergentes, de manera tal que el propósito de satisfacción del interés general, puede resultar más difícil de alcanzar, que si se encuentran concentrados en una sola autoridad[150].

De igual forma, la autoridad que expide la regulación conoce mejor sus objetivos y puede estar en mejor capacidad para identificar si los sujetos sometidos a esta le han dado cumplimiento[151]. Existe además evidencia de que el Ministerio de las TIC incumple dicha función[152]. Con todo,

---

150 Es legítimo preguntarse qué sucede en aquellos casos en que la falta de atención a un requerimiento de información involucra también el desconocimiento de la regulación. ¿La competencia sancionatoria del Ministerio reemplaza aquella de la CRC? Al respecto, parece existir una posición según la cual el Ministerio sería la entidad competente para sancionar a los proveedores en casos de incumplimientos recurrentes a los requerimientos de información, lo cual, se señala, desconoce el hecho de que la información periódica es "el insumo principal del regulador para el ejercicio de sus funciones y especialmente para el monitoreo del mercado"; Gloria Calderón. *La necesidad de atribuir potestad sancionatoria al órgano regulador del mercado de las comunicaciones en Colombia*, Tesis de Maestría, Bogotá, Universidad Externado de Colombia, 2017, p. 54.

151 La OCDE considera que, "se deben conferir facultades a la CRC para imponer sanciones por el incumplimiento de la regulación de las telecomunicaciones. De manera más general, la CRC debe ser el organismo responsable de la aplicación de la regulación. Las multas en caso de incumplimiento de la regulación han de ser lo suficientemente cuantiosas como para disuadir a los operadores de no respetar la normativa o utilizar tácticas dilatorias [...]": "Estudio de la OCDE sobre políticas y regulación de telecomunicaciones en Colombia", 2104, p. 13.

152 Es el caso de la regulación en materia de instalación esencial de *roaming* automático nacional y con ocasión de la negativa de permitir el acceso y uso de esas instalaciones por los operadores móviles establecidos. Aunque con esta conducta dichos operadores crearon por más de once meses una barrera de entrada al mercado de un cuarto jugador (Avantel), el Ministerio de TIC no tomó medidas sancionatorias y de control al respecto al punto que decidió archivar las investigaciones. Además, como lo pone de presente la doctrina, "Debe anotarse que la Superintendencia de Industria y Comercio, quien está dotada de potestades sancionatorias más severas, e incluso cuenta con la posibilidad de decretar medidas cautelares, tampoco impuso

la atribución de la potestad sancionadora a reguladores independientes puede encontrar un obstáculo en las funciones de policía que la Constitución atribuye al presidente en sectores como el financiero o los servicios públicos[153].

II. RESISTIENDO A LOS EMBATES: REGULACIÓN INDEPENDIENTE, SEPARACIÓN DE PODERES Y DEMOCRACIA REPRESENTATIVA

Identificar las razones por las cuales la regulación independiente sigue siendo una tarea inconclusa en el derecho nacional no es tarea fácil. La falta de una definición de la regulación (elemento material) y de la independencia (elemento orgánico) en parte explican los titubeos a la hora de ascender en la escalera de la independencia. Pero la decisión de romper

---

sanciones a los proveedores incumbentes responsables por la entrada tardía de un cuarto operador móvil, lo cual evidencia un ejercicio débil de regulación ex post. A lo anterior cabe agregar que el Estado colombiano tiene una alta participación en algunas de las sociedades que participan en el mercado de las telecomunicaciones, lo cual puede generar algunas suspicacias"; Gloria Calderón. Ob. cit., pp. 56 y 57; investigación que presenta varios ejemplos sectoriales.

153 No obstante, en la práctica, nótese cómo el artículo 370 CP señala que le corresponde al presidente ejercer por medio de la superintendencia de servicios públicos domiciliarios el control, la inspección y la vigilancia de las entidades que los presten. Pese a ello, el artículo 6.º de la Ley 1340 de 2009 indicó que la SIC será la única autoridad competente para conocer privativamente de las infracciones a las normas de competencia, en todos los sectores, incluidos los SPD. En la especie, la Corte avaló este nuevo reparto competencial y el control privativo de la SIC, toda vez que hace parte de la potestad de configuración del legislador asignar y distribuir funciones entre distintos órganos y autoridades de la Administración pública nacional; Corte Constitucional. Sentencia C-172 de 2014. Se sugiere al lector contrastar esta decisión con aquella de la sentencia C-599 de 1996, en la cual la Corte declaró contrario al artículo 370 CP las facultades de los personeros municipales en materia de protección de usuarios. Varios comentarios: 1) es claro que en la decisión de 2014 el criterio determinante fue de orden material, mientras que en la decisión de 1996 fue orgánico; 2) el control de la libre competencia se consideró una materia distinta a la de la prestación de los SPD, y 3) por lo demás, ambas superintendencias hacen parte de la rama ejecutiva y están sometidas al control del presidente.

con un esquema de ejecutivo unitario, para crear verdaderos reguladores independientes, obedece antes que nada a un consenso político, entre el gobierno, que tiene la iniciativa, y el legislador, que determina los atributos de independencia[154]. A nivel interno, una concepción rígida de la separación de poderes, con marcada preponderancia de un ejecutivo unitario, sin duda compromete la formación de dicho consenso, ya que se pierden los incentivos para crear reguladores "externalizados" con plenas garantías de independencia (A). Pero los embates a la regulación independiente también reaparecen en otras latitudes, en donde la vieja cuestión de la ausencia de legitimidad democrática cobra nuevos visos, capaces de tener repercusiones en el país (B).

A. DESMONTANDO MITOS: EL SISTEMA DE PESOS Y CONTRAPESOS COMO BASE DE LA REGULACIÓN INDEPENDIENTE

La contradicción entre la regulación independiente y el principio de la separación de poderes no es sino aparente. A partir de estos cuestionamientos se han formado creencias en el derecho nacional, como que las autoridades de regulación independientes de creación legal serían extrañas al modelo constitucional vigente, o la vieja discusión de que la regulación es una actividad de intervención y dirección técnica cuyo ejercicio requiere de delegación presidencial, único titular de la potestad reglamentaria. Paradójicamente, no es sino a partir de la idea de *checks and balances* que las AAI se justifican[155], y desde donde podemos afirmar que los reguladores independientes pueden tener un origen legal (1), al tiempo que la función de regulación es del Estado y no del ejecutivo (2).

---

154 Artículos 150-7 y 154 CP.

155 Si esta idea sirve para legitimar aquella de la independencia, ella impone también una serie de límites, bajo la forma de controles, a los órganos independientes. En ausencia de estos, el axioma "separación de poderes = control de poderes" que está en la base de la independencia de autoridades administrativas parece perder su eficacia.

1. LOS REGULADORES INDEPENDIENTES PUEDEN SER CREADOS POR LEY

Conforme a los elementos orgánicos y materiales que caracterizan a las agencias independientes en países como Francia y Estados Unidos, únicamente los órganos autónomos de creación constitucional, como la Banca central o la extinta CNTV, pueden ser completamente considerados autoridades independientes en el derecho nacional[156]. Este resultado llevaría a pensar que la creación por vía legal de AAI no estaría permitida por el ordenamiento jurídico colombiano y que, todo esfuerzo en este sentido, sería incluso contrario a la Constitución. Pero la creencia de que solo los órganos autónomos de creación constitucional pueden contar con plenas garantías de independencia parece hoy superada por la realidad, en donde la creación de autoridades administrativas por fuera de las ramas tradicionales del poder público es una posibilidad con que cuenta el legislador. El estudio de la arquitectura de la CRC en la primera parte de este capítulo enseñó precisamente que, pese a carecer de los componentes materiales de independencia, esta comisión cuenta con el conjunto de elementos orgánicos, entre los cuales ocupa un lugar importante su externalización. Según el DAFP,

> [...] la Comisión de Regulación de Comunicaciones pasó de ser una Unidad Administrativa Especial, de la Rama Ejecutiva del orden nacional, adscrita al Ministerio de Tecnologías de la Información y las Comunicaciones, a una entidad nacional, con independencia administrativa, técnica, patrimonial, presupuestal, y con personería jurídica la cual forma parte del Sector Administrativo de Tecnologías de la Información y las Comunicaciones, y no está sujeta a control jerárquico o de tutela de ningún órgano, es decir que

---

156 "La especial autonomía que la Constitución predica del Banco de la República y de su Junta Directiva como autoridad monetaria, crediticia y cambiaria proyecta en nuestra organización constitucional la presencia de las denominadas autoridades independientes que en la doctrina y en la organización de los Estados ha venido enfatizándose bajo la primigenia inspiración de instituciones similares de los Estados Unidos, posteriormente del reino Unido y más recientemente del constitucionalismo europeo continental (Francia, España, por ejemplo)"; Corte Constitucional. Sentencia C-827 de 2001.

dejó de ser una entidad adscrita de la Rama Ejecutiva y pasó a ser un órgano autónomo de origen legal[157].

Pese a la claridad del concepto del DAFP, conviene detenernos para aclarar dos cuestiones acerca de la externalización de la CRC. De un lado, la supresión de los controles administrativos puede parecer contraria a la inclusión de la CRC en el sector encabezado por el Ministerio TIC, en la medida en que la Ley 489 de 1998 establece que un sector administrativo está conformado por un organismo principal y todos los que la ley defina como adscritos o vinculados al mismo[158]. Sea esta la ocasión para insistir que con la inclusión de esta comisión al sector de las TIC se está cambiando la noción de sector administrativo de una definición orgánica a una material. Bajo este sentido, si bien no hay subordinación, existe un deber de aplicación de los principios de coordinación y colaboración armónica entre los organismos y entidades que lo integran[159]. Además, y pese a que el artículo 50 de la Ley 489 de 1998 indica que en el acto de creación de cada autoridad debe señalarse el ministerio o departamento administrativo al cual quedará adscrita o vinculada, el legislador decidió guardar silencio respecto de si la CRC lo estaba a un organismo principal de la rama ejecutiva. Esto nos permitió concluir en otras oportunidades que, para poder afirmar que la

---

157 DAFP, conceptos n..º 20194000391181 del 16 de diciembre de 2019 y 20204000157081 del 24 de abril de 2020.

158 Artículo 42, Ley 489 de 1998.

159 Así, la pertenencia de la CRC al sector administrativo encabezado por el Ministerio TIC implica que ambas estructuras administrativas deben ejecutar sus respectivas competencias de manera armónica, cada una respetando el ámbito competencial de la otra, es decir, darle aplicación al principio de coordinación en su perspectiva destinada a entidades u organismos que no interactúan con base en relaciones jerárquicas o de subordinación. Al respecto, el juez constitucional ha admitido la existencia de dos modalidades de coordinación: "... una, como principio que admite la concertación entre entidades u organismos, evento en que no se presentan relaciones jerárquicas o de subordinación entre ellos (arts. 48, 209, 246, 288, 293 y 329 por ejemplo), y otra, como atribución a cargo de los responsables de una función administrativa específica, que refleja cierto grado de jerarquía funcional entre la autoridad que coordina y los encargados de la ejecución de la labor (por ejemplo, arts. 250 y 298)..."; Corte Constitucional. Sentencia C-822 de 2004.

CRC hace parte del ejecutivo, se requiere que el legislador lo determine de manera expresa, o que se establezca su adscripción o vinculación a un organismo principal de la Administración, o que se mantengan indemnes los controles administrativos de tutela y jerárquico[160]. De otro lado, la calificación de UAE, que a lo mejor se mantuvo por inadvertencia de los autores de la reforma[161], no asimila a la comisión ni en sus controles, ni en su arquitectura a las unidades de que trata la Ley 489 de 1998. Es verdad que la externalización de la CRC puede desentonar con su denominación de UAE con personería jurídica, pero ¿es la misma UAE regulada en la Ley 489 de 1998? El artículo 68 de la Ley 489 de 1998 enumera este tipo de entidades entre aquellas descentralizadas del orden nacional, pero se trata de una tipología de órganos que hace parte del sector descentralizado de la rama ejecutiva (art. 38, num. 2, lit. c, Ley 489 de 1998). Así las cosas, la Comisión está sujeta al régimen jurídico contenido en la ley que la cree, pero no en virtud de lo establecido en el artículo 82 de la Ley 489 de 1998, ya que ella no hace parte del ejecutivo[162].

---

160 Aníbal Zárate y Camilo Perdomo. "La arquitectura...", cit., p. 217.

161 De este modo, no basta con la sola pertenencia a un sector para afirmar que la CRC integra la rama ejecutiva, más aún si el legislador dispuso expresamente una serie de características que evidencian su voluntad de dotar con atributos de independencia y externalizar la comisión. Es difícil comprender qué pretendieron el legislador y el gobierno nacional al mantener una denominación que no es conforme con la nueva arquitectura de la CRC, ni con su ubicación por fuera de la rama ejecutiva, máxime si no se explica, porque probablemente se desconoce, el alcance del concepto de UAE, o se omitió su discusión, a pesar de que tanto en la ley como en su exposición de motivos es clara la intención de atribuir garantías adicionales de independencia a la CRC, y mantener un estándar de órgano independiente de creación legal para el regulador del servicio público de televisión.

162 DAFP, concepto n.º 20192060391712 del 24 de abril de 2020. Es preciso advertir al lector que en su concepto el DAFP llega a esta conclusión acogiéndose a lo establecido en el artículo 82 de la Ley 489 de 1998. Sin embargo, no explica cómo, a pesar de que no tiene duda de que la CRC es una UAE con personería jurídica ubicada por fuera de la rama ejecutiva, le aplica esta disposición de la Ley 489 de 1998. La disposición del artículo 82 de la Ley 489 de 1998 está prevista para las UAE con personería jurídica, que la misma ley ubica como parte integrante del sector descentralizado de la rama ejecutiva en su artículo 38. Recordemos, además, que para la época en que se expidió la Ley 489 de 1998 solo existían órganos autónomos de creación constitucional, de

Luego de establecido el alcance de la externalización de la CRC, esto es, su sustracción por vía legal de la rama ejecutiva y su ubicación en la Administración pública, conviene ahora sí precisar los términos en los que el Congreso está facultado para crear autoridades administrativas independientes por vía legal. Primero, la cláusula general de competencia del legislador para determinar la estructura de la Administración pública es plena[163] y "es amplio el espectro de regulación del Congreso de la República en la determinación de la estructura y funcionamiento de la Administración pública, ya que se trata de una prerrogativa concedida por la Constitución a la Ley en términos abiertos"[164]. Segundo, esta potestad solo está sujeta a los límites que se derivan de la misma Constitución. Tercero, el artículo 113 constitucional prevé la existencia de organismos autónomos e independientes al lado de las tres ramas tradicionales del poder público. Ni en esta norma, ni en ninguna otra se indica que estos órganos solo sean aquellos previstos en el mismo texto constitucional. Una lectura renovada de este principio, bajo la forma de cooperación y contrapesos entre las ramas del poder público, es la justificación más robusta a la regulación independiente en el derecho colombiano[165]. Cuarto, en el ejercicio de su función, el congreso deberá tener en cuenta los principios rectores y normas de conformación en materia de organización, como lo señalado por el artículo 115, disposición que indica que "las gobernaciones y las alcaldías, así como las superintendencias, los establecimientos públicos y las empresas industriales o comerciales del Estado forman parte de la rama ejecutiva". En el caso de la CRC, el legislador bien podía crearla como una UAE ubicada por fuera de la rama ejecutiva, pero como parte integrante de la Administración pública. Quinto, la regulación independiente del ejecutivo, en principio, solo puede recaer sobre actividades o sectores cuya competencia no esté en cabeza del

---

manera que no sería posible decir que el legislador pretendió definir en su artículo 82 el régimen de órganos autónomos de creación legal, como la actual CRC, ya que esta posibilidad únicamente comenzó a materializarse con la creación de la ANTV en el 2012.

163 Artículo 150-7, CP.

164 Cfr. entre muchas, Corte Constitucional. Sentencia C-429 de 2019.

165 Aníbal Zárate Pérez. *L'indépendance…*, cit., p. 52.

presidente[166]. Sexto, la ley que cree la AAI debe contar con la iniciativa del gobierno, de acuerdo con lo dispuesto por el artículo 154 constitucional[167].

2. LA FUNCIÓN DE REGULACIÓN ES DEL ESTADO, NO DEL PRESIDENTE

Entre los componentes materiales de independencia de los reguladores está la facultad de expedir reglas tendientes a completar la ley democrática. La atribución de esta competencia administrativa, avalada constitucionalmente, se justifica en la medida en que la complejidad de las sociedades contemporáneas hace que sea imposible que el congreso regule en detalle todas las materias y asuntos que conoce. De este modo, se admite que a través de actos administrativos de contenido general o particular se prevean reglas específicas de conducta para los operadores económicos, a condición de que esta actividad se circunscriba a las directrices previstas en la ley y no constituya una fuente autónoma de obligaciones[168]. En el derecho colombiano esta atribución puede operar a través de conceptos jurídicos indeterminados, que luego son precisados por el regulador[169]. La ley también puede reenviar directamente al reglamento[170], o bien puede escoger fórmulas abiertas que ofrezcan orientaciones y criterios claros a los reguladores[171]. Contrario al derecho federal estadounidense[172], en Colombia las delegaciones que hace el legislador no han tenido tanta resonancia constitucional. Las dificultades más bien se concentran en el alcance de

---

166 Si la "externalización" de funciones regulatorias se muestra posible (cfr. infra sec. 2.1.2), menos clara resulta la externalización de funciones de policía cuya competencia es presidencial (p. ej., 189 CP). Tratándose de la externalización de funciones que ejercen las superintendencias, habría que estudiar cada caso concreto. Se sugiere al lector tener en cuenta lo dicho en Corte Constitucional. Sentencia C-172 de 2014.

167 Entre las más recientes, Corte Constitucional. Sentencia C-047 de 2021; cfr. también, Corte Constitucional. Sentencia C-570 de 2004.

168 Corte Constitucional. Sentencia C-1041 de 2007.

169 Ibíd. Sentencia C-690 de 2003.

170 Ibíd. Sentencia C-333 de 2001.

171 Ibíd. Sentencia C-265 de 2002.

172 Cfr. infra, sec. 2.2.1.

estas competencias normativas, principalmente de cara al ejecutivo, titular habitual de la potestad reglamentaria[173].

Los debates recientes en torno a las funciones regulatorias de la CRA y la CREG muestran precisamente la necesidad de contar con criterios más claros a la hora de definir qué debemos entender por regulación[174]. Apoyándose en una representación de la regulación que intenta relegarla al control del cumplimiento de la norma jurídica, o que la incorpora a una potestad de fijación de políticas generales de administración y control de eficiencia de los servicios públicos, pero que resultan extrañas a su naturaleza[175], el gobierno de turno buscó tomar el control de la regulación de

173 El artículo 189 de la CP señala que es función del presidente: "11. Ejercer la potestad reglamentaria, mediante la expedición de los decretos, resoluciones y órdenes necesarios para la cumplida ejecución de las leyes". Con base en este artículo se cree erróneamente que solo el presidente podría ejercer dicha potestad. Basta con recordar lo indicado por el profesor Héctor Santaella ("Del principio de legalidad al principio de juridicidad: implicaciones para la potestad normativa de la Administración de una transición constitucionalmente impuesta", *La constitucionalización del derecho administrativo*, Bogotá, Universidad Externado de Colombia, 2014, pp. 93 y 94) con quien coincidimos: "Pero tal como ha sido recientemente reconocido por la jurisprudencia administrativa, no es este el único tipo de reglamentos admitidos por la Constitución. La pluralidad de formas que admite el reglamento en Colombia se desprende no solo de la previsión explícita del *género reglamento* por los artículos 122 y 123 de la *ley fundamental*, en los que de manera genérica se establece la vinculación de la Administración y de los servidores públicos a la Constitución, la ley y el reglamento, y por tanto se da vía libre a esta categoría general como parte del sistema de fuentes; es también consecuencia de las múltiples *referencias constitucionales a distintas clases de reglamentos* a cargo de diversos órganos estatales"; en el mismo sentido, Enrique Gil Botero. "La valoración jurídica de las manifestaciones normativas de las comisiones de regulación: los sutiles límites entre la función administrativa que les es propia y las funciones legislativa y judicial, *RDDA*, 3, 2009, p. 13; CE., sal. cont. adva., sec. primera, sentencia del 13 de octubre de 2016; 11001 03 24 000 2013 00257 00; y sentencia del 15 de diciembre de 2016, radicado 11001-03-24-000-2014-00671-00.

174 Etas dificultades se presentan en gran medida por la indeterminación material de lo que es la regulación y, en consecuencia, de los actos que les compete expedir a las autoridades encargadas de su organización.

175 Édgar González, "Presentación", *RDDA*, 12, 2014, pp. 9-14.

ciertos mercados de servicios públicos domiciliarios[176]. Así planteada, la cuestión radica en saber si las competencias regulatorias que ejercen las comisiones corresponden a una función delegada por el presidente para señalar políticas de administración y control de la eficiencia de los servicios públicos domiciliarios o si, por el contrario, son funciones propias atribuidas por la ley[177]. Basándose en una interpretación del artículo 68 de la Ley 142 de 1994[178], a nuestro juicio equivocada, el gobierno argumenta que las

---

176 Decreto 227 de l16 de febrero de 2023, "Por el cual se reasumen algunas de las funciones presidenciales de carácter regulatorio en materia de servicios públicos domiciliarios y se dictan otras disposiciones".

177 Los artículos 73 y 74 de la Ley 142 de 1994, y 20 y 23 de la Ley 143 de 1994, por ejemplo, asignan directamente funciones a las comisiones. Estas normas se refieren a una típica función de regulación. Así, por ejemplo, las comisiones pueden fijar normas de calidad en la prestación del servicio (art. 73.4); resolver los conflictos que surjan entre empresas (art. 73.8); establecer fórmulas para la fijación de tarifas (art. 73.11); ordenar la escisión y fusión de empresas (arts. 73.13, 73.14), señalar criterios generales sobre abuso de posición dominante en los contratos de servicios públicos (art.73.21), entre otras.

178 El artículo 68 estableció de forma poco clara la delegación de estas funciones presidenciales a las comisiones. Esta norma consta de dos partes: en un primer inciso se señala que "el presidente de la República señalará las políticas generales de administración y control de eficiencia de los servicios públicos domiciliarios, que le encomienda el artículo 370 de la Constitución Política, y de los demás a los que se refiere esta ley, por medio de las comisiones de regulación de los servicios públicos, si decide delegarlas, en los términos de esta ley". Es claro que este inciso nos está diciendo que la función del presidente de fijar políticas abarca los servicios públicos domiciliarios y los demás servicios a los que se refiere esa ley, y que la misma es delegable a las comisiones de regulación. Un segundo inciso de la norma dispone que: "Las normas de esta ley que se refieren a las comisiones de regulación se aplicarán si el presidente resuelve delegar la función aludida; en caso contrario, el presidente ejercerá las funciones que aquí se atribuyen a las comisiones". Pero, ¿quiere decir esto que las comisiones de regulación solo pueden ejercer sus funciones cuando haya delegación presidencial? En la sentencia C-1162 de 2000 la Corte parece sugerir que las funciones de regulación integran aquellas de fijación de políticas generales de administración y eficiencia de los servicios públicos domiciliarios. Sin embargo, esta conclusión nos parece equivocada. Encontramos al menos dos razones por las que este inciso no se debe interpretar como que todas las funciones de las comisiones hacen parte de la fijación de políticas de titularidad del presidente: 1) en su sentencia C-272 de 1998

funciones de las comisiones son las que corresponden al presidente, esto es, fijar políticas públicas de administración y control de estos servicios. No obstante, la posibilidad reconocida en la Ley 142 de 1994 para que el presidente pueda delegar funciones de fijación de políticas públicas de estos servicios[179], no quiere decir que todo lo que hagan estas autoridades tenga ese fundamento en virtud de dicha delegación[180], o que el legislador

---

la Corte había señalado que el artículo 68, "se limita a permitir la delegación de las atribuciones previstas por el artículo 370 de la Carta"; 2) el segundo inciso de la norma se refiere exclusivamente a las funciones de las comisiones relacionadas con "la función aludida", es decir, con la indicada en el inciso primero del mismo artículo 68 de la ley, que no es otra que la fijación de políticas del artículo 370 constitucional. Estas son las funciones de las comisiones que requieren delegación presidencial, pero el presidente no puede delegar aquellas que, como la regulación tarifaria, ejercen por atribución directa de la ley.

179 Y avalada por la Corte Constitucional en la sentencia C-272 de 1998. Dos comentarios: el primero es que si el presidente quisiera reasumir las funciones de las políticas generales de administración y control de los SPD, como el artículo 211 constitucional indica que la delegación de estas funciones solo puede hacerse de conformidad con la ley y bajo los requisitos que recordó en su momento el CE en su sentencia del 15 de noviembre de 2011, se crearía una especie de bucle, siendo impráctico, ya que tendría que ejercerlas directamente (lo que implica tener que dotarse de una estructura administrativa de la cual hoy en día carece), pero no podría delegarlas a su antojo a otra autoridad, ya que hoy la ley prevé que esa delegación se haga únicamente a las comisiones de regulación. El segundo es que esta delegación no se debe confundir con la posibilidad reconocida en el artículo 105 de la Ley 142 de 1994, para que el presidente "señale funciones" a las entidades que intervienen en la regulación y control de los servicios públicos domiciliarios. Esta es una competencia específica para organizar, en virtud de lo dispuesto en los numerales 14 y 16 del artículo 189 de la Constitución. En ese orden de ideas, esta competencia tiene siempre que hacerse con sujeción a la ley y los criterios que contiene el mismo artículo 105, entre los cuales se encuentra: "105.3. se mantendrá una estricta separación entre las funciones de regulación, que se ejercerán a través de las comisiones, y las de control y vigilancia, que se ejercerán por el Superintendente y sus delegados". La ley no está diciendo que las funciones sean del presidente, la ley está indicando que todo lo que la ley asigne o el presidente delegue a las comisiones y sea regulatorio, únicamente podrá ejercerse a través de estas.

180 En ese sentido, "Sin embargo, es menester aclarar que el marco funcional de las Comisiones de Regulación no se restringe a lo señalado anteriormente y que su única fuente no es la delegación, sino que sobre ellas también recaen las obligaciones que la

no pueda atribuirles directamente funciones propias a las comisiones[181]. La jurisprudencia constitucional es clara en este aspecto al afirmar que estos reguladores pueden tener funciones directamente atribuidas por la ley y que esta asignación no es incompatible con la posibilidad que le asiste al presidente de delegar a las comisiones funciones de fijación de políticas generales de control y administración de los servicios públicos domiciliarios[182].

Fue en esos términos que se pronunció el Consejo de Estado al suspender provisionalmente el decreto por medio del cual el presidente pretendía

---

ley directamente les asigna, verbigracia, la disposición contenida en el numeral 9.1 del artículo 9 de la Ley 142 de 1994"; CE., sal. cont. adva. secc. primera, sentencia del 5 de abril de 2021, radicado 11001-03-24-000-2016-00462-00.

181 Corte Constitucional. Sentencia C-263 de 2013, a propósito de la función de las comisiones consagrada en el artículo 74 de la Ley 142 de 1994 para definir si un operador está en posición dominante en un mercado y para establecer obligaciones de diferenciales para asegurar que otros oferentes con menor cuota de mercado puedan seguir compitiendo. Esta es una función que la ley asigna directamente a las comisiones.

182 En términos de la Corte, "El anterior análisis no niega que otros artículos de la Ley 142 de 1994 hayan podido eventualmente asignar a las comisiones de regulación funciones que no son directamente del presidente sino del legislador, lo cual podría suscitar algunos problemas de constitucionalidad. Sin embargo, en caso de que tal fenómeno hubiera sucedido, no por ello la norma acusada sería inconstitucional, pues ella se limita a permitir la delegación de las atribuciones previstas por el artículo 370 de la Carta, las cuales son eminentemente presidenciales y, por lo tanto no representan una competencia compartida con el legislador. Además, la Corte recuerda que la atribución a las comisiones de regulación de competencias no presidenciales no es per se inconstitucional. En efecto, en la sentencia C-066 de 1997, esta corporación precisó, en lo concerniente al examen de constitucionalidad de otros artículos de la Ley 142 de 1994, que 'no es admisible el cargo imputado por el actor, en razón a que no existe traslado de competencias del legislador al presidente de la República sino que se trata, se repite, de una facultad atribuida del legislador directamente a las comisiones de regulación, que en este sentido son instrumentos de realización de los intereses públicos consagrados en la Constitución y la Ley'. Habría pues que estudiar específicamente el tipo de competencias y su alcance, pero no corresponde a la Corte, en el presente caso, adelantar ese examen ya que las distintas atribuciones de las comisiones se encuentran previstas en otras disposiciones de la Ley 142 de 1994, *las cuales no fueron acusadas por la demandante*" (cursiva fuera del texto): sentencia C-272 de 1998.

reasumir "las funciones presidenciales de carácter regulatorio" que ejercen la CRA y la CREG[183]. Son dos los argumentos que llevaron al juez administrativo a decretar la suspensión provisional de la norma acusada. Uno de carácter procedimental[184], y otro relacionado con la naturaleza de las funciones de las comisiones. Sobre este último, el Consejo de Estado afirmó que las funciones asignadas al presidente en el artículo 370 constitucional, en lo atinente al régimen general de los servicios públicos domiciliarios, se refieren a la fijación de las políticas generales de administración y control de la eficiencia de los mismos, mientas que la función de regulación, y en concreto la regulación tarifaria, fue reservada por la Constitución al legislador (art. 367 CP, art. 48 trans. CP)[185]. De este modo, el legislador se

---

183 CE, sal. cont. adva., secc. primera, auto del 2 de marzo de 2023, radicado 11001-03-24-000-2023-00045-00.

184 El juez administrativo encontró que no se cumplió con el deber de información previsto en el artículo 8.º, numeral 8 del CPACA, y reglamentado por el decreto 270 de 2017, disposiciones que exigen la publicación del proyecto de regulación por el término de quince días, y que la publicación por un término inferior debe estar justificada de forma adecuada y razonada, según la complejidad de la regulación a expedir, las actividades que abarca y sus destinatarios. En la especie, el gobierno no justificó por qué realizó la publicación en tan solo dos días, lo que limitó la participación de la ciudadanía en general y de los grupos de interés en el proceso de producción normativa. En la especie, los autores del decreto indicaron que "el presente proyecto de decreto se publicará por el término de dos (2) días, teniendo en cuenta que se trata de reasumir la competencia regulatoria a cargo del presidente de la República", justificación que para el Consejo de Estado no cumple con la obligación de indicar de manera adecuada las razones por las cuales se hace la publicación en un término menor al de quince días.

185 En su comunicado de prensa el CE indicó: "La decisión señala que la norma constitucional, ya analizada por el Consejo de Estado y por la Corte Constitucional en múltiples decisiones, entre las que se destacan las sentencias C-272 de 1998, C-041 y C-050 de 2003, expresamente dispone que la ley fijará las competencias y responsabilidades relativas a la prestación de los servicios públicos domiciliarios, así como el régimen tarifario (artículo 367); mientras que el artículo 370 de la misma constitución le atribuye al presidente de la República la adopción de las políticas generales de administración y control de la eficiencia de los servicios públicos domiciliarios y el ejercicio del control, la inspección y vigilancia de las entidades que los prestan, siendo esta una función distinta a la asociada a la fijación del régimen tarifario": disponible en https://www.consejodeestado.gov.co/news/2023/02-Mar-2023.php, consultada

encuentra habilitado constitucionalmente para designar a las comisiones de regulación como autoridades competentes para realizar la regulación tarifaria. Puesto que la función de regulación tarifaria no es del presidente sino del legislador, "el acto acusado contraviene los artículos 209 y 211 de la Constitución Política, así como los artículos 9 a 13 de la Ley 489 de 1998", ya que no es posible delegar, ni reasumir funciones que no le han sido conferidas expresamente por el ordenamiento jurídico[186].

En definitiva, la función de regulación es atribuida de forma general al Estado por el artículo 365 constitucional[187], y en un contexto de liberalización de los servicios públicos (todos y no solo aquellos domiciliarios), por lo que la atribución de atributos de independencia del ejecutivo (más no del Estado), es por tanto compatible con el texto constitucional (arts.

---

el 15 de mayo de 2023. "Mediante auto de 16 de junio de 2023 (radicado 11001 03 24 000 2023 00045 00), la sección primera de la Sala de lo Contencioso Administrativo del Consejo de Estado resolvió recurso de súplica y mantuvo en firme la suspensión del decreto 227 de 16 de febrero de 2023. En su decisión el juez administrativo siguió la línea argumentativa inicialmente expresada en el auto suplicado y encontró se cumplieron los requisitos para decretar la medida cautelar de urgencia".

186 Aquí conviene hacer un comentario: es normal y acertado que el auto se refiera a las disposiciones contenidas en la Ley 489 de 1998 para la delegación, ya que la Ley 142 de 1994 solo autoriza la delegación presidencial de las funciones del artículo 370 de la CP, pero no regula, ni trae reglas especiales a propósito de la figura de la delegación administrativa.

187 "Conviene advertir al lector que, de acuerdo con textos preparativos y borradores que circulan de un proyecto de reforma que se anuncia para los servicios públicos domiciliarios (*El Tiempo*, disponible en https://www.eltiempo.com/economia/sectores/gobierno-de-gustavo-petro-avanza-en-reforma-de-los-servicios-publicos-777753, consultada el 27 de julio de 2023), el gobierno nacional buscaría reducir la función de regulación a una actividad técnica encaminada a permitir la ejecución de las políticas generales de administración y control de eficiencia de los servicios públicos domiciliarios a las que se refiere el artículo 370 constitucional y, de este modo, ubicar dicha función bajo el control del presidente, quien podría ejercerla directamente o delegarla a las comisiones. Son varios los inconvenientes que a lo largo de este capítulo y en otras oportunidades hemos manifestado a propósito de una regulación de esos sectores por actores políticos y gobiernos de turno. Una reforma al sector de los servicios públicos domiciliarios debería, por el contrario, buscar fortalecer la independencia de la CRA y la CREG de cara al ejecutivo. La apuesta del legislador debe ser en esta última dirección".

113, y 150-7 CP). A partir de la distinción que correctamente opera el Consejo de Estado, lo que corresponde al presidente es la determinación de políticas, esto es, una competencia general para orientar en abstracto la acción administrativa hacia unos fines generales y unos derroteros comunes, bajo un programa de gobierno, pero que es formal y sustancialmente distinta de la función de regulación de los servicios públicos domiciliarios. Así entendido el reparto competencial, este no sería *a priori* contrario a la independencia técnica y a la neutralidad política que podrían llegar a tener las comisiones[188], lo que impide que, en el ejercicio de su función el presidente pretenda ir al detalle e inmiscuirse indebidamente en asuntos técnicos y de mercado, como es la fijación de tarifas o la resolución de controversias entre operadores, que son propios de la función de regulación de las comisiones.

B. REGULACIÓN INDEPENDIENTE Y DEMOCRACIA: UNA VIEJA DISCUSIÓN BAJO NUEVAS APARIENCIAS

El intento del gobierno de controlar la regulación de los servicios públicos domiciliarios no es sino una de las caras que actualmente presenta el viejo debate en torno a la legitimidad de la regulación independiente, pues pretender que sus funciones obedecen a delegación presidencial y que sus actos están sometidos al reglamento del presidente, es procurar mantener sola una visión unitaria y jerarquizada de la rama ejecutiva. En las relaciones que las AAI sostienen con las ramas tradicionales del poder público, una cuestión

---

188 Las AAI son independientes del gobierno de turno que esté en el ejecutivo, pero esa independencia no se concibe sino al interior del Estado. Aquí conviene precisamente distinguir entre gobierno central y Estado. Las AAI hacen parte del Estado, pero no del gobierno, y se legitiman por las relaciones que mantienen con las ramas tradicionales del poder público. Sus competencias normativas emanan del Congreso y sus actos regulatorios están sometidos a control judicial. Así las cosas, no es incompatible que el presidente fije políticas generales de administración y control de los SPD, con la función de regulación que les es encomendada por el legislador a las comisiones. La independencia no excluye el diálogo entre estas autoridades, ni la coordinación y colaboración entre las mismas. Ella simplemente supone ciertos límites para el ejecutivo.

que de forma recurrente aparece es la de las asignaciones de competencias normativas directas por el legislador a reguladores cuyas cabezas no son elegidos popularmente[189]. Actualmente se están produciendo cambios (o más bien regresiones) significativos en las doctrinas que hasta ahora han permitido el ejercicio de estas funciones por autoridades independientes en países como Estados Unidos, que ponen en riesgo la idea misma de la regulación independiente, más allá de las fronteras de ese país (1). Pero la regulación independiente no puede explicarse sino a partir de la voluntad de los representantes del pueblo y bajo una concepción renovada del principio democrático (2).

1. UN ATAQUE RECURRENTE: LA FALTA DE LEGITIMIDAD DEMOCRÁTICA DE LA REGULACIÓN INDEPENDIENTE

El control judicial de la actividad de los reguladores, sean estos independientes o no del ejecutivo, no es ajeno a ciertas tensiones. Es frecuente en el derecho colombiano apuntar a una tensión entre el control pleno de sus actos y la deferencia judicial[190], escenario en el que la asimetría

---

189 Una crítica recurrente a la regulación independiente es su falta de legitimad de cara a las exigencias derivadas del principio democrático. Desde la décadas de los años treinta, y frente a una proliferación de AAI, estas fueron calificadas como una "cuarta rama del poder sin cabeza", irresponsable ante los poderes públicos (*Report of the Committee with Studies of Administrative Management in the Federal Government*, "Brownlow Committee report", 222 (1937) (Study report of mr. Cushman, the Problem of the independent regulatory Commissions), o como expresión del *Administrative State* (Gary Lawson. "The Rise of the Administrative State", *Harv. L. Rev.*,107, 1994, p.1231). Luego, los trabajos de Lloyd Culter y David Johnson ("Regulation and the Political Process", *Yale L. J.*, 1975, 84, pp. 1395-1399) caracterizaron como una falla regulatoria "el hecho de que la autoridad de regulación se aleje de las preferencias políticas mayoritarias". Si estas posiciones serán luego superadas en la doctrina política y económica (p. ej., Morris P. Fiorina. *Group Concentration and the Delegation of Legislative Authority*, California Institute of Technology, Pasadena (CA), *Mimeo*, 1982, pp. 1-29, y Jean Bernard Auby. "Droit administratif et démocratie", *Régulation économique et démocratie*, cit., p. 17), las tensiones reaparecen, como lo enseña la doctrina de las cuestiones mayores que a continuación se estudia.

190 Andrés Rey. "Alcance del control judicial de los actos administrativos del regulador del sector eléctrico en Colombia", *RDDA*, 28, 2022, pp. 89-127.

de la información que detenta el regulador y aquella de la que dispone el juez –como un generalista frente a expertos y tecnócratas–, suele ubicarse al centro del debate[191]. Menos explorada por el derecho administrativo nacional es la asimetría entre la información que posee el legislador y la de los reguladores, sobre todo en asuntos cuya complejidad técnica o económica simbolizan la incapacidad de la ley democrática para anticiparse a la realidad, prever las alternativas regulatorias posibles y dirigir cuál debe ser la acción administrativa a seguir. O bien cuando el legislador prefiere dejar los detalles de un asunto al consenso técnico, o simplemente traslada los costos políticos de las decisiones regulatorias a esas administraciones. Cualesquiera que sean los motivos que guían al legislador, lo cierto es que este, como principal, de manera progresiva irá delegando en sus agentes (reguladores y otras agencias) competencias para expedir *reglas*, esto es, actos administrativos de contenido general que sustancialmente son verdaderas normas de derecho, para completar o precisar lo dispuesto en la ley democrática[192]. Estas delegaciones determinan el quehacer diario de los reguladores independientes, de ahí que debamos analizar la cuestión.

Tras décadas de tolerancia judicial, en la que los jueces federales fueron avalando la delegación de importantes asuntos a los reguladores independientes y otras autoridades administrativas, exigiendo únicamente principios generales e inteligibles que orienten la actividad del regulador[193],

---

191 Ibíd. No nos referimos en este capítulo a la cuestión específica del control judicial contra los actos de los reguladores, ya que dos colegas de la escuela de derecho administrativo de la Universidad Externado se ocupan de esa cuestión en este mismo tomo.

192 El incentivo del Congreso en delegar también corresponde a su responsabilidad política. Según Morris P. Fiorina, la hipótesis de la transferencia de responsabilidad por la delegación tiene cuatro presupuestos: 1) que el efecto último de la regulación es repartir los costos y beneficios entre los diferentes grupos sociales; 2) que los congresistas que busquen renovar sus términos intentan maximizar el beneficio que su electorado puede obtener de la regulación de la que son responsables; 3) que la delegación a un órgano administrativo "diluya" los costos y beneficios de la regulación que los electores atribuyen al legislador, y 4) que la regulación no implique un cambio con la política adoptada, esto es, que el regulador escoja la misma política que el congreso.

193 *J. W. Hampton Jr. & Co. v. United States*, 276 U.S. 394, 409 (1928).

algunas decisiones recientes de la Corte Suprema de los Estados Unidos no solo representan un mayor escepticismo frente a estas habilitaciones, sino que también presagian mayores restricciones en el ejercicio de competencias atribuidas[194]. En su decisión en el caso *West Virginia v. EPA*[195], la Corte limitó precisamente la capacidad de la agencia de protección del medio ambiente (*EPA*, por sus siglas en inglés), para hacer frente a uno de los retos más grandes que enfrentamos: el cambio climático[196].

---

194 El fallo en West Virginia v. EPA hace parte de una serie de decisiones orientadas a restringir el ámbito de actuación del *Administrative State*. En términos prácticos, esta decisión, junto con otras relacionadas con el manejo de la pandemia, y adoptadas sumariamente a través de órdenes de emergencia (en el *shadow docket*), abren la puerta a demandas en nulidad de numerosas regulaciones de autoridades federales, por haber sido expedidas con infracción a las normas en las que se funda su competencia.

195 *West Virginia v. EPA* 597 U.S. (2022).

196 Los hechos del caso se pueden resumir en los siguientes términos: 1) en 2015, la EPA promulgó una regulación (*Clean Power Plan*), con fundamento en la sección 111(d) de la Ley del aire puro (*Clean Air Act*). Este articulado autoriza a la agencia a regular las centrales eléctricas mediante estándares que reflejen "el mejor sistema de reducción de emisiones que haya sido adecuadamente demostrado por la agencia", considerando factores como costos y salud de la población (BSER, en inglés). De este modo, la EPA estableció un sistema que incluía tres bloques de medidas: i) mejorar los índices de calor, por ejemplo, mediante prácticas más eficientes de quema de carbón; ii) pasar de la producción de electricidad en plantas de carbón a plantas de gas natural; iii) la transición de plantas de carbón y gas natural a la producción de energía a través de fuentes renovables, como la solar o la eólica. La EPA describió los bloques dos y tres como " a generational shifting" o cambio generacional hacia fuentes de energía más limpias, lo cual podía lograrse: i) sea reduciendo la propia producción de energía; ii) sea construyendo o invirtiendo en plantas a gas, o en proyectos de energía eólica o solar, o iii) comprando créditos o autorizaciones de emisiones bajo un esquema de *cup-and-trade* o de negociación de cuotas o topes de emisiones; 2) es sabido que varios actores, incluyendo veintisiete Estados, demandaron el plan ante cortes federales y pidieron su suspensión provisional, la cual fue eventualmente decretada por la Corte Suprema mientras aún se decidía el caso de fondo en una corte inferior; 3) como hubo cambio de Administración, el gobierno republicano de Trump revocó el plan, considerando que la sección 111 (d) solo autoriza a la EPA a regular medidas técnicas específicas sobre las instalaciones de esas termoeléctricas, y 4) pese a ello, el asunto continuó en los tribunales federales hasta alcanzar la Corte Suprema.

En su opinión mayoritaria la Corte encontró que el paso de fuentes de energía de carbón y gas natural a energías renovables costaría billones de dólares, resultado en incrementos en las tarifas del servicio, el cierre de varias centrales carboníferas, y la supresión de miles de puestos de trabajo en varios sectores de la economía. Por consiguiente, la Corte decidió que era necesaria una declaración expresa del congreso federal, órgano democrático por antonomasia, que delegase al regulador la autoridad para fijar topes a las emisiones de dióxido de carbono bajo un enfoque de cambio generacional y promulgar una regulación de gran importancia económica y política. Al centro de los ataques a las competencias normativas de los reguladores se sitúa la llamada doctrina de las cuestiones mayores o *major questions doctrine*[197], como excepción a la deferencia judicial que los tribunales venían acordando en la práctica a las interpretaciones razonables que los reguladores hicieran de las normas que les atribuyen sus propias competencias[198].

Las repercusiones de la doctrina de las cuestiones mayores parecen extenderse más allá de la regulación ambiental, y podría llegar a invertirse la regla establecida en el célebre caso *Chevron* de 1984[199]. Aquí podríamos detenernos a indagar por los orígenes y el posterior desarrollo de la doctrina de las cuestiones mayores; pero, para respetar el número de palabras acordadas, solo mencionaré que hasta hace poco ella representaba una reserva a la deferencia, limitada a casos de profundo impacto económico o

---

197 La dificultad con esta doctrina está en que siempre se ha presentado en términos generales, por lo que hay poca orientación a jueces inferiores y a los mismos reguladores encargados de interpretar las normas que definen sus competencias.

198 Según el nuevo estándar de *Judicial Review*, las materias sustanciales, es decir, las que acarrean importantes consecuencias políticas y económicas, van a necesitar una autorización expresa del legislador. Si en la especie el supremo insiste en que el fallo no se refiere a la autoridad de la EPA para regular el cambio climático, o controlar emisiones de gases a efecto invernadero, más allá del plan concreto que se anuló, en términos prácticos la aplicación de esta doctrina significa que cualquier esfuerzo futuro del regulador para implementar obligaciones de transición energética de envergadura, es susceptible de correr, a menos de que haya una intervención legislativa, la misma suerte.

199 *Chevron U.S.A., Inc. v. NRDC*, cit.

político[200], o cuando las cuestiones interpretadas pudiesen expandir considerablemente las competencias del regulador[201]. Varios casos recientes muestran un recurso cada vez mayor a esta doctrina. Por ejemplo, en *Alabama Association of Realtors v. Department of Health and Human Services* la Corte la empleó para anular la moratoria nacional en los desalojos de arrendamientos durante la pandemia, ya que no encontró prueba de que el congreso autorizara en la ley de servicios de salud pública a los centros de control de enfermedades a regular los contratos de arrendamiento[202]. Meses más tarde la Corte aplicó de nuevo la doctrina para determinar en *National Federation of Independent Business v. OSHA*, conocido como el caso de las vacunas, que la regulación que obliga a ciertos trabajadores a tener el esquema de vacunación completo o, en su defecto, a entregar semanalmente una prueba negativa de COVID-19, no era "ejercicio cotidiano del poder

200 En la decisión *King v. Burwell* (576 U.S. 473 (2015)), relacionada con la ley de servicios de salud accesibles (ACA, por sus siglas en inglés), la Corte concluyó que la doctrina de las cuestiones mayores desplazaba completamente la deferencia en *Chevron*. Bajo las reglas de la deferencia, hay precisamente un test en dos partes: 1) la Corte revisa si el Congreso se pronunció directamente sobre el asunto. Aquí, si la intención del Congreso es clara, el asunto termina; 2) pero si el Congreso guardó silencio, más que imponer su propia interpretación, la Corte debe examinar si la respuesta de la agencia se basa en una interpretación permisible de la ley. En *King v. Burwell* la decisión del cuarto circuito federal señaló que el lenguaje en ACA era ambiguo, pero que el test en *Chevron* no procedía, puesto que la cuestión que se examinó tenía una "profunda importancia económica y política" y la agencia de impuestos no era experta en temas de seguros de salud, de manera que si el Congreso hubiese querido asignarle el asunto, debió hacerlo expresamente mediante una ley.

201 Algunos sitúan sus orígenes en la decisión *FDA v. Brown & Williamson Tobacco Corp.* (529 U.S. 120 [2000]), en la que la Corte encontró que la agencia de medicamentos carecía de competencia para regular el tabaco, ya que, si bien la nicotina es una droga, leyes posteriores indicaron que el Congreso no tuvo la intención de delegarle la cuestión. Como una excepción a la deferencia judicial, la doctrina de las cuestiones mayores se asomó de vez en cuando, y de manera bastante desigual, en los años siguientes, en decisiones como *Massachussets v. EPA* de 2007 (549 U.S. 497 [2007]), en donde paradójicamente la Corte defirió a una interpretación restrictiva que la agencia hace de su propia competencia.

202 *Alabama Association of Realtors v. Department of Health and Human Services* 594 U.S. (2021).

federal", sino una intromisión en la vida de etas personas, por lo que exhortó al congreso a hablar con claridad cuando delegue poderes normativos en asuntos de relevancia económica y política a los reguladores[203]. Frente a un uso cada vez mayor de la doctrina, es legítimo preguntarse hasta qué punto ella reduce la discrecionalidad de los reguladores para interpretar las normas en las que se basa su competencia, o si incluso la suprime. Pese a que la Corte indica que no, los casos mencionados y la práctica sugieren lo contrario. Este movimiento permite temer un posible veto judicial a ciertas delegaciones, resurgiendo de alguna manera la doctrina de la no delegación[204], temor a veces implícito, pero también explícito como en la opinión del juez Neil Gorsuch en el caso de las vacunas[205]. Bajo una visión decimonónica del Estado administrativo, los jueces federales estadounidenses parecen estar decididos a alejar las decisiones técnicas y complejas de las manos de los reguladores. Pero, ¿está el legislador a la altura del desafío que le trasladan las cortes? Si la ola de anti-administrativismo actual es un simple instrumento para limitar ciertas regulaciones, o un ataque frontal a la regulación por autoridades administrativas queda aún por verse, pero desde ya conviene presentar los problemas que esto representa para las AAI.

---

203 *National Federation of Independent Business v. OSHA* 595 U.S. (2022).

204 Doctrina en *A. L. A. Schechter Poultry Corp. v. United States*, 295 U.S. 495 (1935).

205 *National Federation of Independent Business v. OSHA*, cit.: y en *Gundy v. United States* (588, U.S. [2019]), la Corte falló que parte de la ley de registro y notificación de delincuentes sexuales (SORNA, en inglés), no violaba la doctrina de la no delegación, ya que no transfería poderes reservados al legislador y contenía principios inteligibles a los cuales debía ceñirse el Departamento de Justicia. Sin embargo, en la opinión disidente tres jueces conservadores, y que hoy hacen parte de la mayoría de la Corte, consideraron que el caso era un medio adecuado para revisar la doctrina de la no delegación. "*Justice Neil Gorsuch filed a dissenting opinion in which Chief Justice John Roberts and Justice Clarence Thomas joined. Unlike Justice Alito, the dissent would use this case to change its approach to the nondelegation doctrine. The dissent expresses concern that SORNA gives the attorney general 'the power to write his own criminal code governing the lives of a half-million citizens*'", disponible en https://www.oyez.org/cases/2018/17-6086, consultada el 23 de mayo de 2023.

2. LA REGULACIÓN INDEPENDIENTE ES TAMBIÉN EXPRESIÓN DE LA DEMOCRACIA REPRESENTATIVA

La doctrina de las cuestiones mayores plantea al menos dos problemas, también mayores. En primer lugar, en ninguna parte se indica qué son precisamente esas cuestiones mayores, de modo que no es claro en dónde se debe trazar la línea entre lo que es "mayor" y lo que no lo es. Siempre que una agencia independiente regula una actividad económica, su decisión puede entonces ser calificada como "mayor". Pero la Corte tampoco establece los criterios para determinar cuándo una cuestión es de gran relevancia económica y política, quedando esa definición a los vaivenes de sus mayorías ideológicas de turno. En segundo lugar, la doctrina de las cuestiones mayores representa un nivel sorprendente de activismo judicial que podría socavar aspectos fundamentales de la separación de poderes y del principio democrático que, irónicamente, la Corte busca proteger. Cuando el legislador, como titular de las competencias normativas, elige emplear un lenguaje amplio, precisamente para asignarle al regulador independiente una discrecionalidad suficiente durante la adopción de las reglas, ¿no deberían acaso los jueces respetar esa intención? Al canonizar la doctrina de las cuestiones mayores, la Corte parece despojar al congreso de esta posibilidad. En su opinión disidente en el caso *West Virginia v.* EPA, la jueza Helena Kagan expone justamente cómo el congreso federal empleó un lenguaje amplio, al igual que conceptos jurídicos indeterminados, para acordar a la EPA una vasta discreción en la definición del mejor sistema de redistribución de emisiones. Asimismo, una ley como la del aire puro, que data de los años setenta, a través de una interpretación novedosa en su aplicación no solo se mantiene vigente, de cara a los nuevos desafíos ambientales y tecnológicos, sino que además "puede ser legítima e incluso necesaria"[206].

En la especie, la ley faculta a la agencia para identificar los riesgos de contaminación y regular sus emisiones. El legislador previó que esta regulación comportaría costos y eligió determinar cuándo y cómo ese impacto económico debía influir en las decisiones de la EPA. ¿Quién mejor que el

---

206 Opinión disidente en *West Virginia v.* EPA 597 U.S. (2022).

agente escogido por el propio congreso y dotado del peritaje técnico necesario para lograr esos equilibrios entre imperativos económicos y no económicos? Si las preocupaciones de legitimidad democrática y *accountability* expresadas por la mayoría de la Corte son legítimas, también es cierto que las agencias son objeto de controles y responden de diferentes maneras ante el congreso, quién las crea, pero también las suprime, autoriza sus partidas presupuestales, etc. Así como ante el ejecutivo, cuya cabeza visible es también de elección popular, y el cual, en mayor o menor grado, tratándose de agencias independientes o no, orienta y controla su actividad[207]. Pero es que además existen otros factores de legitimidad democrática, como es el componente de participación pública directa durante el trámite de adopción de la mayoría de decisiones regulatorias por autoridades administrativas. Exigencia que, en el derecho federal estadounidense, está contenida en la ley de procedimiento administrativo de 1946 (APA, en inglés), que regula los procedimientos de confección de reglas (*rulemaking*), así como en decisiones de la misma Corte[208].

Si bien en el ordenamiento colombiano no existe un procedimiento propiamente dicho destinado a la emanación de reglamentos administrativos, los derechos de acceso a la información y de participación en la toma de las decisiones administrativas muestran el cambio de lógica en la gestión de los intereses públicos. Así, en el contexto del Estado posmoderno, la vinculatoriedad de las normas jurídicas, incluidas las decisiones administrativas, no deriva completamente de la autoridad intrínseca que detentan, sino del consenso que las rodea. Es por esto que el mismo numeral 8 del artículo 8.º del CPACA señala que el deber de información relacionado con proyectos de regulación no se satisface poniendo "a disposición de toda persona información completa y actualizada, en el sitio de atención y en la página electrónica, y suministrarla a través de los medios impresos y electrónicos de que disponga, y por medio telefónico o por correo", sino

---

207 Por ejemplo, nombrando a sus directores; cfr. para el caso colombiano, Aníbal Zárate Pérez. *L'indépendance...*, part. 2, secc. 1 y 2.

208 Como en *Global van Lines v. ICC* 714 F. 2d 1290 (1983), que impone precisamente a las agencias el deber de publicar las normas que determinan su competencia, con el fin de que los interesados puedan pronunciarse sobre las mismas.

que también requiere de un procedimiento administrativo tendiente a darle la oportunidad de manifestar "opiniones, sugerencias o propuestas alternativas". En otras palabras, "la previsión normativa de esta figura, su positivación como deber, concurre a la materialización del modelo de democracia deliberativa y participativa", en el derecho colombiano[209].

CONCLUSIONES

En el derecho nacional, la arquitectura de los organismos de regulación se ha construido a partir de la identificación de la naturaleza jurídica del regulador, esto es, su ubicación en una de las categorías tradicionales de estructuras administrativas[210]. A partir de allí, y una vez determinada su naturaleza, se establece si la entidad hará parte del sector central o del sector descentralizado de la rama ejecutiva, cuestión que tiene implicaciones sobre sus autonomías y el alcance de los controles administrativos y presupuestales que recaen sobre los organismos adscritos[211]. Por último,

---

209 Aníbal Zárate y Camilo Perdomo. "El deber de información como presupuesto procedimental para el ejercicio de la potestad reglamentaria en Colombia", *Revista A&C*, 76, 2019, p. 54.

210 Artículo 38, Ley 489 de 1998. Y sobre las cuales hemos manifestado la necesidad de pasar de un referente funcional a uno orgánico, bajo el cual haya únicamente tres grandes categorías de órganos, con independencia de su denominación: 1) agencias del nivel central; 2) agencias del sector descentralizado por servicios, y 3) agencias independientes. "En este contexto, las entidades integrarían cada una de estas categorías no por sus funciones, sino de acuerdo con los componentes orgánicos de independencia reconocidos en sus actos de creación. Con miras a asegurar una simplificación y uniformidad en la Administración, a cada una de estas categorías correspondería un régimen, controles y procedimientos que regularan, en lo no previsto en los actos de creación de las entidades que las integran, su arquitectura, recursos y sus relaciones funcionales con otras agencias y con las ramas del poder público", tal como ocurre en el derecho francés con las leyes orgánicas y ordinaria sobre AAI de 2017 cit.; Aníbal Zárate Pérez. "El eufemismo…", cit., p. 402.

211 Si se encuentran en el primero de estos sectores, tendrán autonomías administrativa y financiera, y en algunos eventos presupuestal, pero si ellas constituyen un centro de imputación de derechos y deberes, distinto de la Nación, esto es, un sujeto de derecho público perteneciente al sector descentralizado, tendrán además la autonomía patrimonial.

si sus órganos de dirección son colegiados, con la presencia de los jefes de sectores administrativos, o bajo la dirección de un solo individuo, en raras ocasiones se acompaña de la atribución legal de un período fijo para quienes los integran. Si estas dimensiones de autonomía y rasgos de independencia permiten cierta discreción frente a las injerencias de los órganos principales del ejecutivo, ellas también muestran que la idea de la regulación independiente está aún a medio camino en el derecho colombiano.

Los titubeos del poder político a la idea de una regulación independiente se asoman en discusiones que, pese a ser actuales, en realidad encierran viejos debates en torno a la legitimidad de estas autoridades, como estructuras por fuera de las ramas tradicionales del poder público cuyos directores no son elegidos popularmente, y que, además, acumulan funciones de distinta naturaleza. Sin embargo, la mera consideración de la investidura democrática mediante la adscripción a controles que vinculen a los reguladores a las preferencias de las mayorías electorales, no bastan para satisfacer las exigencias derivadas del principio democrático. Es la democracia la que ha adquirido una dimensión procedimental, "es en el tejido continuo de los procesos de producción de decisiones públicas donde ella debe anidar, y no solo en las urnas y procedimientos parlamentarios"[212]. Solo a partir de una concepción renovada de los presupuestos jurídicos y políticos del derecho administrativo se pueden entender las ventajas de la idea de una regulación independiente. Así las cosas, la legitimidad de la regulación independiente es el resultado de una combinación de factores que eligen los mismos poderes públicos, para asegurar al regulador una autonomía técnica, pero que no lo deje expuesto a la captura del sector regulado, o lo exima de otras formas de rendición de cuentas (*accountability*). La independencia siempre se concibe al interior del Estado, por lo que, a mayor libertad del ejecutivo, mayores tendrán que ser los procedimientos que

---

212 Jean-Bernard Auby. "Droit administrative et démocratie", cit., p. 19. En el caso colombiano, el preámbulo de la Constitución enuncia que el régimen constitucional se desarrolla en un marco jurídico, democrático y participativo. Su artículo 1.º establece que Colombia es una República democrática, participativa y pluralista, y el artículo 2.º consagra como fin del Estado "facilitar la participación de todos en las decisiones que los afectan y en la vida económica, política, administrativa y cultural de la Nación"; cfr., por ejemplo, Corte Constitucional. Sentencia C-1175 de 2004.

vinculen estas administraciones a otras ramas del poder público o a los controles de otras autoridades independientes[213]. Solo de este modo ella puede volverse un auténtico contrapoder que aporte al sustento mismo de la democracia.

BIBLIOGRAFÍA

LIBROS GENERALES Y ESPECIALIZADOS

Aman Jr., Alfred y William Mayton. *Administrative Law*, 3.ª ed., Saint Paul (Mn), West Academic, 2014.

Fiorina, Morris P. *Group Concentration and the Delegation of Legislative Authority*, California Institute of Technology, Pasadena, Mimeo, 1982.

Marcou, Gérard y Frank Moderne. *Derecho de la regulación, los servicios públicos y la integración regional*, t. 1, *comparaciones y comentarios*, Bogotá, Universidad del Rosario, 2009.

Perdomo Villamil, Camilo. *La dimensión organizativa del regulador de las comunicaciones en Colombia*, Bogotá, Universidad Externado de Colombia, 2018.

TESIS Y MONOGRAFÍAS

Calderón, Gloria. *La necesidad de atribuir potestad sancionatoria al órgano regulador del mercado de las comunicaciones en Colombia*, tesis maestría, Bogotá, Universidad Externado de Colombia, 2017.

---

213 Las AAI son independientes del gobierno, pero al interior del Estado. Desafortunadamente, en Colombia se confunde gobierno central con Estado, cuando en realidad la Nación no es más que un sujeto de derecho público, al lado de otros, que también existen al interior de un mismo Estado. La explicación de los factores de nivelación o *equalizing factors* fue desarrollada en una investigación anterior; cfr. Aníbal Zárate y Camilo Perdomo. "Relaciones peligrosas: corrupción y captura del regulador por grupos de intereses", en *Corrupción en Colombia*, t. 4, Bogotá, Universidad Externado de Colombia, 2018, pp. 155 y ss.

Collet, Martin. *Le contrôle juridictionnel des actes des autorités administratives indépendantes*, thèse doct., Université París II Panthéon-Assas, París, LGDJ, coll. Bibliothèque de droit public, 2003.

Delzangles, Hubert. *L'indépendance des autorités de régulation sectorielles, communications électroniques, énergie et postes*, thèse doc., Université Bordeaux IV, 2008.

Mason, Stéphane. *La notion d'indépendance en droit administratif français*, thèse doct., Université Panthéon-Assas, París II, 1995.

Perdomo, Camilo. *Regulación económica: caracterización y control*, Bogotá, Universidad Externado de Colombia, 2014.

Perraud, Thomas. *La fonction contentieuse des autorités de régulation en France et au Royaume-Uni*, thèse doct., Université Panthéon-Sorbonne, París I, 2011.

Rambaud, Romain. *L'institution juridique de la régulation*, thèse doct., París, L'Harmattan, 2012.

Zárate Pérez, Aníbal. *L'indépendance des autorités de concurrence : analyse comparative Colombie, France, États-Unis*, thèse doc., Université Panthéon-Assas, París II, 2011.

ARTÍCULOS Y CONTRIBUCIONES

Ahlers, Christopher. "Presidential Authority over EPA rulemaking under the Clean Air Act", *Environmental Law*, 44, 2014, p. 31.

Araque, Lucas. "La constitucionalidad de la regulación y las comisiones de regulación de servicios públicos domiciliarios", *Revista electrónica de Derecho y Ciencias políticas*, Universidad de Antioquia, 2010, p. 2.

Auby, Jean-Bernard. "Droit administratif et démocratie", en *Régulation économique et démocratie*, París, Dalloz, 2006, p. 17.

Barkow, Rachel. "Insulating Agencies: Avoiding Capture through institutional Design", *Texas Law Review*, 89, 2010, p. 15.

Barnés, Javier. "Buena administración, principio democrático y procedimiento administrativo", *Revista digital de Derecho administrativo*, Bogotá, Universidad Externado de Colombia, 21, 2018, p. 77.

Bawn, Kathleen. "Political Control versus Expertise: Congressional Choices about Administrative Procedures", *Am. P. S. Rev.*, 89, 1, 1995, p. 62.

Boto, Alejandra. "La agencia como forma organizativa de optimización de servicios públicos", *Revista Digital de Derecho Administrativo*, Bogotá, Universidad Externado de Colombia, 13, 2015, p. 45.

Cohen, Wilbur J. "The Development of the Social Security Act of 1935: Reflections some Fifty Years Later", *Minnesota Law Review*, 68,1983, p. 379.

Culter, Lloyd y David Johnson. "Regulation and the Political Process", *Yale Law Journal*, 1975, 84, p. 1395.

Delzangles, Hubert, Delval, Vincent y Sébastien Martin. "Los componentes de la independencia de las autoridades de regulación francesas en materia de servicios públicos en redes", *El ecosistema digital y las autoridades de regulación de los sectores audiovisual y TIC*, Bogotá, Universidad Externado de Colombia, 2017, p. 475.

Fiorina, Morris P. "Legislative Choice of Regulatory Forms: Legal Process or Administrative Process?", *Public Choice*, 39, 1982, p. 33.

Freeman, Jody y Adrian Vermeule. "Massachusetts vs. EPA: From Politics to Expertise", *Supreme Court Review*, 2007, p. 51.

Garry, Patrick M. "Accommodating the Administrative State: The Interrelationship between the Chevron and Non-delegation doctrines", *Arizona State Law Journal*, 38, 2006, p. 921.

Gersen, Jacob. "Designing Agencies", en *Research Handbook on Public Choice and Public Law*, University of California Berkeley, 2010, p. 333.

Gil Botero, Enrique. "La valoración jurídica de las manifestaciones normativas de las comisiones de regulación: los sutiles límites entre la función administrativa que les es propia y las funciones legislativa y judicial", *Revista Digital de Derecho Administrativo*, 3, Bogotá, Universidad Externado de Colombia, 2009, p. 7.

González, Édgar. "Presentación", *Revista Digital de Derecho Administrativo*, 12, 2014, p. 9.

Lapuerta, Carlos y Boaz Moselle. "Network Industries, Third Party Access and Competition Law in the European Union", *Northwestern Journal of International Law and Business*, Symposium Perspectives in International Privatization of Public Utilities, 1999, p. 454.

Lenis, Ana Lucía. "Las agencias independientes o comisiones de regulación", *Revista de la Maestría en Derecho Económico*, 2, Bogotá, Universidad Javeriana, 2004, pp. 113 y ss.

Lombard, Martine. "Introduction", en *Régulation économique et démocratie*, París, Dalloz, 2006, p. 3.

Lombard, Martine. "Institutions de régulation économique et démocratie politique", *AJDA*, 2005, p. 531.

Lawson, Gary. "The Rise of the Administrative State", *Harvard Law Review*, 1994, 107, p. 1231.

Marcou, Gérard. "La notion juridique de la régulation", *AJDA*, 2006, p. 349.

Mockle, Daniel. "La gouvernance publique et le droit", *Les Cahiers de droit*, 47, 1, Université Laval, 2006, p. 89.

Santaella, Héctor. "Del principio de legalidad al principio de juridicidad: implicaciones para la potestad normativa de la Administración de una transición constitucionalmente impuesta", en *La constitucionalización del derecho administrativo*, Bogotá, Universidad Externado de Colombia, 2014, p. 79.

Sarria, Consuelo. "¿Las agencias son unidades administrativas especiales?", *Revista Digital de Derecho Administrativo*, Bogotá, Universidad Externado de Colombia 13, 2015, p. 237.

Saura-Fructuoso, Carlos. "Análisis general de las técnicas de intervención del Estado en la economía", *Revista Digital de Derecho Administrativo*, Bogotá, Universidad Externado de Colombia, 14, 2015, p. 27.

Stephenson, Mathew. "Optimal Political Control of Bureaucracy", *Michigan Law Review*, 107, 2008, p. 66.

Rey Ortiz, Andrés Eduardo. "Alcance del control judicial de los actos administrativos del regulador del sector eléctrico en Colombia", *Revista Digital de Derecho Administrativo*, 28, 2022, p. 89.

Zárate Pérez, Aníbal. "La resolución de controversias como elemento convergente del régimen jurídico de la regulación sectorial", en *Horizontes del contencioso administrativo*, t. 1, Bogotá, Universidad Externado de Colombia, 2022, p. 168.

Zárate Pérez, Aníbal. "Acceso a medicamentos, seguridad de los consumidores y viabilidad de la inversión: fórmulas regulatorias y sus efectos secundarios", *Derecho administrativo sanitario*, t. 2, Bogotá, Universidad Externado de Colombia, 2021, p. 610.

Zárate Pérez, Aníbal y Camilo Perdomo Villamil. "La arquitectura del regulador de las comunicaciones: crónica de una paradoja anunciada", *Las TIC y la sociedad digital*, t. 1, Bogotá, Universidad Externado de Colombia, 2021, p. 197.

Zárate Pérez, Aníbal. "La protección constitucional de la rivalidad en el mercado como interés de las actuaciones administrativas en materia económica", *Las transformaciones de la administración pública y del derecho administrativo*, t. 1, Bogotá, Universidad Externado de Colombia, 2019, p. 633.

Zárate Pérez, Aníbal. "El eufemismo del término agencia en el ordenamiento jurídico colombiano", *El derecho administrativo como idea y sus transformaciones contemporáneas*, Bogotá, Universidad Externado de Colombia, 2018, p. 365.

Zárate Pérez, Aníbal y Camilo Perdomo Villamil. "Relaciones peligrosas: corrupción y captura del regulador por grupos de intereses", en *Corrupción en Colombia*, t. 4, Bogotá, Universidad Externado de Colombia, 2018, p. 155.

DIEGO HERNANDO ZEGARRA VALDIVIA*

*La eliminación de barreras burocráticas ilegales y carentes de razonabilidad en el ordenamiento jurídico peruano***

Sumario: Introducción. I. La función administrativa de eliminación de barreras burocráticas, origen y evolución normativa: *breve excursus*. II. Marco conceptual aplicable al procedimiento de eliminación de barreras burocráticas. A. Definición de barreras burocráticas: configuración normativa. B. Supuestos fuera del alcance del concepto de barreras burocráticas. III. Procedimiento de eliminación de barreras jurídicas: caracterización jurídica. A. La caracterización jurídica del procedimiento de eliminación de barreras burocráticas de acuerdo a la modalidad de inicio. 1. El procedimiento de eliminación de barreras burocráticas iniciado a petición de parte. 2. El procedimiento de eliminación de barreras burocráticas iniciado de oficio. B. La caracterización jurídica del procedimiento de eliminación de barreras burocráticas de acuerdo con los efectos del pronunciamiento de la resolución final. 1. La resolución final de la CEB y su impugnación. 2. Los efectos de la resolución final del procedimiento de eliminación de barreras burocráticas. 3 Incidencia de los efectos de la resolución final en la caracterización jurídica del procedimiento de eliminación de barreras burocráticas. IV. Metodología de análisis aplicada por la Comisión de eliminación de barreras burocráticas para la emisión de sus decisiones. A. Análisis de legalidad. B. Análisis de razonabilidad. V. Diferencias del procedimiento de eliminación de barreras burocráticas con los procesos de inconstitucionalidad y acción popular. VI. Régimen sancionador a funcionarios y servidores públicos: imposición de multas a funcionarios y cualquier persona que ejerza función administrativa. Conclusiones. Bibliografía.

---

* Doctor en Derecho por la Universidad de Alicante, máster en Derecho de las Telecomunicaciones y de las Tecnologías de la Información por la Universidad Carlos III de Madrid; profesor principal de Derecho Administrativo en la Pontificia Universidad Católica del Perú, Lima. Correo-e: dzegarra@pucp. edu.pe. Enlace ORCID: https://orcid.org/0000-0002-8901-1026.

** Este artículo fue elaborado como parte de las actividades de investigación del Grupo de Investigación en Derecho Administrativo (GIDA) y contó con la colaboración de Valeria Victoria Solís de la Cruz y José Francisco Inga Párraga adjuntos de docencia en la Facultad de Derecho de la Pontificia Universidad Católica del Perú y recibió los comentarios de los profesores Alberto Cairampoma Arroyo y de Braylyn Paredes, coordinador e investigadora del GIDA.

INTRODUCCIÓN

El acceso y permanencia de los particulares en el mercado son una expresión de los derechos a la libertad de empresa y a la libre competencia, cuyo contenido forma parte de la constitución económica en los países que practican una economía social de mercado, es decir, una economía basada en un sistema de libre competencia para la satisfacción de los intereses económicos y sociales de las personas[1]. De acuerdo con lo previsto en los artículos 58[2], 59[3] y 61[4] de la Constitución Política de 1993, el ordenamiento jurídico peruano ha adoptado el referido modelo económico mediante el cual el Estado garantiza la libertad de empresa, así como facilita y vigila la libre competencia en el marco del pluralismo económico. Ello trajo consigo una importante reforma institucional que implicó la creación de entidades administrativas como el Instituto Nacional de Defensa de la Competencia y Propiedad Intelectual (Indecopi), cuyo propósito es velar por el funcionamiento del mercado y el respeto de los derechos de los agentes económicos.

---

1 Baldo Kresalja y César Ochoa. *Derecho constitucional económico*, Lima, Fondo Editorial PUCP, 2009, p. 353.

2 Constitución Política del Perú de 1993. "Artículo 58. La iniciativa privada es libre. Se ejerce en una economía social de mercado. Bajo este régimen, el Estado orienta el desarrollo del país, y actúa principalmente en las áreas de promoción de empleo, salud, educación, seguridad, servicios públicos e infraestructura".

3 Constitución Política del Perú de 1993. "Artículo 59. El Estado estimula la creación de riqueza y garantiza la libertad de trabajo y la libertad de empresa, comercio e industria. El ejercicio de estas libertades no debe ser lesivo a la moral, ni a la salud, ni a la seguridad públicas. El Estado brinda oportunidades de superación a los sectores que sufren cualquier desigualdad; en tal sentido, promueve las pequeñas empresas en todas sus modalidades".

4 Constitución Política del Perú de 1993. "Artículo 61. El Estado facilita y vigila la libre competencia. Combate toda práctica que la limite y el abuso de posiciones dominantes o monopólicas. Ninguna ley ni concertación puede autorizar ni establecer monopolios. // La prensa, la radio, la televisión y los demás medios de expresión y comunicación social; y, en general, las empresas, los bienes y servicios relacionados con la libertad de expresión y de comunicación, no pueden ser objeto de exclusividad, monopolio ni acaparamiento, directa ni indirectamente, por parte del Estado ni de particulares".

Esta forma de intervención del Estado en la economía a través de entidades de la administración encuentra su razón de ser en que el mercado funcione, para lo cual establece regulación y asigna funciones administrativas en ámbitos en los que pueden surgir fallas de mercado, posiciones dominantes[5], y también fallas que provengan de la administración mediante la emisión de actos o disposiciones que afecten el acceso y permanencia en el mercado de los agentes económicos.

En concreto, entre las funciones que le han sido asignadas al Indecopi están la de vigilar y reprimir las actividades de particulares que distorsionen y afecten la libre competencia y el acceso al mercado, así como aquellas que desarrollen las entidades de la propia administración pública que impliquen restricciones para el ejercicio de tales derechos.

En ese contexto, el procedimiento de eliminación de barreras burocráticas se configura como una facultad administrativa de control de la actividad de la administración, bajo criterio de legalidad y razonabilidad, de actos administrativos, actuaciones materiales y normas emitidas por otras entidades de la misma administración que se configuren como barreras burocráticas u obstáculos para el acceso o permanencia en el mercado de los administrados.

El singular carácter de esta función administrativa no ha estado exento de cuestionamientos por su alcance y por los efectos derivados, por lo cual se justifica que a través del presente trabajo se expliquen sus aspectos característicos, partiendo de la evolución normativa que ha tenido la misma, seguido del desarrollo de su marco conceptual y de una revisión de su caracterización jurídica, para finalmente analizar el régimen sancionador que le es aplicable a funcionarios y servidores públicos vinculados con las prácticas antes citadas.

I. LA FUNCIÓN ADMINISTRATIVA DE ELIMINACIÓN DE BARRERAS BUROCRÁTICAS, ORIGEN Y EVOLUCIÓN NORMATIVA: *BREVE EXCURSUS*

La función de control es una característica del Estado de Derecho que se lleva a cabo de manera transversal por diversos poderes, órganos u

---

5 Luis Ferney Moreno Castillo. *Teoría de la regulación. Hacia un derecho administrativo de la regulación*, Bogotá, Universidad Externado de Colombia, 2019, p. 39.

organismos[6] del aparato estatal con la finalidad de garantizar su adecuado funcionamiento en el marco previsto por el ordenamiento jurídico y evitar posibles irregularidades, restituyendo la legalidad en caso de inobservancia[7].

Las técnicas de control empleadas por los ordenamientos jurídicos han merecido diversas clasificaciones[8] entre las que se pueden mencionar: los controles sociales ejercidos mediante la iniciativa ciudadana, los controles políticos correspondientes a las relaciones entre los poderes ejecutivo y legislativo, y los controles jurídicos dirigidos principalmente a la actividad de la administración pública, entre otros.

En el derecho administrativo el control de la actividad de administración ha sido desarrollado clásicamente desde dos perspectivas: un control interno relacionado al sistema de recursos administrativos en el cual se impugna un acto administrativo ante la propia administración y uno externo referido al control jurisdiccional de los actos de la administración pública[9] que se materializa en el proceso contencioso administrativo.

El control interno de la Administración como función administrativa tiene como objeto todas las manifestaciones de actuación administrativa[10], y en el caso particular del ordenamiento jurídico peruano es realizado tanto a través del sistema de recursos como también mediante el procedimiento de eliminación de barreras burocráticas con el objeto de garantizar el acceso o permanencia en el mercado y el cumplimiento de las disposiciones de simplificación administrativa[11].

---

6 Jorge Agudo González. *La función administrativa de control. Una teoría del control orientada a la configuración de un sistema de justicia administrativa*, Pamplona, Thomson Reuters, Civitas, 2018, p. 104.

7 Ximena Lazo Vitoria. *El control interno del gasto público estatal, un estudio desde el derecho administrativo*, Madrid, Tecnos, 2008, p. 57.

8 Miguel Sánchez Morón. *Derecho Administrativo. Parte General*, Madrid, Tecnos, 2019, pp. 839-842.

9 Luciano Parejo Alfonso. *Lecciones de Derecho Administrativo,* Valencia, Tirant lo Blanch, 2008, p. 535.

10 Jorge Agudo González. Ob. cit., p. 222.

11 Jorge Danós Ordóñez. "El control de administración pública en el Perú", en Carlos

De esa manera, en el marco de los cambios implementados al régimen económico del Estado durante la década de los noventa, mediante el Decreto Ley 25868 "Ley de Organización y Funciones del Instituto Nacional de Defensa de la Competencia y de la Protección de la Propiedad Intelectual", el 24 de noviembre de 1992 se creó el Indecopi con la finalidad de establecer una entidad pública encargada de garantizar la libre competencia del mercado, el respeto de los derechos de los consumidores, la propiedad intelectual y la simplificación administrativa.

En ese contexto, la referida norma fue modificada el 31 de diciembre de 1994 por el Decreto Legislativo 788 con el que "Declaran en reorganización al Instituto Nacional de Defensa de la Competencia y de la Protección de la Propiedad Intelectual", disponiéndose en su artículo 3.º que se incluya dentro de la estructura orgánica del Indecopi a la Comisión de Simplificación del Acceso y Salida del Mercado, con la función de que supervise la no imposición de barreras burocráticas de acceso o salida del mercado y el trámite de los procedimiento de reestructuración patrimonial.

Mediante el artículo 50 del Decreto Legislativo 807 "Ley sobre facultades, normas y organización del Indecopi" el 18 de abril de 1996 se modificó el Decreto Ley 25868, al recortarse las funciones de la Comisión, con lo que pasó a denominarse Comisión de Acceso al Mercado (CAM), constituyéndose en un "órgano resolutivo especializado con poderes de investigación, solución de controversias y de sanción con efecto vinculante sobre todas las entidades públicas a nivel nacional"[12], cuyas facultades para eliminar barreras burocráticas ilegales o carentes de razonabilidad, así como para imponer sanciones a los funcionarios que apliquen una barrera que se declaró ilegal fueron precisadas, mediante la incorporación del artículo 26 bis al Decreto Ley 25868, en los siguientes términos:

> Artículo 26 bis. La Comisión de Acceso al Mercado es competente para conocer sobre los actos y disposiciones de las entidades de la Administración Pública, incluso del ámbito municipal o regional, que impongan barreras

---

Delpiazzo (coord.). *El control de la actividad administrativa*, vol. I, Bogotá, Temis, Editorial Jurídica Venezolana, 2018, p. 405.

12 Francisco Ochoa. "Fundamentos del procedimiento de eliminación de barreras burocráticas", *Revista de la Competencia y Propiedad Intelectual*, Lima, Indecopi, 2014, p. 2.

> burocráticas que impidan u obstaculicen ilegal o irracionalmente el acceso o permanencia de los agentes económicos en el mercado, en especial de las pequeñas empresas, y de velar por el cumplimiento de las disposiciones sobre la materia establecidas en los Decretos Legislativos n.os 283, 668, 757, el artículo 61 del Decreto Legislativo n.º 776 y la Ley n.º 25035, en especial los principios generales de simplificación administrativa contenidos en su Artículo 2, así como las normas reglamentarias pertinentes.
>
> Ninguna otra entidad de la Administración Pública podrá arrogarse estas facultades. La Comisión, mediante resolución, podrá eliminar las barreras burocráticas a que se refiere este artículo.
>
> La Comisión podrá imponer sanciones y multas al funcionario o funcionarios que impongan la barrera burocrática declarada ilegal, sin perjuicio de la responsabilidad administrativa y la formulación de la denuncia penal correspondiente, de ser el caso.
>
> La escala de sanciones es la siguiente: falta leve con sanción de amonestación; falta grave con multa de hasta dos (2) UIT y falta muy grave con multa de hasta cinco (5) UIT.

Adicionalmente, se limitaron las facultades de la CAM en el supuesto de tratarse de una barrera burocrática prevista en un decreto supremo o una resolución ministerial, en cuyo caso debía derivarse un informe a la presidencia del consejo de ministros para que se tomaran las acciones respectivas. Posteriormente, con la promulgación en el año 2001 de la Ley 27444 "Ley de Procedimiento Administrativo General", se agregó una limitación adicional en el artículo 48[13] de la referida norma, la cual consistió en que

---

13 Ley 27444. Ley de Procedimiento Administrativo General. "Artículo 48. Cumplimiento de las normas del presente capítulo. La Presidencia del Consejo de Ministros tendrá a su cargo garantizar el cumplimiento de las normas establecidas en el presente capítulo en todas las entidades de la administración pública, sin perjuicio de las facultades atribuidas a la Comisión de Acceso al Mercado del Instituto Nacional de la Competencia y Defensa de la Propiedad Intelectual. // Sin embargo, cuando en un asunto de competencia de la Comisión de Acceso al Mercado, la presunta barrera burocrática ha sido establecida por un decreto supremo o resolución ministerial, el Indecopi elevará

la CAM no podía eliminar barreras burocráticas presentes en ordenanzas municipales, sino que tendrían que derivarlas al concejo municipal para tomar las medidas correspondientes.

Esto último fue ratificado en el año 2003 por la Ley 28032 "Ley de eliminación de barreras burocráticas", que además agregó un párrafo al citado artículo 26 bis del Decreto Ley 25868, con el cual precisó que la CAM podía delegar su función a dependencias de gobiernos regionales o locales que representen a Indecopi mediante convenios.

Luego, el 4 de abril de 2007, a través de la publicación de la Ley 28996 "Ley de eliminación de sobrecostos, trabas y restricciones a la inversión privada", se modificó el artículo 48 de la mencionada Ley 27444 devolviéndole la competencia a la CAM para eliminar barreras burocráticas incluso en los supuestos en que se encuentren en ordenanzas municipales, regionales, decretos supremos, resoluciones ministeriales, entre otros.

Asimismo, se precisó que la resolución que declara la eliminación de una barrera burocrática podría ser apelada a la Sala de Defensa de la Competencia del Tribunal de Defensa de la Competencia y de la Propiedad Intelectual del Indecopi. El alcance de la declaración de una barrera burocrática sólo se aplicaba en el caso concreto, es decir, no tenía efectos derogatorios ni sancionatorios[14], de acuerdo con lo establecido en el artículo 3.º[15] de la referida Ley 28996.

---

un informe a la Presidencia del Consejo de Ministros para su elevación al Consejo de Ministros, el cual deberá necesariamente resolver lo planteado en el plazo de 30 (treinta) días. Igual caso se aplicará cuando la presunta barrera burocrática se encuentre establecida en una Ordenanza Municipal, debiendo elevar, en este caso, el informe al Concejo Municipal, para que resuelva legalmente en el plazo de 30 (treinta) días".

14 Milagros Maraví Sumar. *Análisis de las funciones del Indecopi a la luz de las decisiones de sus órganos resolutivos. Eliminación de barreras burocráticas*, Lima, Indecopi, 2013, p. 59.

15 Ley 28996. Ley de eliminación de sobrecostos, trabas y restricciones a la inversión privada. "Artículo 3. Modificación del artículo 48 de la Ley Nº 27444 // Modifícanse el segundo, tercer y cuarto párrafos del artículo 48 de la Ley Nº 27444, de conformidad con la siguiente redacción: // "Artículo 48. Cumplimiento de las normas del presente capítulo [...] Cuando en un asunto de competencia de la Comisión de Acceso al Mercado, la barrera burocrática haya sido establecida por un decreto supremo, una resolución ministerial o una norma municipal o regional de carácter general, dicha

El 25 de junio de 2008 se publicó el Decreto Legislativo 1033, "Decreto Legislativo que aprueba la Ley de Organización y Funciones del Instituto Nacional de Defensa de la Competencia y de la Protección de la Propiedad Intelectual" con el cual se creó la Comisión de Eliminación de Barreras Burocráticas (CEB) que reemplazó a la CAM, y se promovió desconcentrar sus competencias en comisiones regionales, acorde a lo dispuesto en los artículos 23[16], 34[17] y la quinta disposición complementaria de dicho cuerpo normativo[18].

Comisión se pronunciará, mediante resolución, disponiendo su inaplicación al caso concreto. La resolución de la Comisión podrá ser impugnada ante la Sala de Defensa de la Competencia del Tribunal de Defensa de la Competencia y de la Propiedad Intelectual del INDECOPI. // Sin perjuicio de la inaplicación al caso concreto, la resolución será notificada a la entidad estatal que emitió la norma para que pueda disponer su modificación o derogación. // Asimismo, tratándose de procedimientos iniciados de oficio por la Comisión de Acceso al Mercado, el INDECOPI podrá interponer la demanda de acción popular contra barreras burocráticas contenidas en decretos supremos, a fin de lograr su modificación o derogación y, con el mismo propósito, acudir a la Defensoría del Pueblo para que se interponga la demanda de inconstitucionalidad contra barreras burocráticas contenidas en normas municipales y regionales de carácter general, que tengan rango de ley [...]".

16 Decreto Legislativo 1033. Decreto Legislativo que aprueba la Ley de Organización y Funciones del Instituto Nacional de Defensa de la Competencia y de la Protección de la Propiedad Intelectual. "Artículo 23. De la Comisión de Eliminación de Barreras Burocráticas. // Corresponde a la Comisión de Eliminación de Barreras Burocráticas aplicar las leyes que regulan el control posterior y eliminación de las barreras burocráticas ilegales o carentes de razonabilidad que afectan a los ciudadanos y empresas, y velar por el cumplimiento de las normas y principios que garantizan la simplificación administrativa, así como de aquellas que complementen o sustituyan a las anteriores".

17 Decreto Legislativo 1033. Decreto Legislativo que aprueba la Ley de Organización y Funciones del Instituto Nacional de Defensa de la Competencia y de la Protección de la Propiedad Intelectual. "Artículo 34. Desconcentración de competencias. // 34.1 El Consejo Directivo podrá desconcentrar las competencias de las Comisiones de Eliminación de Barreras Burocráticas, de Defensa de la Libre Competencia, de Fiscalización de la Competencia Desleal, de Protección al Consumidor y de Procedimientos Concursales en las Comisiones de las Oficinas Regionales del INDECOPI que constituya para tal efecto. // 34.2 A las Comisiones desconcentradas de las Oficinas Regionales se les aplican las mismas disposiciones legales aplicables a las Comisiones de la

En el año 2009 la Municipalidad Metropolitana de Lima presentó una demanda de inconstitucionalidad contra el artículo 3.º de la Ley 28996 con el argumento de que dicha norma vulneraría el artículo 138[19] de Constitución Política del Perú de 1993, referido al control difuso, la separación de poderes y la autonomía de los gobiernos locales, dado que permitiría que la CEB declarara inaplicables normas emitidas en el marco de competencia municipal, lo cual únicamente le corresponde al Tribunal Constitucional.

La demanda fue declarada infundada por el Tribunal Constitucional en el año 2010 a través de la sentencia recaída en el expediente 00014-2009-AI, como se aprecia a continuación:

---

sede central. // Tratándose de la Comisión de Eliminación de Barreras Burocráticas, la desconcentración de sus competencias abarcará a los actos, contratos y disposiciones de alcance general emanados de los órganos o entidades de la Administración Pública dependientes del Gobierno Regional o Local que se encuentren dentro de la respectiva circunscripción territorial de competencia de la Comisión desconcentrada de la Oficina Regional correspondiente".

18 Decreto Legislativo 1033. Decreto Legislativo que aprueba la Ley de Organización y Funciones del Instituto Nacional de Defensa de la Competencia y de la Protección de la Propiedad Intelectual. "QUINTA. Referencias a denominación de Comisiones del INDECOPI. // Toda mención hecha en la legislación vigente a la Comisión de Acceso al Mercado, la Comisión de Libre Competencia y a la Comisión de Represión de la Competencia Desleal desde la vigencia de la presente Ley, se entenderá referida a la Comisión de Eliminación de Barreras Burocráticas, a la Comisión de Defensa de la Libre Competencia y a la Comisión de Fiscalización de la Competencia Desleal, respectivamente. En el caso de la Comisión de Reglamentos Técnicos y Comerciales, toda mención hecha en la legislación vigente se entenderá referida a: 1. El Servicio Nacional de Acreditación, respecto del reconocimiento de la competencia técnica de entidades de evaluación de la conformidad; // 2. La Comisión de Normalización y de Fiscalización de Barreras Comerciales No Arancelarias, respecto de la aprobación de normas técnicas peruanas, la fiscalización de restricciones paraarancelarias y la administración de la infraestructura oficial de firma electrónica; y, // 3. El Servicio Nacional de Metrología, respecto de la aprobación de normas metrológicas peruanas".

19 Constitución Política del Perú de 1993. "Artículo 138. // La potestad de administrar justicia emana del pueblo y se ejerce por el Poder Judicial a través de sus órganos jerárquicos con arreglo a la Constitución y a las leyes. // En todo proceso, de existir incompatibilidad entre una norma constitucional y una norma legal, los jueces prefieren la primera. Igualmente, prefieren la norma legal sobre toda otra norma de rango inferior".

28. Por consiguiente, en ámbitos reservados para cuestiones referentes a la competencia de la CEB, ésta se encuentra plenamente facultada para resolver antinomias generadas por el exceso de normas municipales o regionales de carácter general, pudiéndose declarar su ilegalidad en preferencia de las normas de alcance nacional. Ello no obsta para que las resoluciones de la entidad administrativa puedan ser cuestionadas ante los tribunales del contencioso administrativo.

29. Por último, contrariamente a lo argumentado por el demandante, este Tribunal no encuentra en la normativa cuestionada que se confiera a la CEB –o al INDECOPI en general– facultad para expulsar del ordenamiento jurídico una normativa de rango legal o infra legal. La norma claramente expone que se otorga la facultad de "inaplicar" al caso en concreto una normativa que contravenga la Constitución. Y en caso la CEB actúe de oficio, podrá interponer demanda de acción popular a fin de solicitar que la normativa de rango infralegal sea expulsada del ordenamiento jurídico, o en caso la barrera burocrática esté contenida en una norma de rango de ley, podrá acudir a la Defensoría del Pueblo, que como ya se expresó en la STC 023-2008-PI/TC, podrá –si lo estima pertinente– interponer una demanda de inconstitucionalidad.

En el año 2013, a través de la Ley 30056, "Ley que modifica diversas leyes para facilitar la inversión, impulsar el desarrollo colectivo y el crecimiento empresarial", la CEB recibió mayores facultades referentes a la imposición de multas de 2 a 20 UIT[20], con lo que se buscó influir en las entidades de

20 Véase lo previsto en la Ley 30056. Ley que modifica diversas leyes para facilitar la inversión, impulsar el desarrollo colectivo y el crecimiento empresarial. *"Artículo 2. Incorporación de los párrafos cuarto, quinto, sexto y séptimo al artículo 26 BIS del Decreto Ley 25868, Ley de Organización y Funciones del Instituto de Defensa de la Competencia y de la Protección de la Propiedad Intelectual –INDECOPI.* // Incorpórase al artículo 26 BIS del Decreto Ley 25868 los párrafos cuarto, quinto, sexto y sétimo siguientes: // "[...] Los procedimientos de oficio también pueden originarse en información proporcionada por colegios profesionales, asociaciones de defensa de derecho del consumidor, asociaciones representantes de actividades empresariales, entidades estatales que ejerzan rectoría en asuntos de su competencia y el Consejo Nacional de la Competitividad. *Las sanciones pueden ser desde una amonestación hasta una multa de veinte (20) UIT, de acuerdo a la siguiente escala: falta leve, amonestación o multa hasta 2 UIT; falta grave, multa hasta 10 UIT; y falta muy grave, multa hasta 20 UIT.* Para imponer la sanción, la Comisión evaluará la gravedad del daño ocasionado, la

la administración pública para que dejen de emitir normas que contengan barreras burocráticas ilegales o carentes de razonabilidad y eviten la imposición de multas.

Tras la emisión de la normativa antes citada correspondiente al funcionamiento de la CEB, el 08 de diciembre de 2016 se publicó el Decreto Legislativo 1256 "Decreto Legislativo que aprueba la Ley de Prevención y Eliminación de Barreras Burocráticas"; el objetivo de la ley era agrupar en un solo cuerpo normativo la regulación relativa a la eliminación de barreras, para lo cual se derogó la normatividad anterior y se estableció tanto el marco institucional como el procedimiento que se encuentra vigente.

El Decreto Legislativo 1256 divide su contenido en cuatro títulos referidos a: i) las disposiciones generales y órganos resolutivos del Indecopi; ii) el procedimiento de eliminación de barreras; iii) el régimen sancionador y correctivo, y iv) las actividades de prevención y persuasión, para culminar con un bloque de disposiciones complementarias finales y transitorias, seguido de un bloque de disposiciones modificatorias y derogatorias, todo ello un total de 52 artículos.

El 30 de mayo de 2023 se ha promulgó en el diario oficial *El Peruano* la Ley 31755 "Ley que modifica el Decreto Legislativo 1256 Decreto Legislativo que aprueba la prevención y eliminación de barreras burocráticas" que implementó distintos cambios normativos al régimen de barreras burocráticas, entre los que se encuentran la inclusión del supuesto de omisión, inacción o cualquier inactividad de la administración que sea necesaria para la ejecución de un procedimiento administrativo en la que no exista una solución alternativa dentro del concepto de barreras burocráticas; la incorporación del principio de interpretación favorable; el establecimiento del plazo de veinte días hábiles para la atención de una denuncia y la posibilidad de que se inapliquen con efectos generales las barreras burocráticas declaradas carentes de razonabilidad, entre otros.

De esa forma, a partir de los cambios normativos efectuados respecto a la función administrativa de eliminación de barreras burocráticas, se aprecia que el Indecopi, como un organismo público especializado adscrito

---

reincidencia y/o continuidad de la comisión de la infracción, la intencionalidad de la conducta y otros criterios según el caso particular [...]" (énfasis agregado).

a la Presidencia del Consejo de Ministros[21], cumple un rol de facilitador del desarrollo de actividades económicas en el marco de una economía de mercado bajo una perspectiva social, de libre competencia, y de simplificación administrativa[22]. Entonces, la referida función administrativa conlleva el deber de realizar control por parte de Indecopi, a través de la CEB y la sala especializada de eliminación de barreras burocráticas, de los actos administrativos, actuaciones materiales y disposiciones administrativas emitidas por entidades de la administración pública que generen barreras burocráticas ilegales o carentes de razonabilidad, de conformidad con lo previsto en el literal a) del numeral 1 del artículo 2.º de la Decreto Legislativo 1033, cuyo texto es el siguiente:

> a) Vigilar la libre iniciativa privada y la libertad de empresa mediante el *control posterior y eliminación de las barreras burocráticas ilegales e irracionales que afectan a los ciudadanos y empresas*, así como velar por el cumplimiento de las normas y principios de simplificación administrativa (énfasis agregado).

Este tipo de control se distingue del clásico control que realiza el poder judicial a la actividad de la administración pública mediante el proceso contencioso administrativo o los procesos constitucionales, puesto que –como indicamos– se configura como una forma de control interno de

---

21 De acuerdo a lo previsto en el Decreto Legislativo 1033. Decreto Legislativo que aprueba la ley de organización y funciones del Instituto Nacional de Defensa de la Competencia y de la Protección de la Propiedad Intelectual. "Artículo 1. Naturaleza del INDECOPI. // El Instituto Nacional de Defensa de la Competencia y de la Protección de la Propiedad Intelectual –INDECOPI– es un organismo público especializado con personería jurídica de derecho público interno, que goza de autonomía funcional, técnica, económica, presupuestal y administrativa. Se encuentra adscrito a la Presidencia del Consejo de Ministros y rige su funcionamiento de acuerdo con las disposiciones contenidas en la presente Ley y en sus normas complementarias y reglamentarias. // Artículo 2. Funciones del INDECOPI [...]. 2.2 Para el cumplimiento de sus funciones, el INDECOPI se encuentra facultado para emitir directivas con efectos generales, supervisar y fiscalizar actividades económicas, imponer sanciones, ordenar medidas preventivas y cautelares, dictar mandatos y medidas correctivas, resolver controversias, así como las demás potestades previstas en la presente Ley".

22 Hebert Tassano Velochaga. "El rol del Indecopi en la economía social de mercado", *Praeceptum*, Lima, 2014, pp. 94-95.

la administración respecto a la legalidad de sus disposiciones[23], es decir, implica el ejercicio de una función administrativa[24] de control de las actividades de otras entidades de la propia administración.

El ejercicio de esta función administrativa de control de legalidad y racionalidad conlleva la verificación de si la entidad pública ostenta competencia respecto a los procedimientos, tutela un interés público, es idónea, necesaria y racional para la finalidad perseguida por los actos administrativos, actos materiales o disposiciones administrativas emitidas por las entidades de la administración pública, bajo el ámbito de la aplicación del Decreto Legislativo 1256.

De lo hasta aquí expuesto podemos afirmar que la eliminación de barreras burocráticas constituye una manifestación del control interno de la actividad de administración pública, cuya función administrativa ha sido desarrollada progresivamente en el ordenamiento jurídico peruano con la característica de ser un mecanismo de intervención del derecho en la economía, a través de la función administrativa ejercida por la CEB y la sala especializada de eliminación de barreras burocráticas del Indecopi, para garantizar el acceso y permanencia de los agentes económicos en el mercado. La referida característica de esta función administrativa requiere que su ejercicio sea desarrollado en virtud de ciertos criterios y bajo un procedimiento determinado, aspectos estos últimos que serán desarrollados en los siguientes apartados.

II. MARCO CONCEPTUAL APLICABLE AL PROCEDIMIENTO DE ELIMINACIÓN DE BARRERAS BUROCRÁTICAS

La configuración normativa del procedimiento de eliminación de barreras burocráticas en el ordenamiento jurídico peruano no ha tenido un marco conceptual de referencia específico que provenga de las instituciones derecho

23 Óscar Alejos y Alejandra Suárez. "Las barreras del procedimiento de eliminación de barreras burocráticas para acceder al mercado. Una revisión del modelo de control administrativo", *Revista Digital de Derecho Administrativo*, Bogotá, Universidad Externado de Colombia, 2022, p. 204.

24 Ibíd., p. 211.

administrativo y respecto de los cuales se hayan realizado estudios doctrinarios, sino por la singularidad del alcance de la función administrativa, es a partir del diseño legal que se ha caracterizado jurídicamente el mismo.

De acuerdo con esto último, en el presente apartado se revisa la definición de barreas burocráticas, sus tipos y los supuestos fuera del alcance de dicho concepto, previstos en el Decreto Legislativo 1256, con el objetivo de realizar posteriormente la caracterización jurídica del procedimiento de eliminación de dichas barreras.

A. DEFINICIÓN DE BARRERAS BUROCRÁTICAS: CONFIGURACIÓN NORMATIVA

La definición de barreras burocráticas ha evolucionado respecto de la precisión de supuestos en los que se puede afectar el acceso o permanencia de los agentes económicos en el mercado, de manera conjunta con su procedimiento, estando actualmente prevista en la primera parte del numeral 3 del artículo 3.º del Decreto Legislativo 1256, en los siguientes términos:

> Artículo 3. Definiciones.
>
> Para efectos de la presente ley, debe tenerse en cuenta las siguientes definiciones: [...]
>
> 3. Barrera burocrática: exigencia, requisito, limitación, prohibición y/o cobro que imponga cualquier entidad, dirigido a condicionar, restringir u obstaculizar el acceso y/o permanencia de los agentes económicos en el mercado y/o que puedan afectar a administrados en la tramitación de procedimientos administrativos sujetos a las normas y/o principios que garantizan la simplificación administrativa. Los efectos de la barrera burocrática sobre el administrado pueden ser directos o indirectos. La sola calidad de exigencia, requisito, limitación, prohibición y/o cobro no implica necesariamente su carácter ilegal y/o su carencia de razonabilidad [...].

A partir de la referida definición, en el ámbito jurisprudencial[25] se ha declarado la existencia de tres elementos constitutivos de las barreras

25 Véase el considerando 5.7 de la Sentencia de Casación 25135-2018 Lima, de la Corte

burocráticas, a saber: i) el tipo de imposición referente sus supuestos de configuración; ii) el sujeto activo correspondiente a la entidad que emite el acto o disposición cuestionado, y iii) el efecto negativo que es entendido como la afectación al acceso o la permanencia en el mercado.

De acuerdo con lo dispuesto en el numeral 4 del artículo 3.º del Decreto Legislativo 1256, los elementos constitutivos antes señalados se materializan en actos administrativos, actos materiales y disposiciones administrativas emitidas por las entidades de la administración pública[26], donde:

i) Acto administrativo. Es la manifestación de la administración dirigida a los administrados con efectos jurídicos particulares y concretos que cumplen con los requisitos de validez de competencia, objeto, finalidad pública, motivación y procedimiento regular de conformidad a lo establecido en el TUO de la LPAG.

ii) Acto material. Es la manifestación de la Administración que no se recoge en un acto o disposición administrativa y que genera efectos jurídicos en la esfera jurídica de los administrados.

iii) *Disposición administrativa.* Es el ejercicio de la potestad normativa de la Administración con efectos jurídicos generales y abstractos mediante la emisión de normas con rango infra legal.

De los tres elementos constitutivos, el que ha tenido mayor desarrollo ha sido el referido al tipo de imposición que agrupa a los cinco supuestos que son considerados como barreras burocráticas, los cuales no son restrictivos, ya que podrá ser considerado como tal cualquier otra limitación

---

Suprema de Justicia de la República emitida el 9 de marzo de 2021, o el considerando quinto de la Sentencia de Casación 4415-2014 Lima, de la Corte Suprema de Justicia de la República emitida el 14 de abril de 2016.

26 Al respecto, jurisprudencialmente se han presentado posiciones que discuten la pertinencia del empleo de estas tres categorías o de solo considerar los elementos constituidos que caracterizan a las barreras burocráticas, puesto que en el ordenamiento jurídico se prevén otras vías para cuestionar los actos administrativos, como el proceso contencioso administrativo, y disposiciones, como la acción popular o la acción de inconstitucionalidad, de las cuales no somos partícipes debido a la diferencia en el tipo de control de actividad de la administración ejercida. Véase el considerando 5.8 de la Sentencia de Casación 25135-2018 Lima, de la Corte Suprema de Justicia de la República emitida el 9 de marzo de 2021.

que cumpla con los elementos antes mencionados[27]. El contenido de estos cinco supuestos puede ser disgregado de la siguiente manera:

i) *Exigencia.* Requerimiento efectuado por una entidad administrativa hacia un agente económico y/o administrado para que realice una acción concreta sobre un determinado procedimiento administrativo y/o el desarrollo de una actividad económica con la finalidad de acceder o permanecer en el mercado.

ii) *Requisito.* Requerimiento efectuado por una entidad administrativa hacia un agente económico y/o administrado a través de la cual se le exhorta presentar determinados documentos como condición indispensable para tramitar un procedimiento administrativo y/o desarrollar una actividad económica, lo cual podría ir en desmedro del acceso y/o permanencia en el mercado.

iii) *Limitación.* Impedimento efectuado por una entidad administrativa hacia un agente económico y/o administrado cuando se opta por no ejercer determinadas competencias o funciones de la administración pública, alterando la tramitación continua de los procedimientos administrativos o, en algunos supuestos, una actividad económica.

iv) *Prohibición.* Impedimento efectuado por una entidad administrativa hacia un agente económico y/o administrado para que no haga una acción concreta con relación a la tramitación de un procedimiento administrativo y/o la realización de alguna actividad económica que permita el acceso y/o permanencia en el mercado.

v) *Cobro.* Requerimiento efectuado por una entidad administrativa hacia un agente económico y/o administrado consistente en pedir cualquier pago como condición para iniciar un procedimiento administrativo y/o desarrollar una determinada actividad económica, afectando el acceso y/o permanencia en el mercado.

De lo señalado, corresponde afirmar la existencia de una barrera burocrática cuando esté correctamente identificada y subsumida en alguno de estos supuestos al momento de interponer una denuncia. Sin embargo, como se explica a continuación, es posible verificar que existen supuestos en los que aun cuando se configuran los anteriores elementos constitutivos, estos

---

27 Milagros Maraví Sumar. Ob. cit., p. 27.

no se encuentran dentro del ámbito de lo previsto respecto a las barreras burocráticas ilegales o carentes de razonabilidad.

B. SUPUESTOS FUERA DEL ALCANCE DEL CONCEPTO DE BARRERAS BUROCRÁTICAS

El cumplimiento de los tres elementos previamente identificados conlleva la existencia de una barrera burocrática pero no necesariamente de ello deriva que se requiera su eliminación del ordenamiento jurídico, en razón a que, al haberse emitido dentro de los parámetros de legalidad y razonabilidad, tendrán correspondencia con el ejercicio de potestades administrativas de limitación[28], las mismas que justifican la intervención de la administración en la actividad de los agentes económicos.

En ese orden de ideas, en la segunda parte del numeral 3 del artículo 3.º del Decreto Legislativo 1256 se han previsto supuestos excluidos del contenido de la definición de barreras burocráticas ilegales o carentes de racionabilidad. Dichos supuestos abordan aspectos relativos a la potestad legislativa del Congreso de la República para emitir normas de alcance nacional, las exigencias requeridas en la contratación pública, el cobro o determinación tributaria, el cobro de tarifas ajenas a la función administrativa por el Estado, la nulidad de actos administrativos, la sanción en el marco de un procedimiento administrativo sancionador y la omisión o inacción de la administración.

Sobre este último supuesto, la mencionada modificación realizada al Decreto Legislativo 1256 mediante la Ley 31755 agrega que la omisión, inacción o cualquier inactividad de la Administración será considerada barrera burocrática siempre que sea necesaria para la ejecución de un procedimiento administrativo en la que no exista una solución alternativa dentro del concepto de barreras burocráticas.

El resto de los supuestos excluidos resultan coherentes con el objeto de la función administrativa de control mediante el procedimiento de eliminación de barreras burocráticas dado que no se puede hacer control de legalidad

---

28 Manuel Rebollo Puig. *Derecho Administrativo. Modos y medios de la actividad administrativa*, t. III, 2.ª ed., Madrid, Tecnos, 2019, p. 10.

sobre las leyes emitidas por el Congreso, ni el ejercicio de las modalidades de la actividad administrativa de policía, tributaria o sancionadora que son potestades intrínsecas de la Administración.

De esta manera, al momento de evaluarse la existencia de una barrera burocrática tanto los agentes económicos, las entidades, así como el Indecopi a través de la CEB y la sala especializada de eliminación de barreras burocráticas, deberán considerar los alcances de los supuestos y elementos previstos dentro de su definición, pues solo a partir de ello y del cumplimiento del procedimiento determinado se podrá ejercer adecuadamente esta función administrativa de control.

III. PROCEDIMIENTO DE ELIMINACIÓN DE BARRERAS BUROCRÁTICAS: CARACTERIZACIÓN JURÍDICA

La referida singularidad de la configuración normativa que regula el procedimiento de eliminación de barreras burocráticas genera que su trámite cuente con aspectos especiales que inciden directamente en su caracterización jurídica. Es por ello que, en el presente apartado, daremos cuenta de los elementos que configuran el procedimiento de eliminación de barreras burocráticas y su incidencia en la determinación de su tipología a la luz de lo regulado en la norma general sobre procedimiento administrativo en el Perú[29]. En concreto, pretendemos determinar si el procedimiento de eliminación de barreras burocráticas puede enmarcarse en alguno de los tipos de procedimientos contemplados en el Texto Único Ordenado de la Ley 27444, Ley del Procedimiento Administrativo General, aprobado por Decreto Supremo 004-2019-JUS (TUO de la LPAG), o si, en su defecto, nos encontramos ante un procedimiento especial.

A efectos de comprender mejor el cauce procedimental previsto en el Decreto Legislativo 1256 para la eliminación de barreras burocráticas, se ha elaborado el siguiente gráfico que resume el referido *íter*:

---

29 La norma general sobre procedimiento administrativo en el Perú es el Texto Único Ordenado de la Ley de Procedimiento Administrativo General, Ley 27444, aprobado por Decreto Supremo 004-2019-JUS. Esta norma clasifica los procedimientos administrativos en dos tipos: i) el procedimiento administrativo ordinario, y ii) los procedimientos especiales, los cuales, a su vez, se dividen en procedimientos administrativos sancionadores y procedimientos administrativos trilaterales.

GRÁFICA 1. ITER PROCEDIMENTAL DE ELIMINACIÓN DE BARRERAS BUROCRÁTICAS

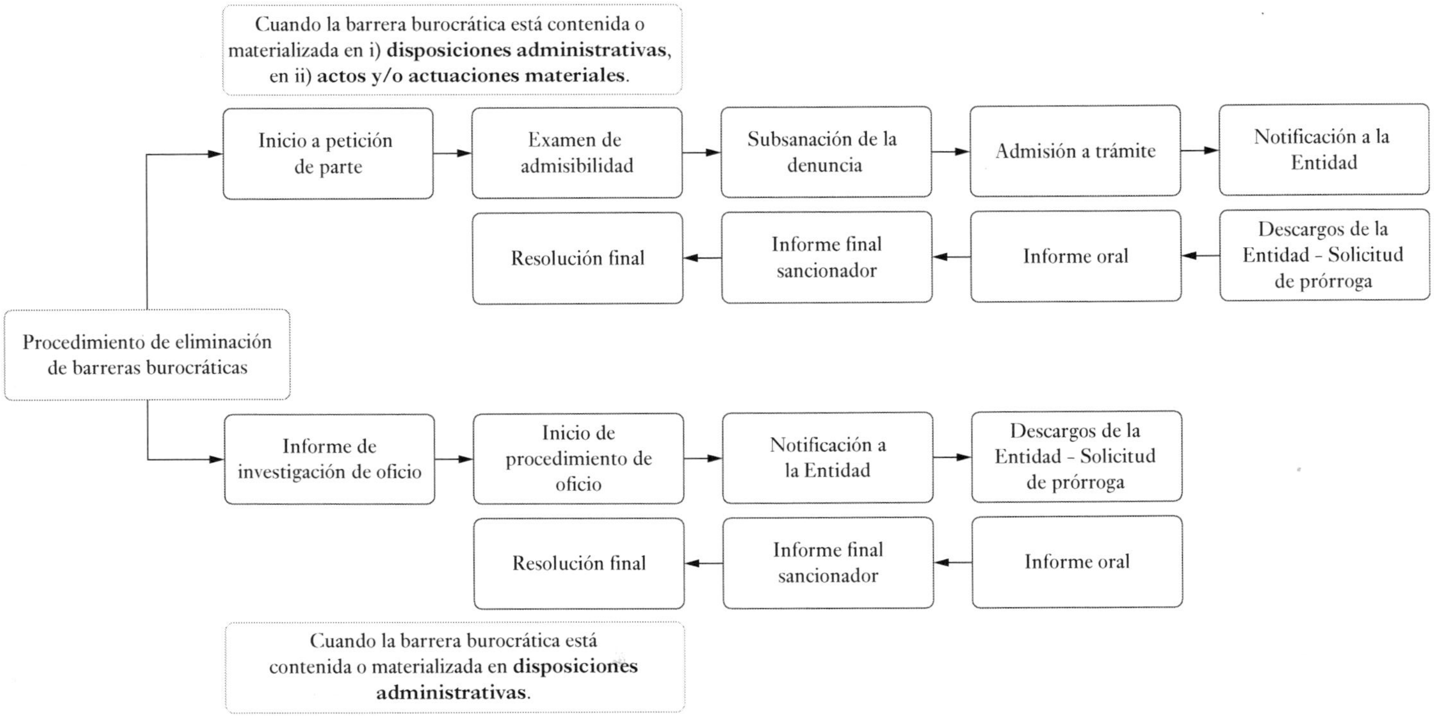

Fuente: elaboración propia.

Para poder determinar qué tratamiento debe darse al procedimiento de eliminación de barreras burocráticas, resulta necesario analizar su caracterización jurídica a partir de dos aspectos esenciales: i) la modalidad de inicio del procedimiento y ii) los efectos de la resolución final.

A. LA CARACTERIZACIÓN JURÍDICA DEL PROCEDIMIENTO DE ELIMINACIÓN DE BARRERAS BUROCRÁTICAS DE ACUERDO CON LA MODALIDAD DE INICIO

De la forma en que se inicie el procedimiento de eliminación de barreras burocráticas (a petición de parte y de oficio) depende el tratamiento que la secretaría técnica de la CEB le dé, lo que va a incidir en los sujetos que intervienen en dicho procedimiento. Como se explica a continuación, el procedimiento que se inicia a petición de parte tiene características propias de un Procedimiento Administrativo Trilateral (PAT), mientras que el procedimiento iniciado de oficio se asemeja más a un procedimiento lineal.

1. EL PROCEDIMIENTO DE ELIMINACIÓN DE BARRERAS BUROCRÁTICAS INICIADO A PETICIÓN DE PARTE

Como hemos afirmado, el procedimiento de eliminación de barreras burocráticas iniciado a petición de parte cuenta con características que lo asemejan a un PAT, sin embargo, también se verifican aspectos que no se corresponden con este tipo de procedimiento; por ello, del análisis de los aspectos característicos de los PAT podremos verificar si el primero sigue la lógica trilateral.

a. LOS SUJETOS DEL PROCEDIMIENTO

En el PAT, los sujetos del procedimiento son las partes en conflicto y la administración pública. A su vez, las partes pueden ser dos administrados particulares, dos entidades públicas o un administrado particular y una entidad pública en conflicto[30]. Este último caso sería el aplicable en

---

30 Richard Martín Tirado. *Prácticum Derecho administrativo. Un enfoque teórico-práctico*

el procedimiento de eliminación de barreras burocráticas a petición de parte, en donde se cuenta con una parte denunciante, una entidad pública denunciada y la autoridad administrativa que resuelve la controversia.

b. INTERPOSICIÓN DE LA DENUNCIA

El procedimiento que inicia a petición de parte comienza con una *denuncia* ante el secretario técnico de la CEB, la cual es similar a lo que el TUO de la LPAG denomina *reclamación* como uno de los mecanismos de inicio del PAT[31]. Así, el denunciante tiene un legítimo interés en el resultado del procedimiento, por lo que, de ordenarse la eliminación de la barrera, este será beneficiado; asume, por tanto, un rol de parte, con todos los derechos y cargas que ello implica para el denunciante[32]. Se trata de un denunciante llamado "calificado", en los términos del artículo 62[33] del TUO de la LPAG.

c. LAS *CARGAS* DEL ADMINISTRADO DENUNCIANTE

En los PAT se imponen ciertas cargas a los administrados, tales como el cumplimiento de los requisitos del escrito de reclamación[34], además de

---

para la aplicación de las normas del procedimiento administrativo, Lima, Gaceta Jurídica, 2021, p. 684.

31 Texto Único Ordenado de la Ley 27444, Ley del Procedimiento Administrativo General, aprobado por Decreto Supremo 004-2019-JUS. "Artículo 229. Procedimiento trilateral [...] 229.2 La parte que inicia el procedimiento con la presentación de una reclamación será designada como 'reclamante' y cualquiera de los emplazados será designado como 'reclamado'".

32 Óscar Alejos y Alejandra Suárez. Ob. cit., p. 209.

33 Texto Único Ordenado de la Ley 27444, Ley del Procedimiento Administrativo General, aprobado por Decreto Supremo 004-2019-JUS. "Artículo 62. Contenido del concepto administrado. // Se consideran administrados respecto de algún procedimiento administrativo concreto: 1. Quienes lo promuevan como titulares de derechos o intereses legítimos individuales o colectivos. // 2. Aquellos que, sin haber iniciado el procedimiento, posean derechos o intereses legítimos que pueden resultar afectados por la decisión adoptada".

34 Texto Único Ordenado de la Ley 27444, Ley del Procedimiento Administrativo General, aprobado por Decreto Supremo 004-2019-JUS. "Artículo 232. Contenido de

los requisitos de todo escrito de acuerdo con el artículo 124 del TUO de la LPAG. De similar manera, en el procedimiento de eliminación de barreras burocráticas, se debe verificar el cumplimiento de los requisitos de admisibilidad de la denuncia previstos en el artículo 20 del Decreto Legislativo 1256 y que suponen identificar claramente i) la barrera burocrática; ii) el medio de materialización de la barrera; iii) la entidad responsable de la barrera; iv) los fundamentos fácticos; v) los fundamentos jurídicos; vi) si es que se trata de una barrera irrazonable; vii) los indicios que sustentan la pretensión de irrazonabilidad, y viii) los medios probatorios que acrediten lo alegado por el denunciante. Cabe precisar que, sobre esto último, en el PAT, el reclamante también tiene la carga de presentar el material probatorio que sustente sus pretensiones[35].

En el caso de las denuncias iniciadas por una asociación, de acuerdo con lo previsto en el numeral 21.3 del artículo 21[36] del Decreto Legislativo 1256 esta deberá contar con los poderes de representación procesal de cada

---

la reclamación. // 232.1 La reclamación deberá contener los requisitos de los escritos previstos en el artículo 124, así como el nombre y la dirección de cada reclamado, los motivos de la reclamación y la petición de sanciones u otro tipo de acción afirmativa".

35 Texto Único Ordenado de la Ley 27444, Ley del Procedimiento Administrativo General, aprobado por Decreto Supremo 004-2019-JUS. "Artículo 232. Contenido de la reclamación. [...]232.2 La reclamación deberá ofrecer las pruebas y acompañará como anexos las pruebas de las que disponga".

36 Decreto Legislativo 1256, Ley de prevención y eliminación de barreras burocráticas. "Artículo 21. Representación en el procedimiento. // 21.1. En los procedimientos regulados por la presente ley no se requiere de la participación de abogados. Sin embargo, en caso de que el denunciante lo considere necesario, la participación de los abogados u otro tipo de representante legal se rige por las disposiciones previstas en la Ley N° 27444. // 21.2. La Comisión o su Secretaría Técnica puede considerar como válido que el abogado presente escritos sin contar con la firma del denunciante durante el procedimiento, siempre que, para la acreditación correspondiente, el escrito incluya como mínimo la firma del denunciante y del abogado que lo representa. // 21.3. Cuando las denuncias sean presentadas por una asociación, esta última debe precisar si lo hace en nombre propio o como representante de otros agentes económicos y/o administrados. De ser este último caso, la asociación actúa como representante legal, por lo que debe acreditar que cuenta con el otorgamiento de poderes de representación procesal suficientes para representar a cada uno de los asociados. La inaplicación al caso concreto a la que hace referencia el artículo 10 de la presente Ley, solo beneficia

uno de los asociados. Este requerimiento resulta una exigencia poco flexible para los miembros de los gremios afectados por una barrera burocrática. Paradójicamente, el requisito de contar con poderes brindados por cada uno de los afectados resulta irrazonable cuando debería bastar con la verificación de que estos son parte de la asociación que les representa en la denuncia.

Cabe precisar que, cuando además de la pretensión de ilegalidad de barrera burocrática, el administrado considera que esta es irrazonable, deberá adicionar a los requisitos presentados en virtud del artículo 20 del Decreto Legislativo 1256, aquel dispuesto en el artículo 15 que indica que sólo se realizará el examen de razonabilidad siempre que el denunciante presente indicios suficientes que acrediten la carencia de razonabilidad en la barrera. La resolución 64-2017/SDC-INDECOPI perteneciente al expediente 148-2014/CEB es una muestra de las conclusiones a las que se puede llegar a partir de lo dispuesto en el artículo 15 del Decreto Legislativo 1256, ya que se decidió no realizar el análisis de razonabilidad debido a que "la denuncia no presentó indicio alguno acerca de la presunta carencia de razonabilidad de la medida". Nuevamente, esta última disposición del Decreto Legislativo 1256 acerca más a este procedimiento a una lógica trilateral, en donde la Administración solo se pronunciará respecto a lo pedido por el administrado.

d. LOS DESCARGOS DE LA ENTIDAD

La siguiente etapa luego de la admisión de la denuncia es la notificación al denunciado para que, en un plazo de cinco días hábiles, presente sus descargos.

Los descargos o, más propiamente dicho, la contestación a la reclamación en los términos utilizados en el TUO de la LPAG, es una característica esencial del PAT como mecanismo de solución de controversias en donde la administración pública actúa como árbitro entre las partes.

En caso de que la entidad no realice sus descargos, corresponde la declaración de rebeldía. Al respecto, si bien esta no se encuentra contemplada en el Decreto Legislativo 1256, ha sido motivo de pronunciamiento

---

a aquellos asociados cuya representación fue acreditada por la asociación mediante los citados poderes antes de la admisión a trámite de la denuncia".

de la CEB en sus resoluciones[37]. Lo peculiar es que, para fundamentar la declaración en rebeldía de los denunciados, la CEB se remite al artículo 233 del TUO de la LPAG que regula lo concerniente a la rebeldía en los PAT, lo cual sugiere que la misma CEB le da un tratamiento trilateral a los procedimientos iniciados de parte[38].

e. LA IMPARCIALIDAD DE LA ADMINISTRACIÓN PÚBLICA

La imparcialidad de la Administración en los PAT es una característica esencial[39]. Si el procedimiento de eliminación de barreras burocráticas se constituye en un PAT, correspondería que el Decreto Legislativo 1256 evidencie o, al menos, no contradiga esa característica especial. A pesar de ello, dicho decreto incluye el principio de encausamiento[40] que posibilita a la CEB y a su secretaría técnica prescindir de lo contenido en la denuncia

---

37 Por ejemplo, ver resolución 0111-2015/CEB-INDECOPI que se pronuncia sobre la declaración de rebeldía en el marco de un procedimiento seguido contra el Ministerio de Transportes y Comunicaciones, así como la resolución 0283-2021/CEB-INDECOPI contra la Municipalidad Distrital de Surquillo.

38 De manera expresa, la CEB ha señalado su acuerdo con que los procedimientos iniciados a petición de parte tienen naturaleza trilateral. Así, en la resolución del expediente 0399-2014/CEB-INDECOPI, la CEB manifestó lo siguiente: "Los procedimientos de identificación y eliminación de barreras burocráticas, cuya naturaleza trilateral responde a un interés eminentemente particular, la sustracción de la materia se producirá cuando en el transcurso del procedimiento, sin que se haya emitido pronunciamiento definitivo, la entidad elimina las restricciones cuestionadas a favor del denunciante, ocasionando que carezca de objeto ordenar la inaplicación al caso en concreto".

39 Richard Martín Tirado. "El PAT y su aplicación en la Nueva Ley del Procedimiento Administrativo General", *Derecho y Sociedad*, Lima, 2001, p. 224.

40 Decreto Legislativo 1256, Ley de Prevención y Eliminación de Barreras Burocráticas. "Artículo 4. Principios de las autoridades a cargo de supervisar la presente ley. // Además de los principios señalados en el artículo IV del Título Preliminar de la Ley n.º 27444, las autoridades a cargo de hacer cumplir la presente ley se rigen por los siguientes principios: // [...]. // 2. Principio de encausamiento. Los órganos de primera instancia identifican, de oficio, otros medios de materialización de una barrera burocrática distintos a los indicados en la denuncia, cuando sea evidente su existencia. Del mismo modo, los referidos órganos podrán identificar, de oficio, la barrera burocrática cuestionada del texto íntegro de la denuncia y no únicamente del petitorio".

cuando advierta evidentemente que existen distintos medios de materialización de la barrera o cuando se identifiquen barreras burocráticas más allá de la denuncia.

El principio de encausamiento en materia de barreras burocráticas se refiere a la potestad de la CEB para identificar de oficio otras formas en las que una medida puede ser considerada como una presunta barrera burocrática ilegal y/o irrazonable. Es importante tener en cuenta que estas otras formas deben ser evidentes, por lo que la CEB no está obligada a buscar activamente nuevas formas que no tengan dicha característica. En caso de que la CEB identifique medidas adicionales a las consignadas en la denuncia, estas pueden ser consideradas también como barreras burocráticas, sin estar por ello limitado el pronunciamiento al contenido del petitorio.

Pareciera entonces que si la CEB identifica medidas más allá del texto de la denuncia, y su resolución incluye un pronunciamiento sobre estas otras medidas, se rompe con la imparcialidad que debe tener la Administración en los PAT, ya que se estaría favoreciendo a una de las partes, en este caso, al denunciante que puede no haber identificado desde un primer momento las barreras que le afectan. Claramente, este es otro aspecto del procedimiento eliminación de barreras burocráticas que no coincide con lo regulado en el TUO de la LPAG sobre el PAT.

f. CONCILIACIÓN DE INTERESES

Un aspecto que no se verifica en el procedimiento de eliminación de barreras burocráticas que inicia a petición de parte, pero sí es una característica del PAT, es la posibilidad de que la autoridad concilie los intereses de las partes o reconozca transacciones extrajudiciales. En efecto, el Decreto Legislativo 1256 no reconoce esta posibilidad en los procedimientos iniciados a pedido de parte, lo cual aleja la posibilidad de considerar que el conflicto que resuelve la CEB o la sala especializada de eliminación de barreras burocráticas se refiere a intereses plenamente particulares que puedan ser transables[41].

---

41 Hugo Gómez Apac. "El Procedimiento Trilateral: ¿Cuasi-jurisdiccional?", *CDA*, Lima, 2011, p. 24.

De esa forma, si bien el procedimiento de eliminación de barreras burocráticas iniciado a petición de parte cuenta con características que lo asemejan a un PAT como la modalidad de inicio, los sujetos que intervienen y los derechos y cargas impuestos al denunciante; también se identifican aspectos que lo alejan de esta figura como la prevalencia del principio de encausamiento o la imposibilidad de la conciliación de intereses.

2. EL PROCEDIMIENTO DE ELIMINACIÓN DE BARRERAS BUROCRÁTICAS INICIADO DE OFICIO

En razón a que el procedimiento iniciado de oficio sigue un trámite igual al iniciado de parte luego de la admisión de la denuncia, nos centraremos en dos características esenciales que caracterizarían al primer procedimiento como uno lineal, a saber: los sujetos del procedimiento y la incidencia de la oficialidad a lo largo de este.

a. SUJETOS DEL PROCEDIMIENTO

El procedimiento iniciado de oficio es tramitado por la Secretaría Técnica de la CEB y puede ser iniciado a partir de una denuncia informativa presentada por gremios empresariales, colegios profesionales, instituciones públicas, personas naturales, personas jurídicas. La identidad del denunciante informativo se mantendrá en reserva durante el procedimiento.

Debe quedar claro que, en estos casos, la denuncia informativa no inicia el procedimiento, pues formalmente quien lo hace es la secretaría técnica de la CEB de oficio[42], por ello, el denunciante asume el rol de colaborador y no de parte del procedimiento. De manera general, la posibilidad de realizar denuncias informativas se encuentra contemplada en el artículo 116

---

42 El artículo 8.4 del Decreto Legislativo 1256 dispone que las denuncias realizadas debido a la aplicación de una barrera burocrática materializada en una disposición administrativa que ya ha sido declarada ilegal (y por lo tanto se ordenó su inaplicación con efectos generales) serán encausadas como una denuncia informativa de incumplimiento de mandato. En otras palabras, los procedimientos iniciados por incumplimiento de mandato serán siempre procedimientos iniciados de oficio así deriven de la interposición de una denuncia.

del TUO de la LPAG[43] y, como tal, no genera necesariamente la obligación de iniciar un procedimiento administrativo.

Lo característico de esta denuncia es que el administrado comunica a la administración pública información sobre actuaciones que no se sujetan a derecho, sin que aquella comunicación se considere como una concretización de un interés personal legítimo que amerite introducirlo al procedimiento como parte. Por lo tanto, en el procedimiento de eliminación de barreras burocráticas iniciado de oficio a partir de una denuncia informativa, este último no se constituye en parte, sino que actúa como un tercero ajeno al procedimiento, con lo cual los efectos de la resolución final no le alcanzan de manera concreta.

b. LA OFICIALIDAD EN EL PROCEDIMIENTO

En líneas previas se mencionó al principio de encausamiento contemplado en el Decreto Legislativo 1256 como guía de la actuación de la autoridad administrativa en el procedimiento de eliminación de barreras burocráticas. La incorporación de este principio al Decreto Legislativo 1256 da cuenta de la importancia que tiene la prosecución del interés público por parte

---

43 Texto Único Ordenado de la Ley 27444, Ley del Procedimiento Administrativo General, aprobado por Decreto Supremo 004-2019-JUS. "Artículo 116. Derecho a formular denuncias. // 116.1. Todo administrado está facultado para comunicar a la autoridad competente aquellos hechos que conociera contrarios al ordenamiento, sin necesidad de sustentar la afectación inmediata de algún derecho o interés legítimo, ni que por esta actuación sea considerado sujeto del procedimiento. // 116.2. La comunicación debe exponer claramente la relación de los hechos, las circunstancias de tiempo, lugar y modo que permitan su constatación, la indicación de sus presuntos autores, partícipes y damnificados, el aporte de la evidencia o su descripción para que la administración proceda a su ubicación, así como cualquier otro elemento que permita su comprobación". // 116.3. Su presentación obliga a practicar las diligencias preliminares necesarias y, una vez comprobada su verosimilitud, a iniciar de oficio la respectiva fiscalización. El rechazo de una denuncia debe ser motivado y comunicado al denunciante, si estuviese individualizado. // 116.4. La entidad receptora de la denuncia puede otorgar medidas de protección al denunciante, garantizando su seguridad y evitando se le afecte de algún modo".

de la administración pública lo que, consecuentemente, se refuerza en los procedimientos iniciados de oficio.

Este principio especial de los procedimientos de eliminación de barreras burocráticas surge de una aplicación en conjunto de dos principios contemplados en el TUO de la LPAG, característicos de los procedimientos lineales[44]: el principio de impulso de oficio y el principio de verdad material. El primero se encuentra contemplado en el numeral 1.3 del artículo IV del Título Preliminar del TUO de la LPAG[45] y recoge lo que es también conocido en la legislación comparada como el principio de oficialidad[46] en virtud del cual la administración pública impulsa los actos del procedimiento independientemente de la intervención de los administrados en el procedimiento[47]. El segundo está regulado en el numeral 1.11 del mismo artículo y cuerpo normativo, y obliga a la administración pública a realizar todas las actuaciones necesarias para que prevalezca la verdad material por sobre lo presentado por las partes como verdad formal del procedimiento.

Esta oficialidad y el privilegio de la verdad material se evidencian en el Decreto Legislativo 1256, además de la aplicación del principio de encausamiento, en distintos artículos como el 45 (sobre la posibilidad de iniciar procedimientos), 47 (sobre el impulso de actividades de supervisión,

---

44 En el mismo sentido se pronuncia José Antonio Tirado Barrera (*Eliminación de barreras burocráticas. Análisis del Decreto Legislativo 1256, que aprueba la ley de prevención y eliminación de barreras burocráticas*, Lima, Gaceta Jurídica, 2018, p. 20) al afirmar que el principio de encausamiento "se trata de un mandato que resulta de la interpretación conjunta de los principios de impulso de oficio y verdad material, principios que rigen el procedimiento administrativo común".

45 Texto Único Ordenado de la Ley 27444, Ley del Procedimiento Administrativo General, aprobado por Decreto Supremo 004-2019-JUS. "Artículo IV. Principios del procedimiento administrativo. // 1. El procedimiento administrativo se sustenta fundamentalmente en los siguientes principios, sin perjuicio de la vigencia de otros principios generales del Derecho Administrativo. // [...] 1.3. Principio de impulso de oficio. Las autoridades deben dirigir e impulsar de oficio el procedimiento y ordenar la realización o práctica de los actos que resulten convenientes para el esclarecimiento y resolución de las cuestiones necesarias".

46 Al respecto, en el caso de la Argentina véase el inciso a del artículo 1.º de la Ley Nacional de Procedimientos Administrativos, Ley 19.549.

47 Juan Carlos Cassagne. *Derecho Administrativo*, Lima, Palestra, 2010, p. 645.

investigación e inspección en materia de eliminación de barreras burocráticas), 30 (sobre la citación de oficio a audiencia de informe oral), y 23 (sobre la imposición de oficio de medidas cautelares).

De la explicación realizada, podemos afirmar que el inicio de oficio del procedimiento de eliminación de barreras burocráticas no presenta mayor dificultad respecto a que sea caracterizado como un procedimiento administrativo lineal desde la perspectiva de los sujetos involucrados y el trámite regulado en el Decreto Legislativo 1256.

B. LA CARACTERIZACIÓN JURÍDICA DEL PROCEDIMIENTO DE ELIMINACIÓN DE BARRERAS BUROCRÁTICAS DE ACUERDO CON LOS EFECTOS DEL PRONUNCIAMIENTO DE LA RESOLUCIÓN FINAL

1. LA RESOLUCIÓN FINAL DE LA CEB Y SU IMPUGNACIÓN

Con la Resolución de la CEB se termina la primera instancia administrativa del procedimiento de eliminación de barreras burocráticas, el cual podrá ser impugnado, de conformidad con lo establecido en el citado numeral 32.1 del artículo 32 del Decreto Legislativo 1256, dentro de los quince días hábiles siguientes a la notificación de la resolución que declara una barrera burocrática, que impone multas o que ordena medidas cautelares para su análisis por parte de la sala especializada de eliminación de barreras burocráticas.

En efecto, el trámite de la apelación suspende los efectos de la resolución mientras la sala especializada en eliminación de barreras burocráticas emita resolución, salvo que la CEB determine motivadamente lo contrario, según lo dispuesto en el citado numeral 32.2 del artículo 32 del Decreto Legislativo 1256.

Para la tramitación del procedimiento en segunda instancia, acorde a lo establecido en el numeral 6.3[48] del Decreto Legislativo 1256, la sala

48 Decreto Legislativo 1256, Ley de Prevención y Eliminación de Barreras Burocráticas. "Artículo 6. Atribuciones de las autoridades en materia de eliminación de barreras

especializada en eliminación de barreras burocráticas se encuentra asistida por su secretaría técnica, que lleva a cabo actividades de instrucción en aplicación del referido decreto y supletoriamente el TUO de la LPAG.

Con la resolución de la sala especializada en eliminación de barreras burocráticas se agota la vía administrativa y se habilita a la que la entidad que emitió la disposición cuestionada pueda acudir al proceso contencioso administrativo en el poder judicial. Asimismo, como se ha mencionado, en caso de que el procedimiento se hubiera iniciado de oficio, el Indecopi podrá interponer una demanda de acción popular para derogar decretos supremos o normas de menor jerarquía que vulneren la Constitución o recurrir a la Defensoría del Pueblo para la presentación de una demanda de inconstitucionalidad en caso de ordenanzas regionales o municipales dado su rango de ley, en aplicación de lo estipulado en el artículo 11[49] del Decreto Legislativo 1256.

2. LOS EFECTOS DE LA RESOLUCIÓN FINAL DEL PROCEDIMIENTO DE ELIMINACIÓN DE BARRERAS BUROCRÁTICAS

De acuerdo con lo dispuesto en el Decreto Legislativo 1256, la CEB puede tener tres tipos de pronunciamientos cuando declara una barrera como

---

burocráticas. // [...] 6.3. De la Secretaría Técnica de la Sala. // La Secretaría Técnica de la Sala es competente para tramitar y realizar las labores de instrucción de los procedimientos administrativos seguidos ante la Sala, a estas funciones se aplican supletoriamente lo dispuesto en el Decreto Legislativo N° 807, la Ley N° 27444 y el Decreto Legislativo N° 1033".

49 Decreto Legislativo 1256, Ley de Prevención y Eliminación de Barreras Burocráticas. "Artículo 11. Mecanismos para lograr la derogación de las disposiciones administrativas que contienen barreras burocráticas. // En los procedimientos iniciados de oficio, el Indecopi puede interponer la demanda de acción popular contra decretos supremos u otras normas de inferior jerarquía que contengan barreras burocráticas identificadas como ilegales y/o carentes de razonabilidad, a fin de lograr su derogación o nulidad. Asimismo, acudir a la Defensoría del Pueblo para que se interponga la demanda de inconstitucionalidad contra normas municipales y regionales de carácter general con rango de ley que contengan barreras burocráticas identificadas como ilegales y/o carentes de razonabilidad".

ilegal o irrazonable, los cuales se pueden concretizar en una orden de: i) inaplicación al caso concreto; ii) inaplicación con efectos generales, y iii) oponibilidad de lo resuelto *ex nunc*. A su vez, estas disposiciones de la CEB dependen de la modalidad de inicio del procedimiento y de materialización de la barrera (si la barrera es un acto administrativo, una actuación material o una disposición administrativa).

Para una mayor comprensión se ha elaborado la siguiente gráfica que resume los efectos del pronunciamiento de la CEB de acuerdo con la forma de materialización de la barrera.

GRÁFICA 2. EFECTOS DEL PRONUNCIAMIENTO DE LA *CEB* EN EL PROCEDIMIENTO DE ELIMINACIÓN DE BARRERAS BUROCRÁTICAS

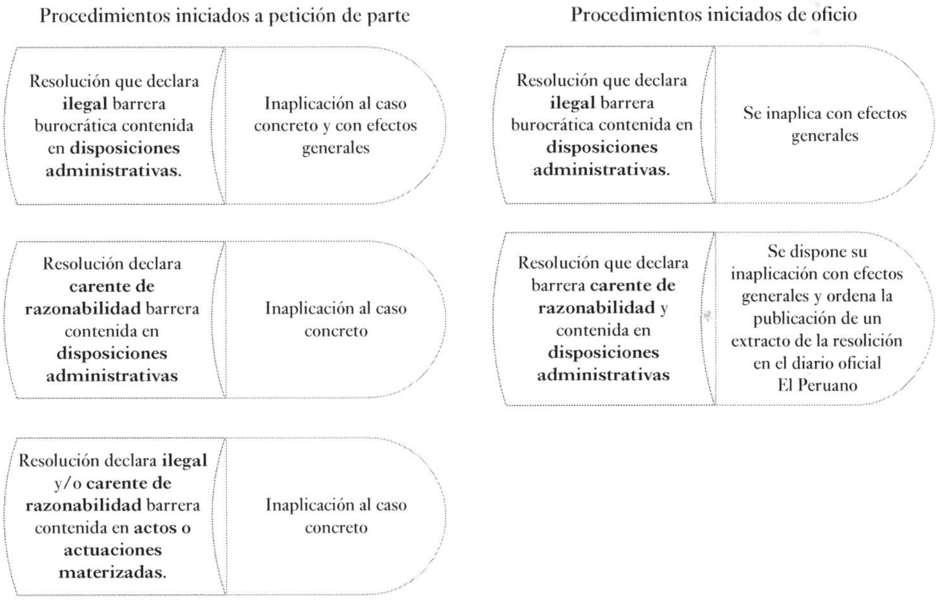

Fuente: elaboración propia.

Como se puede apreciar, en los procedimientos iniciados a petición de parte el sentido de la resolución es siempre la inaplicación al caso en concreto, es decir, a favor del denunciante que impulsó el procedimiento. Además de ello, cuando se declare la ilegalidad de una disposición administrativa, además de favorecer al denunciante, también se ordena la inaplicación de la barrera con efectos generales[50-51].

En cambio, en el caso de los procedimientos iniciados de oficio la Secretaría Técnica de la CEB solo puede iniciarlos en caso de que la barrera se encuentre materializada en disposiciones administrativas, lo cual resulta lógico en tanto los actos administrativos y actuaciones materiales de la administración tienen efectos particulares que podrían vulnerar intereses individuales, a diferencia de las disposiciones administrativas que se caracterizan por desplegar efectos generales. De esta forma, cuando se declare la ilegalidad o carencia de razonabilidad de una barrera burocrática, la CEB

50 La posibilidad de que la CEB declare la inaplicación con efectos generales fue introducida en la regulación sobre el procedimiento de eliminación a través del Decreto Legislativo 1256, ya que previo a ello era de aplicación el Decreto Legislativo 807 que no contemplaba la posibilidad de ordenar la inaplicación general de las barreras. En la exposición de motivos de la Ley de Eliminación de Barreras Burocráticas se sostuvo que tanto las denuncias de parte como los procedimientos iniciados de oficio podrán terminar en una resolución que ordene la inaplicación con efectos generales, conforme se cita a continuación: "[...]. cuando se declara que una medida materializada en una disposición administrativa, por ejemplo, un decreto supremo o una ordenanza municipal, constituye una barrera burocrática ilegal, esta decisión se fundamenta en la falta de competencia por parte de la entidad que emite la disposición cuestionada, que esta entidad ha incumplido las formalidades exigidas por ley para su aprobación o que la exigencia contraviene una ley. Teniendo en cuenta que estas deficiencias afectan el origen mismo de la disposición cuestionada, *es necesario que el INDECOPI ordene su inaplicación con carácter general, evitando así el inicio de procedimientos administrativos idénticos por parte de los ciudadanos a los cuales se les pretenda aplicar la exigencia cuestionada*, con el consiguiente ahorro de recursos para los administrados, quienes no tendrán que iniciar un procedimiento administrativo respecto del cual ya conocen la decisión del INDECOPI. Así, al declarar la inaplicación con carácter general de una barrera burocrática ilegal, el INDECOPI podrá orientar su actividad al desarrollo de acciones preventivas, a fin de obtener la eliminación de barreras burocráticas antes del inicio de un procedimiento administrativo" (énfasis agregado).

51 Debe tenerse en cuenta que la inaplicación de carácter general de una barrera burocrática ilegal materializada en disposiciones administrativas será efectiva a partir del día siguiente de la publicación en el Diario Oficial *El Peruano* y no desde la expedición de la resolución que declara la misma, debido a que no opera de manera automática. Álvaro Santiago Guimaray Morales y Yury Luis Romero Serrano. *Manual sobre Prevención y eliminación de barreras burocráticas*, Lima, Indecopi, 2017, p. 10.

o la sala especializada en eliminación de barreras burocráticas dispondrá su inaplicación con efectos generales.

Cabe recalcar que cuando nos referimos a "inaplicación con efectos generales" no estamos aludiendo a una derogación normativa, sino que concretamente la CEB emite una orden para que una disposición administrativa –que sigue siendo parte del ordenamiento jurídico– ya no sea aplicada a casos concretos. En relación con ello, de la lectura *a contrario sensu* del artículo 11 del Decreto Legislativo 1256[52] se concluye que la CEB solo puede declarar la inaplicación general de toda barrera contenida en disposiciones administrativas, estando excluidas las normas con rango de ley de alcance nacional, decretos supremos y resoluciones ministeriales.

Es por ello que en estos supuestos solo se pueden emitir mandatos de eliminación[53] y la norma –como ya ha sido referido– faculta al Indecopi para interponer demandas de acción popular, así como acudir a la Defensoría del Pueblo para que interponga una demanda de inconstitucionalidad contra barreras burocráticas contenidas en normas municipales y regionales de carácter general, que tengan rango de ley.

De esta manera, el principal efecto obtenido con la inaplicación con efectos generales de las barreras burocráticas ilegales o carentes de razonabilidad contenidas en disposiciones administrativas, es evitar que la administración pública tenga que llevar a cabo procedimientos idénticos, a razón del fondo y la forma, variando tan solo por el administrado que lo ha solicitado. Aunado a ello, se cumple con la simplificación administrativa a

---

52 Decreto Legislativo 1256. Decreto Legislativo que aprueba la Ley de Prevención y Eliminación de Barreras Burocráticas. "Artículo 11. Mecanismos para lograr la derogación de las disposiciones administrativas que contienen barreras burocráticas. En los procedimientos iniciados de oficio, el Indecopi puede interponer la demanda de acción popular contra decretos supremos u otras normas de inferior jerarquía que contengan barreras burocráticas identificadas como ilegales y/o carentes de razonabilidad, a fin de lograr su derogación o nulidad. Asimismo, acudir a la Defensoría del Pueblo para que se interponga la demanda de inconstitucionalidad contra normas municipales y regionales de carácter general con rango de ley que contengan barreras burocráticas identificadas como ilegales y/o carentes de razonabilidad".

53 Francisco Ochoa. Ob. cit., p. 46.

fin de reducir las vallas, barreras y costos que impiden una mayor eficiencia social en la interacción de los ciudadanos y los agentes económicos.

3. INCIDENCIA DE LOS EFECTOS DE LA RESOLUCIÓN FINAL EN LA CARACTERIZACIÓN JURÍDICA DEL PROCEDIMIENTO DE ELIMINACIÓN DE BARRERAS BUROCRÁTICAS

De vuelta a la cuestión en discusión, y de igual modo a las consideraciones expresadas respecto de la caracterización jurídica de este procedimiento, podemos apreciar que no existe claridad, desde la perspectiva de los efectos de la resolución, para afirmar si estamos frente a un procedimiento trilateral o a uno de carácter lineal (especialmente en los procedimientos iniciados a petición de parte).

Al respecto, cabe precisar que los efectos de una resolución emitida por un órgano de solución de controversias en un PAT solo alcanzan a las partes del procedimiento. Y es que los conflictos sobre los que la administración pública decide siempre surgen de una controversia entre las partes. A diferencia de ello, en los procedimientos de eliminación de barreras burocráticas iniciados de parte, la controversia puede surgir no sólo a partir de actos administrativos o actuaciones materiales que afectan concretamente al denunciado, sino también de disposiciones administrativas que son actos normativos abstractos de alcance general. En estos casos, cuando se acoja la pretensión del administrado sobre la ilegalidad de la barrera, la resolución de la CEB o de la sala especializada en eliminación de barreras burocráticas dispondrán la inaplicación con efectos generales.

A nuestro entender, este es el principal aspecto en el que el procedimiento de eliminación de barreras burocráticas se aparta del PAT en procedimientos iniciados a pedido de parte, ya que las resoluciones emitidas en el marco de dichos procedimientos solo tienen efectos entre las partes, mientras que el Decreto Legislativo 1256 contempla la posibilidad de que un procedimiento iniciado de parte culmine con la inaplicación con efectos generales cuando verse sobre la ilegalidad de disposiciones administrativas.

Como se ha explicado a lo largo de este apartado, el procedimiento de eliminación de barreras burocráticas ostenta características de un procedimiento lineal y de un PAT, dependiendo de la modalidad de inicio y de los efectos de la resolución. Es por ello que nos encontramos ante un procedimiento administrativo especial que, por sus características, no puede encajarse de manera integral en alguno de los procedimientos regulados por el TUO de la LPAG[54].

IV. METODOLOGÍA DE ANÁLISIS APLICADA POR LA COMISIÓN DE ELIMINACIÓN DE BARRERAS BUROCRÁTICAS PARA LA EMISIÓN DE SUS DECISIONES

El Decreto Legislativo 1256 establece una metodología de análisis que la CEB debe realizar para determinar si una barrera burocrática es ilegal o carece de razonabilidad. Esta evaluación comprende la realización de dos análisis[55], cuyas características serán presentadas a continuación.

---

54 A pesar del tratamiento trilateral que la CEB suele darles a los procedimientos iniciados a petición de parte, diversos autores como Óscar Alejos y Alejandra Suárez (Ob. cit., p. 220) concluyen que incluso en estos procedimientos debe prevalecer la protección del interés público por sobre los intereses particulares, y por ello no podemos encontrarnos ante un PAT. En similar sentido se pronuncia Oscar Herrera (*Reflexiones sobre la naturaleza del procedimiento de eliminación de barreras burocráticas*, Lima, PUCP, 2018, p. 20) al concluir que "no se puede considerar al procedimiento de eliminación de barreras burocráticas como un procedimiento trilateral". Sin pronunciarse sobre la caracterización jurídica del procedimiento de eliminación de barreras burocráticas, Jorge Danós Ordóñez (Ob. cit., p. 405) concluye que el referido procedimiento es una forma de control jurídico de la administración; cfr., Óscar Alejos y Alejandra Suárez. Ob. cit., pp. 202-222.

55 Si bien el Decreto Legislativo 1256 introduce la metodología de análisis para la determinación de la ilegalidad y/o carencia de razonabilidad de una barrera burocrática, previo a ello la CEB ya realizaba estos análisis puesto que en la Resolución n.º 182-97-TDC se estableció como precedente de observancia obligatoria lo siguiente: "Estos criterios de interpretación se encuentran descritos en el esquema que se muestra a continuación y que está resumido en el gráfico que se acompaña como Anexo de esta resolución: //–En primer lugar, la Comisión –o la Sala en su caso– evaluará la legalidad de la medida administrativa cuestionada, con la finalidad de determinar si ésta ha respetado las formalidades y procedimientos establecidos por las normas aplicables al caso concreto y, asimismo, si encuadra dentro de las atribuciones y competencias conferidas a la autoridad correspondiente. //–En segundo término, se analizará la racionalidad de la exigencia impuesta, [...]".

A. ANÁLISIS DE LEGALIDAD

Para la declaratoria de una barrera burocrática como ilegal, la CEB verifica si carece de una legalidad de fondo, de forma o de una legalidad de fondo por incompatibilidad legal:

i) La legalidad de fondo supone la verificación de que la barrera no haya sido emitida por una autoridad competente, lo cual se encuentra recogido en el numeral 1.17[56] del artículo IV del TUO de la LPAG, en el principio del ejercicio legítimo del poder.

ii) La legalidad de forma implica que la emisión o imposición de la barrera no haya sido realizada de acuerdo con el procedimiento y las formalidades necesarias.

iii) La legalidad de fondo por incompatibilidad legal significa que la barrera no contravenga el marco normativo de la libre iniciativa privada, de la simplificación administrativa o cualquier otro dispositivo legal.

El requerimiento de que los supuestos mencionados previamente tiene como objetivo de identificar si la barrera burocrática cumple o no con las formalidades para su emisión, ya sea como acto o disposición administrativa. Es decir, en el análisis de legalidad se determina si la existencia de la barrera burocrática transgrede el ordenamiento jurídico. Es por ello que cada uno de los supuestos se refiere a un tipo de ilegalidad: ilegalidad de fondo, de forma o de fondo por incompatibilidad legal.

Resulta cuestionable que no se considere también el análisis de razonabilidad como parte del análisis de legalidad, ya que este incluye una aplicación del *test* de proporcionalidad, el cual es utilizado, principalmente, para identificar vulneraciones normativas (ya sean legales o constitucionales).

---

56 Texto Único Ordenado de la Ley 27444, Ley del Procedimiento Administrativo General, aprobado por Decreto Supremo 004-2019-JUS: "Artículo IV. *Principios del procedimiento administrativo*. 1. El procedimiento administrativo se sustenta fundamentalmente en los siguientes principios, sin perjuicio de la vigencia de otros principios generales del Derecho Administrativo: 1.17. *Principio del ejercicio legítimo del poder*. La autoridad administrativa ejerce única y exclusivamente las competencias atribuidas para la finalidad prevista en las normas que le otorgan facultades o potestades, evitándose especialmente el abuso del poder, bien sea para objetivos distintos de los establecidos en las disposiciones generales o en contra del interés general".

B. ANÁLISIS DE RAZONABILIDAD

El segundo análisis comprende la evaluación de razonabilidad de la barrera, la cual incluye la actuación de las pruebas presentadas por el denunciante o por la Secretaría Técnica de la CEB. Cabe precisar que la evaluación de razonabilidad contiene en sí misma la aplicación de los elementos del principio de proporcionalidad. Así, el análisis declarará la carencia de razonabilidad de una barrera siempre que la CEB considere que existen indicios suficientes para determinar que la misma es arbitraria o desproporcionada.

Por un lado, se estima que una barrera es arbitraria cuando se demuestra que la misma se adoptó sin contar con algún tipo de información de sustento, sin que sea necesario un análisis minucioso del análisis que realizó la autoridad, por otro, la desproporcionalidad de la medida se refiere al cumplimiento de los principios de idoneidad y de necesidad de la disposición, acto o actuación[57] con respecto a los fines para los que fue establecido.

En adición a ello, el Decreto Legislativo 1256 contiene una lista no taxativa de supuestos que no serán considerados como indicios suficientes de la arbitrariedad o desproporcionalidad de una barrera. Esta lista incluye una serie de argumentos que la CEB descartará *prima facie* en caso el denunciante los alegue para sustentar la razonabilidad. Los argumentos son: i) los que no se encuentren referidos a la barrera burocrática cuestionada; ii) los que tengan como finalidad cuestionar la pertinencia de una política pública; iii) alegar como único argumento que la medida genera costos. La exposición de motivos del Decreto Legislativo 1256 no ha especificado por qué se incluyó esta lista no taxativa, sin embargo, resulta comprensible su incorporación en razón a que reduce la carga procedimental de la CEB ante pretensiones que requieran la evaluación de razonabilidad. Sin perjuicio de ello, con el fin de contar con un procedimiento de mayor tutela a los administrados, los argumentos listados deberían interpretarse de manera que se permita que el análisis de razonabilidad se realice y no al contrario.

La carga de la prueba también es otro aspecto que considerar en el análisis de razonabilidad, pues aquella recae en la entidad pública. La misma

57 José Antonio Tirado Barrera. Ob. cit., pp. 31-35.

ley identifica los elementos[58] que debe acreditar para fundamentar por qué no se trata de una barrera arbitraria o desproporcionada, caso contrario, la CEB declarará la carencia de razonabilidad del acto, disposición o actuación administrativa.

V. DIFERENCIAS DEL PROCEDIMIENTO DE ELIMINACIÓN DE BARRERAS BUROCRÁTICAS CON LOS PROCESOS DE INCONSTITUCIONALIDAD Y ACCIÓN POPULAR

Conviene que se precise que el procedimiento de eliminación de barreras burocráticas no se puede confundir con los procesos de inconstitucionalidad o de acción popular seguidos ante el Tribunal Constitucional o el poder judicial, respectivamente, los cuales eliminan disposiciones de manera general.

---

58 Decreto Legislativo 1256, Decreto Legislativo que aprueba la ley de prevención y eliminación de barreras burocráticas. "Artículo 18. Análisis de razonabilidad. 18.1. Una vez que la Comisión o la Sala, de ser el caso, considera que han sido presentados indicios suficientes sobre la presunta carencia de razonabilidad de la barrera burocrática cuestionada, analiza la razonabilidad de la medida, verificando que se cumplieron los siguientes elementos al momento de la elaboración y emisión de la medida cuestionada: // a. Que la medida no es arbitraria, lo que implica que la entidad acredite: // 1. La existencia del interés público que sustentó la medida cuestionada. El interés público alegado debe encontrarse dentro del ámbito de atribuciones legales de la entidad. // 2. La existencia del problema que se pretendía solucionar con la medida cuestionada. // 3. Que la medida cuestionada resulta idónea o adecuada para lograr la solución del problema y/o para alcanzar el objetivo de la medida. // b. Que la medida es proporcional a sus fines, lo que implica que la entidad acredite: // 1. Una evaluación de los beneficios y/o el impacto positivo que generaría la medida y de los costos y/o el impacto negativo de la misma para los agentes económicos obligados a cumplirla, así como para otros agentes afectados y/o para la competencia en el mercado. // 2. Que la referida evaluación permite concluir que la medida genera mayores beneficios que costos. // 3. Que otras medidas alternativas no resultarían menos costosas o no serían igualmente efectivas. Dentro de estas medidas alternativas debe considerarse la posibilidad de no emitir una nueva regulación. // 18.2. En caso de que la entidad no acredite alguno de los elementos indicados en los literales precedentes, la Comisión o la Sala, de ser el caso, declara la carencia de razonabilidad de la barrera burocrática".

La principal distinción es que, a diferencia de los procesos de inconstitucionalidad y de la acción popular, el procedimiento de eliminación de barreras burocráticas, en realidad, no puede eliminar normas del ordenamiento, sino que, en estricto, ordena su eliminación a las entidades respectivas. En cambio, las resoluciones emitidas en los procesos de inconstitucionalidad y de acción popular sí generan que la norma quede sin efectos de manera directa[59]. Como ha sido desarrollado anteriormente, es tal la imposibilidad de la CEB para eliminar de manera directa una norma, que el artículo 11 del Decreto Legislativo 1256 dispone que en los procedimientos iniciados de oficio, el Indecopi puede interponer la demanda de acción popular para lograr la derogación o nulidad de una barrera burocrática; así como faculta a la Defensoría del Pueblo a interponer una demanda de inconstitucionalidad contra normas municipales y regionales con rango de ley que contengan barreras burocráticas identificadas.

En relación con las finalidades perseguidas, los procesos de inconstitucionalidad y de acción popular tienen como fin resguardar la primacía de la Constitución y la ley[60], a diferencia del procedimiento de eliminación de barreras burocráticas que tiene como finalidad controlar la legalidad y razonabilidad de los actos de la administración[61], siempre que afecten la competitividad del mercado[62]. Como consecuencia de ello, los efectos de los procesos de inconstitucionalidad y de acción popular alcanzan solo a normas, mientras que el procedimiento de eliminación de barreras burocráticas alcanza también a actos y actuaciones administrativas.

En cuanto al trámite de los procesos de acción popular y de inconstitucionalidad en comparación con el del procedimiento de eliminación de

---

59 Raffo Velásquez. "Efectos de la sentencia de inconstitucionalidad", *Revista de la Maestría en Derecho Procesal, Revistas de Derecho*, PUCP, Lima, 2020, p. 177.

60 Ley 31307, Nuevo Código Procesal Constitucional. "Artículo 74. *Finalidad.* Los procesos de acción popular y de inconstitucionalidad tienen por finalidad la defensa de la Constitución y, en su caso, de la ley, frente a infracciones contra su jerarquía normativa".

61 Cfr. Indecopi, 2013, p. 64.

62 Sala de Derecho Constitucional y Social Permanente. Corte Suprema de Justicia de la República, Considerando Décimo Quinto, Sentencia del 14 de abril de 2016, Casación 415-2014.

barreras burocráticas, este último resulta más célere y menos complejo que los primeros. Concretamente, en el caso de la acción popular i) la acción prescribe a los cinco años de la publicación de la norma cuestionada[63]; ii) no es posible solicitar una medida cautelar si no se ha tenido un fallo estimatorio en primera instancia[64]; iii) incluso cuando se ha obtenido una sentencia estimatoria en primera instancia, los autos se elevan en consulta a la Sala Constitucional y Social de la Corte Suprema[65]. En relación con el proceso de inconstitucionalidad, las principales diferencias en su trámite se encuentran en i) los sujetos legitimados, ya que en el procedimiento de eliminación de barreras burocráticas (de oficio) podrá intervenir cualquier agente económico, mientras que en el procedimiento solo están facultados los sujetos del artículo 203 de la Constitución Política del Perú[66]; ii) la prescripción de la acción que en el caso de la inconstitucionalidad es

---

63 Ley 31307, Nuevo Código Procesal Constitucional. "Artículo 86. *Plazo*. El plazo para interponer la demanda de acción popular es de cinco años, contados desde el día siguiente de publicación de la norma. Vencido el plazo indicado prescribe la pretensión, sin perjuicio de lo dispuesto por el artículo 51 y por el segundo párrafo del artículo 138 de la Constitución".

64 Ley 31307, Nuevo Código Procesal Constitucional. "Artículo 93. *Medida cautelar*. Procede solicitar medida cautelar una vez expedida sentencia estimatoria de primer grado. El contenido cautelar está limitado a la suspensión de la eficacia de la norma considerada vulneratoria por el referido pronunciamiento".

65 Ley 31307, Nuevo Código Procesal Constitucional. "Artículo 94. *Consulta*. Si la sentencia que declara fundada la demanda no es apelada, los autos se elevarán en consulta a la Sala Constitucional y Social de la Corte Suprema. La consulta se absolverá sin trámite y en un plazo no mayor de cinco días desde que es recibido el expediente".

66 Constitución Política del Perú. "Artículo 203. Están facultados para interponer acción de inconstitucionalidad: // 1. El Presidente de la República. // 2. El Fiscal de la Nación. // 3. El Presidente del Poder Judicial, con acuerdo de la Sala Plena de la Corte Suprema de Justicia. // 4. El Defensor del Pueblo. // 5. El veinticinco por ciento del número legal de congresistas. // 6. Cinco mil ciudadanos con firmas comprobadas por el Jurado Nacional de Elecciones. Si la norma es una ordenanza municipal, está facultado para impugnarla el uno por ciento de los ciudadanos del respectivo ámbito territorial, siempre que este porcentaje no exceda del número de firmas anteriormente señalado. // 7. Los Gobernadores Regionales con acuerdo del Consejo Regional, o los alcaldes provinciales con acuerdo de su Concejo, en materias de su competencia. // 8. Los colegios profesionales, en materias de su especialidad".

de seis años de publicada la norma[67] y iii) la imposibilidad de establecer medidas cautelar en el proceso de inconstitucionalidad[68].

En suma, el procedimiento de eliminación de barreras burocráticas es distinto en su fundamento y trámite a los procesos de inconstitucionalidad y de acción popular, a pesar de que en los tres casos se cuestionan disposiciones normativas. En razón a ello, el sujeto cuyos intereses sean afectados por una disposición normativa deberá evaluar con precisión cuál es el resultado que busca con el fin de escoger el proceso o procedimiento adecuado para la consecución de sus intereses.

VI. RÉGIMEN SANCIONADOR A FUNCIONARIOS Y SERVIDORES PÚBLICOS: IMPOSICIÓN DE MULTAS A FUNCIONARIOS Y CUALQUIER PERSONA QUE EJERZA FUNCIÓN ADMINISTRATIVA

El régimen sancionador para los servidores públicos, en el ámbito de barreras burocráticas, consiste en la imposición de sanciones administrativas cuando, en el ejercicio de sus funciones, persistan con la aplicación de exigencias, condiciones y/o limitaciones que sean consideradas como una barrera burocrática ya sea ilegal o carente de razonabilidad. Este régimen sancionador permite que pueda responsabilizarse de manera directa a los funcionarios, servidores y/o cualquier otra persona que ejerza función administrativa, tal como se establece en el artículo 33 del Decreto Legislativo 1256.

Las conductas infractoras en las que pueden incurrir los servidores públicos para que le sean aplicables las sanciones administrativas, están estipuladas en el artículo 34 del Decreto Legislativo 1256, la cual regula siete supuestos de infracción:

---

67 Ley 31307, Nuevo Código Procesal Constitucional. "Artículo 99. Plazo prescriptorio. La demanda de inconstitucionalidad de una norma debe interponerse dentro del plazo de seis años contados a partir del día siguiente de su publicación, salvo el caso de los tratados en que el plazo es de seis meses. Vencidos los plazos indicados, prescribe la pretensión, sin perjuicio de lo dispuesto por el artículo 51 y por el segundo párrafo del artículo 138 de la Constitución".

68 Tribunal Constitucional, Fundamento 4, 12 de julio de 2022, exp. 00017-2021-PI/TC.

i) Incumplir con el mandato de inaplicación de una barrera burocrática declarada ilegal con efectos generales al que se hace referencia en el artículo 8.º del Decreto Legislativo 1256.

Un servidor público puede ser sancionado cuando no cumpla con inaplicar una barrera burocrática declarada ilegal, ya sea mediante procedimientos iniciados de oficio o de parte. Las barreras burocráticas en las que opera el mandato deben ser disposiciones administrativas, por lo que, su inaplicación tiene efectos generales. En tal sentido, este reconocimiento no sólo opera para los denunciantes, sino que también a cualquier agente económico que pueda verse afectado por el incumplimiento del mandato de inaplicación. Esta infracción es considerada como muy grave.

ii) Incumplir con el mandato de inaplicación de una barrera burocrática declarada ilegal y/o carente de razonabilidad a un caso en concreto al que se hace referencia en el artículo 10 del Decreto Legislativo 1256.

Un servidor público puede ser sancionado cuando no cumpla con inaplicar una barrera burocrática declarada ilegal y/o carente de razonabilidad en un procedimiento de parte. En este supuesto, la barrera burocrática a inaplicar puede formalizarse en disposiciones, actos o actuaciones materiales de la administración pública que sean declaradas como ilegales o carentes de razonabilidad. Los alcances de dicha infracción sólo corresponden al caso concreto de un agente económico en particular. Esta infracción es considerada como muy grave.

iii) Aplicar u ordenar la aplicación de una barrera burocrática previamente declarada carente de razonabilidad, luego de publicado lo resuelto en los procedimientos de oficio a los que hace referencia el artículo 9.º del Decreto Legislativo 1256.

Un servidor público puede ser sancionado en caso de que incumpla con inaplicar una barrera burocrática carente de razonabilidad y declarada en anteriores procedimientos iniciados de oficio[69]. Los servidores públicos tienen la obligación de inaplicar aquellas barreras burocráticas declaradas irrazonables cuando sean declaradas así en el caso de disposiciones

---

69 Instituto Nacional de Defensa de la Competencia y de la Protección de la Propiedad Intelectual. *Manual sobre Prevención y Eliminación de Barreras Burocráticas*, vol. 2, Lima, Indecopi, 2017, p. 19.

administrativas. En este caso, se sanciona el accionar del servidor público, ya sea por ejecución directa o por ordenar la aplicación de la barrera. Esta infracción es considerada como muy grave.

iv) Omitir la inaplicación de una barrera burocrática previamente declarada carente de razonabilidad, luego de publicado lo resuelto en los procedimientos de oficio a los que hace referencia el artículo 9.º del Decreto Legislativo 1256.

Un servidor público puede ser sancionado en caso de que incumpla con inaplicar una barrera burocrática carente de razonabilidad y declarada en anteriores procedimientos iniciados de oficio[70]. Los servidores públicos deben inaplicar aquellas barreras burocráticas contenidas en disposiciones administrativas y declaradas irrazonables. A diferencia del supuesto anterior, se sanciona la omisión de no inaplicar cuando se tengan facultades para hacerlo. Esta infracción es considerada como grave.

v) Aplicar u ordenar la aplicación de una barrera burocrática previamente declarada ilegal y/o carente de razonabilidad luego de publicado lo resuelto en los procedimientos de oficio iniciados con anterioridad al Decreto Legislativo 1256.

Un servidor público puede ser sancionado en caso de que incumpla con inaplicar una barrera burocrática ilegal y/o carente de razonabilidad y declarada en anteriores procedimientos iniciados de oficio. Se sanciona la ejecución directa o la impartición de órdenes de aplicación de barreras burocráticas declaradas irrazonables en procedimientos iniciados con anterioridad a la Ley de Barreras Burocráticas, en virtud del artículo 26 bis del Decreto Ley 25868, el artículo 2.º de la Ley 28996, la Tercera Disposición Complementaria, Transitoria y Final de la Ley 28335 y/o el artículo 23 del Decreto Legislativo 1033. Esta infracción es considerada como muy grave.

vi) Omitir la inaplicación de una barrera burocrática previamente declarada ilegal y/o carente de razonabilidad luego de publicado lo resuelto en los procedimientos de oficio iniciados con anterioridad al Decreto Legislativo 1256.

Un servidor público puede ser sancionado en caso de que incumpla con inaplicar una barrera burocrática ilegal y/o carente de razonabilidad y

---

70 Ídem.

declarada en anteriores procedimientos iniciados de oficio. Se sanciona la omisión de la inaplicación de barreras burocráticas declaradas irrazonables en procedimientos iniciados con anterioridad a la Ley de Barreras Burocráticas[71], en virtud del artículo 26 bis del Decreto Ley 25868, el artículo 2.º de la Ley 28996, la Tercera Disposición Complementaria, Transitoria y Final de la Ley 28335 y/o el artículo 23 del Decreto Legislativo 1033. Esta infracción es considerada como grave.

vii) Incumplir el mandato de inaplicación de una barrera burocrática declarada ilegal y/o carente de razonabilidad en un procedimiento iniciado de parte tramitado con las normas que reglan la materia antes de la vigencia del Decreto Legislativo 1256.

Un servidor público puede ser sancionado en caso de que incumpla el mandato de inaplicación de una barrera burocrática ilegal y/o carente de razonabilidad declarada en anteriores procedimientos iniciados de parte con anterioridad al Decreto Legislativo 1256[72] en virtud del artículo 26 bis del Decreto Ley 25868, el artículo 2.º de la Ley 28996, la Tercera Disposición Complementaria, Transitoria y Final de la Ley 28335 y/o el artículo 23 del Decreto Legislativo 1033. Esta infracción es considerada como muy grave.

En cuanto a las sanciones impuestas a funcionarios, servidores o cualquier persona en ejercicio de la función administrativa, en el artículo 34 del Decreto Legislativo 1256 se estipula que pueden ser sancionados hasta por 20 UIT por la comisión de las infracciones previamente señaladas. Asimismo, en el artículo 38 del mismo Decreto Legislativo 1256 se dispone que la graduación de las infracciones será para las catalogadas como falta leve, desde la amonestación hasta una multa de 2 UIT; por falta grave, desde una multa de 2 UIT hasta las 10 UIT; y, por falta muy grave, desde una multa de 10 UIT hasta las 20 UIT.

Con la aprobación del documento denominado "Graduación, metodología y factores para la determinación de las multas que impongan los órganos resolutivos del Indecopi" a través del Decreto Supremo 032-2021-PCM, se regulan los índices de las multas a aplicar y el grado de intensidad

---

71 Ídem.

72 Instituto Nacional de Defensa de la Competencia y de la Protección de la Propiedad Intelectual. Ob. cit., p. 20.

de las infracciones incurridas. Asimismo, el Decreto Supremo 032-2021-PCM estipula un límite específico a la potestad sancionadora del Indecopi, estableciendo que, para el caso de funcionarios, servidores o cualquier otra persona que ejerza función administrativa, se determina como impedimento en el ejercicio de dicha potestad, la imposición de multas que excedan el 30% del total de la remuneración percibida durante el ejercicio del año anterior a la comisión de la infracción o durante el tiempo de contratación asociado a la infracción.

En el transcurso del año 2022, el Indecopi promovió capacitaciones en barreras burocráticas a nivel nacional para los gremios empresariales, ciudadanos y funcionarios públicos; sin embargo, también se resolvieron 388 procedimientos contra entidades públicas y se les impuso un total de 27.66 UIT por multas, equivalente a la suma de S/ 127,236[73] sanción para disuadir a los funcionarios o servidores públicos que inapliquen barreras burocráticas.

Otros datos para considerar respecto a las multas aplicadas es la información indicada en el "Ranking Negativo de Barreras Burocráticas (por tipo de entidad)–Segundo semestre 2022". En dicho ranking, se puede apreciar a las diez instituciones públicas en las que más se han detectado barreras burocráticas dentro de los meses de julio a diciembre, como se aprecia a continuación:

N°	Entidad denunciada	Barreras burocráticas detectadas
1	Ministerio de Transportes y Comunicaciones (MTC)	28
2	Municipalidad Metropolitana de Lima	27
3	Municipalidad Provincial de Tarma (Junín)	21
4	Ministerio de Defensa (MinDef)	12
5	Municipalidad Distrital de Miraflores (Lima)	9
6	Colegio Químico Farmacéutico	7
7	Municipalidad Distrital de San Borja (Lima)	7

73 Gobierno del Perú. *Compendio de Ranking de Barreras Burocráticas 2022*, Lima, Indecopi, 2023.

N°	Entidad denunciada	Barreras burocráticas detectadas
8	Municipalidad Provincial del Callao (Callao)	7
9	Gobierno Regional de Junín	6
10	Municipalidad Distrital de Chilca (Lima)	5

Fuente: Anexo 2.1 del "Ranking negativo de barreras (por tipo de entidad)–Segundo semestre 2022".

Finalmente, respecto de la información incluida, corresponde señalar que pese a las recientes capacitaciones a servidores públicos a nivel nacional, dichos índices reflejan la ocurrencia de faltas administrativas en la inaplicación de barreras burocráticas, y la necesidad de contar con funcionarios y servidores públicos competentes, por ejemplo, en materia de otorgamiento de licencias para la construcción de inmuebles o realización de obras en vía pública, transporte de pasajeros, telecomunicaciones, salud y seguridad[74].

CONCLUSIONES

1. La eliminación de barreras burocráticas ilegales o carentes de razonabilidad constituye una forma de control interno de la actividad de la administración de generación en el ordenamiento jurídico peruano, en virtud de la cual se ha asignado al Indecopi el ejercicio de la función administrativa de retirar los actos administrativos, actos materiales o disposiciones administrativas que impliquen un obstáculo al acceso o permanencia en el mercado por parte de los agentes económicos.

2. La definición de barreras burocráticas, de manera distinta a otros conceptos jurídicos, no ha provenido de la doctrina del derecho administrativo, sino que ha sido establecida normativamente producto del origen de su procedimiento en el marco de las políticas de simplificación administrativa y cambio del modelo económico a una economía social de mercado.

3. El procedimiento de eliminación de barreras burocráticas cuenta con características que lo asemejan a un PAT y a un procedimiento administrativo lineal dependiendo de la modalidad de inicio del mismo y los efectos de su resolución, sin embargo, también se verifican otras características que

74 Ídem.

lo alejan de encajar en alguno de los procedimientos regulados en el TUO de la LPAG, por lo cual debe considerarse como un procedimiento especial independiente a los regulados en la referida norma.

4. La metodología de análisis en los procedimientos de eliminación de barreras burocráticas está conformada por el análisis de ilegalidad y el análisis de razonabilidad. El primero, se encarga de evaluar si la barrera burocrática se ciñe a las formalidades que la ley establece para su emisión; el segundo se encarga, básicamente de aplicar el *test* de proporcionalidad a la aplicación de la barrera burocrática.

5. El procedimiento de eliminación de barreras burocráticas no puede asimilarse a los procesos de inconstitucionalidad o de acción popular en la medida en que tienen finalidades y efectos distintos en relación con la inaplicación de disposiciones normativas.

6. La existencia de un régimen sancionador aplicable a los servidores públicos no necesariamente ha supuesto que, en el ejercicio de sus funciones, persistan con la aplicación de exigencias, condiciones y/o limitaciones que sean consideradas como una barrera burocrática ya sea ilegal o carente de razonabilidad.

BIBLIOGRAFÍA

OBRAS GENERALES Y ESPECIALIZADAS

Agudo González, Jorge. *La función administrativa de control. Una teoría del control orientada a la configuración de un sistema de justicia administrativa*, Pamplona, Thomson Reuters, Civitas, 2018.

Cassagne, Juan Carlos. *Derecho Administrativo*, Palestra, Lima, 2010.

Danós Ordóñez, Jorge. "El control de administración pública en el Perú", en Carlos Delpiazzo (coord.). *El control de la actividad administrativa*, vol. I, Bogotá, Temis, Editorial Jurídica Venezolana, 2018.

Gobierno del Perú. *Compendio de Ranking de Barreras Burocráticas 2022*, Lima, Indecopi, 2023.

Herrera, Óscar. *Reflexiones sobre la naturaleza del procedimiento de eliminación de barreras burocráticas*, Lima, PUCP, 2018.

Kresalja, Baldo y César Ochoa. *Derecho constitucional económico*, Lima, Fondo Editorial PUCP, 2009.

Lazo Vitoria, Ximena. *El control interno del gasto público estatal, un estudio desde el derecho administrativo*, Madrid, Tecnos, 2008.

Maraví Sumar, Milagros. *Análisis de las funciones del Indecopi a la luz de las decisiones de sus órganos resolutivos. Eliminación de barreras burocráticas*, Lima, Indecopi, 2013.

Martín Tirado, Richard. *Prácticum Derecho administrativo. Un enfoque teórico-práctico para la aplicación de las normas del procedimiento administrativo*, Lima, Gaceta Jurídica, 2021.

Moreno Castillo, Luis Ferney. *Teoría de la regulación. Hacia un derecho administrativo de la regulación*, Bogotá, Universidad Externado de Colombia, 2019.

Parejo Alfonso, Luciano. *Lecciones de Derecho Administrativo*, Valencia, Tirant lo Blanch, 2008.

Rebollo Puig, Manuel. *Derecho Administrativo. Modos y medios de la actividad administrativa*, t. III, 2.ª ed., Madrid, Tecnos, 2019.

Sánchez Morón, Miguel. *Derecho Administrativo. Parte General*, Madrid, Tecnos, 2019.

Tirado Barrera, José Antonio. *Eliminación de barreras burocráticas. Análisis del Decreto Legislativo 1256, que aprueba la ley de prevención y eliminación de barreras burocráticas*, Lima, Gaceta Jurídica, 2018.

ARTÍCULOS Y CONTRIBUCIONES

Alejos, Óscar y Alejandra Suárez. "Las barreras del procedimiento de eliminación de barreras burocráticas para acceder al mercado. Una revisión del modelo de control administrativo", *Revista Digital de Derecho Administrativo*, Bogotá, Universidad Externado de Colombia, 2022.

Gómez Apac, Hugo. "El Procedimiento Trilateral: ¿cuasi-jurisdiccional?", en *CDA*, Lima, 2011.

Guimaray Morales, Álvaro Santiago y Yury Luis Romero Serrano. *Manual sobre prevención y eliminación de barreras burocráticas*, Lima, Indecopi, 2017, disponible en https://revistas.indecopi.gob.pe/index.php/rcpi/article/view/10.

Martín Tirado, Richard. "El PAT y su aplicación en la Nueva Ley del Procedimiento Administrativo General", *Derecho y Sociedad*, Lima, 2001.

Ochoa, Francisco. "Fundamentos del procedimiento de eliminación de barreras burocráticas", *Revista de la Competencia y Propiedad Intelectual*, Lima, Indecopi, 2014.

Tassano Velochaga, Hebert. "El rol del Indecopi en la economía social de mercado", *Praeceptum*, Lima, Indecopi, 2014.

Velásquez, Raffo. "Efectos de la sentencia de inconstitucionalidad", *Revista de la Maestría en Derecho Procesal*, *Revistas de Derecho PUCP*, Lima, 2020.

ÉDGAR GONZÁLEZ LÓPEZ*

Regulación y regulador convergente en Colombia: ¿mito o realidad? Presupuestos para la discusión

Sumario: I. Consideraciones preliminares. La regulación y los órganos reguladores y su inserción en el ordenamiento jurídico. A. Las características de la función de regulación y su ubicación en el conjunto de funciones del Estado. B. La independencia o autonomía de la autoridad de regulación como sustento esencial previo a su ubicación en el sistema de la organización administrativa. C. La regulación como desarrollo del derecho al buen gobierno y a la buena administración en un Estado Social de Derecho. D. La necesidad de acoger las tendencias de autorregulación del operador, sin abandonar la titularidad de la regulación por parte del Estado. E. La regulación en el ámbito constitucional o legal como intervención del Estado en la economía y la preservación de los derechos a la competencia y del usuario. F. La regulación y los cambios institucionales en sectores marcados por el cambio y la dinámica e influenciados por un derecho administrativo global. G. El trasfondo de la discusión en el nuevo derecho administrativo y la función de regulación. II. La estructura organizacional del regulador y su eventual convergencia. Modelos en derecho comparado. A. El concepto de regulación en sentido específico como regulación económica-social. B. La estructura organizacional del regulador y los modelos de convergencia en doctrina comparada. 1. Autoridad de regulación específica para cada sector. 2. Regulador sectorial en los servicios públicos domiciliarios. 3. El regulador en el sector de TIC y las telecomunicaciones. C. El regulador convergente para varios sectores. 1. Justificación para la creación de un regulador convergente. Ventajas y desventajas. 2. Experiencias en derecho comparado. a. El regulador del Reino Unido. b. El regulador en los Países Bajos. c. El regulador en Alemania. d. El regulador en España. III. El regulador en Colombia. La tendencia del regulador convergente en el sector de TIC y comunicaciones. A. El régimen jurídico de las TIC y las telecomunicaciones. La autoridad regulatoria (CRC). 1. Los servicios de TIC y telecomunicaciones. a. Los servicios de TIC y de telecomunicaciones bajo la vigencia de la Ley 1341 de 2009. b. Los servicios de TIC y de

* Doctor en Derecho de la Universidad Externado de Colombia. Docente investigador de la Universidad Externado de Colombia. Presidente y consejero de la Sala de Consulta y Servicio Civil del Consejo de Estado. Correo-e: egonzalezlopez2011@hotmail.com, enlace ORCID: https://orcid.org/0009-0006-3137-420X.

telecomunicaciones con las reformas de la Ley 1978 de 2019. 2. Los servicios de telecomunicaciones y los servicios audiovisuales. La búsqueda de un regulador convergente. Leyes 1341 de 2009, 1507 de 2012 y 1978 de 2019. a. Los servicios de telecomunicaciones y de audiovisuales en vigencia de la Ley 1341 de 2009. b. Reformas de la Ley 1507 de 2012 sobre el régimen jurídico, regulación convergente y autoridad convergente. c. Reformas de la Ley 1978 de 2019. Bibliografía.

INTRODUCCIÓN

Para responder al interrogante planteado es menester referirse y precisar algunos elementos conceptuales y presentar varias consideraciones sobre la función de regulación y de los órganos reguladores, y su irrupción en el ordenamiento jurídico. Estas observaciones estarán relacionadas con estas autoridades y su función de regulación en los servicios públicos domiciliarios y de telecomunicaciones y de TIC, para reconocer su necesario y difícil encaje en la organización de la Administración pública y en especial de su función administrativa.

Estas observaciones previas se refieren a: 1) las características de la función de regulación y su ubicación en el conjunto de funciones del Estado; 2) la necesidad de afianzar y apuntalar en el esquema de la organización administrativa la independencia o la autonomía de estas autoridades de regulación con el respeto por sus características propias; 3) el entorno de la regulación como desarrollo del derecho al buen gobierno y a la buena administración, que en un Estado Social de Derecho se configura como un derecho fundamental, con la participación y el control social de los ciudadanos; 4) la regulación en el ámbito constitucional o legal, como elemento esencial de la intervención del Estado en la economía, y la preservación del derecho a la competencia y de la defensa del usuario o consumidor; 5) la necesidad de acoger las tendencias de autorregulación del operador, sin abandonar la titularidad de la regulación por parte del Estado; 6) la existencia de modalidades especiales de control, que confluyan con la discrecionalidad técnica pero que no renuncien a la necesaria revisión de legalidad de las decisiones regulatorias, evitando la famosa deferencia al regulador; 7) la dificultad de identificar los parámetros que permitan la función eficiente de la regulación en sectores marcados por cambios tecnológicos e institucionales y que además conviven con la noción de riesgo regulatorio. En especial se hace referencia a los servicios de telecomunicaciones y TIC, que además se desarrollan a partir de sistemas regulados por administraciones supranacionales y jueces nacionales y comunitarios, como muestra del Derecho Administrativo Global. Para el ejemplo, las normas de la Comunidad Andina de Justicia y las decisiones e interpretaciones emitidas por el Tribunal Andino de Justicia; 8) la aproximación a la regulación económica social como actividad propia del Estado, y su consideración como parte del derecho administrativo o como una regulación donde configuran técnicas del derecho de la economía y de la ingeniería. Se busca reconducir su análisis bajo la administración y el englobe en un derecho administrativo que resulta un presupuesto necesario, pero no suficiente, de la regulación; (9) el trasfondo de la discusión en el nuevo derecho administrativo es si la mirada tradicional de este derecho como derecho de la administración pública debe sustituirse por la visión objetiva de *derecho de lo administrativo*, para permitir regulaciones más horizontales que verticales entre sujetos privados y entre estos y la Administración. Se observa claramente, a propósito de la función de resolución de conflictos, atribuida como un elemento de la regulación[1].

Estos aspectos y temas propios de las discusiones que surgen respecto de las autoridades nacionales de reglamentación o de regulación, incorporadas en las denominadas autoridades administrativas independientes, muestran que no existen conclusiones todavía consolidadas que dificultan un cierto grado de certeza para definir aspectos como su organización institucional. A su vez, esta estructura organizacional pende también de las características de la función y del alcance de las competencias de la autoridad reguladora y de las innegables discusiones sobre su inserción en el ordenamiento jurídico, en especial en cuanto atañe al derecho administrativo. No obstante, es pertinente advertir que, en el tema de regulación,

---

1 Para todas estas importantes cuestiones surgidas del derecho de la regulación, pueden verse las ilustrativas observaciones planteadas por el profesor Álvaro Tafur Galvis. "Prólogo", *El Ecosistema Digital y las Autoridades de Regulación de los Sectores Audiovisual y TIC*, Luz Mónica Herrera Zapata, Jorge Murgueitio Cabrera, Sandra Milena Ortiz Laverde (coords.), Édgar González López (dir.), Bogotá, Universidad Externado de Colombia y Consejo de Estado, 2017, pp. 19-25.

que implica su constante renovación y modificación, por estar afectada por dos aspectos fundamentales: el avance tecnológico y la convergencia de redes y servicios, nunca existirá la total certeza, buscada sin cesar, como el mito de Sísifo, por el legislador, y por las autoridades administrativas o judiciales para adecuar, aplicar o interpretar el ordenamiento jurídico a esta constante dinámica.

A partir de estos supuestos, algunos de contenido gris, se plantea en forma esquemática la discusión sobre los diferentes regímenes aplicables a estos servicios, y sobre el regulador convergente, en derecho y doctrina comparada, su justificación y sus ventajas y desventajas. En especial, se alude al sector de telecomunicaciones, que es tal vez el de mayores modificaciones por la fuerte influencia del avance tecnológico y la convergencia de redes y servicios con el sector informático y con el audiovisual. Al respecto, las difíciles distinciones y relaciones con los servicios de TIC, o servicios suplidos a través de la tecnología IP o también la denominada regulación del ecosistema digital.

Se distingue el modelo de Estados Unidos sobre la diferencia entre los servicios de información y de telecomunicaciones. A su vez, en el modelo europeo se mantienen, en términos generales, las diferencias en los regímenes aplicables a las telecomunicaciones, el audiovisual y la sociedad de la información, aunque cada vez con fronteras más difusas.

Los dos presupuestos anteriores, llevan a facilitar el tercer punto de análisis, sobre el modelo colombiano en cuanto a las comisiones de regulación y sobre un aparente regulador convergente en el tema de telecomunicaciones, audiovisuales y TIC. En especial, a partir de la reciente Ley 1978 de 2019, denominada Ley de Modernización del Sector de las TIC. Para ello se parte del estado del arte en cuanto al ordenamiento jurídico aplicable a las comisiones de regulación denominadas Comisión de Regulación de Agua Potable y Saneamiento Básico (CRA), Comisión de Regulación de Energía y Gas (CREG) y Comisión de Regulación de Telecomunicaciones (CRT). Esta aproximación muestra su régimen jurídico distinto, no obstante que su función de regulación mantiene el marco general de promoción de la competencia en el respectivo sector o mercado, como instrumento necesario para garantizar el interés general y los derechos de los usuarios.

Nuevamente, donde puede discutirse algún asomo de regulador convergente será el establecido en la Ley 1341 de 2009, con las reformas de la

Ley 1978 de 2019 en cuanto a los servicios de TIC y de telecomunicaciones, a partir del análisis de las funciones atribuidas a la CRT y su composición dividida en sesiones de comisión de contenidos audiovisuales y de comisión de comunicaciones. En este punto será pertinente referirse a la regulación del ecosistema digital para confrontarlo con el aparente regulador convergente en el sector de TIC. Por último, se presentan las conclusiones sobre la pregunta expresada en el título de esta disertación, sobre la existencia de una regulación o de un regulador convergente en Colombia.

I. CONSIDERACIONES PRELIMINARES. LA REGULACIÓN Y LOS ÓRGANOS REGULADORES Y SU INSERCIÓN EN EL ORDENAMIENTO JURÍDICO

La aproximación al tema de la regulación o del regulador convergente presupone la necesaria precisión sobre la regulación y el órgano regulador, y su difícil pero necesario encaje en el ordenamiento jurídico nacional, a lo cual nos referiremos en forma sucinta para dejar el planteamiento en cuestión y las naturales inquietudes que surgen de interrogantes que no han sido claramente delimitados, o por lo menos consensuados por nuestra jurisprudencia constitucional y contenciosa administrativa.

Por la extensión del artículo solo es posible dejar plasmados los aspectos que inciden en la necesaria precisión conceptual de la función regulatoria y de las comisiones de regulación, dadas las diferentes normativas jurídicas que regulan a las comisiones, y las múltiples consideraciones expuestas en las sentencias, especialmente de la Corte Constitucional. Al fin y al cabo se trata de la irrupción de las administraciones independientes, de las razones de su creación, de los diferentes instrumentos de regulación que involucran facultades denominadas por la doctrina cuasi legislativas y cuasi judiciales[2] y de los fundamentos constitucionales y legales que pretenden soportar este fenómeno organizativo en sectores de los servicios públicos organizados en un modelo de competencia.

Este modelo de autoridades regulatorias pretende garantizar una nueva descentralización funcional de carácter técnico y especializado que mejor

---

2 *FTC vs. Ruberoid Co.* 343 U.S. 470-487, 1952.

propenda a la preservación de un interés general sectorizado y complejo que solo puede ser garantizado o por lo menos mejor garantizado a través de autoridades independientes de regulación. Este supuesto de por sí ya muestra la eliminación de muchas de las funciones de competencias exclusivas de la administración clásica y ministerial, mediante una administración pública policéntrica que implica pluralidades de centros de decisión autónomos, siempre sustentados en el carácter técnico de la función[3].

La nueva y compleja sociedad, y la satisfacción de sus necesidades de interés general, implica también alejarse de una centralización administrativa excesiva que no permite dar cuenta de la eficiencia de la función, y aún de la descentralización administrativa que tampoco cuenta con este tipo de autoridades. Se requiere de entes que tengan la experticia, especialidad y características de neutralidad política e independencia en la regulación de los servicios públicos prestados principalmente por operadores particulares, para que, mediante el instrumento de la competencia, los derechos de los usuarios sean realmente respetados y el interés público ínsito en la calificación legal otorgada a estos servicios. Por ello se considera pertinente señalar algunos aspectos de estas autoridades y de su función.

A. LAS CARACTERÍSTICAS DE LA FUNCIÓN DE REGULACIÓN Y SU UBICACIÓN EN EL CONJUNTO DE FUNCIONES DEL ESTADO

Todavía no existe un consenso que permita consolidar la naturaleza de esta función y de los actos regulatorios expedidos por estas autoridades con rasgos de independencia en el sistema de fuentes del derecho y del derecho administrativo en particular[4]. Al respecto, la necesaria precisión de que

---

3 Jacques Chevallier. «Réflexions sur l´institution des autorités administratives indépendantes", *JCP*, t. 1, 1986, p. 3524. Así mismo, Luciano Parejo Alfonso. "La Potestad Normativa de las llamadas Administraciones Independientes: Apuntes para un estudio del fenómeno", en AA.VV. *Origen y evolución de las entidades instrumentales de las administraciones públicas. Libro homenaje a M. F. Clavero*, España, Civitas, 1994, pp. 634-637.

4 Para la muestra la reciente discusión sobre las funciones de las Comisiones de Regulación de Servicios Públicos Domiciliarios, y si ellas corresponden exclusivamente a las

el vocablo regulación que ejercen estas comisiones, no es sinónimo o está limitado a la función de expedir normas, sino que va mucho más allá, con diferentes instrumentos como expedir actos generales, actos particulares, y, desde otro punto de vista, resolver conflictos entre operadores o realizar actividades de incentivos para la competencia.

Por ello, la primera precisión es determinar que el término regulación implica, en la acepción común, expedir normas, lo que no se compadece con el término regulación económica social que cumplen estas autoridades independientes para promover la competencia y garantizar el bienestar de los usuarios[5]. Los supuestos señalados por la jurisprudencia de la Corte

---

atribuidas en el artículo 68 de la Ley 142 de 1994 como funciones presidenciales que son delegadas a estas autoridades para señalar las políticas generales de administración y control de eficiencia en estos servicios. O si, por el contrario, el concepto y la función de regulación resulta sustancialmente distinto, como se deduce de las funciones asignadas por la Ley 142 de 1994, en los artículos 73 y 74. No hay duda alguna, a nuestro juicio, de que la función de regulación es la prevista en estos artículos y nada tiene que ver la regulación con la función de definir políticas generales y públicas, asignadas al presidente de la República. Por el contrario, a esa autoridad le corresponde, más que a su definición, ayudar a su ejecución y desarrollo, en su función técnica marcada por su autonomía.

5 Al respecto cfr. Consejo de Estado. Sala de Consulta y Servicio Civil. Conceptos del 14 de septiembre de 2016, expediente 2291 y del 19 de febrero de 2019, expediente 2409. En el primero de ellos se señala: "El término 'regulación' no ha sido definido de forma unívoca por la doctrina y la jurisprudencia. Sin embargo, es posible entender este concepto a partir de un sentido general y un sentido específico. [...] La doctrina extranjera, en una concepción general del término regulación, la concibe como una norma jurídica, y por tanto, la actividad de regular como la potestad de promulgar dichas normas. En esta misma dirección, se han pronunciado la Corte Constitucional y el Consejo de Estado. [...] Una segunda aproximación al concepto de regulación propuesta por la doctrina es aquella que la entiende como una forma de intervención del Estado en la economía, postura que también ha sido adoptada por la jurisprudencia colombiana. En este contexto, a través de la regulación se busca corregir las 'fallas del mercado', alcanzar los fines del Estado, materializar los principios sociales, garantizar la libre competencia y la prestación eficiente de los servicios y maximizar el bienestar de los usuarios. En línea con lo anterior, se ha indicado que la regulación del Estado es necesaria para: i) luchar contra el aumento de precios en situaciones de monopolio, ii) informar a los consumidores, iii) garantizar un nivel básico o esencial de los servicios, iv) evitar un comportamiento anticompetitivo, v) proteger intereses vulnerables en

Constitucional, en especial sobre los servicios públicos domiciliarios, van desde el extremo de negar instrumentos típicos de la regulación, como la facultad normativa, a ratificar y reiterar la importancia de la regulación como el mejor ejemplo de la intervención del Estado en la economía[6].

La regulación de estos servicios públicos en Colombia corresponde en su marco constitucional a los artículos 333 y 334 y 365 y siguientes de la Constitución Política, y en su marco legal, a las leyes 142 y 143 de 1994 para los servicios públicos domiciliarios y a la Ley 1341 de 2009 para los servicios de telecomunicaciones y TIC. A partir de esta normativa se han expedido múltiples sentencias que han analizado e interpretado estas fuentes normativas, no siempre bajo los mismos parámetros[7].

La vieja discusión que ha recuperado vigencia sobre la naturaleza de los actos administrativos del órgano regulador en los servicios públicos domiciliarios, sobre si corresponde a una exclusiva función delegada del presidente, para señalar políticas públicas de administración y control de eficiencia de estos servicios[8], o si, puede considerarse que detentan funciones asignadas por ley, propias del concepto de regulación, no parece tener la claridad requerida. Por una parte, surge el criterio de que las funciones de las comisiones de estos servicios solo son las que le corresponden al presidente en los términos citados, a partir de una interpretación del

---

donde el mercado no puede hacerlo, vi) asegurar una producción efectiva en donde los costos de transacción no permiten obtener eficiencias de escala, vii) distribuir materias primas escasas y viii) salvaguardar los intereses de futuras generaciones, entre otros. El término regulación, entendido como una forma de intervención en la economía para maximizar el bienestar de los usuarios y alcanzar los fines del Estado mediante la garantía de la libre competencia y la prestación eficiente de los servicios públicos, implica, no sólo la promulgación de normas jurídicas de contenido general y abstracto, sino también la utilización de otros instrumentos tales como la expedición de actos administrativos de carácter particular, el reconocimiento de incentivos económicos, la inversión de recursos, la entrega de información, el otorgamiento de autorizaciones o permisos, la vigilancia de la actividad, la imposición de sanciones administrativas y la definición de tarifas, entre otras medidas".

6 Corte Constitucional. Sentencias 1162 del 2000 y C-150 de 2003.

7 Ibíd., sentencias C-066 y C-350 de 1997; C-272 y C-444 de 1998; C-1162 de 2000; C-150 de 2003; C-955 de 2007 y C-263 de 2013.

8 Constitución Política. Artículo 370.

artículo 68 de la Ley 142 de 1994[9-10]. No obstante, también con razón se ha señalado que las Comisiones de Regulación de estos servicios tienen funciones asignadas por ley[11]. Así se observa de los artículos 73 y 74 de la Ley 142 de 1994, que se refieren a la típica función de regulación que le permite, entre otros, aprobar los contratos que celebren los operadores con los usuarios; resolver los conflictos que surjan entre empresas; ordenar la escisión de empresas cuando impidan el desarrollo de la competencia; absolver consultas sobre las materias de competencia y señalar criterios diferenciales para los operadores que tengan posición dominante en el mercado[12].

---

9 En la sentencia C-272 de 1998 la Corte ya había declarado exequible este artículo 68, en el sentido de considerar ajustado a la Constitución que estas funciones del artículo 370 C.P. pudieran ser delegadas en las Comisiones de Regulación. A nuestro juicio, el hecho de ser altamente inconveniente y extraño que un órgano de inferior jerarquía, con funciones netamente operativas y técnicas en el respectivo sector, pueda establecer políticas generales, no implica *per se* que sean inconstitucionales.

10 La sentencia de la Corte Constitucional C-1162 de 2000 pareciera negar esta premisa, y considerar que las funciones de regulación, se confunden con la determinación de políticas generales de control de eficiencia y administración de los servicios públicos a que se refiere el artículo 370 C.P. Lo anterior a partir de la norma del artículo 68 de la Ley 142 de 1994, que estableció, de forma desafortunada, la delegación de estas funciones presidenciales a las comisiones.

11 Consuelo Sarria Olcos. "Naturaleza de las Competencias de las Comisiones de Regulación de los Servicios Públicos", en *Memorias del VI foro Iberoamericano de Derecho Administrativo y VIII Jornadas de Derecho Constitucional y Administrativo*, Bogotá, Universidad Externado de Colombia, pp. 911-932. Se reconoce, a propósito del análisis de varias sentencias de la Corte Constitucional, que las competencias de las comisiones de regulación, tanto las que les asigna la ley, como las que se ejercen por delegación del presidente, son de naturaleza administrativa. En similar sentido, cuando analiza el concepto y alcance de la regulación, cfr. Corte Constitucional. Sentencia C-150 de 2003.

12 La exequibilidad de esta función, como una de las más importantes propias de la regulación, para establecer reglas de comportamiento diferencial según la posición de las empresas en el mercado, consagrada, entre otras, en el artículo 74 de la Ley 142 de 1994, fue decidida en la sentencia C-263 de 2013 de la Corte Constitucional. Ello implica la facultad del órgano regulador de definir si un operador tiene posición dominante y, de ser necesario, establecer obligaciones de discriminación positiva para garantizar que otros operadores de menor participación en el mercado puedan mantenerse en competencia. Como se observa, es una función de regulación que nada tiene que ver con el señalamiento de políticas generales a que se refiere el artículo 370 C.P.

Así mismo, establecer requisitos a los operadores de servicios de TPBC, para fijar los cargos de acceso e interconexión a estas redes[13].

Por esta razón, puede afirmarse que las facultades regulatorias que ejercen las comisiones de servicios públicos domiciliarios y la de telecomunicaciones y TIC, tienen un claro y sólido fundamento constitucional, aunque su creación sea de ley. Sus dos fuentes de atribuciones específicas corresponden a las leyes mediante las cuales se le otorgan mandatos de intervención económica por parte del legislador y la delegación de funciones presidenciales.

La función de establecer mercados relevantes por parte de las comisiones, en especial de la CRT, igualmente muestra que es una función propia asignada por ley. Así mismo, la función de resolver conflictos, en la medida en que la controversia atiende aspectos relacionados con la prestación del servicio, es de carácter administrativo y asignada por ley, que tiene prevalencia en cuanto a estas materias de otras funciones asignadas a otras autoridades[14].

Otra conclusión corresponde a precisar que las regulaciones son una modalidad de intervención del Estado en la economía que contiene ciertas particularidades en sus instrumentos de intervención que la diferencian de la función clásica de la administración pública, en especial en cuanto a los instrumentos asignados por ley para promover la competencia.

B. LA INDEPENDENCIA O AUTONOMÍA DE LA AUTORIDAD DE REGULACIÓN COMO SUSTENTO ESENCIAL PREVIO A SU UBICACIÓN EN EL SISTEMA DE LA ORGANIZACIÓN ADMINISTRATIVA

Cualquiera que sea el modelo adoptado para cumplir la función de regulación, de un ente regulador por sector, de regulador multisectorial o de regulador convergente, su estructura básica debe garantizar su independencia o autonomía.

---

13 Corte Constitucional. Sentencia C-444 de 1998. Se considera exequible esta función asignada por ley a la antigua Comisión de Regulación de Comunicaciones.

14 Corte Constitucional. Sentencia C-186 de 2011.

Mucha discusión podría darse sobre cómo es posible que una entidad inserta en la rama ejecutiva, en la cual el presidente de la República es suprema autoridad administrativa, según el artículo 189 de la C.P., pueda tener visos de independencia o autonomía. A nuestro juicio, la discusión debería estar superada, pues ninguna autoridad es totalmente dependiente de las decisiones del presidente, en especial a partir de las reformas legales introducidas en el año 1968 con la consolidación de la estructura de descentralización por servicios. Simplemente corresponde a unas autoridades que detentan una mayor autonomía en el ejercicio de su función, sustentada en que se trata de funciones técnicas y especializadas que pueden ser mejor garantizadas mediante autoridades administrativas, ajenas a los regulados, evitando su captura[15], pero también dotadas de neutralidad política[16] para estar alejadas de los vaivenes del gobierno de turno y de los postulados políticos propios de su conformación y de su actividad.

En el análisis del encaje constitucional de las comisiones de regulación y de sus potestades, surge como elemento central que permite afirmar que la independencia o autonomía de estas autoridades, por lo menos en los márgenes relativos y no siempre suficientes que ostentan actualmente, es compatible con la calidad de suprema autoridad administrativa del presidente de la República.

La necesidad de garantizar una independencia de las comisiones de regulación encuentra su justificación en las siguientes razones: a) ofrecen una garantía reforzada de imparcialidad de la intervención del Estado, en su doble sentido de alejamiento de la injerencia política y burocrática de los partidos de coalición del Gobierno, y de los regulados; b) permiten una participación amplia de personas de competencias diversas, profesionales en la regulación de un campo especializado, y c) aseguran la eficacia de la intervención, en términos de oportunidad, de adaptación a la evolución de las necesidades y situaciones de mercado, en sus diferentes instrumentos regulatorios, actos particulares, potestades normativas y resolución de

---

15 George Joseph Stiglitz. "The Theory of Economic Regulation", *Bell Journal of Economics and Management science*, vol. 2, 1988, pp. 3-21.

16 José Manuel Sala Arquer. *El Estado neutral. Contribución al estudio de las Administraciones Independientes*, *Reda*, nº. 42, Madrid, Civitas, 1984, pp. 535-560.

conflictos[17]. Por ello son necesarias las AAI y su independencia para que el Estado no abandone ciertos sectores de interés general a las fuerzas del mercado y a los propios intereses de los operadores[18].

La mayor autonomía en el ejercicio de la función de las comisiones de regulación y su amplia discrecionalidad, propia de la regulación económica, no desconoce el carácter de suprema autoridad administrativa que la Constitución le otorga al presidente de la República, pues la dirección y el diseño de la política corresponden siempre al Gobierno bajo la dirección del Presidente. En efecto, la calidad de suprema autoridad no desdice o impide establecer diferentes niveles de responsabilidad en la administración mediante una desconcentración o descentralización de los servicios, como sucedió con las reformas legales de las entidades descentralizadas por servicios con misiones específicas, y con competencias propias no sometidas al poder jerárquico del ministro o del presidente. Tampoco es óbice para reconocer una necesaria descentralización funcional y técnica, en las autoridades administrativas de regulación.

En un sector abierto a la competencia, o para la protección de libertades públicas, es necesario garantizar autoridades con una necesaria independencia, sin desvinculación total del Gobierno y de su responsabilidad política. Esta autonomía se considera bajo una nueva concepción de la Administración y como una ruptura de la tradición fundada sobre los principios de jerarquía y dependencia, alejada de su tutela ministerial y de un poder jerárquico sobre sus decisiones[19].

---

17 Alberto Montaña Plata y Carlos Sebastián Barreto Cifuentes. "A propósito del eventual conflicto de competencias, así sean de diferente naturaleza, entre la función de solución de controversias entre operadores de telecomunicaciones (PRST) y la incidencia del Tribunal de Justicia Andino sobre la arbitrabilidad objetiva de estos asuntos", en AA.VV. *Las TIC y la sociedad digital. Las TIC y las telecomunicaciones y el derecho a la competencia. Doce años después de la ley*, t. I, Bogotá, Universidad Externado de Colombia y Consejo de Estado, 2021, pp. 821-872.

18 Consejo de Estado Francés. *Rapport Public*, 2001, p. 277.

19 Édgar González López. *La potestad reglamentaria de las Comisiones de Regulación como Autoridades Administrativas Independientes*, Bogotá, Universidad Externado de Colombia, 2013, p. 474.

La independencia y neutralidad política de estas autoridades en la Unión Europeo han sido acogidas por los máximos Tribunales de España y Francia y por el Tribunal de Justicia Europeo respecto de las autoridades encargadas de la función de regulación en sectores liberalizados o en la preservación de libertades públicas[20]. Por ende, debe reconocerse que la dirección del Gobierno permite diferentes grados de intensidad respecto de las autoridades administrativas independientes, según el interés general que se pretende tutelar con su creación. El mayor margen de autonomía, y no de independencia absoluta, la cual no resulta acorde a nuestra organización jurídica, resulta justificada en la medida en que busque preservar un interés jurídico en los términos que determine la Constitución o la libertad de configuración del legislador.

Como lo sostiene García de Enterría y Fernández[21], la independencia pregonada de las AAI no es más que una autonomía reforzada que disminuye o atenúa, pero no limita o elimina el vínculo de dirección con el Gobierno central. En términos similares a la doctrina francesa, se ha aceptado la constitucionalidad de estas administraciones, y de sus poderes normativos, bajo una interpretación que supone la vigencia del principio de separación de poderes y su equilibrio, puesto que las facultades normativas, de solución de conflictos y sancionatorias, corresponden a decisiones administrativas que no afectan el contenido sustancial de este principio democrático.

---

20 Tribunal de Justicia de la Unión Europea. Sentencia del 9 de marzo de 2010 sobre la independencia funcional de la autoridad encargada de la protección de datos conforme a la Directiva 95-46; Rapport del Consejo de Estado Francés 2010. Decisiones 86-217 y 88-248 del Consejo Constitucional Francés; Tribunal Constitucional Español. Sentencias 185 de 1995 y 133 de 1997 sobre las potestades reglamentarias de las Comisiones Reguladoras Independientes. Así mismo las decisiones del Consejo Constitucional Francés sobre la Comisión Nacional de Comunicaciones y Libertades (1986); sobre el Consejo de Competencia (1989) y sobre la autoridad de regulación de telecomunicaciones (1996).

21 Eduardo García de Enterría y Tomás-Ramón Fernández Rodríguez. *Curso de Derecho Administrativo*, vol. I, Madrid, Civitas, 1999, p. 431.

C. La regulación como desarrollo del derecho al buen gobierno y a la buena administración en un Estado Social de Derecho

El derecho al buen gobierno y a la buena administración ha sido decantado como fundamento de un Estado Social de Derecho.

El concepto de la regulación social y económica en sentido específico, para alcanzar los fines del Estado mediante la garantía del derecho a la competencia y la prestación eficiente de los servicios públicos[22], también se enmarca en este derecho a la buena administración y a los principios de publicidad y transparencia, de participación, de seguridad jurídica, de eficacia, de celeridad y economía y de gobernanza, buen gobierno y calidad regulatoria[23].

D. La necesidad de acoger las tendencias de autorregulación del operador, sin abandonar la titularidad de la regulación por parte del Estado

Las aproximaciones al tema del regulador convergente o de la convergencia en la regulación no pueden desconocer la tendencia de los actores del mercado hacia esta regulación, de tal manera que la tradicional regulación por órdenes o por decisiones vinculantes pueda traducirse, en algunos casos, en mecanismos de concentración o de incentivos para una propia regulación, que resulta importante para la totalidad o para la mayoría de los intervinientes en el respectivo mercado. Es lo que en doctrina se reconoce como la autorregulación[24] y sus fórmulas como instrumentos de regulación

---

22 Consejo de Estado. Sala de Consulta y Servicio Civil. Concepto del 14 de septiembre de 2016, expediente 2291.

23 Este tema fue desarrollado en el Concepto citado del 14 de septiembre de 2016.

24 Santiago Muñoz Machado y José Esteve Pardo. *Derecho de la regulación económica*, I. *Fundamentos e Instituciones de la Regulación*, España, Iustel y Fundación Instituto Universitario de Investigación José Ortega y Gasset, 2017, p. 118-128.

de la economía[25]. Se trata de una función de ordenación reconocida a los agentes privados y poderes públicos, algunas veces sustentados en la figura de delegación de funciones públicas o en el ejercicio privado de funciones públicas. La doctrina citada reconoce la aceleradísima innovación en la organización de la autorregulación y las técnicas de que se vale, en aspectos tales como la regulación de normas y especificaciones técnicas a las que se reconoce un valor decisivo en los procesos de fabricación y comercialización de productos, en la protección de la calidad ambiental o en la ordenación de determinados mercados.

Por otro lado, el creciente recurso de la autorregulación es una manifestación evidente de la acumulación de poder de las grandes corporaciones en sectores tales como las telecomunicaciones, el audiovisual, la energía y los actores en el ecosistema digital surgidos de las aplicaciones montadas sobre internet. Ejemplo diciente y reciente corresponde a los límites de mensajes en redes sociales que impliquen discriminación o incentiven a la violencia, como en el caso de las redes sociales (Twitter). Se abre un debate jurídico de especial importancia para cuestionar si estas decisiones deben estar en cabeza del operador o prestador del servicio o debe implicar una intervención de una autoridad gubernamental. En el modelo internet, los órganos de decisión no están formados por Estados, ni buscan satisfacer necesariamente objetivos políticos sino la resolución eficaz y rápida en cuestiones técnicas.

E. La regulación en el ámbito constitucional o legal como intervención del Estado en la economía y la preservación de los derechos a la competencia y del usuario

A pesar de los vaivenes en algunas decisiones jurisprudenciales de la Corte Constitucional, desde el año 1998 a la fecha, podría decirse que hay cierto

---

25 Darnaculleta I Gardella, M. Mercé. "La autorregulación y sus fórmulas como instrumentos de regulación de la economía", en *Derecho de la regulación económica*, I. *Fundamentos e Instituciones de la Regulación*, España, Iustel y Fundación Instituto Universitario de Investigación José Ortega y Gasset, 2017, pp. 631-667.

consenso para describir la evolución jurisprudencial, en el sentido que existen fundamentos constitucionales o legales, desarrollados además en reglamentos para cada sector, que permiten sustentar las facultades de las Comisiones de Regulación, incluida la CRT, en términos que podrían resultar de amplia discusión como la determinación de operadores dominantes o posición significativa en el mercado y las obligaciones consecuentes de discriminación positiva que hagan efectivo el derecho a la igualdad del artículo 13 de la Carta.

F. LA REGULACIÓN Y LOS CAMBIOS INSTITUCIONALES EN SECTORES MARCADOS POR EL CAMBIO Y LA DINÁMICA E INFLUENCIADOS POR UN DERECHO ADMINISTRATIVO GLOBAL

Otro supuesto necesario en las posibles decisiones de convergencia de la regulación o el regulador sectorial, implica reconocer la dificultad de regular, o de poder regular en los términos de regulación específica, en sectores caracterizados por el continuo cambio, lo que implica, además, analizar las competencias institucionales de las autoridades de regulación y, si es el caso, adecuarlas a tales reformas orientadas fundamentalmente por los avances tecnológicos. Estas afirmaciones son especialmente ciertas para el sector de TIC y las telecomunicaciones, y el sector de audiovisuales. Podría decirse que desde la década de los noventa a la actualidad la transformación de los servicios de telecomunicaciones ha sido total, surgida a partir de la innegable revolución de los servicios prestados sobre internet.

Aún no es posible clarificar la forma y el contenido de una eventual regulación en los servicios surgidos del ecosistema digital, o también sustentados a partir de las plataformas y las diferentes relaciones jurídicas que surgen de ellas. Ejemplos dicientes son las diferentes decisiones judiciales en derecho comparado sobre el caso de Uber y Airbnb[26]. Como

---

26 Tribunal de Justicia de la Unión Europea. Sentencia del 20 de diciembre de 2017 (Uber System Spain como operador del servicio de transporte); sentencia del 10 de abril de 2019 (Uber France como operador del servicio de transporte) y sentencia del 19 de diciembre de 2019 (Airbnb Ireland UC: Intermediación [SSI]).

lo han señalado diferentes autores[27], se trata de "la plataformización" que muestra diferentes eslabones de la cadena de valor. Ejemplos dicientes: Google y Apple.

A partir de estos servicios en plataforma se consolidan mercados digitales que se alejan de las fórmulas tradicionales del derecho a la competencia, de naturaleza multilateral, con el uso de datos personales como pago por los servicios y con una característica ya reseñada: su innovación constante y la dificultad para interpretar conductas anticompetitivas. Ello ha dado lugar a señalar la dificultad o imposibilidad de establecer un marco regulatorio estable en el tiempo y aplicable a todos los actores del mercado[28]. No obstante, el tema de las garantías del derecho a la competencia y la protección de los derechos de los usuarios parecen ser los ejes sobre los cuales se apalancaría cualquier regulación al respecto. No se trata solo de una regulación económica social en pro del derecho a la competencia. Esta irrupción de los servicios del ecosistema digital ha dado lugar al análisis de los derechos digitales y de los derechos fundamentales ejercidos en este mundo virtual[29]. Además, todas estas transformaciones que muestran las incertidumbres de los contenidos de estos servicios vinculados a las TIC, y aún de los servicios públicos clásicos, están claramente influenciadas por el derecho administrativo global. Basta observar las regulaciones de la

---

27 Jorge Pérez Martínez y José Luis Martín Núñez. "Regulación del ecosistema digital", en Luz Mónica Herrera Zapata, Jorge Murgueitio Cabrera y Sandra Milena Ortiz Laverde (coords.) y Édgar González López (dir.). *El ecosistema digital y las autoridades de regulación de los sectores audiovisual y TIC*, Bogotá, Universidad Externado de Colombia y Consejo de Estado, 2017, pp. 1279-1396.

28 Ante esta realidad surge uno de los mandamientos del regulador de no expedir regulación alguna si se desconocen los contenidos del sector posible de control regulatorio.

29 Tomás de la Quadra Salcedo. "Los Derechos en la Sociedad Digital: visión subjetiva y visión institucional", en Luz Mónica Herrera Zapata, Jorge Murgueitio Cabrera y Sandra Milena Ortiz Laverde (coords.) y Édgar González López (dir.). *Las TIC y la Sociedad Digital. Doce años después de la ley*, t. II. *Ecosistema digital en sus distintos desarrollos y las tecnologías disruptivas*, Bogotá, Universidad Externado de Colombia y Consejo de Estado, 2021, p. 69. Así mismo, la Ley Orgánica Española 3 de 2018 sobre Protección de Datos Personales y garantía de los derechos digitales, la Declaración Italiana de Derechos en Internet del 26 de junio de 2015 y la Ley 2016-1321 del 7 de octubre de 2016: por una República Digital (Francia).

Comunidad Andina de Naciones (CAN) y las interpretaciones prejudiciales del Tribunal Andino de Justicia para interpretar las normas andinas, como requisito previo a la decisión de una controversia judicial proferida por el juez o tribunal de arbitramento competente.

G. EL TRASFONDO DE LA DISCUSIÓN EN EL NUEVO DERECHO ADMINISTRATIVO Y LA FUNCIÓN DE REGULACIÓN

La función de regulación se materializa a partir de actuaciones del regulador en busca de incentivos o aproximaciones al sector para promover una eventual autorregulación o mediante típicos actos administrativos que se encuentran dentro de la pirámide de la jerarquía normativa. Es por eso que la función de regulación, en el sentido específico de regulación económica social expedida por la autoridad reguladora, en orden a promover la competencia y garantizar los derechos de los usuarios, estará sujeta al control de legalidad propia de los actos administrativos.

No obstante, el mayor alcance de la regulación en sus ámbitos financieros y técnicos, y la eventual confrontación de la visión tradicional del derecho administrativo que regula a las administraciones públicas, podría entenderse en un campo expansivo como *Derecho de lo Administrativo* y ya no en régimen de relaciones horizontales sino verticales. Por ello se habla del Derecho Administrativo que debe regular no solo a las autoridades sino las relaciones entre sujetos privados sin que sea necesaria siempre la presencia de la Administración como uno de los sujetos en la relación[30]. Esta identificación de temas conceptuales inherentes a la función de regulación y a la autoridad nacional de regulación, y una postura sobre las mismas, resultan el presupuesto necesario para analizar y comprehender una eventual convergencia de la regulación o de autoridades convergentes, incluidas las funciones propias de la autoridad nacional de la competencia que, en nuestra legislación, en gran medida corresponde a la Superintendencia de Industria y Comercio.

---

30 Álvaro Tafur Galvis. Ob. cit., pp. 23-24.

II. LA ESTRUCTURA ORGANIZACIONAL DEL REGULADOR Y SU EVENTUAL CONVERGENCIA. MODELOS EN DERECHO COMPARADO

A. EL CONCEPTO DE REGULACIÓN EN SENTIDO ESPECÍFICO COMO REGULACIÓN ECONÓMICA-SOCIAL

La Sala de Consulta y Servicio Civil del Consejo de Estado se ha pronunciado sobre el concepto de regulación en sentido general, relacionado con la expedición de normas y en sentido específico, que corresponde al tema objeto de este estudio[31]. Como se ha reiterado, la regulación económica constituye una forma de intervención del Estado en la economía[32], tiene como objeto corregir las fallas del mercado[33], lograr los fines del Estado[34],

31 Consejo de Estado. Sala de Consulta y Servicio Civil. Conceptos del 14 de septiembre de 2016, expediente 2291 y del 19 de febrero de 2019, expediente 2409.

32 Robert Baldwin, Martin Cave y Martin Lodge. *Understanding regulation*, 2.ª ed., Oxford University Press, 2012, p. 3; Julia Black. *Critical Reflections on Regulation*, Centre for Analysis of Risk and Regulation at the London School of Economics and Political Science, 2002, p. 8; Christopher Decker. *Modern Economic Regulation*, Cambridge University Press, 2015, p. 3; Miguel Ángel Lasheras. *La regulación económica de los servicios públicos*, Editorial Ariel, 1999, p. 15: Liliana Lizarazo Rodríguez y Marcela Anzola Gil. "Regulación, autorregulación y desregulación", en Liliana Lizarazo Rodríguez y Marcela Anzola Gil (eds.). *La regulación económica: tendencias y desafíos*, Bogotá, Editorial Universidad del Rosario, 2004, p. 12; Santiago Muñoz Machado. "Fundamentos e instrumentos jurídicos de la regulación económica", en *Derecho de la Regulación Económica*, I, cit., pp. 18 y 111; Consejo de Estado. Sala de lo Contencioso Administrativo. Sección Primera. Sentencia del 14 de marzo de 2002, radicado 11001-03-24-000-2000-6637-01(6637). Corte Constitucional. Sentencia C-150 del 25 de febrero de 2003. Cfr., igualmente, Corte Constitucional. Sentencia C-186 del 16 de marzo de 2011. Consejo de Estado. Sala de Consulta y Servicio Civil. Concepto del 14 de septiembre de 2016, radicado 11001-03-06-000-2016-00066-00(2291).

33 Consejo de Estado. Sala de lo Contencioso Administrativo. Sección Primera. Sentencia del 30 de abril de 2009, radicado 11001-03-24-000-2004-00123-01. Corte Constitucional. Sentencia C-150 del 25 de febrero de 2003.

34 Consejo de Estado. Sala de lo Contencioso Administrativo. Sección Primera. Sentencia del 30 de abril de 2009, radicado 11001-03-24-000-2004-00123-01; cfr. igualmente,

realizar los principios sociales[35], asegurar la libre competencia y la prestación eficiente de los servicios[36] y maximizar el bienestar de los usuarios[37]. *Grosso modo*, como se ha mencionado, el concepto de regulación en sentido específico[38] incorpora estos instrumentos propios del derecho a la competencia[39], y, en el caso colombiano, aplicable a servicios públicos como los regulados en las Leyes 142 de 1994 y 1341 de 2009.

Los términos de regulación en sentido económico social difieren del concepto de regulación como sinónimo de expedir normas, y comprenden desde un concepto pragmático propio del derecho de los Estados Unidos, para señalar que la regulación es todo lo que realiza una agencia reguladora

---

Consejo de Estado. Sala de lo Contencioso Administrativo. Sección Primera. Sentencia del 14 de marzo de 2002, radicado 11001-03-24-000-2000-6637-01(6637).

35 Corte Constitucional. Sentencia C-150 de 2003.

36 Consejo de Estado. Sala de lo Contencioso Administrativo. Sección Primera. Sentencia del 11 de noviembre de 2009, radicado 11001-03-26-000-2001-00037-01(20691).

37 Ley 1341 de 2009, artículo 22.

38 También se alude a que esta función de regulación que define el modo básico de intervención pública en la economía, corresponde a un conjunto de poderes de actuación con características propias, que se ejercitan por órganos especiales, cuyo uso ha tenido un desarrollo en los últimos años hasta alcanzar una posición central nunca conocida antes. Es diferente por la naturaleza y contenido de las atribuciones que implica, por su régimen y por los órganos que las tienen conferidas. Por lo pronto, poco tiene en común la función reguladora con el significado que tradicionalmente el Derecho Continental Europeo otorga al concepto regulación normalmente reservado para la aprobación de normas por el legislador o por la Administración. Santiago Muñoz Machado. "Fundamentos e Instrumentos Jurídicos de la Regulación Económica", en Santiago Muñoz Machado y José Esteve Pardo (dirs.). *Derecho de la Regulación Económica*, I, cit., pp. 110-111.

39 En el derecho español diversos autores se han referido a las autoridades de regulación y la función regulatoria, en especial, Mariano Magide Herrero, Santiago Muñoz Machado, Luciano Parejo Alfonso, García Enterría y Fernández, Parada Vásquez José Ramón, Chillón Medina José Manuel Sala Arquer, Tomás Ramón Fernández Rodríguez, Andrés Betancor Rodríguez, Gaspar Ariño Ortiz, Tomás de la Quadra Salcedo. Cfr. Santiago Muñoz Machado y José Esteve Pardo (dirs.). *Derecho de la Regulación Económica*, I, cit.

independiente[40], hasta precisiones de definiciones que la consideran como "un control prolongado y localizado, ejercitado por una agencia pública, sobre una actividad a la cual una comunidad atribuye relevancia social"[41]. Estos contenidos muestran la indeterminación y formulación genérica del concepto.

En cuanto a sus características generales y sucintas puede decirse que[42]: (1) se trata de una actividad administrativa esencial, vinculada al servicio público en nuestro país, o a servicios de interés general económico en el derecho de la Unión Europea, y adquiere un protagonismo esencial en la regulación de estos servicios y en los derechos y deberes de quienes intervienen como operadores en su prestación; (2) implica una intervención del Estado en la economía, con rasgos propios, en especial encaminados a la imposición de obligaciones jurídicas para garantizar el derecho a la competencia, y en algunos casos, según la legislación de cada país, obligaciones de servicio público y de servicio universal; (3) se distingue la función regulatoria de intervención, como una función ex ante, de la función propia de la autoridad de la competencia, que generalmente cumple una función *ex post* muy orientada a la inspección, vigilancia y control; (4) confiada a una autoridad con mayor grado de independencia y especializada y dotada de una neutralidad política; (5) que cumple finalidades económicas para promover la competencia, entre otras, corregir fallas del mercado, pero también fines sociales para atender a la finalidad y misiones de interés general que conllevan estos servicios; (6) generalmente, de carácter sectorial para preservar las necesidades específicas según la naturaleza de los servicios regulados; (7) implica un regulador y un regulado, y la habilitación para los prestadores de servicios y de bienes afectos a los mismos, puede partir de una habilitación general, o de una concesión o autorización

---

40 Andrés Betancor. "El análisis del concepto de la regulación en la doctrina anglonorteamericana", en *Regulación: Mito y Derecho. Desmontando el mito para controlar la intervención de los reguladores económicos*, Civitas, Thomson Reuters, 2010, pp. 31-43.

41 Phillip Selznick. "Focusing organisation research on regulation", en R. G. Noll. *Regulatory Policy and the social sciences*, Berkeley, University of California Press, 1985, citado por Santiago Muñoz Machado. Ob. cit., p. 111.

42 Se ha seguido parcialmente para describir estas características a Juan José Montero Pascual. *Regulación económica*, Tirant lo Blanch, 2014, pp. 40-45.

general o específica; (8) sustentada en criterios técnicos y operativos donde se enmarcan las experiencias propias de las áreas jurídicas, financieras y de ingeniería; (9) dotada de una extraordinaria discrecionalidad técnica, como rasgo diferenciador y crítico de la regulación. A tal punto que se ha planteado un criterio flexible en el contenido mínimo o contenido básico de la reserva de ley para que estas autoridades precisen el contenido del interés general y la imposición de obligaciones según un juicio de proporcionalidad; (10) en muchos casos el protagonismo no es de la ley sino de la regulación que puede afectar derechos de los ciudadanos para garantizar el bien superior producto del derecho a la competencia; (11) por ello, se predica un reforzamiento del control jurisdiccional para el control de su discrecionalidad[43].

El ejercicio de la función regulatoria requiere de un órgano regulador, el cual ejerce un papel fundamental en el buen desarrollo de la actividad económica, la eficiente y efectiva prestación de los servicios públicos y la adecuada protección de los consumidores. Lo anterior, gracias a la posibilidad que tiene de interactuar de manera directa con el gobierno, el mercado y los consumidores. Asimismo, su importancia se sustenta en su profundo conocimiento técnico y agilidad administrativa[44].

B. LA ESTRUCTURA ORGANIZACIONAL DEL REGULADOR Y LOS MODELOS DE CONVERGENCIA EN DOCTRINA COMPARADA

Merece especial atención los modelos de regulación o de regulador convergente que han sido debatidos y decididos en los casos de Inglaterra, Alemania, Holanda y España. Así mismo, las recomendaciones de la OCDE[45] en 2014 para el modelo colombiano, en el sector de las telecomunicaciones y audiovisuales. La estructura organizacional del regulador puede abordar

---

43 Andrés Betancor. Ob. cit., 2010.

44 OECD. "Shaping the Future of Regulators: The Impact of Emerging Technologies on Economic Regulators, The Governance of Regulators", Paris, 2020, p. 3, disponible en https://doi.org/10.1787/db481aa3-en.

45 Estudio sobre políticas y regulación de telecomunicaciones en Colombia, OCDE, 2014.

distintas formas. Así, pueden identificarse, desde una perspectiva académica y no exclusiva, diferentes modelos en derecho comparado:

1. AUTORIDAD DE REGULACIÓN ESPECÍFICA PARA CADA SECTOR

Como en toda organización institucional, las posibilidades de fusionar autoridades de regulación o de establecer una misma regulación para diferentes servicios especialmente en red, corresponden a una formulación política que incorpora ventajas y desventajas. En varias ocasiones el éxito de eficiencia y eficacia depende de acertar en la identificación de aspectos comunes en los servicios correspondientes que permitan una regulación de la misma índole. Pero también, aparte de la estructura institucional, es fundamental el recurso humano de los comisionados, su forma de nombramiento, sus calidades exigidas y que realmente cumplan su función en forma eficiente, imparcial, autónoma y especializada. No es muy equivocada la frase de que "la persona hace el cargo". Una primera posibilidad es la adopción de un ente regulador por sectores, que corresponde al modelo comúnmente utilizado en la mayoría de los países.

2. REGULADOR SECTORIAL EN LOS SERVICIOS PÚBLICOS DOMICILIARIOS

Este fue el modelo adoptado en Colombia bajo la Ley 142 de 1994, la cual creó un conjunto de comisiones de regulación encargadas de regular sectores específicos, a través del otorgamiento de funciones atribuidas por el legislador o delegación del presidente de la República. Se organizan según el artículo 69 de esta Ley 142 de servicios públicos domiciliarios la Comisión de Regulación de Agua Potable y Saneamiento Básico (CRA) y la Comisión de Regulación de Energía y Gas Combustible (CREG). Obsérvese que ya los servicios de energía y gas combustible son regulados mediante una sola autoridad.

Estas comisiones de regulación de servicios públicos domiciliarios atienden a las funciones y facultades generales contempladas en el artículo 73 de esta ley, encaminadas a promover la competencia o la regulación de monopolios en los servicios públicos; a definir criterios de eficiencia y a evaluar la gestión de las Empresas de Servicios Públicos (ESP); a fijar normas de calidad, entre otros. También tienen como funciones generales resolver las controversias surgidas entre las empresas del sector; emitir conceptos sobre la legalidad de los contratos de condiciones o informes suscritos con los usuarios; establecer fórmulas para la fijación de tarifas de los servicios regulados, bajo las fórmulas señaladas en esta ley; ordenar la escisión de la empresa cuando se encuentre que usa su posición dominante para impedir el desarrollo de la competencia en un mercado; señalar los criterios generales sobre abuso de posición dominante en los contratos de servicios públicos con los usuarios; establecer los requisitos generales a que deben someterse las empresas para utilizar las redes existentes y acceder a las redes públicas de interconexión y definir las fórmulas necesarias por el transporte de interconexión de redes.

Otra función fundamental que establece el artículo 74.1 para la CREG y el artículo 74.2 para la CRA, es la facultad de establecer reglas de comportamiento diferencial según la posición de las empresas en el mercado, que no es nada distinto de incorporar obligaciones de discriminación positiva al operador que detente una posición dominante en el mercado relevante previamente definido, lo cual fue considerado exequible por la Corte Constitucional en la sentencia C-263 de 2013[46].

Una dificultad bajo este esquema de regulador por sector es la posibilidad de que se presente una falta de coordinación entre los entes reguladores, así como la duplicidad de funciones regulatorias. Todo depende de las características específicas o comunes de la materia a regular y del servicio regulado.

Podría argüirse, *a priori*, que estas semejanzas inclinarían la balanza para una eventual convergencia de una sola comisión que regulara estos servicios, con las eventuales justificaciones de costos, de unificación de criterios y de una presunta mayor seguridad jurídica. Sin embargo, existen otros valores que deben preservarse, a nuestro juicio, los cuales apuntan a un criterio distinto, especialmente centrados en garantizar la especialidad de los comisionados en servicios y sectores que mantienen claras diferencias

---

46 Corte Constitucional. Sentencia C-263 de 2013.

conceptuales en su actividad y en las redes e infraestructuras singulares que utilizan.

No hay duda que cualquier reforma sobre una convergencia del regulador sectorial debe partir de garantizar, por una parte, su independencia real frente a los regulados y al gobierno de turno, con neutralidad política, pero, por otra, debe mantenerse y fortalecerse la especialidad de los comisionados en cada una de estas autoridades independientes, pues son la razón de ser de esa descentralización funcional que propende para que decisiones técnicas y operativas, propias de las comisiones sean tomadas por quien tenga la experticia en el sector.

Resulta imposible desconocer que sectores como la energía y las telecomunicaciones llevan implícito un grado elevado de especialidad y complejidad creciente, no solo por la naturaleza de estos servicios, sino por su constante modificación y evolución, ante mercados que mutan según el avance tecnológico.

3. EL REGULADOR EN EL SECTOR DE TIC Y LAS TELECOMUNICACIONES

Mención especial merece el sector de las TIC y las telecomunicaciones. El regulador del sector de TIC y telecomunicaciones se consolidó a partir de la Ley 1341 de 2009 y sus diferentes reformas para cumplir funciones asignadas por ley, incluidas las de reglamentación en aspectos técnicos y operativos, como el régimen de interconexión y acceso a las redes de telecomunicaciones y la protección de los derechos de los usuarios de los servicios de telecomunicaciones[47]. Esta ley fue reformada por la Ley 1978 de 2019, denominada Ley de Modernización de las TIC, en la cual se incorporaron funciones propias de los servicios de televisión y audiovisuales a la Comisión de Regulación de Telecomunicaciones de mayor intensidad a las inicialmente asignadas a esta comisión en la anterior Ley 1507 de 2012 que creó la Autoridad Nacional de Televisión.

Podría afirmarse teóricamente que con esta Ley 1341 de 2009, con las reformas introducidas por la Ley 1978 de 2019 y ante la desaparición de

---

47 Ley 1341 de 2009, artículo 22. Funciones de la CRT.

la Autoridad Nacional de Televisión, se logró una convergencia entre los sectores de telecomunicaciones y de audiovisuales, en la medida en que la CRT incorporó, dentro de su estructura, una dependencia, extrañamente denominada sesión, relacionada con los contenidos audiovisuales y que, además, la otra dependencia, de sesión de las comunicaciones, también estableció la función de regular redes y servicios de telecomunicaciones, incluida la televisión.

Otra situación surgida del avance tecnológico correspondió a los nuevos servicios surgidos de la consolidación del internet y soportados en tecnologías IP que incorporaron nuevos agentes del mercado, sin perjuicio de que los operadores de servicios de telecomunicaciones, denominados Proveedores de Redes y Servicios de Telecomunicaciones (PRST), puedan participar en estos nuevos mercados digitales.

Esta expansión de los mercados digitales sobre el internet, de las plataformas tecnológicas y de negocios globales, propios del ecosistema digital, implicó la creación de nuevas necesidades y de nuevos servicios para los ciudadanos y ha planteado retos sobre la forma de adaptar el sistema clásico y tradicional de la competencia a estas nuevas realidades. Algunos de estos servicios del ecosistema digital surgidos de la cadena de valor de internet satisfacen necesidades de los usuarios de similar contenido a los que proveen los operadores de servicios de telecomunicaciones, denominados agentes OTT (Over The Top) como sucede con las aplicaciones de WhatsApp o Skype. En algunos casos estos agentes OTT no están necesariamente vinculados a las telecomunicaciones, pero sí pueden ser considerados servicios digitales, como sucede con los casos de Uber o de Airbnb. Como señalan Pérez Martínez y Núñez Martín, esa situación se convierte en el mayor reto regulatorio, pues no está en juego solo la competitividad de la industria de las telecomunicaciones, sino de la economía general[48]. Además, los nuevos mercados digitales se alejan de los modelos tradicionales de negocio de oferta y demanda claramente diferenciada, con un mercado multilateral y, ofrecen servicios variados que ponen en contacto a unos usuarios con otros o presentan ofertas de nuevos contenidos.

---

48 Jorge Pérez Martínez y José Luis Martín Núñez. "Regulación del ecosistema digital", en *El ecosistema digital...*, cit., pp. 1279-1306.

A partir de estos supuestos, se planteó la posibilidad de establecer una regulación convergente de telecomunicaciones, audiovisuales y TIC, lo cual pareciera viable y lógico en la medida en que la Ley 1341 de 2009 pretendió regular los servicios de TIC, bajo la premisa general de que tanto las telecomunicaciones como las TIC, propenden a la sociedad de la información y del conocimiento[49]. Posteriormente se hará alusión a las reformas de esta ley, en cuanto a la teórica convergencia de los servicios de telecomunicaciones con audiovisuales y a la incorporación de los servicios del mercado digital prestados a través de internet, que confluyen con la definición de los servicios de TIC que trae la Ley 1341 de 2009.

C. EL REGULADOR CONVERGENTE PARA VARIOS SECTORES

Como se verá, las tendencias del regulador convergente tienen una marcada tendencia en los servicios relacionados con las telecomunicaciones, audiovisuales y servicios postales.

1. JUSTIFICACIÓN PARA LA CREACIÓN DE UN REGULADOR CONVERGENTE. VENTAJAS Y DESVENTAJAS

Para hablar de las razones que han motivado la adopción de un órgano regulador convergente resulta necesario referirse a los conceptos de convergencia y convergencia regulatoria. Estos términos, al menos en el ámbito de las comunicaciones, han sido definidos por la doctrina de la siguiente manera:

> La convergencia se ha definido como una tendencia en la evolución de los servicios tecnológicos y las estructuras industriales (Blackman, 1998) y como la confluencia de las telecomunicaciones, la informática y la radiodifusión en un único flujo de bits digitales (Collins, 1998; Gates, 2000). La convergencia regulatoria se refiere a la confluencia de leyes y reglamentos sectoriales

---

49 Aunque desde el punto de vista de la definición extraída del artículo 6.º de la Ley 1341 de 2009 las telecomunicaciones hacen parte del concepto genérico de TIC, la realidad es que comportan un régimen jurídico distinto. Basta decir como ejemplo que los servicios de telecomunicaciones son calificados como servicio público, lo cual no sucede con las TIC, que no comprenden las telecomunicaciones.

previamente separados en un único marco jurídico y reglamentario (García-Murillo y MacInnes, 2002)[50].

Así mismo, la Unión Internacional de Telecomunicaciones (UIT) define la convergencia como la "evolución coordinada de redes que antes eran independientes, hacia una uniformidad que permita el soporte común de servicios y aplicaciones"[51]. Se propende a que una amplia gama de contenidos, como audio, video, texto, imágenes y servicios, se distribuya a través de las mismas redes a varios dispositivos o terminales.

Dentro de este marco, el establecimiento de un ente regulador único ha encontrado justificación en la necesidad de responder de manera más eficaz y eficiente al fenómeno de la convergencia. En línea con lo anterior, el regulador convergente evita la superposición de funciones entre distintos órganos regulatorios, lo que conlleva un uso más eficiente de los recursos públicos. Así mismo, permite una regulación más simple, uniforme, sistemática, coherente e integral, lo que resulta necesario y es concordante con la prestación de servicios convergentes[52]. Lo anterior, propende a alcanzar

---

50 Giri Gundu Hallur y Vivek S. Sane. "Indian telecom regulatory framework in comparison with five countries: structure, role description and funding", *Digital Policy, Regulation and Governance*, vol. 20, n.º 1, Emerald Publishing Limited, 2018, p. 68.

51 Documento UIT, 2004.

52 En ese sentido, en el caso de Ofcom se indicó: "El marco regulador del Reino Unido también estaba fragmentado, con múltiples entidades que duplicaban funciones y aumentaban el coste de la regulación. En 2003, el Gobierno británico fusionó la Broadcasting Standards Commission, la Independent Television Commission, la Office of Telecommunications, la Radio Communications Agency y la Radio Authority para instituir un regulador convergente, el Ofcom. El Ofcom ha conseguido ahorrar eficiencia en sus costes ajustados. Si los predecesores del Ofcom hubieran seguido existiendo, la suma estimada de sus costes en 2004-2005 era de 139 millones de libras, incluidos los costes adicionales de la inflación, la realización de nuevas tareas (3 millones de libras, 25) y las obligaciones del IVA (8 millones de libras, 24) (CAG, informe del Reino Unido, 2006, p. 27). El resultado real de la Ofcom fue un 13% inferior. Esto refleja las oportunidades de mejora de la eficiencia inherentes a una gran consolidación organizativa. Esta fusión ha permitido reducir las cargas que pesan sobre las empresas, mejorar los resultados de la reglamentación y lograr ahorros de eficiencia (CAG, informe del Reino Unido, 2006, p. 9)". Cfr. Giri Gundu Hallur y Vivek S. Sane. "Indian telecom regulatory framework in comparison with five countries...", cit., p. 69.

mayores niveles de cumplimiento de la regulación. En esa dirección, por ejemplo, la OCDE ha señalado:

> Los responsables de políticas necesitan responder con un enfoque de gobierno integral a los cambios generados por la convergencia en las redes de banda ancha. Dado que dichos cambios afectan a diferentes sectores, aumenta la probabilidad de que se superpongan las responsabilidades de los distintos organismos y ministerios. [...] Estas tendencias hacia la convergencia afectan a la dinámica de la competencia entre proveedores de banda ancha y de contenido o aplicaciones, por lo que han de ser analizadas bajo un enfoque integral. Del mismo modo, las fusiones y adquisiciones intersectoriales y los análisis de mercado (actores fijos y móviles, proveedores de contenido y proveedores de telecomunicaciones u OTT) acentúan la necesidad de reforzar la colaboración entre las autoridades de competencia y de comunicaciones.
>
> [...]
>
> Por lo general, los reguladores convergentes abordan las cuestiones regulatorias de manera integral y sirven de ventanilla única a las partes interesadas, lo que simplifica las decisiones regulatorias, ahorra recursos públicos y facilita el intercambio de conocimientos. Los reguladores convergentes con competencias tanto para los servicios audiovisuales como de telecomunicaciones, incluidas cuestiones relacionadas con el contenido de los servicios de vídeo o televisión, pueden evaluar e imponer medidas regulatorias en toda la cadena de valor de los servicios de telecomunicaciones (desde la red al contenido), identificar cuellos de botella y detectar posibles utilizaciones del poder de mercado para dominar mercados adyacentes (como los empaquetamientos). Aquellos que combinan competencias ex ante y ex post pueden coordinar mejor las decisiones regulatorias, por lo que aumenta su uniformidad, coherencia y grado de cumplimiento[53].

Otra razón que justifica la adopción de un regulador convergente es la necesidad de enfrentar de mejor manera la aparición de nuevas tecnologías que desbordan el marco inicial de regulación y disminuir las fronteras

---

53 OCDE y BID. *Políticas de banda ancha para América Latina y el Caribe: un manual para la economía digital*, París, 2016, p. 7.

tecnológicas y jurídicas en la clasificación de los servicios[54]. Desde el punto del incentivo a las nuevas tecnologías, los reguladores tienen además la tarea de lograr controlar los riesgos que conllevan las tecnologías emergentes, al tiempo que deben promover la innovación y maximizar los beneficios para la sociedad en general[55].

Dentro de este marco, se han identificado importantes retos para los reguladores con ocasión de la aparición de tecnologías emergentes. Un primer reto se relaciona con la necesidad de responder en tiempo ante los cambios o disrupciones generadas por las nuevas tecnologías. Esto puede resultar problemático para los reguladores, pues las normas regulatorias deben tener la capacidad de ajustarse y responder a los veloces cambios y desarrollos tecnológicos. Asimismo, los reguladores pueden carecer del conocimiento y la información suficiente para entender como una nueva tecnología afectará el mercado y a la sociedad[56]. Un segundo reto consiste en diseñar marcos regulatorios adecuados. Es muy posible que el régimen

---

54 Se puede rememorar la situación surgida en el sector de telecomunicaciones cuando estaba sometida a un régimen de concesión por servicios y dichos servicios eran definidos desde el punto de vista de sus características técnicas por el Decreto Ley 1900 de 1990. Cuando la tecnología avanzó, muchos de esos servicios inicialmente distintos resultaron convergentes en cuanto a las facilidades otorgadas a los usuarios, el régimen de concesión por servicios implicaba una gran barrera y dificultad para el desarrollo del sector. Se multiplicaron las solicitudes para iniciar procesos administrativos sancionatorios, procesos penales y procesos judiciales. Con la Ley 1341 de 2009 se eliminó la clasificación legal de los servicios y se mutó a un régimen de habilitación general con el registro ante el MinTIC. De esa manera se eliminaron las grandes controversias sobre qué tipo de servicio estaba prestando cada operador y si contaba con el título de concesión correspondiente.

55 "*At the same time, emerging technologies can bring with them adverse effects, for instance by significantly disrupting labour in traditional markets or by marginalising fragile populations. They also raise profound challenges in terms of data governance -for instance regarding data privacy, discrimination, or the ethical use of data. Regulation is essential to mitigate the risks of emerging technologies, while promoting innovation and maximising benefits for all. In this context, it is clear that sweeping technological advancements create a sea change for regulators*": OECD. "Shaping the Future of Regulators: The Impact of Emerging Technologies on Economic Regulators", *The Governance of Regulators*, OECD Publishing, París, 2020 p. 13, disponible en https://doi.org/10.1787/db481aa3-en.

56 Ídem.

jurídico tradicional no tenga la capacidad de responder adecuadamente a las necesidades de las tecnologías emergentes, las cuales pueden alterar el *statu quo* del mercado, las empresas y los consumidores. Asimismo, la implementación y exigencia del régimen regulatorio puede ser problemático ante las nuevas realidades y dinámicas.

Lo anterior hace necesario que exista una coordinación, armonización o integración de las prácticas reguladoras, lo que demanda por tanto una aproximación multidisciplinaria[57]. Así las cosas, la adopción de un regulador convergente constituye una alternativa para enfrentar los retos que conlleva la convergencia tecnológica, así como las cambiantes dinámicas y veloces desarrollos tecnológicos que ocurren día a día. Evidencia de lo anterior es lo ocurrido con Ofcom, ente regulador inglés, frente al cual se ha señalado:

> La Ley de Comunicaciones de 2003 se preguntaba cuáles serían las fuerzas motrices de las industrias de la comunicación en los próximos diez años y establecía un marco regulador basado en principios y orientado al futuro para encauzar esas fuerzas en interés de los ciudadanos y los consumidores. Decidió que el tema clave sería la convergencia de plataformas, industrias y servicios, incluido el audiovisual. Tomó los reguladores existentes para la televisión, las telecomunicaciones y el espectro y creó Ofcom –un regulador convergente que tenía los poderes adecuados para operar en un mundo convergente[58].

Igualmente, una parte de la doctrina considera a la autoridad reguladora italiana en materia de comunicaciones y medios (Autorità per le Garanzie nelle Comunicazioni, AGCOM) un regulador convergente independiente creado con el propósito de enfrentar los retos que en el sector de las comunicaciones surgen con ocasión de las dinámicas tecnologías y del mercado del sector[59].

Por su parte, en el ámbito de la región latinoamericana, la OCDE recomendó a Brasil, siguiendo lo ocurrido en el ámbito internacional, crear un regulador convergente independiente con el objetivo de fortalecer el marco institucional en el ámbito de las comunicaciones, promover la eficacia en la

---

57 Ídem.

58 Chi Onwurah. *Journal of Digital Media & Policy*, vol. 10, n.º 1, 2019, p. 10.

59 OECD. "Shaping the Future of Regulators...", cit., p. 71.

actividad regulatoria, asegurar la aplicación uniforme del marco regulatorio y fortalecer la seguridad privada de los entes regulados. Así, por ejemplo, en el año 2020 señaló:

> Para reforzar el marco institucional, Brasil podría crear una autoridad convergente independiente. Esta entidad supervisaría los mercados de la comunicación y la radiodifusión (incluida la televisión de pago) y vigilaría la evolución de los servicios Over-The-Top (OTT). Al mismo tiempo, mantendría una distancia entre la regulación y la formulación de políticas, como se sugiere en la siguiente recomendación.
>
> [...]
>
> No obstante, el nuevo regulador convergente debería abordar todas las cuestiones que afectan a la competencia ex ante en los mercados de la televisión de pago y la televisión de pago por cable, como la regulación de los servicios must carry/must offer y los servicios OTT. En temas relacionados con las competencias de otras autoridades (p. ej., salud pública, derechos de autor), el regulador convergente podría aplicar protocolos formales de cooperación.
>
> En resumen, un organismo regulador independiente convergente debería encargarse de regular toda la cadena de valor de la radiodifusión y la televisión de pago con arreglo a un conjunto integrado y coherente de normas. Estas normas garantizarían la eficacia del proceso regulador y la aplicación uniforme del régimen regulador en todas las instituciones públicas. Esto, a su vez, crearía seguridad jurídica para las entidades reguladas[60].

Vale la pena advertir desde ya que los operadores de servicios OTT y la cadena de valor de los servicios audiovisuales no tienen una regulación específica en el ordenamiento actual colombiano. Esta recomendación encuentra justificación ante la necesidad de contar con una aproximación regulatoria convergente, que conlleve que no existan funciones regulatorias que compitan o entren en conflicto, lo cual puede ocurrir, habida cuenta de que, en sectores como la comunicación y los medios, es creciente su

---

60 OECD. "OECD Telecommunication and Broadcasting Review of Brazil 2020", París, 2020, p. 24, disponible en https://doi.org/10.1787/30ab8568-en.

prestación convergente. Así, por ejemplo, en el caso brasilero se evidenció que Anatel[61] y Ancine[62] corresponden a dos reguladores del sector de las comunicaciones y los medios que regulan son diferentes niveles de la cadena de valor audiovisual. En virtud de su distribución de competencias, no está claro cuál es la autoridad que debe regular la distribución de contenido en Internet[63].

De esta suerte, la creación del regulador convergente ayudaría simplificar el régimen regulatorio y enfrentar la nueva realidad que surge como consecuencia del fenómeno de la convergencia[64-65]. De igual modo,

---

61 "Agência Nacional de Telecomunicações (Anatel) es la entidad del Gobierno federal que regula las telecomunicaciones en Brasil. Vinculada al Ministerio de Ciencia, Tecnología, Innovaciones y Comunicaciones, Anatel fue creada en 1997, convirtiéndose en la primera agencia regulatoria del país. Administrativamente independiente y autónoma en términos financieros, Anatel cumple las funciones de implementar las políticas nacionales relacionadas con las telecomunicaciones, representar a Brasil frente a organismos internacionales de telecomunicaciones, administrar y normar los espectros de radiofrecuencias y el uso de órbitas, entre otros. Con sede en Brasília, la agencia se enfoca en promover el desarrollo de las telecomunicaciones en el país", disponible en https://www.bnamericas.com/es/perfil-empresa/agencia-nacional-de-telecomunicacoes.

62 "ANCINE, la Agencia Nacional del Cine, es una agencia gubernamental autónoma y administrativa y financieramente independiente, que opera bajo la supervisión del Ministerio de Cultura de Brasil. Fue creada en septiembre de 2001 a fin de contribuir a la regulación, al fomento y al monitoreo de la industria audiovisual en Brasil. La misión de ANCINE es establecer condiciones iguales de competencia entre los agentes económicos que constituyen el sector audiovisual brasileño y, por consiguiente, estimular el desarrollo de una industria audiovisual fuerte y sostenible", disponible en https://antigo.ancine.gov.br/es/home-espanhol.

63 OECD. "OECD Telecommunication and Broadcasting Review of Brazil 2020", cit., p. 136.

64 Ibíd., p. 22.

65 Por su parte, en el ámbito europeo, la OCDE también ha recomendado a Letonia adoptar un regulador convergente que le permita enfrentar de mejor manera los retos y tendencias que se presentan en manera de comunicaciones, televisión y radio. Así, por ejemplo, señaló en el 2021: "Letonia se beneficiaría de un enfoque político y reglamentario holístico de la conectividad. Se podría considerar la creación de un regulador convergente que se ocupara de los servicios de comunicación, radiodifusión y medios de comunicación. Actualmente, las funciones están repartidas entre la SPRK y el NEPLP. Los avances en la convergencia sobre redes IP y la convergencia potencial

el regulador convergente puede contribuir a reducir los costos, como por ejemplo, el despliegue de redes[66].

La existencia de un regulador convergente también puede verse como algo positivo toda vez que facilita la identificación del regulador por parte del público permite crear espacios como una "ventanilla única"[67]. Con todo, a pesar de las ventajas hasta aquí enumeradas, la creación de un regulador emergente enfrenta también importantes riesgos.

Entre estos se han destacado por la doctrina la falta de transparencia en un gran regulador, una menor accesibilidad para el consumidor, la existencia de diferentes agendas de las diferentes secciones en un regulador convergente[68]. También se ha señalado que el regulador convergente conlleva una menor transparencia y accesibilidad para el consumidor; la existencia de diferentes agendas por parte de las distintas secciones unidas en el regulador convergente; o el riesgo potencial de que una sección domine a la otra.

Además, es difícil identificar expertos en sectores tan complejos y especializados como el energético y el de telecomunicaciones, o que tengan la experticia en todos los sectores. Si se observan los ejemplos citados, la tendencia al regulador convergente claramente puede identificarse respecto de los servicios de telecomunicaciones y de audiovisuales y aún de los servicios postales. Por lo demás, uno de los graves problemas que se enfrentan corresponde a la dificultad de preservar la especialidad de sus directores, que son la razón de ser y fundamento de una buena regulación y de una buena administración. De todas maneras, cualquier intento de configurar

---

entre redes fijas y móviles han afectado y afectarán cada vez más a las estructuras de mercado. Una estructura reguladora convergente permitiría abordar estos cambios de manera más eficaz, teniendo en cuenta los retos y tendencias generales". OECD. "Going Digital in Latvia", OECD Reviews of Digital Transformation", OECD Publishing, París, 2021, p. 75, disponible en https://doi.org/10.1787/8eec1828-en.

66 OCDE. "Communication Regulators of the Future", *OECD Digital Economy Papers*, n.º 333, octubre de 2022, p. 16.

67 Johanna E. Fell. "Converging media-convergent regulators? The future of broadcasting regulatory authorities in South-Eastern Europe", Council of Europe and the OSCE Mission to Skopje, 1-2 October 2007, Skopje. Directorate General of Human Rights and Legal Affairs Council of Europe, 2008, p. 10, disponible en http://www.coe.int/justice/.

68 Ídem.

un regulador convergente debe tener en cuenta la independencia de cada regulador en el sector correspondiente.

Bajo estos parámetros pueden encontrarse industrias y servicios que por sus características técnicas afines, son sometidas a un único regulador, como sucede especialmente para los servicios de telecomunicaciones y audiovisuales, acogido por las recomendaciones de la OCDE y por diferentes países. En este marco los actores del mercado ejercen su actividad dentro de mercados definidos que pueden ser configurados como relevantes. Solo si el regulador ha identificado previamente el mercado, podrá saber su participación en él y si ejerce una posición dominante o significativa en el mismo. Como se ha dicho, una de las funciones más importantes del regulador para promover la competencia es establecer reglas de comportamiento diferencial según la posición del operador en el mercado. Pero también se encuentran ejemplos de consolidar en una sola autoridad el regulador único, para industrias y servicios distintos. En este caso la autoridad tiene divisiones o secciones que ejercen la regulación en cada sector, como sucede en el caso español.

La dificultad estriba en saber cómo una única autoridad, con una dirección única o colegiada, puede hacer primar al mismo tiempo las diferentes regulaciones sectoriales, en detrimento de la autonomía del regulador especializado. En estricto sentido, en este evento no hay un regulador convergente, pues cada sesión o división cumple una función de regulación distinta para cada servicio o industria.

Aún más, se presentan casos en los que se ha intentado fusionar a las autoridades regulatorias con las autoridades nacionales de competencia, lo cual también conlleva el grave riesgo de desdibujar las importantes y distintas funciones que ejercen estas autoridades. Es el caso de la Comisión Nacional de Mercados y de la Competencia CNMC en el derecho español.

Con respecto a la estructura de los reguladores (para un resumen de la tipología de reguladores ver cuadro 1), existen reguladores unifuncionales que son responsables de la regulación de un único sector (p. ej., energía o telecomunicaciones) o de la aplicación de una única política (p. ej., la política de competencia). Algunos ejemplos de reguladores unifuncionales son la agencia de competencia francesa Autorité de la Concurrence o la Dirección General de la Competencia de la Comisión Europea. Por otro lado, existe un número creciente de jurisdicciones donde se encuentran reguladores multisectoriales (que actúan en varios sectores), multifuncionales (que ejercen funciones diversas) o convergentes (es decir, simultáneamente multisectoriales y multifuncionales) (1)[69]. Un ejemplo de un regulador multisectorial es el Bundesnetzagentur alemán que agrupa las funciones regulatorias de varios sectores de red (2)[70]. Los reguladores multifuncionales más comunes son aquellos que aglutinan las políticas de la competencia y de protección del consumidor (como la recientemente creada CMA británica). También existe un número creciente de instituciones que combinan funciones regulatorias con políticas de defensa de la competencia en un sector determinado, como es el caso de los reguladores de telecomunicaciones mexicano y británico (IFT y Ofcom, respectivamente). Por último, hay un número limitado de jurisdicciones donde se han creado reguladores convergentes que agrupan al mismo tiempo la regulación de diversos sectores (multisectorial) y diversas políticas (multifuncional), como la Comisión Nacional de los Mercados y la Competencia española (CNMC) y la Autoridad de la Competencia y los Mercados holandesa (ACM), que agrupan las labores de regulación en todas los sectores de red y la aplicación de la política de competencia (3)[71-72].

2. EXPERIENCIAS EN DERECHO COMPARADO

a. EL REGULADOR DEL REINO UNIDO

La Office of Communications (Ofcom), creada en 2003, es el órgano regulador y de competencia del Reino Unido en materia de telecomunicaciones. En particular, tiene a su cargo la regulación de los sectores de televisión y radio, telecomunicaciones fijas, móviles, servicios postales y las ondas por las que operan los dispositivos inalámbricos[73]. Sustituyó a los cinco antiguos reguladores de comunicaciones en el Reino Unido: la Comisión

---

69 Juan Delgado y Elisa Mariscal. "Integrating Regulatory and Antitrust Powers: Does It Work? Case Studies from Spain and Mexico", *Competition Policy International Journal*, vol. 10(1), Spring, 2014.

70 Telecomunicaciones, sector postal, energía y gas y ferrocarriles.

71 La ACM también posee funciones de protección del consumidor.

72 "La CNMC: la historia de una reforma inacabada", *Papeles de Economía Española*, n.º 145, 2015. "Regulación y política de defensa de la competencia en España", p. 18.

73 Cfr. https://www.gov.uk/government/organisations/ofcom#:~:text=Ofcom%20

de Normas de Radiodifusión, la Comisión de Televisión Independiente, la Oficina de Telecomunicaciones, la Autoridad de Radio y la Agencia de Radiocomunicaciones[74]. Posteriormente, en el año 2011 la Postal Service Commission (POSTCOMM) se vinculó a Ofcom. De allí que se haya considerado como un regulador convergente[75].

La consolidación de los entes reguladores en Ofcom se ejemplifica en el siguiente cuadro[76] (gráfica 1).

En ese sentido, en el caso de Ofcom se han indicado ciertos beneficios manifestados por la doctrina[77-78]. Como se infiere, la regulación convergente apunta a reunir en un solo ente regulador los servicios de telecomunicaciones electrónicos, postal y audiovisual, incluidos los contenidos y, por otra parte, un regulador de los servicios de gas y electricidad[79].

---

is%20the%20regulator%20and,for%20Science%2C%20Innovation%20and%20 Technology.

74 Andrew Stirling. "Why Ofcom", *Ebu Technical Review*, October 2004, p. 1, disponible en https://tech.ebu.ch/docs/techreview/trev_300-ofcom.pdf.

75 "*The United Kingdom is an example where five regulators were merged into one converged regulator, Ofcom, which unites spectrum and content regulation*". Johanna E. Fell. "Converging media-convergent regulators? The future of broadcasting regulatory authorities in South-Eastern Europe", cit., p. 9.

76 Cfr. https://www.ofcom.org.uk/about-ofcom/website/regulator-archives.

77 El marco regulador del Reino Unido también estaba fragmentado, con múltiples entidades que duplicaban funciones y aumentaban el coste de la regulación. En 2003, el Gobierno británico fusionó la Broadcasting Standards Commission, la Independent Television Commission, la Office of Telecommunications, la Radio Communications Agency y la Radio Authority para instituir un regulador convergente, el Ofcom. Cfr. *supra*, nota 53.

78 "La Ley de Comunicaciones de 2003 se preguntaba cuáles serían las fuerzas motrices de las industrias de la comunicación en los próximos diez años y establecía un marco regulador basado en principios y orientado al futuro para encauzar esas fuerzas en interés de los ciudadanos y los consumidores. Decidió que el tema clave sería la convergencia de plataformas, industrias y servicios, incluido el audiovisual. Tomó los reguladores existentes para la televisión, las telecomunicaciones y el espectro y creó Ofcom –un regulador convergente que tenía los poderes adecuados para operar en un mundo convergente": Chi Onwurah. *Journal of Digital Media & Policy*, vol. 10, n.º 1, p. 10.

79 También se señala el caso de Francia para los dos primeros mercados mencionados, donde desde 2005 la Autorité de Régulation des Communications Electroniques et des Postes (ARCEP) ejerce funciones reguladoras sobre el sector postal y el de las

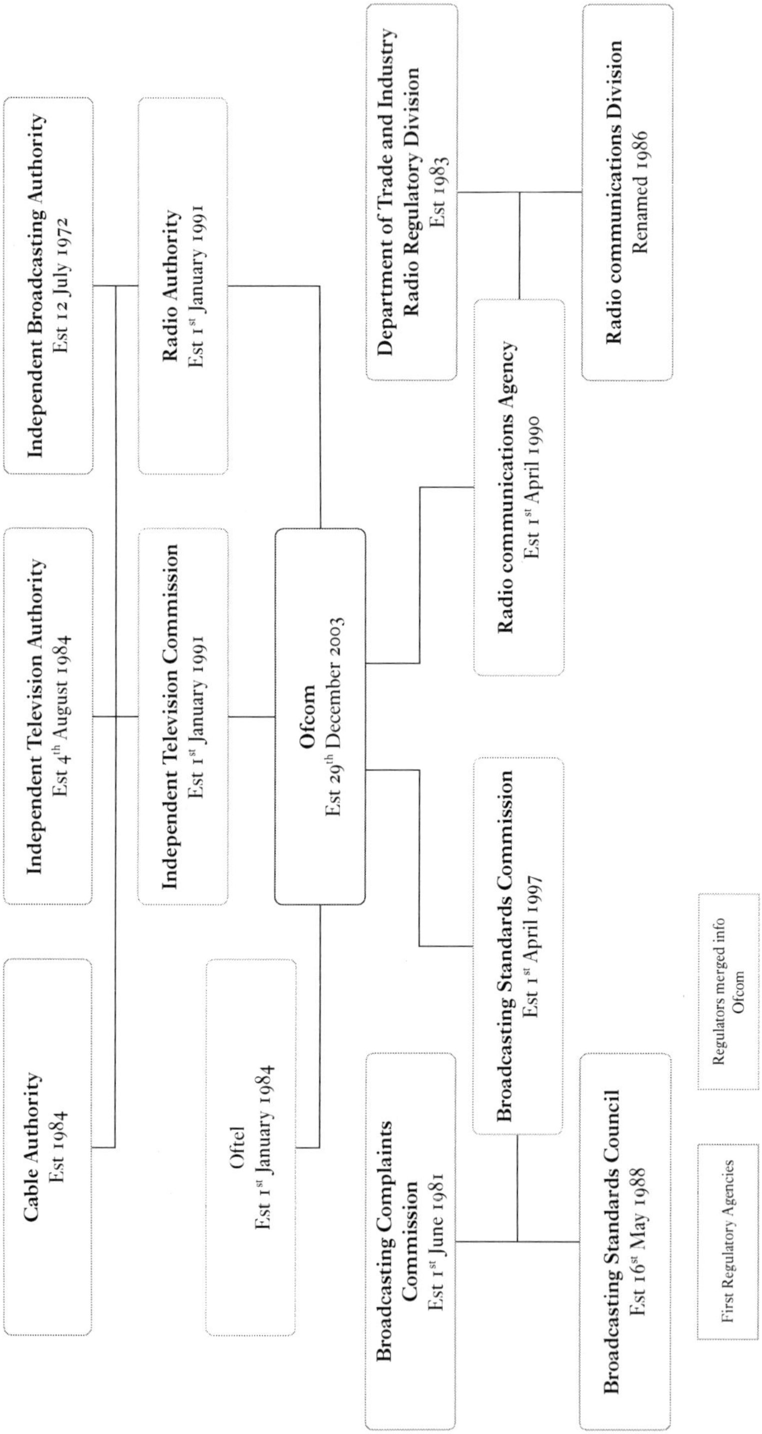

Fuente: elaboración propia.

b. EL REGULADOR EN LOS PAÍSES BAJOS

El órgano regulador en los países bajos es la Autoridad de Consumidores y Mercados, la cual fue creada en el año 2013, fruto de la fusión de la Autoridad de los Consumidores, la Autoridad de la Competencia y la Autoridad Independiente de Correos y Telecomunicaciones de los Países Bajos. Tiene a su cargo la supervisión de la competencia, la protección de los consumidores y la regulación específica de los sectores de telecomunicaciones, servicios postales, sanidad y energía[80]. La finalidad de esta convergencia parece obedecer a colocar a los consumidores como prioridad de los organismos fusionados, y de esta manera crear una única autoridad encargada de proteger sus derechos. Sin embargo, como afirman varios autores, los artículos de la TFUE protegen primordialmente el proceso competitivo y no exclusivamente a los competidores o consumidores[81], y así se deduce también de algunas decisiones judiciales[82].

c. EL REGULADOR EN ALEMANIA

La "Bundesnetzagentur" es el órgano regulador alemán y fue creado en el año de 1998 como una autoridad federal superior independiente que tenía como propósito garantizar a los participantes del mercado una competencia leal y no discriminatoria. Tiene como objeto fomentar la competencia, como función *ex ante* en los mercados de la energía, telecomunicaciones, correos y ferrocarriles para garantizar la eficiencia de las redes vitales (infraestructura) de Alemania. También ejerce algunas funciones relacionadas

---

comunicaciones electrónicas. Consejo de Estado de España. "Anteproyecto de ley de creación de la Comisión Nacional de los Mercados y de la Competencia", expediente 870/2012. Dictamen del 13 de diciembre de 2012.

80 Cfr. https://www.acm.nl/en/about-acm.

81 Helmut Brokelmann. "Las autoridades nacionales de reglamentación de telecomunicaciones", en Tomás de la Quadra Salcedo Fernández del Castillo (dir.), José Vida Fernández(coord.). *Derecho de las telecomunicaciones*, Civitas Thomson Reuters, 2015, pp. 147 y 148.

82 Asunto C-501/06 P., GSK España. Comisión, Rec. 2009, pp. 1-9291, apdo. 63, citado también por Brokelmann.

con la protección de los consumidores, obligaciones de servicio universal, asignación y gestión del espectro electromagnético, entre otros[83]. Lo anterior, para incentivar una competencia efectiva en beneficio de los usuarios.

De otra parte, el ente regulador no tiene a su cargo la responsabilidad de supervisar la legislación en materia de competencia, pues esa tarea recae en la Bundeskartellamt, la autoridad nacional alemana en materia de competencia. Con todo, ambos organismos colaboran entre sí[84]. Por ejemplo, "la Bundeskartellamt participa en las decisiones reglamentarias adoptadas por la Bundesnetzagentur que afectan al sector de las telecomunicaciones. La Bundesnetzagentur decide de acuerdo con la Bundeskartellamt si un mercado está sujeto a medidas reguladoras en virtud de la Ley alemana de Telecomunicaciones (TKG). La Bundeskartellamt también ejerce regularmente su derecho a comentar otras decisiones reguladoras adoptadas por la Bundesnetzagentur, por ejemplo, sobre las tasas por el uso de la red"[85]. Al parecer, uno de sus fundamentos corresponde a que se trata de Industrias de Red, razón por la cual se le otorga competencia en los sectores de electricidad, gas, telecomunicaciones, correo y transporte ferrovial[86]. Se agrupan sectores liberalizados en los cuales las infraestructuras de red son esenciales para competir y antes pertenecían a un monopolio estatal. Además, se resalta que la autoridad reguladora es un organismo independiente de la autoridad de competencia, como un punto esencial, a nuestro juicio, para garantizar las dos funciones independientes pero armónicas, esto es, la función de regulación de promoción de la competencia y protección de derechos de los usuarios y la función de inspección, vigilancia y control en temas de competencia, en términos generales.

---

83 Cfr. https://www.bundesnetzagentur.de/EN/General/Bundesnetzagentur/AboutUs/start.html.

84 Annegret Groebel. "Federal Network Agency for Electricity, Gas, Telecommunications, Post and Railway (BNetzA) and Its Role in Energy Infrastructure. Regulation and Planning/Permitting", *Journal of Energy and Power Engineering* 12, 2018, pp. 477 y 478, disponible en https://www.ceer.eu/documents/104400/-/-/29c2d3f5-3de3-1765-0aba-9a7bab2b59e2.

85 Cfr. https://www.bundeskartellamt.de/EN/Economicsectors/Telecommunications/telecommunications_node.html.

86 Brokelmann. Ob. cit., pp. 146 y 147.

d. EL REGULADOR EN ESPAÑA

Uno de los casos más emblemáticos es lo que acontece con la Comisión Nacional de los Mercados y la Competencia de España (CNMC), órgano regulatorio creado a través de la Ley 3 del 4 de junio de 2013. Esta ley fusionó en un solo órgano regulatorio las funciones que tenían a su cargo la Comisión Nacional de Energía, la Comisión del Mercado de las Telecomunicaciones, la Comisión Nacional de la Competencia, el Comité de Regulación Ferroviaria, la Comisión Nacional del Sector Postal, la Comisión de Regulación Económica Aeroportuaria y el Consejo Estatal de Medios Audiovisuales.

Sin embargo es necesario aclarar, que esta reforma no materializó todas las funciones de regulación en la CNMC, sino que las dispersó en diferentes autoridades públicas. Como lo señala Brokelmann[87], en esta nueva legislación sectorial se destaca la existencia de cuatro autoridades nacionales de regulación en el sector de las telecomunicaciones. La LGT dispone que tendrán la consideración de Autoridad Nacional de Reglamentación de Telecomunicaciones: el Gobierno, el Ministerio de Industria, Energía y Turismo en concreto sus órganos superiores y directivos, el Ministerio de Economía y Competitividad y la CNMC.

De esa manera, algunas de las funciones que tenía el regulador de telecomunicaciones (CMT) no fueron absorbidas por la CNMC sino por autoridades gubernamentales, como una tendencia de los Gobiernos para absorber funciones regulatorias. Ese parece ser el modelo español que se distingue por el reforzamiento de las competencias de las autoridades gubernativas, en especial de los ministerios, a costa de las otorgadas a la administración independiente reguladora[88].

La CNMC se encarga de la supervisión, análisis y regulación de la competencia efectiva en todos los mercados y sectores productivos, en beneficio de los consumidores y usuarios[89].

---

87 Helmut Brokelmann. Ob. cit., pp. 140-177.

88 Juan José Montero y Helmut Brokelmann. *Telecomunicaciones y televisión. La nueva regulación en España*, Tirant lo Blanch, Valencia, 1999, pp. 117-151.

89 "Con carácter general corresponde a la misma garantizar, preservar y promover el

Entre los motivos genéricos de la reforma que se desprende de la exposición de motivos de la propia ley, se cita la tendencia a nivel internacional de fusionar autoridades relacionadas con un único sector o con sectores que presentan estrecha relación. Además, se esgrime la razón de que existe una excesiva proliferación de organismos reguladores, con la obtención de sinergias y ahorro de costos. Por último, se aduce como motivo evitar las duplicidades innecesarias en el control de los operadores y el riesgo de decisiones contradictorias.

Para parte de la doctrina resultan razones insuficientes que no justifican la nueva configuración del órgano regulador convergente[90]: en primer lugar, no se observa con certeza una tendencia, por lo menos en los países de la Unión Europeo, a fusionar entidades en los términos señalados por la exposición de motivos, salvo el tema de Holanda. En el tema de Alemania, se trata de una creación de un órgano regulador, sobre infraestructuras de red que son esenciales y han sido liberalizadas, lo cual difiere de los sectores que se pretende unificar en España en un solo órgano regulador.

En segundo lugar, la justificación de disminución de costos, no parece tener sustento real, pues las multas impuestas por la extinta CNC demuestra que tanto esta entidad, como los organismos reguladores, se financiaban con las tasas recabadas de las empresas reguladas y resultaban más que autosuficientes como fuente de ingresos para la hacienda pública.

En tercer lugar, y como motivo aducido, el autor señala que corresponde al mismo contenido del informe de PriceWaterhouseCoopers, que se refiere a una mayor coherencia en las decisiones alcanzadas[91].

---

correcto funcionamiento, la transparencia y la existencia de una competencia efectiva en todos los mercados y sectores productivos, en beneficio de los consumidores y usuarios". Ana Belén Campuzano y Enrique Sanjuán. *Mercado y Derecho de la competencia. Reglas de actuación y funcionamiento*, Tirant lo Blanch, 2021.

90 Helmut Brokelmann. Ob. cit., pp. 145-149.

91 Cita el autor la Decisión de la Comisión Europea 04-07-2007. Asunto COMP/38.784 –Wanadoo/Telefónica. En este caso la Comisión impuso una multa a telefónica por 152 millones de euros por aplicar una política de precios mayoristas constitutivas de abuso de posición dominante. No obstante, el operador alegaba el hecho de que el regulador sectorial español, la CMT, había autorizado dichos precios.

Es sabido a nivel de derecho comparado que tanto el órgano regulador como la autoridad de la competencia están dotados de facultades distintas pero siempre encaminadas al derecho de la competencia, razón por la cual, las competencias de uno no pueden sobreponerse o imponerse sobre las competencias del otro. Por esas razones, bajo otras figuras se busca una colaboración armónica entre las entidades, pero no la fusión o la confusión entre sus importantes y distintas finalidades y cometidos.

La creación de este único ente regulador, el cual tuvo como uno de sus principales retos la determinación de un esquema articulado y el mantenimiento del principio de la especialidad en la actuación de los ámbitos sectoriales[92], fue motivada por las siguientes razones: 1) *seguridad jurídica y confianza institucional*: existe la necesidad de que en todos los sectores de la actividad económica exista seguridad jurídica y confianza institucional. Para lograr lo anterior es necesario contar con normas claras, una arquitectura institucional adecuada y unos criterios que guíen la actividad de los agentes económicos que sean conocidos y predecibles. Dentro de este marco, a mayor cantidad de órganos de supervisión sobre una misma actividad, existirá un mayor riesgo de que se presenten duplicidades en el control de cada operador, así como decisiones contradictorias; 2) *austeridad*: los recursos públicos deben manejarse bajo una visión de austeridad. Dentro de este marco, deben aprovecharse las economías de escala que se desprenden de la existencia de funciones de supervisión y procedimientos iguales o similares, así como de conocimientos y experiencias comunes; 3) *transformación de los sectores*: en atención a los avances tecnológicos, resulta necesario contar con una regulación y supervisión que incorpore una visión integrada, y 4) existe en los últimos años una tendencia a nivel internacional a fusionar entidades regulatorias. Así, se ha indicado:

---

92 Sin duda uno de los retos más claros que se plantearon en el momento de constitución de la Comisión Nacional de los Mercados y de la Competencia fue encontrar un esquema de actuación que permitiera, de un lado, un funcionamiento mínimamente articulado y eficaz de la misma, y de otro, que preservara el principio de especialidad de la actuación en determinados ámbitos sectoriales. Alberto Palomar Olmeda. "La comisión nacional de los mercados y de la competencia", en *El derecho de la competencia*, Tirant lo Blanch, 2019.

> En los últimos años, se detecta una clara tendencia a nivel internacional a fusionar autoridades relacionadas con un único sector o con sectores que presentan una estrecha relación, pasando del modelo uni-sectorial a un modelo de convergencia orgánica, material o funcional en actividades similares o a un modelo multisectorial para sectores con industrias de red. Las ventajas que han motivado la adopción de estos modelos son las de optimizar las economías de escala y garantizar el enfoque consistente de la regulación en todas las industrias de red. Además, se ha argumentado que el riesgo de captura del regulador, tanto por el sector privado como por el gobierno, es menor en el caso de las autoridades multisectoriales, al reducirse la importancia relativa de un determinado sector o de un determinado ministerio para la autoridad[93].

Ahora bien, la creación del ente regulador único español no estuvo exenta de críticas de distintos sectores. El propio Consejo de Estado del país ibérico, a través de su dictamen al anteproyecto de ley, señaló:

> (1) Teniendo en cuenta que existe entre los sectores sometidos a supervisión diferencias relevantes, pudo haberse adoptado un modelo diferente "de regulación más general en los aspectos relativos a la independencia y ciertas funciones, pero que mantuviera en cambio la existencia por separado de los reguladores en los diversos sectores (o, al menos, de los reguladores 'ex ante' con separación del superior de la competencia)"[94]; (2) Existe inseguridad jurídica respecto de algunas funciones y competencias, las cuales le deben se otorgadas específicamente a la CNMC[95]; (3) El nombramiento de los directores de instrucción debería hacerse "mediante convocatoria pública y con procedimientos basados en los principios de igualdad, mérito y capacidad", y no por el Gobierno a propuesta del Ministro de Economía y Competitividad, oídos los Ministros competentes por razón de la materia, y previa aprobación

---

93 Ley 3 del 4 de junio de 2013, de creación de la Comisión Nacional de los Mercados y la Competencia, España, Preámbulo.

94 Consejo de Estado de España. Anteproyecto de ley de creación de la Comisión Nacional de los Mercados y de la Competencia, expediente 870/2012. Dictamen del 13 de diciembre de 2012.

95 Ídem.

por mayoría simple del Consejo de la Comisión Nacional de los Mercados y la Competencia[96].

Por su parte, durante la discusión legislativa, se señalaron las siguientes críticas por parte de los legisladores españoles: 1) No existe garantía de que la Comisión realizará su actividad reguladora de forma eficaz e independiente, pues se transfieren a los departamentos ministeriales funciones que antes correspondían a los órganos reguladores[97]; 2) El nuevo órgano sería dependiente del Ejecutivo debido a la pérdida de financiación propia, presupuesto limitado y controles sobre el personal[98], y 3) La función regulatoria será menos eficaz e independiente[99].

Por su parte, la doctrina también presentó observaciones a esta nueva configuración de regulador convergente, incluidas las funciones de la Autoridad Nacional de la Competencia:

---

96 Ídem.

97 "El resultado es un Proyecto de Ley sobre el que ya tuvo ocasión de mostrar su opinión la Comisión Europea: 'el actual proyecto de Ley que crea la CNMC no garantiza que esta Comisión realizará su actividad reguladora de forma eficaz e independiente' (Evaluación del programa nacional de reforma y del programa de estabilidad de España para 2012, Comisión Europea, 30 de mayo de 2012) [...] En suma, el Gobierno nos propone que, para integrar los diversos reguladores sectoriales, previamente se les despoje de funciones que les son propias, y que se transfiera el ejercicio de dichas funciones a diversos departamentos ministeriales. El resultado es el crecimiento de la inseguridad jurídica y la pérdida de confianza, justo lo contrario de lo que dice pretender el gobierno con este Proyecto de Ley": Enmienda n.º 3, Firmante: Grupo Parlamentario de Unión Progreso y Democracia. Cfr. también: Enmienda n.º 6, Firmante: Grupo Parlamentario Catalán (Convergència i Unió).

98 Enmienda n.º 3, Firmante: Grupo Parlamentario de Unión Progreso y Democracia.

99 "Desde el BNG creemos que el objetivo del proyecto de ley, esto es, la unificación de todos los reguladores existentes, a excepción de los financieros, en un nuevo y único organismo supervisor, supondrá grandes pérdidas en la eficacia y en la independencia de las funciones que realizan actualmente estos organismos". Enmienda n.º 4 Firmante: M.ª Olaia Fernández Dávila (Grupo Parlamentario Mixto). Cfr. también Enmienda n.º 5 Firmante: Grupo Parlamentario Socialista; Enmienda n.º 6 Firmante: Grupo Parlamentario Catalán (Convergència i Unió).

– La verdadera eficacia de un órgano regulador se encuentra en su independencia y en su especialidad, la cual requiere un grado de conocimiento y atención difícil de lograr a través de un solo órgano.

– Como lo reseñamos en nuestros comentarios iniciales, sin independencia y sin la preservación de la especialidad en el sector correspondiente se elimina la principal razón de ser de estas autoridades regulatorias.

– Es tal vez la mayor razón de peso para restringir la configuración de una autoridad regulatoria que incorpore sectores disímiles en el contenido y naturaleza de la actividad, pues las normas técnicas tienen un alto calado de especialidad propias y específicas de cada servicio.

– De no ser así, sería viable analizar e incorporar en el ordenamiento jurídico una convergencia regulatoria con una autoridad única de regulación[100].

---

100 En esta dirección, se señaló: "Se pretende fusionar en un único organismo el control de actividades económicas muy diferentes entre sí y con problemáticas muy peculiares, cada una de ellas en función de los sectores de la realidad económica de que se trata y en función de los objetivos que, en cada uno de ellos, se trata de garantizar. Casi lo único en común en esa barahúnda de actividades es que, en su mayor parte, habían sido objeto de una no lejana liberalización que exigía que los poderes públicos cambiasen su forma de aproximarse a las mismas. En definitiva, partiendo de su liberalización y, por tanto, de la libre iniciativa privada, había que poner en pie una nueva función reguladora por parte de los poderes públicos. Regulación diferenciada para cada una de las actividades, como correspondía al reconocimiento de sus propias peculiaridades, que debía ser conducida por un organismo igualmente diferenciado de acuerdo con las normas europeas que han ido regulando estas actividades. Todo eso es lo que quedará gravemente comprometido por concentrar en un solo organismo la toma de decisiones en ámbitos tan heterogéneos –en sus propias realidades y lógicas– que es imposible que puedan ser conocidos con una mínima profundidad por las nueve personas que parece que van ser responsables de las decisiones regulatorias. La fusión pretendida conduce al imposible conocimiento de los sectores que regulan por los encargados de su regulación, y con ello, muy probablemente, al caos y, a la postre, a la desregulación. Por no mencionar el grave riesgo, en esas condiciones, de captura del regulador"; Tomás de la Quadra-Salcedo. "A la confusión por la fusión", *El País*, 22 de abril de 2022, disponible en https://laadministracionaldia.inap.es/noticia.asp?id=1100334, consultada el 1.º de mayo de 2023.

– Es necesario separar las funciones de regulación de un sector de la función de competencia en el mercado[101].

– Las mayores críticas, a nuestro juicio justificadas, que ameritaban una grave preocupación, corresponden a la fusión de la autoridad de competencia con las autoridades regulatorias en un mismo organismo, por razones que ya han sido comentadas.

– Se presenta una reducción de las competencias reguladoras, en favor de los ministerios, lo cual atenta contra el carácter técnico que requieren las decisiones regulatorias. Lo anterior, habida cuenta de que pueden adoptarse decisiones influenciadas por intereses del poder público.

En diferentes ocasiones la misma Comisión Europea mostró su preocupación por el hecho de que la reforma pudiera afectar la garantía de independencia de que gozaban los antiguos reguladores y la CNC. Entre ellas, el nombramiento de los directivos y personal, y la necesaria autonomía de la regulación de cada uno de los sectores con el órgano directivo de la CNMC.

Esta autoridad fue creada con órganos del Gobierno que son el Consejo y su presidente. Los miembros del Consejo son el presidente de la CNMC que también es del Consejo, un vicepresidente y ocho consejeros, con periodos fijos no renovables. Otro tema de discusión corresponde a las competencias entre las dos salas y el pleno del Consejo, una para asuntos de competencia y la otra para asuntos de regulación.

Contrario al principio de especialización, se establecía un sistema de rotación para que los miembros del Consejo después de un periodo determinado, pasaran a otro sector de regulación.

Las diferencias entre la función de las normas regulatorias de remediar gradualmente, mediante la aplicación de obligaciones sectorial *ex ante*, la asimetría existente entre un operador dominante o incumbente y los operadores entrantes o alternativos en pro de garantizar la competencia, muestran las diferencias con el derecho a la competencia que sanciona horizontalmente en todos los sectores de la economía, incluidos los sometidos a

101 Manuel Jesús Rozados Oliva. "Entes reguladores, transparencia y buen gobierno", en *Gobernanza, derecho administrativo y políticas públicas en España y Marruecos*, 2014, Dykinson, p. 119.

regulación ex post las infracciones a la prohibición de acuerdos colusorios y conductas abusivas de empresas dominantes, entre otras[102].

Se trata de objetivos distintos que han sido confirmados por los Tribunales Europeos[103], pues además una empresa con peso significativo en el mercado, no equivale necesariamente a ser empresa dominante según se desprende del artículo 172 TFUE. Por lo tanto, si las normas de competencia y de regulación sectorial son aplicadas por un órgano único, se pierde la principal ventaja de la aplicación concurrente de ambas normativas, que actúan como un doble filtro para las conductas anticompetitivas en los mercados regulados.

De esa forma, los problemas de competencia que no se solucionan con la regulación *ex ante*, podrán ser posteriormente solventados con la aplicación de las normas de competencia. Luego de su aprobación, alguna parte de la doctrina española ha considerado que, transcurridos algunos años, el sistema no ha funcionado como se esperaba. Especialmente, debido a que se confundieron los ámbitos de control y supervisión[104].

Por otra parte, en 2017 el Ministerio de Economía español promovió una consulta previa sobre un anteproyecto de ley relativo a la "racionalización y ordenación de los organismos supervisores de los mercados y para la mejora de su gobernanza"[105].

---

102 Helmut Brokelmann. Ob. cit., pp. 158-161.

103 El autor cita las Decisiones del 21 de mayo de 2003, COMP/C-1/37.451, 37.578, 37.579 Deutsche Telekom AG; 17 de julio de 2003, COMP/38.233, Wanadoo Interactive; 4 de julio de 2007, COMP/38.784.

104 En todo caso, cabe indicar que su constitución no fue especialmente acertada por el conjunto del sistema económico porque mezclaba los reguladores de carácter horizontal con los de carácter vertical, esto es, los que afectan a mercados en su conjunto y los que afectan a los operadores económicos con independencia del mercado al que afectan. Inicialmente, esta mezcla no fue bien recibida porque confundía los planos de control y supervisión, y podría llegar a producir un efecto no querido de la confusión de la finalidad de los respectivos órganos. El tiempo y la estructuración funcional en régimen de separación funcional han desvanecido algunas de las críticas. Pasados algunos años la cuestión no ha mejorado sensiblemente y sigue existiendo una cierta sensación de que el modelo no ha funcionado como se esperaba. Alberto Palomar Olmeda. "La comisión nacional de los mercados y de la competencia", cit.

105 Cfr. https://portal.mineco.gob.es/es-es/ministerio/participacionpublica/consulta-publica/Paginas/eco_Pol_CP_170301_aai.aspx.

El proyecto tenía como propósito principal "reordenar la arquitectura institucional de la defensa de la competencia y la supervisión en el ámbito económico y financiero en España, con el fin último de mejorar el sistema de gobernanza económica". Dentro de este marco se buscaba crear las siguientes cuatro Autoridades Administrativas Independientes (AAI): i) AAI de Competencia; ii) AAI de Supervisión y Regulación de los Mercados; iii) AAI de Seguros y Planes de Pensiones, y iv) AAI de Protección de los Usuarios de Servicios Financieros y de los Inversores Financieros. Adicionalmente, el Instituto de Contabilidad y Auditoría de Cuentas se integraría con la Comisión Nacional del Mercado de Valores. Como consecuencia de lo anterior, la actual CNMC desaparecería. Esta reforma pretendía, además de ordenar la configuración institucional de la defensa de la competencia y de la supervisión y regulación, mejorar el sistema de gobernanza económica. Para ello se planteaba reforzar la independencia de la autoridad y revisar el sistema de nombramiento de los órganos de Gobierno, mediante la creación de procedimientos transparentes que garantizara la idoneidad de los candidatos. Además se incorporaba a la Comisión Nacional de Mercado de Valores, ampliando el espectro al ámbito económico y financiero en España. A pesar de lo anterior, los planes para segregar a la CNMC no parecen haber continuado[106].

III. EL REGULADOR EN COLOMBIA. LA TENDENCIA DEL REGULADOR CONVERGENTE EN EL SECTOR DE TIC Y COMUNICACIONES

En Colombia ya existían algunos antecedentes sobre la regulación en un entorno de convergencia, para reconocer las realidades del avance tecnológico que mostraban la convergencia de redes y servicios en materia

106 "Pese a tales actuaciones, la reforma de los organismos supervisores no ha avanzado de forma visible en los últimos meses, y los planes de segregación de la CNMC parecen haber quedado en 'stand-by'". Marta Carrillo Neff. "La creación de la CNMC: ¿Qué lecciones cabe extraer para el futuro?", *Revista Española de Control Externo*, vol. XXI, n.º 61, enero de 2019, p. 92.

de telecomunicaciones[107]. Pero además también la convergencia puede reconocerse desde las industrias productoras de contenidos y servicios y que los mismos PRST ya no limitan su actividad a las telecomunicaciones sino se incorporan en la cadena productiva relacionada con contenidos y con aplicaciones.

Un primer comentario corresponde, en forma respetuosa, a no dejarse deslumbrar por tendencias sin que previamente hayan sido analizadas respecto del contenido y naturaleza de las industrias que se pretenden incorporar en una sola regulación o a cargo de una sola Autoridad Nacional de Regulación (ANR). Como segundo comentario, de considerarse factible fusionar las industrias para un solo regulador, también deben tenerse presentes los contenidos legales que pueden ser convergentes y los que pueden no serlo, según las finalidades constitucionales y el interés jurídico relevante que se pretendan proteger. Ejemplo de ello son la regulación de redes y servicios en televisión de contenido técnico: la regulación de contenidos en televisión, que atiende a fines distintos, y la preservación y tutela de bienes jurídicos que deben ser protegidos y que resultan de estirpe constitucional de mayor calado.

En el segundo caso, muy vinculados a derechos fundamentales y a temas sensibles para el Estado Social de Derecho, como la garantía del derecho a la información, a la imparcialidad política, a la libertad de expresión, pero también a los derechos de los ciudadanos para contar con una autoridad que pueda actuar cuando sean violados sus derechos fundamentales, entre otros a la intimidad y al buen nombre. A partir de estas precisiones se revisarán las comisiones de regulación vigentes en Colombia, bajo una posible regulación convergente o ANR convergente.

Como ya lo expresamos, no parece existir sustento doctrinal o sustancial respecto de las comisiones de regulación de los servicios públicos domiciliarios en cuanto un posible regulador convergente. Tampoco se ven las razones que puedan llevar a una convergencia regulatoria de industrias sustancialmente distintas, y de diferentes mercados, algunos más propios

---

107 Desde la expedición del Decreto 2870 de 2007 se adoptaban medidas para facilitar la convergencia de redes y servicios en materia de telecomunicaciones, con un título habilitante convergente, excluyendo los servicios de televisión y radiodifusión sonora.

de la competencia imperfecta, como los servicios de energía, y otras muy cercanas al monopolio natural, como los servicios de acueducto y alcantarillado. Por lo tanto, procede analizar el caso del regulador en el sector de TIC y telecomunicaciones.

A. EL RÉGIMEN JURÍDICO DE LAS TIC Y LAS TELECOMUNICACIONES. LA AUTORIDAD REGULATORIA (CRC)

1. LOS SERVICIOS DE TIC Y TELECOMUNICACIONES

a. LOS SERVICIOS DE TIC Y DE TELECOMUNICACIONES BAJO LA VIGENCIA DE LA LEY 1341 DE 2009

En Colombia, con la Ley 1341 de 2009 se pretendió establecer un régimen convergente para las Tecnologías de la Información y las Comunicaciones (TIC), involucrando además gran parte del régimen legal que se traía de las telecomunicaciones, en especial, sobre su calidad de servicio público. En este régimen, se incluían los bienes y servicios propios de las TIC, y los servicios de telecomunicaciones, incorporando también los servicios de radiodifusión sonora.

No obsta decir que el régimen de telecomunicaciones se encontraba y se encuentra fuertemente regulado por su naturaleza de servicio público. De todas maneras, este Estatuto inicial se encuentra acorde a un proceso de liberalización de las telecomunicaciones y de eliminar barreras de competencia del mercado y ha seguido la tendencia de la regulación en derecho comparado, especialmente de la Unión Europea y de sus Directivas marco que se inician en el año 2001.

Las características de este nuevo régimen corresponden principalmente: a la habilitación general y la eliminación del título habilitante de concesión para la mayoría de la prestación de los servicios de telecomunicaciones, excluida la radiodifusión sonora; al fortalecimiento de las funciones de la Autoridad Nacional de Regulación (ANR), para intervenir en pro de la competencia; a la regulación por mercados más que por servicios; a concentrar los esfuerzos del legislador en garantizar una selección objetiva y la no concentración en el uso del recurso escaso del espectro radioeléctrico, y a eliminar barreras para la competencia cuando se trate de los otros recursos escasos que puedan considerarse como facilidades o instalaciones esenciales.

A los operadores denominados Proveedores de Redes y Servicio de Telecomunicaciones (PRST) que pretendieran prestar servicios en Colombia, la ley les otorgaba una habilitación general y debían registrarse ante el Ministerio, en los términos del artículo 15 de la ley, opción que también tenían los operadores establecidos.

Aunque la norma pretendió incorporar en estos servicios y bienes de las TIC a las telecomunicaciones, para establecer un régimen unificado, según se infiere de la definición de estas consagradas en el artículo 6.º, la realidad es que no lo logró.

Puede que en forma teórica las telecomunicaciones hagan parte de las TIC, en su concepción global, pero es claro que mantiene un régimen jurídico distinto como se observa de la simple lectura de la mayoría de las normas de la Ley 1341 de 2009.

La conclusión sería que no hay un ordenamiento jurídico convergente para los servicios de TIC que no son telecomunicaciones y los servicios de telecomunicaciones, más allá de las definiciones de las TIC, de unos principios generales que establece la ley, varios de los cuales no son desarrollados, y de algunas normas puntuales. Para llegar a esta deducción basta revisar instituciones como el espectro radioeléctrico; los derechos de los usuarios de comunicaciones; el régimen de interconexión y acceso; las funciones de las autoridades que intervienen en el sector, como el MinTIC, la Agencia Nacional del Espectro (ANE) y en especial la ANR, y la Regulación de Comunicaciones. Si bien en su artículo 35 el Fondo de TIC y las comunicaciones, incorpora funciones de financiación para proyectos de TIC, y para telecomunicaciones, se trata simplemente de aportes para promover servicios que en su formulación teórica se encuentran unificados, pero en la práctica tienen un régimen jurídico distinto. La conclusión se deduce claramente en el sentido de que, a pesar de la loable finalidad del legislador, no existe un régimen jurídico unificado para las TIC y las telecomunicaciones. Ahora bien, persisten las preguntas de si puede afirmarse que existe una regulación en sentido específico, económica social, convergente para los servicios de TIC y de telecomunicaciones, y si existe un regulador convergente.

La respuesta es negativa en cuanto a una función y a un regulador convergentes entre los servicios de TIC que no son telecomunicaciones y los servicios de telecomunicaciones, por las siguientes razones: con las normas originales de la Ley 1341 de 2009, que consagran especialmente las funciones de la CRC en sus artículos 22, numerales 1 a 20, en el artículo 23, y su composición en el artículo 20, todas ellas dirigidas a regular los servicios de telecomunicaciones tendientes a promover y regular la libre competencia y maximizar el bienestar de los usuarios. En esa dimensión, regula los servicios de telecomunicaciones y los bienes afectos al mismo, tales como redes, instalaciones esenciales, infraestructuras y servicios inherentes como facturación y recaudo. También se refiere a los instrumentos de regulación, uno de ellos el de resolución de controversias; a la imposición de servidumbres relacionadas con la interconexión, a regular los recursos escasos como la numeración, y finalmente a la regulación de las tarifas, mal denominadas precios, en los servicios de telecomunicaciones. Realmente con este régimen brillan por su ausencia competencias expresas para la autoridad regulatoria, sobre los servicios de TIC, lo cual muestra una grave inconsistencia e incoherencia con las finalidades, objetos y denominación de la ley, esto es, la ley de las TIC. Por consiguiente, no existe un desarrollo de la función de regulación económica social sobre los servicios de TIC que no son telecomunicaciones y tampoco la ANR detenta funciones sobre estos servicios.

En conclusión, las respuestas a si existe un régimen jurídico unificado, unas funciones convergentes de regulación y una autoridad nacional de regulación convergente para los servicios de TIC que no son telecomunicaciones y las telecomunicaciones, a nuestro juicio, es negativa por las razones expuestas.

b. LOS SERVICIOS DE TIC Y DE TELECOMUNICACIONES CON LAS REFORMAS DE LA LEY 1978 DE 2019

La Ley 1978 de 2019, por medio de la cual se pretende modernizar el sector de las TIC y las comunicaciones y crear un regulador único, modificó en forma sustancial algunas de las instituciones de la Ley 1341 de 2009. Más allá del objeto genérico y ambiguo consagrado en el artículo 1.º de esta ley, lo cierto es que realizó importantes modificaciones exclusivamente relacionadas con el sector de telecomunicaciones, como el nuevo régimen del espectro radioeléctrico; una convergencia parcial de los servicios de telecomunicaciones con algunos servicios audiovisuales; una nueva estructura y funciones de la CRC, especialmente para absorber varias de las funciones de la antigua Autoridad Nacional de Televisión (ANTV) que fue suprimida y un régimen de contraprestación único periódico, entre las principales reformas[108].

Lo que marca el derrotero de esta reforma es la ausencia casi total y marcada de la regulación de las TIC, y la omisión desafortunada de otorgar competencia a las autoridades del sector, en especial a la CRC y en menor instancia al Ministerio, sobre los sectores de TIC y de telecomunicaciones que tienden en un futuro a la convergencia, por lo menos en instituciones como el derecho a la competencia y la protección de los usuarios.

Esta afirmación ya apunta a una conclusión sobre la pregunta del artículo: a partir de la Ley 1978 de 2019, no se puede afirmar que exista una convergencia regulatoria ni una autoridad nacional regulatoria de la CRC, en cuanto al ámbito de aplicación de la función de regulación y a las funciones que detenta la ANR, lo cual implica la mayor y más grave crítica a la reforma introducida en 2019, cuando ya se advertía la irrupción de los distintos actores del ecosistema digital. De la misma manera, al igual que en la vigencia integral de la Ley 1341 de 2009, no obstante las definiciones que buscan la integralidad de las telecomunicaciones con las TIC, con mayor razón, a partir de la Ley 1978 de 2009 se sigue modificando exclusivamente el régimen jurídico de las telecomunicaciones, en desmedro de la filosofía y denominación de la ley.

Es importante advertir que no se está pregonando que se aplique en forma inmediata una regulación sobre la existencia de una regulación sobre todo el ecosistema digital y sobre los diferentes operadores en la cadena de valor de internet[109]. Lo que se extraña es que la ley no incorpore

---

108 Édgar González López. "Una reflexión sobre la reforma a la ley de TIC: bondades, vacíos y críticas", en Luz Mónica Herrera Zapata, Jorge Murgueitio Cabrera, Sandra Milena Ortiz Laverde (coords.), Édgar González López (dir.). *Las TIC y la Sociedad Digital. Doce años después de la ley*, cit., pp. 139-190.

109 Los cinco eslabones en que pueden clasificarse los actores que intervienen en el ecosistema digital, surgidos a partir del servicio de internet son: los propietarios

competencias legales a las autoridades del sector de TIC para regular las TIC cuando resulte necesario y las fuerzas del mercado no sean suficientes para proteger los intereses generales, relacionadas con los derechos de los usuarios y de la colectividad.

En esta clasificación de los actores en los diferentes eslabones de la cadena de valor del ecosistema digital y de los nuevos mercados digitales[110], se incorporan entidades o empresas.

Es un hecho notorio la importancia de estos actores, no solamente en el ecosistema digital sino en la economía del país y en la disrupción con las instituciones y funciones clásicas de la Administración, que debieron ameritar un análisis previo en la exposición de motivos de la ley y en su contenido, de cómo enfrentar esta realidad. Lo anterior para que no se frenen los avances tecnológicos y, en la misma forma, se determine su encaje en las funciones administrativas, y en la preservación de intereses generales como el derecho a la competencia, muy propenso a ser desconocido por la concentración del mercado de estas plataformas, y por los derechos de lo usuarios.

---

de derechos de contenidos; los proveedores de servicios en línea; las empresas de tecnologías habilitadoras; la conectividad suministrada por los operadores de telecomunicaciones y el interfaz, terminal o dispositivo físico del usuario. Cfr. Jorge Pérez Martínez y José Luis Martín Núñez. Ob. cit., pp. 8 y 9.

110 En el primer eslabón sobre contenidos a Time Warner y la BBC. Sobre el segundo eslabón, los servicios en línea a Hotmail, Skype, Facebook, Yahoo, Wikipedia, Google, Youtube, eBay, Amazon, relacionados con comunicaciones, contenido general o especializado, búsquedas, entretenimiento y transacciones. Sobre el tercer eslabón, las tecnologías habilitadoras: las relacionadas con alojamiento web; el diseño y desarrollo de web; la gestión de contenidos; la facturación, los pagos y la publicidad. Sobre el cuarto eslabón, la conectividad, a los operadores de telecomunicaciones como British Telecomunication, France Telecom, Telefónica de España y AT&t, Vodafone. Sobre el quinto eslabón, la interfaz del usuario o su dispositivo físico, relacionada con aplicaciones (software, reproductores multimedia y navegadores web) a McAfee y Firefox. También, en cuanto a dispositivos del usuario (ordenadores personales, teléfonos inteligentes, videoconsolas, sistemas operativos), a Nintendo, Microsoft, Nokia, Dell y Apple. La importante clasificación e identificación realizada por ATKearmy. "Internet Value Chain Economics", 2010, disponible en http://www.artkearney.es/paper/asset_publisher/dVxv4Hz2h8bS/content/internet-value-chain-economics/10192, consultada el 1.º de mayo de 2023, recogida también por Jorge Pérez Martínez y José Luis Martín Núñez.

En efecto, esta Ley 1978 de 2019 omitió el estudio y regulación de estas realidades y además tampoco se observa que se le hubieran otorgado facultades a la ANR para poderlas regular en un futuro, si ello resulta viable y necesario. Esta situación, no obstante que en el debate legislativo se plantearon por algunos congresistas la importancia de regular estos temas, máxime si se trataba de una ley de las tecnologías de la información y de las comunicaciones[111]. Sobre todo, a propósito de garantizar las normas de la competencia, pues estos agentes en gran parte terminan acaparando todo el mercado, a lo que se conoce como la dinámica *winner takes all*, y además establecen límites al control de acceso a los recursos o servicios, lo que se denomina como *gatekeeper*.

Ejemplos de estos grandes operadores corresponden a Google, Apple, Facebook y a los demás agentes conocidos que intervienen en estas cinco cadenas de valor. No puede comprenderse, salvo situaciones desconocidas, que tampoco se hubiera preocupado el legislador por la regulación, así sea parcial, de los servicios OTT, que evolucionan y tienen rápido crecimiento, como sucede con WhatsApp o Skype, que ofrecen servicios de voz y datos a través de las redes IP y que para el usuario suministran facilidades similares a los servicios de telecomunicaciones que incorporan la transmisión de estas modalidades. Se trataba de que las autoridades tuvieran dientes, para tratar de equilibrar la cancha, como es ampliamente tratado en la doctrina especializada, bajo la necesidad de un "level playing field", respecto de los operadores TELCOS que están sometidos a un fuerte régimen jurídico y de contraprestaciones. O bien, se desmonta la aparente quimera de tener una ley de TIC que incluya las telecomunicaciones, caso en el cual resulta coherente la reforma de la Ley 1978 de 2019, dedicada mayoritariamente al sector de telecomunicaciones, o se mantiene la Ley de TIC en su denominación y en su objeto y se incorporan también normas relacionadas con las TIC que no sean telecomunicaciones. Lo que no parece congruente, con el mayor respeto para el legislador, es que se introduzca una reforma como la Ley 1978 de 2019, fecha en la cual era ampliamente reconocida la

---

111 Para mayor detalle cfr. Édgar González López. "Una reflexión sobre la reforma a la Ley de TIC: bondades, vacíos y críticas", cit., pp. 137-195.

preponderancia de los operadores que intervienen en la cadena de valor de internet, como si estas realidades no existieran[112].

Como otra alternativa, para modificar la ley de TIC que sea solo de telecomunicaciones, podría acogerse el sistema jurídico de la Unión Europea, donde se mantienen ordenamientos jurídicos distintos para las comunicaciones electrónicas y para los servicios de la sociedad de la información, aunque la crítica muestra cómo se están desmoronando estas fronteras entre estos dos regímenes[113]. Aún, instituciones similares reguladas en los Estados Unidos, donde se diferencian los servicios de telecomunicaciones de los servicios de información. Lo que no parece tener mucho sentido es insistir en mantener un Estatuto de las TIC para regular casi totalmente telecomunicaciones y que, después de diez años, fecha de la Ley 1341, al 2019, fecha de la Ley 1978, se ignore la realidad de estos servicios del ecosistema digital, cuando están más vigentes que nunca y se observan sus efectos favorables y desfavorables sobre la comunidad y sobre instituciones del Estado Social de Derecho.

2. LOS SERVICIOS DE TELECOMUNICACIONES Y LOS SERVICIOS AUDIOVISUALES. LA BÚSQUEDA DE UN REGULADOR CONVERGENTE. LEYES 1341 DE 2009, 1507 DE 2012 Y 1978 DE 2019.

a. LOS SERVICIOS DE TELECOMUNICACIONES Y DE AUDIOVISUALES EN VIGENCIA DE LA LEY 1341 DE 2009

Es menester detenerse en las relaciones entre los servicios de telecomunicaciones y de audiovisuales y preguntarse si de ellos puede pregonarse

---

112 Édgar González López. "Una reflexión sobre la reforma a la Ley de TIC: bondades, vacíos y críticas", cit., pp. 151-158. En este artículo se analiza la marcada ausencia de regulación de las TIC que no corresponden a telecomunicaciones y la falta de competencia de las autoridades en el sector.

113 José Vida Fernández. "El problema de la definición y del régimen jurídico aplicables a los servicios del sector digital: la difusa frontera entre telecomunicaciones, audiovisual y sociedad de la información", en *Las TIC y la Sociedad Digital*. Ob. cit., pp. 191-228.

una convergencia regulatoria, así como las competencias convergentes de la ANR. Conviene reseñar que la Ley 1341 de 2009 excluía de su régimen el servicio de televisión y el servicio postal, los cuales, señalaba, continuaban rigiéndose por las normas especiales existentes. En especial, en el caso de la televisión, regida por las Leyes 182 de 1995, 335 de 1996 y 608 de 2001, las cuales mantenían el título de concesión para prestar estos servicios.

Debe recordarse que bajo la vigencia de la Ley 1341 de 2009, existía la Comisión Nacional de Televisión (CNTV), que fue suprimida mediante reforma constitucional contenida en el Acto Legislativo n.º 2 de 2011.

Posteriormente se creó el regulador para estos servicios, denominado Autoridad Nacional de Televisión ANTV, mediante la Ley 1507 de 2012, para establecer la distribución de competencias entre las entidades del Estado en materia de televisión, manteniendo el régimen jurídico consagrado en la Ley 182 de 1995 y demás normas que la modificaron.

En cuanto al regulador, la CRC, sus funciones se encontraban consagradas en el artículo 22 de esta ley, y correspondían a la regulación de promoción de la competencia y de maximizar el bienestar de los usuarios relacionados, casi en su totalidad, con los servicios de telecomunicaciones, y de los bienes e infraestructuras relacionadas con su prestación. Esto se desprende del simple cotejo de cada una de las diecinueve funciones allí señaladas. Por consiguiente, en vigencia de la integralidad de la Ley 1341 de 2009, no existía un régimen jurídico convergente, unas funciones regulatorias de la misma índole y una ANR que tuviera competencias unificadas sobre los servicios de telecomunicaciones y de audiovisuales.

b. REFORMAS DE LA LEY 1507 DE 2012 SOBRE EL RÉGIMEN JURÍDICO, REGULACIÓN CONVERGENTE Y AUTORIDAD CONVERGENTE

Hay que señalar que el régimen jurídico de televisión no fue modificado por esta ley, la cual se restringe a distribuir competencias entre las diferentes entidades estatales que detentaba la antigua Comisión Nacional de Televisión. Con la reforma introducida con esta ley, la CRC fue fortalecida en sus competencias para cumplir la función de regulación en materia del servicio de televisión, mediante una extraña redacción de la norma del artículo 12 de esta ley ya derogada.

Al respecto se consagraba que las funciones inicialmente previstas en el artículo 22 de la Ley 1341 de 2009 para los servicios de telecomunicaciones, por mandato de este Estatuto de 2012, también le serían aplicables a los servicios de televisión. De esa forma, con esta redacción de remisión, ausente de precisión, la CRC podía aplicar a los servicios de televisión las mismas funciones que le otorgaba la Ley 1341 de 2009 para los demás servicios de telecomunicaciones.

Es pertinente volver a reiterar que las mayores funciones otorgadas a la CRC en materia de televisión no implicaban que cambiaba el régimen jurídico de estos servicios, pues se seguiría aplicando la Ley 182 de 1995 y demás ya citadas. De esa manera se establecieron unas modificaciones parciales al régimen de televisión, dejando un Estatuto del año 1995, de reconocida desactualización, con algunas normas vigentes e incorporando las funciones de la CRC que estaban previstas para un Estatuto o régimen jurídico distinto, esto es el de la Ley 1341 de 2009.

Podría afirmarse que a partir de la Ley 1507 de 2012, sobre los servicios de televisión o en su término de doctrina comparada y más comprensivo, de audiovisuales, no existía un régimen jurídico convergente, unas funciones de regulación convergentes en materia de redes y servicios y de las previstas inicialmente para la antigua Comisión Nacional de Televisión.

Se mantenía a la ANTV, en especial, con funciones sobre contenidos, sobre el otorgamiento de la concesión del servicio y sobre el ERE. De la misma manera se debe reconocer que a la CRC se le otorgaban competencias similares en materia de televisión, a las que inicialmente estaban contempladas para los demás servicios y bienes afectos a las telecomunicaciones. Por lo demás, no puede compartirse, independiente de las dificultades en la gestión y función de la antigua Comisión Nacional de Televisión, prevista en la Carta, surgida de la deficiente estructura y composición de sus miembros, que una entidad que pretende proteger derechos inherentes al Estado Social y a las libertades, haya sido degradado su rango constitucional, a una creación simplemente legal que desnaturaliza en gran parte las garantías del ente constitucional y de sus funciones, también de origen constitucional. En efecto, así lo había sostenido la jurisprudencia de la Corte Constitucional y del Consejo de Estado, que habían hecho un amplio desarrollo de las garantías y funciones de esa autoridad administrativa independiente de origen constitucional, en términos similares a las del Banco de la República.

C. REFORMAS DE LA LEY 1978 DE 2019

Se pretendía que la CRC fungiera como un regulador convergente en asuntos de comunicaciones, televisión y radiodifusión[114]. Su creación, así como la adopción de la ley, tuvo como justificación la necesidad de responder al fenómeno de la convergencia en materia de comunicaciones[115].

En cuanto a los antecedentes y justificaciones de las reformas introducidas, la necesidad de un regulador convergente fue planteada por el Departamento Nacional de Planeación que señaló:

---

114 Lo anterior se observa con la reforma introducida por la Ley 1978 de 2019 al artículo 22 de la Ley 1341 de 2009, que regula las funciones de la Comisión de Regulación de Comunicaciones. El texto original de este artículo reguló las funciones de esta comisión en términos generales. Por su parte, con la reforma de la Ley 1978 de 2019, el artículo 22, en su parte inicial, establece en forma clara que estas funciones son otorgadas respecto a la provisión de redes y servicios de telecomunicaciones, incluyendo el servicio de televisión abierta radiodifundida y todas las demás modalidades del servicio de televisión y el servicio de radiodifusión sonora.

115 Se ve reflejado en los mercados donde existen en la actualidad operadores que cuentan con ofertas convergentes de los servicios fijos, móviles, telefonía, Internet y televisión por suscripción y contenidos convergentes (multiplataforma) que les permiten a los usuarios accederlos independientemente de la tecnología utilizada. En efecto, en Colombia, esta convergencia tecnológica y de mercados viene impulsando una migración de las redes de los Proveedores de Redes y Servicios de Telecomunicaciones (PRST) de Colombia de verticales a horizontales. Estas nuevas arquitecturas de red permiten la provisión de servicios fijos y móviles que tienen elementos comunes, tendencia que se encuentra en un rápido proceso de consolidación [...] Con el fin de responder a este conjunto de cambios en la cadena de valor, diferentes países han adoptado medidas de transformación normativas e institucionales. Sin embargo, al analizar el marco institucional y normativo del sector TIC en Colombia, es claro que el mismo no se encuentra adecuado para responder de manera integral a la convergencia tecnológica y de mercados. El proyecto de ley propuesto busca modernizar la institucionalidad para que sea acorde con las situaciones descritas: Exposición de motivos, *Gaceta del Congreso* 745 del 21 de septiembre de 2018, p. 24.

> Desde la perspectiva de la eficiencia, la existencia de un regulador convergente puede traer efectos positivos sobre el mercado, en la medida en que los actores regulados ganarían en la reducción de trámites y procesos, ya que se desarrollaría un diálogo integral sobre el contexto digital entre los agentes sujetos de regulación y una única autoridad convergente, lo cual sin duda redundaría en mejor y mayor competencia, mayores ingresos para la industria y más bienestar para los usuarios[116].

Igualmente, ya en el año 2014, la OCDE había recomendado al país adoptar un regulador de esta naturaleza. Así, indicó en su oportunidad que la CRC y la ANTV deben fusionarse y crear un regulador convergente independiente que se encargue de los mercados de comunicaciones y radiodifusión[117].

De otra parte, la OCDE realizó algunas observaciones sobre la Ley 1978 de 2019 y la CRC. Así, destacó que la ley de modernización de la ley

---

116 Departamento Nacional de Planeación. "El futuro del sector audiovisual en Colombia: necesidad de política pública y reformas normativas en el marco de la convergencia tecnológica y las tendencias del mercado", 2016, disponible en https://colaboracion.dnp.gov.co/cdt/Prensa/Publicaciones/Informe%20convergencia%20dyd%20rev_stel%2018-01-2017cevc.pdf.

117 "[...] Por último, cabe preguntarse si un solo regulador estaría en mejores condiciones para ocuparse de un entorno de comunicaciones convergentes. Es evidente que el aumento de los proveedores Over-The-Top (OTT) y la oferta de servicios triple play han puesto a prueba el actual modelo. Mientras que algunas de las funciones de la ANTV todavía pueden separarse claramente del suministro de infraestructura (producción de contenido local, normas relativas a la publicidad), puede que no suceda así en el futuro, ya que continúa la tendencia hacia la convergencia. Los Estados Unidos (FCC) y el Reino Unido (Ofcom) ya aplican este modelo. Por otra parte, la reciente revisión de la convergencia en Australia debe ser analizada con cautela en lo que respecta a los asuntos que un país debe tener en cuenta al evaluar la necesidad de un 'regulador convergente'. En el caso de Colombia, cuestiones como las normas *must-carry/must-offer*, los diferentes requisitos de contribución al FonTIC y al FonTV y el diseño de la regulación de los servicios triple play se tratarían más fácilmente con un solo órgano. La CRC y la ANTV deberían fusionarse para formar un regulador convergente, en el que una división especializada (la actual ANE) actuara como órgano técnico con conocimientos especializados en materia de espectro, prestando asesoramiento técnico como hace actualmente para la ANTV y el MinTIC. OECD. "Estudio de la OCDE sobre políticas y regulación de telecomunicaciones en Colombia", OECD Publishing, 2014, p. 63, disponible en http://dx.doi.org/10.1787/9789264209558-es.

de telecomunicaciones tenía el potencial para ser un instrumento que contribuya al progreso de la estructura institucional regulatoria en el sector. Dentro de los aspectos positivos que merecieron ser destacados se encontraron los siguientes: 1) La promoción del acceso igualitario de los proveedores de telecomunicaciones al espectro (art. 3.º); 2) La garantía del uso eficiente del espectro para respetar la inversión, maximizar el bienestar social y establecer las condiciones de inversión adecuadas (art. 4.º); 3) La extensión del periodo de las licencias para el uso del espectro (art. 9.); 4) El nuevo propósito del Fondo para las Tecnologías de Información y las Comunicaciones (FonTIC), el cual está sujeto estudios periódicos para determinar su eficiencia, efectividad o impacto en el uso de los recursos (art. 21); (5) La creación de un único fondo de contribución equitativa de todos los participantes en el mercado (art. 23); (6) Un sexto aspecto que fue resaltado por la OCDE fue la adopción de un regulador convergente en materia de comunicaciones[118]. La creación del regulador convergente en Colombia en materia de comunicaciones y televisión puede ser visto como un instrumento para superar problemas de coordinación y facilitar la implementación de la regulación convergente[119]. Frente a este nuevo órgano, la organización internacional recomendó al país preservar su independencia. Lo anterior, a través de la adopción de acciones dirigidas a evitar presiones indebidas por parte del gobierno, asegurar la autonomía financiera del regulador y elegir a sus directores a través de medios transparentes y meritocráticos[120].

---

118 OECD. "OECD Reviews of Digital Transformation: Going Digital in Colombia", cit., p. 92.

119 "Muchos países de la OCDE, como Australia, Hungría y el Reino Unido, han fusionado los reguladores de radiodifusión y de telecomunicaciones con el objetivo de adaptar la regulación a un entorno convergente; otros, como los Estados Unidos, tienen desde hace tiempo un regulador convergente que desempeña ambas funciones. Este no es el caso de Colombia, donde la existencia de dos organismos diferentes para los servicios de telecomunicaciones y de televisión, además de los problemas de coordinación que conlleva, puede dificultar la implementación de regulación convergente". OECD. "Estudio de la OCDE sobre políticas y regulación de telecomunicaciones en Colombia", cit., p. 93.

120 OECD. "OECD Reviews of Digital Transformation: Going Digital in Colombia", cit., p. 9.

Dentro de este marco, la OCDE destacó algunos temas susceptibles de mejora para no afectar la independencia del órgano regulador. En efecto, uno los asuntos que contribuyen a alcanzar los objetivos regulatorios es la adopción de un glosario. La ley de comunicaciones parece sugerir en su artículo 5.º que el Ministerio de las TIC será la autoridad que adoptará el glosario, mientras que la CRC solo aportará apoyo técnico. La OCDE recomendó además que el glosario fuera adoptado por el ente regulador. Dentro de este marco, una disposición como el artículo 5.º de la ley disminuye la independencia de la autoridad regulatoria[121]. Esta norma, que otorga competencia exclusiva al Ministerio para el glosario de definiciones del sector, se mantuvo vigente.

Otro aspecto que llamó la atención de la OCDE por la potencialidad de afectar la independencia del ente regulador es el hecho de que el FonTIC pertenezca al Ministerio de las TIC con el objetivo de mejorar la capacidad administrativa, operacional y técnica del ministerio y de la ANE. Esta disposición podría causar un conflicto entre los fondos de la CRC y otras instituciones. Asimismo, existe el riesgo de que el gobierno pueda indirectamente controlar los fondos del ente regulador y limitar su independencia[122].

Teniendo en cuenta esta situación, la OCDE recomendó la separación de los fondos del CRC de los fondos de otras entidades que operan en sector, en particular de aquellas que integran el gobierno[123]. No obstante las recomendaciones plasmadas por esta organización, la Ley 1978 de 2019 mantuvo un fondo único de TIC y de telecomunicaciones.

La independencia del ente regulador también puede verse afectada por lo consagrado en el artículo 16 de la ley, el cual eliminó los empréstitos como un componente de los activos de la CRC. En particular señaló la OCDE:

> El artículo 16 de la Ley de Modernización de las TIC elimina los préstamos como componente del patrimonio de la CRC, convirtiendo así las aportaciones de la industria en la principal fuente de financiación de la comisión. Aunque este cambio favorece su independencia, también implica que el regulador se

---

121 Ibíd., p. 43.

122 Ídem.

123 Ídem.

financie en parte con cargo al presupuesto del Estado, lo que puede tener el efecto contrario[124].

Desde el punto de vista de las funciones del Ministerio de las TIC, también puede afectarse la independencia del órgano regulador convergente. Así, el ministerio puede revocar el permiso para usar el espectro radial de aquellos que no estén al día en el cumplimiento de sus obligaciones (art. 11)[125].

Por su parte, el artículo 38 le otorgó al ministerio funciones de inspección, vigilancia y control que antes correspondían a la Autoridad Nacional de Televisión (ANTV). Estas funciones deberían estar en cabeza de un ente regulador independiente de naturaleza no política. La asunción de funciones por el gobierno puede disminuir la capacidad del sector público para asegurar que la industria esté cumpliendo con la regulación vigente y proteger adecuadamente a los consumidores[126].

El manejo del espectro, el cual constituye una herramienta fundamental para regular la competencia en el mercado de la telefonía celular, otorgó también al ministerio de las TIC la competencia para asignar el uso del espectro radioeléctrico. Aunque la ley señala que la asignación debe realizase a través de una selección objetiva, al entregarse la competencia de asignación al ministerio se limitan las herramientas regulatorias que tiene a su alcance el regulador[127].

Dentro de este marco, la entrega de permisos para el uso del espectro radial debe estar a cargo de una entidad independiente del gobierno. Asimismo, el regulador debe tener esta función con el propósito de incrementar la convergencia dentro del sector de las comunicaciones. De esta suerte, para la OCDE, la ANE debería ser parte del ente regulador convergente[128]. La no incorporación de la Agencia en el regulador convergente aumenta los costos administrativos, disminuye la eficiencia, la productividad y la competitividad del sector. Adicionalmente, puede limitar la independencia

---

124 Ídem.

125 Ídem.

126 Ídem.

127 Ídem.

128 Ídem.

del regulador frente al gobierno[129]. La conclusión que puede derivarse de las observaciones anteriores que no fueron acogidas en la Ley 1978 de 2019, es el fortalecimiento de funciones del Ministerio como autoridad central, alejado de su función primigenia de definir políticas generales del sector.

De esta manera, mantiene competencias de control y vigilancia que antes eran de la antigua ANR, Autoridad Nacional de Televisión, consagrada en la Ley 1507 de 2012. También conserva las competencias principales y residuales sobre todos los servicios de telecomunicaciones.

Como una crítica acertada, el Ministerio mantiene funciones propias de un regulador en cuanto a un bien esencial para los servicios más importantes de telecomunicaciones, esto es, el espectro radioeléctrico, sin que pueda entenderse desde el punto de vista de la eficiencia y de la buena administración, que una función marcada por su carácter técnico y de adecuación a las nuevas tecnologías se mantenga en un ente central y no en la autoridad regulatoria.

En lo que respecta a la elección de los integrantes de la CRC y el funcionamiento de sus órganos, la OCDE destacó que el órgano directivo no debería tener presencia del Gobierno, situación que permite la ley al establecer la presencia del ministro o viceministro. Esta situación disminuye la autonomía del órgano regulador[130].

Estas recomendaciones tampoco parecen acogerse totalmente en cuanto a la composición del órgano regulador. Para la OCDE, los reguladores no deben ser escogidos directamente por el presidente de la República. Tampoco uno de sus miembros debería ser elegido por la televisión pública regional, pues esto puede dar lugar a situaciones de conflicto de interés[131].

Frente a la administración del ente regulatorio, adelantado a través de dos entes paralelos dentro de la entidad, esto es, la comisión de contenido audiovisual y la comisión de comunicaciones, la OCDE señaló su extrañeza. Lo anterior, debido a que pueden presentarse conflictos de poder entre los dos órganos, por ejemplo, frente a la regulación de asuntos audiovisuales

---

129 OECD. "OECD Reviews of Digital Transformation…", cit., p. 45.

130 Ibíd., p. 44.

131 Ibíd., p. 50.

y televisivos[132]. De esta suerte indicó que "la existencia de dos consejos no tiene precedentes en otros países de la OCDE y será un reto, al menos desde una perspectiva administrativa y jurídica [...] el establecimiento de dos consejos en el CRC socavará el enfoque holístico que está en la base misma del regulador convergente"[133].

Tratándose del contenido de la reforma legal y su alcance sobre la televisión y los servicios audiovisuales. Régimen jurídico, regulación convergente y autoridad convergente, es necesario detenerse sobre el contenido normativo incorporado con la Ley 1978 de 2019 para tratar de dar respuesta a los interrogantes planteados en el artículo que sustenta este estudio.

En cuanto al régimen jurídico, tenemos que, a la par que se observa una regulación minuciosa y prolija sobre las reformas esenciales a instituciones del derecho de las telecomunicaciones, como corresponde al espectro radioeléctrico (ERE), tal precisión, a nuestro juicio, no se cumplió cuando se trató de estructurar las reglas aplicables a los todavía denominados servicios de televisión.

Nuevamente como conclusión anticipada, se puede señalar que no existe un régimen jurídico unificado para los servicios de telecomunicaciones y de audiovisuales. Por el contrario, y con una costumbre desafortunada de nuestro legislador, se incorporan reformas fragmentadas en distintas leyes que hacen ininteligibles para los actores del mercado y los operadores jurídicos, tratar de entender cuál es el régimen legal actual de la televisión. Aspectos tan esenciales como el título habilitante para prestar los servicios de televisión, resultan contradictorios y confusos, pues esta ley no introdujo reglas claras sobre este y muchas instituciones adicionales sobre el sector de televisión.

Basta leer la Ley 1978 de 2019, la cual en su artículo 2.º, parágrafo, desde su inicio deja claro que una de las modalidades de la televisión, el servicio de televisión abierta radiodifundida, continuará rigiéndose por las normas especiales, en particular la Ley 182 de 1995, la Ley 335 de 1986, la Ley 680 de 2001 y demás normas que las modifiquen, adicionen o sustituyan.

---

132 Ibíd., p. 44.

133 Ídem.

Queda al intérprete tratar de dilucidar de todas estas normas del régimen anterior sobre el servicio de televisión, cuáles se mantienen vigentes, a la vista de las reformas introducidas por la Ley 1978 de 2019 sobre las competencias que antes tenían la antiguas CNTV y ANTV. En especial, sobre la distribución de competencias entre las distintas autoridades del sector. En efecto, si bien el régimen legal anterior se mantiene vigente, muchas de esas normas resultan modificadas con las Leyes 1507 de 2012 y 1978 de 2019, en especial sobre las funciones del órgano regulador, del MinTIC, de la misma ANE y del fondo de TIC.

Resulta de especial preocupación la falta de claridad sobre el título habilitante que debe ostentar una persona jurídica que pretenda prestar servicios de televisión abierta radiodifundida (TVAR) en Colombia.

Las dudas se suscitan sobre el régimen que parece introducir esta ley sobre los operadores establecidos y los nuevos y si ella resulta acorde al principio constitucional de igualdad, sobre el cual la misma Corte ya se había pronunciado en la sentencia C-403 de 2010[134], sobre la versión inicial de la Ley 1341 de 2009 y su régimen de transición. En específico, el parágrafo 2 del artículo 10.º muestra las deficiencias desafortunadas en la redacción utilizada por el legislador, sobre la forma de habilitarse para prestar el servicio de televisión bajo esta modalidad.

En primer lugar, esta norma señala que se mantendrá el régimen jurídico anterior de la Ley 182 de 1985 y demás normas, que es una reiteración de lo previsto en el artículo 2.º de la misma, y que, aunque no se compadece esta fragmentación del régimen jurídico de televisión, no es realmente una infracción constitucional sino una falta de técnica jurídica. En segundo lugar, señala que los operadores de los servicios de TVAR establecidos en la fecha de entrada en vigencia de la ley, tendrán la posibilidad de acogerse al régimen de habilitación general, de conformidad con el régimen de transición que la ley disponga[135]. Esto significa, que los operadores

---

134 Corte Constitucional. Sentencia C-403 de 2010.

135 El artículo 33 de la Ley 1978 de 2019 precisa que los operadores actuales de estos servicios podrán mantener sus concesiones, licencias, permisos y autorizaciones hasta por el término de los mismos, así como renovarlos bajo la normatividad legal vigente en el momento de su expedición y con efecto solo para estas concesiones, licencias, permisos y autorizaciones. No obstante, también podrán acogerse al régimen de

actuales pueden mantener su régimen de concesión o elegir el régimen de habilitación general sin título de concesión en los términos de la Ley 1341 de 2009 que había establecido en general para todos los servicios de telecomunicaciones. Nuevamente se presenta una reforma parcial y fragmentada de la Ley 182 de 1995 que establecía la necesidad de una concesión para prestar los servicios de televisión en términos generales. En tercer lugar, y es la esencia de la gran inquietud sobre estos servicios, es preguntarse entonces cuál es el régimen jurídico para las personas que deseen prestar estos servicios públicos de televisión e introducirse a este mercado, sobre lo cual, nada dice la norma.

Una interpretación sistemática daría a entender que si se mantiene el régimen general de la concesión de la Ley 182 de 1995, el régimen será el de concesión.

Y, sobre esta conclusión, surge la posible crítica de la diferencia de tratamiento entre los operadores actuales que tienen las dos opciones, del régimen de concesión o de habilitación general y de los operadores entrantes que solo tendrían el régimen de concesión. Lo anterior frente al desarrollo del principio constitucional de igualdad y de lo previsto para un caso similar por la sentencia C-403 de 2010 de la Corte Constitucional.

La existencia del título de concesión parece ratificarse con las competencias otorgadas al Ministerio de TIC en el artículo 18 de la Ley 1341 de 2009, numerales 23 y 25 a 27, para asignar concesiones o definir la prórroga de los contratos de concesión en estos servicios[136]. Para con concluir sobre este tema, y reconociendo que se disminuyeron los valores a pagar por estos operadores, nos encontraríamos con distintos operadores, los nuevos y los establecidos sometidos a un régimen legal distinto, con las consecuencias jurídicos que ello implicaría y con el necesario control de constitucionalidad que enfrentaría esta interpretación.

---

habilitación general, es decir sin concesión, caso en el cual se someterán a las reglas de la Ley 1341 de 2009. A continuación establece lo relacionado a los valores a pagar por estos operadores.

136 Édgar González López. "Una reflexión sobre la reforma a la Ley de TIC: bondades, vacíos y críticas", cit., pp. 137-195.

Si estas conclusiones parecen las acertadas frente a los textos analizados, se observa que el ente regulador no tiene injerencia alguna para otorgar el título habilitante de concesión de los nuevos operadores, independiente de la posible discriminación respecto de los operadores establecidos. Asimismo, el régimen de asignación y otorgamiento del espectro, donde existían competencias a cargo de la autoridad de televisión, cualquiera que ella hubiera sido, ahora se encuentran en cabeza del Ministerio.

Como lo hemos afirmado en anteriores oportunidades y lo sostienen con claridad los profesores Zárate Pérez y Perdomo Villamil[137], la sola pervivencia de la ANE, y de las funciones del MinTIC sobre el espectro radioeléctrico, implican que no hay un régimen jurídico convergente o un regulador convergente en aspectos técnicos de la dimensión que corresponde al recurso escaso más importante en el sector de telecomunicaciones, el ERE.

La gestión y asignación de este recurso es propio de la regulación que debe detentar la ANE y que antes de la reforma lo tenía la autoridad regulatoria en televisión. Desafortunadamente, con la Ley 1978 de 2019, esta función fue absorbida por el MinTIC, con competencias que deberían estar dirigidas especialmente a la definición de políticas generales del sector. Así las cosas, no existe un régimen jurídico ni convergente, ni claro, ni unificado sobre el servicio de televisión o también denominado audiovisuales, pues se mantuvo el régimen legal anterior, con una colcha de retazos, derivada de parciales modificaciones con las leyes citadas, que dificultan realmente entender la vigencia de las diferentes normas que regulan la televisión. Punto de especial preocupación e importancia corresponde a tratar de identificar cuál es el régimen de habilitación general para prestar los servicios de TVAR, vistas las consideraciones expuestas y su revisión de constitucionalidad para determinar si se encuentra acorde al principio de igualdad entre los operadores actuales y los entrantes.

En cuanto a la regulación y regulador convergente, tenemos que indicar que efectivamente la Ley 1978 de 2019 dio un paso adicional al de

---

137 Aníbal Zárate Pérez y Camilo Perdomo Villamil. "La arquitectura del regulador de las comunicaciones: crónica de una paradoja anunciada", en *Las TIC y la Sociedad Digital. Doce años después de la ley*, t. I, cit., pp. 230-237.

la Ley 1507 de 2012, en cuanto a la función de regulación convergente y a las funciones asumidas por la CRC sobre estos servicios audiovisuales. Aunque se mantiene el régimen legal anterior para estos servicios con las modificaciones introducidas por estas dos leyes, el legislador pretendió incorporar una regulación y un regulador convergente.

La primera observación que podría señalarse en contra de un regulador totalmente convergente en estas materias, es la regulación del espectro radioeléctrico que fue asignado al Ministerio. Por esto, también podría considerarse que el Ministerio tiene funciones de regulación sobre este recurso, soportadas sobre los estudios y funciones de control y vigilancia que sobre el mismo le fueron otorgados a la Agencia Nacional del Espectro, razón por la cual, también puede decirse que tiene funciones regulatorias sobre el mismo.

Ahora bien, en cuanto al servicio y los bienes y redes afectos al mismo, distintos al ERE, se puede observar especialmente en los artículos 20 y 22, sobre la composición de la Comisión de Regulación de comunicaciones y sus funciones, una regulación parcialmente convergente[138].

En cuanto a la composición, la CRC se divide en dos dependencias denominadas sesiones de contenidos audiovisuales y de comisión de comunicaciones. Por lo tanto, en cuanto al contenido del precepto legal, efectivamente la Comisión absorbió las funciones que tenía la antigua ANTV, y antes la CNTV, sobre las redes y servicios y sobre los contenidos audiovisuales.

En cuanto a las funciones, se observa lo siguiente: 1) sobre la sesión de comisión de comunicaciones, efectivamente, se establece una regulación convergente sobre las redes y servicios inherentes a cualquier servicio de telecomunicación, incluida el audiovisual, siguiendo los pasos de convergencia que ya habían sido prescritos en la Ley 1507 de 2012.

Esta regulación convergente también es aplicable a los bienes afectos al servicio de telecomunicaciones, en especial los recursos esenciales diferentes al espectro, y a los diferentes instrumentos de regulación, entre otros, la resolución de conflictos. Por ello, puede sintetizarse el tema señalando que ahora la CRC, a partir de esta reforma, tiene competencias convergentes

138 Ibíd., pp. 230-254.

en la medida que sea posible entre los servicios de telecomunicaciones y los audiovisuales; 2) Sobre la sesión de contenidos de audiovisuales, la ley los limita a las funciones consagradas en los numerales 25, 26, 27 y 28 y 30, y sin el análisis necesario, fueron incorporados en forma casi textual a lo que traía el régimen anterior de televisión, bajo la competencia de la CNTV y de la ANTV.

Tales prescripciones muestran que el legislador no se preocupó lo suficiente por dotar de herramientas eficaces y acordes a la legalidad, la regulación de contenidos audiovisuales, cuando se desconozcan intereses generales. En términos generales se otorga a esta dependencia de la CRC garantizar el pluralismo e imparcialidad informativa; la facultad de inspección, vigilancia y sanción de aquellas conductas que atenten contra este fin superior; reglamentar lo atinente a la participación ciudadana en los temas que puedan afectar al televidente, y sancionar a los operadores, concesionarios de espacios de televisión y contratistas de televisión nacional cuando violen disposiciones constitucionales o legales relacionadas con los derechos de la familia y de los niños.

Mención aparte merece la función consagrada en el artículo 26, que pretende darle a esta autoridad administrativa regulatoria, la facultad de establecer prohibiciones para las conductas que considere atenten contra el pluralismo informativo, el régimen de inhabilidades y los derechos de los televidentes. La función resulta de indudable importancia, pero se presentan válidas inquietudes sobre si una autoridad administrativa pueda establecer mediante acto administrativo prohibiciones y sus consecuencias de inspección, vigilancia y sanción respecto de conductas que ella considere procedentes, sin que exista una ley que establezca un lineamiento o unos contenidos básicos que respeten la reserva de ley en estas materias. Dentro de este marco no pareciera constitucionalmente posible que dicha autoridad pueda ejercer las funciones de crear prohibiciones y establecer sanciones, respecto del artículo 29 de la Carta.

En conclusión, era necesario dotar de mayor claridad y competencias a la Comisión para efectivamente regular los contenidos audiovisuales, más allá de las alusiones y los preceptos anteriores. Si bien hay un órgano regulador unificado sobre los servicios audiovisuales, en lo que atañe a redes y servicios, diferentes del espectro, y sobre contenidos, la verdad es que estas funciones se encuentran separadas, pues por su misma naturaleza obedecen a finalidades distintas. La primera orientada a la promoción de la competencia y a maximizar el bienestar de los usuarios en los términos de la ley. La segunda orientada a garantizar derechos de mayor estirpe constitucional como el pluralismo y la imparcialidad informativa, así como los derechos de los televidentes.

Las conclusiones serían las siguientes sobre los servicios de telecomunicaciones y audiovisuales respecto de las reformas introducidas en la Ley 1978 de 2019: sobre el régimen jurídico de los servicios de telecomunicaciones y audiovisuales, no existe convergencia en términos generales, pues se mantuvo el régimen legal anterior. No obstante, las reformas introducidas en las últimas leyes citadas presentaron grandes modificaciones sobre este régimen, en especial en cuanto a la distribución de funciones de las entidades estatales del sector, particularmente de la CRC y del MinTIC. Por las razones expuestas, surgen dificultades en la interpretación de este régimen, en especial sobre el título habilitante aplicable a los servicios de televisión abierta radiodifundida.

En cuanto a la función regulatoria y la autoridad regulatoria, la conclusión señalaría que existe parcialmente una regulación convergente y una autoridad también parcialmente convergente para ejercer esta función. Lo anterior, porque realmente otras autoridades también tienen funciones que resultan propias de la regulación, lo cual no se comparte. Entre ellas el MinTIC y la ANE en aspectos tales como el espectro radioeléctrico, y la primera de ellas, sobre la definición del título habilitante de concesión para los servicios audiovisuales.

Sin embargo, existe una regulación convergente y una autoridad regulatoria convergente sobre las redes y servicios de telecomunicaciones y de audiovisuales, asumido por la sesión de comisión de comunicaciones de la CRC. Sobre los contenidos audiovisuales se otorga competencia a otra sesión o dependencia de la CRC, lo cual implica que el regulador es unificado, pero se mantiene una regulación diferente respecto de los bienes, redes y servicios relacionados con el audiovisual. En este tema de contenidos audiovisuales se observan deficiencias en la ley que limitaron el necesario empoderamiento que debería tener la comisión, en orden a preservar intereses constitucionales, como el pluralismo y la imparcialidad informativa, muy alejadas y débiles de lo que realmente tenía la CNTV y lo que debería ser esta función.

BIBLIOGRAFÍA

Baldwin, Robert, Martin Cave y Martin Lodge. *Understanding regulation*, 2.ª ed., Oxford University Press, 2012.

Betancor, Andrés. "El análisis del concepto de la regulación en la doctrina anglonorteamericana", en *Regulación: Mito y Derecho. Desmontando el mito para controlar la intervención de los reguladores económicos*, Civitas, Thomson Reuters, 2010.

Betancor, Andrés. *Regulación: Mito y Derecho. Desmontando el mito para controlar la intervención de los reguladores económicos*, Civitas, Thomson Reuters, 2010.

Black, Julia. *Critical Reflections on Regulation*, Centre for Analysis of Risk and Regulation at the London School of Economics and Political Science, 2002.

Brokelmann, Helmut. "Las autoridades nacionales de reglamentación de telecomunicaciones" en Tomás de la Quadra Salcedo (dir.), Fernández del Castillo y José Vida Fernández (coords.). *Derecho de las telecomunicaciones*, Civitas Thomson Reuters, 2015.

Campuzano, Ana Belén y Enrique Sanjuán. *Mercado y Derecho de la competencia. Reglas de actuación y funcionamiento*, Tirant lo Blanch, 2021.

Darnaculleta I Gardella, Maria Mercé. "La autorregulación y sus fórmulas como instrumentos de regulación de la economía", en Santiago Muñoz Machado y José Pardo Esteve (dirs.). *Derecho de la regulación económica. I. Fundamentos e Instituciones de la Regulación*, Iustel y Fundación Instituto Universitario de Investigación José Ortega y Gasset.

De la Quadra Salcedo, Tomás, "Los Derechos en la Sociedad Digital: visión subjetiva y visión institucional", en Luz Mónica Herrera Zapata, Jorge Murgueitio Cabrera, Sandra Milena Ortiz Laverde (coords), Édgar González López (dir.). *Las TIC y la Sociedad Digital. Doce años después de la ley*, t. II, *Ecosistema digital en sus distintos desarrollos y las tecnologías disruptivas*, Bogotá, Universidad Externado de Colombia y Consejo de Estado, 2021.

Decker, Christopher, *Modern Economic Regulation*, Cambridge University Press, 2015.

Delgado, Juan y Elisa Mariscal. "Integrating Regulatory and Antitrust Powers: Does It Work? Case Studies from Spain and Mexico", *Competition Policy International Journal*, vol. 10(1), Spring, 2014.

Fell, Johanna E. "Converging media –convergent regulators? The future of broadcasting regulatory authorities in South-Eastern Europe", The Council of Europe and the OSCE Mission to Skopje, 1-2 October, Skopje 2007.

García de Enterría, Eduardo y Fernández Rodríguez, Tomás-Ramón. *Curso de Derecho Administrativo*, vol I, Madrid, Civitas, 1999.

González López, Édgar (dir.), Luz Mónica Herrera Zapata, Jorge Murgueitio Cabrera, Sandra Milena Ortiz Laverde (coords.). *El Ecosistema Digital y las Autoridades de Regulación de los Sectores Audiovisual y TIC*, Bogotá, Universidad Externado de Colombia y Consejo de Estado, 2017.

González López, Édgar. *La potestad reglamentaria de las Comisiones de Regulación como Autoridades Administrativas Independientes*, Bogotá, Universidad Externado de Colombia, 2013.

González López, Édgar. "Una reflexión sobre la reforma a la ley de TIC: bondades, vacíos y críticas", en Édgar González López (dir.), Luz Mónica Herrera Zapata, Jorge Murgueitio Cabrera, Sandra Milena Ortiz Laverde (coords.). *Las TIC y la Sociedad Digital. Doce años después de la ley*, Bogotá, Universidad Externado de Colombia y Consejo de Estado, 2017.

Groebel, Annegret. "BNetzA (Federal Network Agency for Electricity, Gas, Telecommunications, Post and Railway) and Its Role in Energy Infrastructure Regulation and Planning/Permitting", *Journal of Energy and Power Engineering* 12, 2018, disponible en https://www.ceer.eu/documents/104400/-/-/29c2d3f5-3de3-1765-0aba-9a7bab2b59e2.

Gundu Hallur, Giri y Vivek S. Sane. "Indian telecom regulatory framework in comparison with five countries: structure, role description and funding", *Digital Policy, Regulation and Governance*, vol. 20, n.º 1, Emerald Publishing Limited 2018.

Lasheras, Miguel Ángel. *La regulación económica de los servicios públicos*, Editorial Ariel, 1999.

Lizarazo Rodríguez, Liliana y Marcela Anzola Gil (eds.). *Regulación, Autorregulación y desregulación, en La regulación económica: tendencias y desafíos*, Bogotá, Universidad del Rosario, 2004.

Montaña Plata, Alberto y Carlos Sebastián Barreto Cifuentes. "A propósito del eventual conflicto de competencias, así sean de diferente naturaleza, entre la función de solución de controversias entre operadores de telecomunicaciones (PRST) y la incidencia del Tribunal de Justicia Andino sobre la arbitrabilidad objetiva de estos asuntos", en Édgar González López (dir.), Luz Mónica Herrera Zapata, Jorge Murgueitio Cabrera, Sandra Milena Ortiz Laverde (coords.). *Las TIC y la sociedad digital*, t. 1. *Las TIC y las telecomunicaciones y el derecho a la competencia. Doce años después de la ley*, Bogotá, Universidad Externado de Colombia, Consejo de Estado, 2021.

Montero Pascual, Juan José. *Regulación económica*, Tirant lo Blanch, 2014.

Montero Pascual, Juan José y Helmut Brokelmann. *Telecomunicaciones y televisión. La nueva regulación en España*, Valencia, Tirant lo Blanch, 1999.

Muñoz Machado, Santiago y José Pardo Esteve. *Derecho de la regulación económica*, I, *Fundamentos e Instituciones de la Regulación*, Iustel y Fundación Instituto Universitario de Investigación José Ortega y Gasset.

OCDE y BID. "Políticas de banda ancha para América Latina y el Caribe: un manual para la economía digital", OECD Publishing, París, 2016, disponible en https://doi.org/10.1787/db481aa3-en.

OECD. "OECD Reviews of Digital Transformation: Going Digital in Colombia", OECD Publishing, París, 2019, disponible en https://doi.org/10.1787/781185b1-en.

Onwurah, Chi. *Journal of Digital Media & Policy*, vol. 10, n.º 1.

Palomar Olmeda, Alberto. *La comisión nacional de los mercados y de la competencia, en el derecho de la competencia*, Tirant lo Blanch, 2019.

Pérez Martínez, Jorge y José Luis Martín Núñez. "Regulación del ecosistema digital", en Édgar González López (dir.), Luz Mónica Herrera Zapata, Jorge Murgueitio Cabrera, Sandra Milena Ortiz Laverde (coords.). *El ecosistema digital y las*

Autoridades de Regulación de los sectores audiovisual y TIC, Bogotá, Universidad Externado de Colombia y Consejo de Estado, 2017.

Rozados Oliva, Manuel Jesús. "Entes reguladores, transparencia y buen gobierno", en María Zambonino Pulito (dir.), Hamid Aboulas y María Eugenia Teijeiro Lillo (coords.). *Gobernanza, derecho administrativo y políticas públicas en España y Marruecos*, 2014, Dykinson.

Sala Arquer, José Manuel. "El Estado neutral. Contribución al estudio de las Administraciones Independientes", *Reda* nº. 42, Madrid, Civitas, 1984.

Sarria Olcos, Consuelo. "Naturaleza de las Competencias de las Comisiones de Regulación de los Servicio Públicos", en *Memorias del VI foro Iberoamericano de Derecho Administrativo y VIII Jornadas de Derecho Constitucional y Administrativo*, Bogotá, Universidad Externado de Colombia.

Stiglitz, George Joseph. "The Theory of Economic Regulation, *Bell Journal of Economics and Management Science*, vol. 2, 1988.

Stirling, Andrew. Why Ofcom. *Ebu Technical Review*, October 2004, disponible en https://tech.ebu.ch/docs/techreview/trev_300-ofcom.pdf.

Vida Fernández, José. "El problema de la definición y del régimen jurídico aplicables a los servicios del sector digital: la difusa frontera entre telecomunicaciones, audiovisual y sociedad de la información", en Édgar González López (dir.), Luz Mónica Herrera Zapata, Jorge Murgueitio Cabrera, Sandra Milena Ortiz Laverde (coords.). *Las TIC y la Sociedad Digital. Doce años después de la ley*, t. II, *Ecosistema digital en sus distintos desarrollos y las tecnologías disruptivas*, Bogotá, Universidad Externado de Colombia, Consejo de Estado, 2021.

Zárate Pérez, Aníbal y Camilo Perdomo Villamil. "La arquitectura del regulador de las comunicaciones: crónica de una paradoja anunciada", Édgar González López (dir.), Luz Mónica Herrera Zapata, Jorge Murgueitio Cabrera, Sandra Milena Ortiz Laverde (coords.). en *Las TIC y la Sociedad Digital. Doce años después de la ley*, t. I. *Las Tic y las telecomunicaciones y el derecho a la competencia*, Bogotá, Universidad Externado de Colombia, Consejo de Estado, 2017.

RAFAEL OSTAU DE LAFONT PIANETA*

El control judicial de los actos de las comisiones de regulación

Sumario: Introducción. I. Estado social y servicios públicos. A. Responsabilidad de su prestación. B. Fundamento de los Servicios Públicos Domiciliarios (SPD). C. Régimen legal y controles sobre la prestación de los SPD. II. Las comisiones de regulación. A. Antecedentes institucionales. B. Creación legal y naturaleza. C. Funciones de las comisiones de regulación. 1. Delegación de funciones presidenciales. 2. Funciones generales y especiales. 3. La potestad reguladora de las comisiones. 4. La relación entre la regulación y la potestad reglamentaria. III. Los actos de las comisiones de regulación. A. La dependencia de las potestades o funciones que se ejercen. B. Los actos de carácter general y de carácter particular. C. Reglas de procedimiento en los actos administrativos de carácter particular. IV. El control judicial sobre las actuaciones de las comisiones de regulación. A. Referentes en cuanto al alcance del control judicial sobre los actos administrativos. B. El ámbito de la jurisdicción contencioso administrativa en relación con las comisiones de regulación. V. Los actos administrativos de las comisiones de regulación en la jurisprudencia del Consejo de Estado. A. En cuanto a la delegación de funciones presidenciales. B. En cuanto a la incompetencia para regular. C. En cuanto a la regulación tarifaria. D. En cuanto a las condiciones de existencia de los actos administrativos. E. Reasunción de funciones delegadas – suspensión provisional. Conclusiones. Bibliografía.

INTRODUCCIÓN

Dentro de la importante temática que se aborda en las XIV Jornadas Internacionales de Derecho administrativo sobre el "Derecho administrativo económico", me corresponde analizar lo relacionado con "El control judicial de los actos de las comisiones de regulación", instituciones que en sus referentes orgánicos y funcionales en el Derecho comparado han sido objeto de diversos análisis y posiciones, sin perjuicio del régimen que se les ha asignado en nuestro ordenamiento jurídico y al cual nos referiremos

* Abogado, doctor en Derecho y especialista en Derecho Administrativo de la Universidad Externado de Colombia; profesor emérito e investigador de la Universidad Externado de Colombia; expresidente del Consejo de Estado. Correo-e: rafael.ostau@uexternado.edu.co; Enlace ORCID: https://orcid.org/0009-0008-5680-205X.

particularmente en lo que tiene que ver con los Servicios Públicos Domiciliarios (SPD).

Al efecto, un primer aspecto comprende la relación entre los postulados del Estado Social de Derecho y su cobertura respecto de la responsabilidad en la prestación de los servicios públicos, así como los criterios que sirven de fundamento de los SPD, aludiendo a las condiciones y controles que operan sobre la prestación de los mismos.

Un segundo tópico se ocupa específicamente de las comisiones de regulación, formulando diversas consideraciones sobre sus antecedentes en algunos sistemas jurídicos y los parámetros sobre los cuales actúan dichas organizaciones, pasando a su creación legal en el Derecho colombiano e identificando su naturaleza jurídica, para entrar a verificar las modalidades de funciones que se le atribuyen y en particular la denominada potestad reguladora, estableciendo la relación entre esta y la potestad reglamentaria.

Posteriormente nos ocuparemos de los actos de las comisiones de regulación, centrándonos en los actos administrativos y sus modalidades, dependiendo estas del tipo de funciones que ejercen las comisiones de regulación, para lo cual se expondrán los conceptos básicos, según el régimen vigente, de actos administrativos generales y actos administrativos particulares, aludiendo a las reglas especiales de procedimiento para estos últimos.

Seguidamente se entrará a estudiar específicamente el control judicial contencioso sobre los actos administrativos proferidos por las comisiones de regulación, señalando algunos de sus referentes, teniendo en cuenta el ámbito de acción de la jurisdicción contencioso administrativa de acuerdo con la naturaleza y el objeto de las comisiones de regulación, lo que conducirá al estudio de los medios de control procedentes en cada caso, especialmente los de nulidad, y nulidad y restablecimiento del Derecho.

Finalmente, y con carácter ilustrativo, se expondrán los fundamentos aportados por diversas decisiones adoptadas por el Consejo de Estado, secciones Primera y Tercera, al revisar actos administrativos expedidos por las comisiones reguladoras, en los que se refleja la magnitud e importancia del tipo de control ejercido por dicha Jurisdicción como garante de la protección de los derechos de los administrados y de la Comunidad, así como del ordenamiento jurídico vigente, lo que nos permitirá arribar a las conclusiones mediante las cuales dejemos expuesta nuestra respetuosa opinión sobre el tema planteado.

I. ESTADO SOCIAL Y SERVICIOS PÚBLICOS

A. RESPONSABILIDAD DE SU PRESTACIÓN

Es de observar que, sin perjuicio de las distintas nociones doctrinarias de servicio público, en nuestro ordenamiento jurídico se referencian dos reglas sobre dicho concepto que es pertinente tener presentes: por una parte, el artículo 430 del Código Sustantivo del Trabajo, tal como fue modificado por el Decreto 753 de 1956, que dispone:

> Se consideran servicios públicos, toda actividad organizada que tienda a satisfacer necesidades de interés general en forma regular y continúa de acuerdo con un régimen jurídico especial, bien que se realice por el Estado directa o indirectamente o por particulares.

Y, por otra, el numeral 3 del artículo 2.º de la Ley 80 de 1993, por la cual se adoptó el Estatuto General de Contratación de la Administración pública, que señala:

> Se denominan servicios públicos: Los que están destinados a satisfacer necesidades colectivas en forma general, permanente y continua, bajo la dirección, regulación y control del Estado, así como aquellos mediante los cuales el Estado busca preservar el orden y asegurar el cumplimiento de sus fines.

Ahora, con fundamento en los postulados del Estado Social de Derecho adoptados por el Constituyente de 1991, en armonía con el servicio a la comunidad como uno de los fines esenciales de aquel, es consecuente lo dispuesto por el artículo 365 de la Carta en el sentido de que "Los servicios públicos son inherentes a la finalidad social del Estado", razón por la cual este asume el deber de asegurar su prestación eficiente a todos los habitantes del territorio nacional.

Igualmente, dispone la norma citada que, en consideración a la responsabilidad asumida por el Estado en cuanto a la prestación de los servicios públicos (directamente), la misma también puede ser asumida indirectamente, es decir, en su nombre, por comunidades organizadas o por particulares, en cuyos eventos el Estado mantendrá la regulación, el control y la vigilancia de dichos servicios, todo ello en desarrollo de los objetivos intervencionistas referidos en el artículo 334 Superior, a cuyas voces en lo concerniente se determina que:

> La dirección general de la economía estará a cargo del Estado. Este intervendrá, por mandato de la ley, en la explotación de los recursos naturales, en el uso del suelo, en la producción, distribución, utilización y consumo de los bienes, y en los servicios públicos y privados, para racionalizar la economía con el fin de conseguir en el plano nacional y territorial, en un marco de sostenibilidad fiscal, el mejoramiento de la calidad de vida de los habitantes, la distribución equitativa de las oportunidades y los beneficios del desarrollo y la preservación de un ambiente sano. Dicho marco de sostenibilidad deberá fungir como instrumento para alcanzar de manera progresiva los objetivos del Estado Social de Derecho. En cualquier caso, el gasto público social será prioritario.

Al respecto, son pertinentes las consideraciones del juez constitucional sobre el tema de los servicios públicos, al observar que:

> El Estado social y democrático de derecho tiene una concreción técnica en la noción de servicio público. El Constituyente al acoger esta forma de organización político-social elevó a deber constitucional del Estado suministrar prestaciones a la comunidad. La naturaleza social y democrática del Estado considera a cada ciudadano como un fin en sí mismo, en razón de su dignidad humana y su derecho a la realización personal dentro de un proyecto comunitario que propugna por la igualdad real de todos los miembros de la sociedad. Por tanto, la administración está sujeta a un concepto evolutivo de mayores prestaciones y mejores servicios al público, según las cambiantes necesidades y la complejidad del mundo moderno[1].

No obstante la importancia que en nuestro ordenamiento jurídico se le otorga a los servicios públicos, es de considerar que no sucede lo mismo en

---

1 Corte Constitucional. Sentencia T-540 del 24 de septiembre de 1992.

otros escenarios estatales en los que, inclusive, se compara su recepción con la que se le otorga al concepto de regulación, en los siguientes términos:

> No todos los países han aceptado dentro de sus sistemas jurídicos la noción de servicio público, pero hoy en día es evidente que la noción de regulación está difundida en caso todo el mundo. Sin embargo, las palabras se prestan a engaños y este contraste no es tan absoluto como parece a primera vista. Mientras que la noción jurídica de servicio público está presente en pocos estados, europeos o no europeos, la idea de servicio público puede identificarse fácilmente en la mayoría de estados, en particular al interior de la Unión Europea, a pesar de que se exprese a través de nociones y regímenes jurídicos diferentes[2].

B. FUNDAMENTO DE LOS SERVICIOS PÚBLICOS DOMICILIARIOS (SPD)

Contrario a lo que sucede con la noción de servicio público, la ley no define el concepto de SPD, sin perjuicio de que doctrinaria y jurisprudencialmente se hayan adoptado posiciones sobre el particular:

> Otro tanto sucede con el concepto de servicio público domiciliario, pues ni la Constitución ni la ley lo definen expresamente. Ha sido la Corte Constitucional a través de su jurisprudencia la que se ha encargado de dar una noción, manifestando que del estudio de los artículos 365 y 367 de la Carta Política, se puede concluir que el servicio público es el género y el servicio público domiciliario es una especie de aquél, agregando que son servicios públicos domiciliarios aquellos que se prestan a través del sistema de redes físicas o humanas, con puntos terminales en las viviendas o sitios de trabajo de los usuarios y que cumplen la finalidad específica de satisfacer las necesidades esenciales de las personas[3].

---

2 Gérard Marcou. "La regulación y los servicios públicos. Las enseñanzas del Derecho Comparado", en Gérard Marcou y Frank Moderne (coords.). *Derecho de la regulación, los servicios públicos y la integración regional*, t. I, Bogotá, Editorial Universidad del Rosario, Facultad de Jurisprudencia, 2009, p. 11.

3 Guillermo Cardona Martínez, Álvaro Francisco Gaviria Arango, Gloria Amelia

En ese orden, y bajo un criterio de organización, se explica que el citado artículo 367 Constitucional le defiera expresamente a la ley las facultades de fijar las competencias y responsabilidades relativas a la prestación de los SPD, su cobertura, calidad y financiación, y el régimen tarifario, así como las entidades competentes para fijarlas, para lo cual se tendrán en cuenta, además de los criterios de costos, los de solidaridad y redistribución de ingresos.

Agrega la misma norma, en desarrollo de la descentralización funcional, que estos servicios se prestarán directamente por cada municipio cuando las características técnicas y económicas de aquellos y las conveniencias generales lo permitan y aconsejen, eventos en los cuales los Departamentos cumplirán funciones de apoyo y coordinación.

En esos términos se configura la interrelación de los SPD como uno de los componentes del Estado Social de Derecho y como objetivo garantista de la dignidad humana, lo cual se ha expuesto de la siguiente manera:

> Dar entonces, el estatus de "Social de Derecho" al Estado, configura a los servicios públicos domiciliarios, por una parte, como un medio para garantizar los fines de este, en tanto determina el cumplimiento de los deberes sociales del Estado y se traduce en un medio eficaz de gestión pública para dar respuesta a las necesidades sociales y, por otra parte, como un fin en sí mismo al estar ligado estrechamente a la consecución de la dignidad humana, como principio fundador de esta forma de Estado. Adquieren entonces gran trascendencia los servicios públicos domiciliarios tanto en la órbita de los medios y fines del Estado, pues se traducen en una razón fundamental de este, toda vez que con los mismos se pretenden satisfacer las necesidades más básicas de las personas[4].

Soporte justificativo como razón de ser de los SPD lo constituyen sus usuarios y destinatarios, quienes en tal condición reciben la protección del Estado, sin perjuicio de su responsabilidad en cuanto al uso y aprovechamiento

---

Piedrahíta de Salazar y Ana María Salazar Piedrahíta. "Servicios Públicos Domiciliarios", p. 74, disponible en https://dialnet.unirioja.es.

4 Lucas Araque García. "Los servicios públicos domiciliarios desde la perspectiva de los derechos fundamentales", *Diálogos de Derecho y Política*, n.º 20, año 8, mayo-agosto de 2018, p. 122, disponible en www.udea.edu.co/revistadialogos.

del servicio recibido, consideración que se manifiesta cuando el artículo 369 Constitucional remite a la ley la determinación de sus deberes y derechos, el régimen de su protección y sus formas de participación en la gestión y fiscalización de las empresas estatales que presten el servicio, así como la participación de los municipios o de sus representantes en las entidades y empresas que les presten SPD.

C. RÉGIMEN LEGAL Y CONTROLES SOBRE LA PRESTACIÓN DE LOS SPD

En desarrollo de los postulados constitucionales precedentemente referidos se expidió la Ley 142 del 11 de julio de 1994, "Por la cual se establece el régimen de los servicios públicos domiciliarios y se dictan otras disposiciones", normativa en la que se reafirma la intervención del estado en los servicios públicos, especialmente en los domiciliarios, los instrumentos de dicha intervención, así como la calificación de servicios públicos esenciales que se le asigna a todas las modalidades de los mismos reguladas en esta ley.

En el contexto del tema de este escrito se debe resaltar que, para efectos de los objetivos perseguidos con la prestación de los servicios en pro de la satisfacción de las necesidades de la comunidad, la ley establece las condiciones de regulación, control y vigilancia del Estado en los servicios públicos (tít. V), creando el denominado control social de los servicios públicos (cap. I), el de los ministerios, asignándoles funciones en la materia a los ministerios de Minas y Energía, de Comunicaciones (hoy Ministerio de Tecnologías de la Información y las Comunicaciones) y de Desarrollo Económico (cap. II), el de las comisiones de regulación (cap. III) y el de la Superservicios (cap. IV).

Bajo la aplicación de un criterio distributivo de funciones, la ley le asigna a cada uno de estos sectores facultades específicas sobre el área correspondiente, propiciando la colaboración armónica entre ellos en busca de los fines sociales del Estado, aspectos que han sido resaltados de la siguiente manera:

> Para el cumplimiento de los fines propios del estatuto de S.P.D., la ley establece tres niveles claramente diferenciados de competencia [...] de manera tal que no se den interferencias indebidas en el proceso [...]. a) Nivel Político. El

Estado nacional se reserva el control, la inspección y la vigilancia, así como la regulación de los servicios públicos domiciliarios, así como el diseño de políticas generales respecto de los mismos. Para ello cuenta con los ministerios, en cuanto compete a las políticas y con la Superintendencia de S.P.D., para lo relacionado con la vigilancia y el control. La Superintendencia actúa en defensa, por así decirlo, de los usuarios y, por ende, sobre el nivel de gestión, apoyada en el nivel de control social.

En el tema de la *regulación*, la ley recoge la figura de *las comisiones de regulación*, el mecanismo introducido por el Gobierno Nacional, en virtud del proceso llamado de modernización del Estado, en aplicación del artículo transitorio 20 de la Constitución Política, para efectos de hacer más viable el proceso de privatización de los servicios públicos [...] Las comisiones de regulación actúan directamente sobre las personas prestadoras de servicios públicos domiciliarios.

b) Nivel de control social. El cual compete a los usuarios, actuales y potenciales de los S.P.D., que no excluye el control político que el ciudadano, como depositario de la soberanía popular, puede ejercer en relación con tales servicios. Se separa la participación de los usuarios en el control de los S.P.D., de la congestión de las empresas, para evitar, según el Legislador, perniciosas influencias que desvirtúen los principios de eficiencia, neutralidad y transparencia que deben regir la prestación de los servicios [...] c) Nivel de gestión. Corresponde a la ejecución de las acciones tendientes a garantizar que se preste efectivamente uno o más servicios públicos, mediante la conformación de diversos tipos de organización, sin importar que sea el municipio u otra entidad del Estado o un particular el que preste el servicio[5].

Es de agregar que cada una de las entidades y sujetos intervinientes en los descritos niveles de competencia quedan bajo los mecanismos de control legalmente establecidos sobre las actuaciones y decisiones que adopten en el transcurso de las mismas, sin perjuicio de que en este análisis nos circunscribamos particularmente a los relacionados con las actividades de las comisiones de regulación.

---

5 Abdón Alejandro Poveda Gómez. *Servicios Públicos Domiciliarios*, Medellín, Biblioteca Jurídica Diké, 1995, pp. 26, 27 y 28.

II. LAS COMISIONES DE REGULACIÓN

A. ANTECEDENTES INSTITUCIONALES

Sin perjuicio de algunas posiciones doctrinarias diferenciales, desde el punto de vista institucional y funcional se suelen referenciar las comisiones de regulación en nuestro medio con organizaciones similares de mucho tiempo atrás en otros países, particularmente en el caso de Estados Unidos y Francia, motivo por el que es oportuno, con carácter ilustrativo, acudir a remisiones que en tal sentido se han formulado entre nosotros, tales como las siguientes:

a) Las agencias reguladoras de Estados Unidos.

Según el libro de García Vélez, en 1887 con el auge de la industria ferroviaria y el desarrollo de la producción y el comercio se creó la *Interestate Commerce Comission*, encargada de regular los nuevos hechos económicos-sociales, sofrenando la avidez de la competencia y de las empresas, fijando las tarifas de servicios y arbitrando los diferendos que emergen en el ramo en el curso de las dos décadas subsiguientes a la guerra de secesión. [...] Al respecto apunta el libro del presidente de la Academia de Jurisprudencia de Colombia: "Conviene hacer la entrada al tema precisamente por aquella tronera que en Norteamérica se le ha abierto a la teoría tripartita del poder: las agencias reguladoras, llamadas también Comisiones autónomas, en las cuales se conjugan las calidades de administradoras, hacedoras de reglas generales y en la mayoría de los casos juzgadoras [...] El profesor Bernard Schwartz de la Universidad de Nueva York recuerda las atribuciones concedidas a los entes administrativos de los cuales nos venimos ocupando, de promulgar reglamentos y de tomar decisiones en casos individuales. Añade que estos poderes son comparables a los de los parlamentos y los tribunales. La concentración de tales poderes, advierte, que son legislativos y judiciales, por su naturaleza misma es el rasgo característico de la administración americana.

b) Las agencias administrativas independientes en Francia.

En un largo estudio intitulado las instancias de regulación y la Constitución (*Revue du Droit Public et de la Science Politique*, n.º 1, París, 1990, p. 153) la profesora Catherine Teitgen-Colly observó que bajo el nombre de Autoridades Administrativas Independientes, se agrupan entidades que se crearon en Francia y en el decenio de 1970 inspiradas en los ejemplos de Estados Unidos y Gran Bretaña [...] El Mediador y la Comisión de la Concurrencia, para poner dos organismos distanciados en sus fines, están implantados en sectores claves de la vida social que son objeto de regulación estatal y que tiene que ver con las libertades esenciales [...] Algunas críticas han aparecido de informes del Consejo de Estado de Francia según las cuales este tipo de entidades complican la organización administrativa con categorías no previstas por el Constituyente y con funciones que son difíciles de conciliar con otros poderes.

c) Conclusión:

Las Comisiones de Regulación de Servicios Públicos que han sido introducidas a la organización administrativa colombiana en los últimos tiempos son entidades de mucha importancia para la vida nacional. Si bien su esquema fundamental obedece a un modelo extranjero que se ha extendido a otros países, hay un proceso de adaptación de por medio para evitar los riesgos de choque con disposiciones constitucionales. A juzgar por los ejemplos que se han puesto para hacer una comparación, en Colombia los riesgos de un choque constitucional han venido examinándose para la Corte Constitucional y el Consejo de Estado y superándose sin decisiones que hubieren significado graves trastornos[6].

Igualmente, existen posiciones doctrinarias que aluden a precedentes de las comisiones de regulación de nuestro país desde antes de la Ley 142 de 1994 y de la Constitución de 1991, cuyo proceso evolutivo condujo y fue soporte del régimen jurídico vigente en relación con tales entidades públicas[7].

---

6 Jaime Vidal Perdomo. "Las Comisiones de Regulación en los Servicios Públicos", *Revista de Derecho Público* n.º 11, Bogotá, Universidad de los Andes, Facultad de Derecho, junio de 2000, pp. 227-229.

7 "Las Comisiones de Regulación tienen su origen en la denominada Junta Nacional de Tarifas creada a través del Decreto 3069 de 1968, bajo la presidencia de Carlos Lleras Restrepo. Ello en desarrollo del mandato que le fuera conferido por intermedio de la Ley 65 de 1967, en donde se determinó su objeto consistente en *controlar y fiscalizar las tarifas de los servicios públicos* [...] Esta entidad surgió de la facultad de intervención

B. CREACIÓN LEGAL Y NATURALEZA

Señala el artículo 69 de la Ley 142 de 1994, que:

> Créanse como unidades administrativas especiales, con independencia administrativa, técnica y patrimonial, y adscritas al respectivo ministerio, las siguientes Comisiones de Regulación: 69.1. Comisión de Regulación de Agua Potable y Saneamiento Básico, adscrita al Ministerio de Desarrollo Económico. 69.2. Comisión de Regulación de Energía y Gas Combustible, adscrita al Ministerio de Minas y Energía. 69.3. Comisión de Regulación de Telecomunicaciones, adscrita al Ministerio de Comunicaciones. Parágrafo. Cada comisión será competente para regular el servicio público respectivo.

Debe observarse, entonces, que las comisiones de regulación son entidades de creación legal con fundamento en las premisas constitucionales sobre la prestación y control de los servicios públicos, en ejercicio de las facultades que se le confieren al Congreso de la República en la misma materia, asignándole en este caso la calidad de Unidades Administrativas Especiales

en la economía que preveía la Constitución Política de 1886 desde su reforma de 1936, y se concibió como un organismo adscrito al Departamento Nacional de Planeación. [...] Más adelante mediante Decreto 49 de 1976, se adicionó a la Junta Nacional de Tarifas la función de controlar y fiscalizar los servicios públicos de telecomunicaciones y, a su vez, en desarrollo de la Ley 81 de 1988 y del Decreto-Ley 1900 de 1990 se le impuso algunas otras funciones relacionadas con la vigilancia a la política de precios en la determinación de tarifas, creando diversos regímenes de control, tales como el control directo, la libertad regulada y la libertad controlada. "... en ejercicio de las facultades previstas en el artículo 20 de la Constitución, se expidió e Decreto 2122 de diciembre de 1992, mediante el cual se reestructuró el Ministerio de Comunicaciones y creó en su artículo 2.º *la Comisión de Regulación de Telecomunicaciones* como una Unidad Administrativa Especial, sin personería jurídica, formando parte de la estructura del Ministerio [...] Con posterioridad, mediante Decreto 2167 de 1992, se dispuso, en el artículo 28, la supresión de *La Junta Nacional de Tarifas*, trasladándole sus funciones a las Comisiones de Regulación recientemente creadas, entre ellas, la Comisión de Regulación de Telecomunicaciones"; Miguel Efraín Polo. "De la Comisión de Regulación de Telecomunicaciones", *Revista de la Maestría en Derecho Económico*, Bogotá, Universidad Javeriana, 2013, pp. 13-14.

(UAE), sin personería jurídica, formando parte del Sector Central de la Rama Ejecutiva del Poder Público[8].

De igual manera, a voces de la Corte Constitucional se ha dicho que: "De esta manera, las Comisiones de Regulación, hacen parte de la Rama Ejecutiva del Poder Público, tienen asignadas funciones administrativas y respecto de ellas el presidente de la República es suprema autoridad administrativa"[9]. Ha de tenerse presente que, si bien por definición legal las comisiones de regulación carecen de personería jurídica, de conformidad con lo establecido por el artículo 68 de la Ley 489 de 1998, "Por la cual se dictan normas sobre la organización y funcionamiento de las entidades del orden nacional, se expiden las disposiciones, principios y reglas generales para el ejercicio de las atribuciones previstas en los numerales 15 y 16 del artículo 189 de la Constitución Política y se dictan otras disposiciones", se establece la posibilidad de que las UAE puedan tener dicha personería por mandato expreso de la ley, evento en el cual entrarían a formar parte de la administración descentralizada del orden nacional en la Rama Ejecutiva.

C. FUNCIONES DE LAS COMISIONES DE REGULACIÓN

1. DELEGACIÓN DE FUNCIONES PRESIDENCIALES

Dispone el artículo 68 de la Ley 142 de 1994, que el presidente de la República señalará las políticas generales de administración y control de eficiencia de los SPD, que le encomienda el artículo 370 de la Constitución Política y de los demás a que se refiere esta ley, por medio de las comisiones de regulación de los servicios públicos, si decide delegarlas, en los términos de esta ley.

---

8 "Por su parte, las unidades administrativas especiales son organismos creados por ley, con la autonomía administrativa y financiera que les señale la ley de creación, sin personería jurídica, y que cumplen funciones administrativas tendientes a desarrollar o ejecutar programas propios de un ministerio o departamento administrativo"; Jaime Orlando Santofimio Gamboa. *Compendio de Derecho Administrativo*, Bogotá, Universidad Externado de Colombia, 2017, p. 931.

9 Corte Constitucional. Sentencia C-263 del 8 de mayo de 2013.

Agrega que las normas de dicha ley que se refieren a las comisiones de regulación se aplican si el presidente resuelve delegar la función aludida, en caso contrario, el presidente ejercerá las funciones que aquí se atribuyen a las comisiones.

Téngase presente que la delegación es una de las formas de ejercicio de la función administrativa, mediante la cual el titular de aquella es habilitado expresamente por la ley para transferirle temporalmente a otro funcionario alguna de las facultades que le han sido asignadas por el ordenamiento jurídico, bajo las condiciones igualmente establecidas, modalidad que encuentra claros soportes constitucionales inicialmente en el artículo 210 de la Carta y complementariamente en el artículo 211 ibídem, norma esta que en lo pertinente señala que

> La ley señalará las funciones que el presidente de la República podrá delegar en los ministros, directores de departamentos administrativos, representantes legales de entidades descentralizadas, superintendentes, gobernadores, alcaldes y agencias del Estado que la misma ley determine. Igualmente, fijará las condiciones para que las autoridades administrativas puedan delegar a sus subalternos o en otras autoridades.

Sobre el alcance de esta norma se ha resaltado lo concerniente a las condiciones de la delegación de funciones por el presidente de la República, en los siguientes términos:

> La Constitución o la ley atribuyen funciones a las máximas autoridades que componen los distintos órganos del Estado, para que éstas puedan entregar sus funciones a otras autoridades mediante delegación. Debe existir previamente una ley indicando cuales funciones pueden ser delegadas por el presidente a los funcionarios determinados por esta norma, no a otros. La delegación conlleva responsabilidad para el delegatario, que es quien ejercerá la función; el delegante queda exonerado de responsabilidad, pero con la potestad de reformar o revocar los actos asumiendo la responsabilidad[10].

---

10 Carlos Lleras de la Fuente, Carlos Adolfo Arenas Campos, Juan Manuel Charry Ureña y Augusto Hernández. *Interpretación y génesis de la Constitución de Colombia*, Bogotá, Cámara de Comercio, 1992, p. 365.

> Entendida la Delegación bajo las premisas expuestas, si bien de acuerdo con el texto del citado artículo 68 de la Ley 142 de 1994 para que aquella proceda se requiere un acto del Presidente de la república mediante el cual se haga efectiva la misma, la confusa redacción de la norma conduce a considerar que la función delegable no solo es la referida a la fijación de las políticas generales de administración y eficiencia de los Servicios Públicos Domiciliarios, sino que, en caso que dicha Delegación no se haga [...] el Presidente ejercerá las funciones que aquí se atribuyen a las Comisiones.

De ahí que debamos distinguir entre las funciones de este tipo de entidades.

2. FUNCIONES GENERALES Y ESPECIALES

Dispone el artículo 73 de la Ley 142 de 1994 lo relativo a las funciones y facultades generales de las comisiones de regulación con base en una regla central según la cual estas entidades

> ... tienen la función de regular los monopolios en la prestación de los servicios públicos, cuando la competencia no sea, de hecho, posible; y, en los demás casos, la de promover la competencia entre quienes presten servicios públicos, para que las operaciones de los monopolistas o de los competidores sean económicamente eficientes, no impliquen abusos de la posición dominante, y produzcan servicios de calidad.

En desarrollo de esta función reguladora, a las comisiones se les confieren, entre otras, una serie de facultades específicas que tienen que ver con la remisión de proyectos de ley para la consideración del Gobierno Nacional, así como recomendarle la adopción de decretos reglamentarios; someter a su regulación tarifaria a empresas que no son de servicios públicos pero que puedan realizar actuaciones que los afecten; establecer criterios de eficiencia para evaluar a las empresas de servicios públicos; fijar las normas de calidad a las que deben ceñirse dichas empresas; definir lo relativo a las obras y equipos que deben utilizarse para la prestación de los servicios; establecer la cuantía y las condiciones de las garantías necesarias en la celebración de ciertos contratos; decidir los recursos que se interpongan contra sus Actos; decidir los conflictos que surjan entre empresas prestadoras de los servicios públicos, cuya decisión estará sujeta al control jurisdiccional de legalidad; emitir concepto sobre la legalidad de las condiciones uniformes de los contratos de servicios públicos; establecer fórmulas para la fijación de las tarifas de los servicios públicos y las condiciones de medición del consumo; ordenar la escisión y fusión de las empresas de servicios, así como su liquidación cuando ello sea procedente; solicitar al Superintendente de Servicios Públicos que adelante las investigaciones que correspondan por las violaciones a esta ley; señalar, de acuerdo con la ley, los criterios generales sobre abuso de la posición dominante en los contratos de servicios públicos y sobre la protección de los derechos de los usuarios; dictar los estatutos de la comisión y su reglamento, y someterlos a la aprobación del Gobierno Nacional.

Complementariamente, el artículo 74 de la Ley 142 de 1994 le asigna a cada una de las comisiones de regulación funciones especiales de acuerdo con el objeto legal de su creación.

3. LA POTESTAD REGULADORA DE LAS COMISIONES

Como se puede colegir de las disposiciones comentadas, la actividad de las comisiones de regulación, a propósito de su denominación, se fundamenta precisamente en el ejercicio de la llamada potestad de regulación en relación con los temas que le son asignados legalmente, razón por la cual procede tratar de delimitar el sentido y alcance de tales poderes.

El concepto de potestad reguladora ha sido objeto de diversos análisis, partiéndose de la idea según la cual el mismo se ha orientado hacia la intervención del estado en ciertos sectores económicos para imponer condiciones de acción a los sujetos intervinientes en determinados mercados de gran impacto social, como el de los servicios públicos, siguiendo para ello los modelos que en tal sentido se han aplicado en países como Estados Unidos, Francia y Gran Bretaña, concediéndole a organismos independientes de la Administración atribuciones predominantemente discrecionales en la adopción de las decisiones correspondientes.

Por ello, han surgido voces propositivas sobre la necesidad de precisar con un sentido mucho más objetivo el concepto de regulación, buscando un mayor grado de certeza jurídica y de protección de los derechos de los usuarios, tales como la del profesor Montero Pascual, quien al respecto se pronuncia de la siguiente manera:

> Es nuestro ánimo aventurar una definición que recoja lo que entendemos que son los rasgos diferenciadores de la categoría jurídica de la regulación. Entendemos la regulación como la actividad de la administración consistente en el control continuo de un mercado mediante la imposición a sus operadores de obligaciones jurídicas proporcionales a propósitos de interés general objetivamente determinadas según la valoración que en un ámbito de extraordinaria discrecionalidad realiza la administración[11].

En nuestro país el tema igualmente ha sido objeto de diversos pronunciamientos, mediante los cuales se trata de sustentar el sentido aplicativo que tiene la función reguladora en relación con la prestación de los servicios públicos, destacándose que, si bien existen referentes en el Derecho comparado, cada país ha tratado de adoptar sus propios modelos institucional y funcionalmente, opiniones entre las cuales son altamente enriquecedoras y explicativas de su conceptualización las siguientes:

> En Colombia, el concepto de regulación de las comisiones parte del supuesto adicional de la calificación legal de servicio público de estas actividades y su entronque es consecuente con la estructura y los principios de la Constitución previstos para estos servicios. A partir de este supuesto, no es posible importar al ordenamiento nacional como única premisa, la regulación para la competencia como sustitución del modelo de servicio público (y aun el modelo europeo), siguiendo el modelo estadounidense. El modelo de servicio público puede acoger la competencia como instrumento (no como fin) para cumplir en primera instancia sus objetivos de eficiencia y de solidaridad social. [...] Por tanto, el concepto de regulación corresponde a una actividad con potencialidad imperativa que incide en la ordenación, supervisión y, si es necesario, en la orientación y conformación de los mercados, con el fin de garantizar la eficiencia económica en la prestación de los operadores y de satisfacer necesidades de interés general (a veces calificadas como servicio público), asignada a una autoridad administrativa independiente. No se trata solo del concepto de supervisión o de actividad de policía administrativa, sino que los instrumentos (facultades normativas, resolución de conflictos,

---

11 Juan José Montero Pascual. "La actividad administrativa de regulación: definición y régimen jurídico", *Revista Digital de Derecho Administrativo*, n.º 12, 2.º sem. 2014, pp. 23-44.

incentivos, eliminación de cargas, etc.) y objetivos lo trascienden. Comprende, entonces, tanto la regulación económica como la regulación con fines sociales, las cuales manejan técnicas y características distintas[12-13].

Ahora, desde el punto de vista normativo el artículo 14.18 de la Ley 142 de 1994 define el concepto de "Regulación de los Servicios Públicos Domiciliarios" como "La Facultad de dictar normas de carácter general o particular en los términos de la Constitución y de esta ley, para someter la conducta de las personas que presten los SPD a las reglas, normas, principios y deberes establecidos por la ley y los reglamentos", norma que fue revisada por la Corte Constitucional, quien la declaró condicionadamente ajustada a la Constitución conforme a la interpretación que de la misma se hizo en la sentencia correspondiente, así:

> Al tenor de los criterios precedentes, la Corte solo encuentra una interpretación de los artículos 14-18 y 69 de la citada Ley, que resulta acorde con el

---

12 Édgar González López. *La potestad reglamentaria de las comisiones de regulación como autoridades administrativas independientes*, Bogotá, Universidad Externado de Colombia, 2017, pp. 343-345.

13 Bajo otras consideraciones, también se ha expuesto que: "Si bien la función de regulación ha sido una constante de las democracias liberales, donde el Estado interviene para lograr fines sociales, las características de esta función, la intensidad con la cual es ejercida y las metas específicas a las cuales está encaminada han evolucionado en cada país según las prioridades políticas de la época. Por eso no se puede afirmar que exista un modelo de regulación, puesto que las diferencias entre países, y al interior mismo de cada Estado, son profundas. [...] En efecto, la inserción de los órganos de regulación no ha sido pacífica en ningún país. Las controversias versan sobre diferentes cuestiones, como, por ejemplo: la relación de los órganos de regulación con el jefe de gobierno o con el Presidente de la República, su independencia, el origen y ámbito de sus funciones, la naturaleza y la jerarquía de los actos que éstos adoptan, los mecanismos de control parlamentario sobre los órganos de regulación y sobre sus actos y el alcance del control judicial sobre sus decisiones en especial cuando éstas revisten un elevado contenido técnico. La resolución de estas cuestiones en cada país obedeció a las especificidades del sistema en ellos imperante y, por lo tanto, no puede ser trasladada al contexto colombiano"; Jorge Enrique Ibáñez Nájar. "Alcance y límites de las potestades reguladora y reglamentaria", *Universitas*, Bogotá, Pontificia Universidad Javeriana, 2003, pp. 56-60.

> Ordenamiento Superior y, en consecuencia, declarará constitucionales esas normas, pero bajo el entendido de que la facultad reguladora asignada a las comisiones se deben ejercer sólo respecto de las materias expresamente señaladas en el primer aparte del artículo 370 de la Carta–y siempre que se dé la previa delegación por parte del Presidente de la República (artículos 211 C.P y 68 de la Ley 142 de 1994), facultad que esta Corporación encontró acorde con la Constitución (Cfr. sentencias C-272 de 1998, M. P.: Alejando Martínez Caballero y C-444 de 1998, M. P.: Hernando Herrera Vergara), es decir para 'señalar, con sujeción a la ley, las políticas generales de administración y control de eficiencia de los servicios públicos domiciliarios'. [...] Repite la Corte que no se trata de funciones legislativas o de atribuciones de creación de normatividad paralela a la ley, o encaminada a cubrir sus vacíos, ni tampoco de una sustitución de la propia ley ni de la potestad reglamentaria, exclusiva del presidente de la República. Solamente sobre la base de estos criterios se declara la exequibilidad de las indicadas normas, pues bajo cualquier otro entendido son inconstitucionales[14].

No obstante la posición jurisprudencial expuesta, es de considerar que, con anterioridad a la misma, dicha Corporación había asumido una posición diferente admitiendo que el concepto de regulación igualmente comprendía la posibilidad de expedir normas generales en materia de contratación estatal por asignación directa de ley, es decir, sin necesidad de delegación del presidente de la República, al pronunciarse sobre la constitucionalidad de los apartes pertinentes de los artículos 31 y 35 de la Ley 142 de 1994, el primero de los cuales determinó que las comisiones de regulación "... podrán hacer obligatoria la inclusión, en cierto tipos de contratos de cualquier empresa de SPD, de cláusulas exorbitantes y podrán facultar, previa consulta expresa, que se incluyan en los demás"; y el segundo dispuso que "En estos casos (los referidos en esa norma), y en los de otros contratos de las empresas, las comisiones de regulación podrán exigir, por vía general, que se celebren previa licitación pública, o por medio de otros procedimientos que estimulen la concurrencia de oferentes"[15].

---

14 Corte Constitucional. Sentencia C-1162 del 6 de septiembre de 2000.

15 Corte Constitucional. Sentencia C-066 del 11 de febrero de 1997.

Sobre la base de que el cargo formulado por el actor sobre la inconstitucionalidad de las normas citadas se fundamentó, esencialmente, en que dicha competencia no se encontraba prevista en el artículo 370 de la Constitución Política, la Corte Constitucional se pronunció así:

> En verdad, tal competencia no la dispone expresamente el artículo 370 Superior, pero en parte alguna la Constitución prohíbe que las Comisiones de Regulación dicten normas de carácter general, que no obstante no ser leyes, pueden constituir el parámetro objetivo por el actor reclamado. Así, teniendo en cuenta que las Comisiones de Regulación derivaron esa competencia directamente de la ley y ésta fue facultada por los artículos 365 y 367 de la Constitución para organizar lo relativo a los servicios públicos en general, y a los domiciliarios en particular, lo cual incluye, desde luego, la posibilidad de desarrollar dentro del marco legal lo referente a los contratos de manera independiente de la ley 80 de 1993, como tantas veces se ha sostenido en este pronunciamiento, no es admisible el cargo imputado por el actor, en razón a que no existe el traslado de competencias del legislador al Presidente de la República, sino que se trata, se repite, de una facultad atribuida por el legislador directamente a las Comisiones de Regulación, que en este sentido son instrumentos de realización de los intereses públicos consagrados en la Constitución y en la ley[16].

4. LA RELACIÓN ENTRE LA REGULACIÓN Y LA POTESTAD REGLAMENTARIA

Siguiendo los planteamientos formulados por el tratadista González López en su importante obra aquí citada en apartes anteriores, sobre la diversidad de pronunciamientos jurisprudenciales relacionados con la naturaleza y alcance de las facultades reglamentarias de las comisiones de regulación, en el análisis temático correspondiente se identifican las siguientes teorías:

> En primer lugar, la relacionada con la naturaleza administrativa de la función de regulación. En segundo lugar, las relativas a la relación existente entre la función de regulación y su relación o asimilación con la función presidencial de señalar políticas generales en los servicios públicos domiciliarios y,

---

16 Ídem.

finalmente, la relativa a la relación existente entre la función de regulación de las comisiones y la potestad reglamentaria en general[17].

En relación con la primera teoría, se parte del criterio de consenso según el cual las funciones regulatorias asignadas a las comisiones de regulación son de naturaleza administrativa, motivo por el cual el ejercicio de las mismas les permite adoptar decisiones de carácter general o particular en la definición de los asuntos sometidos a su consideración.

La naturaleza administrativa referida se reafirma claramente en el entendido de que cuando el artículo 69 de la Ley 142 de 1994 crea las comisiones de regulación las define como UAE sin personería jurídica, adscritas a determinados ministerios, instituciones que forman parte del sector central de la rama ejecutiva del poder público y consecuentemente son integrantes de la Administración Pública, a voces de lo dispuesto por los artículos 38 y 39 de la Ley 489 de 1998, "Por la cual se dictan normas sobre la organización y funcionamiento de las entidades del orden nacional, se expiden las disposiciones, principios y reglas generales para el ejercicio de las atribuciones previstas en los numerales 15 y 16 del artículo 189 de la Constitución Política y se dictan otras disposiciones".

Lo anterior desvirtúa la discusión que se plantea en algunos casos, cuando se observa que ciertas funciones de las comisiones de regulación presentan connotaciones legislativas y otras revisten características judiciales, tales como las de adoptar reglas diferenciales entre operadores según su posición en el mercado, o la atribución que les permite resolver controversias surgidas entre empresas prestadoras de SPD, por cuanto el objeto de tales facultades forma parte de la misión reguladora y de inspección y vigilancia que ejerce el Estado administrador sobre quienes prestan servicios públicos en su nombre y las decisiones que se adopten en tal sentido están sujetas a los controles legales establecidos para ellas.

En cuanto a la segunda teoría, se sostiene que conforme a lo dispuesto por el artículo 370 de la Carta y a la interpretación efectuada por la Corte Constitucional en la sentencia C-1162 de 2000, las comisiones de regulación cumplen las funciones delegadas por el presidente de la República y

---

17 Édgar González López. Ob. cit., p. 415.

las señaladas directamente por la ley se entenderán como desarrollo de las políticas generales a las que alude la norma constitucional citada.

Sin embargo, desde otra óptica se sostiene que tanto las funciones a que se refieren los artículos 365 y 370 de la Constitución Política son delegables en las comisiones de regulación por el presidente de la República, evento en el cual aquellas en su condición de delegatarias tendrían las mismas atribuciones de este para reglamentarlas.

Y, en otra visión sobre el tema la Corte Constitucional, al analizar el sentido de la función reguladora, considera que existen diferencias de contenido entre aquella y las funciones de señalamiento de políticas generales, de manera que estas son delegadas por vía presidencial (art. 370 Const. Pol.) y aquellas son atribuidas a las comisiones de regulación directamente por la ley.

En cuanto a la tercera teoría, es necesario tener en cuenta que en virtud de lo establecido por el artículo 189 de la Carta Política el presidente de la República, además de Jefe de Estado, Jefe de Gobierno y Jefe de las Fuerzas Militares, es Suprema Autoridad Administrativa y conforme a esta última calidad le son atribuidas diferentes funciones, entre las cuales se visibiliza la denominada potestad reglamentaria, mediante la expedición de decretos, resoluciones y órdenes para la cumplida ejecución de las leyes (num. 11)[18].

En el mismo sentido se han pronunciado tanto el Consejo de Estado como la Corte Constitucional en fundamentos que han conducido a

---

18 "El numeral 11 del artículo 189 de la Constitución le da al Gobierno la potestad reglamentaria, permitiéndole expedir las órdenes, decretos y resoluciones necesarios para la cumplida ejecución de las leyes. Consiste esta facultad en dictar normas o actos que desarrollen en sus más mínimos detalles la voluntad del legislador para facilitar de esta manera la ejecución de las leyes. Esta labor se lleva a cabo no sólo por medio de decretos llamados reglamentarios sino también mediante órdenes y resoluciones. Dada la generalidad de las leyes, se hace necesario a veces para lograr su cumplida ejecución que se dicten por el Gobierno actos que las precisen. Es bueno anotar que en ejercicio de la potestad reglamentaria el Gobierno no puede expedir normas nuevas sino ajustarse estrictamente al contenido de las normas de las leyes que reglamenta. La potestad reglamentaria se ha considerado como innata y propia del órgano Ejecutivo, porque ella emana del mandato que le da la Constitución para gobernar, para ejecutar las leyes y para velar por su fiel cumplimiento"; Jacobo Pérez Escobar. *Derecho Constitucional Colombiano*, Bogotá, Temis, 1997, p. 536.

considerar que la potestad reglamentaria es una atribución exclusiva del presidente de la República, por lo que no es posible que la ley se la asigne a otra autoridad administrativa, por cuanto ello iría en contra del precepto constitucional anteriormente citado, lo cual además excluye la posibilidad de una delegación, por cuanto, de acuerdo con el numeral 1 del artículo 11 de la Ley 489 de 1998, dicha potestad es indelegable.

Así mismo, se debe diferenciar la ya mencionada potestad reglamentaria que la Constitución le asigna al presidente de la República, de la facultad para expedir reglamentos (de antiguo denominados entre nosotros reglamentos constitucionales) que la misma Carta autoriza directamente a ciertas autoridades para regular determinadas materias, sin intermediación de la ley, tales como el Consejo de Estado, la Corte Constitucional, la Corte Suprema de Justicia, el Consejo Superior de la Judicatura y el Banco de la República. En ese orden de ideas, se concluye en que las comisiones de regulación pueden expedir normas generales en el ámbito de su competencia, respetando el criterio de jerarquía con fundamento en las normas superiores como los reglamentos del presidente de la República, la ley y la Constitución.

III. LOS ACTOS DE LAS COMISIONES DE REGULACIÓN

A. LA DEPENDENCIA DE LAS POTESTADES O FUNCIONES QUE SE EJERCEN

De acuerdo con lo que ya ha quedado expuesto, como UAE sin personería jurídica, las comisiones de regulación forman parte del denominado aparato orgánico (institucional) de la Administración Pública, en calidad de integrantes del Sector Central de la Rama Ejecutiva del Poder Público, a cuya cabeza se encuentra el presidente de la República.

En tales términos, las comisiones de regulación son entidades de naturaleza estrictamente administrativa, cuyas funciones tienen el mismo carácter, con lo cual, en cuanto a lo primero, no es posible asimilar a estas comisiones con las denominadas en la doctrina Autoridades Administrativas Independientes (AAI), como tampoco encuadran en el concepto de autonomía e independencia que en nuestro ordenamiento jurídico se predica institucionalmente de ciertos órganos que no pertenecen a las ramas del poder público, tal como lo señala el inciso segundo del artículo 113 de la Constitución Política vigente, entre los cuales aparece la Procuraduría General de la Nación, la Contraloría General de la República y el Banco de la República.

Además, lo dicho también se reafirma con el hecho de que la noción de UAE se ha venido fundamentando hacia una transformación de su versión inicial mucho más cercana al concepto de establecimiento público, con algunas connotaciones adicionales que demarcan una reorientación en el rumbo de las mismas[19].

Y en cuanto a lo segundo, siendo administrativas las funciones de las comisiones de regulación, no es posible en nuestro sistema jurídico que puedan cumplir funciones legislativas y, eventualmente, les podrían ser asignadas por la ley funciones judiciales en los términos del artículo 116 de la Carta: "Excepcionalmente la ley podrá atribuir función jurisdiccional en materias precisas a determinadas autoridades administrativas. Sin embargo, no les será permitido adelantar la instrucción de sumarios ni juzgar delitos", situación que a tiempo presente no se ha presentado.

En consecuencia, delimitada la naturaleza funcional administrativa de las comisiones de regulación, ya sea que las mismas se les asignen por vía

---

19 "Puede concluirse diciendo que unidad administrativa especial es un apelativo genérico superpuesto a otra denominación jurídica (superintendencia, dirección general, por ejemplo). No es, por tanto, una categoría definida e independiente dentro del catálogo administrativo. En general, se utiliza para añadir elementos de autonomía administrativa y puede llegar a alcanzar –como en el caso últimamente citado– los atributos del establecimiento público [...] Como ya se ha mencionado, el proceso de deterioro de la nomenclatura administrativa continuó con la Ley 489 de 1998. En este tema de las unidades administrativas especiales, lo que había nacido para situaciones realmente especiales se fue volviendo una categoría general; no obstante no aparecer en la nomenclatura de la Constitución (art. 150.7), ahora se les divide en dos clases: con o sin 'personería jurídica'. A lo cual se agrega que las que no tienen personería '... quedan dentro de la categoría de la delegación del sector central' y las que tienen personería 'entran en la categoría de las entidades descentralizadas, sujetas al régimen de los establecimientos públicos, con autonomía administrativa y patrimonial, con control político y sometidas a la dirección de la administración a las cuales están adscritas, en lo no previsto por la ley (arts. 67 y 82,1 L. 489 de 1998'"; Jaime Vidal Perdomo y Carlos Molina Betancour. *Derecho Administrativo*, Bogotá, Legis, 2016, pp. 141 y 142.

de delegación presidencial o directamente por la ley, resulta evidente que sus actuaciones, en lo pertinente, podrán dar lugar a la expedición de actos administrativos de carácter general o de carácter particular, los primeros sometidos a las condiciones predicables de la potestad de regulación a las que se ha hecho referencia, y los segundos deberán sujetarse a los procedimientos administrativos y a los mecanismos de impugnación legalmente procedentes; igualmente, tales actos administrativos son susceptibles de ser controlados judicialmente a través de los medios de control que les son aplicables de acuerdo con la naturaleza jurídica de cada uno de ellos y a los cuales nos referiremos más adelante.

B. LOS ACTOS DE CARÁCTER GENERAL Y DE CARÁCTER PARTICULAR

Para efectos de un mejor entendimiento sobre los actos administrativos que pueden expedir las comisiones de regulación, procede recurrir a las nociones usuales que en la doctrina se exponen al respecto, específicamente sobre los actos administrativos generales y los actos administrativos particulares, tales como las que se enuncian.

Suele decirse que nuestro país ha seguido la tradición del Derecho francés en lo administrativo, de la cual obviamente forma parte la noción de acto administrativo, figura de la cual se ha ocupado la doctrina universal sobre la materia desde diferentes puntos de vista, lo que a su vez ha generado posiciones diversas manteniéndose en todas ellas un eje central en relación con su objeto y finalidad, tal como se expresa en el planteamiento que con carácter ilustrativo se expone: "El acto jurídico de la administración, por el contrario es, como todo acto jurídico, un acto de voluntad destinado a introducir un cambio en las relaciones de derecho que existen en el momento en el que interviene, o mejor, a modificar el ordenamiento jurídico"[20].

Entre nosotros se puede identificar una expresión recurrente sobre el concepto de acto administrativo y que lo describe como la decisión de carácter unilateral, adoptada mediante una declaración de voluntad de

20 Jean Rivero. *Derecho Administrativo*, Caracas, Universidad Central de Venezuela, 1984, p. 97.

la administración pública en ejercicio de funciones predominantemente administrativas, con el fin de producir determinados efectos jurídicos, es decir, la creación, modificación o extinción de derechos u obligaciones.

Correlativamente y a propósito del tema aquí tratado, doctrinariamente y en las distintas legislaciones, el acto administrativo se clasifica con base en ciertas características especiales, entre ellas, según el tipo de conducta que se regula y su destinatario, con base en lo cual se distingue entre actos administrativos generales y actos administrativos particulares o individuales.

El acto administrativo general es aquel mediante el cual, con fundamento en la Constitución y la ley, se regulan conductas abstractas e impersonales y cuyos destinatarios son indeterminados, pero pueden ser determinables. Sobre su razón de ser y alcance se ha manifestado que:

> Al referirnos al acto administrativo de contenido general estamos haciendo mención a una especial modalidad de expresión del poder público administrativo, que comprende todas aquellas manifestaciones normativas, sean reglamentarias o reguladoras, provenientes de cualquier autoridad administrativa, caracterizada por su generalidad y que tienen como fundamento directo la Constitución Política o la ley. Bajo esos presupuestos recogemos para el derecho colombiano la teoría del reglamento administrativo al que tradicionalmente se le considera una fuente del sistema normativo. En Colombia, a diferencia de otros ordenamientos, el reglamento es acto administrativo de carácter general. Se instituye como el principal mecanismo de proyección normativa en cabeza de los órganos y personas con funciones administrativas, creador de situaciones jurídicas generales, impersonales y objetivas, diferentes a la ley y a los actos con fuerza de ley, pero coincidente con esta, en cuanto contiene reglas de derecho y no decisiones individuales y concretas[21].

De otra parte, el acto administrativo particular o individual se ha definido como aquel mediante el cual se resuelven situaciones jurídicas concretas o específicas, o se crean derechos de igual categoría en relación con

---

21 Jaime Orlando Santofimio Gamboa. Ob. cit., p. 551.

determinados sujetos[22]. Igualmente, es necesario tener presente la posibilidad de que en el ejercicio de sus funciones las comisiones de regulación puedan emitir lo que la doctrina ha denominado el "Acto administrativo mixto", entendido como aquel en el cual se adoptan decisiones de carácter general y decisiones de carácter particular, lo cual condicionará el medio de control a utilizar dependiendo de lo que pretenda el actor en cada caso. Sobre el tema se ha pronunciado el Consejo de Estado en diversas oportunidades, expresándose en una de ellas así:

> El acto mediante el cual el ente territorial declara la urgencia para la adquisición de inmuebles en el marco de un proceso de expropiación es un acto mixto, en tanto produce efectos generales representados por los motivos de interés general que se invocan para calificar un predio como de utilidad pública, pero también provocan efectos particulares en la medida en que crean una situación jurídica en relación con el derecho de propiedad que ostenta el particular sobre el predio objeto de esa decisión. [...] También se ha indicado que el carácter mixto de este tipo de actos permite que sean impugnables por medio de las acciones de nulidad simple o de nulidad y restablecimiento del derecho, dependiendo de lo que se pretenda en cada caso[23].

---

22 Es de considerar que en cierto sector de la doctrina se ha considerado que estos son los verdaderos actos administrativos, lo que se ha explicado así: "En el fondo, el planteo en que se apoya la mayor parte de la doctrina traduce un mero desacuerdo verbal y metodológico, en cuanto todo depende de la amplitud o restricción conceptual con que se utilice la expresión acto administrativo. En efecto, aun quienes postulan la asimilación conceptual entre el reglamento y el acto de alcance particular, se ocupan luego de establecer las distinciones existentes en el régimen jurídico de ambos. Hecha esta salvedad, si se conviene que tienen un régimen jurídico distinto como consecuencia de que ambos son producto de funciones materialmente diferenciadas, entendemos que resulta más conveniente limitar la noción de acto administrativo a los actos de alcance individual, en razón de que ellos traducen el ejercicio de la función administrativa, en sentido material u objetivo"; Juan Carlos Cassagne. *El acto administrativo*, Buenos Aires, Abeledo-Perrot, 1981, p. 101.

23 Consejo de Estado. Sección Primera. Sentencia del 14 de abril de 2016, radicado 05001-23-31-000-2003-00103-01.

C. REGLAS DE PROCEDIMIENTO EN LOS ACTOS ADMINISTRATIVOS DE CARÁCTER PARTICULAR

Bajo la consideración referida a que, en virtud de las funciones que le han sido asignadas, las comisiones de regulación pueden emitir actos administrativos de carácter particular, estos deben ser producto de los procedimientos administrativos legalmente establecidos para adoptar las decisiones correspondientes, sin perjuicio de lo cual la Ley 142 de 1994 determina una serie de reglas complementarias que deben aplicarse en cada una de las actuaciones pertinentes, tal como se señala a partir de su artículo 106, a cuyas voces: "Las reglas de este capítulo se aplicarán en todos aquellos procedimientos de las autoridades que tengan el propósito de producir los actos administrativos unilaterales a que de origen el cumplimiento de la presente ley y que no hayan sido objeto de normas especiales". En ese orden se dispone:

– *Citaciones y comunicaciones*. Las citaciones y comunicaciones se entenderán realizadas el décimo día siguiente a aquel en que hayan sido puestas al correo si ese fue el medio escogido para hacerla y si el domicilio del destinatario se encuentra en el país; si e domicilio se encuentra fuera del país, la actuación se entenderá realizada el vigésimo día. Las citaciones y comunicaciones también podrán surtirse verbalmente o por escrito, de todo lo cual se dejará constancia. En el caso de las publicaciones, estas se entenderán efectuadas el día siguiente al que se realice la misma (art. 107).

– *Período probatorio*. Dentro del mes siguiente a aquel en que se haya hecho la primera de las citaciones o publicaciones, habiéndose oído a los interesados, en el evento en que existan diferencias de información o apreciación sobre aspectos que requieran de conocimientos especializados, la autoridad correspondiente procederá a decretar las pruebas a las que haya lugar (art. 108).

– *Funcionario para la práctica de pruebas y decisión de los recursos*. Para efectos de la práctica de pruebas, la autoridad que las haya decretado podrá ejercer las mismas funciones que en la materia le corresponden al juez civil, funciones que también podrá cumplir la persona que acuerden dicha autoridad y el interesado, o a solicitud de este, para garantizar la imparcialidad y el debido proceso, aquella que designe el Superintendente de Servicios Públicos.

Los honorarios del auxiliar de la administración serán sufragados por partes iguales entre el solicitante y la autoridad, pero si la prueba se decretó de oficio, la autoridad asumirá su costo (art. 109).

– *Impedimentos y recusaciones.* En caso de que se presenten impedimentos o se formulen recusaciones y la persona que los declare o contra quien se presenten no tenga superior jerárquico inmediato, las funciones de este último las asumirá el Superintendente de Servicios Públicos conforme a lo dispuesto hoy por los artículos 11 y 12 del Código de Procedimiento Administrativo y de lo Contencioso Administrativo (antes, art. 30 del CCA). Si el superintendente se declara impedido o fuere recusado, las funciones serán asumidas por la persona que designe el presidente de la República (art. 110).

– *Oportunidad para decidir.* Las actuaciones administrativas adelantadas deberán concluirse con la adopción de la decisión que les ponga fin, dentro de los cinco meses siguientes al día en que se hayan hecho las primeras citaciones o publicaciones a que se ha hecho alusión anteriormente (art. 111).

– *Notificaciones.* Para efecto de las notificaciones requeridas, la autoridad correspondiente podrá contratar empresas especializadas de reconocida idoneidad, amparadas con póliza de cumplimiento, la realización de tales actuaciones en los casos legalmente procedentes (art. 112).

– *Recursos contra las decisiones que ponen fin a las actuaciones administrativas.* Salvo disposición legal en contrario, contra las decisiones que pongan fin a las actuaciones administrativas, proferidas por las comisiones de regulación y otras autoridades, solo procede por la vía administrativa el recurso de reposición, el cual deberá interponerse dentro de los cinco días siguientes a la notificación o publicación.

En el evento de que la decisión se adopte como consecuencia del ejercicio de una función delegada por funcionario diferente al presidente de la República, contra dicha decisión procederá el recurso de apelación; así mismo, durante el trámite de la apelación podrán completarse las pruebas que no se hubieren alcanzado a practicar (art. 113).

– *Presentaciones personales.* En ningún caso será necesaria la presentación personal del interesado para formular peticiones, adelantar actuaciones o presentar recursos (art. 114).

Es de entender que los vacíos que presenten los procedimientos especiales correspondientes y las normas complementarias transcritas, deben suplirse con las normas pertinentes de la Parte Primera del Código de Procedimiento Administrativo y de lo Contencioso Administrativo, a voces de lo dispuesto por el artículo 2.º de la misma codificación.

IV. EL CONTROL JUDICIAL CONTENCIOSO SOBRE LOS ACTOS ADMINISTRATIVOS DE LAS COMISIONES DE REGULACIÓN

A. REFERENTES EN CUANTO AL ALCANCE DEL CONTROL JUDICIAL SOBRE LOS ACTOS ADMINISTRATIVOS.

Diversas han sido las posiciones doctrinarias sobre las condiciones, implicaciones y los efectos del control judicial sobre los actos administrativos emanados del ejercicio del poder regulador, razón por la cual sin pretensión alguna de agotar el tema pasamos a exponer algunas de ellas con un propósito eminentemente orientador y como supuesto para asumir una posición en cuanto a nuestro ordenamiento jurídico[24].

---

24 Al respecto, después de plantear diferentes interrogantes sobre cual podría ser el alcance del Control Judicial atinente a las decisiones adoptadas mediante actos reglamentarios o resoluciones concretas de los entes reguladores, el profesor Gaspar Ariño Ortiz ("El Control Judicial de las Entidades Reguladoras. La necesaria expansión del Estado de Derecho". *Revista de Administración Pública*, n.º 182, Madrid, mayo-agosto de 2010, pp. 28, 29-33) pasa a pronunciarse en relación con el control judicial aludido, a partir del siguiente requerimiento: "Hasta qué punto y en qué medida deben los Tribunales enjuiciar el ejercicio del poder de ordenación de las Comisiones Reguladoras y, en concreto, el ejercicio de la discrecionalidad técnica y/o valorativa (de oportunidad) que la ley les otorga en la toma de decisiones. [...] Los jueces británicos han practicado lo que se llama 'principio de deferencia' en materia de control de los reguladores. Han decidido, en negocios por lo regular complejos, que es mejor respetar la esfera de atribuciones del regulador, sin enmendar sus criterios con respecto al modo de resolver los problemas. [...] Una segunda línea argumental en la que los Tribunales británicos han fundamentado su trato 'deferente' hacía el regulador es un principio de eficiencia administrativa; entienden que la intervención jurisdiccional paralizaría la actuación eficaz y oportuna de la Administración y atentaría contra la seguridad de los negocios y transacciones, lo que se vería agravado con la incapacidad de los Tribunales para medir las consecuencias indirectas o policéntricas de sus sentencias, con efectos para terceros [...] La gran cuestión que se plantea es el correcto ejercicio

En relación con el caso específico español, el profesor Solanes Mullor resalta la complejidad que ha tenido el proceso evolutivo de los organismos reguladores independientes y las dificultades en los procesos de control de sus actuaciones, lo que se refleja en expresiones como estas:

> Los organismos reguladores independientes no han sido decisivos en esta pugna entre formalismo y antiformalismo en España. Las agencias han sido reconocidas como un nuevo actor en el entramado administrativo español y, en mayor o menor medida, se han diferenciado de la administración pública tradicional[25]. Pese a ello, a efectos del control judicial pocos autores se han dedicado a su estudio, y, por tanto, la irrupción de las agencias no ha comportado un replanteamiento de las tradicionales técnicas formalistas de control judicial de la administración pública[26]. Simplemente, el debate sobre este control en España ha obviado a los organismos reguladores independientes y no se han diseñado técnicas específicas para hacer frente a esta nueva realidad institucional[27].

---

por éste (el Regulador) de la potestad reglamentaria y la aplicación del principio de la norma previa, de modo que quede también limitada la discrecionalidad técnica de sus juicios [...] En tales condiciones el control judicial sería posible y el sistema ofrecería credibilidad y seguridad a los inversores".

25 Joan Solanes Mullor. *Administraciones independientes y Estado regulador. El impacto de la Unión Europea en el Derecho Público español*, Congreso de los Diputados, 2016, pp. 215-224.

26 Ibíd., pp. 270-274.

27 En efecto, considera Joan Solanes Mullor ("Organismos reguladores independientes y control judicial en España: un rompecabezas difícil de solucionar", *Revista Diálogos de Saberes*, n.º 49, Bogotá, 2018, pp. 169 y 170) que "Este posicionamiento de la doctrina administrativista española –predominantemente formalista y no inclusiva de las agencias como un vector de cambio en sus posiciones– ha llevado, en primer lugar, a la desorientación de los tribunales españolcs. De manera consecuente con los postulados del Derecho de la Unión, los tribunales españoles han reconocido que los organismos reguladores independientes presentan elementos diferenciales con la administración pública de corte clásico, especialmente debido a su carácter tecnocrático, y por ello el control judicial debe modularse (pp. 287-291). Los tribunales españoles han adoptado una posición de deferencia basada en la naturaleza técnica de las decisiones de los organismos reguladores independientes y han desechado las técnicas de control judicial formalista en su tarea fiscalizadora".

En nuestro país el tema igualmente ha sido analizado desde varios puntos de vista en importantes y enriquecedores trabajos, entre ellos el realizado por el profesor Rey Ortiz a propósito del Regulador en el Sector Eléctrico y Gas (CREG) en Colombia, escrito en el que se estudian las distintas posiciones sobre el alcance del control judicial referido a los actos administrativos proferidos por la comisión reguladora en cuanto a sus objetivos y tensiones, lo que permite arribar a ilustrativas conclusiones, aspectos que se traducen en estos planteamientos:

> La expedición de actos administrativos por los reguladores, en este caso por parte de la Comisión de Regulación de Energía y Gas, muestra un escenario complejo desde el punto de vista del control, puesto que lleva aparejado el ejercicio de facultades discrecionales, la concreción de conceptos jurídicos indeterminados y, todo esto, a partir de análisis técnicos y económicos por parte de expertos. La doctrina se ha ocupado del control de tales actos a propósito de la denominada *discrecionalidad técnica*, para determinar si es posible el control de estos y cuál es su alcance. Sobre el tema y como lo señala el profesor *Hugo Marín Hernández*, la doctrina se ha ubicado en extremos opuestos, desde quienes consideran que estos actos no están sujetos a control o son susceptibles de un control limitado hasta la posición asumida por algunos que propugnan por un control pleno [...]. De cara al alcance del control se identifican principalmente dos posiciones. La primera, inclinada por un control pleno sobre los actos, a que a las amplias facultades con las cuales ha sido investido el regulador y ante la inexistencia de otro tipo de controles, el judicial debe ser un control reforzado, en condiciones de validar los motivos del acto y la racionalidad y proporcionalidad de la medida adoptada. En contraste con esta posición, con una mirada apoyada en el principio de separación de poderes y en el contenido técnico de los actos, otra visión defiende un control limitado, acotado fundamentalmente a los aspectos reglados del acto, sin posibilidad de revisar el contenido sustancial de este y, concretamente, su motivación. Si bien conceptualmente se identifican argumentos en respaldo de una u otra postura, el análisis en el contexto determinado de los actos de la CREG, cuyas funciones están encaminadas a la garantía de prestación de un servicio esencial, la promoción de la competencia, la calidad en la prestación de dicho servicio y la protección de los derechos de los usuarios, entre otros aspectos, y dadas unas características que no permiten ubicarla como una autoridad técnica independiente, estas deberían ser suficientes para descartar

una renuncia anticipada de los jueces al control, como se evidenció en algunas de las sentencias analizadas[28].

En otro importante y fundamentado estudio sobre el control judicial de los actos de la Comisión de Regulación en Comunicaciones (CRC), el profesor Perdomo Villamil igualmente aborda el análisis de los componentes conceptuales e instrumentales que la jurisprudencia y la doctrina identifican como controversiales y necesarios de definir para propiciar un punto de equilibrio entre el ejercicio de las potestades atribuidas a los órganos reguladores y la misión que debe cumplir el juez competente, especialmente el contencioso administrativo, temática en la que se reitera la problemática de la denominada "discrecionalidad técnica" en el ámbito de las decisiones adoptadas, con base en consideraciones argumentativas como las que se traen a colación:

> El tercer evento, al que aluden los mencionados autores, se refiere a la actividad de la administración a partir de la cual debe fundamentar sus decisiones en criterios de naturaleza técnica, por ejemplo, y para el caso de la CRC, conceptos como el de interconexión, instalaciones esenciales, uso de redes, radiodifusión sonora, condiciones de acceso, etc.; circunstancias en las cuales no siempre habrá lugar a decisiones automáticas. Por tanto, cuando la norma remite a un concepto técnico no deja margen de análisis de conveniencia a la administración y, por el contrario, la obliga a determinarse según el concepto técnico. Con lo anterior, se hace evidente la existencia de una discrecionalidad débil en este tipo de decisiones. En razón de la naturaleza y el tipo de derechos en estas decisiones, no existen mayores reparos frente a la posibilidad de que se impugnen judicialmente. Por lo anterior se recomienda acudir a las herramientas que brida el derecho procesal general, esto es, acudir a la prueba pericial con miras a tener argumentos sólidos que le posibiliten controlar adecuadamente la aplicación de este tipo de conceptos técnicos por parte de la administración. En este tercer escenario, el control no se limitaría a verificar

---

28 Andrés Eduardo Rey Ortiz. "Alcance del control judicial de los actos administrativos del regulador del sector eléctrico en Colombia", *Revista Digital de Derecho Administrativo*, n.º 28, Bogotá, Universidad Externado de Colombia, 2022, pp. 92, 121 y 122.

la legalidad de la actuación; por el contrario, el juez estaría facultado para reemplazar (sustituir) la decisión técnica de la administración[29].

Independientemente de los conceptos y criterios diferenciales asumidos por la doctrina, es evidente que en la generalidad de ellos predomina lo concerniente a la necesidad e importancia del control judicial sobre los actos administrativos de los organismos de regulación, en nuestro caso las comisiones de regulación, bajo las condiciones y supuestos establecidos en el ordenamiento jurídico, todo ello como expresión representativa de los postulados del Estado Social de Derecho y los fines garantistas que le son propios.

B. EL ÁMBITO DE LA JURISDICCIÓN CONTENCIOSO ADMINISTRATIVA EN RELACIÓN CON LAS COMISIONES DE REGULACIÓN

Desde su creación constitucional en 1910, la Jurisdicción de lo Contencioso Administrativo en nuestro país fue concebida como un componente especializado de la Rama Judicial del Poder Público, con el objeto fundamental de ejercer el Control de Legalidad sobre las actuaciones administrativas de las Autoridades Públicas, especialmente en cuanto a las decisiones adoptadas a través de Actos Administrativos en sus distintas modalidades.

A su vez, producto de los postulados del Estado Democrático y Social de Derecho institucionalizado con la Constitución Política de 1991, el objeto de la jurisdicción contenciosa se fortalece en cuanto se le asigna la misión de garantizar "... la efectividad de los derechos reconocidos en la Constitución Política y la ley y la preservación del orden jurídico", tal como lo expresa el inciso primero del artículo 103 de la Ley 1437 de 2011, mediante la cual se expidió el Código de Procedimiento Administrativo y de lo Contencioso Administrativo.

---

29 Camilo Perdomo Villamil. "Control judicial de la regulación económica en clave de los actos administrativos proferidos por la Comisión de Regulación de Comunicaciones (CRC)", *Revista Digital de Derecho Administrativo* n.º 12, Bogotá, Universidad Externado de Colombia, 2.º sem. 2014, pp. 85-86.

Así mismo, el inciso tercero de la misma norma citada dispone que "En virtud del principio de igualdad, todo cambio de la jurisprudencia sobre el alcance y contenido de la norma, debe ser expresa y suficientemente explicado y motivado en la norma que lo contenga", con lo cual se destaca el importante y trascendente papel que se le otorga al precedente judicial en esta jurisdicción con respecto a su aplicación en el control que ejerce sobre las actuaciones de la Administración Pública, en armonía con lo señalado por el artículo 10.º del código citado, mediante el cual se determina como deber de aplicación de las normas y la jurisprudencia que

> Al resolver los asuntos de su competencia, las autoridades aplicarán las disposiciones constitucionales, legales y reglamentarias de manera uniforme a situaciones que tengan los mismos supuestos fácticos y jurídicos. Con este propósito, al adoptar las decisiones de su competencia, deberán tener en cuenta las sentencias de unificación jurisprudencial del Consejo de Estado en las que se interpreten y apliquen dichas normas[30].

De igual manera, en las actuaciones que se adelanten ante esta jurisdicción la interpretación de las normas reguladoras de las mismas se sustentarán en los principios constitucionales y los del derecho procesal, invocándose de las partes, en cumplimiento del deber constitucional de colaboración para el buen funcionamiento de la administración de justicia, asumir las cargas procesales y probatorias estipuladas en las reglas legales correspondientes.

En desarrollo de tales previsiones, el Código define (art. 104) el marco legal de la competencia asignada a la Jurisdicción de lo Contencioso Administrativo, además de lo previsto en la Constitución Política y en leyes especiales, determinando que aquella está instituida para conocer de las controversias y litigios originados en actos, contratos, hechos, omisiones

---

30 Mediante la sentencia C-634 del 24 de agosto de 2011 la Corte Constitucional declaró condicionalmente exequible el artículo 10.º de la Ley 1437 de 2011, en el entendido de que las autoridades deberán tener en cuenta no solo la jurisprudencia de unificación del consejo de Estado, sino preferentemente las de esa Corte que interprete las normas constitucionales aplicables a la definición de los asuntos sometidos a la competencia de aquellas, sin perjuicio del carácter obligatorio de las sentencias mediante las cuales se resuelva el control abstracto de constitucionalidad.

y operaciones, sujetos al derecho administrativo, en los que estén involucradas las entidades públicas, o los particulares cuando ejerzan función administrativa (principio de la especialidad o de la función administrativa).

En consonancia con lo anterior, el parágrafo de la misma norma dispone que

> Para los solos efectos de este Código, se entiende por entidad pública todo órgano, organismo o entidad estatal, con independencia de su denominación; las sociedades o empresas en las que el Estado tenga una participación igual o superior al 50% de su capital; y los entes con aportes o participación estatal igual o superior al 50%.

Al tenor de lo establecido en las reglas anteriores, es de colegir con certeza que las comisiones de regulación, definidas legalmente como entidades administrativas en su calidad de UAE, con funciones de igual naturaleza, formando parte del sector central de la Rama Ejecutiva del Poder Público, están sometidas en sus actuaciones al control judicial que le corresponde a la jurisdicción de lo contencioso administrativo, de tal manera que cualquier limitante o excepción sobre esta competencia, requeriría de una norma legal que expresamente regule el tema de una manera diferente.

C. LOS MEDIOS DE CONTROL SOBRE LOS ACTOS ADMINISTRATIVOS

El concepto de medios de control, tal como fue utilizado en el Código de Procedimiento Administrativo y de lo Contencioso Administrativo, comprende las condiciones bajo las cuales los Administrados pueden acceder a la jurisdicción de lo contencioso administrativo mediante el ejercicio de la acción contenciosa, con el objeto de formular determinadas pretensiones[31].

---

31 En ese orden, el Código se acogió a la Teoría de la Acción Única con pluralidad de pretensiones posibles, abandonando la tradicional Teoría de la Pluralidad de Acciones, posición que ha sido analizada bajo diversas consideraciones: "Una parte de la doctrina del Derecho Administrativo en Colombia había criticado la utilización de la expresión *acción* en el Código Contencioso Administrativo de 1984, pues consideraba que técnicamente dicho estatuto regulaba verdaderas pretensiones. A su turno, varios autores,

A su vez, el Código de Procedimiento Administrativo y de lo Contencioso Administrativo entra a regular las pretensiones posibles de ser formuladas mediante el ejercicio de la acción contencioso administrativa, a partir de los artículos 135 y siguientes, entre las cuales y en relación con los actos administrativos proferidos por las comisiones de regulación procederían las de nulidad, nulidad y restablecimiento del derecho, siendo las más usuales y por lo tanto nos referiremos a ellas, sin perjuicio de que igualmente proceda la de nulidad por inconstitucionalidad y, eventualmente, el mecanismo especial del control inmediato de legalidad, que si bien es cierto no es una pretensión propiamente dicha, puede dar lugar a la de nulidad bajo las condiciones a las que se ha referido la jurisprudencia contencioso administrativa.

– *La pretensión de nulidad.* Señala el artículo 137 del Código que cualquier persona podrá solicitar, directamente o por medio de apoderado, que se declare la nulidad de los actos administrativos de carácter general, siempre que hayan sido expedidos con infracción de las normas en que deberían fundarse, o sin competencia, o en forma irregular, o con desconocimiento del derecho de audiencia y defensa, o mediante falsa motivación, o con desviación de las atribuciones propias de quien los profirió.

Así mismo, recogiendo la unificada tesis del Consejo de Estado[32], avalada por la Corte Constitucional[33], el aparte final de esta norma determina los casos en los que excepcionalmente procede la pretensión de nulidad

---

quizás de manera mayoritaria, defendían, con base en la tradición y en la especificidad del derecho administrativo, la institución de las acciones contencioso administrativas. Estas posiciones se plantearon con razonados argumentos, llegándose a la conclusión de que en el nuevo ordenamiento era necesario regular las pretensiones contencioso administrativas necesarias para controlar la acción de la administración, dejando de lado la discusión de si son o no verdaderas acciones para lo cual se expusieron los argumentos tomados casi textualmente de uno de los documentos que sirvieron de base para la discusión (Memorando del 7 de abril de 2008, dirigido a la Subcomisión Tercera, encargada de redactar el proyecto de procedimiento judicial contencioso administrativo)"; Enrique José Arboleda Perdomo. *Comentarios al Nuevo Código de Procedimiento Administrativo y de lo Contencioso Administrativo*, Bogotá, Legis, p. 216.

32 Consejo de Estado. Sala Plena. Sentencia del 4 de marzo de 2003, radicado 11001032400019990568 3-02 (IJ-030).

33 Corte Constitucional. Sentencia C-259 del 6 de mayo de 2015.

sobre actos administrativos particulares; a saber: i) cuando con la demanda no se persiga o de la sentencia de nulidad que se produjere no se genere el restablecimiento automático de un derecho subjetivo a favor del demandante o de un tercero (teoría de los motivos y finalidades); ii) cuando se trate de recuperar bienes de uso público; iii) cuando los efectos nocivos del acto administrativo afecten en materia grave el orden público, político, económico, social o ecológico, y iv) cuando la ley lo consagre expresamente. Esta norma también consagra la posibilidad de que por vía de esta pretensión puedan impugnarse las circulares de servicio, y los actos de certificación y de registro[34].

– *La pretensión de nulidad y restablecimiento del derecho.* Dispone el artículo 138 del Código que la persona que se crea lesionada en un derecho subjetivo suyo protegido por el ordenamiento jurídico, podrá solicitar del juez la declaratoria de nulidad del acto administrativo particular, expreso o presunto, con base en las mismas causales establecidas para la pretensión de nulidad, y que se le restablezca el derecho lesionado por aquel, dentro de lo cual igualmente podrá pedir que se le repare el daño por la afectación sufrida.

Así mismo, dispone la norma citada que excepcionalmente podrá pretenderse la nulidad de un acto administrativo general siempre que no exista un acto administrativo particular que lo desarrolle y que de la aplicación de aquel directamente se viole un derecho subjetivo al demandante o se le

---

34 Sobre esta pretensión se ha expresado que: "La evolución jurisprudencial del tratamiento dado al contencioso objetivo de nulidad ha sido recogida en el artículo 137 del nuevo código, pues este establece el principio de que los actos administrativos de carácter general son controlables mediante la acción de nulidad, en tanto que los actos administrativos de contenido particular lo son por medio de control de nulidad y restablecimiento del derecho. Excepcionalmente, estos últimos son susceptibles de enjuiciamiento a través de simple nulidad. "El decreto de la nulidad de un acto administrativo general tiene *efectos ex tunc*, es decir retroactivos, pues se considera que su expulsión del ordenamiento jurídico acaece desde el momento de su nacimiento a la vida jurídica, volviendo las cosas al estado anterior, pero las situaciones jurídicas individuales que se hubieren consolidado bajo su vigencia serán respetadas, pues al respecto ha dicho el Consejo de Estado que la decisión de nulidad "solo afecta las situaciones no definidas": Manuel S. Urueta Ayola. *Manual de Derecho Procesal Administrativo*, Bogotá, Legis, 2021, pp. 233, 234-236.

cause un daño que deba ser reparado, además de que la demanda se presente dentro del término de cuatro meses contados desde la publicación del citado acto.

Sobre el término de presentación oportuna de la demanda y la posibilidad de invocar esta pretensión contra actos administrativos generales, se ha anotado que:

> Este medio de impugnación, que pretende la nulidad del acto y el restablecimiento del derecho, de conformidad con lo dispuesto por el artículo 164, numeral 2, literal d) del nuevo Código, debe ejercerse dentro de los cuatro (4) meses contados a partir del día siguiente al de la comunicación, notificación, ejecución o publicación del acto que se pretende impugnar. Por excepción, el nuevo artículo dispone que, mediante este medio de control, se pueden impugnar actos administrativos generales, y solicitar el restablecimiento del derecho o la reparación del daño, pero siempre y cuando la demanda se presente dentro de los cuatro meses siguientes a su publicación, con lo cual la ley vuelve norma positiva la jurisprudencia elaborada por el Consejo de Estado que se conoce como la teoría de los motivos y finalidades, planteada desde el año de 1961...[35].

V. LOS ACTOS ADMINISTRATIVOS DE LAS COMISIONES DE REGULACIÓN EN LA JURISPRUDENCIA DEL CONSEJO DE ESTADO

A. EN CUANTO A LA DELEGACIÓN DE FUNCIONES PRESIDENCIALES

Al definir una demanda presentada contra la Resolución n.º 104 de 26 mayo de 1998, "Por medio de la cual se establecen cargos de acceso y se modifica y adiciona la Resolución 087 de 1997", proferida por la Comisión de Regulación de Telecomunicaciones (hoy de Comunicaciones –CREC)

---

35 Consuelo Sarria Olcos. "Nulidad y restablecimiento del Derecho", José Luís Benavides (ed.). *Código de Procedimiento Administrativo y de lo Contencioso Administrativo*, Bogotá, Universidad Externado de Colombia, 2013, pp. 315-316.

y a propósito del ejercicio de facultades delegadas por el presidente de la República, el Consejo de Estado expuso que:

En virtud del artículo 370 de la Constitución Nacional, el artículo 68 de la Ley 142 de 1994 creó las Comisiones de Regulación que fueron concebidas para señalar las políticas generales de administración y control de eficiencia de los SPD por delegación presidencial, pues estas son funciones que corresponden al presidente de la República, en los términos del artículo 370 de la Constitución Política. Mediante el Decreto 1524 de 1994 el presidente de la República delegó las funciones a que se refieren los artículos 68 y siguientes de la Ley 142 de 1994 y demás disposiciones concordantes, en las comisiones de agua potable y saneamiento básico y en la de regulación de telecomunicaciones que crea esa ley, para que las ejerciera en la forma prevista en relación con cada uno de los servicios públicos respectivos. La Ley 142 de 1994 consagra en el artículo 73 las funciones generales de las Comisiones. Respecto de las funciones de las Comisiones de Regulación, la Sección Tercera de la Sala de lo Contencioso Administrativo del Consejo de Estado, en sentencia del 25 de septiembre de 1997, expediente n.º 11857,

> … sostuvo que no era aceptable la delegación de la formulación de políticas generales de administración, en tanto que esta función debía ejercerla exclusivamente el Presidente de la República, con sujeción a la ley. En dicha oportunidad se consideró que se trataba de una competencia compartida entre el Legislativo y el Ejecutivo, y que dichas políticas "corresponden o están ligadas al programa de gobierno que se comprometió a desarrollar aquél al tomar posesión de su cargo, Son así, en el fondo, el desarrollo de la concepción política que lo llevó al poder.

> Además, el Consejo de Estado expresó que tampoco resultaba admisible la delegación de facultades "legislativas" en las comisiones de regulación, por las siguientes razones:

> Para la sala la creación de las Comisiones de Regulación dotadas de poderes legislativos amplios, no fue más que otra desafortunada copia del sistema anglosajón, hecha sin beneficio de inventario, con olvido no solo de que el régimen constitucional colombiano vigente desde 1991 es diferente al de los EE.UU., como también lo es el principio de la separación de poderes que rige en uno y otro país. En el aludido sistema, con una Constitución diferente

> a la nuestra, la delegación de poderes legislativos encuentra su respaldo en múltiples precedentes.
>
> [...]
>
> Cabe hacer aquí la siguiente reflexión: si el legislador solo por excepción puede delegar su poder en el presidente (art. 150, nl. 10), no tendría sentido que pudiera hacerlo sin límites en un organismo o agencia jerárquicamente inferior a éste y a sus ministros, salvo en lo que respecta con las asambleas departamentales, según el 5 de ese mismo artículo 150[36].

De los argumentos transcritos se deriva claramente como el juzgador contencioso administrativo, viene ejerciendo un control pleno y objetivo sobre las actuaciones de las comisiones de regulación, todo ello de acuerdo con los postulados de nuestro ordenamiento jurídico, especialmente en cuanto al principio de la separación de poderes, el de la jerarquía normativa y el de las competencias asignadas a cada una de las autoridades públicas.

B. EN CUANTO A LA INCOMPETENCIA PARA REGULAR

Al decretar la nulidad de la Resolución n.º 245 del 22 de abril de 2003, "Por la cual se regulan los numerales 73.8 y 73.9 del artículo 73 de la Ley 142 de 1994 en relación con la solución de los conflictos que surjan entre las empresas de servicios públicos de acueducto, alcantarillado y aseo", por cuanto la comisión de reguladores se excedió en las competencias asignadas, el máximo Tribunal de lo Contencioso Administrativo se pronunció como seguidamente se expone:

> Queda pues en evidencia que al dictar el acto demandado, la Comisión de Regulación de Agua y Saneamiento Básico –CRA– desbordó el límite de sus competencias funcionales, pues al reglamentar como lo hizo las normas especiales de procedimiento contenidas en la Ley 142 de 1994, se arrogó indebidamente el ejercicio de unas atribuciones que según el numeral 11 del

---

36 Consejo de Estado. Sección Primera. Sentencia del 14 de marzo de 2002, radicado 11001032400020000663701(6637).

artículo 189 de la Constitución, son propias del presidente de la República, configurándose con ello, una clara transgresión de los artículos 1.º, 2.º, 4.º, 6.º, 29, 121 y 123, inciso 2º de la Constitución, como bien lo aducen los demandantes [...] En efecto, el reglamento acusado contempla por ejemplo la realización de una audiencia con la participación de las empresas involucradas en los conflictos señalados en los numerales 73.8 y 73.9 de la Ley 142 de 1994, con la finalidad de que intenten un arreglo directo. A propósito del tema, la Sala considera que además de no estar prevista la realización de dicha audiencia en las normas que se pretenden reglamentar, su realización se muestra contraria a lo dispuesto en el artículo 365 de la Constitución Política, en donde se postula que si bien los servicios públicos pueden ser prestados directa o indirectamente por el Estado, por comunidades organizadas, o por particulares, el Estado no puede desentenderse de la responsabilidad de regular, de controlar y vigilar dichos servicios, por potísimas razones asociadas a la soberanía y al interés social[37].

C. EN CUANTO A LA REGULACIÓN TARIFARIA

Al resolver una demanda en ejercicio de la Acción Contenciosa con Pretensión de Nulidad y Restablecimiento del Derecho, presentada por Promigas S.A. ESP contra la Resolución n.º 108 de 2006, proferida por la CREG, mediante la cual se le negó la solicitud de la revisión de la tarifa, al considerar que Promigas no probó que la valoración de los activos establecida en la Resolución CREG 015 de 2002 presentara un grave error de cálculo ni que los Gastos de Administración, Operación y Mantenimiento, aprobados mediante la Resolución CREG 086 de 2004, no fueran los eficientes para el correcto funcionamiento de la red de distribución de la empresa, el Consejo de Estado confirmó en segunda instancia la sentencia que había denegado la pretensión invocada, con sustento en consideraciones como las que se reproducen:

Finalmente, respecto de los reparos de la apelación dirigidos a señalar que la CREG, al momento de fijar la tarifa a PROMIGAS, no tuvo en cuenta los criterios de costos, con lo cual desatendió el artículo 367 de la Constitución Política,

---

37 Consejo de Estado. Sección Primera. Sentencia del 30 de abril de 2009, radicado 11001032400020040012301.

> así como que el Tribunal no fundamentó la decisión en los principios de eficiencia económica y financiera y de neutralidad previstos en los artículos 87 y 92 previstos en la Ley 142 de 1994, para establecer que la CREG los respetó porque en la tarifa incluyó los costos y gastos necesarios para la prestación del servicio, la Sala advierte que estos argumentos pretenden cuestionar la decisión administrativa que se adoptó en la Resolución 86 de 2004, que fue en la que se estableció la tarifa a la sociedad demandante, acto que si se consideraba contrario a derecho debió demandarse en la debida oportunidad ante la Jurisdicción Contencioso Administrativa, lo cual no sucedió. A pesar de lo anterior, debe decirse que de la lectura de la totalidad de los actos que expidió la CREG, se colige que para la fijación de la tarifa se tuvieron en cuenta los costos y gastos que reportó PROMIGAS, atendiendo la metodología fijada en su momento en los actos administrativos de carácter general que tampoco cuestionó la parte demandante; pero si esta consideraba que no fue así, era a ella a quien le correspondía demostrar el error, sin embargo, como ya se expuso, interpuso de manera extemporánea el recurso que procedía en la actuación administrativa contra el auto que no accedió a decretar la prueba pericial que pidió practicar, y dentro de la actuación judicial dejó de pagar a tiempo los gastos del auxiliar de la justicia, lo que produjo que la prueba pericial que solicitó practicar se declarara desistida[38].

Es evidente que en decisiones como la presente y muchas otras, en las que se debaten aspectos técnicos y financieros, además de los jurídicos, el juez contencioso denota claramente su capacidad de análisis con base en la cual adopta posiciones objetivas e imparciales frente a las situaciones planteadas, con lo cual todo ello refleja un punto de equilibrio en relación con los actores del servicio y los derechos de los usuarios, es decir, se reafirma el sentido social propio de sector tan importante para la vida en comunidad.

D. EN CUANTO A LAS CONDICIONES DE EXISTENCIA DE LOS ACTOS ADMINISTRATIVOS

En este proceso los demandantes solicitaron la nulidad de la Resolución n.º 002 del 2 de marzo de 1998 y el acto que la confirmó, mediante los cuales

38 Consejo de Estado. Sección Primera. Sentencia del 12 de septiembre de 2019, radicado 25000232400020090039701.

la CREG resuelve acerca de la liquidación de las transacciones comerciales en la Bolsa de Energía, así como el restablecimiento de los derechos correspondientes; posteriormente se reformó la demanda incluyéndose la pretensión de nulidad contra la nota crédito y las liquidaciones emanadas del liquidador del SIC[39].

E. REASUNCIÓN DE FUNCIONES DELEGADAS – SUSPENSIÓN PROVISIONAL

Mediante el Decreto n.º 227 del 16 de febrero de 2023, "Por el cual se reasumen algunas de las funciones Presidenciales de carácter regulatorio en materia de servicios públicos domiciliarios y se dictan otras disposiciones", norma contra la cual se demandó su nulidad, pero simultáneamente se

---

39 Sobre la naturaleza de los actos demandados se expuso: "La Sala considera que las Resoluciones que expide el administrador del sistema, para definir las glosas presentadas por los agentes del mercado a la liquidación de las transacciones realizadas en la Bolsa de Energía no constituyen actos administrativos, en la medida en que no se despliega con ella una función administrativa, sino una actividad derivada del servicio de administración del respectivo sistema. Sin embargo, la Resolución 002 de 1998 se expidió en desarrollo de la función asignada por la Ley 142 de 1994 a la empresa encargada de la interconexión eléctrica nacional, siendo para la época de los hechos la sociedad Interconexión Eléctrica S.A., E.S.P. ISA. [...] De conformidad con el reglamento de operación, en el evento de desacuerdo con la liquidación de las transacciones, los agentes del mercado pueden acudir a la intervención de la CREG, a través de un recurso de apelación. [...] Ese último acto, constituye un acto administrativo emanado de autoridad, es decir, de la Comisión de Regulación de Energía y Gas y, por tanto, es el que resulta susceptible del medio de control de nulidad y restablecimiento del derecho ante la jurisdicción de lo contencioso administrativo. Sin embargo, desde la perspectiva del derecho de defensa de los partícipes en el mercado frente a los actos administrativos de la CREG y de acuerdo con los requisitos de la demanda de nulidad y restablecimiento del derecho, resulta necesario que la acción judicial se dirija contra ambos actos, puesto que aquellos actos emanados del administrador del SIC mediante los cuales se confirman, anulan o modifican las liquidaciones de las transacciones comerciales en la Bolsa de Energía, pueden ser considerados decisiones que hacen parte de un procedimiento que culmina con un acto de la CREG, el cual sin duda constituye un acto administrativo": Consejo de Estado. Sección Primera. Sentencia del 23 de noviembre de 2016, radicado 25000232700019990020401 (39677).

invocó su suspensión provisional en aplicación de la figura de la Medida Cautelar de Urgencia a que se refiere el artículo 234 del Código de Procedimiento Administrativo y de lo Contencioso Administrativo:

> Desde la presentación de la solicitud y sin previa notificación a la otra parte, el Juez o Magistrado Ponente podrá adoptar una medida cautelar, cuando cumplidos los requisitos para su adopción, se evidencie que por su urgencia, no es posible agotar el trámite previsto en el artículo anterior. Esta decisión será susceptible de los recursos a que haya lugar. La medida así adoptada deberá comunicarse y cumplirse inmediatamente previa la constitución de la caución señalada en el auto que la decrete.

El mencionado decreto efectivamente fue suspendido provisionalmente por decisión del magistrado ponente, mediante providencia en la que, fuera de otros cargos formulados en la demanda, esencialmente se expusieron como fundamento de lo solicitado los que seguidamente se transcriben con su respectiva valoración:

> Sumado al anterior cargo de violación (falta de publicación adecuada del proyecto de Decreto, numeral 8°, art. 8° de la Ley 1437 de 2011), los accionantes consideran que el Decreto 227 también está viciado de nulidad: (i) por haberse expedido irregularmente, en la medida en que no le estaba dado al primer mandatario de la Nación asumir funciones asignadas por la Constitución Política al poder legislativo; (ii) por haberse expedido sin competencia, por cuanto el régimen tarifario de los servicios públicos domiciliarios está sometido a reserva legal; (iii) por haberse expedido con falsa motivación, por cuanto se desconoció que, en materia de regulación de los servicios públicos, el Constituyente consagró competencias específicas al Presidente de la República y a otras autoridades, previa habilitación expresa por parte del Congreso de la República, y (iv) por haberse expedido con infracción de las normas superiores en que debía fundarse, porque se desconocieron los artículos constitucionales que asignan expresamente al legislador la competencia de regulación del régimen tarifario [...] La jurisprudencia del Consejo de Estado, al referirse a las características y condiciones de este tipo de cautelas excepcionales, ha señalado que el único motivo por el que pueden pasarse por alto los términos ordinarios de traslado de las medidas cautelares es la absoluta inminencia y gravedad de la transgresión que el solicitante de esta pretende evitar, a lo que se agrega que, en todo caso, la adopción de la medida

cautelar de urgencia debe estar plenamente justificada tanto en el auto que decide acceder a la misma como en los argumentos y elementos materiales probatorios que obran en el expediente[40].

En relación con el régimen tarifario en materia de servicios públicos, después de analizar los artículos 365, 367, 370, 150, numeral 23, y 46 Transitorio de la Constitución Política, el magistrado ponente concluyó que el propósito del constituyente fue reservar a la ley la regulación de la temática asociada al régimen tarifario de los servicios públicos domiciliarios, así como la facultad de designar las autoridades competentes para llevar a cabo la función de regulación tarifaria propiamente dicha, lo cual se concretó con la expedición de las Leyes 142 y 143 de 1998 (*sic*), a través de las cuales se asignó dicho rol funcional a las comisiones de regulación[41].

---

40 Consejo de Estado. Sección Primera. Auto del 2 de marzo de 2023, radicado 11001032400020230004500. Al evaluar los cargos para efectos de la decisión sobre la suspensión provisional de urgencia, el Despacho consideró en la providencia citada que, en relación con la publicación del proyecto de Decreto: "La omisión en el cumplimiento de la exigencia explícita señalada por el legislador, devela la inobservancia del deber de las entidades demandadas de garantizar los postulados y exigencias de la actuación administrativa, lo que no tiene propósito distinto al de lograr la transparencia y la eficacia de la gestión pública. Cabe destacar que esta misma línea argumentativa ha sido expuesta por esta corporación judicial cuando al resolver casos similares al que nos ocupa ha censurado el incumplimiento de los referidos postulados de la actuación administrativa…".

41 En últimas, el juzgador contencioso arriba a las siguientes premisas: "Por último, esta Sala Unitaria debe ser enfática en señalar que en el presente pronunciamiento no se cuestiona el hecho de que el presidente de la República haya reasumido las funciones que en materia de servicios públicos domiciliarios le asisten, pues lo que se encuentra irregular es que el primer mandatario de la Nación haya decidido arrogarse la competencia para regular el régimen tarifario de los servicios públicos, rol funcional que, por expresa disposición constitucional, le fue conferido al Congreso de la República, corporación que, en ejercicio de su libertad de configuración legislativa, consideró pertinente asignar el trámite técnico y operativo de la fijación de dichas tarifas a las comisiones de regulación. En ese orden de ideas, el Despacho encuentra, preliminarmente, que el acto acusado contraviene los artículos 209 y 211 de la Constitución Política, así como los artículos 9.º a 13 de la Ley 489 de 1998, en tanto que, de conformidad con lo expuesto, y, por contera, al primer mandatario de la Nación no le es

Independientemente de las juicios de valor que puedan efectuarse sobre las posiciones asumidas por el juez de lo contencioso administrativo en la presente decisión, y en las que a manera referencial se han expuesto en los apartes precedentes, resalta con suma claridad la fundada posición de aquel en cada una de ellas, como supuesto garantista de una adecuada administración de justicia, expresión ratificadora de la autonomía e independencia de la rama judicial, excluyéndose la posibilidad de una supuesta práctica del "principio de deferencia" como criterio permanente de decisión a que se alude en la doctrina extranjera y nacional.

CONCLUSIONES

Con base en las consideraciones y análisis expuestos, sin pretensión imperativa alguna, es posible concluir en que:

– Los servicios públicos, especialmente los domiciliarios, constituyen en su prestación eficiente eje central dentro de los fines esenciales del Estado Social y Democrático de Derecho, criterio que debe ser el norte en la acción de las distintas autoridades públicas, así como motivo de verificación por los organismos de control en cumplimiento de sus objetivos funcionales, en el entendido de que si bien se regula la intervención en el mercado de los actores intervinientes en dichos servicios, la finalidad última es la protección de los usuarios de los mismos.

– Sin perjuicio de lo dispuesto por el artículo 15 de la Ley 1978 de 2019, las comisiones de regulación de los SPD en Colombia son organismos creados por la ley como UAE, sin personería jurídica, adscritas a determinados ministerios, razón por la cual son autoridades administrativas del sector central de la rama ejecutiva del poder público, motivo por el cual sus funciones son de carácter administrativo, en unos casos ejercidas por delegación presidencial por mandato constitucional y, en otros, por asignación del legislador.

– Lo anterior excluye la posibilidad de que, de acuerdo con nuestro ordenamiento jurídico –art. 113 de la Constitución Política–, las comisiones

---

posible reasumir unas funciones que no le han sido conferidas expresamente por el ordenamiento jurídico".

de regulación sean consideradas como órganos autónomos e independientes por cuanto estos son de creación y calificación constitucional y aquellas no tiene ese origen y definición.

– En consecuencia, los actos de las comisiones de regulación son típicos actos administrativos, cuya expedición está condicionada al sistema normativo jerárquico vigente en nuestro país, es decir, a las normas superiores que deben servirles de fundamento, la Constitución y la ley. A lo anterior se agrega que, en ningún caso, la Constitución Política le asigna directamente funciones a las comisiones de regulación.

– En tal sentido, las decisiones adoptadas por las comisiones de regulación a través de actos administrativos, pueden ser impugnadas mediante los medios de control de nulidad y de nulidad y restablecimiento del derecho, descartándose la posibilidad de la nulidad por inconstitucionalidad a que se refiere el artículo 135 de la Ley 1437 de 2011, por cuanto, de acuerdo con dicha norma y su interpretación judicial, dicho medio de control procede cuando el Acto Administrativo General es dictado con base en una facultad atribuida directamente por una norma constitucional, lo cual no ocurre en el caso de las comisiones de regulación.

– El control judicial del juez contencioso administrativo sobre los actos administrativos de las comisiones de regulación, en ejercicio de su independencia y autonomía, es de carácter pleno en lo jurídico, técnico y económico, así como en la delimitación de las potestades discrecionales que le son atribuidas a las autoridades para la adopción de decisiones técnicas, entendiendo que en nuestro sistema no existe discrecionalidad absoluta para decidir (art. 44, Ley 1437 de 2011) y que el juez cuenta con el apoyo de los elementos probatorios que para tal efecto regula el ordenamiento procesal, con fundamento en lo cual se resuelve sobre la permanencia de tales actos en nuestro orden jurídico. Ello se denota en las providencias que en este escrito se han relacionado sobre diversos aspectos del control judicial contencioso y en la generalidad de los que se producen al respecto.

BIBLIOGRAFÍA

Araque García, Lucas. "Los servicios públicos domiciliarios desde la perspectiva de los derechos fundamentales", *Diálogos de Derecho y Política*, n.º 20, año 8, mayo-agosto de 2018, disponible en www.udea.edu.co/revistadialogos.

Arboleda Perdomo, Enrique José. *Comentarios al Nuevo Código de Procedimiento Administrativo y de lo Contencioso Administrativo*, Bogotá, Legis.

Ariño Ortiz, Gaspar. "El control judicial de las entidades reguladoras. La necesaria expansión del Estado de Derecho", *Revista de Administración Pública*, n.º 182, Madrid, mayo-agosto de 2010.

Cardona Martínez, Guillermo, Álvaro Francisco Gaviria Arango, Gloria Amelia Piedrahíta de Salazar y Ana María Salazar Piedrahíta. "Servicios Públicos Domiciliarios", disponible en https://dialnet.unirioja.es.

Cassange, Juan Carlos. *El Acto Administrativo*, Buenos Aires, Abeledo-Perrot, 1981.

González López, Édgar. *La potestad reglamentaria de las comisiones de regulación como autoridades administrativas independientes*, Bogotá, Universidad Externado de Colombia, 2017.

Ibáñez Najar, Jorge Enrique. "Alcance y límites de las potestades reguladora y reglamentaria", *Vniversitas*, Bogotá, Pontificia Universidad Javeriana, 2003.

Lleras de la Fuente, Carlos, Carlos Adolfo Arenas Campos, Juan Manuel Charry Urueña y Augusto Hernández. *Interpretación y génesis de la Constitución de Colombia*, Bogotá, Cámara de Comercio, 1992.

Marcou, Gérard. "La regulación y los servicios públicos. Las enseñanzas del Derecho Comparado", en Gérard Marcou y Frank Moderne (coords.). *Derecho de la regulación, los servicios públicos y la integración regional*, t. I, Bogotá, Editorial Universidad del Rosario, Facultad de Jurisprudencia, 2009.

Montero Pascual, Juan José. "La actividad administrativa de regulación: definición y régimen jurídico", *Revista Digital de Derecho Administrativo*, n.º 12, 2.º semestre, 2014.

Pérez Escobar, Jacobo. *Derecho Constitucional Colombiano*, Bogotá, Temis, 1997.

Perdomo Villamil, Camilo. "Control judicial de la regulación económica en clave de los actos administrativos proferidos por la Comisión de Regulación de Comunicaciones (CRC)", *Revista Digital de Derecho Administrativo*, n.º 12, Bogotá, Universidad Externado de Colombia, 2.º semestre, 2014.

Polo, Miguel Efraín. "De la Comisión de Regulación de Telecomunicaciones", *Revista de la Maestría en Derecho Económico*, Bogotá, Universidad Javeriana, 2013.

Poveda Gómez, Abdón Alejandro. *Servicios Públicos Domiciliarios*, Medellín, Biblioteca Jurídica Dikè, 1995.

Rey Ortiz, Andrés Eduardo. "Alcance del control judicial de los actos administrativos del regulador del sector eléctrico en Colombia", *Revista Digital de Derecho Administrativo*, no. 28, Bogotá, Universidad Externado de Colombia, 2022.

Rivero, Jean. *Derecho Administrativo*, Caracas, Universidad Central de Venezuela, 1984.

Santofimio Gamboa, Jaime Orlando. *Compendio de Derecho Administrativo*, Bogotá, Universidad Externado de Colombia, 2017.

Sarria Olcos, Consuelo. "Nulidad y restablecimiento del Derecho", en José Luís Benavides (ed.). *Código de Procedimiento Administrativo y de lo Contencioso Administrativo*, Bogotá, Universidad Externado de Colombia, 2013, pp. 315 y 316.

Solanes Mullor, Juan. "Organismos reguladores independientes y control judicial en España: un rompecabezas difícil de solucionar", *Revista Diálogos de Saberes*, n.º 49, Bogotá, 2018.

Urueta Ayola, Manuel S. *Manual de Derecho Procesal Administrativo*, Legis, Bogotá, 2022.

Vidal Perdomo, Jaime. "Las comisiones de regulación en los servicios públicos", *Revista de Derecho Público* n.º 11, Bogotá, Universidad de los Andes, Facultad de Derecho, junio de 2000.

Vidal Perdomo, Jaime y Carlos Molina Betancur. *Derecho Administrativo*, Bogotá, Legis, 2016.

HUGO ALBERTO MARÍN HERNÁNDEZ*

Técnicas de fiscalización y parámetros de graduación de la intensidad del control judicial de las decisiones adoptadas en ejercicio de la función de regulación

Sumario: Introducción. I. Características y elementos de la función regulatoria que inciden en la selección de los mecanismos de fiscalización de su juridicidad y en la intensidad de su control judicial. A. Elementos y singularidades de la función administrativa de regulación. B. Características de las decisiones adoptadas en ejercicio de la función de regulación que inciden en la selección de las técnicas de fiscalización de su juridicidad y en la intensidad del control judicial. 1. Autonomía o independencia de la autoridad que las adopta. 2. Procedimientos intersubjetivos y participativos de elaboración de las decisiones. 3. Naturaleza predominantemente discrecional de las facultades ejercidas. Relevancia de componentes técnicos, económicos y políticos. 4. ¿Constituyen los reglamentos proferidos por autoridades administrativas de regulación una modalidad *sui generis* de decisiones normativas catalogables como "normas regulatorias"? II. Las técnicas de control judicial de las decisiones adoptadas en ejercicio de la función administrativa de regulación. Parámetros de gradación de la intensidad de la fiscalización. A. Control a través de los elementos reglados del acto administrativo. B. Control a través principios generales. 1. Parámetros y límites generales para el control judicial basado en la aplicación de principios. a. Diferenciación entre el control judicial negativo –anulatorio– y el positivo –sustitutorio–. b. Graduación de la intensidad con la cual se aplica el principio de proporcionalidad. 2. ¿Deferencia judicial hacia los criterios fijados discrecionalmente por las autoridades administrativas de regulación? Conclusiones. Bibliografía.

INTRODUCCIÓN

El presente trabajo tiene como finalidad estudiar las particularidades que caracterizan el control judicial de la legalidad de las decisiones adoptadas por autoridades administrativas en ejercicio de la función de regulación en el sistema jurídico colombiano. Para ello el escrito se ha estructurado en dos partes.

* Abogado, especialista en Derecho Público y doctor en Derecho; docente, investigador y profesor titular de Derecho Administrativo de la Universidad Externado de Colombia. Correo-e: hugo.marin@uexternado.edu.co. Enlace ORCID: https://orcid.org/0000-0003-1878-6358.

En la primera se aborda el estudio de los elementos e instrumentos con base en los cuales se ejerce la función regulatoria y de las singularidades que los distinguen, por la incidencia que de estos rasgos se desprenden para la escogencia de los mecanismos de fiscalización de la juridicidad de estas determinaciones y para la identificación de la intensidad requerida y esperable del control judicial. De este modo, se recuerda el contenido, finalidades y herramientas de la regulación, con especial énfasis en la autonomía que debería reconocérsele a los órganos reguladores respecto del poder político, en la naturaleza predominantemente discrecional de las facultades dichos órganos ejercen y que reclaman la articulación de criterios técnicos, económicos y políticos, junto con los jurídicos, tarea harto compleja para cuyo mejor desenvolvimiento suelen diseñarse procedimientos de elaboración de las decisiones intersubjetivos, dialógicos y ampliamente participativos.

En la segunda parte se comenzará por identificar las técnicas de control judicial de las decisiones adoptadas en ejercicio de la función administrativa de regulación, agrupándolas en dos conjuntos: los elementos reglados del acto administrativo y los principios generales del Derecho y de la función administrativa. Para terminar, esbozando los que entendemos deberían ser los parámetros y límites a considerar cuando se activen las técnicas en mención; algunas de ellas permiten graduar la intensidad de la fiscalización que realiza el juez y ello debe permitirnos establecer hasta qué punto resulta aconsejable o forzoso para éste mostrar determinados niveles de deferencia hacia los criterios decisionales fijados discrecionalmente por las autoridades administrativas de regulación.

I. CARACTERÍSTICAS Y ELEMENTOS DE LA FUNCIÓN REGULATORIA QUE INCIDEN EN LA SELECCIÓN DE LOS MECANISMOS DE FISCALIZACIÓN DE SU JURIDICIDAD Y EN LA INTENSIDAD DE SU CONTROL JUDICIAL

A. ELEMENTOS Y SINGULARIDADES DE LA FUNCIÓN ADMINISTRATIVA DE REGULACIÓN

Desde finales del siglo XIX y a lo largo del siglo XX se ha evidenciado cómo el modelo de Estado Social de Derecho ha ido mutando sus características, de modo que de responsable directo y titular de actividades productivas o de prestación de servicios –lo cual confería al sector público un lugar preeminente y estratégico en la economía de los países liberales–, corolario de la incidencia de procesos de liberalización fundamentados principalmente en duros cuestionamientos a la eficiencia de la gestión estatal directa de tales menesteres, pasó a tener un rol diverso, caracterizado por que el sector público redujo sus dimensiones en aquellos escenarios en los que antes había tenido un papel dominante o incluso monopólico, consumándose así la transición de un modelo en el que el Estado fungía como principal –en veces exclusivo– operador, a uno el que el Estado hace las veces de regulador[1].

En ese contexto, la actividad reguladora del Estado en el campo económico parte de la asunción de la realidad consistente en que el mercado adolece de herramientas que le permitan alcanzar el necesario equilibrio entre intereses públicos y privados divergentes, circunstancia que demanda la intermediación del Estado en procura del mismo. De ello se sigue que el más distintivo de los rasgos inherentes a la regulación es su contraste con los modelos clásicos de intervención estatal en la economía, pues consiste en supervisar el juego económico para fijar unas reglas mínimas que lo gobiernen y amortiguar permanentemente las tensiones o dirimir los conflictos suscitados entre los actores que en él participan. Esto es que en su condición de regulador, el Estado no apunta a posicionarse como protagonista sino como árbitro del juego económico, de modo que se centra en encauzar el comportamiento de los operadores y se esfuerza por armonizar sus intereses, habitualmente contrapuestos[2].

La multiplicidad de variantes, tareas y actividades de las cuales se sirve la función de regulación reflejan que el poder público, en el Estado social y democrático de derecho contemporáneo, al asumir el rol de director, regulador y supervisor del desempeño del modelo de economía social de mercado, adopta decisiones que, en principio, correspondería tomar a los inversores y a los propietarios de medios productivos, si se siguiese de forma pura a los dictados del *laissez faire* originario de la economía liberal clásica, pero ello se

---

1 Jacques Chevallier. *El Estado posmoderno*, O. Pérez (trad.), Bogotá, Universidad Externado de Colombia, 2011, p. 104.

2 Jacques Chevallier. *El Estado posmoderno*, cit., p. 108.

explica en que la *regulation* constituye una alternativa a otras estrategias de conformación social, de materialización de políticas públicas y de satisfacción de necesidades colectivas que han sido seguidas con mayor frecuencia en otros países, en los cuales se ha optado, por ejemplo, por la asunción directa de actividades económicas por parte del Estado o por la apropiación, por parte de éste, de medios de producción. De tal modo, la regulación propende por la salvaguarda del interés general en la medida en que apunta a morigerar o a evitar disfuncionalidades o *fallos del mercado* como los oligopolios, la competencia excesiva, la competencia imperfecta y las externalidades[3].

La función de regulación, entonces, constituye una forma de intervención estatal en la economía, integrada por un haz de facultades de muy variada índole, que incluye potestades normativas, de adopción de decisiones singulares –autorizatorias, sancionatorias, entre otras–, de despliegue de actividades de ejecución material, de implementación de estímulos, desincentivos u otras medidas de fomento, de resolución de controversias, etcétera, que apuntan a evitar que la sola operatividad de las leyes del mercado pueda desdibujar la consecución de los fines sociales del Estado constitucional, social y democrático de Derecho. Por ello se ha explicado que las tareas de regulación pueden desplegarse *ex ante* o *ex post* y se sirven de un vasto acervo de medios de acción: la reglamentación *–rule-making–*, la vigilancia *–monitoring–*, la asignación de derechos *–adjudication–* y la resolución de conflictos *–dispute resolution–*, entre otros[4].

---

3 Consejo de Estado, Sección Tercera, sentencia del 14 de agosto de 2008, radicado 11001 03 26 000 1999 00012 01 (16230).

4 Jacques Chevallier. *El Estado posmoderno*, cit., p. 109. En ese sentido, la Corte Constitucional igualmente ha explicado que la función de regulación puede realizarse con apoyo en la utilización de muy disímiles instrumentos: la facultad normativa, consistente en el dictado de disposiciones generales que concreten reglas de juego aplicables dentro de ámbitos específicos de la actividad económica; potestades que, en principio, adolecen de naturaleza decisoria como la de divulgar información relativa al sector con el fin de incidir en las expectativas de los agentes económicos y de los consumidores o usuarios dentro del mismo o con el propósito de orientar o incentivar posibles modificaciones de su comportamiento; la facultad de requerir información a los agentes regulados con el fin de que el órgano de regulación cuente con todos los mejores elementos de juicio posibles para adoptar sus decisiones; la atribución de rendir conceptos a petición de interesado, de oficio o por mandato de la ley; la facultad

Más específicamente en el contexto jurídico colombiano, la multiplicidad

---

de emitir recomendaciones y adoptar decisiones individuales, como autorizaciones o permisos, o la consistente en hacer seguimiento al proceder de un agente regulado con el fin de dirigirle advertencias encaminadas a que reoriente sus actividades dentro de los fines señalados por la ley, o de impartirle órdenes de hacer o no hacer después de haber agotado el procedimiento administrativo correspondiente; la potestad de imponer sanciones administrativas con sujeción a las garantías inherentes al debido proceso y el derecho de defensa o la atribución de establecer tarifas dentro de los parámetros predefinidos por el Legislador. Cfr. Corte Constitucional. Sentencia C-150 de 2003. En el mismo sentido, Corte Constitucional. Sentencia C-955 de 2007. Se ha destacado, asimismo, que en el contexto anglosajón la voz inglesa *regulation* igualmente comprende un haz de técnicas y modalidades de actuación administrativa encaminadas a enrutar la actividad económica, mucho más vasto que la mera producción normativa, lo cual determina, adicionalmente, que "no toda producción normativa expresa una actividad administrativa de 'regulation', ni siquiera toda disposición general que materializa alguna forma de control jurídico sobre la propiedad privada es 'regulation' *stricto sensu* [...] El objetivo expreso de las decisiones reguladoras es asegurar precios justos, servicio razonable, calidad adecuada o cualquier política concreta que el mecanismo regulador está destinado a servir [...] si bien utiliza también normas que describen la conducta prohibida, la regulación económica no puede limitarse a mandatos negativos si es que pretende cumplir sus responsabilidades más amplias. Así, muchas si no la mayoría de las normas de las comisiones reguladoras son prescriptivas e identifican específicamente lo que la empresa regulada puede y debe hacer". Por lo demás, se señala que la adopción de decisiones individuales por parte de las autoridades de regulación, como, a modo de ejemplo, en el sistema estadounidense, las decisiones de una agencia independiente como la National Labour Relations Board (NLRB) o Consejo de Relaciones Laborales, que ejerce su potestad reglamentaria con muy poca intensidad y frecuencia, centra la mayor parte de su actividad en dirimir conflictos entre los interlocutores sociales o en velar por el cumplimiento de las leyes que rigen la negociación colectiva, así como en interpretar las leyes laborales. Se trata de una actividad "mediadora dirimente" que se materializa en la adopción de decisiones concretas (*adjudications*) que, con el paso del tiempo, "cristaliza en un 'Corpus' decisional de innegable virtualidad y efectos reguladores para los 'interlocutores sociales'. Esta faceta es sin duda la más importante a los efectos de la regulación económica. Las interpretaciones del Consejo han dado lugar a importantes sentencias del Tribunal Supremo [...] La constante actividad interpretativa de esta Agencia conduce a la elaboración de una suerte de "jurisprudencia" social, con efectos normativos de primerísimo orden, que suele llamarse '*regulation through adjudication*' (regulación por medio de la 'adjudicación'). Se trata, pues, de una regulación sin 'reglamentación', pero con 'adjudication'". Cfr. Ángel Manuel

de facetas identificables en la función de regulación, así como la complejidad de los propósitos que la animan, se pone de presente desde el contenido mismo que debe caracterizar a las normas legales –también, por supuesto, a las decisiones reglamentarias– sobre intervención económica, a las cuales se exige que resulten consecuentes con lo normado por el artículo 334 de la Carta Política en el sentido de que han de tomar en consideración que el Estado colombiano es el director de un modelo económico liberalizado en el marco del cual todos los partícipes se hallan abocados a perseguir, además de su crecimiento patrimonial y bienestar económico, otras suerte de objetivos sin connotación económica, pero de incuestionable relevancia constitucional, como la garantía del mejoramiento de la calidad de vida de los habitantes, la distribución equitativa de oportunidades de acceso a condiciones mínimas de existencia digna, la preservación de un medio ambiente sano y, en general, todos los propósitos que singularizan el modelo de Estado Social de Derecho.

Tales características acompañan también al elenco de responsabilidades encomendadas a los órganos identificados como de regulación por antonomasia en el sistema jurídico colombiano, que son las comisiones de regulación de los servicios públicos domiciliarios. No se trata, en modo alguno, de que la función regulatoria en Colombia se circunscriba al quehacer de las mencionadas autoridades o exclusivamente al ámbito de los servicios públicos domiciliarios, sino que puede comprender a cualquier otro servicio público –no todos los cuales son domiciliarios, caso, por ejemplo, de la salud, de la educación, de la administración de justicia o de buena parte de los servicios de telecomunicaciones– o actividad que la Constitución o la ley prevean que deben ser reguladas. La disimilitud y variedad de potestades conectadas con la regulación en este ámbito, así como su base teleológica, se perfilan tanto desde la norma de derecho positivo que la define en la Ley 142 de 1994 –art. 14-18 *ejusdem*[5]–, como

---

Moreno Molina. *La administración por agencias en los Estados Unidos de Norteamérica*, Madrid, Universidad Carlos III de Madrid, Boletín Oficial del Estado, 1995, pp. 78-79.

5 Precepto del siguiente tenor: "Artículo 14. *Definiciones*. Para interpretar y aplicar esta Ley se tendrán en cuenta las siguientes definiciones: [...] 14.18. *Regulación de los servicios públicos domiciliarios*. La facultad de dictar normas de carácter general o particular en los términos de la Constitución y de esta Ley, para someter la conducta

en la exposición de motivos del proyecto que habría de convertirse en el mencionado cuerpo normativo[6].

---

de las personas que prestan los servicios públicos domiciliarios a las reglas, normas, principios y deberes establecidos por la ley y los reglamentos".

6 En la exposición de motivos en mención se definió así la función reguladora: "La función reguladora no debe ser entendida como el ejercicio de un intervencionismo entorpecedor de la iniciativa empresarial. En su visión moderna, la regulación es una actividad estatal que fomenta la competencia en aquellas áreas donde existe y es factible; impide el abuso de posiciones de monopolio natural, donde esta es ineludible; desregula para eliminar barreras artificiales a la competencia y, finalmente, calibra las diversas áreas de un servicio para impedir prácticas discriminatorias o desleales para el competidor". Cfr. Presidencia de la República de Colombia, Exposición de Motivos al proyecto de Ley 135 de 1992, Senado, *Gaceta del Congreso* n.º 162, de 17 de noviembre de 1992, p. 21. Como botón de muestra de lo polifacético y multiforme del elenco de atribuciones conferidas para ejercer la función de regulación, repárese en el catálogo de las enlistadas en el artículo 23 de la Ley 143 de 1994, que las radica en cabeza de la Comisión de Regulación de Energía y Gas (CREG): "Artículo 23. Para el cumplimiento del objetivo definido en el artículo 20 de la presente ley, la Comisión de Regulación de Energía y Gas con relación al servicio de electricidad tendrá las siguientes funciones generales: // (a) Crear las condiciones para asegurar la disponibilidad de una oferta energética eficiente, capaz de abastecer la demanda bajo criterios sociales, económicos, ambientales y de viabilidad financiera, promover y preservar la competencia. // En el sector eléctrico, la oferta eficiente tendrá en cuenta la capacidad de generación de respaldo, la cual será valorada por la Comisión de Regulación de Energía y Gas, según los criterios que establezca la Unidad de Planeación Minero Energética en el plan de expansión; // (b) Determinar las condiciones para la liberación gradual del mercado hacia la libre competencia; // (c) Definir la metodología para el cálculo de las tarifas por el acceso y uso de las redes eléctricas, y los cargos por los servicios de despacho y coordinación prestados por los centros regionales de despacho y el centro nacional de despacho; // (d) Aprobar las tarifas que deban sufragarse por el acceso y uso de las redes eléctricas y los cargos por los servicios de despacho y coordinación prestados por los centros regionales de despacho y Centro Nacional de Despacho; // (e) Definir la metodología para el cálculo de las tarifas aplicables a los usuarios regulados del servicio de electricidad; (f) Fijar las tarifas de venta de electricidad para los usuarios finales regulados. Esta facultad podrá ser delegada en las empresas distribuidoras, en cumplimiento de sus funciones de comercialización bajo el régimen de libertad regulada; // (g) Definir, con base en criterios técnicos, las condiciones que deben reunir los usuarios regulados y no regulados del servicio de electricidad; // (h) Definir los factores que deban aplicarse a las tarifas de cada sector de consumo con destino a cubrir los subsidios a los consumos

Y es que, atendiendo al diseño del modelo de prestación de los servicios públicos domiciliarios delineado a partir del artículo 365 de la Constitución Política, con arreglo al cual se trata de actividades inherentes al carácter social del Estado pero no reservadas a él y, por consiguiente, abiertas a la libre competencia de actores públicos y privados, las precitadas Leyes 142 y 143 de 1994 establecieron un régimen que no contempla la existencia de un monopolio público, sino que se sustenta en un esquema de prestación empresarial que se desenvuelve en un entorno de competencia regulada por autoridades especiales, a la cuales se ha pretendido cualificar confeccionándolas de modo que puedan aproximarse, al máximo posible, a las características de experticia técnica y neutralidad política; todo con el propósito de lograr la eficiencia, calidad y cobertura adecuadas en la prestación de los servicios públicos domiciliarios, sin perjuicio de propender, al mismo tiempo, por la equidad y la universalidad en la materia, las cuales se concretan en elementos como los subsidios a los menos favorecidos o el régimen de protección a los usuarios[7].

---

de subsistencia de los usuarios de menores ingresos. Estos factores deben tener en cuenta la capacidad de pago de los usuarios de menores ingresos, los costos de la prestación del servicio y el consumo de subsistencia que deberá ser establecido de acuerdo a las regiones; // (i) Establecer el Reglamento de Operación para realizar el planeamiento y la coordinación de la operación del Sistema Interconectado Nacional, después de haber oído los conceptos del Consejo Nacional de Operación; // (j) Establecer pautas para el diseño, normalización y uso eficiente de equipos y aparatos eléctricos; // (k) Interpretar las definiciones contempladas en el artículo 11 de la presente ley; // (l) Precisar el alcance de las competencias relativas al otorgamiento del contrato de concesión; // (m) Conocer de las tarifas de los usuarios no regulados; // (n) Definir y hacer operativos los criterios técnicos de calidad, confiabilidad y seguridad del servicio de energía; // (o) Reglamentar la prestación del servicio eléctrico en los barrios subnormales y áreas rurales de menor desarrollo; // (p) Definir mediante arbitraje los conflictos que se presenten entre los diferentes agentes económicos que participen en las actividades del sector en cuanto a interpretación de los acuerdos operativos y comerciales; // (q) Velar por la protección de los derechos de los consumidores, en especial los de estratos de bajos ingresos; // (r) Las funciones previstas en el artículo 11 del Decreto 2119 de 1992, que continuará vigente en cuanto no sea contrario a lo dispuesto en este artículo, y las demás que le señalen las normas legales pertinentes".

7 Consejo de Estado, Sección Primera, sentencia del 14 de julio de 2017, radicado 11001-03-24-000-2001-00090-01 (acumulado 11001-03-24-000-2002-00122-01).

La implicación e incorporación del sector privado en estas actividades, antes del tránsito constitucional de 1991 caracterizadas como típica y exclusivamente públicas, se estimó fórmula apropiada para superar los problemas que, en relación con la accesibilidad, la continuidad, la calidad, la cobertura, la adaptabilidad y la eficiencia en la dispensación de estos servicios, habían singularizado al modelo de prestación pública de los mismos. En este contexto, la función de regulación a cargo de las comisiones de regulación creadas por las Leyes 142 y 143 de 1994 resulta fundamental atendida la

> ... necesidad de preservar o restablecer el equilibrio que debe existir entre aquellos actores que abrigan intereses legítimos contrapuestos en un ámbito socioeconómico que es de suyo dinámico y competitivo, de tal suerte que el rol a desempeñar por parte del Estado, debe traducirse básicamente en la orientación de tales actividades hacia los fines de interés general que han sido señalados por el constituyente y el legislador[8].

B. CARACTERÍSTICAS DE LAS DECISIONES ADOPTADAS EN EJERCICIO DE LA FUNCIÓN DE REGULACIÓN QUE INCIDEN EN LA SELECCIÓN DE LAS TÉCNICAS DE FISCALIZACIÓN DE SU JURIDICIDAD Y EN LA INTENSIDAD DEL CONTROL JUDICIAL

Como se viene de exponer, la función de regulación comporta el despliegue de actividades no exclusiva pero sí principalmente consistentes en la adopción de decisiones de diverso alcance, unas generales, otras individuales; algunas calificables como reglamentos, otras, determinaciones de efectos particulares, fruto del ejercicio de potestades autorizatorias o incluso

---

8 Consejo de Estado, Sección Primera, sentencia del 30 de abril de 2009, radicado 11001 0324 000 2004 00123 01. Del modo que también lo ha expresado la jurisprudencia constitucional, la regulación de los servicios públicos domiciliarios "es tan sólo una forma de intervención estatal en la economía para corregir los errores de un mercado imperfecto y delimitar el ejercicio de la libertad de empresa, así como para preservar la sana y transparente competencia, con el fin de lograr una mejor prestación de aquéllos, y sin que tal función implique la asunción de competencias legislativas o reglamentarias". Cfr. Corte Constitucional, sentencia C-1162 de 2000.

punitivas. Sea cual fuere la índole de la determinación adoptada, si bien es verdad que las características que se desarrollarán enseguida tienden a hacerse más evidentes de cara a la expedición de reglamentos, no es menos cierto que respecto de cualquiera de ellas se hace menester reconocer que el ordenamiento jurídico procura garantizar, al máximo posible, la neutralidad política y la prevalencia de la experticia técnica de los órganos decisores; la estricta observancia de procedimientos robustos e intersubjetivos que garanticen una amplia participación de todos los actores concernidos en la adopción de la decisión, de modo que con ello se asegure un ejercicio objetivo, razonable y proporcional de las potestades ejercidas por el órgano regulador, que en su mayor parte se configuran normativamente como facultades discrecionales, las cuales subrayan la trascendencia de elementos económicos, políticos y, particularmente, técnicos, como sustrato de la decisión adoptada.

Todo lo anterior justifica que, incluso, para algunos, las particularidades anotadas como concurrentes en el ejercicio de la función regulatoria, cuando esta se concreta en la expedición de reglamentos, dé lugar al proferimiento de una categoría especial de los mismos como fuente normativa. Trátese o no de una modalidad especial de normas, lo cierto es que las reseñadas características que las identifican, a ellas y a la generalidad de las decisiones proferidas por órganos de regulación, tienen innegable impacto en la escogencia de las técnicas de fiscalización aplicables y en la graduación de la intensidad del control judicial, según pasa a verse.

1. AUTONOMÍA O INDEPENDENCIA DE LA AUTORIDAD QUE LAS ADOPTA

Casi es ya un lugar común en la doctrina el consistente en subrayar que el recto ejercicio de sus funciones por parte de las autoridades de regulación depende de que el Estado se halle en condiciones de garantizarles que ostenten varias condiciones inexorables: una posición de exterioridad o de neutralidad en relación con el juego económico; una capacidad técnica de arbitraje entre los intereses en presencia y una acción continua en el fin de tener a su alcance la realización de los ajustes que resulten necesarios para que su actividad materialice los fines que la justifican[9]; dicho en otros términos, se trata de reconocer a la Administración pública reguladora su condición de experta encargada de cumplir con las finalidades estatales en el sector económico específico. Naturalmente, ello resultará de más evidente consecución cuando se confiere independencia al órgano regulador respecto del poder ejecutivo, pero se ha estimado que esta no es una condición innegociable y que puede bastar con reforzar cierta autonomía a la autoridad de regulación para que esté en condiciones de atender cabalmente a sus responsabilidades. Dependerá, entonces, del ordenamiento jurídico respectivo, decidir si estima necesario otorgar al regulador independencia o si es suficiente con brindarle autonomía funcional y de gestión[10].

En ese orden de ideas, se destaca que un adecuado diseño institucional orientado a permitir que la función regulatoria logre sus cometidos, supone una reordenación de las clásicas formas de organización administrativa basadas en el modelo ministerial[11], de suerte que se asegure el nexo entre la regulación y la existencia de estructuras organizativas –también procedimentales, como enseguida se constatará– cualificadas por encontrarse en una especie de zona de intersección entre el derecho, la política y la economía[12]. Por tanto, ello exige la despolitización del recurso humano[13] –en el régimen del Derecho administrativo laboral colombiano–, por lo

---

9 Jacques Chevallier. *El Estado posmoderno*, cit., p. 109.

10 Camilo Perdomo Villamil. "Control judicial de la regulación económica en clave de los actos administrativos proferidos por la Comisión de Regulación de Telecomunicaciones (CRC)", *Revista Digital de Derecho Administrativo*,12, Bogotá, Universidad Externado de Colombia, 2014, p. 90.

11 Héctor Santaella Quintero. "Encuadre sistemático de la regulación de telecomunicaciones en el esquema de fuentes del derecho administrativo colombiano", en Édgar González López (dir.). *El ecosistema digital y las autoridades de regulación de los sectores audiovisual y TIC*, Bogotá, Universidad Externado de Colombia, Consejo de Estado, 2017, p. 132.

12 Guillermo Vargas Ayala. "El control judicial de los actos regulatorios de servicios públicos de telecomunicaciones", en *El ecosistema digital y las autoridades de regulación...*, cit.

13 Juan José Montero Pascual. "La actividad administrativa de regulación: definición y régimen jurídico", *Revista Digital de Derecho Administrativo*, 12, Bogotá, Universidad Externado de Colombia, 2014, p. 28.

que no debe tratarse de empleos de libre nombramiento y remoción, sino que deben garantizar un mínimo de estabilidad del servidor público en el cargo y un diseño de éste en el cual la experticia y elevada cualificación técnica del aspirante ha de jugar un rol de la mayor importancia en el perfil de quien reúna los requisitos de experiencia y educación exigidos para acceder al puesto de trabajo– a efectos de que se haga cargo de la función con un mínimo de impermeabilidad frente los lineamientos ideológicos o a las directrices partidistas trazadas desde la cabeza del poder ejecutivo o del legislativo.

Lo expuesto ha llevado a que en otras latitudes y en el ámbito del Derecho de la organización, atendidos tanto los orígenes como el fundamento y los propósitos de la función administrativa de regulación, se ha circunscrito esta actividad a la desplegada por autoridades administrativas independientes, esto es, por órganos estatales ajenos al poder ejecutivo; empero, también debe ponerse de presente que no todas las autoridades que se distinguen por su independencia orgánica respecto de la rama ejecutiva resultan catalogables como de regulación, a la vez que no todas las autoridades de regulación cuentan con la referida independencia[14]. En línea con lo anterior, la doctrina suele incidir en que una de las razones que históricamente militaron con mayor fortaleza para impulsar la consolidación de la aludida categoría de las autoridades administrativas independientes fue precisamente la necesidad de llevar la gestión de determinadas tareas a cargo de la Administración, fuera de la injerencia directa del poder político de turno, tanto con el propósito de asegurar la continuidad de las políticas en el largo plazo, como a efectos de garantizar la objetividad en la adjudicación de derechos esenciales para participar en un determinado sector del mercado[15].

---

14 Gérard Marcou. "Regulación, servicios públicos e integración europea en Francia", en AA.VV. *Derecho de la regulación, los servicios públicos y la integración regional*, vol. II, Bogotá, Universidad del Rosario, L'Harmattan, 2011, p. 104.

15 Julián Pimiento. "La regulación. Análisis a partir de las funciones jurisdiccionales de la Comisión de Regulación de Comunicaciones", *Revista Digital de Derecho Administrativo*, 9, Bogotá, Universidad Externado de Colombia, 2013, p. 18; también Elisenda Malaret. "Regulación económica, autoridades independientes y transparencia", en

De otra parte, es frecuente constatar igualmente que las agencias que gozan de independencia o, cuando menos, de significativa autonomía respecto del poder ejecutivo, suelen inclinarse mucho menos que este a interferir innecesariamente en los negocios cotidianos de los actores privados o en la adopción de decisiones de evidente connotación empresarial[16]. Esto además de que tal suerte de entidades se halla en mejor posición que los órganos del sector central de la Administración, que integran cada gobierno de turno, para ofrecer mayores cotas de tecnificación, eficiencia y experticia de cara a la atención de una tarea con el nivel de complejidad que supone la de regular un mercado, respecto del cual se erigen en profundos conocedores.

Pese a que parte de la doctrina entiende que la enunciadas características que distinguen a las agencias reguladoras como autoridades independientes están presentes en las entidades que en el sistema ajurídico colombiano se catalogan como órganos reguladores por antonomasia, vale decir en las comisiones de regulación en materia de servicios públicos domiciliarios[17], nuestro parecer se identifica mejor con el de quienes mantienen que la naturaleza jurídica que la ley colombiana le ha conferido a tales entidades como unidades administrativas especiales sin personería jurídica, que hacen parte de la estructura orgánica interna de ministerios y están sujetas al control jerárquico que es propio del sector central de la Administración pública nacional, las priva del nivel de autonomía que deberían ostentar para ajustar su diseño orgánico y su ubicación en la estructura del Estado, a la neutralidad política, la experticia y la tecnificación que deberían presidir el ejercicio de su función, más allá de alejarlas definitivamente de la connotación de auténticas autoridades administrativas independientes. Desde esta perspectiva, las comisiones de regulación en servicios públicos domiciliarios cuentan con autonomía desde el punto de vista técnico, pero en modo alguno de independencia para cumplir su cometido, característica

---

Ricardo García Macho (ed.). *Ordenación y transparencia económica en el derecho público y privado*, Madrid, Marcial Pons, 2014, pp. 133 y ss.

16 José Esteve Pardo. *Autorregulación. Génesis y efectos*, Cizur Menor, Aranzadi, 2002, pp. 46-47.

17 Héctor Santaella Quintero. "Encuadre sistemático de la regulación de telecomunicaciones...", cit., p. 134.

esta que en nuestro sentir se acierta a reclamar para tales entidades con el aludido propósito[18].

2. PROCEDIMIENTOS INTERSUBJETIVOS Y PARTICIPATIVOS DE ELABORACIÓN DE LAS DECISIONES

En otro lugar, al abordar el examen del contenido de principio de objetividad y del conocido como deber de buena administración en tanto que límites a ser tenidos en cuenta por toda autoridad administrativa al ejercer facultades discrecionales[19] –naturaleza que, según se verá, es la que suele acompañar a la mayor parte de las atribuciones que se ponen en manos de las autoridades administrativas regulatorias–, señalábamos que aquel principio impone a la Administración la exigencia de tomar en consideración, antes de adoptar la decisión que corresponda, todos los elementos fácticos, técnicos, económicos, sociales o de cualquier otra índole, relevantes al efecto,

---

18 Camilo Perdomo Villamil. *La dimensión organizativa del regulador de las comunicaciones en Colombia. Panorama actual y propuestas*, Bogotá, Universidad Externado de Colombia, 2018, en especial pp. 111 y ss. También Camilo Perdomo Villamil. "Delimitación y alcance de la independencia del regulador de las comunicaciones colombiano", en *El ecosistema digital y las autoridades de regulación...*, cit. De hecho, compartimos los planteamientos del profesor Perdomo en el sentido de que hasta la jurisprudencia constitucional colombiana –concretamente, por vía de ejemplo, en la sentencia C-150 de 2003– parte de errores conceptuales básicos al asimilar las nociones de independencia, de un lado y de autonomía, de otro. Ello, por cuanto la independencia no puede ser más o menos intensa, en la medida en que un órgano administrativo es o no independiente, mientras que la autonomía sí posibilita una gradación. Por lo mismo, cabría criticar lo normado en la Ley 1341 de 2009 que, al caracterizar a la Comisión de Regulación de Telecomunicaciones, preceptúa que dicho organismo cuenta con "independencia técnica, administrativa y patrimonial"; sin embargo, no especifica esa independencia frente a quién pretendidamente opera, pues, como se recordó, se trata de un órgano sin personería jurídica, que forma parte del sector central de la rama ejecutiva nacional, integrado a la estructura orgánica de un Ministerio, como acontece con las otras comisiones de regulación de servicios públicos domiciliarios. Es acertado señalar, por tanto, que quizás el legislador se refería más bien a una autonomía técnica, administrativa y patrimonial, concepto significativamente distinto del de independencia.

19 Hugo Alberto Marín Hernández. *Discrecionalidad administrativa*, Bogotá, Universidad Externado de Colombia, 2007, pp. 278 y ss.

de buscar y establecer conexiones lógicas entre los datos e informaciones disponibles, así como de valorar, durante el procedimiento administrativo previo, otras alternativas diversas de la que finalmente haya de ser escogida.

Todo ello reclama del órgano actuante la exigencia de ubicarse en la mejor situación posible antes de ejercer la potestad decisional respectiva, con lo cual deberían incrementarse las posibilidades de escoger la alternativa de solución que de mejor manera sirve al interés general; dicha exigencia de colocarse en la mejor posición posible para decidir comporta, por tanto, que la Administración se implique en el agotamiento de un *íter* preparativo racional de su decisión, dentro del procedimiento administrativo, que suponga una valoración auténtica y material del alcance de toda la información, elementos de juicio, documentos, etc, que puedan ser incorporados al expediente, que garantice la escogencia de una opción respaldada por un análisis razonado y ponderado de la totalidad de los presupuestos fácticos e intereses jurídicos involucrados en el caso.

Dentro de esta dinámica, la participación ciudadana también juega un importante papel, no tanto porque desempeñe, ni preferentemente siquiera, una finalidad defensiva o garantista del debido proceso y el derecho a la contradicción de los interesados, sino porque, más bien, pretende asegurar a la propia Administración la colaboración que ésta necesita para asegurar no sólo la corrección y oportunidad de sus decisiones, sino también su aceptabilidad social y, consiguientemente, su más fácil puesta en práctica[20]. De ahí la trascendencia de potenciar el que dicha participación sea efectiva y eficaz y no que se agote en el mero formalismo de una convocatoria o invitación públicas a cuyos resultados nadie atiende[21]. De estas previsiones

---

20 Tomás Ramón Fernández Rodríguez. "Los principios constitucionales del procedimiento administrativo", en AA.VV. *Gobierno y Administración en la Constitución*, vol. I, Madrid, Instituto de Estudios Fiscales, 1988, p. 109.

21 Y es que la doctrina tradicionalmente ha criticado que la Administración dispense escasa atención a la participación ciudadana en el desenvolvimiento y resultado del procedimiento administrativo, debido a la poca o nula consideración en que las autoridades tienen, en veces, las alegaciones, sugerencias, críticas o aportaciones que los ciudadanos intervinientes presentan durante las instancias especialmente previstas con dicho propósito. En este sentido pueden verse, por ejemplo, los trabajos de José María Fortes Engel. *La información pública en el Derecho Administrativo*, Madrid,

se deriva la existencia de un derecho de los ciudadanos a que sus aportaciones sean tenidas en cuenta, al igual que la correlativa obligación para el órgano administrativo de tomarlas en consideración y de darles respuesta individualizada en forma razonada, además de reflejarlas en la motivación del acto administrativo.

En consecuencia, la voluntad del ordenamiento en el sentido que la Administración busque y elabore la mejor decisión discrecional, ubicándose en la posición más adecuada para tal efecto mediante el cumplimiento cabal de los deberes de actuación positiva a los que se viene de hacer alusión, se traduce en lo que ha dado en denominarse *deber de buena administración*[22]. La observancia de esta obligación se considera fundamento, en el Derecho anglosajón –y más específicamente en el norteamericano–, de la *deferencia judicial* hacia las decisiones de las agencias, cuya experticia en el tema que regulan se robustece por considerarse que el cumplimiento de estas garantías procedimentales –a las que se atribuye, por tanto, una importancia más allá de la meramente adjetiva–, contribuye a que se hallen en la mejor situación posible antes de hacer uso de su discrecionalidad[23].

IEAL, 1977, pp. 11 y ss.; Miguel Sánchez Morón. *La participación del ciudadano en la Administración Pública*, Madrid, Centro de Estudios Constitucionales, 1980, pp. 194 y ss.; Alfonso Pérez Moreno. "Crisis de la participación administrativa", *Revista de Administración Pública*, 119, 1989, pp. 94 y ss.

22 Cfr. Juli Ponce Solé. *Deber de buena administración y derecho al procedimiento administrativo debido. Las bases constitucionales del procedimiento administrativo y del ejercicio de la discrecionalidad*, Pamplona, Lex Nova, 2001, pp. 127-150. En el ámbito que nos concierne en este escrito y para lo atinente a la función regulatoria en Colombia, puede verse el trabajo de Álvaro Namén Vargas, "La buena administración como instrumento esencial en la actividad de las comisiones de regulación", en *El ecosistema digital y las autoridades de regulación...*, cit.

23 Al respecto pueden verse los trabajos de Monserrat Cuchillo Foix. *Jueces y Administración en el federalismo norteamericano*, Madrid, Civitas, 1996, p. 163; José Vicente González García. *El alcance del control judicial de las administraciones públicas en los Estados Unidos de América*, Madrid, McGraw-Hill, 1996, pp. 117 y ss.; Luciano Parejo Alfonso. *Administrar y juzgar: dos funciones constitucionales distintas y complementarias*, Madrid, Tecnos, 1993, pp. 104 y ss.; Miguel Sánchez Morón. *Discrecionalidad administrativa y control judicial*, Madrid, Tecnos, 1994, pp. 73 y ss.; Juan José Lavilla Rubira. *La participación pública en el procedimiento de elaboración de los reglamentos en los Estados Unidos de América*, Civitas, Servicio de Publicaciones de la Universidad

Estas características deben estar presentes en el caso de la función de regulación, en el cual la adopción de decisiones, en especial reglamentarias o generales, debe apuntar hacia la promoción de espacios de interacción dialógica y de comunicación intersubjetiva entre todos los actores interesados en el logro de los cometidos inherentes a la regulación, respecto de la cual es frecuente una abultada confluencia de intereses de todo tipo –usuarios, empresas, gobierno, grupos de interés, entre otros–, de modo que resulta claro que la estructura procedimental normativamente diseñada para anteceder a la adopción de estas determinaciones se encuentra definida mirando hacia el logro del propósito de posibilitar la identificación y defensa de la multiplicidad de intereses y derechos en juego; de imprimir legitimidad a unas decisiones que cuentan con innegable fundamento técnico, pero que resultaría necio y de algún modo ingenuo desligar de sus incuestionables implicaciones políticas –en últimas, reconocen derechos a unos e imponen cargas a otros, lo cual suele originar una lógica de ganadores y perdedores[24]– y, por ende, formulan especiales exigencias de legitimación, fruto del reconocimiento de todos los derechos e intereses en presencia como presupuesto de la efectiva ponderación entre ellos, en el marco de un debate público, abierto y transparente entre los actores, tanto estatales como privados involucrados, todo lo cual debería redundar en lograr un mayor nivel pero también una más sólida percepción de imparcialidad en cuanto a la gestión del órgano regulador[25].

En estas condiciones, el sometimiento pleno al procedimiento administrativo descrito se erige en un instrumento efectivo de control judicial de la legalidad de las decisiones de los órganos reguladores, que sin duda contrapesa los amplios márgenes de apreciación discrecional con los cuales

---

Complutense de Madrid, 1991, 129 y ss., y del mismo autor, "El procedimiento de elaboración de los reglamentos en los Estados Unidos de América", en Javier Barnés Vásquez (coord.). *El procedimiento administrativo en Europa*, Madrid, Civitas, 1993, pp. 350 y ss.

24 Héctor Santaella Quintero. "Encuadre sistemático de la regulación de telecomunicaciones…", cit., pp. 135-138.

25 Santiago Muñoz Machado. "Los principios del derecho de la regulación: la actividad de las agencias y su control", *Revista General de Derecho Administrativo*, 20, Madrid, Iustel, 2009, pp. 4 y ss.

estos cuentan, así como las dificultades que enfrenta –con el consiguiente reconocimiento de límites en su intensidad– el examen de juridicidad de los componentes técnicos, económicos, políticos, de conveniencia o de oportunidad de la decisión respectiva, de manera que la fiscalización rigurosa del procedimiento de formación de la decisión, que sí es un elemento plenamente controlable, aporta valiosos elementos de juicio en la dirección que permite concluir que la decisión se ajustó a los dictados del antes mencionado *deber de buena administración* y, con ello, de algún modo, facilita el control judicial[26].

Todo lo expuesto explica que se trate de procedimientos que van mucho más allá de lo escuetamente normado por el artículo 8.º del Código de Procedimiento Administrativo y de lo Contencioso Administrativo en el sentido de que toda autoridad administrativa que se apreste a adoptar una decisión de alcance general debe tener siempre a disposición del público "[l]os proyectos específicos de regulación y la información en que se fundamenten, con el objeto de recibir opiniones, sugerencias o propuestas alternativas", señalar el plazo dentro del cual se pueden presentar observaciones y valorarlas de manera autónoma a la luz de lo que mejor sirva al interés general, procedimientos que se encuentran regulados de forma exhaustivamente pormenorizada en disposiciones sectoriales que complementan lo preceptuado en el referido régimen general de procedimiento administrativo[27].

---

26 Ídem.

27 Desde el Decreto 2696 de 2004, "Por el cual se definen las reglas mínimas para garantizar la divulgación y la participación en las actuaciones de las Comisiones de Regulación", el capítulo III, titulado "Resoluciones de carácter general", se ocupa del tema dependiendo del contenido del proyecto de regulación, diferenciando si se trata de una regulación de carácter general no tarifaria o si se está en presencia de un proyecto tarifario. En lo atinente a la primera especie, los artículos 9.º y 10.º de ese conjunto normativo ordenan que la Comisión correspondiente publique el texto del proyecto de regulación en la página web respectiva con una antelación a treinta días, indicando allí mismo la invitación explícita para que los interesados remitan observaciones o sugerencias a la propuesta, la identificación de la dependencia administrativa y de las personas a quienes podrá solicitarse información y hacer llegar las observaciones, reparos o sugerencias, el término para recibir tales observaciones y los soportes técnicos. Luego de ello, el Comité de Expertos deberá sopesar los escritos allegados por los interesados y elaborará un documento que contendrá las razones por las cuales se

aceptan o rechazan las propuestas formuladas, circunstancia de la cual se debe dejar constancia en la parte considerativa del acto indicando el documento en el que conste la mencionada revisión. Por cuanto atañe a la manera de adoptar regulaciones tarifarias y su difusión, el artículo 11 *ejusdem* parte de entender que el trámite al que se refiere aplica para las fórmulas que deban adoptarse cada cinco años, de acuerdo con lo establecido en los artículos 126 y 127 de la Ley 142 de 1994, es decir, se remite al régimen señalado para las empresas de servicios públicos previstas en esa ley. Para ese efecto se prevé el agotamiento de una serie de etapas mucho más precisas, que conviene traer a colación textualmente para ilustrar sobre el alcance de los planteamientos que se han dejado expuestos en el texto de este trabajo: "Artículo 11. Reglas especiales de difusión para la adopción de fórmulas tarifarias con una vigencia de cinco años. Cuando cada una de las Comisiones adopte fórmulas tarifarias con una vigencia de cinco años, de acuerdo con lo establecido en los artículos 126 y 127 de la Ley 142 de 1994, deberá observar las siguientes reglas: // 11.1. Antes de doce (12) meses de la fecha prevista para que termine la vigencia de las fórmulas tarifarias, cada Comisión deberá poner en conocimiento de las entidades prestadoras y de los usuarios, las bases sobre las cuales efectuará el estudio para determinar las fórmulas del período siguiente. // 11.2. Las bases sobre las cuales se efectuará el estudio para determinar las fórmulas deberán cubrir como mínimo los siguientes puntos: // i) Aspectos generales del tipo de regulación a aplicar; // ii) Aspectos básicos del criterio de eficiencia; // iii) Criterios para temas relacionados con costos y gastos; // iv) Criterios relacionados con calidad del servicio; // v) Criterios para remunerar el patrimonio de los accionistas; // vi) Los demás criterios tarifarios contenidos en la ley. // 11.3. Los resultados obtenidos del estudio que se adelante para la adopción de las fórmulas a las que se refiere el presente artículo, se harán públicos a medida que sean recibidos por la respectiva Comisión, advirtiendo que son elementos de juicio para esta y que, en consecuencia, no la comprometen. // 11.4. Tres (3) meses antes de la fecha prevista para que inicie el periodo de vigencia de las fórmulas tarifarias, se deberán hacer públicos en la página Web de la Comisión correspondiente los proyectos de metodologías y de fórmulas, los estudios respectivos y los textos de los proyectos de resoluciones. // Adicionalmente, el Comité de Expertos deberá preparar un documento con *una explicación en lenguaje sencillo sobre el alcance de la propuesta de fórmulas tarifarias*. Este documento se remitirá a los Gobernadores, quienes se encargarán de divulgarlo. Este documento deberá contener una invitación para que los interesados consulten a través de la página Web de la Comisión correspondiente, los proyectos de metodologías y de fórmulas, los estudios respectivos y los textos de los proyectos de resoluciones. // 11.5. Cada Comisión organizará consultas públicas, en distintos distritos y municipios, durante un período que comience en la misma fecha en que se remita la información a los Gobernadores y termine dos (2) meses después. Las consultas públicas tendrán entre sus propósitos el de lograr la participación de los usuarios. // La asistencia y las reglas para estas consultas son: // Serán convocadas por

3. NATURALEZA PREDOMINANTEMENTE DISCRECIONAL DE LAS FACULTADES EJERCIDAS. RELEVANCIA DE COMPONENTES TÉCNICOS, ECONÓMICOS Y POLÍTICOS

Varias de las disposiciones legales o reglamentarias que se han citado en precedencia para hacer alusión al tipo de competencias atribuidas a las

---

el Director Ejecutivo de la respectiva Comisión por lo menos con 10 días de antelación, indicando el tema, la metodología, el día, la hora, el lugar de realización, el plazo y los requisitos de inscripción. // Podrán intervenir los representantes de las personas prestadoras de los servicios objeto de la decisión; los vocales de los comités de control social de los servicios públicos que fueren debidamente acreditados; los representantes legales de las ligas o de las asociaciones de consumidores; los representantes legales de las organizaciones gremiales; y los delegados de las universidades y centros de investigación y los usuarios. // Para intervenir, los interesados deberán inscribirse y radicar con una anticipación no inferior a dos (2) días hábiles a su realización, el documento que servirá de base para su exposición, el cual deberá relacionarse directamente con la materia objeto de la consulta pública. // La consulta será grabada y esta grabación se conservará como memoria de lo ocurrido. // Una vez terminada la consulta, el Secretario levantará una memoria escrita en la cual se incorporarán los documentos presentados y los principales puntos que fueron objeto de debate. // 11.6. El Comité de Expertos deberá elaborar el documento final que servirá de base para la toma de la decisión y los integrantes de cada Comisión evaluarán este documento, las memorias escritas de las consultas públicas, los comentarios, las informaciones, los estudios y las propuestas allegadas al procedimiento. // El documento que elaborará el Comité de Expertos de cada Comisión contendrá las razones por las cuales se aceptan o rechazan las propuestas formuladas y evaluará las memorias escritas de las consultas públicas. Para tal efecto podrá agrupar las observaciones, sugerencias y propuestas alternativas en categorías de argumentos. // Cuando se expidan las resoluciones, en la parte motiva se hará mención del documento en el cual cada Comisión revisó los comentarios recibidos y expuso las razones para desechar las observaciones, reparos y sugerencias que no se hayan incorporado. Durante el día hábil siguiente al de la publicación de la resolución correspondiente en el *Diario Oficial*, se hará público el documento al que se refiere este numeral. // 11.7. El Sistema Único de Información, SUI, tendrá un módulo que contendrá la información sobre las organizaciones que expresen su voluntad de colaborar con los usuarios para el entendimiento de los proyectos de resolución. El Sistema Único de Información divulgará los nombres y las direcciones de tales organizaciones, sin que la disponibilidad de esta información lo haga responsable por su idoneidad. Las relaciones entre tales organizaciones y los usuarios serán de exclusiva incumbencia de unas y otros y no generará responsabilidad alguna para el Sistema Único de Información, SUI".

comisiones de regulación dejan claro que en ellas se privilegia la programación de la actividad de tales órganos de forma amplia, negativa –señalando límites que no se pueden trascender, más el no el sentido concreto de la decisión a adoptar (programación positiva)– y finalidades de obligatoria prosecución –programación teleológica– que tendencialmente se hallan en tensión, cuando no en abierta contradicción, escenario que identifica la atribución al operador jurídico de potestades de naturaleza discrecional[28].

Y es que habida cuenta de la naturaleza, características y propósito de la función de regulación, muy difícilmente las normas que gobiernan las potestades conferidas a los órganos reguladores podrían confeccionarse de una forma distinta, pues como se ha reseñado previamente en este trabajo, la regulación económica es una actividad que se despliega en aplicación de normas complejas en la medida en que combinan conceptos técnicos con análisis económico y la exigencia de considerar elementos de distintas ramas del Derecho –civil, comercial, constitucional, administrativo, entre otros–, todo lo cual converge en un escenario impregnado de política; aunado a ello, los sectores regulados están sometidos a constantes y frecuentemente imprevisibles mutaciones, lo que implica la constatación de alteraciones significativas tanto en el desenvolvimiento del sector como en la regulación del mismo[29], que demandan de la Administración flexibilidad, márgenes de maniobra, capacidad de reacción y adaptabilidad que sólo dispensan las facultades discrecionales y que resultan inimaginables en un contexto normativo integrado exclusiva o principalmente por reglas.

---

28 Destaca la importancia de la distinción entre la dirección de la actividad administrativa por medio de programas condicionales –con la estructura condicional hipotética clásica (supuesto de hecho preciso y una sola consecuencia jurídica), propia de las reglas y de la atribución de facultades regladas– y la que se realiza a través de la utilización de programas finalísticos, José María Rodríguez de Santiago. *Metodología del derecho administrativo. Reglas de racionalidad para la adopción y el control de la decisión administrativa*, Madrid, Marcial Pons, 2016, pp. 26-27. También lo hemos explicado en trabajos anteriores (Hugo Alberto Marín Hernández. *Discrecionalidad administrativa*, cit. y *El principio de proporcionalidad en el Derecho administrativo colombiano*, Bogotá, Universidad Externado de Colombia, 2019).

29 Camilo Perdomo Villamil. "Control judicial de la regulación económica…", cit., p. 98.

Adicional a lo anterior, certeramente se ha llamado la atención sobre el hecho consistente en que, desde el punto de vista político-económico, la globalización ha puesto a competir a los Estados para atraer recursos e inversiones de otros países o de organismos multilaterales, de modo que la competitividad y la seriedad de aquellos, en una perspectiva trasnacional, pasan, en considerable medida actualmente, por la calidad de sus procesos y de sus decisiones en el ámbito regulatorio, factor que juega un rol de la mayor relevancia también de cara a la posibilidad de que cada Estado logre ser incluido en grupos de países con altos estándares y buenas prácticas en materia regulatoria, caso de la OCDE[30].

En esta línea se explica igualmente que la definición de calidad regulatoria seguida por el Banco Mundial no necesariamente da cuenta de todo el campo de aplicación y de los efectos de la regulación, pues la limita a la habilidad de las autoridades de determinado Estado para formular e implementar medidas que promuevan el desarrollo del sector privado, visión abiertamente neoliberal del Derecho que en el contexto del modelo de Estado Social acogido por la Constitución colombiana, exige ser complementada con la mirada –de la cual es más claramente partícipe la OCDE– de conformidad con la cual una regulación de calidad, además de garantizar un entorno amigable para los negocios de la empresa privada, debe igualmente lograr cada vez mayores cotas de eficacia, eficiencia, coordinación y

30 Cfr. Bernardo Carvajal Sánchez. "¿Cómo asegurar la calidad regulatoria?", *Revista Digital de Derecho Administrativo*, 9, Bogotá, Universidad Externado de Colombia, 2013, pp. 44-46. Este autor, en el mismo lugar, destaca cómo mediciones internacionales sobre competitividad, como las lideradas por el Banco Mundial (reporte *Doing Business*) u otras instancias, como el Foro Económico Mundial, son frecuentemente utilizadas como parámetros o referentes para la introducción de mejoras en el ejercicio de sus funciones regulatorias por parte de las autoridades públicas de cada uno de tales Estados, cuyos gobiernos procuran mantener su posición o escalar en los rankings confeccionados sobre la base de la aplicación de los indicadores en mención, a lo cual se suma que en la agenda gubernamental se torna importante la pertenencia a organismos como la OCDE, cuyos miembros son países comprometidos con la aplicación de políticas y medidas estructurales que aseguran la calidad de su función de regulación. De hecho, la calidad regulatoria es uno de los seis indicadores que emplea el Banco Mundial con el propósito de medir el nivel de gobernanza nacional.

transparencia en la actividad de las autoridades públicas, así como también asegurar la cabal realización de los derechos de los administrados[31].

Esto sugiere que una regulación de buena calidad requiere de la complementariedad entre las dos perspectivas en mención, cada una de las cuales evidentemente tiende a privilegiar bienes jurídicos, derechos e intereses divergentes y en clara colisión, escenario cuya vociferante complejidad sólo puede entenderse en el contexto del ejercicio de potestades discrecionales que han de concretarse en la identificación de puntos de equilibrio –harto difíciles de encontrar y de ninguna manera unívocos, toda vez que, como resulta palmario, dependen de convicciones u orientaciones ideológicas, éticas, económicas o políticas, que en el entorno de una sociedad democrática y pluralista son muchas y muy variadas– entre los referidos elementos, complejidad de la decisión que definitivamente condiciona –restringe– la intensidad de la fiscalización de su juridicidad en sede judicial.

Cuanto se acaba de explicar se robustece argumentativamente con la referencia a que el anotado discurso de la calidad de la regulación incorpora también, como exigencia, la idea de conformidad con la cual la función administrativa regulatoria debe desplegarse con cabal observancia de varios principios, entre ellos el denominado del *efecto económico y conductista*, por cuya virtud no puede soslayarse que las medidas regulatorias son herramientas provistas de un objeto y/o de un efecto económico, por manera que una buena práctica en este ámbito es la consistente en anticipar o predecir, con anticipación respecto del dictado de decisiones regulatorias, los efectos económicos –tanto macro como microeconómicos– y los estímulos –positivos y negativos– que implicaría la medida en la conducta de los sujetos por ella concernidos, de manera que el regulador pueda sopesar *ex ante* los costos y los beneficios derivados de su decisión[32].

---

31 Ídem.

32 Bernardo Carvajal Sánchez. "¿Cómo asegurar la calidad regulatoria?", cit., pp. 49-50. Como corolario de lo expuesto, Carvajal trae a colación (pp. 56-57) que las autoridades de diversos Estados, especialmente de los más interesados en el acogimiento de buenas prácticas en materia de regulación por integrar asociaciones como la OCDE, vienen implementado catálogos en la materia, como, en el caso canadiense, una norma de Derecho blando denominada *Cabinet Directive on Regulatory Management*, expedida por el Treasury Board of Canada Secretariat, en la cual se incluyen previsiones en el

Por consiguiente, la necesidad de realizar análisis prospectivos o juicios de prognosis en relación con los anotados extremos, para garantizar la calidad exigida de la decisión, complejiza aún más tanto su proceso de elaboración como la precisión de su alcance y sentido, circunstancias que en modo alguno podría obviar la instancia judicial al acometer el examen de su juridicidad.

En este intrincado escenario de convergencia de saberes, conocimientos, valoraciones y orientaciones, sin duda la técnica juega un rol, ciertamente no de criterio único y excluyente, pero sí determinante y de especial relevancia, lo que ha dado lugar a interesantes análisis y abigarradas discusiones respecto del impacto que este sustrato técnico de la decisión ha de tener en la intensidad del control judicial de su conformidad con el ordenamiento jurídico. De este particular nos hemos ocupado ampliamente en otro lugar[33], de igual forma que lo ha hecho la jurisprudencia del Consejo de Estado, señaladamente, en nuestro sentir, en providencia del año 2007 en

---

sentido de que la evaluación de impacto regulatorio debe tener en cuenta un acervo de parámetros, entre los cuales se puede destacar: "a) Análisis de costos o beneficios que genera la regulación para los empresarios, y sobre cómo ésta puede eventualmente mejorar la economía y la competitividad del país; b) El impacto potencial de la regulación en otros departamentos federales y agencias, o en los gobiernos estatales y en la política exterior canadiense; c) El grado de interés, la opinión y el apoyo de las partes afectadas por la regulación y de la población en general; d) El impacto esperado, haciendo énfasis en la proporcionalidad [...] f) El gobierno debe indicar cuáles son los objetivos e identificar una forma de medir su cumplimiento. Además, debe señalar cuáles son los resultados esperados y elaborar siempre indicadores...".
En esa misma dirección se constata (Carvajal. Ob. cit., p. 57) que los países integrantes de la OCDE coinciden en algunos aspectos sobre su política regulatoria, como por ejemplo: "1) todos los países estudiados han implementado la utilización de EIR para evaluar el cumplimiento de los resultados que se espera que la regulación genere; 2) La regulación de estos países busca generar enfoques diferenciales que beneficien sujetos especialmente protegidos, como la pequeña y mediana empresa, permitiéndoles participar en la creación de la regulación o simplemente teniéndolos en cuenta al momento de formularla; 3) Los países han implementado el análisis costo-beneficio para señalar los posibles costos de la implementación de una regulación e identificar su proporcionalidad con respecto a los beneficios obtenidos...".

33 Hugo Alberto Marín Hernández. *Discrecionalidad administrativa*, cit., pp. 119 y ss. y 729 y ss.

la cual igualmente fueron incorporados buena parte de los planteamientos que se referirán enseguida[34].

La tecnificación de las actuaciones que a los órganos administrativos concierne llevar a cabo o de las decisiones que deben proferir, en la actualidad, en ámbitos como el de la regulación, conduce a ocuparse de estudiar la noción que ha dado en denominarse *discrecionalidad técnica*, no siempre bien aceptada y hasta fuertemente resistida, según se verá enseguida, cuya génesis suele ubicarse en la doctrina administrativista italiana de principios del siglo XX, fundamentalmente en los trabajos de Presutti y Cammeo[35]. Este último formula su concepción de dicha figura diferenciando, al abordar el examen de la incidencia de los criterios técnicos cuando en ellos se fundamentan las decisiones administrativas, entre *cuestiones técnicas simples* y *cuestiones técnicas complejas*; las primeras serían aquellas que no dan lugar a dudas aplicativas y conducen a una sola solución del caso desde el punto de vista del saber especializado, de suerte que no confieren margen de apreciación discrecional alguno, mientras que tratándose de las segundas, dada la complejidad de los problemas técnicos que involucran, imposibilitan entender que siempre se arribará a la univocidad de la solución, lo cual deriva en la potestad de elegir, entre las diversas opciones técnicas posibles, la que parezca más adecuada para servir al interés general; ello claramente comporta el ejercicio de una facultad discrecional y, correlativamente, según este criterio, la imposibilidad de impugnar la decisión en sede judicial, dada la inexistencia de tribunales técnicamente competentes para hacerse cargo del control[36].

No tardó en producirse la reacción a este concepto de *discrecionalidad técnica* por parte de quienes lo consideran desacertado como quiera que,

---

34 Consejo de Estado, Sección Tercera, sentencia del 31 de octubre de 2007, referencia 13.503, radicado 11001032600019971350300.

35 Como lo refieren Manuel Martín González. *Sanidad pública: concepto y encuadramiento*, Madrid, Secretaría General Técnica del Ministerio de Gobernación, 1970, pp. 747 y 752; José Antonio Tardío Pato. *Control jurisdiccional de concursos de méritos, oposiciones y exámenes académicos*, Madrid, Civitas, 1986, p. 152 y Eva Desdentado Daroca. *Los problemas del control judicial de la discrecionalidad técnica (Un estudio crítico de la jurisprudencia)*, Madrid, Civitas, 1997, p. 28.

36 *Commentario delle leggi sulla giustizia amministrativa*, Vallardi, Milano, 1913, citado por José Antonio Tardío Pato. *Control jurisdiccional de concursos...*, cit., pp. 152-153.

según su parecer, no puede entenderse realmente discrecional la facultad ejercida si la decisión se sustenta en la aplicación de normas técnicas que deben permitir encontrar una solución unívoca en tanto que científica, sin que haya lugar a realizar ponderación de intereses en tensión ni juicio de oportunidad alguno[37]. De hecho, antes que de la que se juzga como *anti-*

---

37 Cfr. Massimo Severo Giannini. *Lezione di Diritto Amministrativo*, Milán, 1950, p. 110; del mismo autor, *Diritto Amministrativo*, vol. I, Milán, 1970, p. 488. En la doctrina española el panorama es similar. De un lado, puede identificarse un grupo de autores quienes son del parecer, como lo es el de Miguel Sánchez Morón, de acuerdo con el cual la discrecionalidad técnica supone el otorgamiento que la ley hace de "un ámbito de decisión a los administradores para obtener un resultado conforme a evaluaciones de naturaleza exclusivamente técnica", ámbito de actuación que suele venir orientado o delimitado por conceptos jurídicos indeterminados cuya concreción frecuentemente es "incierta y opinable", razón por la cual "salvo crasos errores de apreciación, no sería conforme a derecho sustituir la opinión de los técnicos de la Administración por la que el juez pueda formarse en el proceso oyendo a otros técnicos distintos. De lo contrario, se estaría trasladando la discrecionalidad técnica de la Administración a los jueces". Cfr. Miguel Sánchez Morón. *Discrecionalidad administrativa y control judicial*, Madrid, Tecnos, 1994, pp. 129-130. En similar dirección se pronuncian Alejandro Nieto García. "Reducción jurisdiccional de la discrecionalidad en materia disciplinaria", *Revista de Administración Pública*, 44, 1964, p. 156; Luis García del Río. "El control judicial de la discrecionalidad técnica. Los procedimientos de selección del personal al servicio de las Administraciones Públicas", en E. Hinojosa Martínez y N. González-Deleito Domínguez, (coords.). *Discrecionalidad administrativa y control judicial*. I *Jornadas de Estudio del Gabinete Jurídico de la Junta de Andalucía*, Junta de Andalucía, Madrid, Civitas, 1996, pp. 386-387; Francisco José Navarro Sanchís. "Comunicación. La llamada 'discrecionalidad técnica', el principio de tutela judicial efectiva y el control jurisdiccional de los concursos de mérito, oposiciones y exámenes docentes", en AA.VV. *El acto y el procedimiento*, Cuadernos de Derecho Judicial, Madrid, Consejo General del Poder Judicial, 1993, pp. 308 y 311. De otro lado, se afirma que "no se puede hablar de discrecionalidad técnica, puesto que se trata de conceptos antagónicos", toda vez que "cuando hay discrecionalidad no puede nunca hablarse de técnica, y cuando hay técnica no puede hablarse nunca de discrecionalidad", pues "lo técnico no se valora, sino que se puede comprobar. Lo discrecional no se comprueba, sino que se valora". José Antonio García-Trevijano Fos. *Tratado de Derecho Administrativo*, vol. I, Madrid, Edersa, 1964, p. 435. En el mismo sentido se pronuncia Luis Cosculluela Montaner. *Manual de Derecho Administrativo*, 6.ª ed., Madrid, Civitas, 1995, pp. 314 y ss., quien asegura que "la discrecionalidad técnica obliga a adoptar una única solución correcta en cada caso, en función de las normas técnicas que, por lo general, proporcionan

técnica expresión *discrecionalidad técnica*, se propone hablar de *decisiones administrativas cualificadas* en aquellos casos en los cuales no hay –según se afirma– un abanico de posibilidades de decisión, sino que la única alternativa adecuada la proporcionan la ciencia y la técnica[38].

En nuestro criterio si para adoptar su decisión la autoridad administrativa acude a la técnica y ésta no reconoce como posible una, sino varias alternativas de solución igualmente eficaces para alcanzar el propósito perseguido, tendrá entonces que seleccionar entre ellas de acuerdo con lo que estime más conveniente para el interés general, lo que sin duda comporta el ejercicio de márgenes de apreciación discrecional –de auténtica *discrecionalidad técnica*–; similar es el escenario en el cual la escogencia de la solución se lleva a cabo con base en hipótesis científicas que no han sido corroboradas, bien porque el estado de la ciencia no lo permite, ora por tratarse de juicios de prognosis, supuestos en los cuales nuevamente la Administración habrá de efectuar la elección última atendiendo a lo que estime más conveniente para el interés público[39].

---

otras ciencias no jurídicas". En similar dirección, Martín González asegura que "en los supuestos considerados como discrecionalidad técnica no nos encontramos con ninguna posibilidad de valoración de una manifestación del interés público, sino con una esfera de determinaciones rígidamente vinculadas a valoraciones de orden técnico, que deben realizarse de acuerdo con los conocimientos administrados por las ciencias...". Cfr. Manuel Martín González. *Sanidad pública: concepto y encuadramiento*, Madrid, Secretaría General Técnica del Ministerio de Gobernación, 1970, pp. 763-767 y 791-792.

38 Andrés Fernando Ospina Garzón. "La intensidad del control judicial de la JCA: un paso más en la construcción de las técnicas del contencioso administrativo jurisdiccional", en Andrés Fernando Ospina Garzón (ed.). *Horizontes del contencioso administrativo*, t. II, *El contencioso administrativo jurisdiccional*, Bogotá, Universidad Externado de Colombia, 2022, p. 384. También prefiere esta expresión *decisiones cualificadas*, Elisenda Malaret i García, "Autonomía administrativa, decisiones cualificadas y deferencia judicial: introducción general", en Elisenda Malaret i García (ed.). *Autonomía administrativa, decisiones cualificadas y deferencia judicial*, Pamplona, Aranzadi, 2020.

39 En esa dirección marcha la propuesta conceptual formulada por Eva Desdentado Daroca, quien subraya, creemos que con acierto, que en estos eventos en los cuales no está al alcance de la técnica ofrecer respuestas unívocas a los problemas que se le plantean, se abre para la Administración un margen de elección entre las diversas opciones técnicamente viables, elección que realiza de conformidad con criterios ya no exclusivamente técnicos sino políticos, económicos, de conveniencia u oportunidad.

No obstante, cuando se trata de decidir dando aplicación a conceptos jurídicos que remiten a nociones relativamente concretas de naturaleza técnica, en veces el caso resultará difícil y posiblemente el criterio técnico tampoco conduzca a respuestas automáticas y únicas, pero en los escenarios menos complicados, el significado técnico de la noción utilizada sí puede permitir encontrar una sola solución conforme a Derecho. En este contexto la autoridad decisora queda compelida a ceñirse al alcance del concepto técnico en el asunto específico y adolece de márgenes de decisión discrecional[40].

En definitiva, como lo expresó el Consejo de Estado[41], posición que compartimos íntegramente, en la medida en que no siempre la técnica o la ciencia ofrecen alternativas únicas para la solución de un caso concreto, para la determinación del sentido de una política pública o para la expedición de reglamentos o de actos administrativos generales, los criterios técnicos a utilizar pueden dar lugar a la existencia de discrecionalidad; no será siempre así por cuanto en muchos supuestos la aplicación de conocimientos científicos o propios de un arte o un oficio especializados no da lugar a dudas en cuanto al sentido en el cual debe proferirse una decisión para que pueda considerarse ajustada a derecho.

Pero tratándose de las denominadas *cuestiones técnicas complejas*, en las cuales no existe univocidad de respuesta o de criterio aportado por la

---

Ello se hace especialmente evidente tratándose de determinadas áreas del conocimiento científico –como el económico y el financiero que, según acaba de verse, juegan un muy importante papel tratándose del ejercicio de la función administrativa de regulación–, cuyas construcciones y principios de actuación están impregnados de criterios de valor y, en últimas, políticos. Así, por ejemplo, la elección entre los cursos de acción que sugiere la economía clásica y los que plantea la economía keynesiana no es una elección técnica, sino política. De ahí que el recurso a la técnica no excluya la discrecionalidad pues, por el contrario, la naturaleza del conocimiento científico permite poner de manifiesto la influencia de la ideología política en la opción técnica, lo que de cierto modo justificaría que la misma sea atribuida de forma reservada a la Administración. Cfr. Eva Desdentado Daroca. *Los problemas del control judicial...*, cit., pp. 48-50 y 62-64.

40 En igual sentido, Eva Desdentado Daroca. *Los problemas del control judicial...*, cit., pp. 64-66.

41 Consejo de Estado, Sección Tercera, sentencia del 31 de octubre de 2007, referencia 13.503, radicado 11001032600019971350300.

ciencia, el arte o el conocimiento técnico aplicable, surgen esos márgenes de apreciación para el operador jurídico, el cual deberá elegir, entre una pluralidad de alternativas, aquella que de mejor manera sirva al interés general, con base en criterios objetivos y razonables de decisión, que es el tipo de criterios en los cuales debe traducirse el recto ejercicio de una facultad discrecional, como insistentemente lo hemos defendido en varios lugares[42] –y lo reclama el derecho positivo colombiano, señaladamente el artículo 44 del CPACA, que anuda el concepto de discrecionalidad administrativa con las cargas de argumentación que impone la exigencia de utilizar el principio de proporcionalidad para resolver las colisiones entre principios que siempre se plantean en los casos que han de ser resueltos con base en el ejercicio de facultades discrecionales–, aunque se trate de criterios que pueden estar fuertemente permeados por la economía, la política o los juicios de conveniencia, cuyo impacto en ámbitos como el de la función de regulación resulta no sólo necio sino hasta ingenuo y apartado de la realidad desconocer.

4. ¿CONSTITUYEN LOS REGLAMENTOS PROFERIDOS POR AUTORIDADES ADMINISTRATIVAS DE REGULACIÓN UNA MODALIDAD *SUI GENERIS* DE DECISIONES NORMATIVAS CATALOGABLES COMO "NORMAS REGULATORIAS"?

Uno de los elementos que debe identificarse con el fin de establecer los parámetros a los cuales debería someterse el control judicial de decisiones regulatorias es el consistente en identificar el bloque normativo al cual las mismas se encuentran sujetas. A nivel doctrinal se ha sostenido que la función de regulación puede concretarse en el dictado, por los órganos

---

42 Ver, por todos, Hugo Alberto Marín Hernández. *Discrecionalidad administrativa*, cit., capítulos 2 y 5; *El principio de proporcionalidad en el Derecho administrativo colombiano*, cit., primera parte, y también "Naturaleza jurídica de las facultades de la Administración para confeccionar pliegos de condiciones", *Revista Digital de Derecho Administrativo*, vol. 1, Universidad Externado de Colombia, 2008; "Algunas anotaciones en relación con la Discrecionalidad Administrativa y el Control Judicial de su Ejercicio en el Derecho Urbanístico Colombiano", *Revista Digital de Derecho Administrativo*, vol. 2, Universidad Externado de Colombia, 2009.

administrativos reguladores, de las que han dado en denominarse *normas regulatorias*, mediante las cuales el regulador se encontraría autorizado para realizar una *creación original del Derecho*, desde una posición que, entonces, vendría de algún modo a resultar equiparable a la del Legislador[43].

---

43 Planteamiento formulado por el profesor Jorge Enrique Ibáñez Najar según el cual si las comisiones de regulación se encuentran habilitadas para producir "creación originaria del derecho", habría lugar a entender que tales comisiones pueden proferir reglamentos constitucionales autónomos: "Significa lo anterior que se ha instituido por la Constitución Política el ejercicio de una potestad reguladora, de carácter administrativo y por lo mismo diferente a la potestad reguladora de carácter legislativo, en cabeza de diferentes autoridades, y que no es lo mismo que potestad reglamentaria, a la cual nos vamos a referir más adelante. La potestad reguladora es aquélla atribuida por la Constitución Política a diferentes autoridades para que mediante actos administrativos normativos, de carácter general, impersonal y abstracto, sea con sujeción a las reglas generales que señale el legislador o con sujeción directamente a lo que determine la misma Constitución Política, se cree por primera vez el ordenamiento jurídico en aquellas materias en las cuales el constituyente considera que debiendo existir regulación ella no deba ser de carácter legislativo. [...] En tales casos, la Constitución Política exige que haya una regulación, pero también señala que quien la expida debe ser una autoridad diferente al legislador y, en este caso, en ejercicio de una potestad administrativa, pero en todo caso de regulación. En consecuencia, estamos en presencia de una potestad administrativa de carácter administrativo a cargo de diferentes autoridades, atribuida directamente por la Constitución Política, a saber: la Comisión Nacional de Televisión, el gobierno nacional, el Consejo Superior de la Judicatura, la Contraloría General de la República, la Contaduría General de la Nación, el Banco de la República, etc. También es posible que existan autoridades administrativas creadas por el legislador según las competencias previstas en el numeral 7 del artículo 150 de la Constitución Política, a los cuales este atribuya el ejercicio de funciones de regulación administrativa [...] También podemos mencionar a la Junta Nacional de Tarifas, la cual fue reemplazada a partir de 1992, por las Comisiones de Regulación creadas por los decretos 2119, 2122 y 2152 de 1992, las cuales fueron posteriormente reguladas por las leyes 142 y 143, expedidas en 1994. [...] El ejercicio de la potestad reglamentaria tiene por objeto dictar las normas complementarias necesarias para la cumplida ejecución de una regulación. Por ello el acto reglamentario es un acto complementario de la regulación y no una creación originaria como ésta. En efecto, mientras con la regulación se hace la creación originaria del derecho mediante normas de carácter general, impersonal y abstracto, las cuales constituyen materia reglamentable, con la reglamentación se complementa dicha regulación con el objeto de lograr su cumplida ejecución. // La regulación es la materia reglamentable. Mientras aquella no exista no

En otro lugar refutamos ampliamente este planteamiento[44], con apoyo, por lo demás, en los desarrollos al respecto efectuados por la jurisprudencia tanto de la Corte Constitucional como del Consejo de Estado en el sentido de que los reglamentos proferidos, concretamente, por las comisiones de regulación en servicios públicos domiciliarios, carecen de la virtualidad de reformar, completar o reemplazar a la ley; al contrario, sus relaciones con ella se encuentran gobernadas, en exclusiva, por el criterio de la subordinación jerárquica[45]; en ese orden de ideas, en ningún caso las comisiones

---

podrá tampoco surgir el reglamento y cuando ella desaparezca también se extingue la reglamentación". Cfr. Jorge Enrique Ibáñez Najar. "Alcance y límites de las potestades reguladora y reglamentaria. La división de competencias existente entre la ley y el acto administrativo normativo, sea regulador o reglamentario", *Revista Universitas*, Pontificia Universidad Javeriana, Bogotá, 2003, pp. 26-27 y 70-71.

44 Hugo Alberto Marín Hernández. "'Norma regulatoria': ¿Mito o realidad?", *Revista Digital de Derecho Administrativo*, 3, Bogotá, Universidad Externado de Colombia, 2010.

45 Así lo ha expresado tanto la jurisprudencia del Consejo de Estado, como la de la Corte Constitucional; aquella ha señalado que "la función regulatoria a cargo de las Comisiones de Regulación de servicios públicos no implica, en manera alguna, legislar, ni sus decisiones están al mismo nivel de la ley, ni su finalidad es completarla o llenar vacíos en la misma; y si bien tales entidades están autorizadas para expedir actos administrativos de carácter general, tal facultad hace parte de la función de policía administrativa que el Estado se reserva en materia de servicios públicos, y debe ejercerse dentro del preciso marco constitucional y legal existente". Cfr. Consejo de Estado, Sección Tercera, sentencia del 5 de marzo de 2008, radicado 11001-03-26-000-2001-0029-01, expediente 20.409. En el mismo sentido, Consejo de Estado, Sección Tercera, sentencia del 2 de mayo de 2007, radicado 11001-03-26-000-1998-05354-01(16257). Por cuanto respecta a la jurisprudencia constitucional baste con referir lo expresado por la Corte Constitucional en la sentencia C-1162 de 2000: "A juicio de la Corte, las comisiones no pueden asumir una función reglamentaria directa de los preceptos constitucionales, ni pasar por alto su sujeción a la ley y a las disposiciones gubernamentales. En materia de servicios públicos domiciliarios, debe resaltarse que la regulación –como función presidencial delegable en las referidas comisiones– no es lo que ha considerado alguna parte de la doctrina, es decir, un instrumento normativo para 'completar la ley', o para llenar los espacios que ella pueda haber dejado, y menos *para* sustituir al legislador si éste nada ha dispuesto, pues ello significaría la inaceptable y perniciosa posibilidad de entregar al Presidente de la República –y, más grave todavía, a sus delegatarios– atribuciones de legislador extraordinario, distintas a las señaladas por la Carta, en manifiesta contravención de los postulados del Estado

de regulación pueden proferir reglamentos constitucionales autónomos, ni tampoco reglamentos de desarrollo de leyes marco[46].

Asimismo, los reglamentos emanados de las referidas comisiones de regulación no se profieren en virtud de la atribución consagrada en el artículo 189-11 de la Constitución Política, alusivo a la potestad reglamentaria general otorgada al presidente de la República para asegurar la cumplida ejecución de las leyes; tales actos normativos de las comisiones de regulación encajan en la categoría de los reglamentos proferidos por autoridades administrativas diferentes del Jefe del Estado, en asuntos técnicos o especializados de su competencia[47], con la obligación de acatar

---

de Derecho [...] Tampoco resultan ajustadas a la Constitución otras interpretaciones doctrinarias que han venido haciendo carrera en nuestro medio, consistentes en que las resoluciones de las comisiones de regulación 'en forma conjunta con la ley forman una proposición jurídica', y que a diferencia de los decretos reglamentarios pueden 'llenar los vacíos legislativos dejados por el legislador', en la medida en que son actos de creación de Derecho".

46 En ese sentido, la Corte Constitucional ha señalado que "la distribución de competencias entre el legislativo y el ejecutivo en estas materias no sigue la técnica de las leyes marco, usual cuando se trata de regular sectores económicos como por ejemplo el financiero, el bursátil o el de comercio exterior (art. 150 num. 19 de la C.P.) [...] Tercero, dado que el constituyente no estableció la técnica de las leyes marco en esta materia, el legislador dispone de un mayor margen de configuración para determinar las estructuras responsables de hacer cumplir las políticas por él trazadas (art. de la 367 C.P.)". Corte Constitucional. Sentencia C-150 de 2003.

47 Estimamos especialmente clarificadora la tipología de reglamentos identificable en el sistema jurídico colombiano de acuerdo con lo explicado por la Sección Tercera del Consejo de Estado en providencia del 14 de agosto de 2008, en la cual explicó que son por lo menos seis las especies de reglamento ubicables en el ordenamiento nacional: la relación entre la ley y el reglamento la gobierna *exclusivamente el criterio jerárquico* tratándose de (i) reglamentos expedidos por el Presidente de la República en ejercicio de la potestad reglamentaria que le atribuye el artículo 189-11 superior; (ii) reglamentos que desarrollan leyes habilitantes –los que se profieren en aquellos casos en los cuales a una autoridad pública se le ha atribuido una competencia que puede conllevar el ejercicio de actividad normativa, cuando dicha facultad ha sido asignada directamente por la Constitución, pero su ejercicio ha sido sometido, por la misma Carta Política, a una habilitación legal, que es lo que ocurre en todas las hipótesis en las cuales la Constitución utiliza la fórmula "de conformidad con la ley", al asignar potestades normativas al Gobierno, a organismos autónomos o a otras autoridades–; (iii)

reglamentos expedidos por otras autoridades administrativas, en asuntos especializados relativos a la órbita de sus competencias, en ejercicio de la facultad que le asiste a toda entidad pública en el sentido de regular la ejecución de las funciones o la prestación de los servicios a su cargo; en los tres eventos anotados, las normas reglamentarias correspondientes estarán subordinadas a la Constitución y a la ley; tratándose de la tercera modalidad en mención, los productos normativos correspondientes vendrán subordinados, además, a los reglamentos expedidos por el Presidente de la República en virtud de la facultad que a éste le atribuye el artículo 189-11 constitucional y, cuando sea el caso, a las reglamentaciones expedidas por otras autoridades o instancias administrativas de superior jerarquía o a las cuales se deba acatamiento. En esta categoría deben ser ubicados, en nuestro sentir, los reglamentos proferidos por las comisiones de regulación en materia de servicios públicos domiciliarios. De otro lado, la relación entre el reglamento y la ley está gobernada *exclusivamente por el criterio de distribución de competencias normativas* –o el conocido también como *principio de competencia*– entre el Congreso y otros órganos constitucionalmente señalados, tratándose de (iv) los *reglamentos constitucionales autónomos*, vale decir, aquellas disposiciones por una pluralidad de autoridades a las cuales les ha sido asignada una competencia normativa directamente por la Constitución y sin sujeción a la ley –existiría, entonces, en estos casos, una reserva de reglamento– pues constituyen un desarrollo directo de la Carta, aunque les esté vedado invadir la órbita competencial que en materia normativa le corresponde al Legislador; de este tipo son, por vía de ejemplo, los reglamentos que pueden o deben expedirse por parte del Presidente de la República, del Contralor General, de la Corte Suprema de Justicia, del Consejo de Estado y de la Corte Constitucional, en virtud de lo normado por los artículos 355, 268-12, 235-6, 237-6 y 244-11 de la Carta Política, respectivamente; (v) similar es la posición en el sistema de fuentes de los llamados *reglamentos residuales*, esto es aquellos mediante los cuales el Gobierno efectúa la regulación de un asunto que, en principio, se encuentra dentro de la competencia normativa propia del Legislador, pero ante la falta de ejercicio de dicha atribución por parte del Congreso, la reglamentación correspondiente, por ministerio de la Constitución Política, debe ser expedida por el Ejecutivo, el cual, por consiguiente, sólo puede proferir la regulación de la cual se trate en defecto de intervención legislativa que efectúe el desarrollo del tema, tal como ocurre, por vía de ejemplo, con los supuestos previstos por los artículos 41 y 42 transitorios de la Carta. Finalmente, *coexisten el criterio jerárquico y el criterio de distribución de materias* como elementos que permiten explicar la dinámica del reparto de atribuciones normativas que se da entre la ley y el reglamento, tratándose de (vi) los *reglamentos de desarrollo de leyes marco* –aquellas en las cuales el Congreso tiene limitada, por ministerio de la Constitución Política, su potestad normativa en relación con algunas materias, de suerte que sólo puede aprobar normas genéricas en relación con las mismas y señalar, al mismo tiempo, los objetivos y criterios generales que debe seguir el Gobierno u otro

la Constitución, la ley y los reglamentos proferidos por instancias jerárquicamente superiores[48].

En nuestro criterio, la inclusión de los reglamentos proferidos por las comisiones de regulación de servicios públicos domiciliarios en la categoría reglamentaria aludida, se corresponde plenamente con la marcada –aunque no exclusiva, como ya en este escrito se advirtió– connotación técnica de la función de regulación en este ámbito e, incluso, con las consideraciones tenidas en cuenta por el Constituyente al abordar el tratamiento a dispensar a los servicios públicos domiciliarios, pues en dicho momento llegó a proponerse la creación de un órgano constitucional, autónomo e independiente, que se ocupara de la función regulatoria en ese campo[49], cosa que a la postre, como bien se sabe, no aconteció.

órgano constitucional al momento de expedir la reglamentación complementaria, ésta sí exhaustiva y detallada, que resulte del caso–, como ocurre, a modo ilustrativo, con los asuntos enlistados en el artículo 150-19 constitucional. Cfr. Consejo de Estado, Sala de lo Contencioso Administrativo, Sección Tercera, sentencia del 14 de agosto de 2008, radicado 11001 03 26 000 1999 00012 01 (16230). En similar posición a la de los aludidos reglamentos de desarrollo de leyes marco, en tanto que relacionados con la ley tanto en virtud del criterio de subordinación jerárquica como en aplicación del de distribución de competencias normativas o del principio de competencia, cabría mencionar a (vii) los *dictados por autoridades de las entidades territoriales con sujeción al principio de competencia*, mediante los cuales, por ejemplo, se determina la estructura orgánica de la Administración en su territorio, se aprueban los planes de desarrollo o los presupuestos generales de rentas y gastos o se reglamentan los usos del suelo (arts. 300, nums. 2, 3, 5 y 7 y 313, numerales 2, 5, 6 y 7 de la Constitución Política), siempre que se convenga, claro está, que se trata de normas reglamentarias en tanto que provistas de vocación de permanencia en el sistema de fuentes.

48 En este sentido, la Corte Constitucional, en la precitada sentencia C-1162 de 2000 –entre otras–, ha sostenido lo siguiente: "De acuerdo con lo hasta aquí expuesto, se evidencia que las comisiones de regulación de servicios públicos [...] están absolutamente sometidas a la ley y a las reglamentaciones que de la misma haga el Gobierno Nacional, como cualquier otra autoridad administrativa; en consecuencia, las regulaciones que expidan, deben subordinarse a ese ordenamiento jerárquico superior, sin que puedan contrariarlo, modificarlo o complementarlo".

49 De ello da cuenta la Corte Constitucional, en la sentencia C-272 de 1998: "13. Es cierto que bien hubiera podido la Carta, con el fin de tecnificar la formulación de las estrategias en materia de servicios públicos, atribuir esa función a una autoridad técnica autónoma, tal y como lo hizo en relación con la política monetaria o la regulación de

Otra aproximación dogmática a esta cuestión propone incluir entre aquellas modalidades de reglamento que se relacionan con la ley, tanto a través del criterio jerárquico como con base en el *principio de competencia*, a los proferidos por las comisiones de regulación de servicios públicos domiciliarios, pues se estima que la circunstancia consistente en que tales *normas regulatorias* se encuentren subordinadas a la Constitución, la ley y otros preceptos reglamentarios, no quiere decir que el ámbito decisorio encomendado por el legislador a tales órganos reguladores pueda ser invadido a voluntad por el reglamento ejecutivo o por la política gubernamental en la materia[50]. Coincidimos con la idea en el sentido de que la Jurisdicción contenciosa debe velar por la obediencia al reparto de competencias que realiza la ley entre diversas instancias decisorias, al interior de la Rama

---

la televisión. Es más, en los propios debates en la Asamblea Constituyente se llegó a plantear esa posibilidad. Sin embargo, lo cierto es que finalmente no se adoptó ese modelo y se atribuyó esa función al presidente, tal y como lo establece el artículo 370 superior. Un breve examen de los debates en la Asamblea Nacional es ilustrativo en este punto. Así, el Informe-Ponencia en materia de servicios públicos presentado en la Asamblea –*Gaceta Constitucional* n.º 41. Informe-Ponencia, martes 9 de abril de 1991. Augusto Ramírez Cardona– resaltó la importancia de los servicios públicos, por lo cual se propuso consolidar su eficiencia y legitimidad mediante un organismo que fuera el titular de la fijación de políticas de desarrollo, de conservación, tarifas, control y vigilancia de los servicios públicos, al cual inicialmente se denominó "Consejo Nacional de Servicios Públicos". Igualmente, respecto a la dirección y control de los servicios públicos –Ponencia sobre Servicios Públicos. 4 de abril de 1991. Ponente: Eduardo Verano de la Rosa. *Gaceta Constitucional* n.º 51, martes 16 de abril de 1991–, se planteó también la posibilidad de permitir que organismos especializados determinaran el control, regulación y vigilancia de los mismos...".

50 Así lo entiende Héctor Santaella ("Encuadre sistemático de la regulación de telecomunicaciones...", cit., pp. 138-144), quien explica que "[E]l solo dato de la superioridad de una norma sobre otra no permite determinar el alcance de los poderes jurídicos que se reconocen a un órgano de producción normativa y, en consecuencia, dice poco sobre los límites de su facultad normativa. El análisis de las competencias resulta, entonces, imperativo. En últimas, el reparto competencial supone una distribución horizontal de los diversos asuntos que pueden ser objeto de regulación, para lo cual 'se asigna a determinadas normas la regulación de una serie de materias, determinándose ámbitos exclusivos para los cuales esas normas son competentes'. Bajo esta perspectiva no cualquier norma puede ocuparse de cualquier materia en cualquier extensión o intensidad".

Ejecutiva, entre el presidente de la República, los ministerios y las comisiones de regulación en esta materia; la infracción de tales disposiciones atributivas de competencia configura una infracción que, como en tratándose de cualquier otra especie de reglamento ocurre, vicia insaneablemente a la decisión respectiva de nulidad.

Empero, lo que sí estimamos que resulta harto debatible es que la fuerte influencia de la técnica como fundamento de estas decisiones de los órganos reguladores en mención, así como el perfil altamente especializado de *algunos* de sus integrantes, junto con las aludidas asignaciones legales de competencias normativas, resulte criterio suficiente para preconizar la existencia de una modalidad *sui generis* de reglamento, no encuadrable en la especie de los mismos en la cual hemos estimado ubicable a las decisiones de las comisiones de regulación en comento. No creemos que exista una diferencia sustancial entre estas decisiones normativas de las comisiones de regulación y las que puedan proferir otras autoridades administrativas cuyas competencias puedan ser usurpadas por otros organismos o entidades.

Tampoco creemos, en línea con lo expuesto, que resulte plausible considerar un dato de menor cuantía a estos efectos la ubicación de las comisiones de regulación en servicios públicos domiciliarios dentro de la estructura del Estado colombiano, como meras dependencias incardinadas dentro de la estructura orgánica de ministerios, al interior del sector central de la rama ejecutiva –ni siquiera en el descentralizado por servicios, pues se trata de unidades administrativas especiales desprovistas de personería jurídica–, con alguna autonomía administrativa y funcional, no se discute, pero en últimas subordinadas y sometidas al control jerárquico de las instancias superiores dentro del poder ejecutivo, por tanto, fuertemente permeables a la injerencia ideológica y política de quienes en cada momento se ubiquen en el alto gobierno nacional.

El hecho de que sólo algunos de los integrantes de estos órganos decisorios tengan un más fuerte perfil técnico, no creemos que enerve la anterior conclusión: en su mayoría, son designados discrecionalmente por el gobierno de turno –aunque cuenten con cierta estabilidad derivada del período fijo cuatrienal para el cual se les nombra– y no está claro que puedan lograr mayorías decisorias estables al interior de tales cuerpos colegiados, para imponer su pretendida vocación esencialmente técnica, respecto de orientaciones políticas, económicas o de conveniencia. En definitiva, como antes lo señalamos, no creemos que exista una diferencia categórica o sustancial entre estos reglamentos y los proferidos por otras autoridades administrativas, en asuntos técnicos o especializados comprendidos dentro de su órbita competencial.

II. LAS TÉCNICAS DE CONTROL JUDICIAL DE LAS DECISIONES ADOPTADAS EN EJERCICIO DE LA FUNCIÓN ADMINISTRATIVA DE REGULACIÓN. PARÁMETROS DE GRADACIÓN DE LA INTENSIDAD DE LA FISCALIZACIÓN

Se antoja incuestionable que todo esfuerzo que tanto a nivel doctrinal como en el ámbito jurisprudencial se haga por racionalizar y dar un mínimo de sistematicidad a las diversas técnicas de fiscalización judicial de las decisiones administrativas, así como a la intensidad del control practicado, incrementa los niveles de eficacia, igualdad, confianza legítima y previsibilidad respecto de los métodos con base en los cuales se ejerce la función jurisdiccional y se garantiza el derecho fundamental al acceso a la Administración de Justicia[51]. Con ese propósito, siguiendo los derroteros que sobre este particular hemos delineado en otro lugar[52] y que entendemos que tienen reflejo en providencias del Consejo de Estado –las más relevantes de las cuales se traerán a cuento enseguida–, agruparemos a continuación las técnicas de fiscalización que resulta del caso emplear para enjuiciar la legalidad de las decisiones proferidas por las autoridades administrativas de regulación, en dos conjuntos: el integrado por los elementos reglados de toda decisión administrativa –sea fruto del ejercicio de una potestad reglada o de una facultad discrecional–, de un lado y, de otro, el que engloba a principios generales, del Derecho o de la función administrativa.

---

51 Con este enfoque véase el trabajo de Andrés Fernando Ospina Garzón. "La intensidad del control judicial de la JCA: un paso más en la construcción de las técnicas del contencioso administrativo jurisdiccional", cit., pp. 356 y ss.

52 Véase nuestro trabajo *Discrecionalidad administrativa*, cit., capítulos tercero y sexto.

A. CONTROL A TRAVÉS DE LOS ELEMENTOS REGLADOS DEL ACTO ADMINISTRATIVO

Siguiendo los planteamientos de Vedel son, como mínimo, tres los aspectos en los cuales toda decisión administrativa está reglada: el primero, la *competencia* del órgano actuante, siempre prefijada por la ley, que establece de forma imperativa las atribuciones que se confieren a cada autoridad administrativa; el segundo, los *motivos*, vale decir, los presupuestos fácticos que sustentan la decisión, los cuales deben ser siempre "material y jurídicamente exactos", aun cuando la Administración disponga de discrecionalidad para apreciar las consecuencias que se derivan del acaecimiento de los mismos y, el tercero, el *fin* perseguido, el cual debe ser siempre de interés público[53].

A su turno, con referencia ordenamiento jurídico nacional, se ha explicado que los que han dado en denominarse elementos reglados del acto administrativo se corresponden con aquellos elementos de los actos administrativos que pueden verse afectados por cada una de las causales de anulación contenidas en el inciso segundo del artículo 137 del CPACA[54], esto es, la *competencia* –"cuando hayan sido expedidos por funcionarios incompetentes"–, la *forma* –"forma irregular"–, el *procedimiento* cuyo agotamiento resulta ineludible previa adopción de la decisión en garantía tanto del derecho de defensa y el debido proceso de quienes pueden verse afectados con ella, como que la Administración se ha ubicado en la mejor posición posible para

---

53 Georges Vedel. *Derecho Administrativo*, 6.ª ed. J. Rincón Jurado (trad.), Madrid, Biblioteca Jurídica Aguilar, 1980, pp. 264-265. En similar dirección, los profesores Eduardo García de Enterría y Tomás Ramón Fernández Rodríguez señalan que "la primera reducción del gran dogma de la discrecionalidad se opera [...] observando que en todo acto discrecional hay elementos reglados suficientes como para no justificarse de ninguna manera una abdicación total del control sobre los mismos (existencia y extensión de la potestad, competencia del órgano, formas y procedimientos, fin, tiempo, fondo parcialmente reglado –en general o en relación a una situación jurídica concreta–, etc.)". Eduardo García de Enterría y Tomás Ramón Fernández Rodríguez. *Curso de Derecho Administrativo*, I, 11.ª ed., Madrid, Civitas, 2002, p. 469.

54 La referencia se toma del Consejo de Estado, Sección Tercera, sentencia del 5 de junio de 2008, radicado 15001233100019880843101803 1, n.º interno 8431. En la providencia la disposición vigente para el momento de su proferimiento y en ella referida, era el artículo 84 del Decreto Ley 01 de 1984.

decidir, incorporando todos los elementos de juicio relevantes al efecto –"con desconocimiento del derecho de audiencia y defensa"–, los *motivos o hechos determinantes* de la decisión, junto con la *motivación* de la misma en los casos en los cuales ésta se encuentra legalmente exigida –"falsa motivación"– y la *finalidad, propósito o fin* del acto –"con desviación de las atribuciones propias del funcionario o corporación que los profirió"–.

El control basado en los elementos reglados del acto administrativo no admite graduación de su intensidad, pues dichos elementos o están presentes o no lo están en la decisión respectiva. La modulación de la intensidad de la fiscalización judicial se abre paso sólo en relación con el margen de apreciación del cual dispone la autoridad para calificar los presupuestos fácticos de la decisión y atribuirles la consecuencia jurídica que estima pertinente, extremo que se concreta en el ejercicio de la discrecionalidad y que se fiscaliza, fundamentalmente, a través de la utilización de principios generales del Derecho o de la función administrativa, a los cuales se hará referencia a continuación.

El control de legalidad de las decisiones adoptadas por las autoridades de regulación a través de los elementos reglados en mención es absolutamente usual y pacífico por parte de la Jurisdicción de lo Contencioso Administrativo, que revisa regularmente la juridicidad de resoluciones sancionatorias, actos que decretan áreas de servicio exclusivo o fijan el valor de tasas a pagar por los operadores u otro tipo de reglamentos[55]. La falta de competencia para adoptar la decisión, por ejemplo, es herramienta de fiscalización que conduce a la anulación de reglamentos en el ámbito de los servicios públicos domiciliarios que invaden la órbita competencial del Legislador al abordar conceptos que debía ser precisados por este[56] o al regular procedimientos que igualmente debieron ser definidos en disposiciones legales[57].

---

55 Guillermo Vargas Ayala. "El control judicial del contencioso administrativo en servicios públicos", *Revista Con-texto*, 42, Bogotá, 2014, pp. 11-35.

56 Consejo de Estado, Sala de lo Contencioso Administrativo, Sección Tercera, sentencia del 27 de octubre de 2005, radicado 11001-03-26-000-2002-00045-01(23583).

57 Consejo de Estado, Sección Tercera, sentencia del 25 de septiembre de 1999, radicado 246544. Problemas jurídicos similares se abordan en Consejo de Estado, Sección Primera, sentencia del 30 de abril de 2009, radicado 11001 0324 000 2004 00123 01 y Consejo de Estado, Sección Tercera, sentencia del 2 de mayo de 2007, radicado

La falta de observancia rigurosa del procedimiento administrativo público, participativo e intersubjetivo que debe agotarse previamente a la expedición de reglamentos por parte de órganos de regulación, al cual se hizo referencia previamente en este escrito, ha dado lugar a que se declare la nulidad de decisiones de este tipo por parte de la autoridad reguladora en materia de televisión, por desatender el trámite procedimental previsto en el artículo 13 de la Ley 182 de 1995 para la adopción de acuerdos regulatorios en ese sector[58]. La competencia para adoptar la decisión, el procedimiento administrativo intersubjetivo y participativo previo a la adopción de la decisión y la existencia de los hechos determinantes de su proferimiento, son elementos reglados que se fiscalizan respecto de las determinaciones mediante las cuales se establecen las tarifas por la prestación del servicio público de telefonía móvil celular[59].

B. CONTROL A TRAVÉS PRINCIPIOS GENERALES

Si se continúa adelante con la alusión al contenido del inciso segundo del artículo 137 del CPACA, se incluye allí otra causal de anulación de los actos

---

11001-03-26-000-1998-05354-01(16257). Igualmente, se examinó este extremo en relación con los actos administrativos proferidos por las comisiones de regulación de servicios públicos, mediante los cuales se resuelven controversias entre operadores, decisiones que en su momento se discutió si tenían carácter judicial o cuasi judicial, pero se dejó sentado que se trata de decisiones administrativas. Cfr. Consejo de Estado, Sección Primera, sentencia del 30 de abril de 2009, radicado 11001 0324 000 2004 00123 01. En similar sentido, Consejo de Estado, Sección Primera, sentencia del 21 de junio de 2018, radicado 11001-03-24-000-2007-00272-00. También se examinó el elemento competencia en relación con la decisión de regular la venta de agua en bloque por parte de la CRA, en Consejo de Estado, Sección Primera, sentencia del 18 de octubre de 2019, radicado 11001-03-24-000-2012-00317-00.

58 Consejo de Estado, Sección Primera, sentencia del 21 de septiembre de 2000, radicado 5426; Consejo de Estado, Sección Primera, sentencia del 13 de mayo de 2010, radicado 11001032400020040037501; Consejo de Estado, Sección Primera, sentencia del 20 de octubre de 2011, radicado 11001032400020040009801; Consejo de Estado, Sección Tercera, sentencia del 4 de octubre de 2007, radicado 11001032600020040004901.

59 Consejo de Estado, Sección Primera, sentencia del 29 de agosto de 2019, radicado 11001-03-24-000-2007-00261-00.

administrativos consistente en que la decisión "infrinja las normas en que debería fundarse", en otros términos, cuando contravenga, por cualquier razón, el "bloque de legalidad", parafraseando la expresión acuñada por Maurice Hauriou para reseñar que la *legalidad* a la cual se subordinan las decisiones administrativas no se refiere sólo a las normas con rango formal de ley, sino al *bloque de juridicidad* o, en otros términos, el bloque del Derecho aplicable, al ordenamiento jurídico en su conjunto.

Dentro de ese bloque de legalidad o de juridicidad, los parámetros de control judicial que no resultan reconducibles a alguno de los antes referidos elementos reglados del acto administrativo y que cada vez se utilizan de forma más intensa –no por ello siempre sistemática y racional– como herramientas de fiscalización de la actividad de la Administración, son los principios generales del Derecho, y en particular los principios que rigen la función administrativa[60].

1. PARÁMETROS Y LÍMITES GENERALES PARA EL CONTROL JUDICIAL BASADO EN LA APLICACIÓN DE PRINCIPIOS

a. DIFERENCIACIÓN ENTRE EL CONTROL JUDICIAL *NEGATIVO* –ANULATORIO– Y EL *POSITIVO* –SUSTITUTORIO–

En general puede afirmarse que la intensidad del control judicial basado en principios debe ser variable y tiene que graduarse en función de la

---

60 Del control judicial con base en la aplicación de principios se ha afirmado que "[E]l control por los principios generales del Derecho tiene como fundamento la plena vinculación de toda actividad administrativa a la Ley y al Derecho, incluyendo dentro de éste, como no podía ser de otra manera, la "condensación de los grandes valores jurídicos materiales que constituyen el *substratum* del Ordenamiento y de la experiencia reiterada de la vida jurídica" en que los principios se traducen. De este modo, el ejercicio de la discrecionalidad debe respetar como límites infranqueables principios como los de objetividad, imparcialidad, protección de la confianza legítima e igualdad, razonabilidad, proporcionalidad, interdicción de la arbitrariedad y respeto a los derechos fundamentales". Cfr. Consejo de Estado, Sección Tercera, sentencia del 30 de noviembre de 2006, radicado 110010326000199503074 01, expediente 13074; Consejo de Estado, Sección Tercera, sentencia del 5 de junio de 2008, radicado 150012331000198808431 01 (8431).

amplitud o estrechez del margen de valoración que el ordenamiento jurídico atribuya a la autoridad administrativa para adoptar la decisión controlada, de suerte que a mayores márgenes de relativa libertad de decisión –a mayor discrecionalidad–, menor debería ser, en principio, la intensidad del control judicial[61].

Esta idea conecta con la tesis de acuerdo con la cual las *normas de conducta* que regulan la actividad de la Administración, constituyen, a su vez, *normas o parámetros de control* dirigidas al juez de lo contencioso administrativo, de suerte que debe admitirse la existencia de una relación simbiótica y reflexológica entre la densidad de la programación normativa de la actuación administrativa y la intensidad de su fiscalización judicial, en la medida en que será aquélla la que determine a ésta y así, toda flexibilización del control jurisdiccional podrá normalmente explicarse como consecuencia de un correlativo déficit de programación normativa. *Contrario sensu*, cuanto mayor sea el detalle de la regulación del ámbito de actividad administrativa correspondiente, menor será el margen de libertad decisional del órgano actuante y mayores los alcances de las facultades de fiscalización judicial. Tal planteamiento resulta muy gráficamente explicitado a través de la expresiva fórmula de acuerdo con la cual "si, conforme a la ley aplicable, la medida de la legalidad de una determinada actuación administrativa se expresa en centímetros, el juez contencioso-administrativo no puede pretender medir milímetros"[62].

Se sigue de lo anterior que el control judicial de la actividad administrativa –especialmente de la discrecional, a la sazón la que se presenta con

---

61 Consejo de Estado, Sección Tercera, sentencia del 5 de junio de 2008, radicado 15001233100019880843101 (8431).

62 Aseveración que se complementa con esta otra, igualmente certera en nuestro sentir: "En suma, la independencia de la Administración frente al legislador (= carencia de normas de conducta dirigidas a aquélla) y la independencia de la Administración frente al juez contencioso-administrativo (= carencia de normas de control dirigidas a éste último) no son sino las dos caras de una misma moneda". Cfr. Mariano Bacigalupo. *La discrecionalidad administrativa. Estructura normativa, control judicial y límites constitucionales de su atribución*, Madrid, Marcial Pons, 1997, pp. 82-83; en idéntica dirección, Hugo Alberto Marín Hernández. *Discrecionalidad administrativa*, cit., pp. 462-466 y Consejo de Estado, Sección Tercera, sentencia del 5 de junio de 2008, radicado 15001233100019880843101 (8431).

mayor frecuencia en el ejercicio de la función administrativa de regulación, como antes se desarrolló en el presente escrito– con base en principios generales, en general y apoyándose en el que de forma más recurrente debe ser utilizado y de hecho se emplea a tal efecto, que es el principio de proporcionalidad, en particular –aunque no puede desconocerse la importancia que tiene el muy común examen de la juridicidad de este tipo de decisiones al amparo del principio de igualdad[63]– ese control, afirmamos, comporta el riesgo de que el juez se vea colocado en la posición que constitucionalmente concierne ocupar a la Administración en la identificación de las medidas requeridas para servir al interés público en el caso concreto.

Ello si se toma en consideración que, *prima facie*, los principios generales apenas proporcionan un parámetro de fiscalización *negativo*, por cuanto aplicados a las circunstancias del caso, usualmente no consiguen reducir *a una única* las alternativas de actuación lícitas de las que dispone la autoridad administrativa, más aún en las nada infrecuentes ocasiones en que la densidad normativa de la reglamentación reguladora del ámbito de actividad del cual se trate, tampoco aporta al operador jurídico elementos suficientes para establecer la relación de peso o de precedencia condicionada entre los bienes jurídicos, principios, intereses o derechos en tensión o colisionantes en el supuesto específico.

Por tanto, si a pesar de hallarse ante un panorama como el descrito, el juez decide anular y/o sustituir la elección administrativa hecha entre varias opciones todas ellas ajustadas a Derecho, excede sus competencias y se arroga la facultad de decidir conforme a criterios de índole normalmente política, económica, técnica, etcétera, tarea que concierne a la Administración una vez que se han descartado aquellas alternativas de actuación que rebasan o vulneran el límite constituido por los referidos principios generales, que en tales circunstancias solo podrán ser un *límite negativo*, dado que ni ellos ni las demás disposiciones del ordenamiento jurídico

---

63 Como buen ejemplo de control judicial de la legalidad de decisiones regulatorias con apoyo en la aplicación del principio de igualdad, se tiene el caso de la decisión adoptada por la Comisión de Regulación de Comunicaciones de limitar el número de operadores autorizados para usar las redes de telecomunicaciones del Estado, cuya juridicidad se analizó justamente desde el tamiz ofrecido por el principio de igualdad. Consejo de Estado, Sección Tercera, sentencia del 13 de julio de 2000, radicado 253072.

aplicables, establecen de antemano una jerarquía u orden entre los bienes, derechos o principios en presencia, que fuerce la elección de *la una única opción posible* –por ser la única ajustada a Derecho–[64].

Consecuentemente con lo anterior, la circunstancia de si la intensidad del control judicial ha de ser positiva o negativa, debido a su accesoriedad respecto de la programación normativa de la actividad de la Administración, dependerá de si dicha programación es, a su vez, positiva –el ordenamiento prevé exactamente cuál es el sentido de la actividad de que se trate en un supuesto concreto– o negativa –el ordenamiento se limita a señalar cuál es el sentido o sentidos que de ninguna manera puede tener dicha actuación, sin predeterminar cuál ha de serlo en concreto una vez descartados los excluidos, que es como operan los principios generales del Derecho–[65]. Por tanto, siendo positiva la programación, el control jurídico no tendrá que limitarse a rechazar –anular– las actuaciones no ajustadas a Derecho, sino que dispone de la posibilidad/tiene la obligación de condenar a la Administración a optar por la única alternativa conforme con la normatividad, sustituyendo el juez, en tal caso, la decisión administrativa previa. Pero si la mencionada programación es de signo negativo, el mismo signo deberá ser el de la fiscalización judicial, que habrá de limitarse a la anulación de aquellas actuaciones que adolezcan de algún vicio jurídico.

---

64 Por lo mismo, encontramos plenamente suscribible el contundente aserto que se transcribe a continuación: "Si [...] los tribunales se adentran en este terreno se sitúan en un lugar que no les corresponde y en el que no actúan realmente como tribunales sino como superiores jerárquicos de las autoridades administrativas, como órganos de tutela de la Administración y, en definitiva, como administradores. Si no hay criterio jurídico aplicable, los tribunales no pueden intervenir, pues lo contrario supone la vulneración del principio de división de poderes y el indeseable gobierno de los jueces". Eva Desdentado Daroca. *Discrecionalidad administrativa y planeamiento urbanístico. Construcción teórica y análisis jurisprudencial*, Pamplona, Aranzadi, 1997, p. 248.

65 En ese sentido, distinguen entre el control *positivo* –sustitutorio de la decisión administrativa controlada– y el *negativo* –meramente excluyente (anulatorio) de las decisiones que desbordan el límite de los principios, sin reemplazar la elección administrativa–; cfr. W. Wolfgang Hoffmann-Riem. "La reforma del Derecho Administrativo. Primeras experiencias: el ejemplo del Derecho ambiental", *Documentación Administrativa*, 234, 1993, p. 33; Juan Igartúa Salaverría. "Discrecionalidad, arbitrariedad y control judicial", *Revista Vasca de Administración Pública*, 46, 1996, pp. 112 y 118.

Deben agregarse a los parámetros generales expuestos, los eventos, sin duda excepcionales, conocidos como de *reducción a cero de la discrecionalidad*[66]. Se trata de que en ocasiones se presentan casos en los cuales, no obstante resultar incuestionable que las facultades ejercidas por la Administración en abstracto son discrecionales, las circunstancias, principios jurídicos o presupuestos fácticos que rodean la aplicación de la norma correspondiente en el caso particular hacen que sólo sea posible considerar conforme a Derecho *una única solución*, al ser cualquiera otra de las posibles incompatible con el ordenamiento jurídico[67]. Este cuadro de situación excepcional llevaría a que un control judicial que en principio sólo podría considerarse admisible con alcance *negativo* –en cuanto limitado a verificar si la decisión cuestionada infringe el ordenamiento jurídico–, por la naturaleza del caso se transforme en *positivo* –de intensidad sensiblemente mayor que el anterior–, quedando habilitado el juez no ya solamente para proferir un pronunciamiento *anulatorio* de la decisión cuestionada, sino uno *condenatorio*, que obligue a la Administración a adoptar esa *única solución justa o conforme a Derecho*, sustituyendo la elegida en sede administrativa, *siempre que exista en el expediente fundamento probatorio suficiente para hacerlo.* Se trata, en estos eventos, de la denominada por la doctrina alemana "Ermessensreduzierung auf Null" o "reducción a cero" de la discrecionalidad[68].

---

66 Referidos en nuestro trabajo *Discrecionalidad administrativa*, cit., pp. 462 y ss.

67 Cfr. Luciano Parejo Alfonso. *Administrar y juzgar...*, cit., pp. 124-126.

68 La doctrina generalizadamente hace alusión a esta figura. Por vía de ejemplo, puede verse Tomás Ramón Fernández Rodríguez. "Debe la Administración actuar racional y razonablemente?", *Revista Española de Derecho Administrativo*, 83, 1994; Mariano Bacigalupo. *Discrecionalidad administrativa...*, cit., pp. 89 y ss. y 119; Miguel Beltrán de Felipe. *Discrecionalidad administrativa y Constitución*, Madrid, Tecnos, 1995, pp. 100 y ss.; Miguel Sánchez Morón. *Discrecionalidad administrativa...*, cit., pp. 57-58; Joaquín Tornos Mas. "Discrecionalidad e intervención administrativa económica", en E. Hinojosa Martínez y N. González-Deleito Domínguez (coords.). *Discrecionalidad administrativa y control judicial*, I Jornadas de Estudio del Gabinete Jurídico de la Junta de Andalucía, Junta de Andalucía, Madrid, Civitas, 1996, p. 394. Vista desde la perspectiva de la posición jurídica del administrado, esta se robustece en los casos de reducción a cero de la discrecionalidad como quiera que, en línea de principio, si bien el interesado en la decisión *sólo* tiene derecho a que la discrecionalidad se ejerza

Entendemos que los planteamientos que se han dejado expuestos subyacen a lo establecido en el parágrafo del artículo 230 del CPACA en cuanto a los alcances de las decisiones judiciales mediante las cuales se deciden solicitudes de medida cautelar en contextos en los que la facultad ejercida por la Administración tiene carácter discrecional. Prevé la norma en cuestión que

> [S]i la medida cautelar implica el ejercicio de una facultad que comporte elementos de índole discrecional, el Juez o Magistrado Ponente no podrá sustituir a la autoridad competente en la adopción de la decisión correspondiente, sino que deberá limitarse a ordenar su adopción dentro del plazo que fije para el efecto en atención a la urgencia o necesidad de la medida y siempre con arreglo a los límites y criterios establecidos para ello en el ordenamiento vigente.

b. GRADUACIÓN DE LA INTENSIDAD CON LA CUAL SE APLICA EL PRINCIPIO DE PROPORCIONALIDAD

Resulta especialmente esmerada la labor acometida desde la jurisprudencia de la Corte Constitucional por racionalizar la intensidad de la fiscalización judicial de decisiones o actuaciones que se producen en contextos en los

---

de manera correcta y ajustada a Derecho, sin embargo, no tiene derecho a que, dentro del abanico de opciones de las que dispone el órgano actuante para elegir, se decante por una concreta de tales alternativas. Pero, precisamente, la reducción a cero de la discrecionalidad fortalece la posición jurídica del interesado en la actuación administrativa, toda vez que la contracción del margen de apreciación discrecional le supone la adquisición del derecho a que se profiera un acto administrativo en un sentido determinado, pues cualquier otra opción devendría contraria a Derecho. Ello si se tiene en cuenta, además, que la reducción a cero de la discrecionalidad permite a la jurisdicción evitar el tener que proferir una "sentencia-marco" –en la que se ordena la devolución del asunto a la Administración para que vuelva a decidir, advirtiéndole dentro de qué límites jurídicos debe hacerlo, pero sin poder definir detalladamente en la condena por qué solución debe aquella optar exactamente– y dictar una "sentencia de condena en sentido estricto", ordenándole al órgano administrativo, con toda precisión, cómo debe proceder, de suerte que no deberá adelantar otra actuación administrativa para reemplazar la decisión anulada. La expresión *sentencia marco* la utiliza Alejandro Huergo Lora. *Las pretensiones de condena en el contencioso-administrativo*, Pamplona, Aranzadi, 2.002, pp. 284-285, 290-291 y 321-322.

cuales quien actúa o decide lo hace en uso de márgenes de autonomía o de discrecionalidad y en contextos en los que se constata la existencia de colisiones entre principios y se acude, por consiguiente, como herramienta de control, al principio de proporcionalidad. En términos generales, consideramos que tales parámetros pueden –y hasta deberían– trasladarse, con los matices de rigor, a la fiscalización de la juridicidad de las decisiones adoptadas por autoridades administrativas[69] en materia de regulación.

Y es que, como certeramente lo explica la Corte Constitucional[70], el análisis de proporcionalidad empleado en escenarios como los descritos tiene como propósito evitar restricciones excesivas a los bienes jurídicos involucrados –interdicción del exceso– o protecciones insuficientes de los mismos –interdicción de la infraprotección–, de modo que la proporcionalidad se erige en instrumento de cardinal importancia con miras a excluir la arbitrariedad o el capricho. Instrumento que, de todos modos, no puede ser aplicado con la misma intensidad en todos los casos, pues de lo contrario se desconocerían o afectarían gravemente las competencias de los diferentes órganos del Estado o la autonomía y libre iniciativa de los particulares. Tal graduación de la intensidad del análisis de proporcionalidad viene constitucionalmente impuesta para salvaguardar los principios de separación de poderes, la libertad de configuración del Legislador –o de la Administración, en especial cuando la autoridad que decide ejerce potestades discrecionales y cuenta con legitimidad democrática–, la participación democrática, el pluralismo y la autonomía de los particulares[71].

De la mano de estos argumentos, se explica entonces que, en función de su intensidad, el juicio de proporcionalidad puede ser débil, intermedio o estricto. El de *intensidad estricta* exige verificar si la medida analizada i) persigue una finalidad constitucionalmente imperiosa, urgente o inaplazable; en caso afirmativo, se debe determinar si el medio elegido resulta ii) efectivamente conducente, iii) necesario y iv) proporcionado en sentido

---

69 Entendemos que a ello se contrae, con algunos matices, la interesante propuesta formulada por Andrés Fernando Ospina Garzón. "La intensidad del control judicial de la JCA:...", cit., pp. 360 y ss.

70 Ver, en especial, las sentencias C-114 y C-115 de 2017.

71 Corte Constitucional, sentencia SU-626 de 2015.

estricto. Este escrutinio sumamente riguroso de la justificación de la medida enjuiciada es el procedente en casos en los cuales ella se apoya en categorías sospechosas para realizar una distinción[72]–, afecta a grupos especialmente protegidos o impacta un derecho fundamental.

El juicio de intensidad intermedia exige establecer, en primer término, si la medida i) se orienta a conseguir un propósito constitucionalmente importante; de ser así, se procede a establecer si resulta ii) efectivamente conducente para alcanzar esa finalidad; este nivel de escrutinio se aplica en casos en los que la medida acusada se apoya en el uso de categorías semisospechosas[73], afecta un derecho constitucional no fundamental o constituye un mecanismo de discriminación inversa o de acción afirmativa. Y el de intensidad débil consiste en indagar si la medida examinada i) persigue una finalidad constitucional legítima o no prohibida por la Constitución, para, de ser así, establecer si ii) el medio puede considerarse, al menos prima facie, como idóneo para alcanzar ese objetivo. Este sería el nivel de intensidad del escrutinio, según la Corte, cuando se juzgan, entre otras, medidas adoptadas en desarrollo de competencias constitucionales específicas o de naturaleza tributaria o económica. Sería el que, por consiguiente, *prima facie* y de preferencia, habría lugar a utilizar para controlar la juridicidad de decisiones regulatorias.

Resulta esencial tener en cuenta que, en cualquier caso, el juicio de proporcionalidad debe venir precedido de un examen respecto de si la medida enjuiciada está directamente prohibida por la Constitución Política –p. ej., conlleva tortura o la imposición de una pena cruel, inhumana o

---

72 Como lo explica la propia Corte Constitucional, el carácter sospechoso de un criterio de diferenciación hace referencia a las categorías que "(i) se fundan en rasgos permanentes de las personas, de las cuales éstas no pueden prescindir por voluntad propia a riesgo de perder su identidad; (ii) esas características han estado sometidas, históricamente, a patrones de valoración cultural que tienden a menospreciarlas; y, (iii) no constituyen, *per se*, criterios con base en los cuales sea posible efectuar una distribución o reparto racionales y equitativos de bienes, derechos o cargas sociales" (sent. C-481 de 1998); se trata de criterios cuyo "uso ha estado históricamente asociado a prácticas que tienden a subvalorar y a colocar en situaciones de desventaja a ciertas personas o grupos, *vr. g.* mujeres, negros, homosexuales, indígenas, entre otros" (sent. C-371/00).

73 Como la exigencia de una edad mínima a modo de requisito para acceder a un derecho o situación jurídica favorable.

degradante (art. 12 superior), la prisión perpetua o el destierro (art. 34 *ídem*) o la expropiación sin indemnización (arts. 58 y 59 *ejusdem*)–. Además, en cada caso el juez debe valorar las circunstancias específicas y singularidades que el mismo ofrece, para argumentar y justificar la intensidad del juicio que aplica, con base en los parámetros que se acaba de describir.

2. ¿DEFERENCIA JUDICIAL HACIA LOS CRITERIOS FIJADOS DISCRECIONALMENTE POR LAS AUTORIDADES ADMINISTRATIVAS DE REGULACIÓN?

Todos los elementos de análisis que se han incluido hasta ahora en el presente trabajo pueden conducir a que, bajo determinadas circunstancias y con sujeción a los presupuestos que se expusieron en precedencia, la jurisdicción contenciosa deba mostrar y de hecho observe cierta deferencia hacia los criterios en los que apoyan las autoridades administrativas reguladoras sus decisiones, deferencia que puede derivar ora del marcado carácter técnico del fundamento de las mismas –casos en los que la complejidad de la cuestión genere *discrecionalidad técnica*– (i), ora de la menor intensidad con la cual debe graduarse, por las características del caso, el ámbito de actividad y el contexto en el que se profiere la decisión, el control realizado con base en el principio de proporcionalidad (ii).

(i) Por cuanto respecta al reconocimiento de deferencia en atención a la complejidad técnica del asunto, se ha defendido esta postura con base en destacar que la Administración, usualmente, se encuentra mejor preparada desde el punto de vista funcional, orgánico, logístico, procedimental y además muchas veces está democráticamente legitimada, para adoptar decisiones técnicas de mejor calidad que las que estarían los jueces en condiciones de producir[74]; de ahí que se afirme, con todo acierto, que "el

---

74 Punto de vista sostenido, entre otros, por Juli Ponce Solé. *Deber de buena administración y derecho al procedimiento administrativo debido...*, cit., pp. 113-116; Elisenda Malaret I García. "Los principios del procedimiento administrativo y el responsable del procedimiento", en Joaquín Tornos Mas (coord.). *Administración pública y procedimiento administrativo (Comentarios a la Ley 30/1992, de 26 de noviembre)*, Barcelona, Bosch, 1994, pp. 305 y ss.; Winfried Brohm. "Administración y Jurisdicción Contencioso-Administrativa como mecanismos de regulación en un sistema

control jurisdiccional de la Administración sólo se debe prolongar hasta donde quepa esperar de la decisión judicial una calidad material al menos igual (*gleiche Sachqualität*) a la de la decisión administrativa que se pretenda corregir"[75].

El Consejo de Estado colombiano también ha defendido este planteamiento, para justificar algunas conclusiones en cuanto a los alcances del control judicial de decisiones que se apoyan en criterios técnicos[76]: (i) en ningún caso el fundamento técnico de la decisión, aun cuando se admita

---

policéntrico de producción del Derecho", Luciano Parejo Alfonso (trad.), en *Documentación Administrativa*, 234, Madrid, INAP, 1993, p. 130. Sobre el punto, véase también el trabajo de Aníbal Rafael Zárate Pérez. "Análisis económico por el juez de lo contencioso administrativo. Prácticas restrictivas de la competencia. Acuerdos de fijación de precios", en Andrés Fernando Ospina Garzón (ed.). *Los grandes fallos de la jurisprudencia administrativa*, Bogotá, Universidad Externado de Colombia, 2013, pp. 416-417.

75 Cfr. Mariano Bacigalupo. *La discrecionalidad administrativa*, cit., pp. 62-64. Así se ha reconocido también en el contexto británico en materia de regulación, de modo que se tiende a respetar la esfera de atribuciones del regulador, sin que el juez sustituya sus apreciaciones técnicas. Ello, además, desde el entendimiento en el sentido de que la intervención del juez en estos asuntos entorpecería la actuación eficaz y oportuna de la Administración y atentaría contra la seguridad de los negocios y de las transacciones, todo agravado por la imposibilidad para el juez de dimensionar las consecuencias indirectas de sus sentencias frente a terceros. Cfr. Gaspar Ariño Ortiz, Juan Miguel de la Cuétara e Íñigo del Guayo Castiella. "El control judicial de las entidades reguladoras. Operaciones de concentración de empresas. Intervención de entidades de crédito. La necesaria expansión del Estado de Derecho", en Gaspar Ariño Ortiz, Juan Miguel de la Cuétara e Íñigo del Guayo Castiella. *Regulación Económica. Lecturas Escogidas*, Pamplona, Aranzadi, 2012, pp. 380-381. Similar posición asume Esteve Pardo, sin perjuicio de reclamar siempre el examen de razonabilidad, proporcionalidad y no arbitrariedad respecto de los criterios técnicos aplicados. Cfr. José Esteve Pardo. "La revisión judicial de las decisiones de las autoridades reguladoras. Jurisprudencia del Tribunal supremo y la Audiencia Nacional", en AA.VV. *Regulación económica*, I, *Fundamentos e instituciones de la regulación*, Madrid, Iustel, 2009, p. 900. También es la postura que defiende Jacqueline Morand Deviller. *Curso de Derecho Administrativo*, 1.ª ed. en español, Zoraida Rincón Ardila y Juan Carlos Peláez Gutiérrez (trads.), Bogotá, Universidad Externado de Colombia, 2010, p. 309.

76 Consejo de Estado, Sección Tercera, sentencia del 31 de octubre de 2007, referencia 13.503, radicado 110010326000199713503oo. Parámetros de fiscalización que hemos

la existencia de *discrecionalidad técnica*, se traduce en el reconocimiento de ámbitos de actividad de la Administración inaccesibles al control por parte del Juez de lo Contencioso Administrativo, pues ello vulneraría el derecho fundamental al acceso a la Administración de Justicia de las personas afectadas por la decisión correspondiente; (ii) cuando se trate de litigios en los cuales se controvierta la legalidad de decisiones administrativas sustentadas en cuestiones técnicas, las autoridades judiciales no están obligadas, *per se*, a inclinarse por la valoración previamente efectuada por la Administración, pues ello contravendría la naturaleza y los propósitos de la actividad probatoria desplegada dentro del proceso judicial, en el cual la prueba pericial constituye apoyo clave para fiscalizar la apreciación administrativa previa[77].

En lo atinente a la intensidad del control[78], (iii) tratándose de supuestos en los cuales (a) para llevar a cabo su escogencia la Administración acude a la técnica y ésta no reconoce como posible una, sino varias alternativas de solución igualmente eficaces para alcanzar el propósito perseguido o (b) de aquellos casos en los cuales la decisión administrativa está basada

---

planteado también en nuestro trabajo *Discrecionalidad administrativa*, cit., capítulos 3 y 7.

77 Buenos ejemplos de casos en los cuales el Consejo de Estado admite la relevancia de la prueba pericial para controvertir los criterios técnicos utilizados por autoridades regulatorias para sustentar sus decisiones, los constituyen las siguientes providencias: Consejo de Estado, Sección Primera, sentencia del 12 de septiembre de 2019, radicado 25000-23-24-000-2009-00397-01; Consejo de Estado, Sección Primera, sentencia del 29 de agosto de 2019, radicado 11001-03-24-000-2007-00261-00; Consejo de Estado, Sección Primera, sentencia del 14 de julio de 2017, radicado 11001-03-24-000-2001-00090-01 (acumulado 11001-03-24-000-2002-00122-01). De hecho, en esta última providencia la prueba técnica aportada por los accionantes es detalladamente analizada por el Consejo de Estado, pero ese Alto Tribunal acaba por estimar razonable y no incurso en error manifiesto de apreciación el fundamento técnico esgrimido por la autoridad administrativa demandada para justificar su decisión en cuanto a la determinación del cargo por capacidad exigido a generadoras de energía eléctrica.

78 Consejo de Estado, Sección Tercera, sentencia del 31 de octubre de 2007, referencia 13.503, radicado 110010326000199713503OO. Parámetros de fiscalización que hemos planteado también en nuestro trabajo *Discrecionalidad administrativa*, cit., capítulos 3 y 7.

en hipótesis científicas que no han sido corroboradas, el control judicial habrá de contraerse, en principio, a excluir la alternativa seleccionada por la Administración sólo cuando ésta incurra en *error manifiesto de apreciación* –control judicial *negativo*, en la medida en que se limita a verificar la *no trasgresión* de los límites establecidos por el ordenamiento jurídico–; en cambio, (iv) en los supuestos en los cuales la Administración decide aplicando conceptos jurídicos que remiten a criterios de naturaleza técnica que permiten identificar, en el caso concreto, la única solución ajustada a Derecho y se demuestra en el proceso que no fue ésa la elegida por el órgano administrativo, la intensidad del control judicial debe ser mayor y, entonces, se tratará de un control *positivo* –sustitutorio– en la medida en que el juez habrá no sólo de anular la decisión enjuiciada, sino de imponer la única solución que resulta jurídicamente admisible.

En cuanto a la carga de la prueba en esta clase de controversias judiciales[79], debe tenerse en cuenta que (v) una vez la Administración ha satisfecho la exigencia legal –art. 175 del CPACA– de remitir al expediente judicial los antecedentes administrativos de su decisión, incluyendo entre ellos el concepto técnico que la sustenta, corresponde al demandante la carga de aportar los elementos de prueba que conduzcan a evidenciar el error manifiesto de apreciación en el cual entiende que ha incurrido la valoración administrativa y, cuando haya lugar a ello, a acreditar cuál es la única interpretación del concepto técnico en cuestión que resultaría jurídicamente admisible.

(ii) En lo atinente a la graduación de la intensidad del control judicial realizado con base en la utilización del principio de proporcionalidad, tal parece que la Jurisdicción de lo Contencioso Administrativo no suele graduarla, al fiscalizar la legalidad de decisiones administrativas discrecionales, más concretamente el ámbito del ejercicio de la función de regulación, con base en los mismos parámetros utilizados al efecto por la Corte Constitucional, ejercicio éste que a nuestro entender resultaría deseable y plausible con miras a racionalizar y tornar previsibles los alcances y hasta las consecuencias de la fiscalización acometida por la jurisdicción contenciosa respecto de la juridicidad de esta suerte de decisiones de la

79 Ídem.

Administración. Pueden mencionarse proveídos del Consejo de Estado en los cuales se alude a la aquí referida gradación de la intensidad del análisis de proporcionalidad que utiliza la Corte Constitucional[80], pero no hemos constatado que se apliquen dichos parámetros con igual rigor por el Tribunal de cierre de la jurisdicción contenciosa, que como lo hace la mencionada Corte[81].

Lo que sí se ha hecho, y con acierto, en nuestro sentir, aunque no de la forma generalizada que estimamos que sería de desear, es formular parámetros respecto del alcance del control judicial basado en la aplicación del principio de proporcionalidad, en *función de los resultados que arroje la elaboración del juicio respectivo*, que suele aplicarse con la inclusión de sus tres componentes –adecuación, necesidad y proporcionalidad en sentido estricto o ponderación–, sin graduar, como se ha dicho, la forma de utilizarlos en

---

80 Señaladamente y, por vía de ejemplo, la sentencia del Consejo de Estado, Sección Primera, sentencia del 14 de julio de 2017, radicado 11001-03-24-000-2001-00090-01 (acumulado 11001-03-24-000-2002-00122-01). En esta providencia se estudió la legalidad de las decisiones adoptadas por la CREG mediante las cuales se estableció el método de cálculo del cargo por capacidad en el mercado mayorista de la electricidad. Uno de los problemas que estudió el Consejo de Estado fue el impacto que el modelo acogido en la decisión demandada, orientada a concretar como principio el de la confiabilidad en el sistema eléctrico, pudiera tener en el también principio de eficiencia económica. Pese a que se trata de una medida que se adopta por una autoridad reguladora en el sector de los servicios públicos domiciliarios, podría catalogársela como de regulación económica, ámbito en el cual el margen de apreciación discrecional o de relativa libertad de configuración del órgano regulador es bastante amplio y el escrutinio de juridicidad de la decisión bien pudo o debió someterse al juicio de proporcionalidad de intensidad débil o, a lo sumo, al de intensidad intermedia, pero en ningún caso al juicio estricto o más riguroso, que fue en últimas el que se aplicó la Sala de Decisión del Consejo de Estado. No obstante, tras agotar la estructura de argumentación de la proporcionalidad completa, al no encontrar que la decisión administrativa fuera manifiestamente desproporcionada, la sentencia aduce reconocer cierta deferencia hacia la valoración realizada por el órgano regulador y deniega las pretensiones de la demanda de nulidad; cfr. sobre el caso específico de la CREG, Andrés Eduardo Rey. "Alcance del control judicial de los actos administrativos del regulador del sector eléctrico en Colombia", *Revista Digital de Derecho Administrativo*, n.º 28, 2022.

81 En similar dirección apunta Andrés Fernando Ospina Garzón, "La intensidad del control judicial de la JCA:...", cit., pp. 384 y ss.

función del contexto en el cual se profiere la decisión enjuiciada. Pero con base en los resultados que se desprenden del examen de proporcionalidad se han delineado los siguientes parámetros[82], que se corresponden con los que hemos propuesto antes en este escrito y en otros trabajos y por cuya generalizada utilización entendemos que habría que abogar:

(i) En los casos en los cuales el tribunal concluya que la decisión administrativa no es proporcional –ponderada, se afirma en la providencia–, debe proceder así: (a) si, adicionalmente, como resultado de la actividad probatoria desplegada a lo largo del proceso y de las normas y/o principios jurídicos aplicables al caso, también se concluye que existe solamente una alternativa de solución conforme con el ordenamiento jurídico y con las exigencias derivadas de la "ley de la ponderación"[83], puede y debe imponerse esa única decisión ponderada –se trataría de los supuestos de *reducción a cero* de la discrecionalidad, aquí antes explicados–; (b) si, en cambio, tras concluir que la solución por la que ha optado la administración no es ponderada, igualmente advierte que existen varias posibles y satisfactorias de acuerdo con los postulados de la ponderación, no puede el juez sustituir con una de ellas la determinación administrativa previa, pues la formulación del criterio de decisión correspondiente le compete, en exclusiva, a la Administración. (ii) Si la decisión administrativa enjuiciada respeta las exigencias de la ponderación, tampoco corresponde al juez sustituirla, aunque pudieran identificarse en el proceso judicial otras soluciones ponderadas[84].

---

82 Consejo de Estado, Sección Tercera, sentencia del 26 de octubre de 2006, radicado 63001233100020050070801, expediente AP-2005-00708.

83 Cuanto mayor sea el grado de detrimento del principio que ha de retroceder, mayor ha de ser la importancia del cumplimiento o satisfacción del principio que prevalece.

84 En el caso concreto decidido en la sentencia citada, el tribunal contencioso administrativo de primera instancia había ordenado a la administración municipal de Armenia la construcción de un puente peatonal para conjurar la vulneración al derecho colectivo a la seguridad pública, y al uso y goce del espacio público derivados de la construcción de un tramo de avenida que imposibilitaba a los peatones cruzarla sin poner en riesgo su integridad física; estimó el Consejo de Estado, en segunda instancia, que impartir esa orden sin que obraran en el expediente suficientes elementos de juicio para considerar, de manera concluyente, que era ésa la única o la mejor alternativa para satisfacer el interés general y salvaguardar los derechos colectivos en juego, implicó que el tribunal

CONCLUSIONES

La complejidad que caracteriza a la función administrativa de regulación, dados los propósitos que persigue –que demandan la armonización entre bienes, derechos e intereses, públicos y privados, económicos y no económicos, en constante tensión y colisión–, así como la disimilitud y multiplicidad de instrumentos de los cuales se sirve, torna ineludible que las normas que programan las actividades y las decisiones que adopta la Administración en este ámbito, acudan principalmente a la configuración de las potestades respectivas como discrecionales, a ser ejercidas en escenarios en los cuales confluyen la técnica, la economía, la política y el Derecho.

Para garantizar que tales atribuciones se ejerzan con base en criterios objetivos, razonables, orientados a garantizar adecuados niveles de equilibrio entre los intereses generales y los derechos e intereses de los particulares que interactúan en los distintos sectores destinatarios de la regulación, el ordenamiento jurídico procura robustecer ora la autonomía, bien incluso la independencia de los órganos reguladores, así como los procedimientos de elaboración de las decisiones de los mismos, que se apunta a que sean intersubjetivos, dialógicos y ampliamente participativos, de modo que faciliten a la Administración ubicarse en la mejor posición posible de cara a la adopción de decisiones que revisten tales niveles de dificultad y a las cuales interesa procurar el máximo grado posible tanto de acierto como de aceptabilidad por parte de sus destinatarios.

Las circunstancias descritas tienen una notable incidencia en la intensidad del control judicial que puede y debe realizarse respecto de la actividad y de las decisiones concernidas con la función administrativa de regulación. Ese control se apoya, fundamentalmente, en la aplicación de dos grupos de técnicas: los elementos reglados de toda decisión administrativa, que no admiten graduación en su intensidad aplicativa y son regularmente

---

a quo desbordara el límite consistente en que sólo podría sustituir a la administración si se hubiere demostrado la existencia de una única solución al caso que satisficiera las exigencias de la ley de la ponderación y resultara respetuosa del ordenamiento jurídico. Debía, en criterio del Consejo de Estado, reconocerse que se trata de "una decisión que debe deferirse a la administración, para que la adopte con base en criterios objetivos, de naturaleza técnica, económica, de conveniencia y oportunidad".

utilizados por la jurisdicción contencioso administrativa colombiana en este ámbito; y los principios generales del derecho y de la función administrativa, entre los cuales juega un papel especialmente relevante el principio de proporcionalidad.

El empleo de principios generales como instrumento de control de legalidad –en particular del de proporcionalidad– sí admite una graduación en su intensidad, de un lado, con base en el reconocimiento de márgenes de deferencia en favor de la Administración como corolario de admitir que cuenta con discrecionalidad técnica en su favor, lo que obedece a la complejidad que el asunto plantea en el ámbito científico o del saber especializado. Y, de otro, como consecuencia de que los resultados que arroja la aplicación del principio de proporcionalidad no siempre conducen a identificar únicas respuestas correctas, de modo que ello también fuerza al juez a mostrar deferencia hacia los criterios acogidos por las autoridades administrativas para sustentar sus decisiones, si estos son proporcionales, aunque no resulten compartidos por la autoridad judicial.

La intensidad con la cual se emplea el principio de proporcionalidad como técnica fiscalizadora también depende de factores como los márgenes de apreciación o de libertad de acción que el ordenamiento jurídico confiere a la autoridad pública que decide, del riesgo derivado de que la medida adoptada se apoye en criterios sospechosos de diferenciación contraria a Derecho, de vulneración de derechos fundamentales o del contexto en el cual la decisión controlada ha sido proferida. Esos niveles de graduación de la intensidad del control se han racionalizado de forma metodológicamente mucho más clara y se aplican con mayor consistencia por la jurisprudencia de la Corte Constitucional que por la del Consejo de Estado que, al respecto, aún tiene un camino interesante y quizás amplio por recorrer.

BIBLIOGRAFÍA

Ariño Ortiz, Gaspar, Juan Miguel de la Cuétara e Íñigo del Guayo Castiella. "El control judicial de las entidades reguladoras. Operaciones de concentración de empresas. Intervención de entidades de crédito. La necesaria expansión del Estado de Derecho", en Gaspar Ariño Ortiz, Juan Miguel de la Cuétara e Íñigo del Guayo Castiella. *Regulación Económica. Lecturas Escogidas*, Pamplona, Aranzadi, 2012, pp. 380-381.

Bacigalupo, Mariano. *La discrecionalidad administrativa. Estructura normativa, control judicial y límites constitucionales de su atribución*, Madrid, Marcial Pons, 1997.

Beltrán de Felipe, Miguel. *Discrecionalidad administrativa y Constitución*, Madrid, Tecnos, 1995.

Brohm, Winfried. "Administración y jurisdicción contencioso-administrativa como mecanismos de regulación en un sistema policéntrico de producción del Derecho", Luciano Parejo Alfonso (trad.), en *Documentación Administrativa*, 234, Madrid, INAP, 1993.

Carvajal Sánchez, Bernardo. "¿Cómo asegurar la calidad regulatoria?", *Revista Digital de Derecho Administrativo*, 9, Bogotá, Universidad Externado de Colombia, 2013.

Chevallier, Jacques. *El Estado posmoderno*, O. Pérez (trad.), Bogotá, Universidad Externado de Colombia, 2011.

Cosculluela Montaner, Luis. *Manual de Derecho Administrativo*, 6.ª ed., Madrid, Civitas, 1995.

Cuchillo Foix, Monserrat. *Jueces y Administración en el federalismo norteamericano*, Madrid, Civitas, 1996.

Desdentado Daroca, Eva. *Discrecionalidad administrativa y planeamiento urbanístico. Construcción teórica y análisis jurisprudencial*, Pamplona, Aranzadi, 1997.

Desdentado Daroca, Eva. *Los problemas del control judicial de la discrecionalidad técnica (Un estudio crítico de la jurisprudencia)*, Madrid, Civitas, 1997.

Esteve Pardo, José. *Autorregulación. Génesis y efectos*, Cizur Menor, Aranzadi, 2002.

Esteve Pardo, José. "La revisión judicial de las decisiones de las autoridades reguladoras. Jurisprudencia del Tribunal supremo y la Audiencia Nacional", en AA.VV. *Regulación económica*, I. *Fundamentos e instituciones de la regulación*, Madrid, Iustel, 2009.

Fernández Rodríguez, Tomás Ramón. "Debe la Administración actuar racional y razonablemente?", *Revista Española de Derecho Administrativo*, 83, 1994.

Fernández Rodríguez, Tomás Ramón. "Los principios constitucionales del procedimiento administrativo", en AA.VV. *Gobierno y Administración en la Constitución*, vol. I, Madrid, Instituto de Estudios Fiscales, 1988.

Fortes Engel, José María. *La información pública en el Derecho Administrativo*, Madrid, IEAL, 1977.

García de Enterría, Eduardo y Tomás Ramón Fernández Rodríguez. *Curso de Derecho Administrativo*, I, 11.ª ed., Madrid, Civitas, 2002.

García del Río, Luis. "El control judicial de la discrecionalidad técnica. Los procedimientos de selección del personal al servicio de las Administraciones Públicas", en AA.VV. *Tratado de Derecho Administrativo*, vol. I, Madrid, Edersa, 1964.

Giannini, Massimo Severo, *Diritto Amministrativo*, vol. I, Milán, 1970.

Giannini, Massimo Severo. *Lezione di Diritto Amministrativo*, Milán, 1950.

González García, José Vicente. *El alcance del control judicial de las Administraciones Públicas en los Estados Unidos de América*, Madrid, McGraw-Hill, 1996.

Hoffmann-Riem, Wolfgang. "La reforma del Derecho Administrativo. Primeras experiencias: el ejemplo del Derecho ambiental", *Documentación Administrativa*, 234, 1993.

Huergo Lora, Alejandro. *Las pretensiones de condena en el contencioso-administrativo*, Pamplona, Aranzadi, 2002.

Ibáñez Najar, Jorge Enrique. "Alcance y límites de las potestades reguladora y reglamentaria. La división de competencias existente entre la ley y el acto administrativo normativo, sea regulador o reglamentario", *Revista Universitas*, Bogotá, Pontificia Universidad Javeriana, 2003.

Igartúa Salaverría, Juan. "Discrecionalidad, arbitrariedad y control judicial", *Revista Vasca de Administración Pública*, 46, 1996.

Lavilla Rubira, Juan José. *La participación pública en el procedimiento de elaboración de los reglamentos en los Estados Unidos de América*, Madrid, Civitas y Servicio de Publicaciones de la Universidad Complutense de Madrid, 1991.

Lavilla Rubira, Juan José. "El procedimiento de elaboración de los reglamentos en los Estados Unidos de América", en Javier Barnés Vásquez (coord.). *El procedimiento administrativo en Europa*, Madrid, Civitas, 1993.

Malaret i García, Elisenda. "Autonomía administrativa, decisiones cualificadas y deferencia judicial: introducción general", en Elisenda Malaret García (ed.). *Autonomía administrativa, decisiones cualificadas y deferencia judicial*, Pamplona, Aranzadi, 2020.

Malaret i García, Elisenda. "Los principios del procedimiento administrativo y el responsable del procedimiento", en AA.VV. *Administración pública y procedimiento administrativo (comentarios a la Ley 30/1992, de 26 de noviembre)*, Barcelona, Bosch, 1994.

Malaret i García, Elisenda. "Regulación económica, autoridades independientes y transparencia", en Ricardo García Macho (ed.). *Ordenación y transparencia económica en el derecho público y privado*, Madrid, Marcial Pons, 2014.

Marcou, Gérard. "Regulación, servicios públicos e integración europea en Francia", en AA.VV. *Derecho de la regulación, los servicios públicos y la integración regional*, vol. II, Bogotá, Universidad del Rosario y L'Harmattan, 2011.

Marín Hernández, Hugo Alberto. "Algunas anotaciones en relación con la Discrecionalidad Administrativa y el Control Judicial de su Ejercicio en el Derecho Urbanístico Colombiano", *Revista Digital de Derecho Administrativo*, vol. 2, Bogotá, Universidad Externado de Colombia, 2009.

Marín Hernández, Hugo Alberto. *Discrecionalidad administrativa*, Bogotá, Universidad Externado de Colombia, 2007.

Marín Hernández, Hugo Alberto. *El principio de proporcionalidad en el Derecho Administrativo colombiano*, Bogotá, Universidad Externado de Colombia, 2018.

Marín Hernández, Hugo Alberto. "Naturaleza jurídica de las facultades de la Administración para confeccionar pliegos de condiciones", *Revista Digital de Derecho Administrativo*, vol. 1, Bogotá, Universidad Externado de Colombia, 2008.

Marín Hernández, Hugo Alberto. "'Norma regulatoria': ¿Mito o realidad?", *Revista Digital de Derecho Administrativo*, vol. 3, Bogotá, Universidad Externado de Colombia, 2010.

Martín González, Manuel. *Sanidad pública: concepto y encuadramiento*, Madrid, Secretaría General Técnica del Ministerio de Gobernación, 1970.

Martínez, E. y N. González-Deleito Domínguez (coords.). *Discrecionalidad administrativa y control judicial*, I, *Jornadas de Estudio del Gabinete Jurídico de la Junta de Andalucía*, Madrid, Civitas y Junta de Andalucía, 1996.

Montero Pascual, Juan José. "La actividad administrativa de regulación: definición y régimen jurídico", *Revista Digital de Derecho Administrativo*, 12, Bogotá, Universidad Externado de Colombia, 2014.

Morand Deviller, Jacqueline. *Curso de Derecho Administrativo*, 1.ª ed., Zoraida Rincón Ardila y Juan Carlos Peláez Gutiérrez (trads.), Bogotá, Universidad Externado de Colombia, 2010.

Moreno Molina, Ángel Manuel. *La administración por agencias en los Estados Unidos de Norteamérica*, Madrid, Universidad Carlos III de Madrid y Boletín Oficial del Estado, 1995.

Muñoz Machado, Santiago. "Los principios del derecho de la regulación: la actividad de las agencias y su control", *Revista General de Derecho Administrativo*, 20, Madrid, Iustel, 2009.

Namén Vargas, Álvaro. "La buena administración como instrumento esencial en la actividad de Las comisiones de regulación", en Édgar González López (dir.). *El ecosistema digital y las autoridades de regulación de los sectores audiovisual y TIC*, Bogotá, Universidad Externado de Colombia y Consejo de Estado, 2017.

Navarro Sanchís, Francisco José. "Comunicación. La llamada 'discrecionalidad técnica', el principio de tutela judicial efectiva y el control jurisdiccional de los concursos de mérito, oposiciones y exámenes docentes", en AA.VV., *El acto y el Procedimiento*, Cuadernos de Derecho Judicial, Madrid, Consejo General del Poder Judicial, 1993.

Nieto García, Alejandro. "Reducción jurisdiccional de la discrecionalidad en materia disciplinaria", *Revista de Administración Pública*, 44, 1964.

Ospina Garzón, Andrés Fernando. "La intensidad del control judicial de la JAC: un paso más en la construcción de las técnicas del contencioso administrativo jurisdiccional", en Andrés Fernando Ospina Garzón (ed.). *Horizontes del contencioso administrativo*, t. II. *El contencioso administrativo jurisdiccional*, Bogotá, Universidad Externado de Colombia, 2022.

Parejo Alfonso, Luciano. *Administrar y juzgar: dos funciones constitucionales distintas y complementarias*, Madrid, Tecnos, 1993.

Perdomo Villamil, Camilo. "Control judicial de la regulación económica en clave de los actos administrativos proferidos por la Comisión de Regulación de Telecomunicaciones (CRC)", *Revista Digital de Derecho Administrativo*, 12, Bogotá, Universidad Externado de Colombia, 2014.

Perdomo Villamil, Camilo. "Delimitación y alcance de la independencia del regulador de las comunicaciones colombiano", en Édgar González López (dir.). *El ecosistema digital y las autoridades de regulación de los sectores audiovisual y TIC*, Bogotá, Universidad Externado de Colombia y Consejo de Estado, 2017.

Perdomo Villamil, Camilo. *La dimensión organizativa del regulador de las comunicaciones en Colombia. Panorama actual y propuestas*, Bogotá, Universidad Externado de Colombia, 2018.

Pérez Moreno, Alfonso. "Crisis de la participación administrativa", *Revista de Administración Pública*, 119, 1989.

Pimiento, Julián. "La regulación. Análisis a partir de las funciones jurisdiccionales de la Comisión de Regulación de Comunicaciones", *Revista Digital de Derecho Administrativo*, 9, Bogotá, Universidad Externado de Colombia, 2013.

Ponce Solé, Juli. *Deber de buena administración y derecho al procedimiento administrativo debido. Las bases constitucionales del procedimiento administrativo y del ejercicio de la discrecionalidad*, Pamplona, Lex Nova, 2001.

Rey Ortiz, Andrés Eduardo. "Alcance del control judicial de los actos administrativos del regulador del sector eléctrico en Colombia", *Revista Digital de Derecho Administrativo*, nº. 28, Bogotá, Universidad Externado de Colombia, 2022.

Rodríguez de Santiago, José María. *Metodología del derecho administrativo. Reglas de racionalidad para la adopción y el control de la decisión administrativa*, Madrid, Marcial Pons, 2016.

Sánchez Morón, Miguel. *Discrecionalidad administrativa y control judicial*, Madrid, Tecnos, 1994.

Sánchez Morón, Miguel. *La participación del ciudadano en la Administración Pública*, Madrid, Centro de Estudios Constitucionales, 1980.

Santaella Quintero, Héctor. "Encuadre sistemático de la regulación de telecomunicaciones en el esquema de fuentes del derecho administrativo colombiano", en Édgar González López (dir.). *El ecosistema digital y las autoridades de regulación de los sectores audiovisual y TIC*, Bogotá, Universidad Externado de Colombia y Consejo de Estado, 2017.

Tardío Pato, José Antonio. *Control jurisdiccional de concursos de méritos, oposiciones y exámenes académicos*, Madrid, Civitas, 1986.

Tornos Mas, Joaquín. "Discrecionalidad e intervención administrativa económica", en E. Hinojosa Martínez y N. González-Deleito Domínguez (coords.). *Discrecionalidad administrativa y control judicial*, I, Jornadas de Estudio del Gabinete Jurídico de la Junta de Andalucía, Junta de Andalucía, Madrid, Civitas, 1996.

Vargas Ayala, Guillermo. "El control judicial de los actos regulatorios de servicios públicos de telecomunicaciones", en Édgar González López (dir.). *El ecosistema digital y las autoridades de regulación de los sectores audiovisual y TIC*, Bogotá, Universidad Externado de Colombia y Consejo de Estado, 2017.

Vargas Ayala, Guillermo. "El control judicial del contencioso administrativo en servicios públicos", *Revista Con-texto*, 42, Bogotá, 2014.

Vedel, Georges. *Derecho Administrativo*, J. Rincón Jurado (trad.), Madrid, Biblioteca Jurídica Aguilar, 1980.

Zárate Pérez, Aníbal Rafael. "Análisis económico por el juez de lo contencioso administrativo. Prácticas restrictivas de la competencia. Acuerdos de fijación de precios", en Andrés Fernando Ospina Garzón (editor). *Los grandes fallos de la jurisprudencia administrativa*, Bogotá, Universidad Externado de Colombia, 2013.

VERÓNICA PELÁEZ GUTIÉRREZ*

Arbitraje por y delante de reguladores en ejercicio de funciones jurisdiccionales: el caso de la Comision de Regulación de Energía y Gas (CREG)

Sumario: Introducción. I. La función arbitral de la Comisión de Regulación de Energía y Gas (CREG): una competencia de resolución de conflictos con sustento constitucional, legal y reglamentario. A. Una función arbitral que encuentra soporte en la asignación de funciones jurisdiccionales a las autoridades administrativas y en las bases constitucionales de los mecanismos alternativos de Resolución de conflictos. 1. La superación del concepto inicial de separación de poderes y las autoridades de regulación. 2. El artículo 116 como sustento constitucional de la función arbitral asignada a la CREG y su desarrollo legislativo. B. Lineamientos para la asignación de funciones jurisdiccionales a las autoridades administrativas y para la utilización del arbitraje para resolver una controversia por parte de la CREG. 1. Aspectos generales. 2. Particularidades en la función jurisdiccional de arbitraje atribuida a la CREG. II. La función arbitral de la CREG: régimen aplicable. A. Particularidades del procedimiento. 1. En cuanto a la designación de los árbitros, integración e instalación del tribunal arbitral. 2. En cuanto a los honorarios de los árbitros y los gastos del tribunal. 3. En cuanto al laudo arbitral. B. Un reenvío al régimen legal del arbitramento: Ley 1563 de 2012. 1. El pacto arbitral como fuente de la habilitación para resolver el conflicto por parte de la comisión a través de arbitraje. 2. Aspectos procesales. 3. El laudo arbitral y los recursos procedentes. Conclusión. Bibliografía.

INTRODUCCIÓN

El establecimiento de una economía abierta, las mutaciones tecnológicas, la mundialización, la presión de los poderes económicos así como la complejidad de los circuitos económicos, generó que el Estado se viera privado

* Doctora en Derecho, máster en Derecho Público Interno y especialista en Derecho Administrativo de la Universidad Panthéon Assas, París 2; abogada de la Universidad Externado de Colombia; litigante y consultora en temas de Derecho Público; árbitro, amigable componedora y conciliadora; docente investigadora del Departamento de Derecho Administrativo de la Universidad Externado de Colombia. Correo-e: veronica.pelaez@uexternado.edu.co. Enlace ORCID: https://orcid.org/0000-0001-8563-320X.

de sus medios clásicos de acción y que existiera toda una transformación[1]. El Estado aparece como un regulador, un estratega, un árbitro, encargado de asegurar y mantener los grandes equilibrios[2].

Si bien no existe unanimidad frente a la definición de lo que se entiende por regulación[3], lo cierto es que la intervención del Estado a través de ella comporta la utilización de una variedad de instrumentos entre los cuales pueden enunciarse el control de precios, las franquicias y licencias, las normas de calidad, la competencia en el mercado, el intercambio de infor-

---

1 Jacques Chevallier. *L'État post-moderne*, París, L. G. D. J. y Montchrestien, 2003, p. 55.

2 Ídem.

3 Académicos y profesionales, legisladores, jueces e incluso reguladores difieren en la definición de regulación. El término regulación es incluso entendido de forma diferente por académicos de diferentes disciplinas. Por ejemplo, la mayoría de los estudiosos del derecho entienden la regulación como el conjunto de actividades gubernamentales destinadas a dirigir los mercados a través de leyes, normas y reglamentos, y su aplicación gubernamental. Pero los estudiosos de las ciencias políticas suelen otorgar a la regulación un significado mucho más amplio, que se relaciona con todas las formas de control social a través de la elaboración de normas, la supervisión y la aplicación. Según esta interpretación ampliamente comprensiva, la regulación puede referirse a la actividad gubernamental, pero también puede relacionarse con las actividades de los organismos no gubernamentales (como las organizaciones privadas) que se dedican a la elaboración de normas, la supervisión e incluso su aplicación. Cfr. Ariel Bendor y Sharon Yadin. "Regulation and the separation of powers", *Southern California Interdisciplinary Law Journal*, vol. 28, 7 de febrero de 2019, p. 358. Ver igualmente sobre el concepto de regulación: Barack Orbach. "What is Regulation?", *Yale Journal on Regulation*, 25 de julio de 2016. Julia Black. "Critical Reflections on Regulation", *Australian Journal of Legal Philosophy*, 1, 2002, pp. 1-35; Christel Koop y Martin Lodge. "what is Regulation? An Interdisciplinary Concept Analysis", *Regulation & Governance*, n.º 11, 2017, p. 95; Christine Parker y John Braithwaite. "Regulation", *The Oxford Handbook of Legal Studies*, 2012, pp. 119-145. Para Jacques Chevallier la regulación se distingue de los modelos clásicos de intervención del Estado en la economía en que ella consiste en supervisar el juego económico, estableciendo ciertas reglas e interviniendo de manera permanente para amortiguar las tensiones, solucionar los conflictos, asegurar el mantenimiento de un equilibrio. En la regulación el Estado no se ubica como actor sino como un árbitro del juego económico estableciendo reglas a los operadores y esforzándose de armonizar sus acciones; cfr. Jacques Chevallier. *L'État post-moderne*, cit., p. 60.

mación, la educación, el asesoramiento y la negociación con los regulados[4]. Estos instrumentos regulatorios pueden ser aplicados a través de diferentes medios, como estatutos, normas, reglamentos, directivas, declaraciones, políticas, documentos de orientación, manuales, avisos, órdenes, decretos, dictámenes, cartas, mandamientos y decisiones judiciales[5]. En otras palabras, una amplia variedad de poderes gubernamentales es utilizada en ejercicio de la función regulatoria como, por ejemplo, la expedición de normas, su aplicación, inspección, poder sancionatorio e incluso el ejercicio de funciones jurisdiccionales[6].

Pero además, la regulación del mercado ha comportado la creación de "Agencies" autoridades de regulación o comisiones de regulación o autoridades administrativas independientes, es decir, autoridades técnicas, autónomas y conocedoras del sector o del mercado que regulan, las cuales constituyen un claro ejemplo de las trasformaciones que ha existido en el derecho público y en la organización o estructura de la administración[7]. En Colombia, el artículo 69 de la Ley142 de 1994, crea las camisones de regulación como "Unidades administrativas con independencia administrativa, técnica y patrimonial, y adscritas al respectivo ministerio" entre ellas se encuentra, en el numeral 69.2, la CREG y dispone que estará adscrita al Ministerio de Minas y Energía. Por su parte, el artículo 21 de la Ley 143 de 1994 reitera lo anterior al señalar que la comisión se organizará como unidad administrativa de dicho ministerio. En forma general, de acuerdo

---

4 Ariel Bendor y Sharon Yadin. "Regulation and the separation of powers", cit., pp. 359-360.

5 Ídem.

6 Ídem.

7 Cfr. Gabriel Fernández Rojas. "Las Administraciones Independientes de Regulación y Supervisión en España", *Vniversitas*, n.º 109, 2005, pp. 419-460; Enrique García Llovet. "Autoridades administrativas independientes y Estado de Derecho", *RAP*, n.º 131, 1993; M. Taibi Achour. "La justification du pouvoir de sanction des AAI de régulation est-elle toujours pertinente?", *Revue internationale de droit penal*, vol. 84, 2013/3, pp. 463-480; Aníbal Rafael Zárate. "La Resolución de controversias como elemento convergente del régimen jurídico de la regulación sectorial", en *Horizontes del contencioso administrativo*, t. I, *El contencioso no jurisdiccional*, Bogotá, Universidad Externado de Colombia, 2022, pp. 177-180.

con el artículo 73 de la Ley 142 de 1994, las comisiones de regulación tienen como función

> regular los monopolios en la prestación de los servicios públicos, cuando la competencia no sea, de hecho, posible; y, en los demás casos, la de promover la competencia entre quienes presten servicios públicos, para que las operaciones de los monopolistas o de los competidores sean económicamente eficientes, no impliquen abuso de la posición dominante, y produzcan servicios de calidad.

Además, el artículo 48 de la Ley 446 de 1998 deja en el legislador la asignación directa de funciones en cabeza de las comisiones que ella misma cree o su ejercicio a través de delegación por el presidente de la República, con la finalidad de ejercer su función regulatoria de los servicios públicos y dispone, igualmente, en cuanto a su organización y funcionamiento, que se regirán por lo dispuesto en sus actos de creación.

Por otra parte, se ha aceptado, desde su origen en Estados Unidos, que en nuestro país a las "agencias", a las autoridades o a las comisiones de regulación, así como a la Comisión de Regulación de Energía y Gas (CREG), se les hayan atribuidos funciones de naturaleza normativa, ejecutivas y de resolución de conflictos. Pudiendo ser esta última de naturaleza administrativa en unos casos y jurisdiccional en otros, como es el caso de la CREG y otras autoridades como algunas superintendencias. Este escrito analiza exclusivamente la función de Resolución de conflictos atribuida a la CREG por el artículo 23, literal p de la Ley 143 de 1994 la cual implica el uso del arbitraje, sin perjuicio de hacer algunas referencias a otras autoridades administrativas que también se han visto atribuidas funciones jurisdiccionales para resolver ciertas controversias. En ese contexto vale la pena preguntarse, ¿cuál es el fundamento normativo, la naturaleza, el alcance y el régimen de la función arbitral atribuida a la CREG para la resolución de controversias?

Frente al interrogante planteado es preciso responder que la función arbitral atribuida a la CREG encuentra sustento en los artículos 113 y 116 de la Constitución de 1991 y en el artículo 23 literal p de la Ley 143 de 1998. Además, dicha función fue desarrollada por la CREG en la Resolución 067 de 1998. Es una función de naturaleza jurisdiccional regida por los lineamientos generales de asignación de funciones a una autoridad administrativas y limitada en forma particular por el legislador, en cuanto al asunto que pueden ser resuelto y frente a quienes pueden habilitar a la CREG para el ejercicio de la misma (I). Pero además, se trata de una función que si bien cuenta con ciertas particularidades en cuanto a su régimen y procedimiento a seguir, lo cierto es que en su mayoría se encuentra regulado por las disposiciones legales aplicables al arbitraje nacional, es decir la ley 1563 de 2012 (II).

I. LA FUNCIÓN ARBITRAL DE LA COMISIÓN DE REGULACIÓN DE ENERGÍA Y GAS (CREG): UNA COMPETENCIA DE RESOLUCIÓN DE CONFLICTOS CON SUSTENTO CONSTITUCIONAL, LEGAL Y REGLAMENTARIO

La función arbitral asignada por el legislador a la CREG es de naturaleza jurisdiccional y su desarrollo tiene reserva de ley (A). Sin embargo, a pesar de que al legislador se le reconoce un amplio margen de configuración legislativa, lo cierto es que al momento de asignar funciones jurisdiccionales a una autoridad administrativa deben respetarse ciertos lineamientos y en el caso de la asignación de una función arbitral a la CREG no solo dichos parámetros guardan relevancia sino que ciertas particularidades se hacen igualmente presentes y merecen su análisis (B).

A. UNA FUNCIÓN ARBITRAL QUE ENCUENTRA SOPORTE EN LA ASIGNACIÓN DE FUNCIONES JURISDICCIONALES A LAS AUTORIDADES ADMINISTRATIVAS Y EN LAS BASES CONSTITUCIONALES DE LOS MECANISMOS ALTERNATIVOS DE RESOLUCIÓN DE CONFLICTOS

En Colombia existe una colaboración armónica entre los diferentes órganos, autoridades y ramas del poder (1). En ese sentido, el artículo 116 de la Constitución de 1991 se refiere a quienes administran justicia en Colombia, y lo hace sin establecer exclusividad en el ejercicio de dicha función por parte de la rama judicial, por el contrario, permite que autoridades administrativas sean investidas con dicha facultad y que los particulares lo sean igualmente en calidad de jurados en causas criminales, árbitros y conciliadores (2).

1. LA SUPERACIÓN DEL CONCEPTO INICIAL DE SEPARACIÓN DE PODERES Y LAS AUTORIDADES DE REGULACIÓN

De acuerdo con la construcción inicial del principio de separación de poderes y refiriéndonos a Montesquieu y a su pensamiento, ninguna autoridad, ni ningún órgano debe concentrar o acumular más de un poder o todos los poderes o las funciones de expedir las leyes, aplicarlas y juzgar[8]. Para Montesquieu, si esto ocurriera no existiría libertad y todo estaría perdido[9]. Principio que posteriormente fue consagrado en el artículo 16 de la Declaración de los Derechos del Hombre y del Ciudadano de 1789[10].

Ahora bien, lo cierto es que en Colombia este principio de separación de poderes en su concepción de separación absoluta de funciones, sin posibilidad de verse reunidas más de una de ellas en una misma autoridad o poder, fue superada desde 1936 y se optó por el principio de unidad de poder con separación entre órganos, pero aceptándose una colaboración armónica entre las diferentes ramas y órganos, lo cual se reiteraría en la Constitución de 1991[11]. En términos de Luciano Parejo:

> La asignación de funciones propias, por tanto, no implica que cada uno de los órganos del Estado siempre tenga el ejercicio exclusivo de alguna función

---

8 Cfr., sobre ese tema, Charles de Secondat de Montesquieu. *De l'esprit des lois*, Livre XI, Ch. VI, París, Éditions Gallimard, 1995 p. 112 (versión electrónica).

9 Ídem.

10 Pablo Hernández Vidal. *Administración de justicia por autoridades administrativas y separación de poderes en Colombia*, Monografía, Bogotá, Universidad del Rosario, 2020, p. 11; cfr. igualmente, Declaración de los derechos del hombre y del ciudadano de 1789, artículo 16: "Una Sociedad en la que no esté establecida la garantía de los Derechos, ni determinada la separación de los Poderes, carece de Constitución", disponible en https://www.conseil-constitutionnel.fr/sites/default/files/as/root/bank_mm/espagnol/es_ddhc.pdf, consultada el 10 de abril de 2023.

11 Andrés Ospina. "De la separación de poderes al ejercicio multiorgánico del poder: los desafíos del principio de eficacia", *Revista de Derecho Público: Teoría y Método*, vol. 1, Madrid, Marcial Pons Ediciones Jurídicas y Sociales, 2020, p. 83. Cfr. igualmente sobre separación de poderes y declive de la concepción inicial, Paulo Bonavides. *Do Estado Liberal ao Estado Social*, 8.ª ed., São Paulo, Malheirons Editores, 2007.

> específica. Por tanto, todos los órganos del Estado, en una u otra forma, ejercen todas las funciones del Estado, lo que conduce al principio del ejercicio interorgánico de las funciones del Estado, que se configura como otro de los marcos constitucionales del derecho administrativo[12].

Significa lo anterior que la satisfacción de los fines del Estado exige que los diferentes órganos estén dotados de todos los poderes que sean necesarios para lograr tales fines. Lo anterior permite, por ejemplo, que una autoridad administrativa pueda concentrar diferentes poderes o funciones de naturaleza reglamentaria y normativa así como de solución de controversias y conflictos, situación que resulta ser normal en el campo de la regulación y de las autoridades de regulación[13].

En otras palabras, partiendo de lo explicado anteriormente con respecto al principio de separación de poderes y refiriéndonos específicamente a las autoridades de regulación, al ser la CREG una de ellas, es preciso señalar que la concepción acogida en Colombia de separación de órganos o, mejor, de ramas con colaboración armónica entre ellas, resulta aplicable porque en el marco de su función regulatoria ese tipo de autoridades se caracterizan por la acumulación de varias de las funciones, entre ellas, la de Resolución de controversias y litigios, cuya separación pregonaba Montesquieu. En consecuencia, es evidente que se adaptan mal a sus postulados de separación de poderes, y su aceptación en Colombia se ubica en el hecho de que, como se explicó, en nuestro país dicha concepción se superó hace varias décadas y se reiteró en el artículo 113 de nuestra Constitución al hablarse de ramas del poder y colaboración armónica[14].

---

12 Alfonso Luciano Parejo. *El concepto del Derecho administrativo*, 2.ª ed., Bogotá, Universidad Externado de Colombia, 2009, p. 51.

13 Andrés Ospina. "De la separación de poderes al ejercicio multiorgánico del poder: los desafíos del principio de eficacia", *Revista de Derecho Público: Teoría y Método*, cit., p. 92.

14 Ariel Bendor y Sharon Yadin. "Regulation and separation of power", cit., p. 357. Cfr. igualmente, Constitución de 1991, artículo 113 en el cual se establecen las diferentes ramas del poder y se consagra la colaboración armónica en los siguientes términos: "Son Ramas del Poder Público, la legislativa, la ejecutiva, y la judicial. Además de los órganos que las integran existen otros, autónomos e independientes, para el cumplimiento de

En el caso del sector eléctrico y la CREG la función de regulación por el Estado tiene como objetivo asegurar una adecuada prestación del servicio, a través del aprovechamiento eficiente de los recursos energéticos, siempre en beneficio del usuario en términos de calidad, oportunidad y costo del servicio. Para el logro de dicho objetivo el Estado promoverá la competencia, y creará y preservará las condiciones que la hagan posible, y es en el marco de dicho objetivo que la Ley 143 de 1994 en el literal p del artículo 23 asignó a la CREG la función de "Definir mediante arbitraje los conflictos que se presenten entre los diferentes agentes económicos que participen en las actividades del sector en cuanto a interpretación de los acuerdos operativos y comerciales", y asignar una función por el legislador que encuentra su sustento en el artículo 116 de la Constitución de 1991 como se analizará a continuación[15].

2. EL ARTÍCULO 116 COMO SUSTENTO CONSTITUCIONAL DE LA FUNCIÓN ARBITRAL ASIGNADA A LA CREG Y SU DESARROLLO LEGISLATIVO

En su artículo 116 la Constitución de 1991 dispone quiénes administran justicia en Colombia, sin que se trate de un listado taxativo[16]. En ese sentido, se atribuye dicha función a las altas Cortes, es decir, a la Corte Constitucional, al Consejo de Estado y a la Corte Suprema de Justicia. Igualmente, en términos de dicho artículo administran justicia la Comisión Nacional de Disciplina Judicial, la Fiscalía General de la Nación, los Tribunales y los jueces, así como la Justicia Penal Militar y el Congreso de la República[17].

---

las demás funciones del Estado. Los diferentes órganos del Estado tienen funciones separadas pero colaboran armónicamente para la realización de sus fines".

15 Ley143 de 1994, "Por la cual se establece el régimen para la generación, interconexión, transmisión, distribución y comercialización de electricidad en el territorio nacional, se conceden unas autorizaciones y se dictan otras disposiciones en materia energética", artículos 20 y 23, disponible en http://www.secretariasenado.gov.co/senado/basedoc/ley_1563_2012.html, consultada el 5 de abril de 2023.

16 Corte Constitucional, sentencia C-037 de 1996. Revisión constitucional del proyecto de ley n.º 58/94 Senado y 264/95 Cámara, "Estatutaria de la Administración de Justicia".

17 De acuerdo con la Corte Constitucional, sentencia C-037 del 5 de febrero de 1996, los

Por otra parte, dispone que el legislador, en forma excepcional, puede atribuir función jurisdiccional a las autoridades administrativas y que los particulares pueden administrar justicia, en forma transitoria, como jurados en causas criminales, conciliadores y árbitros habilitados por las partes para proferir fallos en derecho o en equidad[18]. En otras palabras, la función de administrar justicia no constituye, en nuestro país, un monopolio del poder judicial y el artículo 116 de nuestra Constitución materializa con respecto a dicha función la colaboración armónica entre diferentes órganos y ramas[19].

En desarrollo de dicha disposición constitucional, el artículo 8.º de la Ley 270 de 1996, modificado por el artículo 3.º de la Ley 1285 de 2009, deja en cabeza del legislador la facultad de establecer mecanismos alternativos al proceso jurisdiccional formal o estatal y, uno de esos mecanismos alternativos puede ser el arbitraje, y reitera que la asignación de funciones jurisdiccionales a autoridades administrativas como la CREG es excepcional y de competencia del legislador[20].

---

jueces penales militares no hacen parte de la Rama Judicial, en otras palabras, no se encuentran incluidos en el título VIII de la Constitución de 1991.

18 Constitución de 1991, artículo 116: "Artículo modificado por el artículo 1.º del Acto Legislativo n.º 3 de 2002. El nuevo texto es el siguiente: 'Inciso modificado por el artículo 26 del Acto Legislativo 2 de 2015. El nuevo texto es el siguiente: 'La Corte Constitucional, la Corte Suprema de Justicia, el Consejo de Estado, la Comisión Nacional de Disciplina Judicial, la Fiscalía General de la Nación, los Tribunales y los Jueces, administran Justicia. También lo hace la Justicia Penal Militar. El Congreso ejercerá determinadas funciones judiciales. Excepcionalmente la ley podrá atribuir función jurisdiccional en materias precisas a determinadas autoridades administrativas. Sin embargo no les será permitido adelantar la instrucción de sumarios ni juzgar delitos. Los particulares pueden ser investidos transitoriamente de la función de administrar justicia en la condición de jurados en las causas criminales, conciliadores o en la de árbitros habilitados por las partes para proferir fallos en derecho o en equidad, en los términos que determine la ley'", disponible en http://www.secretariasenado.gov.co/senado/basedoc/constitucion_politica_1991_pr003.html#116, consultada el 4 de abril de 2023.

19 Pablo Felipe Robledo. "Funciones jurisdiccionales por autoridades administrativas", en *Código general del proceso – Ley 1564 de 2012*, Bogotá, 2012, p. 54, disponible en https://letrujil.files.wordpress.com/2013/09/02pablo-feliple-robledo.pdf, consultada el 3 de abril de 2023.

20 Ley 270 de 1996, Estatutaria de la administración de justicia, artículo 8.º. "La ley podrá

Ahora bien, en la misma línea de desarrollo del artículo 116 de la Constitución, en lo atinente a la asignación de funciones jurisdiccionales a autoridades administrativas, siempre se piensa, en la actualidad, en el artículo 24 del Código General del Proceso, pero dicho artículo solo enuncia algunas autoridades administrativas que ejercen función jurisdiccional, como es el caso de la Superintendencia de Industria y Comercio, la Superintendencia Financiera, la Dirección Nacional de Derechos de Autor, el Instituto Colombiano Agropecuario y la Superintendencia de Sociedades. Competencia que se extiende a los asuntos señalados por el legislador en dicha norma[21]. Vale la pena aclarar, que dichas competencias, en el caso de

---

establecer mecanismos alternativos al proceso judicial para solucionar los conflictos que se presenten entre los asociados y señalará los casos en los cuales habrá lugar al cobro de honorarios por estos servicios. 'Aparte tachado derogado por el artículo 626 de la Ley 1564 de 2012'. Excepcionalmente la ley podrá atribuir funciones jurisdiccionales a ciertas y determinadas autoridades administrativas para que conozcan de asuntos que por su naturaleza o cuantía puedan ser resueltos por aquellas de manera adecuada y eficaz. En tal caso la ley señalará las competencias, las garantías al debido proceso y las demás condiciones necesarias para proteger en forma apropiada los derechos de las partes. ~~Contra las sentencias o decisiones definitivas que en asuntos judiciales adopten las autoridades administrativas excepcionalmente facultadas para ello, siempre procederán recursos ante los órganos de la Rama Jurisdiccional del Estado, en los términos y con las condiciones que determine la ley.~~ Los particulares pueden ser investidos transitoriamente de la función de administrar justicia en la condición de conciliadores o en la de árbitros debidamente habilitados por las partes para proferir fallos en derecho o en equidad. El Consejo Superior de la Judicatura, en coordinación con el Ministerio del Interior y Justicia, realizará el seguimiento y evaluación de las medidas que se adopten en desarrollo de lo dispuesto por este artículo y cada dos años rendirán informe al Congreso de la República", disponible en http://www.secretariasenado.gov.co/senado/basedoc/ley_0270_1996.html, consultada el 10 de abril de 2023.

21 Ley 1562 del 12 de julio de 2012, "Por medio de la cual se expide el Código General del Proceso y se dictan otras disposiciones" artículo 24: "*Ejercicio de funciones jurisdiccionales por autoridades administrativas.* Las autoridades administrativas a que se refiere este artículo ejercerán funciones jurisdiccionales conforme a las siguientes reglas: 1. La Superintendencia de Industria y Comercio en los procesos que versen sobre: a) Violación a los derechos de los consumidores establecidos en el Estatuto del Consumidor. b) Violación a las normas relativas a la competencia desleal. 2. La Superintendencia Financiera de Colombia conocerá de las controversias que surjan entre los consumidores financieros y las entidades vigiladas relacionadas exclusivamente

---

con la ejecución y el cumplimiento de las obligaciones contractuales que asuman con ocasión de la actividad financiera, bursátil, aseguradora y cualquier otra relacionada con el manejo, aprovechamiento e inversión de los recursos captados del público. 3. Las autoridades nacionales competentes en materia de propiedad intelectual: a) La Superintendencia de Industria y Comercio en los procesos de infracción de derechos de propiedad industrial. b) 'Literal condicionalmente exequible'. La Dirección Nacional de Derechos de Autor en los procesos relacionados con los derechos de autor y conexos. c) El Instituto Colombiano Agropecuario en los procesos por infracción a los derechos de obtentor de variedades vegetales. 4. 'Aparte tachado inexequible': ~~El Ministerio de Justicia y del Derecho, o quien haga sus veces, a través de la dependencia que para tales efectos determine la estructura interna, podrá, bajo el principio de gradualidad en la oferta, operar servicios de justicia en todos los asuntos jurisdiccionales que de conformidad con lo establecido en la Ley 446 de 1998 sobre descongestión, eficiencia y acceso a la justicia han sido atribuidos a la Superintendencia de Industria y Comercio, Superintendencia Financiera y Superintendencia de Sociedades, así como en los asuntos jurisdiccionales relacionados con el trámite de insolvencia de personas naturales no comerciantes y los asuntos previstos en la Ley 1098 de 2006 de conocimiento de los defensores y comisarios de familia.~~ También podrá asesorar y ejercer la representación judicial de las personas que inicien procesos judiciales de declaración de pertenencia con miras al saneamiento de sus propiedades. 5. La Superintendencia de Sociedades tendrá facultades jurisdiccionales en materia societaria, referidas a: a) Las controversias relacionadas con el cumplimiento de los acuerdos de accionistas y la ejecución específica de las obligaciones pactadas en los acuerdos. b) La Resolución de conflictos societarios, las diferencias que ocurran entre los accionistas, o entre estos y la sociedad o entre estos y sus administradores, en desarrollo del contrato social o del acto unilateral. c) La impugnación de actos de asambleas, juntas directivas, juntas de socios o de cualquier otro órgano directivo de personas sometidas a su supervisión. Con todo, la acción indemnizatoria a que haya lugar por los posibles perjuicios que se deriven del acto o decisión que se declaren nulos será competencia exclusiva del Juez. d) La declaratoria de nulidad de los actos defraudatorios y la desestimación de la personalidad jurídica de las sociedades sometidas a su supervisión, cuando se utilice la sociedad en fraude a la ley o en perjuicio de terceros, los accionistas y los administradores que hubieren realizado, participado o facilitado los actos defraudatorios, responderán solidariamente por las obligaciones nacidas de tales actos y por los perjuicios causados. Así mismo, conocerá de la acción indemnizatoria a que haya lugar por los posibles perjuicios que se deriven de los actos defraudatorios. e) La declaratoria de nulidad absoluta de la determinación adoptada en abuso del derecho por ilicitud del objeto y la de indemnización de perjuicios, en los casos de abuso de mayoría, como en los de minoría y de paridad, cuando los accionistas no ejerzan su derecho a voto en interés de la compañía con el propósito de causar daño a la compañía o a otros accionistas o la Superintendencia de Industria y Comercio, no constituyeron ninguna novedad porque ya se habían regulado y reconocido en los artículos 147 y 148, en concordancia con los artículos 143 y 144 de la Ley 446 de 1998,

---

de obtener para sí o para un tercero ventaja injustificada, así como aquel voto del que pueda resultar un perjuicio para la compañía o para los otros accionistas. 'Numeral adicionado por el artículo 91 de la Ley 1676 de 2013. Rige a partir del 20 de febrero de 2014. El nuevo texto es el siguiente: 'La Superintendencia de Sociedades tendrá facultades jurisdiccionales en materia de garantías mobiliarias. Parágrafo 1o. Las funciones jurisdiccionales a que se refiere este artículo, generan competencia a prevención y, por ende, no excluyen la competencia otorgada por la ley a las autoridades judiciales y a las autoridades administrativas en estos determinados asuntos. Cuando las autoridades administrativas ejercen funciones jurisdiccionales, el principio de inmediación se cumple con la realización del acto por parte de los funcionarios que, de acuerdo con la estructura interna de la entidad, estén habilitados para ello, su delegado o comisionado. Parágrafo 2o. Las autoridades administrativas que a la fecha de promulgación de esta ley no se encuentren ejerciendo funciones jurisdiccionales en las materias precisas que aquí se les atribuyen, administrarán justicia bajo el principio de gradualidad de la oferta. De acuerdo con lo anterior, estas autoridades informarán las condiciones y la fecha a partir de la cual ejercerán dichas funciones jurisdiccionales. Parágrafo 3o. Las autoridades administrativas tramitarán los procesos a través de las mismas vías procesales previstas en la ley para los jueces. Las providencias que profieran las autoridades administrativas en ejercicio de funciones jurisdiccionales no son impugnables ante la jurisdicción contencioso administrativa. Las apelaciones de providencias proferidas por las autoridades administrativas en primera instancia en ejercicio de funciones jurisdiccionales se resolverán por la autoridad judicial superior funcional del juez que hubiese sido competente en caso de haberse tramitado la primera instancia ante un juez y la providencia fuere apelable. Cuando la competencia la hubiese podido ejercer el juez en única instancia, los asuntos atribuidos a las autoridades administrativas se tramitarán en única instancia. Parágrafo 4o. Las partes podrán concurrir directamente a los procesos que se tramitan ante autoridades administrativas en ejercicio de funciones jurisdiccionales sin necesidad de abogado, solamente en aquellos casos en que de haberse tramitado el asunto ante los jueces, tampoco hubiese sido necesaria la concurrencia a través de abogado. Parágrafo 5o. Las decisiones adoptadas en los procesos concursales y de reorganización, de liquidación y de validación de acuerdos extrajudiciales de reorganización, serán de única instancia, y seguirán los términos de duración previstos en el respectivo procedimiento. Parágrafo 6o. Las competencias que enuncia este artículo no excluyen las otorgadas por otras leyes especiales por la naturaleza del asunto, disponible en http://www.secretariasenado.gov.co/senado/basedoc/ley_1564_2012.html, consultada el 10 de abril de 2022.

para el caso de competencia desleal, y 145 de esa misma ley para los asuntos del consumo; además de lo establecido en el artículo 58 de la Ley 1480 de 2011[22]. Lo mismo ocurre con respecto a la Superintendencia Financiera, competencia reconocida en el artículo 24 del CGP pero que constituye una reiteración a lo establecido en el artículo 57 de la Ley 1480 de 2011[23].

---

22 Ley 1480 de 2011, "Por medio de la cual se expide el Estatuto del Consumidor y se dictan otras disposiciones", "Artículo 58. *Procedimiento.* Los procesos que versen sobre violación a los derechos de los consumidores establecidos en normas generales o especiales en todos los sectores de la economía, a excepción de la responsabilidad por producto defectuoso y de las acciones de grupo o las populares, se tramitarán por el procedimiento verbal sumario, con observancia de las siguientes reglas especiales: 1. La Superintendencia de Industria y Comercio o el Juez competente conocerán a prevención. La Superintendencia de Industria y Comercio tiene competencia en todo el territorio nacional y reemplaza al juez. de primera o única instancia competente por razón de la cuantía y el territorio [...]"; cfr. http://www.secretariasenado.gov.co/senado/basedoc/ley_1480_2011.html, consultada el 21 de abril de 2023.

23 Ley 1480 de 2011, "Por medio de la cual se expide el Estatuto del Consumidor y se dictan otras disposiciones". "Artículo 57. *Atribución de facultades jurisdiccionales a la Superintendencia Financiera de Colombia.* En aplicación del artículo 116 de la Constitución Política, los consumidores financieros de las entidades vigiladas por la Superintendencia Financiera de Colombia podrán a su elección someter a conocimiento de esa autoridad, los asuntos contenciosos que se susciten entre ellos y las entidades vigiladas sobre las materias a que se refiere el presente artículo para que sean fallados en derecho, con carácter definitivo y con las facultades propias de un juez. En desarrollo de la facultad jurisdiccional atribuida por esta ley, la Superintendencia Financiera de Colombia podrá conocer de las controversias que surjan entre los consumidores financieros y las entidades vigiladas relacionadas exclusivamente con la ejecución y el cumplimiento de las obligaciones contractuales que asuman con ocasión de la actividad financiera, bursátil, aseguradora y cualquier otra relacionada con el manejo, aprovechamiento inversión de los recursos captados del público. La Superintendencia Financiera de Colombia no podrá conocer de ningún asunto que por virtud de las disposiciones legales vigentes deba ser sometido al proceso de carácter ejecutivo. Tampoco podrán ser sometidas a su competencia acciones de carácter laboral. Los asuntos a los que se refiere el presente artículo se tramitarán por el procedimiento al que se refiere el artículo 58 de la presente ley. En cuanto a la disposición del numeral 4 del artículo 24 del CGP en lo relativo a la asignación de funciones jurisdiccionales al Ministerio de Justicia del Derecho, la Corte declara la inexequibilidad de la competencia en la sentencia C-156 de 2013, reiterando las reglas para la asignación de funciones jurisdiccionales a una autoridad administrativa como por ejemplo la excepcionalidad de la función y la imparcialidad e independencia.

Finalmente, con respecto al numeral 3 del artículo 24, es decir, con relación a las autoridades competentes en materia de propiedad intelectual, dicha disposición sí constituyó una novedad al momento de su expedición y entrada en vigencia. Con respecto a la función atribuida al Ministerio de Justicia, esta fue declarada inexequible y debe acudirse a lo resuelto en las sentencias C-896 de 2012 y C-156 de 2013[24].

Las competencias atribuidas en el artículo 24 del CGP son ejercidas por las autoridades administrativas a prevención. Además, el principio de inmediación se cumple con la realización del acto por parte de los funcionarios que, de acuerdo con la estructura interna de la entidad, estén habilitados para ello o por su delegado o comisionado. Finalmente, tramitarán los procesos por las mismas vías procesales establecidas por la ley

---

Igualmente, se refirió a la asignación eficiente de competencias en el sentido en que debe existir un respeto mínimo por la especialidad o la existencia de un nivel mínimo de conexión entre las materias jurisdiccionales y las materias administrativas en las que potencialmente interviene la autoridad. Lo anterior para el derecho a acceder a un juez competente, y que, a la vez, brinde garantías suficientes de independencia de ese juzgador". Cfr. infra, literal B de la primera parte de este artículo pp. 12 y ss., disponible en http://www.secretariasenado.gov.co/senado/basedoc/ley_1480_2011.html, consultada el 21 de abril de 2023.

24 En la sentencia C-896 de 2012 la Corte Constitucional declaró la inexequibilidad del artículo 80 de la Ley 1480 de 2011, en la cual se le asignaban funciones jurisdiccionales al Ministerio de Justicia, por varias razones, entre ellas la violación al principio de unidad de materia porque, con excepción de la competencia en materia de protección al consumidor, las demás no guardaban relación con la materia regulada en la Ley 1480 de 2011. Igualmente, consideró que la disposición era contraria a los artículos 116 y 29 de la Constitución de 1991, por su generalidad e indeterminación, lo que generaba para la Corte la imposibilidad de realizar un cotejo jurídico adecuado para determinar si existía o no un riesgo de confusión o interferencia que afectara la imparcialidad e independencia de la autoridad administrativa. Con fundamento en lo anterior, declaró la inexequibilidad de las expresiones: "saneamiento de la propiedad, insolvencia de personas naturales no comerciantes y controversias entre copropietarios relacionadas con violaciones al régimen de propiedad horizontal en normas de convivencia, así como en todos los asuntos en que la ley haya permitido o permita a otras autoridades administrativas el ejercicio de funciones jurisdiccionales" del artículo 80 de la Ley 1480 de 2011. Cfr. infra, literal B de la primera parte de este artículo, pp.12 y ss.

para los jueces y las providencias o decisiones que sean adoptadas no son impugnables ante la jurisdicción contenciosa[25].

Visto el artículo 24 del CGP, lo cierto es que las autoridades señaladas allí no son las únicas a las que se les ha reconocido el ejercicio de funciones jurisdiccionales. La CREG para cumplir con su objetivo de lograr una adecuada prestación del servicio de electricidad y un uso eficiente de los recursos, se vio atribuida por el legislador, en el artículo 23 de la Ley 143 de 1994, de varias funciones de diferente naturaleza, entre ellas, en materia tarifaria, como, por ejemplo, la aprobación de las mismas en cuanto al uso y acceso de redes eléctricas, la definición de la metodología aplicable para el cálculo de las tarifas a los usuarios regulados del servicio de electricidad, así como la fijación de la tarifa de venta de electricidad para los usuarios finales regulados, pero, además, en el literal p del mismo artículo 23 se vio atribuida una competencia de Resolución de litigios de naturaleza jurisdiccional consistente en "Definir mediante arbitraje los conflictos que se presenten entre los diferentes agentes económicos que participen en las actividades del sector en cuanto a interpretación de los acuerdos operativos y comerciales"[26]. Es importante aclarar que la función arbitral asignada a la CREG en dicha norma es diferente a aquella de solución de controversias consagrada en el artículo 73, numerales 73.8 y 73.9 de la Ley 142 de 1994, cuya Resolución tiene carácter administrativo y se encuentra sometida a un control de legalidad ante la jurisdicción contenciosa[27].

La función arbitral atribuida en el artículo 23 literal p es de naturaleza jurisdiccional, los miembros de la CREG resuelven como árbitros dichas controversias y la decisión adoptada es un laudo arbitral que hace tránsito a cosa juzgada de acuerdo con el artículo 14 de la Resolución CREG 067 de

---

25 Ídem.

26 Esta norma debe leerse en concordancia con los artículos 73 y 74 de la Ley 142 de 1994, así como con el artículo 4.° del Decreto 1260 de 2013, por medio del cual se modifica la estructura de la Comisión de Regulación de Energía y Gas (CREG), donde se encuentran compiladas las funciones establecidas tanto en los artículos 73 y 74 de la Ley 142 de 1994, como en el artículo 23 de la Ley143 de 1994 y en el artículo 3.° del Decreto 4130 de 2011.

27 La Comisión de Regulación de Energía y Gas (CREG), regula dichas funciones en la Resolución 066 de 1998.

28 de mayo de 1998, que desarrolla el artículo 23 literal p de la Ley 143 de 1994, y tendrá igualmente aplicación la Ley 1563 de 2012, que es la norma que en la actualidad regula el arbitraje nacional[28]. En términos de la Corte Constitucional, "Los laudos arbitrales se asimilan a sentencias judiciales, lo cual implica que también son susceptibles de ser impugnados a través de la acción de tutela, bajo las reglas de procedencia excepcional que ha fijado la jurisprudencia de esta Corporación"[29].

Pero, además, la naturaleza jurisdiccional del arbitraje se desprende del mismo artículo 116 de la Constitución en donde se deja claro que los árbitros administran justicia, es decir, ejercen función jurisdiccional, la cual tiene como finalidad declarar o reconocer un derecho mediante la aplicación de la Constitución y la ley, y es ejercida por la corporación, particular o autoridad que haya sido investido legalmente para hacerlo[30].

Entonces, existe claridad en que el arbitraje es un procedimiento jurisdiccional a través del cual, por voluntad de las partes, ellas defieren la solución de un conflicto de libre disposición a un cuerpo colegiado integrado por árbitros, quienes transitoriamente quedan investidos de jurisdicción para proferir un laudo que tiene la misma categoría y los mismos efectos que una sentencia judicial[31]. La Corte Constitucional ha señalado como

---

28 El arbitraje ha estado siempre presente en el derecho colombiano. Desde el Código Judicial, Ley 105 de 1890 en su artículo 307 se estableció la posibilidad de someter a la decisión de árbitros las controversias que ocurrieran entre personas capaces, en los casos en que la ley permitiera la transacción. Luego de dicha ley se expidieron la Ley 103 de 1923, la Ley 105 de 1931, la Ley 2.ª de 1938 y los Códigos de procedimiento civil y de comercio de 1970, así como el Decreto 2279 de 1989, que reafirmaron los postulados de la Ley 105 de 1890. Con el artículo 116 de la Constitución de 1991 se elevó a rango constitucional el arbitraje y se expidieron normas como la Ley 23 de 1991; el Decreto 2651 de 1991; la Ley 80 de 1993; las leyes 270 y 315 de 1996; la Ley 446 de 1998; el Decreto 1818 de 1998 y la Ley 1285 de 2009, normas previas a la actual Ley 1563 de 2012 que regula el arbitraje nacional e internacional. Cfr. sobre este tema: Juan Carlos Esguerra Portocarrero. "La nueva ley de arbitraje nacional e internacional, ¿por qué y para qué? ¿De dónde y hacia dónde?", *Estatuto Arbitral Colombiano*, Bogotá, Legis, 2013, prólogo.

29 Corte Constitucional. Sentencia C-713 de 2008.

30 Ídem.

31 Jorge Hernán Gil. *Régimen arbitral colombiano*, Bogotá, Ibáñez, 2013, p. 21.

características del arbitraje las siguientes: es un mecanismo alternativo autorizado por la Constitución que requiere de su establecimiento por el legislador para ser utilizado, se rige por el principio de voluntariedad o libre habilitación, en otras palabras, es la voluntad de las partes en conflicto, potencial o actual, la que habilita a los árbitros para actuar; es un mecanismo de carácter temporal, porque su existencia se da solamente para la Resolución del caso específico sometido a consideración de los árbitros, es excepcional, porque non todos los bienes jurídicos admiten disposición, es una institución de orden procesal, porque el arbitramento garantiza los derechos de las partes enfrentadas disponiendo de una serie de etapas y oportunidades para la discusión de los argumentos, la valoración de las pruebas aportadas e incluso la revisión de los pronunciamientos hechos por los árbitros[32].

De acuerdo con lo anterior se puede concluir que la función arbitral atribuida a la CREG es de Resolución de controversias de naturaleza jurisdiccional, que encuentra su fundamento en el artículo 116 de la Constitución y frente a la cual existe reserva de ley en cuanto a su regulación porque así lo señala expresamente dicho artículo al disponer en cabeza del legislador la competencia para atribuir, en forma excepcional, funciones jurisdiccionales a autoridades administrativas pero, además, la regulación de los mecanismos alternativos de solución de conflictos es igualmente una competencia del legislador y en este caso fue la Ley 143 de 1993 en su artículo 23 literal P la que asignó esta función en cabeza de la CREG y determinó en forma expresa los asuntos que pueden ser solucionados a través de este mecanismo alternativo.

Finalmente, refiriéndonos al régimen general aplicable a los servicios públicos domiciliarios, y acudiendo a otras normas constitucionales, el artículo 150 numeral 23 de la Constitución de 1991 establece, en nuestro concepto, en cabeza del Congreso una cláusula general de competencia para proferir leyes que rijan, por una parte, el ejercicio de funciones públicas, y por otra, la prestación de los servicios públicos. A su vez, en el artículo 365 de la Constitución se establece que los servicios públicos se encuentran sometidos al régimen jurídico que fije la ley sea que estos se presten

---

32 Corte Constitucional. Sentencia C-713 de 2008.

directamente o indirectamente, conservando el Estado la regulación, el control y la vigilancia. Finalmente, el artículo 367 de la Constitución dispone que es competencia del legislador fijar las competencias y responsabilidades relativas a la prestación de los servicios públicos domiciliarios, su cobertura, calidad y financiación, así como el régimen tarifario el cual tendrá en cuenta, además de los criterios de costos, los de solidaridad y redistribución de ingresos. En nuestro concepto es claro que la función atribuida por el literal p del artículo 23 de la Ley 143 de 1994 a la CREG en materia arbitral, es una función con soporte constitucional en el artículo 116 de la Constitución e igualmente en el artículo 8.º de la ley 270 de 1996, y su regulación está reservada al legislador, porque solo él tiene la competencia para atribuir una función pública, como la administración de justicia, a una autoridad administrativa y, además, el establecimiento de un mecanismo alternativo como el arbitraje para solucionar determinado conflicto también es una materia que tiene reserva de ley.

B. LINEAMIENTOS PARA LA ASIGNACIÓN DE FUNCIONES JURISDICCIONALES A LAS AUTORIDADES ADMINISTRATIVAS Y PARA LA UTILIZACIÓN DEL ARBITRAJE PARA RESOLVER UNA CONTROVERSIA POR PARTE DE LA CREG

No solo se requiere la intervención del legislador en la asignación de funciones jurisdiccionales a una autoridad administrativa sino que deben respetarse ciertas reglas o lineamientos en la asignación de dicha función (1). Pero, además, frente a la función arbitral atribuida a la CREG se identifica por una parte, un respeto a los lineamientos generales de asignación de una función jurisdiccional derivados del artículo 116 de la Constitución, y por otra, se identifican ciertas particularidades en su función arbitral (2).

1. ASPECTOS GENERALES

Teniendo claro que a una autoridad administrativa como la CREG puede verse atribuida una función jurisdiccional de Resolución de conflictos haciendo uso del arbitraje, es importante referirse a los parámetros y lineamientos generales que deben respetarse al momento de atribuir una función de naturaleza jurisdiccional a una autoridad administrativa.

El ejercicio de funciones jurisdiccionales por autoridades administrativas resulta ser una competencia excepcional que solo puede ser atribuida por el legislador como ya lo hemos explicado, quien además, debe señalar en forma expresa las materias y asuntos que pueden ser resueltas en ejercicio de dicha competencia sin que se pueda atribuir ni la instrucción de sumarios ni el juzgamiento de delitos. Sin embargo, se ha aceptado que puedan instruir asuntos, pero sin que dicha competencia comprenda establecer medidas que restrinjan la libertad[33]. Además, la competencia debe asignarse a una autoridad determinada en respeto del principio del juez natural[34], pero no es necesario que el legislador determine los funcionarios que ejercerán dicha función[35]. En otras palabras, una asignación genérica, incierta, indeterminada o carente de relación con las actividades principales de la autoridad administrativa, podría considerarse como un indicador de desconocimiento de la excepcionalidad prevista en el artículo 116 de la Constitución[36]. Igualmente, es importante precisar, por una parte, que la excepcionalidad en la atribución de la función jurisdiccional a una autoridad administrativa no significa que dicha función no pueda ser ejercida de forma permanente, y por otra, que se trata de una competencia que se ejerce a prevención[37]. Además, la Corte Constitucional ha considerado que deben permanecer separadas las funciones administrativas de las funciones jurisdiccionales, y que no debe existir interferencia entre ellas, y siempre debe ser posible su diferenciación desde el punto de vista práctico y jurídico.

---

33 Corte Constitucional. Sentencia C-212 de 1994. En esta sentencia la Corte aceptó que el legislador asignara a los inspectores de policía la facultad de sancionar la infracción de normas que consagran contravenciones y la instrucción de sumarios pero sin que ello comprenda imponer sanciones que impliquen privación de la libertad.

34 Fabio Amorocho Martínez, Eduardo Fermín Barrios Trespalacios e Iván Antonio Villamizar Molina. "La función jurisdiccional ejercida por autoridades administrativas en el ordenamiento jurídico colombiano", *Revista Justicia*, n.º 1, junio de 2009, p. 98.

35 Corte Constitucional. Sentencia C-436 de 2013.

36 Ídem.

37 Fabio Amorocho Martínez, Eduardo Fermín Barrios Trespalacios e Iván Antonio Villamizar Molina. "La función jurisdiccional...", cit., p. 100. Cfr. también Corte Constitucional. Sentencia C-436 de 2013 sobre la declaración condicionada de las funciones atribuidas a la Dirección de Derechos de Autor en el literal b del artículo 24 del CGP.

En ese sentido para la Corte no sería constitucional que el mismo funcionario que intervino previamente, en ejercicio de funciones de inspección, vigilancia y control, desarrolle funciones jurisdiccionales sobre dicha materia, así como tampoco puede existir entre uno y otro funcionarios una relación de jerarquía[38]. En otras palabras, se debe garantizar la independencia e imparcialidad de quien desarrolle las funciones jurisdiccionales. Así mismo, al pronunciarse sobre la constitucionalidad del artículo 24 del CGP, la Corte Constitucional consideró que la asignación por el legislador de funciones jurisdiccionales a una autoridad administrativa debe respetar los postulados del artículo 116 de la Constitución, así como otros artículos constitucionales que guardan relación con dicho artículo, como el 113, el cual sustenta que la asignación de dicha función debe ser excepcional, y el 29 en el sentido de que su ejercicio debe enmarcarse en el respeto al debido proceso[39]. En consecuencia, para el alto tribunal constitucional si bien el legislador es titular

> de una extendida libertad de configuración en esta materia, la asignación de tales funciones debe, al menos, (i) señalar las competencias, (ii) establecer las garantías que aseguren el respeto del derecho al debido proceso y (iii) fijar

---

38 María Lourdes Ramírez Torrado y Nelson Hernández Meza. "Otorgamiento de funciones jurisdiccionales a las autoridades administrativas en Colombia: ¿empoderamiento al ejecutivo?", *Revista Ius et Praxis*, Talca, Chile, 2021, pp. 21-40. Esta regla fue aplicada por la Corte Constitucional en la sentencia C-1641 de 2000 donde declaró inconstitucional la competencia de la Superintendencia Bancaria para decidir en aquellos asuntos contenciosos que se suscitaran entre los clientes con las entidades financieras o aseguradoras relacionados con la ejecución y el cumplimiento de las obligaciones contractuales. En este caso, para la Corte, considerando que en materia de inspección, vigilancia y control tal Superintendencia cumplía funciones que le permitían dar instrucciones y fijar directrices, la función judicial asignada suponía que su actuar como juez estaría sujeta a sus propios pronunciamientos lo cual resultaría inconstitucional. Cfr. sentencia C-649 de 2000, sobre constitucionalidad condicionada de los artículos 143 y 144 de la Ley 446 de 1998 relacionados con la competencia de la Superintendencia de Industria y Comercio en materia de competencia desleal y la naturaleza de esas funciones; igualmente Corte Constitucional. Sentencias C-896 de 2012 y C-156 de 2013.

39 Corte Constitucional. Sentencia C-436 de 2013.

> todas las condiciones necesarias para proteger en forma apropiada los derechos de las partes, tal y como lo precisa el artículo 3 de la Ley 1285 de 2009[40].
>
> Igualmente, para la Corte dentro del margen de configuración que se reconoce al legislador este puede en el marco de asignación de funciones jurisdiccionales a una autoridad administrativa establecer un procedimiento diferente a aquel que se aplica cuando tales funciones son ejercidas por autoridades judiciales pudiendo, por ejemplo, establecer la imposibilidad de formular recurso alguno en contra de las decisiones. Pero en ningún caso podrá adoptar disposiciones que tengan como efecto excluir la posibilidad de interposición de la acción de tutela en contra de las decisiones jurisdiccionales [...][41].

Vistos los lineamientos generales para la asignación de funciones jurisdiccionales a una autoridad administrativa es preciso analizar la función arbitral atribuida a la CREG.

2. PARTICULARIDADES EN LA FUNCIÓN JURISDICCIONAL DE ARBITRAJE ATRIBUIDA A LA CREG

Como se ha explicado ampliamente, el legislador, en respeto del principio de reserva de ley en cuanto a la asignación de funciones jurisdiccionales a una autoridad administrativa, así como frente a la regulación de un mecanismo alternativo, ha atribuido la función arbitral a la CREG. Con la disposición normativa del artículo 23 literal p de la Ley 143 de 1993 se respeta la definición del asunto objeto de dicha función porque debe tratarse de un conflicto entre agentes económicos. De acuerdo con el artículo 1.º de la Resolución 067 de 1998 se entiende por agente económico cualquiera de las personas a las que se refiere el artículo 7.º de la Ley 143 de 1994, incluyendo a los usuarios no regulados. Siendo así, acudiendo a dicho artículo y al artículo 1.º de la Resolución 067 puede entenderse como agente económico todo aquel que participe en las actividades del sector las cuales consisten en la generación, interconexión, trasmisión, distribución y comercialización de electricidad y puede ser de naturaleza privada, pública o mixta. En cuanto

40 Ídem.

41 Ídem.

a la definición de usuario no regulado, el artículo 11 de la Ley 143 lo define como la "persona natural o jurídica, con una demanda máxima superior a 2 Mw por instalación legalizada, cuyas compras de electricidad se realizan a precios acordados libremente [...]"[42]. Entonces en este caso, el legislador habilita a quien sea agente económico del sector eléctrico sin importar su naturaleza, a recurrir al arbitraje. Situación que nos hace pensar inmediatamente en el artículo 13 de la Ley 270 de 1996 modificado por el artículo 6.º de la Ley 1285 de 2009 que dispone en el numeral 2 que las autoridades administrativas solo pueden resolver conflictos entre particulares[43]. Lo anterior haría pensar que el artículo 23, literal p solo podría ser utilizado en

---

42 El artículo 1.º de la Resolución 067 del 28 de mayo de 1998, "Por la cual se señalan las disposiciones legales aplicables en lo referente a la facultad que tiene la Comisión de Regulación de Energía y Gas de resolver mediante arbitraje, los conflictos que se presenten entre los diferentes agentes económicos que participen en las actividades del sector, en cuanto a interpretación de los acuerdos operativos y comerciales", define usuario no regulado como la "persona natural o jurídica con una demanda máxima superior a una valor en MW o a un consumo mensual mínimo de energía en Mwh, definidos por la Comisión, por instalación legalizada, a partir de la cual no utiliza redes públicas de transporte de energía eléctrica y la utilizan en un mismo predio o en predios contiguos. Sus compras de electricidad se realizan a precios acordados libremente entre el comprador y el vendedor".

43 Ley 270 de 1996. "Artículo 13. *Del ejercicio de la función jurisdiccional por otras autoridades y por particulares.* 'Artículo modificado por el artículo 6.º de la Ley 1285 de 2009. El nuevo texto es el siguiente:' Ejercen función jurisdiccional de acuerdo con lo establecido en la Constitución Política: 1. El Congreso de la República, con motivo de las acusaciones y faltas disciplinarias que se formulen contra el Presidente de la República o quien haga sus veces; contra los Magistrados de la Corte Suprema de Justicia, del Consejo de Estado, de la Corte Constitucional y del Consejo Superior de la Judicatura y el Fiscal General de la Nación, aunque hubieren cesado en el ejercicio de sus cargos. 2. Las autoridades administrativas respecto de conflictos entre particulares, de acuerdo con las normas sobre competencia y procedimiento previstas en las leyes. Tales autoridades no podrán, en ningún caso, realizar funciones de instrucción o juzgamiento de carácter penal; y 3. 'Numeral Condicionalmente exequible': Los particulares, actuando como conciliadores o árbitros habilitados por las partes, en los términos que señale la ley. Tratándose de arbitraje, en el que no sea parte el Estado o alguna de sus entidades, los particulares podrán acordar las reglas de procedimiento a seguir, directamente o por referencia a la de un centro de arbitraje, respetando, en todo caso los principios constitucionales que integran el debido proceso", disponible en

conflictos entre particulares de acuerdo con el artículo 13 de la ley 270 de 1996. Sin embargo, dos aspectos deben analizarse en este caso. En primer lugar, en la sentencia C-713 de 2008 la Corte Constitucional consideró con respecto a dicha norma que:

> su alcance restringido a las controversias entre particulares se explica por la necesidad de que las autoridades administrativas cumplan el rol de un tercero neutral con las facultades propias de un juez, en concreto las de autonomía e independencia. Con ello se asegura entonces una autonomía objetiva en la toma de decisiones judiciales, sin perjuicio de la potestad que conserva el legislador para asignar nuevas funciones de esta naturaleza dentro de los límites que le fija la Carta Política. Ahora bien, se hace necesario que en cada caso en particular el Legislador fije las condiciones bajo las cuales se garantiza la autonomía e imparcialidad para la toma de decisiones, como lo exige la reiterada jurisprudencia sobre el particular. Decisiones que podrán ser susceptibles de impugnación ante las autoridades judiciales, según lo prevé el artículo 3° de este proyecto, y que en todo caso pueden ser impugnadas a través de la acción de tutela contra providencias judiciales, siempre y cuando se cumplan los requisitos para tal fin [...].

Lo anterior significa que la limitante impuesta encuentra sustento en los postulados de autonomía de quien decide, pero la misma Corte señala que el legislador conserva la potestad para asignar funciones de esa misma naturaleza, que entendemos sería una función jurisdiccional pero dentro de los límites que trae la Constitución, y definitivamente dentro de los que impone el artículo 116 no se encuentra el hecho de que las autoridades administrativas solo puedan resolver conflictos entre particulares, lo que significaría que al no diferenciarse entren agentes económicos, en función de su naturaleza, para acceder a la utilización del arbitramento ante la CREG no se estarían infringiendo los postulados del artículo 116 de la Constitución y el literal p, del artículo 23 de la Ley 143 de 1994 estaría conforme con dicho artículo.

---

http://www.secretariasenado.gov.co/senado/basedoc/ley_0270_1996.html, consultada el 15 de abril de 2023.

En segundo lugar, la función jurisdiccional atribuida sirve para utilizar el arbitraje y dicho mecanismo no se encuentra prohibido para las entidades públicas. En ese orden de ideas, la limitante impuesta para utilizar el arbitraje consiste en que dicho mecanismo debe ser establecido por el legislador y las materias que pueden ser objeto de solución a través de él son aquellas de libre disposición. Para la época de la expedición de la Ley 143 de 1994 el arbitramento se admitía si el asunto era transigible, pero también es el legislador quien expresamente puede señalar que determinado asunto pueda ser resuelto a través de arbitraje sin detenerse a pensar, en este último caso, si el asunto admite transacción o es de libre disposición. Pero además, en la utilización del arbitraje son la partes, a través del pacto arbitral quienes habilitan a la entidad (CREG) en cabeza de sus servidores actuando como árbitros para decidir el respectivo conflicto. En otras palabras, no es una solución de conflictos impuesta y existen normas que garantizan el debido proceso en el trámite arbitral y la autonomía de los árbitros como, por ejemplo, la aplicación de inhabilidades e incompatibilidades y el régimen disciplinario de los jueces, así como los recursos en contra del laudo arbitral, y se admite igualmente la tutela. Los análisis anteriores nos ubican en la posición de la admisibilidad del arbitramento para resolver conflictos entre agentes económicos sin detenerse en su naturaleza privada o pública. Sin embargo, es cierto que pueden presentarse ciertas circunstancias que de una u otra forma generen interrogantes en cuanto a la autonomía e independencia de los miembros de la comisión actuando como árbitros, cuando resuelven un asunto en el que es parte una entidad pública. Por ejemplo, es el caso en que uno de los miembros de la comisión haga parte de la junta directiva de uno de los agentes económicos en conflicto, y como administrador puede resultar difícil ver una estricta separación entre su función como árbitro y sus intereses como miembro del máximo órgano de administración de uno de los agentes económicos que hace parte del conflicto. Situación que podría generar un conflicto de interés del miembro incurso en dicha circunstancia, que en mi concepto debe ser siempre informado, además de poder generarse una situación en donde se reunirían las calidades de juez y parte, lo cual iría en contra de los postulados de autonomía e independencia de quien decide[44].

---

44 Esta situación fue analizada por la CREG en la Resolución 076 de 2001 y se consideró

Por otra parte, el mismo literal p del artículo 23 dispone que, además de tratarse de un conflicto entre agentes económicos, debe versar sobre la "interpretación de acuerdos operativos y comerciales" es decir, define en forma expresa y de forma previa el alcance de la decisión que se puede adoptar a través del laudo y el asunto que puede someterse a arbitramento, con lo cual se respeta la excepcionalidad en la asignación de la función.

Finalmente, el artículo 2.º de la Resolución CREG 067 de 1998 señala que el asunto debe ser susceptible de transacción, y que quien actúe como parte activa y pasiva en este arbitraje tiene que tener capacidad para transigir[45], es decir, introduce dicho componente porque el literal p del artículo 23 no lo menciona. La competencia arbitral es atribuida por el legislador a la CREG y, además, el mismo legislador definió el alcance y la materia sobre la cual puede decidirse, así que, en mi concepto, no era necesario introducir el concepto de asunto transigible en la Resolución 067, porque ya el legislador había definido la materia que podía ser objeto de arbitramento y es la autoridad competente para hacerlo. Tal vez la razón para haber introducido el componente de asunto transigible, fue que el Decreto 2279 de 1989, norma vigente al momento de la expedición de la Ley 143 de 1994, disponía en su artículo 1.º que el arbitraje podía ser usado con respecto a asuntos transigibles y lo que hace la Resolución CREG 067 es replicar dicha regla en su artículo 2.º, además de replicar lo dispuesto en el literal p del artículo 23 de la Ley 143 de 1994. Sin embargo, el legislador puede determinar que determinado asunto pueda ser resuelto a través de arbitraje, como es el caso de la Ley 143 literal p, artículo 23, y en tal evento

---

que no existía inhabilidad alguna, sin embargo, la decisión no precisa los análisis realizados para determinar la inexistencia de inhabilidad, incompatibilidad o de conflicto de interés.

45 En el régimen general de arbitraje, Ley 1563 de 2012, no se habla de asunto que admita transacción, sino de asunto que admita disposición lo cual, en nuestra opinión, resulta ser lo mismo. Igualmente, dicha ley se refiere a asunto frente al cual la ley autorice el uso del arbitraje. El artículo 1.º de la Ley 1563 de 2012 señala: "*Definición, modalidades y principios*. El arbitraje es un mecanismo alternativo de solución de conflictos mediante el cual las partes defieren a árbitros la solución de una controversia relativa a un asunto de libre disposición o aquellos que la ley autorice", lo que significa que el legislador puede autorizar el uso del arbitraje sin que sea necesario analizar si el asunto es de libre disposición o no.

no hay que detenerse a verificar si se trata o no de un asunto transigible o de libre disposición porque la habilitación para el uso del arbitraje lo establece directamente el legislador y en la actualidad dicho análisis encuentra sustento en el artículo 1.º de la Ley 1563 de 2012[46].

En todo caso, vale la pena analizar qué significa que un asunto sea transigible y qué significa tener capacidad para transigir o para disponer del objeto en litigio porque esta siempre se requiere cuando se hace uso de un mecanismo alternativo. Son susceptibles de transacción las cosas o los asuntos que por su naturaleza o contenido pueden negociarse, siempre que el acuerdo al que lleguen las partes no atente contra la ley, el orden público y las buenas costumbres[47]. Un asunto será transigible cuando involucra derechos o bienes patrimoniales sobre los cuales los titulares tienen capacidad de disposición[48]. De acuerdo con el artículo 15 del Código Civil, es posible disponer de aquello que sea de interés particular del renunciante y siempre que su renuncia no se encuentre prohibida[49]. Es decir, se puede disponer de asuntos de carácter económico o patrimonial y de interés particular. Igualmente, el artículo 2470 del CC es claro en señalar que puede transigir la persona capaz de disponer de los objetos comprendidos en la transacción[50]. En otras palabras, la capacidad de disposición del objeto en litigio o en conflicto, supone, de acuerdo con el Consejo de Estado, "la capacidad general o jurídica y especial o la legitimación en el caso particular y el poder o facultad legal o convencional según la naturaleza del derecho"[51]. En conclusión, es la capacidad de renuncia, de disposición, la que determina la posibilidad de transigir sobre un asunto sobre el cual se discute[52].

---

46 Ídem.

47 Cfr., sobre este tema, Verónica Peláez Gutiérrez. *La conciliación en el derecho administrativo colombiano*, Bogotá, Universidad Externado de Colombia, 2018, pp. 57 y ss.

48 Ídem. Cfr. igualmente, Corte Constitucional. Sentencia T-481 de 2005.

49 Verónica Peláez Gutiérrez. *La conciliación en el derecho administrativo colombiano*, cit., p. 58.

50 Jorge Hernán Gil. *Régimen arbitral colombiano*, cit., pp. 22 y ss.

51 Consejo de Estado, Sección Tercera, sentencia del 12 de mayo de 2011, expediente 37787.

52 Verónica Peláez Gutiérrez. *La conciliación en el derecho administrativo colombiano*, cit., p. 56.

Un asunto es de libre disposición cuando existe libertad de renuncia, la cual es definida por "la naturaleza del derecho, y le corresponde al legislador establecer en cuáles casos es posible"[53]. En otras palabras, se debe entender que la posibilidad de transigir o renunciar frente a un derecho es consecuencia de su carácter disponible. Debe entenderse entonces que si una persona puede disponer de determinado derecho es igualmente posible entender que pueda conferir a un tercero aunque no sea un juez de la república, sino un árbitro la potestad de resolver el asunto que concierne ese derecho, lo cual aplicaría para la habilitación de la Comisión para resolver el conflicto a través de arbitraje[54].

En conclusión, el literal p de la Ley 143 de 1994, establece una función jurisdiccional en cabeza de la CREG que tiene dos componentes. Por una parte, desde el punto de vista general consiste en la asignación de una función jurisdiccional a una autoridad administrativa regida por el artículo 116 de la Constitución y cuyos límites son respetados por el legislador al asignar dicha función a la CREG. Por otra parte, comporta la asignación de una función jurisdiccional-arbitral *sui generis* porque si bien deben respetarse los postulados del arbitramento, es decir el régimen legal aplicable al arbitramento nacional, lo cierto es que tiene ciertas particularidades como se analizará en la segunda parte de este escrito.

II. LA FUNCIÓN ARBITRAL DE LA CREG: RÉGIMEN APLICABLE

El ejercicio de la función arbitral por parte de la CREG, supone unas particularidades en cuanto a su ejercicio y desarrollo del procedimiento arbitral

53 Corte Constitucional, Sala Plena, sentencia C-098 de 2001; igualmente Verónica Peláez Gutiérrez. "Alcance y límites de los mecanismos alternativos de solución de conflictos en el derecho administrativo", en *Las trasformaciones de la administración pública y del derecho administrativo*, t. III, Bogotá, Universidad Externado de Colombia, 2019, p. 226.

54 Jorge Suescún Melo. "Facultades de los árbitros para interpretar y aplicar normas de orden público", en *El contrato de arbitraje*, Bogotá, Universidad del Rosario y Legis, 2005, p. 256.

(A). Sin embargo, en su mayoría se da aplicación al régimen actual del arbitraje regulado por la Ley 1563 de 2012 (B).

A. PARTICULARIDADES DEL PROCEDIMIENTO

En el trámite arbitral ante la Comisión son sus miembros quienes actúan como árbitros, lo que significa que ciertas etapas que por lo general se agotan en el trámite arbitral regido por la Ley 1563 de 2012 no tienen lugar en el trámite arbitral que se adelante ante la Comisión, lo que significa que no habrá designación, integración e instalación del tribunal (1), los árbitros no devengarán honorarios (2) y finalmente, en cuanto la decisión adoptada si bien se trata de un laudo arbitral en cuanto a su forma es adoptado mediante Resolución (3).

1. EN CUANTO A LA DESIGNACIÓN DE LOS ÁRBITROS, INTEGRACIÓN E INSTALACIÓN DEL TRIBUNAL

En el procedimiento arbitral regido por la Ley 1563 de 1998, el artículo 7.º consagra la determinación conjunta del número de árbitros por las partes y dispone que su número siempre será impar, disponiendo además que si las partes guardan silencio los árbitros serán tres para asuntos de mayor cuantía y uno para procesos de menor cuantía. Además, en el artículo 8.º de la misma ley, el legislador regula la designación de los árbitros y de acuerdo con dicho artículo la designación puede ser realizada conjuntamente por las partes o puede ser delegada en un centro de arbitraje y en este caso se hará por sorteo o, puede delegarse en un tercero total o parcialmente. En la función arbitral atribuida a la CREG las normas vistas no tienen aplicación porque, en primer lugar, la asignación de la función arbitral la hace directamente el legislador en la autoridad administrativa quien actúa a través de sus integrantes o miembros y en segundo lugar, son ellos quienes actúan como árbitros en caso de que en virtud de un pacto arbitral deban decidir la diferencia sobre la interpretación de un acuerdo operativo o comercial existente entre determinados agentes económicos. Así lo ha entendido igualmente la CREG que en sus decisiones arbitrales, entre ellas, la Resolución n.º 501 001 del 20 de enero de 2023 por medio de la cual profirió Laudo arbitral que resolvió el conflicto entre la Central

Hidroeléctrica de Caldas S.A. E.S.P. (CHEC) y la Empresa de Energía de Pereira S.A. E.S.P. y el Ingenio Risaralda (IRSA), consideró en cuanto a la conformación del tribunal que

> por tratarse de una función asignada a la Comisión en virtud del artículo 23 de la Ley 143 de 1994, y conforme a lo señalado en la Resolución CREG 067 de 1998, los miembros de la Comisión fungen como árbitros en el procedimiento y, por tanto, no hay lugar a la conformación del tribunal arbitral, a la celebración de audiencia de instalación del tribunal y a la fijación y distribución de honorarios de la forma prevista en la Ley 1563 de 2012[55].

En conclusión, no existe integración del tribunal y en consecuencia se prescinde igualmente de la audiencia de instalación del tribunal regulada en el artículo 20 de la Ley 1563 de 2023[56].

---

55 Cfr. también, Comisión de Regulación de Energía y Gas. Solución de conflictos y arbitramento, p. 6, disponible en https://www.creg.gov.co/sites/default/files/sc-pr-002_arbitramiento.pdf, consultada el 21 de abril de 2023.

56 Ley 1563 de 2012, "Por medio de la cual se expide el Estatuto de Arbitraje Nacional e Internacional y se dictan otras disposiciones", Artículo 20. "*Instalación del Tribunal.* Aceptada su designación por todos los árbitros y, en su caso, cumplidos los trámites de recusación y reemplazo, el tribunal arbitral procederá a su instalación, en audiencia para la cual el centro de arbitraje fijará día y hora. Si alguno de los árbitros no concurriere, podrá presentar excusa justificada de su inasistencia dentro de los tres (3) días siguientes. Si no presentare dicha excusa o, si presentada, no concurriere en la nueva fecha, se procederá a su reemplazo en la forma prevista en la presente ley. En la audiencia de instalación el centro de arbitraje entregará a los árbitros el expediente. El tribunal elegirá un Presidente y designará un Secretario, quien deberá manifestar por escrito su aceptación dentro de los cinco (5) días siguientes, y será posesionado una vez agotado el trámite de información o de reemplazo. Sin perjuicio de lo que luego haya de decidir el tribunal sobre su propia competencia en la primera audiencia de trámite, la admisión, la inadmisión y el rechazo de la demanda se surtirán conforme a lo previsto en el Código de Procedimiento Civil. El tribunal rechazará de plano la demanda cuando no se acompañe prueba de la existencia de pacto arbitral, salvo que el demandante invoque su existencia para los efectos probatorios previstos en el parágrafo del artículo 3º. En caso de rechazo, el demandante tendrá un término de veinte (20) días hábiles para instaurar la demanda ante el juez competente para conservar los efectos derivados de la presentación de la demanda ante el centro de arbitraje. El poder para representar a una cualquiera de las partes en la audiencia de instalación

Por otra parte, de acuerdo con el artículo 5.º de la Resolución CREG 067 de 1998, el impulso de la actuación arbitral será competencia del director ejecutivo, y se aclara que las audiencias que se realicen dentro del trámite arbitral serán atendidas por los funcionarios de la Comisión que de forma interna se determine, y de las audiencias se levantarán actas que harán parte del expediente y se mantendrá informada a la Comisión en pleno[57]. Pero se aclara en ese mismo artículo que la decisión que resuelva la controversia será adoptada por la Comisión en sesión que se realizará de acuerdo con las normas vigentes aplicables en materia arbitral. Frente a dicha regulación, es preciso señalar, en cuanto al principio de inmediación, que el artículo 24 del CGP en el parágrafo 1 dispone que dicho principio cuando la función jurisdiccional la ejerce una autoridad administrativa, se cumple con la realización del acto por el funcionario que de acuerdo con la estructura interna de la entidad se encuentre habilitado para ello, su delegado o comisionado. Por su parte, el reglamento de la CREG dispone en su artículo 37 no solo que el Director ejecutivo impulsará, entre otras actuaciones, las arbitrales sino que también le corresponde decretar y practicar pruebas, citar y dirigir la audiencias, notificar las decisiones, entre otras competencias, pudiendo frente a las competencias enunciadas delegarlas en un experto o en un asesor del despacho, extiendo entonces una concordancia entre la Resolución 067 de 1998 y el reglamento de la CREG y evidencia que la regulación dada al principio de inmediación sigue la línea del artículo 24 del CGP[58].

---

incluye además de las facultades legales que se le otorgan, la facultad para notificarse de todas las determinaciones que adopte el tribunal en la misma, sin que se pueda pactar lo contrario.

57 De acuerdo con el artículo 15 de la Resolución 039 de 2017, "Por medio la cual se establece el reglamento interno de la Comisión de Regulación de Energía y Gas (CREG)", la designación del director ejecutivo de la comisión es propuesta por el Comité de expertos y la designación la hará la Comisión en forma rotativa, disponible en https://www.creg.gov.co/sites/default/files/creg039-2017.pdf, consultada el 21 de abril de 2023.

58 Ídem.

2. EN CUANTO A LOS HONORARIOS DE LOS ÁRBITROS Y LOS GASTOS DEL TRIBUNAL

En el trámite de arbitraje nacional regulado por la Ley 1563 de 2012 existe una etapa de fijación de honorarios y gastos una vez fracasada la audiencia de conciliación, cuya tasación se efectúa mediante auto susceptible de recurso de reposición, para lo cual se tiene en cuenta la cuantía de la demanda[59]. En todo caso, las partes pueden en forma previa limitar los honorarios de los árbitros. Incluso en los proyectos de infraestructura de transporte, el artículo 14 literal i) de la Ley 1682 de 2013 sobre solución de controversias, establece que las entidades objeto de dicha ley tienen el deber de limitar los honorarios de los árbitros o de los amigables componedores en la cláusula compromisoria y si no se establece fórmula de reajuste, el límite no podrá ser modificado ni actualizado por los árbitros o los amigables componedores. Siendo así, en los casos de fijación de honorarios por las partes de forma previa, junto con la designación, se informa dicha situación a los designados y se prescinde de la etapa de fijación de honorarios y de la posibilidad de recurso en contra de dicha decisión. En cuanto a la fijación de honorarios por los árbitros se deben respetar los límites máximos establecidos por la ley y la reglamentación establecida por el gobierno[60]. Finalmente, en el régimen de arbitraje nacional, los honorarios deben consignarse por las partes en las oportunidades establecidas en el artículo 27 de la Ley 1563 de 2012[61] y existirá una distribución de los honorarios cuando el tribunal

---

59 Ley 1563 de 2012, "Artículo 25. *Fijación de honorarios y gastos.* Fracasada en todo o en parte la conciliación, en la misma audiencia el tribunal fijará los honorarios y gastos mediante auto susceptible de recurso de reposición, que será resuelto inmediatamente. Para la fijación, tomará en cuenta la cuantía de las pretensiones de la demanda, determinada de conformidad con el Código de Procedimiento Civil. Si hubiere demanda de reconvención, tomará como base la de la cuantía mayor. Lo anterior, sin perjuicio de que las partes, antes del nombramiento de los árbitros, acuerden los honorarios y así se lo comuniquen junto con su designación"; cfr. http://www.secretariasenado.gov.co/senado/basedoc/ley_1563_2012.html, consultada el 21 de abril de 2023.

60 Ibíd., artículo 26.

61 Ley 1563 de 2012, "Artículo 27. *Oportunidad para la consignación.* En firme la regulación de honorarios y gastos, cada parte consignará, dentro de los diez (10) días siguientes, lo que a ella corresponda. El depósito se hará a nombre del presidente del tribunal,

se declare competente en la primera audiencia de trámite. De acuerdo con el artículo 28 de la Ley 1563 de 2012,

> ... el presidente entregará a cada uno de los árbitros y al secretario la mitad de los honorarios, y al centro de arbitraje la totalidad de lo correspondiente a él; el resto quedará depositado en la cuenta destinada exclusivamente para el efecto. El presidente distribuirá el saldo de honorarios una vez terminado el arbitraje por voluntad de las partes o por ejecutoria del laudo o de la providencia que decida sobre su aclaración, corrección o complementación. Terminado el proceso o decidido el recurso de anulación, el presidente hará la liquidación final de gastos y, con la correspondiente cuenta razonada, devolverá el saldo a las partes.

Si bien dichas disposiciones aplican para el arbitraje nacional en Colombia, son disposiciones que no tienen aplicación en el trámite arbitral adelantado ante la CREG, porque en este caso fungen como árbitros los miembros de la CREG, no existe designación y quienes fungen como árbitros (miembros

---

quien abrirá para su manejo una cuenta especial en una entidad sujeta a la vigilancia de la Superintendencia Financiera. Dicha cuenta deberá contener la indicación del tribunal arbitral y en ella solo podrán administrarse los recursos de este. Si una de las partes consigna lo que le corresponde y la otra no, aquella podrá hacerlo por esta dentro de los cinco (5) días siguientes. Si no se produjere el reembolso, la acreedora podrá demandar su pago por la vía ejecutiva ante la justicia ordinaria. Para tal efecto le bastará presentar la correspondiente certificación expedida por el presidente del tribunal con la firma del secretario. En la ejecución no se podrá alegar excepción diferente a la de pago. La certificación solamente podrá ser expedida cuando haya cobrado firmeza la providencia mediante la cual el tribunal se declare competente. De no mediar ejecución, las expensas pendientes de reembolso se tendrán en cuenta en el laudo para lo que hubiere lugar. A cargo de la parte incumplida, se causarán intereses de mora a la tasa más alta autorizada, desde el vencimiento del plazo para consignar y hasta el momento en que cancele la totalidad de las sumas debidas. Vencidos los términos previstos para realizar las consignaciones sin que estas se hubieren efectuado, el tribunal mediante auto declarará concluidas sus funciones y extinguidos los efectos del pacto arbitral para el caso. Parágrafo. Cuando una parte se encuentre integrada por varios sujetos, no se podrá fraccionar el pago de los honorarios y gastos del tribunal y habrá solidaridad entre sus integrantes respecto de la totalidad del pago que a dicha parte corresponda": cfr. http://www.secretariasenado.gov.co/senado/basedoc/ley_1563_2012.html, consultada el 21 de abril de 2023.

de la comisión) no reciben honorarios por su actividad en calidad de árbitros[62]. Sin embargo, existen gastos relacionados con el trámite arbitral que pueden causarse y que deben ser tasados por el tribunal arbitral (Comisión) correspondiente, así lo dispone el artículo 11 de la Resolución 067 de 1998 e igualmente la Ley 1563 de 2012 regula lo atinente a los gastos del tribunal arbitral que constituyen un concepto distinto al de los honorarios de los árbitros y no admiten tasación previa.

3. EN CUANTO AL LAUDO ARBITRAL

Si bien la decisión adoptada por parte de la Comisión para la Resolución de los conflictos entre agentes económicos con respecto a la interpretación de una acuerdo operativo o comercial se le considera un laudo arbitral y en consecuencia, es una sentencia judicial, lo cierto es que tiene una particularidad desde el punto de vista de su forma porque dicho laudo se adopta a través de una Resolución de la CREG, sin que se afecte su naturaleza de laudo arbitral y de decisión judicial que hace tránsito a cosa juzgada. Además, de acuerdo con el artículo 39 de la Ley 1563 de 2012 aplicable para este trámite arbitral, el laudo de la Comisión puede ser aclarado, corregido y complementado dentro de los cinco días siguientes a su notificación de oficio o a solicitud de parte como ocurre con un laudo arbitral adoptado dando aplicación a la Ley 1563 de 2012. Finalmente, al tratarse la Resolución/laudo de una decisión de la Comisión, en aplicación del artículo 8.º de su Reglamento esta debe ser suscrita por el Presidente de la comisión (Ministro de Minas y Energía) y por el director ejecutivo.

B. UN REENVÍO AL RÉGIMEN LEGAL DEL ARBITRAMENTO: LEY 1563 DE 2012

El trámite arbitral ante la CREG, se regula mayoritariamente por las disposiciones de la Ley 1563 de 2012 siendo así encuentra como fuente la voluntad

---

62 Comisión de Regulación de Energía y Gas. "Solución de conflictos y arbitramento", p. 6, disponible en https://www.creg.gov.co/sites/default/files/sc-pr-002_arbitramiento.pdf, consultada el 21 de abril de 2023.

de las partes expresada en el pacto arbitral (1) y se rige en su mayoría por las etapas y momentos procesales regulados por dicha ley (2). Igualmente, el laudo arbitral adoptado por la Comisión puede recurrirse haciendo uso de los recursos que son procedentes frente a los laudos arbitrales adoptados al interior de un arbitramento nacional (3).

1. EL PACTO ARBITRAL COMO FUENTE DE LA HABILITACIÓN PARA RESOLVER EL CONFLICTO POR PARTE DE LA COMISIÓN A TRAVÉS DE ARBITRAJE

El pacto arbitral es la fuente de la utilización del arbitraje para resolver un conflicto. Es cierto que el arbitraje es un mecanismo a través del cual los árbitros administran justicia. Sin embargo, la fuente del arbitraje lo constituye la voluntad de las partes, quienes a partir del pacto arbitral deciden que determinado conflicto será sustraído del conocimiento del juez ordinario o contencioso para que sea resuelto por un tribunal arbitral y, en el caso del arbitraje adelantado ante la CREG el pacto arbitral resulta ser igualmente la fuente de dicho arbitramento. Ahora bien, es preciso señalar que la Resolución 067 de 1998 se refiere al pacto arbitral reenviando a normas que en la actualidad no se encuentran vigentes[63]. Siendo así, se aplicaría lo dispuesto en los artículos 3.º, 4.º y 5.º de la Ley 1563 de 2012 con respecto al pacto arbitral y sus modalidades o, en su defecto, las normas que las sustituyan o modifiquen.

El pacto arbitral puede definirse como un negocio jurídico en virtud del cual las partes someten o se obligan a someter a arbitraje controversias

---

63 Resolución 067 del 28 de mayo de 1998, "Por la cual se señalan las disposiciones legales aplicables en lo referente a la facultad que tiene la Comisión de Regulación de Energía y Gas de resolver mediante arbitraje, los conflictos que se presenten entre los diferentes agentes económicos que participen en las actividades del sector, en cuanto a interpretación de los acuerdos operativos y comerciales", "Artículo 7. *Pacto arbitral.* Conforme al artículo 2.º del Decreto 2279 de 1989, el pacto arbitral comprende la cláusula compromisoria o el compromiso por los cuales las partes se obligan a someter sus conflictos a la decisión de árbitros, renunciando a hacer valer sus pretensiones ante los jueces. El pacto arbitral deberá sujetarse a lo dispuesto en el artículo 5.º del Decreto 2279 de 1989 [...]".

que hayan surgido o puedan surgir entre ellas[64]. Si existe pacto arbitral, se entenderá que las partes sustraen dicha controversia del conocimiento del juez que sería competente para conocerla y renuncian a hacer valer dichas pretensiones ante dicho juez[65]. Entonces, en el caso del arbitramento adelantado ante la CREG, resulta aplicable lo relativo al pacto arbitral propio de la utilización del arbitramento. En otras palabras, se requiere del pacto arbitral para que la Comisión pueda conocer del conflicto. El pacto arbitral puede comportar dos modalidades: cláusula compromisoria y compromiso. Se entiende por cláusula compromisoria aquella que se estipula antes de que el conflicto surja, y en el arbitramento que nos ocupa, a través de ella puede estipularse que se someterá a decisión arbitral de la Comisión todos o algunos de los conflictos que se susciten entre los diferentes agentes económicos que participen en las actividades del sector, en cuanto a la interpretación de los acuerdos operativos y comerciales suscritos[66].

Ahora bien, en el artículo 7.º de la Resolución 067 se estipula que si los conflictos a resolver no fueron especificados en la cláusula compromisoria, será competencia de las partes determinar el objeto del conflicto. Estipulación que en mi concepto nunca podrá contrariar lo señalado por el literal p del artículo 23 de la Ley 143 de 1998 en el sentido en que solo puede someterse a arbitraje un conflicto entre agentes económicos que verse sobre la interpretación de un acuerdo operativo o comercial. La limitante en cuanto al objeto del conflicto no puede ser desconocida por la partes en conflicto, porque de acuerdo con el artículo 16 del CC "No podrán derogarse por convenios particulares las leyes en cuya observancia están

---

64 Cfr. Ley 1563 de 2015, artículo 3.º, disponible en http://www.secretariasenado.gov.co/senado/basedoc/ley_1563_2012.html, consultada el 21 de abril de 2023.

65 Ídem. Igualmente, Comisión de Regulación de Energía y Gas. "Solución de conflictos y arbitramento", cit., p. 3.

66 La cláusula compromisoria puede constar en el contrato o en un documento inequívocamente referido a él de acuerdo con el artículo 4.º de la Ley 1563 de 2012. Se ha aceptado que dicha cláusula conste, por ejemplo, en los pliegos de condiciones. Ver, por ejemplo, Consejo de Estado, Sección Tercera, recurso de anulación, sentencia del 2 de junio de 2021, expediente 66030, y Consejo de Estado, Sección Tercera, Sala de lo Contencioso Administrativo, Recurso de anulación, sentencia del 4 de diciembre de 2006, expediente 32871.

interesados el orden y las buenas costumbres". Además, en el parágrafo del artículo 7.º de la Resolución 067 se señala que tanto las materias como el alcance de la facultades de los árbitros se estipularán en el pacto teniendo en cuenta los mandatos legales. Lo anterior demuestra que la autonomía de la voluntad encuentra su límite en la ley y, en todo caso, de contrariarse por las partes lo estipulado en el literal p del artículo 23 de la Ley 143 de 1994, al momento de declarar su competencia los árbitros (miembros de la comisión) lo tendrán que hacer respetando el literal p del artículo 23 de la Ley 143 de 1994.

El compromiso se suscribe cuando el conflicto ya ha surgido y está regulado en el artículo 4.º de la Ley 1563 de 2012. El compromiso puede constar en cualquier documento que contenga el nombre de las partes, la indicación de las controversias que se someten a arbitraje y la indicación del proceso en curso, cuando a ello hubiere lugar. En este caso las partes podrán ampliar o restringir las pretensiones aducidas en aquel. Sin embargo, la competencia de la Comisión se limita a resolver conflictos, entre agentes económicos, relacionados con la interpretación de acuerdos operativo o comerciales, en consecuencia, solo tiene competencia sobre dicha materia y la ampliación de pretensiones debe respetar dicho límite so pena de que la comisión se declare incompetente frente a los asuntos que van más allá de la competencia legal que le fue atribuida[67].

Ahora bien, con respecto al pacto arbitral es preciso referirse a dos pronunciamientos del Consejo de Estado. El primero corresponde a la Sentencia de Unificación del 18 de abril de 2013, expediente 17859, en la que el Consejo de Estado cambió su jurisprudencia vigente desde 1998 con respecto a la renuncia tácita al pacto arbitral. Lo primero que aclara el Consejo de Estado es que su pronunciamiento aplica para asuntos gobernados por normas anteriores a la Ley 1563 de 2012. En segundo lugar, precisa que abandona su tesis a través de la cual ha sostenido la renuncia tácita de las partes de un contrato estatal a la aplicación de la cláusula compromisoria, cuando, a pesar de haber acordado someter sus diferencias al conocimiento de la justicia arbitral, una de ellas decide instaurar la demanda ante la jurisdicción de lo contencioso administrativo, y la otra no propone la

---

67 Cfr. Resolución 067 de 1998, artículo 9.º.

excepción[68]. Siendo esa su tesis vigente desde 1998, procede a adoptar una nueva tesis y decide que no tiene aplicación la tesis de la renuncia tácita porque el contrato estatal es solemne y lo es igualmente el pacto arbitral y en consecuencia, en palabras del Consejo de Estado

> así como las partes deciden, de común acuerdo, someter sus diferencias al conocimiento de la justicia arbitral, empleando para ello la celebración de un pacto cuyas principales características son que sea expreso y solemne, de la misma manera aquéllas deben observar de consuno tales condiciones (forma expresa y solmene) si su voluntad es deshacerlo o dejarlo sin efectos, de suerte que, si optan libremente por la justicia arbitral y no proceden como acaba de indicarse para cambiar lo previamente convenido, no tienen la posibilidad de escoger entre acudir a ésta o a los jueces institucionales del Estado, teniendo en cuenta que su voluntad inequívoca fue someterse a la decisión de árbitros (*sic*).

Bastante discutible la postura del Consejo de Estado y nos ubicamos más del lado de quienes salvaron voto. Por una parte, deja de lado una postura jurisprudencial vigente y aplicable al asunto objeto de análisis por el Consejo de Estado, porque era la postura no solo vigente al momento de la presentación de la demanda sino que además, era la postura adoptada y recogida en la Ley 1563 de 2012, es decir, se da una aplicación retroactiva de la decisión, lo cual es contrario al principio de igualdad y confianza legitima[69]. Tanto así que en decisión posterior, el Consejo de Estado modula los efectos de dicha sentencia y decide no darle aplicación frente a determinado asunto porque en el momento de ocurrencia de los hechos, la postura vigente era la que reconocía la renuncia tácita al pacto arbitral[70]. Por otra parte, la decisión mayoritaria en torno al entendimiento de que los efectos

---

68 Consejo de Estado, Sección Tercera, sentencia del 16 de junio de 1997, expediente 10.882, y Consejo de Estado, Sección Tercera, auto del 19 de marzo de 1998, expediente 14.097.

69 Consejo de Estado, Sección Tercera, sentencia de unificación del 18 de abril de 2013, expediente 17859, salvamento de voto.

70 Consejo de Estado, Sección Tercera, sentencia del 19 de abril de 2021, expediente 64446.

de la cláusula compromisoria solamente pueden extinguirse mediante un negocio jurídico solemne, contaría los artículos 1625 y 1618 del CC, en el sentido de que "toda obligación puede extinguirse por una convención en que las partes interesadas, siendo capaces de disponer libremente de lo suyo, consientan en darla por nula" (art. 1625) y contaría igualmente, el artículo 1618 del CC que consagra la posibilidad de retracto cuando existe coincidencia de las partes en no ejecutar las prestaciones bilaterales[71].

En el segundo pronunciamiento del Consejo de Estado, al cual quiero referirme, el alto tribunal conoció de un recurso de anulación en el que se alegaba, entre otras, la causal 1 del artículo 41 de la 1563 de 2012 y la inexistencia del pacto arbitral. En este caso, el Consejo de Estado consideró que no se configuraba la inexistencia del pacto arbitral. Para ello procedió a interpretar lo estipulado en el contrato y consideró que "aunque la ley exige la expresión del consentimiento dirigido a pactar el arbitramento, no impone la utilización de una fórmula sacramental y no exige la *renuncia expresa* a la jurisdicción ordinaria del Estado". Para el Consejo de Estado,

> [l]a inexistencia no se deduce de la ausencia de una estipulación en la que, de manera, clara, expresa e inequívoca las partes hayan acordado acudir a arbitramento. La inexistencia se deduce cuando se acredita que las partes de ninguna manera manifestaron su voluntad de pactar arbitramento y que, de lo dicho en el contrato, sin duda alguna no puede deducirse la *existencia* de tal voluntad; y esto, como quedó dicho antes, no está demostrado en este caso[72].

En otras palabras, para el Consejo de Estado, la existencia de pacto arbitral no exige la voluntad clara y expresa de acudir al arbitramento expresada en el pacto arbitral sino que puede acudirse a inferencias, posición discutible porque si bien la cláusula compromisoria puede adolecer de determinados defectos y puede ser interpretada o sus vacíos llenados con las estipulaciones de la Ley 1563 de 2012, lo cierto es que en nuestro concepto, la voluntad de recurrir al arbitraje debe ser inequívoca[73].

---

71 Ídem.

72 Consejo de Estado, Sección Tercera, recurso de anulación, sentencia del 2 de junio de 2021, expediente 66030.

73 Ídem., ver salvamento de voto.

Se quiso traer los anteriores pronunciamientos porque si la Comisión conoce de un arbitraje en el cual haga parte una entidad pública que sea considerada un agente económico, de acuerdo con el artículo 46 de la Ley 1563 de 2012, el recurso de anulación lo conoce la Sección Tercera del Consejo de Estado y, además, independientemente del régimen jurídico aplicable al agente económico que haga parte de un conflicto sometido al conocimiento de la comisión en uso del arbitraje con respecto a su contratación, lo cierto es que si se trata de una entidad pública los contratos que este celebre serán contratos estatales y los pronunciamientos vistos adquieren relevancia para la Comisión[74].

---

74 Sobre la naturaleza de la empresas de servicios públicos la Corte Constitucional en la sentencia C-736 de 2007, consideró: "la naturaleza y el régimen jurídico especial de la prestación de los servicios públicos dispuesto por el constituyente en el artículo 365 de la Carta impiden considerar que las empresas de servicios públicos constituidas bajo la forma de sociedades por acciones, en las cuales concurran en cualquier proporción el capital público y el privado, sean 'sociedades de economía mixta'. A juicio de la Corporación, y por lo dicho anteriormente, se trata de entidades de tipología especial expresamente definida por el legislador en desarrollo de las normas superiores antes mencionadas [...] Distintos pronunciamientos de la Rama Judicial han llegado a interpretaciones contrarias en lo relativo a si las empresas de servicios públicos mixtas (con participación mayoritaria de capital público o participación igualitaria de capital público y privado) y las empresas de servicios públicos privadas (con participación minoritaria de capital público) son o no sociedades de economía mixta. Al parecer de la Corte, la interpretación según la cual las empresas de servicios públicos son sociedades de economía mixta resulta contraria a la Constitución. Ciertamente, según se dijo arriba, del artículo 365 superior se desprende que el régimen y la naturaleza jurídica de los prestadores de servicios públicos es especial; además, del numeral 7 del artículo 150 de la Carta, se extrae que el legislador está constitucionalmente autorizado para crear o autorizar la creación de 'otras entidades del orden nacional', distintas de los establecimientos públicos, las empresas comerciales e industriales de Estado y las sociedades de economía mixta. Por todo lo anterior, la Corte encuentra que cuando el numeral 6 del artículo 14 de la Ley 142 de 1994 dispone que una empresa de servicios públicos mixta '(e)s aquella en cuyo capital la Nación, las entidades territoriales, o las entidades descentralizadas de aquella o éstas tienen aportes iguales o superiores al 50', y cuando el numeral 7 de la misma disposición agrega que una empresa de servicios públicos privada '(e)s aquella cuyo capital pertenece mayoritariamente a particulares, o a entidades surgidas de convenios internacionales que deseen someterse íntegramente para estos efectos a las reglas a las que se someten los particulares [...]'. Pero además, el

2. ASPECTOS PROCESALES

En cuanto al trámite que debe surtirse durante el arbitramento adelantado por la CREG, es posible identificar varios momentos dependiendo de la normatividad vigente al momento en que dicha competencia es o fue ejercida por la CREG. El punto de inicio sería la Ley 143 de 1994 que consagra dicha competencia en cabeza de la CREG. Sin embargo, no establece el trámite a seguir en caso de utilizarse y la Resolución CREG 067, con la cual se reglamentó la competencia atribuida por el legislador en el año 94 fue expedida solo hasta el año 98. Siendo así, en la Resolución CREG 045 de 1995, la Comisión resolvió mediante laudo una controversia en torno a definir mediante interpretación realizada por la Comisión el esquema tarifario aplicable durante el periodo de enero y febrero de 1995 para las compras de energía a largo plazo. Conflicto suscitado por varias empresas generadoras de energía[75]. En esta decisión arbitral se evidencia, por una parte, la ausencia de un procedimiento, y de una terminología procesal definida, como sería, por ejemplo, la admisión de la demanda, el traslado de la demanda, la contestación de la demanda. Por el contrario, la Comisión utiliza los términos comunicaciones y traslados indistintamente, así como atención al requerimiento a través de comunicación para referirse a la contestación de la demanda. Por otra parte, no existen audiencias, ni periodo probatorio; en otras palabras, no se decretan, ni practican pruebas, ni se presentan alegatos de conclusión. Para la época en que dicha controversia se puso en conocimiento de la CREG estaba vigente en cuanto a la regulación del arbitraje el Decreto 2279 de 1989, sin embargo, ninguna referencia a dicho decreto o a cualquier otra norma que regulara el arbitraje fue realizada por la Comisión. En mi concepto, el actuar de la comisión podría demostrar ausencia de entendimiento en cuanto a que la competencia ejercida era de naturaleza judicial y que la decisión adoptada

---

artículo 104 del CPACA entiende por entidad pública todo órgano, organismo o entidad estatal, con independencia de su denominación; las sociedades o empresas en las que el Estado tenga una participación igual o superior al 50% de su capital; y los entes con aportes o participación estatal igual o superior al 50%".

75 Cfr. Resolución CREG 045 de 1995, "Por medio de la cual se resuelve mediante arbitramento una diferencia entre empresas generadoras de energía".

era un laudo arbitral, lo cual se evidencia, precisamente, en el hecho de que contra los laudos arbitrales para la época e incluso en la actualidad no procedía recurso de reposición sino recurso de anulación y de revisión y a pesar de ello, en su decisión, la Comisión establecía que contra su decisión procedía recurso de reposición[76].

Con posterioridad a dicha decisión y ya en vigencia de la Resolución CREG 067 de 1998 y antes de la entrada en vigencia de la Ley 1563 de 2012, se evidencia la existencia de un procedimiento arbitral regido por dicha Resolución y por las normas vigentes en materia arbitral, como la Ley 446 de 1998 y el Decreto 1818 de ese mismo año[77]. En ese sentido, la Comisión admite demanda, realiza su traslado para su contestación, convoca a audiencia de conciliación, agota la audiencia de instalación y de trámite donde decide sobre su propia competencia, se pronuncia sobre la integración del contradictorio, decreta y práctica pruebas, los intervinientes presentan alegatos y adopta decisión (laudo) susceptible de ser corregido, adicionado o complementado, además de proceder el recurso de anulación y de revisión contra dicha decisión[78]. Además se da aplicación al régimen de inhabilidades e incompatibilidades de los jueces, a los miembros de la comisión que actúan como árbitros[79]. Es así como, en un trámite arbitral

---

76 Ídem.

77 Ver Comisión de Regulación de Energía y Gas. Resolución CREG 020 de 1999 por medio de la cual se resolvió una controversia entre la Empresa Antioqueña de Energía S. A. E. S. P (EADE) y la Empresa de Interconexión Eléctrica S. A. y Resolución CREG 046 del 17 de septiembre de 1999 que resuelve el recurso de reposición en contra de la Resolución 020 de 1999. En este caso se rechaza el recurso de reposición interpuesto por no ser un recurso procedente en contra de un laudo arbitral. Igualmente pueden consultarse: Comisión de Regulación de Energía y Gas. Resolución CREG 038 de 2000, por medio de la cual se resolvió un conflicto entre Termocartagena S.A. E.S.P. y Corelca S. A. E. S. P., Resolución CREG 057 del 17 de agosto de 2001, por medio de la cual resolvió un conflicto entre la Empresa de Energía de Boyacá S. A. E. S. P y Empresas Públicas de Medellín (E. P. M), Resolución CREG 022 de 2003, la cual resolvió un conflicto entre Empresas Públicas de Medellín E. S. P y Codensa S.A. E.S.P. y la Resolución CREG 072 de 2009, por medio de la cual se resolvió un conflicto entre la Central Hidroeléctrica de Caldas S.A. E.S.P. (CHEC) y la Empresa de Energía de Pereira S.A. E.S.P. (EEP).

78 Ídem.

79 Cfr. sobre este tema Resolución CREG 076 de 2000 que resolvió un conflicto entre

que concluyó con laudo arbitral adoptado mediante la Resolución CREG 076 de 2001, se decidió sobre el impedimento elevado por el Ministro de Hacienda, el Ministro de Minas y Energía y el Director de Planeación. En este caso la declaratoria de impedimento se fundamentó en el hecho de hacer parte de la junta directiva de una de las partes en el proceso. El impedimento no fue aceptado y entenderíamos, sin haber tenido acceso a dicha decisión, que no lo fue porque la situación planteada no encajaba en ninguna de las causales de impedimento y recusación y dichas causales son taxativas y no admiten aplicación analógica. Sin embargo, en este caso resulta curioso que la decisión sobre el impedimento fue adoptada por el consejo de ministros y no por los otros miembros de la comisión que fungían como árbitros que en mi concepto era el proceder correcto[80].

Con la entrada en vigencia de la Ley 1563 de 2012, y analizadas dos Resoluciones de la CREG, una del año 2013 y otra de enero de 2023, es posible evidenciar en cuanto al procedimiento una aplicación de la Resolución 067 de 1998 y de la Ley 1563 de 2012. Siendo así, en la actualidad la admisión de la demanda es regulada por la Ley 1563 de 2012, que de acuerdo con el artículo 12 debe cumplir con los requisitos establecidos en CGP, específicamente en su artículo 82 y se admite su reforma[81]. Igualmente, se aplican los

---

Traselca S.A. E.S.P. y las Sociedades Electrificadoras de la Costa S.A. E.S.P. y Electrificadora del Caribe S.A. E.S.P.

80 La Resolución 067 de 1998 en cuanto a los impedimentos y recusaciones dispuso en su artículo 12: "Los árbitros estarán impedidos y serán recusables, de manera individual, por las mismas causales previstas en el Código de Procedimiento Civil para los jueces. Siempre que exista o sobrevenga causal de impedimento, el árbitro deberá ponerla en conocimiento de los demás, y se abstendrá mientras tanto, de aceptar el nombramiento o continuar conociendo del asunto. La parte que tenga motivo para recusar a alguno de los árbitros por causales sobrevinientes a la instalación del Tribunal, deberá manifestarlo dentro de los cinco días siguientes a aquel en que tuvo conocimiento de la causal, por escrito presentado ante el secretario del Tribunal. Del escrito correrá traslado al árbitro recusado para que dentro de los cinco días siguientes manifieste su aceptación o rechazo. En el evento en que por causa de impedimentos y/o recusaciones, se reduzca el número de los miembros de la Comisión a menos del requerido por las normas legales para adoptar decisiones de carácter ordinario, se entenderá que la decisión final se adoptará por la mayoría de los demás miembros".

81 Ley 1563 de 2012, "Artículo 22. Reforma de la Demanda. Notificado el demandado

artículos 21, 22 y 23 en cuanto al traslado de la demanda y su contestación, su reforma y la utilización de medios electrónicos respectivamente. Con respecto a la utilización de las tecnologías de la información, la Ley 1563 de 2012, lo establecía en el artículo 23 y en la actualidad, así lo establece la Ley 2213 de 2022, que adoptó como legislación permanente el Decreto 806 de 2020 y que aplica entre otros, en las actuaciones ante las autoridades administrativas que ejercen funciones jurisdiccionales y en los procesos arbitrales. En cuanto a las etapas que deben surtirse, existirá una audiencia de conciliación que en mi concepto debe regirse por el artículo 24 de la Ley 1563 de 2012, se prescinde de la audiencia de instalación, pero se adelanta la primera audiencia de trámite en donde el tribunal (miembros de la Comisión) decidirá sobre su competencia y en caso de declarase no competente para conocer de ninguna de las pretensiones se extinguirán los efectos del pacto arbitral[82]. Ahora bien, consideramos que no tiene aplicación en este trámite la cesación en sus funciones del árbitro que disienta de la decisión de asumir competencia porque como se ha explicado, en este arbitraje, no existe designación y aceptación de la condición de arbitro. Son los mismos integrantes de la comisión quienes resultan investidos de dicha facultad y actuaran como árbitros de forma transitoria y por el tiempo que dure el proceso arbitral. Sin perjuicio de las causales de impedimento y recusación que les son aplicables, y de su régimen disciplinario, que es el mismo de los jueces, y del deber de información que en mi concepto aplica igualmente para ellos porque, independientemente de ser miembros de una autoridad administrativa, es posible que tengan algo que informar a las partes en su condición de árbitros[83]. Además, el artículo 6.º de la Resolución 067 de 1998 dispone que en caso de duda razonable sobre la competencia de la Comisión

---

del auto admisorio de la demanda, esta podrá reformarse por una sola vez antes de la iniciación de la audiencia de conciliación prevista en esta ley", disponible en http://www.secretariasenado.gov.co/senado/basedoc/ley_1563_2012.html, consultada el 21 de abril de 2023.

82 Ley 1563 de 2012, artículo 30, disponible en http://www.secretariasenado.gov.co/senado/basedoc/ley_1563_2012.html, consultada el 21 de abril de 2023.

83 Ibíd., artículo 15. Además, la misma Resolución 067 de 1998 dispone con respecto al procedimiento que lo que no se encuentre regulado en dicha norma se regulará por "el Decreto 2279 de 1989, la Ley 23 de 1991, el Decreto 2651 de 1991, el Código de

para resolver un conflicto o parte de la controversia, la decisión deberá ser negativa en cuanto a su competencia con respecto a toda la controversia planteada y las pretensiones elevadas o parte de ellas, según el caso. La duda razonable se configura cuando no existe claridad respecto de que el asunto sometido a arbitraje sea competencia de la Comisión, para lo cual será necesario tener en cuenta que su competencia se limita a controversias entre agentes económicos relacionadas con la interpretación de acuerdos operativos y comerciales y en ningún caso sus decisiones podrán ser de condena o de naturaleza constitutiva. Ahora bien, con respecto al decreto de pruebas se decidirá en la primera audiencia de trámite y se realizarán tantas audiencias como sean necesarias, teniendo como único límite, el tiempo máximo con el que se cuenta para emitir el laudo arbitral y se dará aplicación a las normas en materia probatoria como lo regula la Ley 1563 y el CGP[84]. Igualmente, se dará aplicación a las normas en materia de medidas cautelares, integración del contradictorio e intervención de terceros, así como lo referente a la etapa de alegatos y laudo[85]. Finalmente, si en el trámite arbitral hace parte una entidad pública se deberá informar

---

Procedimiento Civil y demás normas que las adicionen, modifiquen o sustituyan", es decir, en la actualidad el CGP y la Ley 1563 de 2012.

84 Ley 1563 de 2012, artículos 30 y 31. La petición y solicitud de pruebas no fue regulado en el estatuto arbitral, aunque se encuentra una regulación especial con respecto al dictamen pericial. Siendo así las normas del CGP en materia de medios de pruebas y oportunidades probatorias son aplicables al régimen arbitral y lo serían igualmente en el trámite arbitral adelantado ante la CREG. Cfr. Daniel Posse Velásquez. "El régimen probatorio en el proceso arbitral", en *Estatuto arbitral colombiano*, Bogotá, Legis, 2013, pp. 201-216.

85 Vale la pena resaltar que en el artículo 31 el Estatuto arbitral dispone que "el tribunal podrá ordenar las medidas cautelares que serían procedentes de tramitarse el proceso ante la justicia ordinaria o la contencioso administrativa, cuyos decretos, práctica y levantamiento se someterán a las normas del Código de Procedimiento Civil, el Código de Procedimiento Administrativo y de lo Contencioso Administrativo y a las disposiciones especiales pertinentes". Significa lo anterior que, si al interior del arbitramento una de las partes es una entidad pública o quien ejerza funciones administrativas se aplicaran de preferencia las normas del CPACA en materia de medidas cautelares. Con respecto a la integración de contradictorio la Ley 1563 de 2012 lo regula es sus artículos 36 y 37 y la etapa de alegatos y laudo en su artículo 33.

del trámite arbitral a la Procuraduría General de la Nación y a la Agencia Nacional de Defensa Jurídica del Estado[86].

En cuanto a la cesación del tribunal arbitral, el artículo 18 de la Resolución 067 de 1998 reenviaba a las causales consagradas en el Decreto 2279 de 1989 o a las normas que lo modificaran o sustituyeran, lo que significa que el tribunal arbitral ante la CREG cesaría en sus funciones por la causales señaladas en el artículo 35 de la ley 1563 de 2012, esto es: cuando no se haga oportunamente la consignación de gastos y honorarios prevista en la presente ley; por voluntad de las partes; cuando el litisconsorte necesario que no suscribió el pacto arbitral no sea notificado o no adhiera oportunamente al pacto arbitral; por la expiración del término fijado para el proceso o el de su prórroga[87]; por la ejecutoria del laudo o, en su caso, de la providencia que resuelva sobre la aclaración, corrección o adición, y por la interposición del recurso de anulación, sin menoscabo de la competencia del tribunal arbitral para la sustentación del recurso.

Como ha sido ampliamente explicado, en su gran mayoría el proceso arbitral ante la CREG se regula por las disposiciones de la Ley 1563 de 2012, y solo ciertos aspectos no resultarían aplicables porque no son compatibles con la forma de funcionamiento del panel arbitral.

3. EL LAUDO ARBITRAL Y LOS RECURSOS PROCEDENTES

Como se ha manifestado en las líneas anteriores, el laudo arbitral es una sentencia judicial y así lo reconoce el artículo 2.º de la Ley 1563 de 2012

86 Cfr. Ley 1563 de 2012, artículo 49.

87 En mi concepto la norma actualmente vigente con respecto al término del proceso arbitral ante la CREG es el artículo 10.º de la Ley 1563. Siendo así, si en el pacto arbitral no se señala un término para la duración del proceso, este será de seis meses, contados a partir de la finalización de la primera audiencia de trámite. Dentro de dicho término deberá proferirse y notificarse, incluso, la providencia que resuelve la solicitud de aclaración, corrección o adición. El término podrá prorrogarse una o varias veces, sin que el total de las prórrogas exceda de seis meses, a solicitud de las partes o de sus apoderados con facultad expresa para ello. Además, la CREG reconoce igualmente la aplicación de dicha disposición en el documento de solución de conflictos y arbitramento en su página 6, disponible en https://www.creg.gov.co/sites/default/files/sc-pr-002_arbitramiento.pdf, consultada el 21 de abril de 2023.

al señalar que el laudo arbitral "es la sentencia que profiere el tribunal de arbitraje" y en el caso de la decisión adoptada por la Comisión en ejercicio de su función arbitral esta es igualmente un laudo arbitral y en consecuencia, es una sentencia judicial independientemente de que sea adoptada a través de una Resolución, así lo constata el artículo 10.º de la Resolución 067 de 1998 y los recursos que proceden contra él.

En el caso de la Comisión, el laudo arbitral es adoptado de acuerdo con el artículo 5.º de la Resolución 067 de 1998, es decir, en sesión que se efectuará de acuerdo con el procedimiento establecido por las normas legales aplicables para tal fin, pero la obligación de firmarlo está en cabeza de quien preside la Comisión y del director ejecutivo de acuerdo con el Reglamento de la misma Comisión[88]. El laudo adoptado por la Comisión puede ser corregido, adicionado, aclarado y complementado por el tribunal de arbitramento (Comisión) de oficio o a solicitud presentada por una de las partes, en la oportunidad y forma establecida en el artículo 39 la Ley 1563 de 2012, esto es, dentro de los cinco días siguientes a su notificación. La ley no señaló el alcance de esa solicitud por lo que se aplicarían las normas del CGP y no sería posible modificar el laudo en cuanto a sus análisis del fondo del asunto y decisión[89].

Frente a los recursos que proceden en contra del laudo arbitral, como se mencionó en líneas anteriores son el de anulación y el de revisión. El recurso de anulación procede por las casuales señaladas en el artículo 41 de la Ley 1563 de 2012, es decir, la inexistencia, invalidez o inoponibilidad del pacto arbitral. Inicialmente la norma señalaba "invalidez absoluta" pero la expresión "absoluta" fue declarada inexequible por la Corte Constitucional en la sentencia C-572 del 30 de julio de 2014. En la actualidad la causal se refiere a invalidez del pacto, lo que significa que cubre tanto a la invalidez absoluta como invalidez la relativa. Otra causal de anulación la constituye la caducidad de la acción, la falta de jurisdicción o de competencia, así

---

88 Comisión de Regulación de Energía y Gas. Resolución 039 de 2017, artículo 8.º, disponible en https://www.creg.gov.co/sites/default/files/creg039-2017.pdf, consultada el 21 de abril de 2023.

89 Juan Pablo Cárdenas. "El laudo arbitral y los recursos de revisión y anulación en el arbitraje nacional", en *Estatuto arbitral colombiano*, Bogotá, Legis, 2013, p. 257.

como no haberse constituido el tribunal en forma legal. Frente a estas tres primeras causales es necesario haber recurrido el auto de asunción de competencia[90]. Igualmente, constituyen casuales de anulación, por una parte, estar el recurrente en alguno de los casos de indebida representación, o falta de notificación o emplazamiento, siempre que no se hubiere saneado la nulidad, el haberse negado el decreto de una prueba pedida oportunamente o haberse dejado de practicar una prueba decretada, sin fundamento legal, siempre y cuando se hubiere alegado la omisión oportunamente mediante el ejercicio del recurso de reposición en contra de la decisión y aquella pudiera tener incidencia en la decisión. Por otra parte, constituyen también causales de anulación: haberse proferido el laudo o la decisión sobre su aclaración, adición o corrección después del vencimiento del término fijado para el proceso arbitral, lo cual debe haberse alegado una vez expirado el término; haberse fallado en conciencia o equidad, debiendo ser en derecho, siempre que esta circunstancia aparezca manifiesta en el laudo; contener el laudo disposiciones contradictorias, errores aritméticos o errores por omisión o cambio de palabras o alteración de estas, siempre que estén comprendidas en la parte resolutiva de la decisión o influyan en ella y hubieran sido alegados oportunamente ante el tribunal arbitral, es decir, se hubiere solicitado la corrección, adición o complementación del laudo. Finalmente, constituyen causales de anulación haber recaído el laudo sobre aspectos no sujetos a la decisión de los árbitros, haber concedido más de lo pedido o no haber decidido sobre cuestiones sujetas al arbitramento[91].

---

90 Cfr. Ley 1563 de 2012, artículo 41. Por otra parte, el Consejo de Estado ha aceptado que esta causal de anulación pueda ser invocada no solo cuando el tribunal arbitral no ha declarado la caducidad de la acción siendo procedente su declaratoria sino, igualmente, cuando la caducidad ha sido declarada por el tribunal arbitral de forma indebida, es decir sin ser procedente. En este caso no se requiere agotar el requisito de recurrir al auto de asunción de competencia. Cfr. al respecto Consejo de Estado, Sección Tercera, Sala de lo Contencioso Administrativo, Recurso de anulación, sentencia del 15 de noviembre de 2019, expediente 62535.

91 Es preciso tener en cuenta que el Consejo de Estado se ha pronunciado en el sentido de que en aquellos casos concretos en los que al conocer de un proceso arbitral deba interpretarse una norma andina aplicable, es obligación de los árbitros solicitar la interpretación prejudicial del Tribunal de Justicia de la Comunidad Andina, y la consecuencia de no hacerlo es la anulación del laudo. En otras palabras, esta causal

El recurso debe sustentarse e interponerse dentro de los 30 días siguientes a la notificación del laudo o de la providencia que resuelva sobre su aclaración, corrección o complementación. Así lo ha señalado igualmente la CREG en sus decisiones arbitrales[92]. Del recurso de anulación y de revisión conocerá la sección tercera de la sala de lo contencioso administrativo del Consejo de Estado cuando en el arbitramento haya intervenido una entidad pública o quien ejerza funciones administrativas de acuerdo con el artículo 46 de la Ley 1563 de 2012. Por su parte, numeral 7 del artículo 149 del CPACA consagró en cabeza del Consejo de Estado la competencia para conocer: "Del recurso de anulación contra laudos arbitrales proferidos en conflictos originados en contratos celebrados por una entidad pública, por las causales y dentro del término prescrito en las normas que rigen la materia. Contra la sentencia que resuelva este recurso, solo procederá el recurso de revisión". Estableciendo la competencia en el hecho en que el conflicto se origine en un contrato celebrado por una entidad pública[93].

---

no se encuentra consagrada en el artículo 41 de la 1563 de 2012, pero el Consejo de Estado ya la ha reconocido en algunas decisiones como una casual autónoma de anulación de los laudos arbitrales. Cfr. sobre este tema, Hernando Herrera Mercado. "La Interpretación Prejudicial Andina y el Arbitraje", en *La práctica del litigio arbitral*, t. II, vol. II, *Estructura del proceso y estrategia del litigio*, Bogotá, Cámara de Comercio de Bogotá, Grupo Editorial Ibáñez, 2017, pp. 127-141, y David Namén Baquero. "La interpretación prejudicial del Tribunal de Justicia Andino y sus efectos en el arbitraje", *En Revist@ E-Mercatoria*, vol. 17, n.° 1, enero-junio de 2018, pp. 1-43, disponible en https://doi.org/10.18601/16923960.v17n1.01.

92 Cfr., por ejemplo, Comisión de Regulación de Energía y Gas, Resolución CREG 112 del 30 de agosto de 2013 que decidió un conflicto entre la Central Hidroeléctrica de Caldas S.A. E.S.P. y la Compañía Energética del Tolima S. A. y la Comisión de Regulación de Energía y Gas, Resolución CREG 501001 del 20 de enero de 2023, por medio de la cual se resolvió un conflicto entre la Central Hidroeléctrica de Caldas S.A. E.S.P. (CHEC), Empresa de Energía de Pereira S.A. E.S.P. e Ingenio de Risaralda (IRISA).

93 En todo caso acogemos la tesis de Juan Pablo Cárdenas, en el sentido de que para que la competencia del recurso de anulación sea del Consejo de Estado, será siempre necesario que la entidad pública sea demandada, llamada en garantía, denunciada en el pleito o interviniente *ad excludendum*, porque solo en esos casos el tribunal arbitral (Comisión) decide una pretensión formulada por ella o en contra de ella. Juan Pablo Cárdenas. "El laudo arbitral y los recursos de revisión y anulación en el arbitraje nacional", en *Estatuto Arbitral Colombiano*, cit., p. 263.

En los demás casos, conocerá del recurso extraordinario de anulación la Sala Civil del Tribunal Superior de Distrito Judicial del lugar en donde hubiese funcionado el tribunal, lo que significa que en el caso de un laudo de la Comisión conocerá el Tribunal Superior de Bogotá y del recurso de Revisión conocería la Sala Civil de la Corte Suprema de Justicia si en el trámite arbitral no participó una entidad pública como parte. En cualquier caso dicho recurso se regirá por las normas del CGP que lo regulan.

CONCLUSIÓN

Frente a la función arbitral atribuida a la CREG es preciso, más allá del análisis realizado en este escrito, pensar, por una parte, en una regulación mucho más detallada de dicha función. La norma legal del literal p del artículo 23 de la Ley 143 de 1994, si bien es una disposición clara, que delimita la función atribuida, no consagra regulación alguna en cuanto al procedimiento y la Resolución 067 de 1998 que desarrolló dicha función, es una reglamentación que tiene más de veinte años, cuyos artículos remiten o reproducen textos de normas que actualmente ya no están vigentes. Si bien la norma actualmente vigente en materia de arbitraje nacional es la Ley 1563 de 2012, no estaría de más regular las particularidades del procedimiento arbitral ante la CREG y realizar en forma adecuada los reenvíos a los que haya lugar con respecto al régimen general de arbitraje. Pero, además, existen situaciones propias de este trámite arbitral ante la CREG que merecen ser igualmente reguladas. Como se explicó, en el régimen general de atribución de funciones jurisdiccionales a una autoridad administrativa se dispone que solo pueden hacer uso de dicha facultad para solucionar conflictos entre particulares, lo anterior, para garantizar la autonomía de quien decide. Sin embargo, en el régimen arbitral ante la CREG dicha limitación no fue establecida en forma expresa por el legislador y el artículo 116 de la Constitución tampoco la establece. Además, el uso del arbitraje no se encuentra prohibido para las entidades pública. Pero, pueden presentarse situaciones que de una u otra manera pueden afectar o comprometer la autonomía e independencia de los árbitros al momento de decidir como el hecho de que quien actúe como árbitro haga parte de la junta directiva de una de las partes en conflicto, situación que no tiene una regulación expresa y particular en la actualidad, pero que merece tenerla porque va más allá del régimen general de inhabilidades e incompatibilidades y del deber de información aplicables en materia arbitral.

Finalmente, la idea de atribuir una función jurisdiccional a una autoridad administrativa favorece la descongestión pero, además, cuando se trata de una comisión de regulación como la CREG se busca que quien decida sea un técnico que conozca el sector y la materia sobre la cual se pronuncia. Por lo anterior, considero importante que no solo sea técnico quien finalmente adopte la decisión sino también quien sustancie la actuación, practique las pruebas y, en general, adelante las diferentes audiencias del proceso e impulse la actuación. No basta con ser abogado, se requiere experiencia en el sector y por supuesto conocimiento en materia arbitral, sin embargo, nada de esto se encuentra regulado en la actualidad.

BIBLIOGRAFÍA

OBRAS GENERALES Y ESPECIALIZADAS

Bonavides, Paulo. *Do Estado Liberal ao Estado Social*, 8.ª ed., San Pablo, Malheirons Editores, 2007.

Chevallier, Jacques. *L'État post-moderne*, París, L. G. D. J. y Montchrestien, 2003.

De Montesquieu, Charles de Secondat. *De l'esprit des lois*, París, Livre XI, Ch. VI, Éditions Gallimard, 1995.

Gil, Jorge Hernán. *Régimen arbitral colombiano*, Bogotá, Ibáñez, 2013.

Herrera Mercado, Hernando y Fabricio Mantilla. "Arbitraje 360", *La práctica del litigio arbitral*, t. II, vol. II, *Estructura del proceso y estrategia del litigio*, Bogotá, Cámara de Comercio de Bogotá y Grupo Editorial Ibáñez, 2017.

Parejo Alfonso, Luciano. *El concepto del Derecho administrativo*, 2.ª ed., Bogotá, Universidad Externado de Colombia, 2009.

Peláez Gutiérrez, Verónica. *La conciliación en el derecho administrativo colombiano*, Bogotá, Universidad Externado de Colombia, 2018.

ARTÍCULOS Y CONTRIBUCIONES

Achour M., Taibi. "La justification du pouvoir de sanction des AAI de régulation est-elle toujours pertinente?", *Revue internationale de droit pénal*, vol. 84, 2013/3.

Amorocho Martínez, Fabio, Eduardo Fermín Barrios Trespalacios e Iván Antonio Villamizar Molina. "La función jurisdiccional ejercida por autoridades administrativas en el ordenamiento jurídico colombiano", *Revista Justicia*, n.º 1, junio de 2009.

Bendor, Ariel y Sharon Yadin. "Regulation and separation of power", *Southern California Interdisciplinary Law Journal*, vol. 28, 357, 7 de febrero de 2019.

Black, Julia. "Critical Reflections on Regulation", *Australian Journal of Legal Philosophie*, 1, 2002.

Esguerra Portocarrero, Juan Carlos. "La nueva ley de arbitraje nacional e internacional, ¿por qué y para qué? ¿De dónde y hacia dónde?", *Estatuto arbitral colombiano*, Bogotá, Legis, 2013.

Fernández Rojas, Gabriel. "Las Administraciones Independientes de Regulación y Supervisión en España", *Vniversitas*, n.º 109, 2005.

García i Llovet Enrique. "Autoridades administrativas independientes y Estado de Derecho", *RAP*, n.º 131, París, 1993.

Hernández Vidal, Pablo. *Administración de justicia por autoridades administrativas y separación de poderes en Colombia*, Monografía, Bogotá, Universidad del Rosario, 2020.

Herrera Mercado, Hernando. "La interpretación prejudicial Andina y el arbitraje", en *La Práctica del Litigio Arbitral*, t. II, vol. II, *Estructura del proceso y estrategia del litigio*, Bogotá, Cámara de Comercio de Bogotá y Grupo Editorial Ibáñez, 2017.

Koop, Christel y Martin Lodge. "What is Regulation? An Interdisciplinary Concept Analysis", *11 Regulation & Governance*, 2017.

Namén Baquero, David. "La interpretación prejudicial del Tribunal de Justicia Andino y sus efectos en el arbitraje", *Revist@ E-Mercatoria*, vol. 17, n.º 1, enero-junio, 2018.

Orbach, Barack. "What is Regulation?", *Yale Journal on regulation*, 25 de julio de 2016.

Ospina, Andrés. "De la separación de poderes al ejercicio multiorgánico del poder: los desafíos del principio de eficacia", *Revista de Derecho Público: Teoría y Método*, vol. 1, Madrid, Marcial Pons Ediciones Jurídicas y Sociales, 2020.

Parker, Christine y John Braithwaite. "Regulation", *The Oxford Handbook of Legal Studies*, 2012.

Peláez Gutiérrez, Verónica. "Alcance y límites de los mecanismos alternativos de solución de conflictos en el derecho administrativo", en *Las trasformaciones de la administración pública y del derecho administrativo*, t. III, Bogotá, Universidad Externado de Colombia, 2019.

Posse Velásquez, Daniel. "El régimen probatorio en el proceso arbitral", en *Estatuto Arbitral Colombiano*, Bogotá, Legis, 2013.

Ramírez Torrado, María Lourdes y Nelson Hernández Meza. "Otorgamiento de funciones jurisdiccionales a las autoridades administrativas en Colombia: ¿empoderamiento al ejecutivo?, *Revista Ius et Praxis*, Talca, Chile, 2021.

Robledo, Pablo Felipe. "Funciones jurisdiccionales por autoridades administrativas", en Código General del Proceso, Ley 1564 de 2012, Bogotá, 2012.

Suescún Melo, Jorge. "Facultades de los árbitros para interpretar y aplicar normas de orden público", en *El contrato de arbitraje*, Bogotá, Universidad del Rosario y Legis, 2005.

Zárate Pérez, Aníbal. "La Resolución de controversias como elemento convergente del régimen jurídico de la regulación sectorial", en *Horizontes del contencioso administrativo*, t. I. *El contencioso no jurisdiccional*, Bogotá, Universidad Externado de Colombia, 2022.

LAUDOS ARBITRALES DE LA COMISIÓN DE REGULACIÓN DE ENERGÍA Y GAS (CREG)

Resolución CREG 045 de 1995, por medio de la cual se resolvió un conflicto entre empresas generadoras de energía.

Resolución CREG 020 de 1999, por medio de la cual se resolvió una controversia entre la Empresa Antioqueña de Energía S.A. E.S.P. (EADE) y la Empresa de Interconexión Eléctrica S.A.

Resolución CREG 038 de 2000, por medio de la cual se resolvió un conflicto entre Termocartagena S.A. E.S.P. y Corelca S.A. E.S.P.

Resolución CREG 057 del 17 de agosto de 2000, por medio de la cual se resolvió un conflicto entre la Empresa de Energía de Boyacá S.A. E.S.P. y Empresas Públicas de Medellín E.S.P. (EPM).

Resolución CREG 076 de 2001, por medio de la cual se resolvió un conflicto entre Traselca S.A. E.S.P. y las sociedades Electrificadora de la Costa S.A. E.S.P. y Electrificadora del Caribe S.A. E.S.P.

Resolución CREG 022 de 2003, por medio de la cual se resolvió un conflicto entre Empresas Públicas de Medellín E.S.P. (EPM) y Codensa S.A. E.S.P.

Resolución CREG 072 de 2009, por medio de la cual se resolvió un conflicto entre la Central Hidroeléctrica de Caldas S.A. E.S.P. (CHEC) y la Empresa de Energía de Pereira S.A. E.S.P. (EEP).

Resolución CREG-112 del 30 de agosto de 2013, por medio de la cual se resolvió un conflicto entre la Central Hidroeléctrica de Caldas S.A. E.S.P. y Compañía Energética del Tolima S.A.

Resolución CREG-501001 del 20 de enero de 2023, por medio de la cual se resolvió un conflicto entre la Central Hidroeléctrica de Caldas S.A. E.S.P. (CHEC) y Empresa de Energía de Pereira S.A. E.S.P. e Ingenio de Risaralda (IRISA).

IVÁN CARVAJAL SÁNCHEZ*

El impacto de la calidad normativa en el procedimiento administrativo

Sumario. I. La calidad normativa como instrumento para lograr la eficacia de las normas jurídicas. A. Concepto y alcance de la calidad normativa. B. El objeto de la calidad normativa en Colombia: ¿actos reglamentarios o actos reguladores? II. El contenido de la calidad normativa según el Decreto 1081 de 2015: ¿aspiraciones o reglas de procedimiento? A. Los estándares de calidad y su concordancia con el procedimiento administrativo general. B. Los estándares de calidad como verdaderas formas del proceso de expedición de actos de contenido normativo. Conclusiones. Bibliografía.

INTRODUCCIÓN

La potestad reglamentaria es una atribución natural derivada del ejercicio de la función administrativa, por cuanto para lograr los cometidos estatales la Administración requiere implementar instrumentos regulatorios mediante actos generales, respetando la reserva de ley[1]. Esta importante y necesaria competencia ha sido robustecida en nuestro actual entorno constitucional por expresa disposición de la Carta Política, que alude a diferentes clases de reglamentos, así como por la frecuente utilización de técnicas legislativas mediante las cuales la Ley descarga en los reglamentos la regulación de importantes y amplios aspectos, replanteando sin duda el papel de esta clase de actos dentro de nuestro sistema de fuentes[2].

En razón a la importancia que hoy tiene el reglamento emitido a través de actos administrativos generales y su reforzamiento como instrumento

---

* Profesor en programas de posgrado para los departamentos de Derecho Administrativo y Constitucional de la Universidad Externado de Colombia; director jurídico de la misma institución; magíster en Derecho con énfasis en Derecho Administrativo de la Universidad Externado de Colombia. Correo-e: ivan.carvajal@uexternado.edu.co. ORCID: https://orcid.org/0009-0008-6540-2445.

1 Cfr. Roberto Dromi. *Derecho Administrativo*, Buenos Aires, Ciudad Argentina e Hispania Libros, 2015, pp. 539-540.

2 Cfr. Héctor Santaella Quintero. "Del principio de legalidad al principio de juridicidad: implicaciones para la potestad normativa de la administración de una transición constitucionalmente impuesta", en *La constitucionalización del Derecho administrativo. XV Jornadas Internacionales de Derecho administrativo*, Bogotá, Universidad Externado de Colombia, 2014, pp. 91 y 92.

de regulación de diversas materias esenciales para la sociedad, hemos visto cómo su proliferación excesiva e incontrolada pone en riesgo la seguridad jurídica de los administrados, al tiempo que ambienta un escenario de producción normativa desprovista del lenguaje y términos adecuados para su entendimiento, sin motivaciones, objetivos claros, coordinación con otras autoridades e incoherencia con el ordenamiento jurídico y normas superiores. De ahí que esta "preocupación antigua, recrudecida en nuestro tiempo"[3] se mantenga y se abogue por la necesidad de centrar la atención en absolver el interrogante *¿Cómo se debe regular?* articulando las reglamentaciones bajo los principios materiales de necesidad, coherencia, anticipación de efectos, coordinación, transparencia y progresividad[4].

Como respuesta a este interrogante, el documento Conpes 3816 de 2014, acogiendo las recomendaciones y estudios elaborados por la Organización para la Cooperación y el Desarrollo Económicos (OCDE), recoge el concepto de *mejora normativa*, fundado en el análisis de impacto normativo y la protección del ordenamiento, para garantizar la seguridad jurídica y la calidad de las normas proferidas. Así, en el marco de esta política, se incorporan en el Decreto 1081 de 2015 unas directrices generales de técnica normativa, bajo las cuales se imponen diversas cargas a las autoridades administrativas, que implican desde una justificación robusta de la reglamentación (compuesta por un análisis de impacto, jurídico, presupuestal, exposición de motivos y fin), la obligatoriedad de informar a la comunidad y agotar mecanismos de consulta en los casos previstos en la Constitución o ley, hasta la forma en que deben ser redactados y estructurados los documentos, entre otros aspectos.

---

3 José Luis Martínez López-Muñiz. "La calidad regulatoria de los marcos normativos: una aproximación crítica", *Revista Española de Pedagogía*, 80(281), Madrid, Unir, 2022, p. 70. El autor reseña la reflexión de San Isidoro de Sevilla, en sus *Etimologías*: "La ley ha de ser honesta, justa, posible según la naturaleza y las costumbres del país, adecuada a los lugares y a los tiempos, necesaria, útil; debe ser también clara, para que no haya engaños ocultos en su oscuridad; ha de estar dictada no para provecho privado sino para la común utilidad de los ciudadanos".

4 Cfr. Bernardo Andrés Carvajal Sánchez. "¿Cómo asegurar la calidad regulatoria?", *Revista Digital de Derecho Administrativo*, n.º 9, Bogotá, Universidad Externado de Colombia, 2013, pp. 41-54.

Partiendo del contexto señalado, en el presente artículo se aborda la relación de estas directrices con el procedimiento administrativo general, contenido en la Ley 1437 de 2011 –Código de Procedimiento Administrativo y de lo Contencioso Administrativo (CPACA)–, a fin de establecer si corresponden a pautas o aspiraciones recomendables de una sana práctica normativa o si nos encontramos frente a verdaderas formas dentro del proceso de formación del acto administrativo general, fijando nuevas reglas, deberes y principios. Igualmente, en curso del estudio propuesto, se precisan aspectos relevantes para el mismo, como el concepto de calidad normativa, su alcance y objeto de aplicación.

I. LA CALIDAD NORMATIVA COMO INSTRUMENTO PARA LOGRAR LA EFICACIA DE LAS NORMAS JURÍDICAS

A. CONCEPTO Y ALCANCE DE LA CALIDAD NORMATIVA

La calidad normativa se centra en la creación de procedimientos a través de los cuales se pretende construir normas jurídicas que cumplan con su objetivo trazado y su aplicación no se vea afectada o alterada por aspectos como la coherencia con el ordenamiento jurídico, atribuciones de otras autoridades y los impactos a la comunidad, poblaciones o sectores económicos, entre otros, de modo que produzcan efectos reales sobre la materia que regulan. Un modo de alcanzar esa calidad normativa es mediante la "regulación de la regulación o metarregulación"[5], que conlleve la fijación de principios, pautas, estándares o herramientas que gobiernen la producción de normas jurídicas reglamentarias. De ahí que nos encontramos frente a una norma "buena", producto de un adecuado proceso de calidad, cuando "ésta contribuye a alcanzar los fines que pretende tanto en su creación como por su modificación. Y sin además provocar perjuicios sobre otras

---

5 Andrés Boix Palop y Claudia Gimeno Fernández. *La mejora de la calidad normativa. Estudio comparado de procedimientos para la elaboración de normas e instrumentos para la mejora y evaluación de su calidad*, Valencia, Publicacions de la Universitat de València, 2020, p. 12.

esferas o campos de regulación"[6], es decir, cuando se alcanza la verdadera *eficacia* en la regulación[7].

Ahora, si bien la calidad normativa se dirige hacia la eficacia de las normas jurídicas, este no es el único aspecto que pretende garantizar, por cuanto la adopción de estándares de calidad trae consigo la mejora de aspectos formales como el lenguaje utilizado y también procedimentales, abarcando este concepto tres perspectivas: formal, material y procedimental[8].

En este contexto es fácil encontrar diversos términos ligados a la calidad normativa y utilizados para referirse a las prácticas, metodologías, políticas o procedimientos usados en los ordenamientos para la adopción de disposiciones generales reglamentarias, como el de *mejora normativa*, contemplado en el documento Conpes 3816 de 2014, *técnica normativa*, previsto en el Decreto 1081 de 2015 y *regulación inteligente* (*smart regulation*),

---

6 Julia Carceller Stella. "Contribuciones de la Administración de Justicia", en *La Administración de Justicia en España y América*, Sevilla, Editorial Astigi, 2021, p. 406.

7 "*[...] a good law is simply a law that, if it enjoys support and co-operation from all actors in the legislative process, is capable of producing the regulatory results required by policymakers. In other words, a good law is simply a law that is capable of achieving the regulatory reform that it was released to effectuate or support. A good law is one that is capable of leading to efficacy of regulation*". Helen Xanthaki. "European Union Legislative Quality After the Lisbon Treaty: The Challenges of Smart Regulation", *Statute Law Review*, vol. 35, Issue 1, Oxford University Press, Oxford, 2014, p. 73.

8 "Así, desde una perspectiva formal las normas han de ser gramaticalmente correctas, claras, precisas e inteligibles para sus destinatarios y su distribución y organización en el texto debe seguir los estándares que se fijen al respecto [...]. Desde una perspectiva material las normas deben ser eficaces: es decir, deben poder alcanzar los fines para los que fueron diseñadas y aprobadas, debiéndose poder también evaluar y cuantificar esa eficacia. Desde un punto de vista procedimental, el proceso de adopción de norma debe ser adecuado para asegurar la participación de todos los sujetos y colectivos concernidos y para valorar e introducir en la norma todos los elementos adecuados. La mejora de la calidad normativa desde un punto de vista procedimental está relacionada con la mejora del buen gobierno no solo a través de la mejora en la eficacia y eficiencia de este, sino porque para alcanzar ambas es necesario un fuerte impulso a la transparencia, imparcialidad y la rendición de cuentas". Juan Quereda Sabater. *Mejora de la calidad normativa y ampliación de la intervención del Consejo de Estado. A propósito del concepto de reglamento ejecutivo*, Madrid, Marcial Pons, Ediciones Jurídicas y Sociales, 2021, p. 14.

este último con un alcance mayor, al preocuparse más por cuestionar la necesidad y utilidad de una regulación unilateral proveniente de los órganos del Estado, proponiendo la adopción de "formas flexibles, imaginativas e innovadoras de control social"[9] como la autorregulación o corregulación así como la adopción de instrumentos de evaluación y mejoras constantes, en garantía de la eficiencia[10].

Otra noción inescindible de la calidad normativa es la *comunicación normativa*, bajo la cual el *mensaje normativo* del ente regulador debe coincidir con el mensaje recibido por la población receptora y ello "implica diálogo interdepartamental, emisión de informes, dictámenes, trámites de audiencia y la celebración de reuniones de discusión y coordinación"[11], postulado que puede verse concretado en el deber de consulta previa y de información de los proyectos de regulación en el ordenamiento colombiano. Hechas las anteriores consideraciones, y tomando como punto de partida el concepto común de calidad[12] podemos construir un concepto de calidad normativa en el ámbito del ejercicio de la función administrativa, consistente en el conjunto de estándares, exigencias o requerimientos que se imponen a las autoridades administrativas productoras de normas jurídicas generales y abstractas, tendientes a garantizar su correcto entendimiento, interpretación y aplicación, así como su evaluación, la coherencia con las demás regulaciones, la coordinación con otras instancias administrativas y la protección de vicios que afecten su validez, brindando seguridad jurídica

---

9 "*The underlying rationale is that, in the majority of circumstances, the use of multiple rather than single policy instruments, and a broader range of regulatory actors, will produce better regulation*". Neil Gunningham y Darren Sinclair. "Smart regulation", *Regulatory Theory: Foundations and applications*, Australia, Australian National University Press, 2017, p. 133.

10 Cfr. Judith Hanebury. "Smart Regulation–Rhetoric or Reality", *Alberta Law Review*, vol. 44, n.º 1, Edmonton, University of Alberta, 2006, p. 52.

11 Iker Nabaskues Martínez de Eulate. "Panorama actual de la calidad normativa en el ordenamiento tras la aprobación de la Ley 39/2015", *Revista Vasca de Administración Pública*, n.º 109, 1, España, Universidad del País Vasco, septiembre-diciembre de 2017, p. 390.

12 "Propiedad o conjunto de propiedades inherentes a algo, que permiten juzgar su valor". *Diccionario de la Lengua Española*, Real Academia Española, https://dle.rae.es/calidad, consultada el 4 de abril de 2023.

a los administrados, todo en el marco de los principios de la función pública y la función administrativa, en especial los de responsabilidad, eficacia, participación y economía.

En nuestro ordenamiento la política de calidad normativa se encuentra consignada en las *directrices generales de técnica normativa*, adoptadas en el Decreto 1081 de 2015 para la producción de normas generales por parte de las autoridades de la Rama Ejecutiva en el orden nacional y territorial. De la simple lectura de su artículo 2.1.2.1.2 se extrae que su finalidad cobija las tres perspectivas enunciadas líneas atrás: desde lo procedimental se busca racionalizar el trámite en la expedición de normas, prevenir la excesiva proliferación normativa y optimizar recursos; desde lo material, garantizar seguridad jurídica, un ordenamiento eficaz y formular correctamente preceptos normativos; desde lo formal se dispone que la redacción de los textos de proyectos normativos deben ser claros, precisos, sin generar ambigüedades en su interpretación o aplicación.

B. EL OBJETO DE LA CALIDAD NORMATIVA EN COLOMBIA: ¿ACTOS REGLAMENTARIOS O ACTOS REGULADORES?

El artículo 2.1.2.1.3 del Decreto 1081 de 2015 señala que las directrices generales de técnica normativa aplican para la elaboración de "proyectos de decretos y resoluciones para la firma del Presidente de la República" así como para "las demás entidades de la Rama Ejecutiva del Poder Público en el orden nacional y a las entidades territoriales en relación con los decretos y resoluciones de carácter general de los Alcaldes y Gobernadores".

Como se aprecia, la norma utiliza los nombres de *decretos* y *resoluciones* para definir los actos que se encuentran dentro de su ámbito de aplicación, y en otros apartes utiliza conceptos como *proyectos específicos de regulación* y *proyecto de reglamentación*, motivo por el cual es importante determinar si la exigencia del estándar de calidad normativa se predica de una de estas aparentes "categorías" o frente a toda clase de acto administrativo general con contenido normativo.

Resulta infortunado que se haya acudido a un criterio "nominal" para definir cuáles son los actos del presidente, los alcaldes, los gobernadores y otras autoridades que se someten a los estándares de calidad regulatoria, limitándolos a aquellos que se denominen *decretos* y *resoluciones*, cuando estas categorías no se encuentran definidas en nuestro ordenamiento jurídico; además, los actos generales de contenido normativo o regulatorios pueden expresarse por medio de otras manifestaciones con diferente nombre, como ocurre con las circulares e instrucciones administrativas, y, para el caso concreto del presidente de la República, mediante las llamadas directivas presidenciales, al punto que algunos de estos actos han sido suspendidos o anulados por la jurisdicción de lo contencioso administrativo. En nuestro sistema jurídico no es el criterio formal (consagración expresa del órgano, forma externa, procedimiento) el único que define al acto administrativo, sino que además aplica de manera preponderante el criterio material[13], bajo el cual, por encima de formas, órganos o denominaciones, los actos administrativos serán tales siempre que correspondan a la expresión de la voluntad de la administración en ejercicio de la función administrativa con fuerza vinculante. Ha sido esta la óptica utilizada por la jurisdicción al estudiar la legalidad de las enunciadas directivas presidenciales, las cuales, en principio, no constituyen actos administrativos generales, sino simples instrucciones o medios de orientación[14] del presidente a sus subalternos, sin tener el alcance de establecer normas jurídicas generales y abstractas;

---

13 Como bien lo señala Santofimio: "En nuestra opinión, el concepto de acto administrativo debe conjugar todos los criterios anteriormente expuestos, por cuanto caeríamos en el error de limitarnos al no aceptar, de manera ecléctica, que todos los criterios expuestos no son más que componentes, que en mayor o menor grado, y de acuerdo con las circunstancias, han coadyuvado para la construcción de un criterio de identificación del acto administrativo. Por lo anterior, un criterio operacional para identificar el acto administrativo sería aquel que comparte tanto lo criterios formal y material como cualquier otro de los expuestos por la doctrina; esto es, aquel que contiene tanto elementos externos –órgano, procedimiento, forma– como materiales o sustanciales, al igual que finalísticos y normativos". Jaime Orlando Santofimio Gamboa. *Compendio de Derecho Administrativo*, Bogotá, Universidad Externado de Colombia, 2017, p. 525.

14 Sobre las directivas, señala Morand Deviller que estas "pueden definirse como normas de orientación dirigidas por los jefes de servicio, particularmente los ministros, en el ejercicio de sus poderes discrecionales, a sus subordinados, con el fin de fijarles una línea general de conducta y asegurar la coherencia de su acción". Jaqueline Morand Deviller. "Temas de reflexión. Comentarios y análisis de fallos", *Curso de Derecho Administrativo*, Bogotá, Universidad Externado de Colombia, 2010, p. 379.

sin embargo, en algunos casos esta potestad de instrucción y orientación ha desembocado en el ejercicio de una facultad reglamentaria, como ocurrió recientemente con las Directivas Presidenciales 01 de 2010[15] y 08 de 2022[16], que fueron consideradas por el Consejo de Estado verdaderos actos administrativos reglamentarios, resolviendo declarar su nulidad y suspensión provisional, respectivamente.

Cobra también importancia examinar los conceptos de reglamentación y regulación, a fin de establecer si podemos diferenciar el acto reglamentario

---

15 Consejo de Estado. Sección Primera, sentencia del 24 de noviembre de 2022, radicado 11001-03-24-000-2012-00025-00. Se reiteran antecedentes de la Corporación contenidos en las sentencias: Sala de Lo Contencioso Administrativo, Sección Tercera, sentencia del 3 de agosto de 2020, radicado 11001-03-26-000-2019-00078-00(63973); Sección Primera, 17 de noviembre de 2017, radicado 63001-23-33-000-2016-00354-01, y Sección Segunda, 20 de abril de 1983, expediente 6273. Respecto de la naturaleza de las directivas presidenciales y cómo estas pueden llegar a ser actos administrativos, señaló la Corporación: "Del anterior extracto jurisprudencial es posible deducir que las medidas 'informativas' y 'confirmativas' que dicta el Presidente de la República para obedecer las leyes y velar por su estricto cumplimiento, en los términos del numeral 10 del artículo 189 superior, se encuentran por fuera de la categoría de orden reglamentaria definitiva, por cuanto esa tipología de instrucciones en sí mismas no están transformando la realidad jurídica [...] Así se colige que no toda directiva presidencial tiene naturaleza reglamentaria. Sin embargo, independientemente de su denominación, los decretos, resoluciones, directivas presidenciales o las circulares que contengan órdenes del primer mandatario de la Nación, proferidas en ejercicio de su potestad reglamentaria, claramente son susceptibles de control judicial en tanto que, dado su carácter decisorio, producen, por sí mismas, efectos jurídicos generales y externos".

16 Consejo de Estado. Sección Tercera, auto del 22 de febrero de 2023, radicado 11001-03-24-000-2022-00393-00 (69.231). Esta directiva estableció limitantes en la contratación de prestación de servicios de apoyo a la gestión. Al respecto, la Corporación señaló: "Como se observa, la disposición demandada constituye un verdadero acto administrativo susceptible de control judicial, en tanto contiene una manifestación unilateral del Presidente de la República expresada en ejercicio de su función como suprema autoridad administrativa que no se limita a una mera indicación o sugerencia que pueda ser aplicada o no por las entidades a las que está dirigida según sus necesidades, sino que tiene plena fuerza vinculante y obligatoria en la medida que impide de manera definitiva que cuando la necesidad que impone la celebración de un contrato de apoyo a la gestión sea la insuficiencia de personal, el contrato pueda suscribirse con una persona natural que tenga otro contrato de prestación de servicios con el Estado".

del acto regulatorio y, a su vez, determinar si es realmente este último el objeto de las disposiciones de técnica normativa. Al respecto, encontramos que el interrogante planteado ha sido abordado por la doctrina y la jurisprudencia principalmente frente al deber de información al público previsto en el numeral 8 del artículo 8.º de la Ley 1437 de 2011 para proyectos de regulación (recogido hoy como uno de los mayores requisitos de calidad normativa), y no sobre el conjunto de requerimientos previstos hoy en el Decreto 1081 de 2015; no obstante, consideramos que el análisis resulta enteramente aplicable a la generalidad de estándares de calidad normativa.

Partiendo de lo anterior, compartimos el análisis de Zárate y Perdomo al señalar que una postura consistente en que el deber de información sólo se exige para los proyectos de regulación económica y no para el resto de actos reglamentarios, parte de equiparar, en forma errónea, la actividad administrativa de regulación y al acto regulatorio, el cual es en sí mismo una herramienta de reglamentación[17].

Así, la potestad reglamentaria, concebida como "la facultad que tienen algunas autoridades administrativas para dictar normas de carácter general o reglamentos"[18] con el propósito de que "concreten más su contenido con el fin de facilitar o hacer posible su aplicación práctica"[19], implica la expedición de actos administrativos que adoptan reglas impersonales y abstractas, entre las cuales se pueden encontrar actos de regulación económica.

Por su parte, al estudiar el alcance del concepto de regulación para efectos del artículo 8.º de la Ley 1437 de 2011 y el Decreto 1609 de 2015, que modificó el Decreto 1081 de 2015, el Consejo de Estado señaló que, conforme a la jurisprudencia y la doctrina, nacional y extranjera, pueden observarse dos concepciones de regulación: una amplia, que se traduce en el poder general del Estado de emitir normas jurídicas, en el que se ubica la función legislativa y la potestad reglamentaria del ejecutivo, y otra estricta,

---

17 Aníbal Zárate y Camilo Perdomo. "El deber de información como presupuesto procedimental para el ejercicio de la potestad reglamentaria en Colombia", *A&C, Revista de Direito Administrativo & Constitucional*, año 19, n.º 76, Fórum, Belo Horizonte, 2019, p. 47.

18 Libardo Rodríguez. *Derecho Administrativo General y Colombiano*, t. I, Bogotá, Editorial Temis, 2021, pp. 229-230.

19 Ídem.

en la que el término regulación se refiere a los actos emitidos como medios de intervención en la economía para cumplir sus fines constitucionales y remediar fallas del mercado, en aspectos como precios, competencia y prestación de servicios públicos esenciales, entre otros[20]. Esta noción estricta de regulación conlleva entonces

> la función de intervención sobre la economía en cabeza del Estado contemporáneo, pero no con la finalidad de las tradicionales actividades de intervención (orden público e interés general), sino procurando, en un contexto de economía de mercado, la armonización de objetivos económicos con no económicos, en últimas, persiguiendo la realización y concreción de las garantías y derechos constitucionalmente reconocidos mediante actividades con connotación económica[21].

De este modo, el Consejo de Estado consideró que

> la expresión "proyectos específicos de regulación" a la luz del Decreto Número 1609 de 2015 no se refiere exclusivamente a reglamentos de carácter técnico o a aquellos proferidos con el propósito de expedir una regulación económica-social ex ante, pues se incluyen, entre otros, los actos administrativos relativos a: i) los decretos y resoluciones que van a ser expedidos por un Ministerio o Departamento Administrativo y que deben contar con la firma del Presidente de la República y ii) las resoluciones que no requieren firma del Presidente de la República y las promulgadas por las demás entidades de la Rama Ejecutiva del orden nacional[22].

Por otro lado, como se expuso líneas atrás, el Decreto 1081 de 2015 en su campo de aplicación se refirió a los conceptos de *decretos y resoluciones* sin especificar si se trata de actos regulatorios o simplemente reglamentarios, y al referirse a la exigencia de la memoria justificativa, su artículo 2.1.2.1.6

---

20 Consejo de Estado. Sala de Consulta y Servicio Civil, concepto del 14 de septiembre de 2016, radicado 11001-03-06-000-2016-00066-00(2291).

21 Camilo Perdomo. *Regulación económica: caracterización y control*, Bogotá, Universidad Externado de Colombia, 2014, p. 79.

22 Consejo de Estado. Sala de Consulta y Servicio Civil, concepto del 14 de septiembre de 2016, radicado 11001-03-06-000-2016-00066-00(2291).

diferencia su contenido si se trata de un proyecto de regulación o un proyecto de reglamentación general, motivo por el cual la norma no restringe a estos últimos el cumplimiento del requisito de técnica normativa.

En este orden, consideramos que los lineamientos y exigencias de calidad normativa previstos en el Decreto 1081 de 2015 son exigibles de todo aquel acto administrativo de contenido normativo, que establezca reglas generales y abstractas, emitido por las autoridades de la rama ejecutiva investidas de la potestad reglamentaria; se excluirían de estas directrices aquellos actos generales que puedan considerarse como *no normativos*[23]. En consecuencia, la calidad normativa no se exige únicamente de los *actos regulatorios*, los cuales, por su misma naturaleza e importancia, tienen un trato diferencial en cuanto algunos de los estándares de calidad.

II. EL CONTENIDO DE LA CALIDAD NORMATIVA SEGÚN EL DECRETO 1081 DE 2015: ¿ASPIRACIONES O REGLAS DE PROCEDIMIENTO?

A. LOS ESTÁNDARES DE CALIDAD Y SU CONCORDANCIA CON EL PROCEDIMIENTO ADMINISTRATIVO GENERAL

El Decreto 1081 de 2015 acoge diversas herramientas o remedios para garantizar una adecuada calidad normativa, los cuales procedemos a analizar para determinar su influencia y relación con reglas existentes en el procedimiento administrativo, al punto de generar un verdadero cambio en el proceso de formación de los actos de contenido general. Así, encontramos los siguientes:

---

23 Como los define Berrocal, estos actos "Contienen situaciones jurídicas o decisiones impersonales, que pueden ser abstractas o concretas, sin establecer normas o reglas transitorias o permanentes, sino que crean condiciones que afectan alguna actividad pública o privada, como los actos administrativos mediante los cuales se hace una delegación de funciones, se decreta el toque de queda o ley seca, se autoriza a otra autoridad u órgano para celebrar un contrato, se decreta la afectación de un bien estatal a un servicio público, se ordena la apertura de una licitación o la convocatoria a un concurso público". Luis Enrique Berrocal Guerrero. *Manual del acto administrativo*, Bogotá, Librería Ediciones del Profesional, 2009, p. 149.

a. *Garantía de la jerarquía normativa y competencias.* El decreto establece como criterio de calidad el respeto a la supremacía de la Constitución, así como el sometimiento a los principios de la función administrativa, la prevalencia de las leyes y demás normas dotadas de su fuerza jurídica. Del mismo modo, consagra en forma positiva el mandato de verificar la competencia de expedir el acto administrativo y respetar el principio de reserva de ley[24] en aquellos casos en los que aplique.

En relación con la coherencia que el acto administrativo debe tener con las normas superiores, el artículo 1.º de la Ley 1437 de 2011, Código de Procedimiento Administrativo y de lo Contencioso Administrativo (CPACA), refiriéndose a la finalidad de las actuaciones, señala que sus disposiciones se encaminan, entre otros objetivos, a la sujeción de las autoridades a la Constitución y demás preceptos del ordenamiento jurídico. Esta disposición, sin duda, se armoniza con las demás normas de orden constitucional de las que se extrae el sometimiento de la administración a normas superiores como la Ley y la Constitución[25].

Sobre la primacía de los principios, en su artículo 3.º el CPACA los concibe como pautas de interpretación y aplicación de las normas de su parte primera[26], de forma que allí se integran los principios de la función

---

24 Pese a que en el artículo 2.1.2.1.4 se dispone en forma general el respeto a la reserva de ley, el artículo 2.1.2.1.5 del decreto expresamente se refiere a la prohibición de crear, por medio de acto administrativo, faltas, sanciones, multas, tasas o contribuciones, para lo que sólo está facultado el legislador.

25 Artículos 4.º, 241 numeral 3º, 189 numerales 10 y 11, y artículo 237. Al respecto cfr. Corte Constitucional. Sentencia C-037 del 26 de enero de 2000.

26 Los principios en el procedimiento administrativo, en especial el contenido en la parte primera del CPACA, son la columna vertebral de la actuación, por cuanto el diseño normativo del Código refleja un número reducido de reglas, algunas sin un mayor nivel de detalle respecto de la consecuencia jurídica para solucionar o aplicar en casos concretos; de ahí la importancia de los principios como parámetros para *aterrizar* la norma jurídica y definir su alcance en situaciones específicas. Como lo señala Zagrebelsky respecto de la interacción entre principios y reglas: "las reglas nos proporcionan el criterio de nuestras acciones, nos dicen como debemos, no debemos, podemos actuar en determinadas situaciones específicas previstas por las reglas mismas; los principios, directamente, no nos dicen nada a este respecto, pero nos proporcionan criterios para tomar posición ante situaciones concretas pero que a priori aparecen indeterminadas.

administrativa enunciados en los artículos 209 de la Constitución Política y 3.º de la Ley 489 de 1998, así como los propios de las actuaciones administrativas contemplados en el referido código.

Acerca del requerimiento de verificar la competencia y el respeto a la reserva de ley, el CPACA en el mencionado artículo 3.º, contempla al principio de legalidad como expresión del debido proceso, señalando que las actuaciones administrativas se adelantarán de conformidad con las normas de procedimiento y competencia establecidas en la Constitución y la ley, e igualmente consagra el principio de responsabilidad, en consonancia con el artículo 6.º de la Constitución Política, bajo el cual las autoridades responden por la omisión e incumplimiento de sus deberes. Del mismo modo, al referirse al principio de buena fe, señala que este le impone a la administración un obrar fiel y leal en el ejercicio de sus competencias.

En ese orden, podemos afirmar que el criterio de calidad analizado hace referencia a aspectos ya previstos en el procedimiento administrativo y de aplicación directa por las normas superiores.

b. *Memoria justificativa*. El decreto establece que los proyectos de reglamentación deben estar acompañados de una memoria justificativa que contenga un pronunciamiento sobre distintos puntos señalados en la norma. El primero de ellos hace alusión a los "antecedentes, razones de oportunidad y conveniencia que justifican la expedición de la norma, en donde se explique de manera amplia y detallada la necesidad de la regulación, su alcance, el fin que se pretende y sus implicaciones con otras disposiciones" y se agrega que "esta obligación no se suple con la simple transcripción de los considerandos del proyecto de decreto o de resolución".

Consideramos que este primer elemento de la memoria justificativa tiene un impacto profundo en el procedimiento administrativo, por cuanto contempla de manera detallada y en norma positiva el alcance del deber de motivación del acto administrativo general, situación no regulada en

---

[...] Puesto que carecen de supuesto de hecho, a los principios, a diferencia de lo que sucede con las reglas, sólo se les puede dar algún significado operativo haciéndoles reaccionar ante algún caso concreto. Su significado no puede determinarse en abstracto, solo en casos concretos, y solo en los casos concretos se puede entender su alcance". Gustavo Zagrebelsky. *El derecho dúctil. Ley, derechos, justicia*, Madrid, Editorial Trotta, 1995, pp. 110 y 111.

el actual procedimiento general. Si bien no es una discusión en nuestro ordenamiento el deber de motivación de los actos administrativos, tanto generales como particulares, el alcance sobre cómo se satisface este requisito de validez o, como lo acuña Marín, el *quantum exigible de la motivación*[27] no se había determinado en la forma en que lo hace el decreto; de hecho, no existe en el CPACA una regulación propia sobre el proceso de formación del acto administrativo de contenido general, estando la inmensa mayoría de sus disposiciones referidas a la expedición de actos particulares, como lo destaca Santofimio al afirmar:

> La característica que se observa del procedimiento administrativo general de la Ley 1437 de 2011 es que prácticamente fue diseñado para la formación de decisiones administrativas de contenido individual; por lo menos en tratándose del derecho de petición en interés individual o colectivo, de la iniciación oficiosa o del cumplimiento de una obligación o deber legal, esa es la tendencia, en cuanto que, por regla general, tales actuaciones terminan con una decisión de esa naturaleza. No ocurre lo mismo con las iniciadas en el ejercicio del derecho de petición en interés general, que en la mayoría de los casos no se consolidan en una decisión propiamente dicha, sino en una simple respuesta genérica no creadora de situaciones jurídicas. Por esta razón, se puede sostener que el procedimiento general es simplemente un instrumento propicio para la creación de actos de contenido individual. En general se puede sostener que en los actuales momentos, salvo lo dispuesto en el numeral 8 del artículo 8.º de la Ley 1437 de 2011 se carece de ella en el ordenamiento jurídico nacional[28].

Compartimos la postura doctrinal citada, en relación con el hecho de que el procedimiento llamado común y principal, de formación de actos administrativos, está previsto, esencialmente, para aquellos de contenido particular. Pocas disposiciones aluden al acto general, en forma expresa o en conjunto con el particular, como el ya mencionado numeral 8 del artículo

27 Hugo Alberto Marín Hernández. "La motivación del acto administrativo en el Estado constitucional", en *La constitucionalización del Derecho Administrativo*, Bogotá, Universidad Externado de Colombia, 2014, pp. 470 y 471

28 Jaime Orlando Santofimio Gamboa. *Compendio de Derecho Administrativo*, Bogotá, Universidad Externado de Colombia, 2017, p. 376.

8.º, pero también el numeral 6.º del artículo 9.º (prohibición de reproducción del acto suspendido), el artículo 36 (conformación de expediente por cada actuación administrativa), el numeral 3 del artículo 38 (legitimación del tercero interviniente en las actuaciones con interés general), el artículo 46 (consulta previa), el artículo 65 (publicidad de los actos generales), el artículo 75 (improcedencia de recursos contra actos generales), y numeral 1 del artículo 87 (firmeza de actos sujetos a publicación y frente a los que no proceden recursos).

Respecto a la motivación del acto general, el CPACA no se refiere a ello por cuanto la mención a este elemento se encuentra en su artículo 42, en una redacción que claramente alude a la expedición de actos particulares[29]. Sin embargo, la jurisprudencia ha diferenciado el alcance de la motivación en los actos generales y particulares, partiendo de los efectos que produce, concluyendo así que en estos últimos deba ser más "estricta y rigurosa" que en los primeros[30]. De ahí que el Consejo de Estado sostenga que en los actos generales la motivación se satisface con la "indicación del objeto del acto y la invocación de los fundamentos legales para su expedición"[31], parámetro que no podría aplicarse hoy para los actos generales de contenido normativo en razón a su regulación positiva, claramente disímil.

En ese orden, reiteramos la importancia de que en una norma positiva se haya dado un alcance detallado al contenido de la motivación del acto administrativo general, así no sea propiamente en el cuerpo del documento que contiene el acto sino en una *memoria justificativa*, es decir, en un

---

29 "Artículo 42. *Contenido de la decisión*. Habiéndose dado oportunidad a los interesados para expresar sus opiniones, y con base en las pruebas e informes disponibles, se tomará la decisión, que será motivada. La decisión resolverá todas las peticiones que hayan sido oportunamente planteadas dentro de la actuación por el peticionario y por los terceros reconocidos".

30 Consejo de Estado. Sala Plena de lo Contencioso Administrativo, sentencia del 15 de diciembre de 2020, radicado 11001-03-15-000-2020-01782-00(CA).

31 Consejo de Estado. Sección Primera, sentencia del 2 de diciembre de 2021, radicado 11001-03-24-000-2006-00235-00. Se reitera la postura sostenida, entre otras, en la sentencia de la Sección Primera del 16 de mayo de 2007, radicado 25000-23-24-000-1997-0934801. Al respecto, cfr., además, Consejo de Estado, Sección Segunda, sentencia del 5 de julio de 2018, radicado 11001032500020100006400 (0685-2010).

antecedente que se convierte en elemento esencial para la legalidad del acto, lo que sin duda facilitará el ejercicio del control tanto del ciudadano como de los jueces a esta clase de actos.

Los otros puntos que dispone el Decreto como contenido de la memoria justificativa aluden a su ámbito de aplicación material y los sujetos a quienes va dirigido, su viabilidad jurídica[32], su impacto económico, su viabilidad presupuestal, su impacto sobre el medio ambiente o el patrimonio de la nación y sus estudios técnicos, según el caso.

Cuando se trata de *proyectos específicos de regulación*, o actos propiamente regulatorios, el decreto exige dejar constancia y demostrar que se hayan surtido los correspondientes requisitos de consulta y publicidad, así como la incorporación en la agenda regulatoria. Igualmente, se requiere que se hayan agotado los trámites de información, notificaciones y conceptos ante la Superintendencia de Industria y Comercio, la Dirección de Regulación del Ministerio de Comercio, Industria y Turismo y el Departamento Administrativo de la Función Pública, según la materia a regular[33].

Podemos concluir, entonces, que la memoria justificativa sí es un requisito o formalidad para la expedición de actos generales de contenido normativo que no se encuentra previsto en el procedimiento general del CPACA, razón por la cual el mismo debe ser observado como parte del proceso de formación del acto general; su omisión o defectos podrán generar

---

32 De acuerdo con el artículo 2.1.2.1.7, esta viabilidad contiene: un análisis de las normas que otorgan competencia; la vigencia de las normas que se reglamentan; los efectos en cuanto a la derogación, modificación, subrogación, adición o sustitución de otras normas; el análisis de decisiones judiciales de altas Cortes que sean relevantes para la materia que se reglamenta y, en general, aspectos jurídicos relevantes para la expedición del acto administrativo.

33 Los artículos 2.1.2.1.9, 2.1.2.1.10 y 2.1.2.1.11 disponen que los proyectos que puedan tener incidencia en la libre competencia en los mercados deberán ser informados a la Superintendencia de Industria y Comercio; si se trata de proyectos de reglamentos técnicos o del procedimiento de evaluación de la conformidad se deberá enviar a la Dirección de Regulación del Ministerio de Comercio, Industria y Turismo para que se surta la notificación a los países u organizaciones que correspondan según los acuerdos internacionales vigentes en la materia; cuando un proyecto normativo dé lugar a la creación de un trámite, se deberá obtener concepto previo del Departamento Administrativo de la Función Pública.

entonces vicios de legalidad por falsa motivación o expedición irregular del acto administrativo.

c. *Prevención de proliferación normativa.* El decreto impone a las autoridades que, al elaborar el proyecto de reglamentación, se verifique que abarque en debida forma todos los aspectos necesarios y así evitar modificaciones posteriores. Este criterio no se encuentra expresamente contenido en el CPACA, y guarda consonancia con la viabilidad jurídica y la memoria justificativa del proyecto, motivo por el cual es imperativa su observancia por las autoridades.

d. *Deber de consulta.* Los proyectos de reglamento deben someterse a los mecanismos de consulta que señale la constitución y la ley, situación sobre la cual, como se indicó línea atrás, se dejará constancia en la memoria justificativa. Al respecto, observamos que el CPACA consagra en su artículo 46, el respecto a los mecanismos de consulta, lo siguiente: "Cuando la Constitución o la ley ordenen la realización de una consulta previa a la adopción de una decisión administrativa, dicha consulta deberá realizarse dentro de los términos señalados en las normas respectivas, so pena de nulidad de la decisión que se llegare a adoptar". En consecuencia, el criterio adoptado no presenta una novedad en el procedimiento administrativo general, sin perjuicio de algún grado de detalle contenido en la regulación, observable más sobre el deber de información que para el mecanismo de consulta previa.

e. *Coordinación con otras autoridades.* Se prevé que cuando el proyecto recaiga sobre materias de otras autoridades, se deberá poner en su conocimiento y procurar una unidad de criterio y contenido, concertando o "conciliando" entre las autoridades. Este criterio de calidad concuerda con la definición del principio de coordinación prevista en el numeral 10 del artículo 3.º del CPACA, el cual dispone que las autoridades *concertarán* sus actividades con las de otras instancias estatales en el cumplimiento de sus cometidos. Igualmente, este principio se encuentra en el artículo 6.º de la Ley 489 de 1998, bajo el cual se impone a las autoridades actuar con *armonía* y *colaboración* con las demás, así como abstenerse de obstruir el cumplimiento de sus funciones.

De este modo, el criterio adoptado ya es aplicable a las autoridades bajo las reglas del procedimiento general, sin embargo, el decreto contempla un mayor nivel de detalle, tratándose de actos expedidos por el Presidente de la República, acerca de la *concertación* o *conciliación* en caso de no existir acuerdo sobre el contenido del proyecto de reglamento, demandando una unidad de criterio y, como última medida, planteando un *arbitraje* de la Secretaría Jurídica del Departamento Administrativo de la Presidencia de la República, entendiéndose que es la competente para establecer en forma definitiva el contenido ante un desacuerdo[34].

f. *Deber de información a la ciudadanía o grupos de interés.* Como se expuso en líneas anteriores, este criterio desarrolla el numeral 8 del artículo 8.º del CPACA al establecer que los proyectos de regulación serán publicados en el sitio web de la autoridad administrativa junto con una versión inicial de la memoria justificativa, con el fin de recibir observaciones e incluso propuestas alternativas de la comunidad, por un plazo de quince días calendario tratándose de regulación a ser expedida por el Presidente de la República. Este término puede ser inferior siempre que se expongan y justifiquen las razones en la memoria justificativa. De las observaciones recibidas se debe elaborar un informe que hará parte integral de los antecedentes del acto.

En relación con los actos que no sean proferidos por el presidente de la República, se contempla que sean las respectivas autoridades quienes establezcan en forma objetiva los plazos para observaciones. Bajo lo anterior, la regla del deber de información de proyectos de regulación ya hace parte del procedimiento administrativo general del CPACA, complementando el decreto lo relativo al término para las autoridades de la rama ejecutiva del orden nacional.

g. *Calidad formal.* Se establece que la redacción del proyecto se debe caracterizar por su "claridad, precisión, sencillez y coherencia", evitando ambigüedades y contradicciones. Este aspecto incluye también la fijación, en virtud de norma, de una estructura formal del acto reglamentario apreciable en el artículo 2.1.2.1.16.

---

34 Como lo expone Arboleda, el principio de coordinación en la Ley 489 de 1998 "conlleva la necesidad de hacer prevalecer el interés general sobre el posible interés concreto e inmediato de los organismos públicos que se relacionan entre sí, pues con frecuencia entre ellos hay intereses contrapuestos". Enrique José Arboleda Perdomo. *Comentarios al nuevo Código de procedimiento administrativo y de lo contencioso administrativo*, Bogotá, Editorial Legis, 2011, p. 16.

Este aspecto no es regulado por el CPACA y por lo tanto no es una regla contenida en su procedimiento general; es comprensible que el Código no haya contemplado una regulación detallada en aspectos formales como el lenguaje a utilizar o una estructura de títulos o acápites de los actos, dada la característica preponderante de informalidad del procedimiento, sin embargo, ello no desconoce la necesidad de que el lenguaje normativo "debe estar presidido por dos criterios esenciales: la comprensibilidad y la certeza"[35].

Aunado a lo anterior, como se indicó respecto del alcance de la noción de calidad normativa, bajo el propósito de lograr una *comunicación normativa* exitosa, para los actos de contenido normativo, se justifica definir parámetros formales de redacción, así como el orden de presentación y desarrollo de sus contenidos. En consecuencia, para esta clase de actos deviene obligatorio el cumplimiento de esta denominada calidad formal.

h. *Agenda regulatoria.* Se establece la obligación para cada autoridad de elaborar y publicar anualmente una agenda regulatoria, antes del 31 de diciembre, la cual regirá para el año inmediatamente siguiente. Se debe constatar así que para el trámite de un proyecto de regulación específica este se encuentre incorporado en la respectiva agenda regulatoria.

La incorporación de los proyectos de regulación en una agenda regulatoria no es una fase ni un requisito previsto en el procedimiento general del CPACA para la expedición de actos con contenido normativo, sin embargo, la figura no se opone al mismo y refleja lo que sería un principio de planeación a cargo de las autoridades administrativas frente a la regulación que pretenden implementar. Si bien no se observa expresamente consagrado este principio en el artículo 3.º del CPACA ni en la Ley 489 de 1998 o la Constitución Política, el mismo proviene y guarda conexidad con los principios de responsabilidad, economía y eficacia, surgiendo el imperativo de no improvisación de las actuaciones administrativas. Mas aún, tratándose de estándares de calidad normativa que buscan prevenir

35 Francisco Javier Díaz Revorio. "El lenguaje de las normas, las normas del lenguaje: sobre la corrección del lenguaje normativo", *Revista Aequitas*, vol. 11, n.1 11, Buenos Aires, Universidad del Salvador, 2017, p. 188-189.

fallas en la aplicación de normas jurídicas, el deber de planeación surge, lógicamente, como uno de sus principales garantes.

i. *Aplicación extensiva de la técnica normativa.* Las disposiciones de técnica normativa se aplicarán a las autoridades distintas al presidente de la República, incluidas las entidades territoriales, en lo referido a la jerarquía normativa y a la reserva de ley, la exigencia de memoria justificativa, el estudio de viabilidad jurídica, el deber de publicidad, la información y la consulta, la coordinación con otras autoridades y los aspectos de calidad formal. Más que un criterio de calidad, la disposición propende a lograr la uniformidad de exigencias y estándares frente a los distintos actos de contenido normativo emitidos por las autoridades administrativas en todos sus órdenes, por cuanto la función administrativa no está concentrada en un solo órgano y, como bien lo define el artículo 2.º del CPACA, esta se predica de "todos los organismos y entidades que conforman las ramas del poder público en sus distintos órdenes, sectores y niveles, a los órganos autónomos e independientes del Estado y a los particulares".

B. LOS ESTÁNDARES DE CALIDAD COMO VERDADERAS FORMAS DEL PROCESO DE EXPEDICIÓN DE ACTOS DE CONTENIDO NORMATIVO

Un aspecto de importante análisis es si, ante la omisión o defecto de alguna de las directrices de técnica normativa, se puede afectar la validez de los actos administrativos de contenido normativo; de ahí que se pueda confirmar si estas son simples recomendaciones para un propósito deseable o imperativos sustanciales cuyo desconocimiento implica la ilegalidad del acto.

En el literal anterior, a propósito de la *memoria justificativa*, señalamos que esta se erige como una formalidad sustancial en el procedimiento, relevante y con impacto claro en la decisión reglamentaria, al ser expresión del deber de motivación del acto general. Pero como bien se extrae del contenido del artículo 2.1.2.1.6, el alcance de este documento implica también que es instrumento de prueba y constancia del cumplimiento de otras formalidades sustanciales, como la viabilidad financiera o presupuestal, el estudio de impacto, el deber de consulta previa o información a la comunidad y contar con estudios técnicos cuando así se requiera, entre otros. Aunque algunos de estos aspectos pueden encontrar relación con el deber de motivación de los actos, sin duda también integran o demuestran el elemento formal del acto reglamentario.

Como ilustración del punto anterior podemos observar el tratamiento jurisprudencial dado al deber de información y publicidad contenido en el artículo 2.1.2.1.14 del Decreto 1081 de 2015 y el numeral 8 del artículo 8.º del CPACA, así como su certificación en la memoria justificativa, de acuerdo al numeral 1.1 del artículo 2.1.2.1.6 del decreto. En ese sentido, en la sentencia del 14 de octubre de 2021 el Consejo de Estado anuló el Decreto 26 de 2018 por considerar que durante su trámite no se cumplió con el deber de información y publicidad antes señalado, así como la memoria justificativa no daba fe de dicha carga y no se evidenció que estuviese conforme a lo establecido en el Decreto 1081 de 2015. En el referido pronunciamiento, la Corporación estimó que a la norma demandada sí le era aplicable el deber de publicidad e información al no estar dentro de las excepciones previstas en el artículo 2.1.2.1.24; igualmente, evidenció que la memoria justificativa no se publicó en el sitio que ordena el decreto y que no venía acompañada de la certificación sobre la publicación del proyecto para observaciones, concluyendo que

> con la publicación de la información contenida en el enlace indicado por el Ministerio de Relaciones Exteriores no se cumplió con el deber previsto en las directrices de técnica normativa previamente enunciadas[36] [y] que en este caso pesa más el principio de participación ciudadana y, por ello, la omisión del requisito de publicidad previa en el caso concreto tiene la trascendencia necesaria para invalidar el Decreto 26 de 2018.

Igualmente, en otro pronunciamiento el Consejo de Estado decretó la suspensión provisional de los efectos del Decreto 227 de 2023, a través de cual el presidente de la República reasumió algunas funciones en materia regulatoria sobre los servicios públicos domiciliarios. En dicha providencia la Corporación encontró que si bien el decreto había sido publicado como indicaba el artículo 8.º del CPACA, no lo fue por el término señalado en el

---

36 Consejo de Estado. Sección Segunda, sentencia del 14 de octubre de 2021, radicado 11001032500020180030200 (1046-2018).

artículo 2.1.2.1.14 del Decreto 1081 de 2015, esto es, quince días calendario, sino sólo por dos días. Igualmente, se evidenció que no hubo en la memoria justificativa la motivación o fundamentación acerca de exceptuar el proyecto de regulación del término general dispuesto. Además, se demostró que en el expediente administrativo no obraba como antecedente la certificación que acreditara el cumplimiento del requisito de publicidad, que debe hacer parte de la memoria justificativa[37].

Por lo expuesto es forzoso reconocer que con las directrices generales de técnica normativa consagradas en el Decreto 1081 de 2015 (modificado por los Dctos. 1609 de 2015 y 1273 de 2020) se adoptaron verdaderas formas de procedimiento para la expedición de actos administrativos de contenido normativo, general y abstracto, las cuales complementan y guardan

---

37 Consejo de Estado. Sección Primera, auto del 2 de marzo de 2023. radicado 11001-03-24-000-2023-00045-00. Dijo la Corporación: "[...] al estudiar los antecedentes administrativos que obran en el expediente no se encontró ninguna justificación adicional que sustentara la restricción y limitación –por el lapso de trece (13) días calendario– del derecho de la ciudadanía en general y de los grupos de interés a participar en el proceso de producción normativa, afectando con ello, de manera *ostensible e injustificada*, la posibilidad de que los administrados radicaran sus opiniones, sugerencias o propuestas alternativas respecto del proyecto específico de regulación asociado a un tema tan trascendental y de significativa importancia colectiva, como lo es el concerniente a la regulación de los servicios públicos domiciliarios. 48. Sumado a lo anterior, se debe destacar que, consultado el sitio web del Departamento Administrativo de la Presidencia de la República en donde se hizo la publicación de la memoria justificativa del Decreto 227 de 2023, se advierte que tampoco obra la certificación a que se refiere el artículo 2.1.2.1.6, del Decreto 1081 de 2015 [...] 49. La falta de publicación de la certificación a que se refiere el citado artículo 2.1.2.1.6, valga resaltarlo, también vulnera lo señalado en el numeral 4° del artículo 8.° del CPACA, precepto de acuerdo con el cual, es deber del Gobierno Nacional publicar los actos administrativos de carácter general que expidan y los documentos de interés público relativos a cada uno de ellos. 50. La omisión en el cumplimiento de la exigencia explicita señalada por el legislador, devela la inobservancia del deber de las entidades demandadas de garantizar los postulados y exigencias de la actuación administrativa, lo que no tiene propósito distinto al de lograr la transparencia y la eficacia de la gestión pública. [...] 51. En este orden de ideas, este Despacho encuentra, de manera preliminar, que se configuró el vicio asociado a la expedición irregular del acto administrativo cuya suspensión se depreca, ante el desconocimiento de lo normado en los artículos 8.° –numerales 4 y 8– del CPACA y en los artículos 2.1.2.1.6, 2.1.2.1.7 y 2.1.2.1.14 del Decreto 1081 de 2015".

consonancia con parámetros constitucionales, legales y del procedimiento general previsto en el CPACA, cuyo desconocimiento, inobservancia, omisión o falencias pueden traducirse en la invalidez del acto.

CONCLUSIONES

Ante la necesidad de mejorar la calidad de la reglamentación expedida por las autoridades administrativas en ejercicio de sus potestades, Colombia ha adoptado directrices de técnica normativa, aplicables a toda clase de acto administrativo general con contenido normativo, incluyendo a los actos regulatorios. Bajo esas directrices se implementan estándares de calidad en la producción de normas jurídicas reglamentarias que obligan a su emisor a seguir reglas de procedimiento que, en general, hoy se encuentran en: a) la aplicación de los principios de la función y actuación administrativa; b) algunas reglas previstas en el CPACA, y c) las señaladas en el Decreto 1081 de 2015 con sus modificaciones. Se observa así que pasamos de la ausencia de formas detalladas para la producción de actos generales a una reglamentación con verdaderas exigencias y requisitos sustanciales que deben observarse en el proceso de formación de los actos.

Las directrices de técnica normativa pretenden lograr una óptima calidad de las normas producidas de forma que estas alcancen su objeto principal, que es su eficacia y efectividad real, para lo que se establecen sobre las autoridades diversas cargas de análisis de impacto de la regulación en distintos ámbitos: económico; ambiental; social; de coherencia con el sistema jurídico (que implica no sólo el respeto a la jerarquía normativa sino la adecuada interacción o armonía con las demás disposiciones reglamentarias); de coordinación y colaboración con otras autoridades; de consulta, información, publicidad y participación de la comunidad; de llevar a cabo una comunicación normativa con los sujetos regulados en forma exitosa, clara e inequívoca, así como de motivación y expresión de la finalidad perseguida, todas ellas enmarcadas en forma incipiente y tácita, pero novedosa, en un deber de planeación por las autoridades sobre la reglamentación futura.

No obstante, encontramos que las directrices de técnica normativa se concentran en la formación del acto general hasta su expedición, dejando atrás la posibilidad de un mayor enfoque sobre la fase *post reglamento*, en la cual la calidad normativa impone un proceso de evaluación constante y sistemática de los reglamentos adoptados. Reconociendo que no hay fórmulas perfectas, las directrices son, sin duda, un avance en el ordenamiento colombiano, que facilita el control sobre la Administración y sus actos, e intentan dar respuesta a la necesidad histórica de no enfocarnos en el qué y quién debe regular sino en el cómo, en aras a producir normas que sean efectivas y brinden seguridad jurídica a los administrados.

BIBLIOGRAFÍA

DOCTRINA

Arboleda Perdomo, Enrique José. *Comentarios al nuevo código de procedimiento administrativo y de lo contencioso administrativo*, Bogotá, Editorial Legis, 2021.

Berrocal Guerrero, Luis Enrique. *Manual del acto administrativo*, Bogotá, Librería Ediciones del Profesional, 2009.

Boix Palop, Andrés y Claudia Gimeno Fernández. *La mejora de la calidad normativa. Estudio comparado de procedimientos para la elaboración de normas e instrumentos para la mejora y evaluación de su calidad*, Valencia, Publicacions de la Universitat de València, 2020.

Carceller Stella, Julia. "Contribuciones de la Administración de Justicia", en *La Administración de Justicia en España y América*, Sevilla, Editorial Astigi, 2021.

Carvajal Sánchez, Bernardo Andrés. "¿Cómo asegurar la calidad regulatoria?", *Revista Digital de Derecho Administrativo*, n.º 9, Bogotá, Universidad Externado de Colombia, 2013.

Díaz Revorio, Francisco Javier. "El lenguaje de las normas, las normas del lenguaje: sobre la corrección del lenguaje normativo", *Revista Aequitas*, vol. 11, n.º 11, Buenos Aires, Universidad del Salvador, 2017.

Dromi, Roberto. *Derecho Administrativo*, Buenos Aires, Ciudad Argentina e Hispania Libros, 2015.

Gunningham, Neil y Darren Sinclair. "Smart regulation", en *Regulatory Theory: Foundations and Applications*, Australian National University Press, Australia, 2017.

Hanebury, Judith. "Smart Regulation–Rhetoric or Reality", *Alberta Law Review*, vol. 44, n.º 1, Edmonton, University of Alberta, 2006.

Marín Hernández, Hugo Alberto. "La motivación del acto administrativo en el Estado constitucional", en *La constitucionalización del Derecho Administrativo. XV Jornadas Internacionales de Derecho Administrativo*, Bogotá, Universidad Externado de Colombia, 2014.

Martínez López-Muñiz, José Luis. "La calidad regulatoria de los marcos normativos: una aproximación crítica", *Revista Española de Pedagogía*, 80(281), Madrid, Unir, 2022.

Morand Deviller, Jaqueline. "Temas de reflexión. Comentarios y análisis de fallos", *Curso de Derecho Administrativo*, Bogotá, Universidad Externado de Colombia, 2010.

Nabaskues, Iker. "Panorama actual de la calidad normativa en el ordenamiento tras la aprobación de la Ley 39/2015", *Revista Vasca de Administración Pública*, n.º 109, 1, España, Universidad del País Vasco, septiembre-diciembre de 2017.

Perdomo, Camilo. *Regulación económica: caracterización y control*, Bogotá, Universidad Externado de Colombia, 2014.

Quereda Sabater, Juan. *Mejora de la calidad normativa y ampliación de la intervención del Consejo de Estado. A propósito del concepto de reglamento ejecutivo*, Madrid, Marcial Pons, Ediciones Jurídicas y Sociales, 2021.

Rodríguez, Libardo. *Derecho Administrativo General y Colombiano*, t. 1, Bogotá, Editorial Temis, 2021.

Santaella Quintero, Héctor. "Del principio de legalidad al principio de juridicidad: implicaciones para la potestad normativa de la administración de una transición constitucionalmente impuesta", en *La constitucionalización del Derecho administrativo. XV Jornadas internacionales de Derecho administrativo*, Bogotá, Universidad Externado de Colombia, 2014.

Santofimio Gamboa, Jaime Orlando. *Compendio de Derecho Administrativo*, Bogotá, Universidad Externado de Colombia, 2017.

Zárate Pérez, Aníbal y Camilo Perdomo. "El deber de información como presupuesto procedimental para el ejercicio de la potestad reglamentaria en Colombia", *A&C, Revista de Direito Administrativo & Constitucional*, año 19, n.º 76, Belo Horizonte, Fórum, 2019.

Zagrebelsky, Gustavo. *El derecho dúctil. Ley, derechos, justicia*, Madrid, Editorial Trotta, 1995.

Editado por el Departamento de Publicaciones
de la Universidad Externado de Colombia
en agosto de 2023

Se compuso en caracteres Ehrhardt Regular de 12 puntos
y se imprimió sobre Holmen Book Cream de 60 gramos
Bogotá - Colombia

Post tenebras spero lucem

Made in United States
Orlando, FL
04 November 2026

90213549R00425